∞ Zeit ∞

ZEIT UND EWIGKEIT
128 TAGE IN ST. MARIENSTERN

Die Deutsche Bibliothek - CIP-Einheitsaufnahme

Zeit und Ewigkeit : 128 Tage in St. Marienstern ;
Ausstellungskatalog / Erste Sächsische Landesausstellung
Zeit, 13. Juni 1998 - 18. Oktober 1998.
Hrsg. von Judith Oexle ... - Halle an der Saale : Stekovics, 1998
ISBN 3-929330-95-4

Impressum

Herausgeber: Judith Oexle, Markus Bauer und Marius Winzeler
Redaktion: Claudia Mohn
Gesamtherstellung: Verlag Janos Stekovics
Layout: Janos Stekovics, Claudia Mohn
Einband: Ulrike Gauder, Alexander Fleischmann

ISBN 3-929330-95-4 (Buchhandelsausgabe)
ISBN 3-932863-06-2 (Katalogausgabe)

1. Auflage (Juni 1998)
2. überarbeitete Auflage (August 1998)
3. Auflage (Oktober 1998)

Erste Sächsische Landesausstellung

13. Juni 1998 | Zeit | 18. Oktober 1998

Zeit und Ewigkeit

128 Tage in St. Marienstern

Ausstellungskatalog

Herausgegeben von
Judith Oexle
Markus Bauer
Marius Winzeler

Mit großzügiger Unterstützung und viel Engagement der sächsischen Sparkassen sowie der Sachsen LB und der Ostdeutschen Sparkassenstiftung im Freistaat Sachsen konnte die Erste Sächsische Landesausstellung im Kloster St. Marienstern realisiert werden.

1998
VERLAG JANOS STEKOVICS
Halle an der Saale

Schirmherrschaft

Prof. Dr. Kurt Biedenkopf
Ministerpräsident des Freistaates Sachsen

Inhalt

Geleitwort

Zu den wenigen historischen Klöstern in Mitteleuropa, welche in ihrer vielhundertjährigen Geschichte niemals eine Auflösung erfuhren, gehört die Zisterzienserinnen-Abtei Klosterstift St. Marienstern in der sächsischen Oberlausitz. Ihre Lage im Ständestaat der beiden Lausitzen, dessen frühere lehnsrechtliche Zugehörigkeit zum Königreich Böhmen und die Übertragung der Lehnsträgerschaft an die sächsischen Kurfürsten 1635 erklärt, daß das 1248 gestiftete Kloster die lutherische Reformation überdauerte und von den josefinischen Reformen nicht berührt wurde.

Trotz mehrfacher Zerstörungen, so durch die Hussiten 1429 sowie durch die Schweden 1639, bewahrt das Kloster noch einen reichen Kunstbesitz, dessen älteste Gegenstände noch der frühen Klosterzeit angehören. Das Klosterjubiläum gibt Anlaß, diesen, dessen Bedeutung erst in den letzten Jahren erkannt wurde, in einer Ausstellung der breiten Öffentlichkeit vorzustellen. Erweitert durch Werke christlicher Kunst und Kultur von anderen Orten, zeigt die Landesausstellung, wie das geistige und gesellschaftliche Leben in der Oberlausitz und im Gebiet des heutigen Freistaates Sachsen über Jahrhunderte durch die Kirche und durch Christen geprägt worden ist. Dies gilt gleichermaßen sowohl für das gemeinsame christliche Erbe aus der Zeit vor der Reformation als auch für das spätere Wirken der beiden christlichen Konfessionen, die in der Oberlausitz früher als anderswo den Weg vom Nebeneinander zum Miteinander gegangen sind. Der Titel der Ausstellung 'Zeit und Ewigkeit' unterstreicht das ökumenische Anliegen, das katholische und evangelische Christen verbindet, und ist zugleich offen für Menschen, die nach dem Sinn des Lebens fragen, ohne sich zur christlichen Deutung der Welt zu bekennen.

Von besonderer Bedeutung für den Besucher ist, daß die Landesausstellung die kunsthistorisch bedeutsamen Räume der Klausur nutzen kann, die damit erstmals, wenn auch befristet, öffentlich zugänglich sind. Dafür und für die Ermöglichung der Landesausstellung spreche ich der Abtei St. Marienstern und ihrer Äbtissin Sr. Benedicta meinen besten Dank aus.

Die Landesausstellung anläßlich des Klosterjubiläums vermittelt dem Besucher historisches Wissen. Dieser Katalog mit seinen zahlreichen Abbildungen ermöglicht, sich mit dem Geschehen näher zu beschäftigen und sich später des Jubiläums zu erinnern. Ich wünsche daher dem Katalog zur Landesausstellung 'Zeit und Ewigkeit' eine weite Verbreitung.

Prof. Dr. Hans Joachim Meyer
Sächsischer Staatsminister für
Wissenschaft und Kunst

Vorwort

Seit 1993 wurde erwogen, auch im Freistaat Sachsen – wie in Österreich oder im Freistaat Bayern – Landesausstellungen durchzuführen. Zwar lassen sich die Anfänge der sächsischen Landesausstellung nicht mehr zur Gänze rekonstruieren – fest steht jedoch, daß Heinrich Magirius ein erstes Konzept verfaßte. Wichtig war die Vermittlerrolle von Georg Randlkofer, München, der Verbindungen zu Prof. Dr. Franz Klein, Präsident des Bundesfinanzhofes a. D. und Prof. Dr. Claus Grimm, Haus der Bayerischen Geschichte, herstellte. Staatsminister Prof. Dr. Hans Joachim Meyer nahm die Anregung auf, Dr. Heinrich Douffet trieb das Projekt voran. 1995 bildete sich ein Kuratorium unter dem Vorsitz von Staatsminister Prof. Dr. Georg Milbradt, das die Ausstellung mit großem Engagement förderte. Am 13. Juni 1998 öffnete die Erste Sächsische Landesausstellung in St. Marienstern ihre Tore. Anlaß für die Wahl des Ausstellungsortes war das 750jährige Jubiläum des Klosters, dessen Äbtissin den mutigen Entschluß faßte, die Klausur für 128 Tage zu öffnen.

Die Klostergeschichte allein wäre jedoch dem Anspruch einer Landesausstellung nicht gerecht geworden. Ziel war vielmehr, die Klosterbiographie in die sächsische Landesgeschichte des Mittelalters einzubetten und die Kunstwerke des Klosters in den großen Zusammenhang der sächsischen Kunstgeschichte zu stellen. Unser Interesse galt zugleich dem 'Sonderweg' der Lausitz, einer Region in der Mitte Zentraleuropas, die bis 1635 Nebenland der böhmischen Krone war und über Jahrhunderte kulturelle Einflüsse aus Ost und West aufnahm und vermittelte. Erst im 20. Jahrhundert geriet das Land in eine Randlage – es wäre zu wünschen, daß unsere Ausstellung dazu beiträgt, kulturelle und historische Erinnerung als Rüstzeug für die Zukunft wieder verfügbar zu machen.

Viele haben zum Gelingen der Ausstellung beigetragen. An erster Stelle geht mein herzlicher Dank an Frau Äbtissin Benedicta Waurick. Darin eingeschlossen seien Prof. Dr. Dr. h.c. Heinrich Magirius und Dr. Siegfried Seifert. Besonders dankbar bin ich Prof. Ruedi Baur, Luer Meyer, Ulrike Gauder und Alexander Fleischmann, die innerhalb kürzester Zeit die Ausstellung entwarfen und gestalteten. Nicht minder herzlich danke ich meinen Kolleginnen und Kollegen aus dem Landesamt für Archäologie, die sich weit über ihre dienstlichen Pflichten hinaus engagierten. Ein besonderes Wort des Dankes gilt meinen Mitherausgebern Markus Bauer und Marius Winzeler, die die Ausstellung inhaltlich und konzeptionell wesentlich getragen und erarbeitet haben, sowie an Claudia Mohn, die die Redaktion des Kataloges übernahm.

Mein aufrichtiger Dank geht an die sächsischen Sparkassen, an die Ostdeutsche Sparkassenstiftung im Freistaat Sachsen und an die Sachsen LB, die die Ausstellung maßgeblich unterstützt und großzügig gefördert haben. Über diese unmittelbare finanzielle Unterstützung hinaus bringen die sächsischen Sparkassen 1000 Schulklassen aus allen Teilen des Landes kostenlos mit dem Bus zur Ausstellung, um möglichst vielen Schülern einen Besuch zu ermöglichen.
Besonders zu danken ist der Staatsregierung des Freistaates Sachsen, der Landrätin des Kreises Kamenz, Frau Andrea Fischer und dem Bürgermeister der Gemeinde Panschwitz-Kuckau. Sie haben im Freistaat, in der Region und vor Ort die Voraussetzungen für die Realisierung der Landesausstellung geschaffen.

Für die Herausgeber

Judith Oexle

Dr. Judith Oexle
Landesarchäologin

Dank

Dank sagen wir unserem Gastgeber, dem Zisterzienserinnenkloster St. Marienstern und seiner Äbtissin, Frau M. Benedicta Waurick, den Autoren und Autorinnen, den Leihgebern und allen Freunden und Förderern dieses Ausstellungsprojektes.

Mit Spenden und Sachleistungen haben das Ausstellungsvorhaben gefördert:

Lausitzische Braunkohle AG, Senftenberg
AOK Sachsen
Coca-Cola Erfrischungsgetränke AG, Radeberg
ECE Projektmanagement GmbH, Hamburg
Energieversorgung Sachsen Ost AG
Ernst Klett Verlag, Stuttgart/Leipzig
Kulturstiftung des Freistaates Sachsen, Dresden
Molkerei Alois Müller GmbH & Co., Leppersdorf
Stadtbrauerei Wittichenau
Sächsische Lotto GmbH
Verkehrsverbund Oberelbe, Dresden

Kuratorium

Vorsitz
Staatsminister Prof. Dr. Georg Milbradt, Dresden
Vorstand
Äbtissin M. Benedicta Waurick, St. Marienstern
Ulrich Klinkert, MdB, Wittichenau
Bürgermeister Franz Petasch, Panschwitz-Kuckau
Georg Randlkofer, München
Landeskonservator Prof. Dr. Dr. h.c. Heinrich Magirius, Radebeul
Pfarrer Clemens Rehor, Crostwitz
Sr. M. Gabriela Hesse, St. Marienstern
Felix Becker, Hennef (Sieg)
Landrätin Andrea Fischer, Kamenz
Ordinariatsrat Dr. Siegfried Seifert, Dresden
Mitglieder
Superintendent Siegfried Albert, Bautzen
Pfarrer Christoph Bockisch, Wittichenau
Manfred Böhme, LFV, Dresden
Fritz Brickwedde, Generalsekretär der Deutschen Bundesstiftung Umwelt, Osnabrück
Dr. Heinrich Douffet, Sächsisches Staatsministerium für Wissenschaft und Kunst
Sr. M, Vincentia Graf, St. Marienstern
Landtagspräsident Erich Iltgen, Dresden
Günther Irmscher, Arbeitsamt Bautzen
Staatssekretär Hermann Kroll-Schlüter, Sächsisches Staatsministerium für Landwirtschaft
Johannes Lukasch, St. Marienstern
Staatssekretär Dr. Albin Nees, Sächsisches Staatsministerium für Soziales, Gesundheit und Familie
Staatssekretär Eckhard Noack, Sächsisches Staatsministerium für Wissenschaft und Kunst
Landesarchäologin Dr. Judith Oexle, Dresden
Bischof Joachim Reinelt, Dresden
Msgr. Martin Salowski, Räckelwitz
Pfarrer Dr. Bernt Satlow, Fischbach
Abt Bernhard Thebes, Zisterzienserabtei Osek
Stanislaw Tillich, MdER, Kamenz
Ordinariatsrat Lothar Vierhock, Dresden
Sr. M. Perpetua Wenig, St. Marienstern
Regierungspräsident Dr. Helmut Weidelehner, Dresden

Gesamtleitung der Ausstellung

Dr. Judith Oexle, Landesamt für Archäologie mit Landesmuseum für Vorgeschichte (LfA)

Art Direction

Prof. Ruedi Baur, HGB Leipzig

Konzeption

Dr. Judith Oexle, LfA
Dr. Markus Bauer, AG Landesausstellung (AG)
lic. phil. Marius Winzeler, AG

Architektur und Lichtplanung

meyer und bassin architekten, Dresden
unter Mitarbeit von Stefan Adlich und Uwe Stintz
Lichtplanerische Beratung: Alois Zitnick, Frankfurt/M.

Graphik/Design

Ulrike Gauder, Offenbach/Leipzig
Alexander Fleischmann, Leipzig
Ausführung Tim Kellner, LfA
Birgit Putzmann, LfA

Photographie

Janos Stekovics, Halle
Dr. Henning Haßmann, LfA
Waltraud Rabich, Landesamt für Denkmalpflege (LfD)
Ursula Wohmann, LfA
sowie weitere Photographen der Einzelobjekte (vgl. Bildnachweis)

Redaktion

Claudia Mohn M.A., AG (Katalog)
dipl.-theol. Daniel Magirius, AG (Festschrift)
unter Mitarbeit von
Matthias Meinhardt M.A., LfA
Dr. Christoph Heiermann, LfA
Heike Schwerdel-Schmidt M.A., LfA

Leihverkehr/Restaurierung/Aufbau

Dr. Robert Reiß, LfA
dipl.-rest. Christine Kelm, LfD
dipl.-rest. Franziska Frenzel, LfA
Gabriele Wagner, LfA
Stephan Gebhard, LfA

dipl.-rest. Annegret Michel, LfD
dipl.-rest. Christine Engemann, Staatliche Kunstsammlungen
Oliver Tietze, St. Marienstern
Jörg Cerny, LfA
Dieter Fischer, LfA
Erich Gutte, LfA
Sieghart Klentzke, LfA
Joachim Krause, LfA
Gisela Nowak, LfA
Bolislaw Richter, LfA
Holm Ritter, LfA
Heiko Schmiedel, LfA
sowie weitere im Katalog genannte Restauratoren

Öffentlichkeitsarbeit/Tourismus/Besucherbetreuung
Hartmut Häckel, Sächsisches Staatsministerium für Wissenschaft und Kunst
Dr. Vera Kretschmer, Sächsisches Staatsministerium der Finanzen
dipl.-phil. Katrin Seitz, AG
Ute Meckbach, AG
Gundela Corso, Landesfremdenverkehrsverband Sachsen
Kirstin Zinke, Landratsamt Kamenz

Beschilderung
Günter Wiltzsch, Sächsisches Staatsministerium für Wirtschaft und Arbeit
Klaus Schütte, Regierungspräsidium Dresden
Volker Strobel, Autobahnamt Sachsen
Ingo Link, Landratsamt Kamenz

Ausstellungspädagogik
Peter Degenkolb, LfA
Prof. Dr. Katharina Flügel, HTWK Leipzig
Wolfgang Flügel M.A., AG
Sabine Lienen-Kraft, LfA
Lou Schlicht, LfA
sowie Studentinnen und Studenten der HTWK Leipzig und der TU Dresden

Verwaltung
Regierungsoberrat Rolf Reudanik, LfA
Jörg Leitermann, LfA
Ina Warnack, LfA
Jeannette Kaiser, LfA

Sekretariat
Carla Langer, LfA
Peggy Lohmann, AG

Transport
Dr. Günther Weber, LfA
Dietmar Benedickt, LfA
Matthias Köhler, LfA
André Langer, LfA

Bau und Liegenschaften
dipl.-Ing. Johannes Lukasch, St. Marienstern
Dieter Wilhelm Ruf, Staatliches Liegenschaftsamt Bautzen
Norbert Seibt, Staatshochbauamt Bautzen
Architekturbüro Rolf Zimmermann, Dresden
dipl.-Ing. Bernd Roth, Schmeckwitz

Beteiligte Firmen
Andruck-Studio Leipzig GmbH
Bechtle GmbH, Chemnitz
Bierbauer und Nagel GmbH & Co. KG, Dresden
B.I.G., Halle
Kunstverlag Brück und Sohn Meißen
Cerberus-Ristow, Dresden
Dataplot Zeichnen & Plotten GmbH, Henstedt-Ulzburg
Deutscher Sparkassenverlag GmbH, Stuttgart
Die Lichtpause GmbH, Dresden
Druckerei Vetters GmbH, Radeburg
Ellerhold Grossplakate GmbH, Zirndorf
Erfurter Flechttechnik GmbH, Erfurt
Farbfoto Center Berlin GmbH, Fachlabor Dresden
Golle Zelte & Planen GmbH, Plauen-Neuendorf
Hasenkamp Internationale Transporte GmbH & Co. KG, Dresden
Hermann Ter Hell & Co. GmbH, Hamburg
Hibbeln Fotowerbung, Fuldatal bei Kassel
Holzteam Dresden
Kalauch-Weber GmbH, Stolpen
La Borsa, Krohmer & Lorch, Filderstadt-Bernhausen
Manig & Palme GmbH, Radebeul
Sachsen-Fahnen GmbH & Co. KG, Kamenz
Scan Color Leipzig GmbH
Sebald Sachsendruck, Druck und Verlag GmbH, Plauen
Thomas Druck, Leipzig
Procédés Chenel, Bremen
VBS GmbH, Verden/Aller
Werbehaus Dresden GmbH
Gebr. Wichmann GmbH & Co. KG, Dresden
Wilhelm GmbH und Co. KG, Dresden

EDV und Internet-Auftritt
Axel Meyer M.A., LfA
Prof. Dr. Ludwig Hilmer, HTWK Mittweida
Sören Küttner, HTWK Mittweida
sowie Studentinnen und Studenten der HTWK

Digitale Kartenbearbeitung
Prof. Dr. Andreas Kowanda, HTW Dresden

Sicherheitstechnische Beratung und Transportbegleitung
Udo Plihal, Landeskriminalamt Sachsen
Gerd Schneckenburger, Sächsisches Staatsministerium des Innern

Leihgeber

Bautzen
Domstift und Domschatzkammer St. Petri
Ev.-Luth. Kirchgemeinde St. Petri
Sorbisches Haus
Sorbisches Institut
Stadtmuseum
Berlin
Staatliche Museen Preußischer Kulturbesitz - Kupferstichkabinett
Staatsbibliothek Preußischer Kulturbesitz
Blankenhain
Agrar- und Freilichtmuseum Schloß Blankenhain
Böhlitz-Ehrenberg
Ev.-Luth. Kirchgemeinde Gundorf
Chemnitz
Ev.-Luth. Kirchgemeinde St. Michaelis
Ev.-Luth. Schloßkirchgemeinde
Schloßbergmuseum
Chemnitz-Ebersdorf
Ev.-Luth. Stiftskirchgemeinde „Unserer lieben Frauen"
Deutschneudorf
Ev.-Luth. Kirchgemeinde
Dippoldiswalde
Ev.-Luth. Stadtkirchgemeinde St. Marien und St. Laurentius
Dittersbach auf dem Eigen
Ev.-Luth. Kirchgemeinde
Dresden
Ev.-Luth. Kirchgemeinde Dresden-Briesnitz
Landesamt für Archäologie mit Landesmuseum für Vorgeschichte
Landesamt für Denkmalpflege Sachsen
Sächsisches Hauptstaatsarchiv
Sächsische Landesbibliothek, Staats- und Universitätsbibliothek
St. Josephs-Stift
Staatliche Kunstsammlungen
- Gemäldegalerie Alte Meister
- Kunstgewerbemuseum
- Münzkabinett
- Museum für Volkskunst
- Rüstkammer
- Skulpturensammlung
Staatlicher Mathematisch-Physikalischer Salon
Staatliches Museum für Mineralogie und Geologie
Stadtarchiv
Ehrenfriedersdorf
Bergbau- und Greifensteinmuseum
Eibau
Ev.-Luth. Kirchgemeinde
Eisenach
Wartburg-Stiftung
Freiberg
Stadt- und Bergbaumuseum
Goldbach
Ev.-Luth. Schwesterkirchgemeinde
Görlitz
Ev. Dreifaltigkeitskirchgemeinde
Städtische Sammlungen für Geschichte und Kultur
- Kulturhistorisches Museum
- Oberlausitzische Bibliothek der Wissenschaften
- Ratsarchiv
Herrnhut
Unitätsarchiv der evangelischen Brüder-Unität
Hohendorf
Ev.-Luth. Schwesterkirchgemeinde
Jena
Thüringische Universitäts- und Landesbibliothek
Kamenz
Ev.-Luth. Kirchgemeinde St. Marien
Lessing-Museum
Museum der Westlausitz
Stadtarchiv
Konstanz
Archäologisches Landesmuseum Baden-Württemberg, Außenstelle Konstanz
Landwüst/Eubabrünn
Vogtländisches Freilichtmuseum
Leipzig
Museum der bildenden Künste
Stadtgeschichtliches Museum
Libochovice (CZ)
Správa pamatkovych objektů okresu Litoměřice – Statní zámek Libochovice
Leisnig
Staatlicher Schloßbetrieb Burg Mildenstein
Klostergut Klosterbuch
Löbau
Stadtmuseum
Meißen
Ev.-Luth. Frauenkirchgemeinde
Hochstift
Stadtmuseum
München
Metropolitan- und Pfarrkirchenstiftung zu Unserer Lieben Frau
Nossen
Staatlicher Schloßbetrieb – Klosterpark Altzella
Osek (CZ)
Cisterciacké opatství (Zisterzienserabtei)
Pegau
Ev.-Luth. Kirchgemeinde St. Laurentius
Pulsnitz
Ev.-Luth. Kirchgemeinde St. Nikolai
Prag (CZ)
Uměleckoprůmyslové muzeum
Radibor
Kath. Kirchengemeinde Mariä Rosenkranzkönigin
Riesa-Pausitz
Ev.-Luth. Kirchgemeinde St. Martin
Ringethal
Ev.-Luth. Kirchgemeinde

Rosenthal
Zisterzienserpriorat
Salem
S. K. H. Markgraf Maximilian von Baden
St. Marienstern
Zisterzienserinnenabtei
St. Marienthal
Zisterzienserinnenabtei
Schleinitz
Förderverein Schloß Schleinitz e.V.
Tanneberg
Ev.-Luth. Schwesterkirchgemeinde
Weimar
Thüringisches Hauptstaatsarchiv
Wittichenau
Kath. Kirchengemeinde St. Mariä Himmelfahrt
Zittau
Christian-Weise-Bibliothek
Städtische Museen
Zwickau
Ratsschulbibliothek
Städtisches Museum

sowie kirchliche und private Leihgeber, die nicht genannt werden möchten.

Autoren und Autorinnen

IA	Inga Arnold
PA	Paul Arnold
JB	Jutta Bäumel
IB	Ingeborg Baldauf
MB	Markus Bauer
MBÖ	Monika Böning
WB	Winfried Bergmeyer
GD	Günter Donath
ED	Erhard Drachenberg
AD	Angelica Dülberg
VE	Viktor H. Elbern
JvF	Juliane von Fircks
EF	Eva Fitz
WF	Wolfgang Flügel
VG	Volkmar Geupel
BG	Barbara Grün
HG	Hans Grüß
GH	Gisela Haase
CH	Christoph Heiermann
HH	Hana Hlaváčková
AH	Annette Hörig
WH	Wilhelm Hollstein
AHO	Andreas Hornemann
JH	Jaroslav Hyršl
IAJ	Igor A. Jenzen
UK	Uwe Kahl
AK	Annerose Klammt
DL	Daniela Lange
EL	Ernst-Heinz Lemper
DM	Daniel Magirius
HM	Heinrich Magirius
MM	Magdalene Magirius
SM	Susan Marti
PM	Petra Marx
MME	Matthias Meinhardt
AM	Annegret Michel
KM	Katja M. Mieth
MMI	Maria Mirtschin
CM	Claudia Mohn
CLM	Claudia Müller
JO	Judith Oexle
PP	Paul Peucker
GP	Gisbert Porstmann
RR	Robert Reiß
RRI	Rainer Richter
HR	Hartmut Ritschel
CR	Cornelia Rupp
KS	Klaus Schillinger
FS	Frank Schmidt
RvS	Rüdiger von Schnurbein
DSC	Dirk Schumann
US	Ute Schwarzzenberger
HSS	Heike Schwerdel-Schmidt
FŠ	Franc Šěn
KSC	Karin Sczech
SS	Siegfried Seifert
KSE	Katrin Seitz
RS	Reinhard Spehr
DS	Dana Stehlíková
BS	Bärbel Stephan
CT	Claudia Trummer
JV	Jochen Voigt
FW	Franz Wagner
GW	Gerhard Walter
TW	Thomas Westphalen
EW	Evelin Wetter
MW	Marius Winzeler
KW	Klaus Wirth

Slawen, Siedler, arme Seelen

Stall

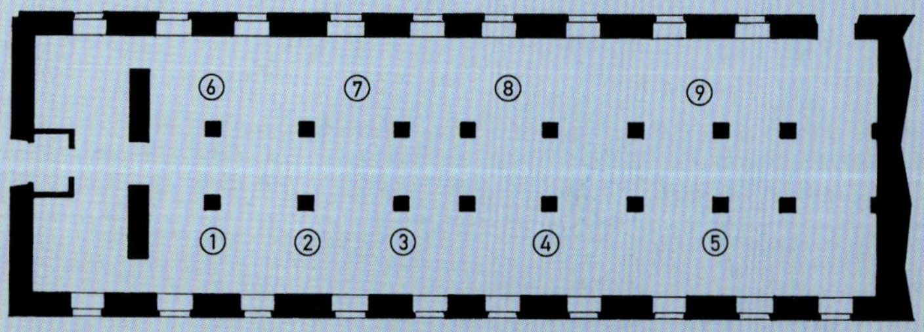

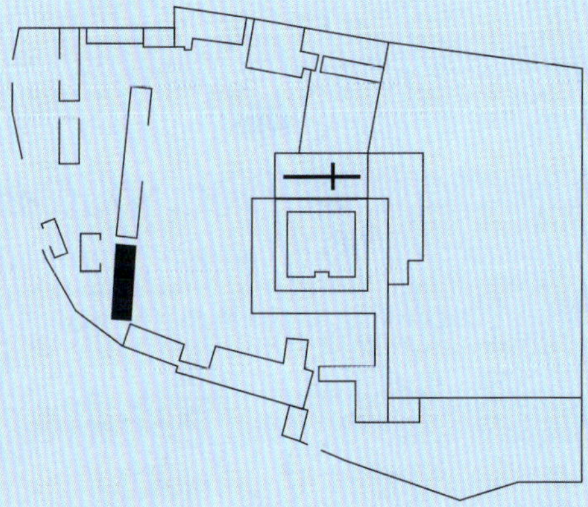

1. Siedler aus dem Südosten
2. Anfänge auf dem Meißner Domberg
3. Mit Schwert und Bischofsstab
4. Neue Dörfer, erste Städte, fremde Siedler
   Burgen und Städte
   Klöster
5. Stern über dem Kamenzer Land
6. Werkstätten des Wissens
7. Das gute Leben
8. Todesangst und Seelennot
9. Krise, Kritik, Reform

Siedler aus dem Südosten

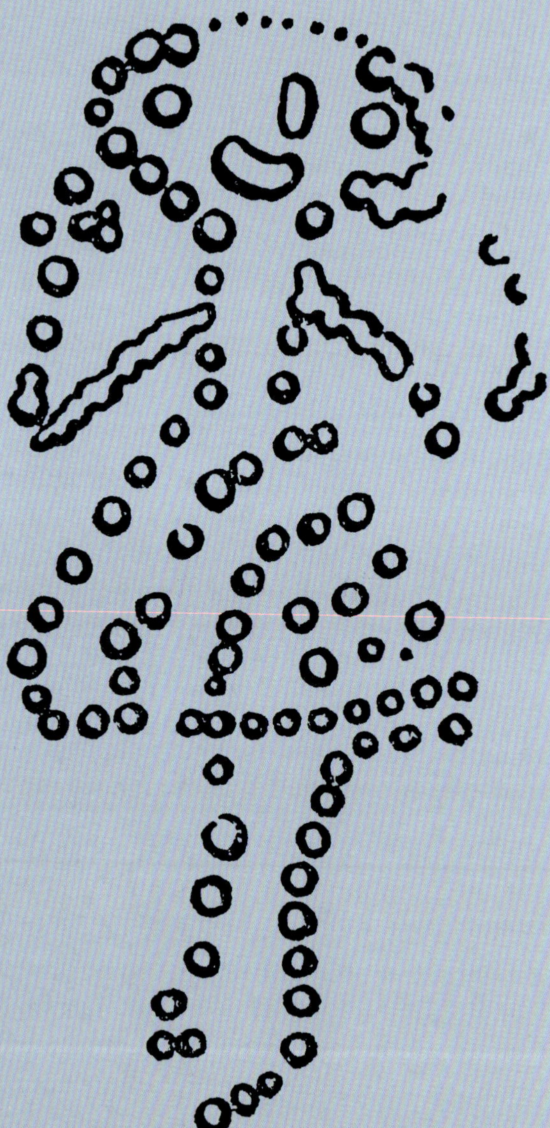

Betende Figur
Auf einem Messerscheidenbeschlag aus Schirmenitz (Lkr. Torgau-Oschatz), 11./12. Jh.

Nach der Zerschlagung des Thüringerreiches durch die Franken 531/534 n. Chr. zogen sich die Germanen aus dem Gebiet zwischen unterer Saale und Elbe zurück. Von Böhmen und Mähren aus nahmen die slawischen Sorben von dem Land Besitz. Seit dem Fall des Römischen Limes im 5. Jh. durchzog damit Europa erstmals wieder eine politische und kulturelle Grenze. Zwei sprachlich getrennte und politisch ungleiche Welten standen sich gegenüber – die Slawen bezeichneten die Deutschen als Nemec, als „Stumme".

Thietmar von Merseburg berichtet, daß jeder slawische Stamm einen eigenen Gott verehrte. Ihre mehrgesichtigen hölzernen Standbilder beteten die Slawen in Tempeln und heiligen Hainen an. Die Vielköpfigkeit sollte offenbar die Zuständigkeit des Gottes für verschiedene Bereiche symbolisieren, er sollte allgegenwärtig sein. Eingehend beschreibt Thietmar zwei slawische Heiligtümer, die im Gebiet des heutigen Sachsen lagen: den heiligen Hain Zutibure bei Schkeitbar (Lkr. Leipziger Land) und die Glommač-Quelle bei Paltzschen/Lommatzsch (Lkr. Meißen), ein Orakelsee, der von den Daleminziern als Hauptheiligtum verehrt wurde.

Die Slawen glaubten an ein Weiterleben nach dem Tode. Anders als ihre germanischen, später deutschen Nachbarn verbrannten sie jedoch ihre Toten bis ins 10./11. Jh. auf dem Scheiterhaufen. Daher finden die Archäologen als älteste slawische Gräber im Mittelelbe-Saale-Gebiet nur Brandbestattungen. Als Behältnisse für Asche und Knochenreste dienten große Tongefäße vom „Prager Typ". Ihr Verbreitungsgebiet in Sachsen – der Elblauf um Dresden, die mittlere Elbe sowie das Mulde- und Saalegebiet – markiert den Bereich der frühen slawischen Ansiedlung.

1.1
Slawische Siedlung bei Glesien

Die bisher einzig vollständig ausgegrabene slawische Siedlung Sachsens liegt etwa 1,5 km östlich der Ortschaft Glesien (Lkr. Delitzsch). Auf einer Fläche von knapp 17.000 qm fanden sich Wohngebäude, eine Vielzahl von Gruben und Pfostenlöchern und im Randbereich einige Öfen. Die Bewohner haben Metall verarbeitet, Getreide in Handmühlen gemahlen und Kämme hergestellt. Im Nordwesten lag der Dorfteich, eine Freifläche im Süden war vielleicht der Dorfplatz. Die Wohnbauten standen in Reihen nebeneinander, während sie in anderen bisher archäologisch untersuchten slawischen Siedlungen (z. B. Dessau-Mosigkau oder Lissa) eine kreisförmige Anordnung bzw. eine lockere Streuung zeigen. Es sind Grubenhäuser mit einer Grundfläche von 10 bis 13 qm, selten bis 24 qm, und einer Tiefe von etwa 40–50 cm. Reste eines hölzernen Rahmenwerks belegen einen Wandaufbau in Blockbautechnik. Gräben dienten eventuell der Entwässerung.
Das Fundmaterial der Siedlung, v. a. Keramik, ist eindeutig slawisch geprägt. Das Dorf bestand von der Mitte des 8. bis zur Mitte des 11. Jh.

unpubliziert

DL

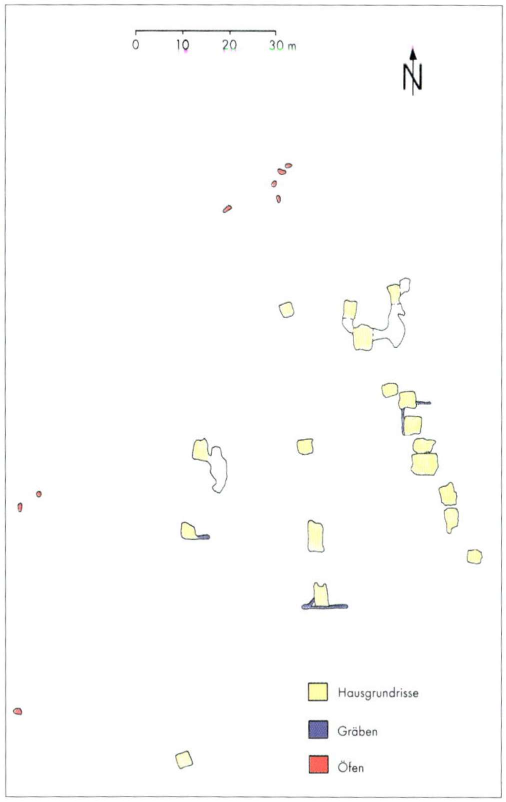

Rekonstruktion eines slawischen Blockhauses

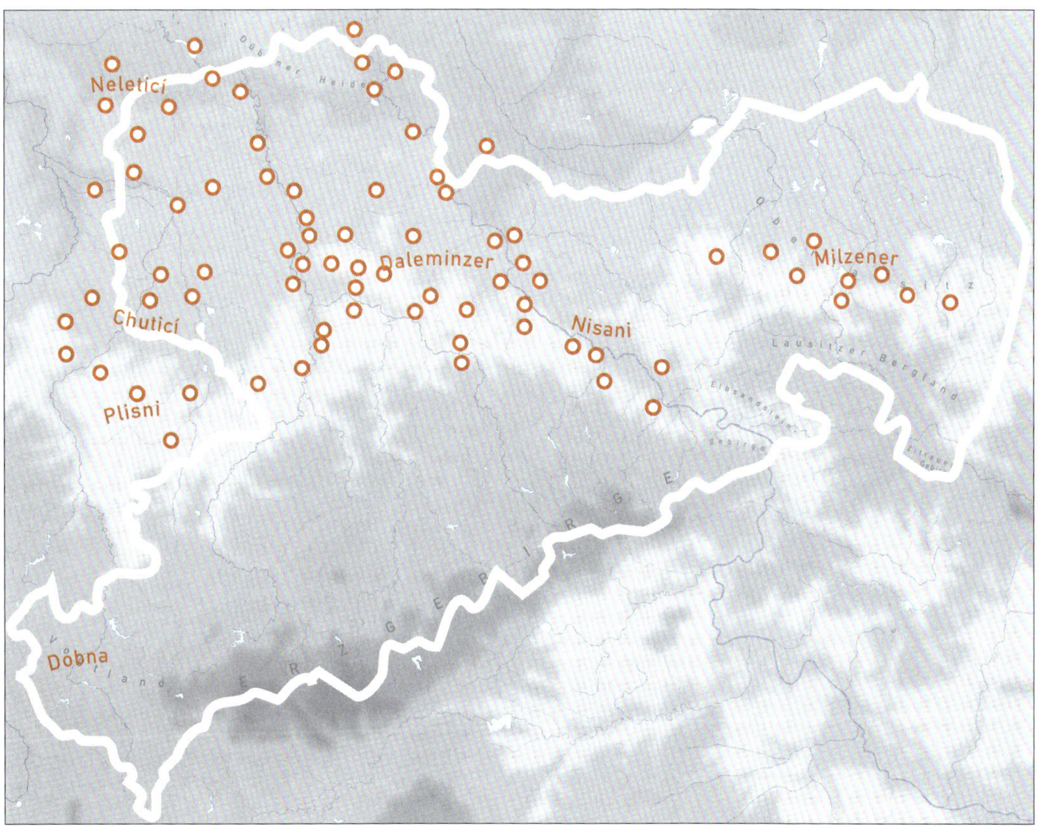

Slawische Ringwälle des 10. Jh. in Sachsen

Die Lage der slawischen Burgwallanlagen bezeichnet den Umfang der damals besiedelten Gebiete in Sachsen. Die klimatisch günstigen und fruchtbaren Lößgefilde, die Sachsen in ost-westlicher Richtung durchziehen, waren vollständig erschlossen. Dagegen mieden die Slawen das Erzgebirgsvorland und die sand- und moorreichen Gebiete nördlich des Lößgürtels. Zeitgenössische Quellen überliefern die Namen der wichtigsten in Sachsen siedelnden slawischen Stämme.

1.2
Zwei Urnen aus frühslawischen Brandgräbern

Liebersee (Lkr. Torgau-Oschatz), Gräber 1930/1931 und 2201; spätes 6./frühes 7. Jh.; gebrannter Ton. H. 30,8 cm und 21,9 cm. Dresden, Landesamt für Archäologie mit Landesmuseum für Vorgeschichte, D 1397/79, D 1398/79.

Von der jüngeren Bronzezeit bis in die frühslawische Periode genutzt, gehört der Friedhof von Liebersee mit nahezu 2000 Gräbern zu den bedeutendsten Zeugnissen der frühen Landesgeschichte. Einige Gräber des 7. Jh. sind nach Ausweis ihrer Keramik den frühen Slawen zuzuschreiben. Die Urnen, hohe, schlanke, eiförmige Tongefäße vom „Prager Typ", sind handgearbeitet und haben eine rauhe Oberfläche. Die größte Weite liegt oberhalb der Gefäßmitte, die unverzierte Wandung endet in einem niedrigen, leicht ausladenden Rand. Benannt sind die Urnen nach einem slawischen Friedhof auf dem Prager Stadtgebiet. Ihre Verbreitung in Sachsen – die Flußränder der Elbe sowie Mulde- und Saalegebiet – umschreibt exakt den frühen slawischen Siedlungsraum.

Lit.: Kroitzsch 1988, S. 238–242.

RR

1.3
Frühslawische Brandbestattung

Dresden-Stetzsch, spätes 6./frühes 7. Jh.; 1.) Ton-Urne: H. 18,8 cm, B. 18 cm. 2.) Wetzstein: Schiefer, L. 12,2 cm, B. 3,2 cm. 3.) Pfeilspitze: Eisen, L. 9,8 cm, B. 1,6 cm. Dresden, Landesamt für Archäologie mit Landesmuseum für Vorgeschichte, 484/422 (R 1751) (1.); 485/42 (2.), 486/42 (3.).

Das Brandgrab wurde 1924/1925 auf der Niederterrasse am linken Elbufer entdeckt. Der in der Ton-Urne geborgene Leichenbrand ist heute verschollen. Daneben barg die Urne eine dreiflüglige Pfeilspitze mit langem Schaftdorn und lanzettförmigen Flügeln sowie einen länglichen, durchbohrten Schleifstein, der aus einer dünnen Schieferplatte gearbeitet war.
Die Urne vom „Prager Typ" und die Pfeilspitze awarischer Herkunft datieren den bedeutenden Fundverband in die Jahrzehnte um 600. Das Grabinventar gehört damit in eine Zeit, als die ersten Slawen von Böhmen über das Osterzgebirge in das Land zwischen Elbe und Saale einwanderten.

Lit.: Coblenz, Dresden-Stetzsch 1988, S. 294–296.

RR

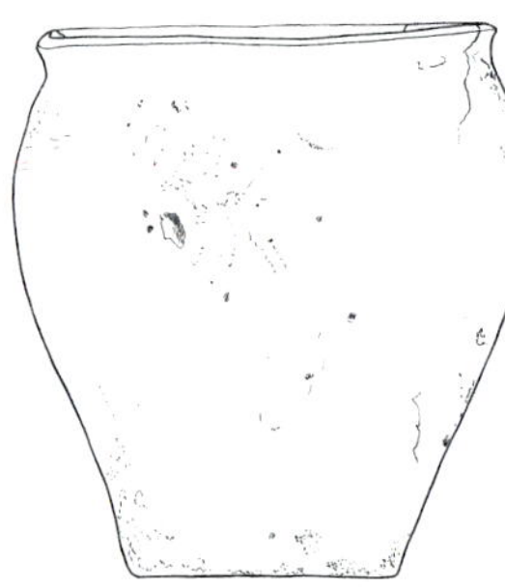

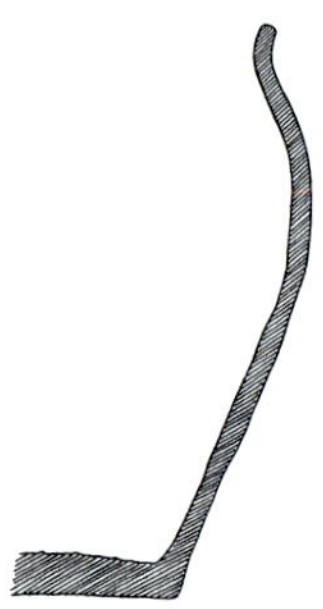

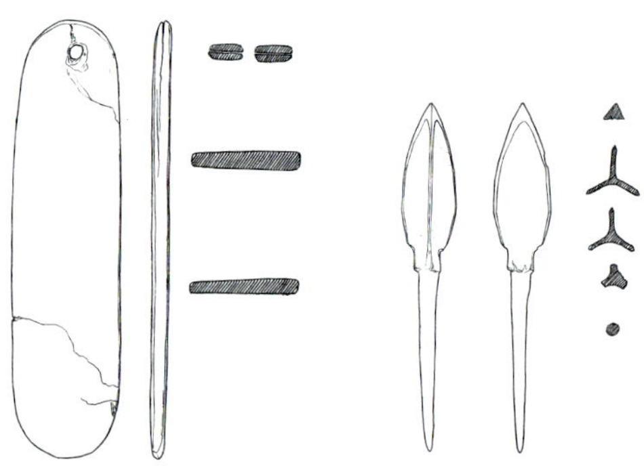

1.4

Götteridol

Neubrandenburg-Fischerinsel, 11./12. Jh.; Eichenholz, H. 174 cm (2 Teile), Mittelteil stark verwittert. Schwerin, Archäologisches Landesmuseum Mecklenburg-Vorpommern.

Die hölzerne Götterstatue kam 1969 bei archäologischen Untersuchungen auf der Fischerinsel im Tollense-See bei Neubrandenburg zum Vorschein. Die Figur hatte ursprünglich mindestens Lebensgröße. Auf einem mehrkantigen Säulenschaft sitzt der Oberkörper mit zwei parallel angeordneten Köpfen. Die beiden Gesichter mit mützenartigen Kopfbedeckungen oder Haarschöpfen, die stark betonten Kinn- und Knebelbärte und die Oberarme wurden sorgfältig herausmodelliert. Das Götteridol ist die einzige bislang bekannte slawische Großplastik, die die in zeitgenössischen Texten beschriebene Vielköpfigkeit der slawischen Götter aufweist.

Lit.: Gringmuth-Dallmer/Hollnagel 1971, S. 102–133.

RR

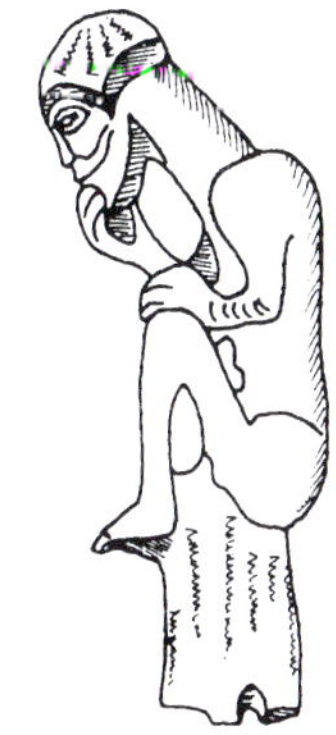

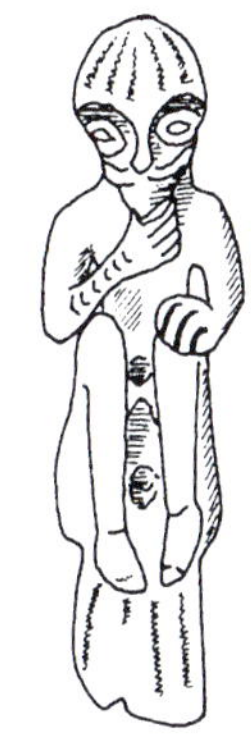

Hölzerne oder steinerne Skulpturen **slawischer Gottheiten** sind aus dem gesamten Siedlungsraum der Slawen bekannt. Götterdarstellungen mußten keine lebensgroßen Ausmaße haben. Zahlreiche Funde kleiner Götterfiguren weisen darauf hin, daß sie der „privaten" Verehrung dienten und in unterschiedlichen Zusammenhängen appliziert wurden: aufgesteckt auf Stäbe, auf eine Standfläche genagelt, als Amulett umgehängt oder auf Messerscheiden genietet. Nachrichten über den slawischen Götterkosmos sind selten. Als oberste Gottheit wurde ein Himmels- oder Sonnengott, der Svarog, verehrt, der wie der antike Helios als Wagenlenker am Himmel fahrend dargestellt wurde. Besondere Bedeutung wurde „heiligen Pferden" beigemessen, in denen sich die Anwesenheit der höchsten Gottheit manifestierte. Die sakralen Funktionen weiterer Götter wie Svantevit und Perun lassen sich auf Grundlage des bekannten Kosmos nur schwer bestimmen.

Anfänge auf dem Meißner Burgberg

Um das Jahr 900 formte sich die politische Landkarte Europas neu. Das Imperium der Karolinger zerfiel; zwischen Rhein und Elbe entstand das ostfränkisch-deutsche Reich. Hier kam 919 Heinrich, der Herzog des sächsischen Stammes, an die Macht. In mehreren Feldzügen unterwarf er die Elbslawen und errichtete 929 mitten im Slawenland die Burg Meißen. Die Burg wurde Mittelpunkt einer Mark, wie die militärisch verwalteten Grenzgebiete des Reiches genannt wurden und Sitz eines Markgrafen. Nach und nach überzog ein Netz von Burgen das Land. Jede sollte ein bestimmtes Gebiet, den „Burgward“, militärisch sichern und der Bevölkerung in Kriegszeiten Schutz bieten.

Die Slawen im Elbegebiet fügten sich bald unter die deutsche Herrschaft. Die Deutschen saßen als kleine Minderheit im Umkreis der Burgen, während das Leben in den Dörfern noch lange nach slawischen Gebräuchen und Rechtsgewohnheiten verlief. Otto I., Heinrichs Sohn, richtete 968 in Meißen, Merseburg und Zeitz drei Bistümer ein, um die Christianisierung der Slawen zu fördern. Zentrum der Mission und Erzbistum für das gesamte slawische Gebiet des deutschen Reiches war Magdeburg.

Die Ereignisse von 929 und 968 markieren einen Einschnitt in der Landesgeschichte. Damals hat Sachsen Anschluß an Europa gefunden. Verkehrswege über die Elbe und über die Erzgebirgspässe nach Böhmen wurden eröffnet, der aufblühende Fernhandel brachte Güter und Ideen aus dem fernen Westeuropa und dem Mittelmeerraum ins Land. Ein kultureller Wandel setzte ein, dessen wichtigstes Merkmal die Ausbreitung des Christentums war. Die ältesten Kirchen wurden bei den Burgwardorten errichtet; Missionsstationen inmitten des slawischen Siedlungsgebietes entstanden noch vor der Jahrtausendwende. Die Christianisierung war ein im wesentlichen friedlicher, aber langwieriger Prozeß. Noch im 12. Jh. galten manche Gebiete Sachsens als heidnisch.

1.5

Urkunde Ottos I. für das Bistum Meißen

Ravenna, 971: Pergament, mit durchgedrücktem Siegel Ottos I.; H. 48 cm, B. 57 cm, Dresden, Sächsisches Hauptstaatsarchiv, OU 6.

Für keines der drei sorbenländischen Bistümer liegt eine Gründungsurkunde vor, in der eine Dotierung ausgesetzt und die Grenzen der Sprengel eindeutig festgelegt wären. Kaiser Otto gab seinen Markgrafen 968 lediglich die Anweisung, für den Unterhalt der neu eingesetzten Bischöfe zu sorgen, „auf daß sie nicht wie arme Leute und Bauern erscheinen" (D O I 366). Als sich die Bischöfe damit nicht zufrieden gaben, übersandte man ihnen „Blanquets", Blankoformulare aus der königlichen Kanzlei, mit dem Handmal und dem Siegel des Kaisers versehen und erst vom Empfänger auszufüllen. Erhalten sind diese Urkunden für Meißen und Zeitz. Die Formulare wurden von einem kanzleiunerfahrenen Schreiber erst nach Ottos Tod 973 fertiggestellt. Trotz ihrer formalen Mängel ist die Echtheit der beiden Urkunden inzwischen unbestritten.

Das Formular für Meißen wurde 971 in Ravenna ausgestellt. Dem nachgetragenen Text zufolge sprach Otto I. – mit Zustimmung seiner Gemahlin Adelheid und seines Sohnes Otto – dem Meißner Bischof Folchold den zehnten Teil aller königlichen Einkünfte aus den fünf Landschaften zu, die den Bistumssprengel bildeten: aus Dalaminza (das Gebiet um Meißen und Lommatzsch), Nisani (das Elbtal um Dresden), Milzene (die Gefilde um Bautzen), Lusiza (Niederlausitz) und Diedesa (eine Landschaft westlich der Oder zwischen Glogau und dem unteren Queis, die wohl nur vorübergehend tributpflichtig war und später nicht zum Bistum Meißen gehörte). Die Einkünfte setzten sich zusammen aus Tributzahlungen der unterworfenen Slawen und aus Handelserträgen: aus Honig, Pelzen, Silberzinsen, Sklaven, Kleidern, Schweinen und Getreide. Hervorgehoben wurde, daß von allen Einkünften zuerst der Bischof seinen Anteil erhalten solle, und erst dann der Markgraf das ihm Zustehende abzweigen dürfe.

Edition: Mon. Germ. DO I 406. Lit.: Beumann/Schlesinger 1955; Schlesinger 1962, Bd. 1, S. 40–51.

MB

Rekonstruktion der Blockhäuser auf der Meißner Burg.

Bei archäologischen Grabungen in Meißen wurde die älteste Holzbebauung der Burg aus dem 10. Jh. gefunden.

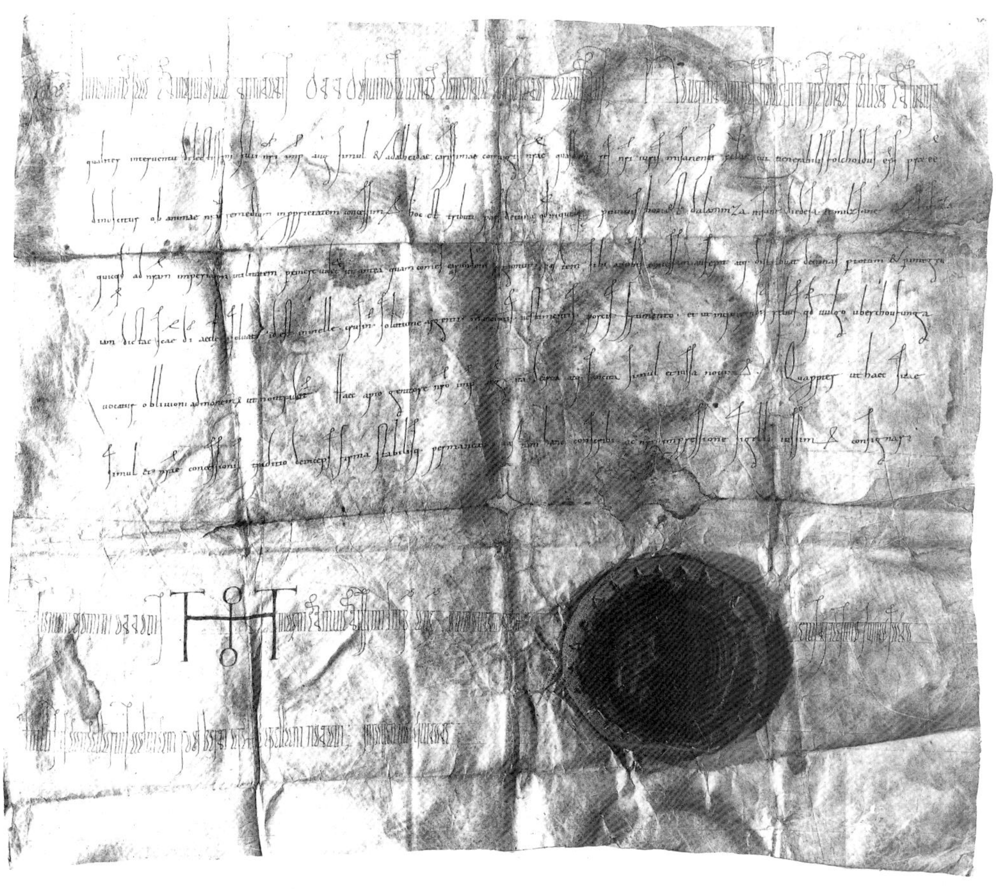

1.6

Spätslawisches Frauengrab

Dobranitz (Lkr. Bautzen), Grab 47, spätes 11./frühes 12. Jh. 1.) Tongefäß: H. 10,7 cm; 2.) Schläfenring, Bronze, Dm. 1,7 cm. Dresden, Landesamt für Archäologie mit Landesmuseum für Vorgeschichte, R 527 (1.), R 769 (2.).

Der Friedhof von Dobranitz hat eine besondere Bedeutung, da hier slawische Brand- und Körpergräber nebeneinander vorkommen. Die Ausgrabung von 1992–1994 brachte rechteckige Gruben zutage, aus denen das Material für die inzwischen verebneten Grabhügel entnommen worden war. In den Gruben fanden sich Keramikscherben, Reste der auf der Hügelspitze aufgestellten Urnen. Der Brauch, die Gefäße mit den Resten der verbrannten Toten auf dem Gipfel der Hügel aufzustellen, ist mehrfach in den Lausitzen und in weiter östlich gelegenen Gebieten nachgewiesen.
An die Hügelgräber schlossen sich flache Körpergräber an. Mit den 68 geborgenen Gräbern dürfte der Friedhof vollständig erfaßt sein. Fast alle Gräber sind west-östlich ausgerichtet, mit Blick nach Osten. In einigen Gräbern wurden Särge und Steinsetzungen festgestellt. Die Toten wurden in ihrer Tracht bestattet, von der sich nur die metallenen Zierteile – Schläfenringe, Finger- und Ohrringe – sowie Glasperlen erhalten haben. In vier Gräbern fanden sich Keramikgefäße, darunter in Grab 47 ein mit Fingernageleindrücken verzierter Topf. Er enthielt die Nahrung, die die Tote für ihre Reise ins Jenseits benötigte. Das Fundgut datiert die Gräber in das späte 11. und die 1. Hälfte des 12. Jh. Danach wurde die Nekropole aufgegeben, die Toten wurden fortan auf dem 5 km entfernt liegenden Friedhof von Göda beigesetzt. Hier war zu Beginn des 11. Jh. eine Missions- und Taufkirche gegründet worden.

Lit.: Spehr 1994, S. 89–93.

RR/RvS

Navicella-Brosche aus Trier, 11. Jh.

1.7

Pilgerzeichen (?)

Weideroda (Lkr. Leipziger Land), 11. Jh.; geprägtes Bronzeblech, Dm. 1,6 cm. Dresden, Landesamt für Archäologie mit Landesmuseum für Vorgeschichte, D 481/91 (R 3703).

Zwischen zwei Siedlungshorizonten des 10. bis 12. Jh. wurde 1955 auf der slawischen Burg Weideroda eine dünne Bronzeblechscheibe mit der Darstellung einer „Navicella" (kleines Schiff) gefunden. Eisenoxydreste auf der glatten Rückseite deuten darauf hin, daß die Bronzescheibe einst eine Halterung besessen hat und als Plakette oder Pilgerzeichen getragen wurde.
Von einem Perlrand gesäumt, zeigt die Szene zwei nimbierte Heilige in einem Boot. Sie halten Palmwedel als Zeichen des Martyriums in den Händen. Die Heiligenscheine werden ebenso wie die Manipel, die schräg über die Gewänder gelegt sind, durch ein Perlband angedeutet. Zwischen den Heiligen steht ein Kreuzesstab als Symbol des Lebensbaumes. Während der ältere Mann mit Bart in Vorderansicht abgebildet ist, zeigt die zweite Figur einen jüngeren, bartlosen Mann im Profil, der auf seinen Begleiter blickt.
Ursprung und Bedeutung dieser ältesten christlichen Darstellung im westslawischen Raum sind noch nicht befriedigend geklärt. Wegen der Ähnlichkeit mit Münzprägungen Herzog Jaromirs von Böhmen (1003–1012) hat man die Heiligen als Vitus und Modestus angesprochen: Seit der Translation einer Armreliquie 929 wurde der hl. Veit in Prag verehrt. Gegen eine so enge regionale Eingrenzung spricht, daß Navicella-Broschen dieses Typs im 11. Jh. offenbar in ganz Europa verbreitet waren. Bekannt sind sie aus Trier, der hohenlohischen Wüstung Wülfingen und aus dem südschwedischen Lund. Bei den beiden Heiligen dürfte es sich um Petrus und Paulus handeln. Ihr Schiff wäre als Symbol für die Kirche zu verstehen.

Lit.: Vogt 1987, S. 174 f.; Reich der Salier 1992, Nr. 24, 25.

RR

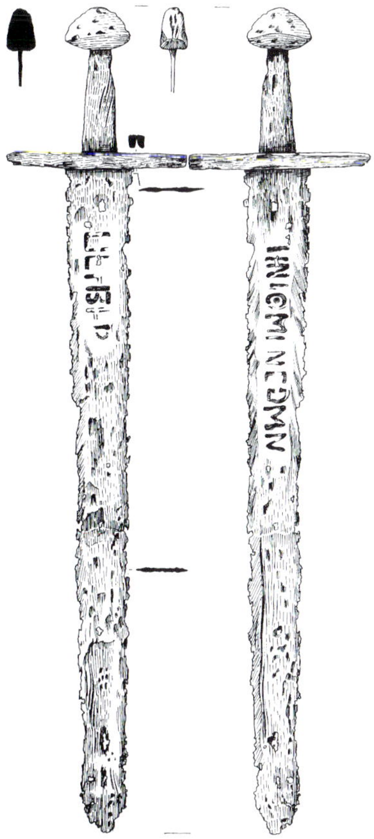

1.8

Inschriftenschwert

Espenhain (Lkr. Leipziger Land), 1. Hälfte 12. Jh.; Eisen L. (erhalten) 67 cm; B. (Klinge) 5,7 cm. Leipzig, Stadtgeschichtliches Museum.

Die Fundumstände sind unbekannt. Ursprünglich war das Schwert etwa 1 m lang. Der paranußförmige Knauf wurde aus einer stählernen und einer eisernen Hälfte zusammengeschweißt. Die kurze gerade Parierstange besitzt einen quadratischen Querschnitt. Die im Hohlschliff gearbeitete, damaszierte Klinge zeigt auf beiden Seiten Schriftzüge in Eisentauschierung. Die karolingischen Majuskeln lassen sich zu ULFBERHT bzw. + IN NOMINE DOMINI ergänzen. Schwerter mit Ulfberht-Signierung waren über weite Teile Europas verbreitet. Sie wurden seit dem 9. Jh. in Werkstätten des Mittel- und Niederrheingebietes gefertigt und gelten als Meisterstücke mittelalterlicher Schmiedekunst. Der Name erscheint nur auf hochwertigen Klingen. Offenbar kam ihm mythische Bedeutung zu.

Lit.: Spehr 18/1988.

RR

1.9

Schatzfund von Meschwitz

Meschwitz (Lkr. Bautzen), 10. Jh.; Silber. Görlitz, Städtische Sammlungen für Geschichte und Kultur, R 3404 (Hacksilberohrringe).

Der Schatz von Meschwitz, 1878 entdeckt, besteht aus zwei Gefäßen mit überwiegend zerhackten Silbermünzen und Silberschmuck. Die Schmuckfragmente stammen von Gehängen, Hohlperlen und Halsringen, von denen einer vollständig erhalten ist. Bei den Münzen überwiegen arabische Prägungen; europäische Provenienzen sind selten. Als Prägeorte lassen sich Samarkand, Buchara und esh-Shash bestimmen. Die Prägejahre einiger Münzen sind bekannt: Sie wurden meist in der 2. Hälfte des 10. Jh. in Umlauf gebracht.

Vergleichbare Schatzfunde dieser Zeit finden sich an Oder, Weichsel und vor allem im Ostseegebiet. In mehr als 1.500 Silberschätzen wurden etwa 150.000 Münzen gefunden – ein eindrucksvolles Zeugnis für die intensiven Handelsbeziehungen zwischen den rohstoffreichen Ländern Nordeuropas und der byzantinisch-arabischen Welt. Gründe für die Niederlegung werden in den häufigen Unruhen und Kriegen dieser Zeit gesehen.

Für den Handel war lediglich das Silbergewicht der Objekte von Bedeutung; deswegen konnten sie nach Bedarf zerstückelt werden. Der Münzverkehr mit eigenen skandinavischen und deutschen Prägungen setzte sich erst im 11. Jh. durch.

Lit.: Virchow/Feyerabend 1894, S. 219–228; Dutschmann 1926, S. 128–137; Corpus archäologischer Quellen 1985; Stoll 1985.

TW

Mit Schwert und Bischofsstab

Der größte Teil des heutigen Freistaates Sachsen gehörte im Mittelalter zum Bistum Meißen. Zusammen mit dem Markgrafen residierte der Bischof auf dem Meißner Burgberg. Als geistliches Oberhaupt der Diözese leitete er die Mission, weihte Priester und neue Kirchen. Über die Besetzung des Bischofsstuhls bestimmte lange Zeit allein der König. Die Bischöfe verbrachten einen großen Teil ihrer Zeit bei Hofe, nahmen an Feldzügen teil und waren in diplomatischen Missionen unterwegs. Seit dem Ende des 11. Jh. befreiten sie sich aus der Abhängigkeit vom König und erlangten eine eigene Machtbasis. In ihrem Territorium in der Oberlausitz und in der Gegend um Wurzen nahmen sie nun selbst Steuern ein, erhoben Zölle und ließen Münzen schlagen. Wie weltliche Fürsten beschäftigten sie zahlreiche Ministeriale – Ritter, die für sie Kriegsdienst leisteten und ihre Güter verwalteten.

Münze des Bischofs Heinrich II.
(Nr. 1.12)

Bei der Verwaltung des Bistums stand dem Bischof das Domkapitel zur Seite. In Meißen setzte es sich aus 15 Kanonikern zusammen. Im Laufe des hohen Mittelalters wuchsen Bedeutung und Macht des Domkapitels ständig an. Die Domherren setzten durch, daß ihnen allein das Recht der Bischofswahl vorbehalten wurde und daß der Bischof bei allen wichtigen Entscheidungen ihre Zustimmung einholen mußte.

Der bekannteste, keinesfalls aber bedeutendste Meißner Bischof des Mittelalters ist Bischof Benno (1066–1106), der einzige Heilige, den Sachsen hervorgebracht hat. In seiner Lebensgeschichte hat die problematische weltliche Stellung eines mittelalterlichen Bischofs tragische Formen angenommen. Benno begann seine Karriere traditionell als Hofkaplan und treuer Gefolgsmann König Heinrichs IV. Als sich der sächsische Adel gegen den König erhob, geriet er zwischen die Fronten. Lange zögerte er eine Parteinahme hinaus und bemühte sich vergebens um Ausgleich. Weil er dem König bewaffnete Unterstützung verweigerte, wurde er 1075 wegen Hochverrats aus dem Amt gejagt.

1.10

Krümme des Hirtenstabes des Bischofs Benno von Meißen

Krümme: Schottland (?), Ende 10. Jh.; Stab und Beschlag: Sachsen, um 1285; Walbein, Holz; metallenes Kopfstück mit Krümme, zusammengesetzter Knauf. Krümme: H. 19 cm, B. 13,5 cm. Restaurierung: 1989 – Regina Knauf (Dokumentation). München, Dom Unserer Lieben Frau.

Der hl. Benno stammte aus einem sächsischen Grafengeschlecht und wirkte von 1066–1106 als Bischof von Meißen. 1523 wurde er heiliggesprochen. In der Zeit nach der Glaubensspaltung kamen seine Gebeine über Stolpen und Wurzen nach München. Er wird als „Apostel der Sorben" verehrt, ist Patron des Bistums Dresden-Meißen und der Stadt München.

1274 ließ Bischof Withego I. von Meißen (1266 bis 1293) Bennos Grab im Meißner Dom öffnen und die Gebeine erheben. Dabei soll er auch das Meßgewand, den Hirtenstab und eine Mitra geborgen und in dem vor dem Lettner erbauten Hochgrab wieder beigesetzt haben. Wahrscheinlicher ist, daß die Mitra damals neu gefertigt wurde.

Auch der Hirtenstab kam 1576 nach München. Er wird heute im Liebfrauendom im Sockel des Retabels des Bennoaltars aufbewahrt. Es handelt sich um einen Funeralstab, die Nachbildung eines hölzernen Bischofsstabes, die man im Mittelalter Bischöfen mit in den Sarg legte. Bei dem Stab des hl. Benno hat man einen Messergriff aus Walbein als Krümme zweitverwendet. Nach dem Dekor zu schließen, ist er im letzten Viertel des 10. Jh. in Schottland entstanden. Das kostbare Messer zeigt Spuren langer Benutzung; es dürfte Bischof Benno 1106 mit ins Grab gegeben worden sein. 1274 waren die Eisenteile wohl schon verrostet. Man hielt den Griff für den Teil eines Bischofsstabes und montierte ihn als Krümme auf den nachgebildeten Stab.

Lit.: Barany Oberschall 1958, S. 13; Ramisch 1994, S. 603–658; Ramisch/Steiner 1994, S. 221–228.

SS

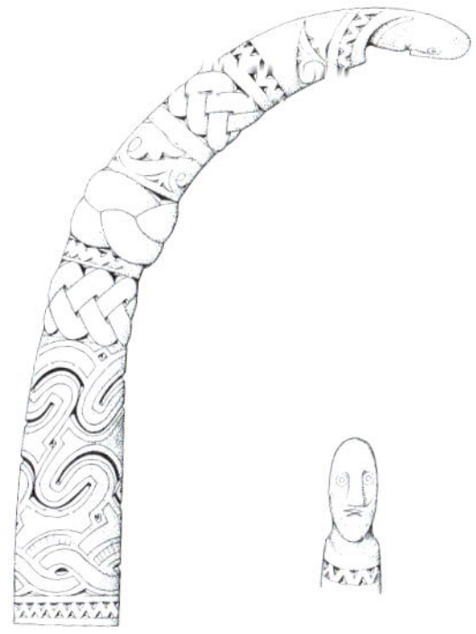

Nr. 1.10 Krümme des Hirtenstabes, Umzeichnung

1.11

Mitra des Bischofs Benno von Meißen

13. Jh.; Leder, Leinen, Seide, Klöppelspitze 16. Jh. H. 23,5 cm, B. 27,5 cm; Fanones: L. 12,8 cm, B. 5,2 cm. Dresden, Kathedrale SS. Trinitatis.

Neben dem Hirtenstab Bischof Bennos (Nr. 1.10) wurde auch seine Mitra 1274 in einem neuen Hochgrab beigesetzt.

Die starken Beschädigungen der Mitra wurden schon 1576 festgestellt. Die Unterlage ist ein grobgewebtes Leinen, darüber eine grüne orientalische Seide. Auf den Seidenbezug sind Ranken gestickt. An einzelnen Stellen sind Blüten erkennbar, die mit Golddraht gestickt und innen mit kleinen weißen Perlen verziert sind. Einige der ursprünglich echten Perlen wurden später (wohl 1523)

Bischofsmütze (Mitra) und -stab (Baculus) gehören zu den **Pontifikalien**, den bischöflichen Insignien, die Autorität und Würde des Bischofsamtes symbolisieren. Sie werden dem Bischof bei der Amtseinsetzung verliehen. Bereits in spätantiker Zeit zählten neben dem Baculus auch der Bischofsring und der vom Papst verliehene Umhang (Pallium) zu den Insignien. Stabkrümmen sind erst ab dem 9. Jh. nachzuweisen; auch die Mitra erscheint verhältnismäßig spät, in der Mitte des 11. Jh., als Teil der Pontifikalien. In dieser Zeit konnten auch die purpurne Reitdecke, Pontifikalschuhe und -strümpfe sowie Handschuhe und das Vortragskreuz durch päpstliches Privileg verliehen werden. Später standen sie als Insignien jedem Bischof zu.

Brakteaten – einseitig geprägte Pfennige aus Silberblech – sind typisch für die regionalen Pfennigwährungen des 12./13. Jh. Ihr Geltungsbereich war auf das Territorium des Münzherrn beschränkt. Großzahlungen im Handelsverkehr mußten mit Rohsilber (Barren oder Silberkuchen) oder Pergamentsilber (nach Gewicht gebündelten oder zusammengepreßten Brakteaten) beglichen werden. An kleineren Nominalen gab es Hälblinge (halbe Pfennige), die man selten prägte und meist durch Zerschneiden ganzer Münzen herstellte. Brakteaten waren nur für ein Jahr gültig. Bei der alljährlichen „Münzverrufung" mußten vier alte gegen drei neue Brakteaten eingetauscht werden.

durch etwas größere Glasperlen ersetzt. Auf dem Außenbezug fehlen größere Teile. Am linken Fanon sind noch Reste von Goldfransen vorhanden. Unter der Seide wurde zur Verstärkung Leder angebracht, das in einigen Resten erhalten geblieben ist. In der Spitzenöffnung sind noch Teile der Futterseide vorhanden, die mit einem einfachen Sternenmuster in goldener Farbe in Kreuzstich bestickt ist. Die Mitra und die Fanones sind zur Festigung außen mit einem Netz in grüner Farbe überzogen. Das Netz ist in Seide geklöppelt und dürfte aus dem 16. Jh. stammen.
Als 1962 der Hochaltar der 1945 schwer zerstörten Hofkirche in Dresden wieder eingeweiht wurde, schenkten der Erzbischof von München und Freising Julius Kardinal Döpfner (1961–1976) und das Metropolitankapitel dem Bistum Meißen die Mitra. Sie wurde zunächst in Bautzen aufbewahrt, wo – bis zur Verlegung nach Dresden 1980 – der Sitz des Bistums war. Damals überführte man die Mitra in die Hofkirche, die jetzt zur Kathedrale erhoben wurde. 1997 erhielt die Mitra ein eigenes Reliquiar, das auf der Predella des Altares in der Bennokapelle aufgestellt ist.

Lit.: Seifert 1994. 775 Jahre Domkapitel St. Petri 1996, S. 37 f., Nr. 2.

SS

1.12

Münzprägung der Bischöfe von Meißen

1. Bischof Bruno II. (1208–1228): Sitzender Bischof auf doppeltem Bogen, hält Palmzweig in der Rechten und Kreuzesstab in der Linken, zu beiden Seiten des Kopfes je ein Ringel. Dm. 3,88 cm; 0,82 g. Fundprovenienz: Grünroda 31.
2. Bischof Bruno II. (1208–1228) oder Bischof Heinrich (1228–1240): Sitzender Bischof auf doppeltem Bogen, hält Krummstab in der Rechten und Kreuzesstab in der Linken, neben dem Kopf zwei buchstabenähnliche Zeichen; zu beiden Seiten je ein Ringel. Dm. 4,22 cm; 0,81 g.
3. Bischof Heinrich II.: + + + + (auf dem Rand), sitzender Bischof mit Buch, hält Krummstab in der Rechten und Schlüssel in der Linken. Dm. 3,83 cm; 0,80 g.
4. Unbekannter Bischof: H H H H (auf dem Rand); sitzender Bischof; hält Krummstab in der Rechten und Schlüssel in der Linken; zu beiden Seiten eine Kugel. Dm. 3,58 cm; 0,88 g.
5. Bischof Heinrich II. oder Bischof Konrad I. (1240 bis 1258): Sitzender Bischof; hält Blumenstab in der Rechten und Buch mit Kreuz darüber in der Linken; zu seinen Füßen je eine Kugel. Dm. 4,68 cm; 0,81 g. Fundprovenienz: Reinhardsgrimma Nr. 2.
6. Bischof Konrad I.: Sitzender Bischof, hält Krummstab in der Rechten und Kreuzesstab in der Linken. Dm. 4,07 cm; 0,82 g.
Dresden, Staatliche Kunstsammlungen, Münzkabinett, Nr. 3307 (1.), Nr. 2611 (2.), Nr. 3346 (3.); Nr. 3184 (4.); Nr. 2336 (5.); Nr. 3318 (6.).

Die Meißner Bischöfe haben in der Zeit der regionalen Pfennigwährung gemünzt. Sie müssen im Besitz des Münzrechtes gewesen sein, auch wenn ein urkundlicher Beleg dafür fehlt. Silber wurde in dem bischöflichen Bergwerk bei Scharfenberg in der Nähe von Meißen gefördert. Man nimmt an, daß die Bischöfe – um den Markgrafen von Meißen auszuweichen – in Bischofswerda oder Stolpen münzen ließen. Hierfür spricht, daß die Mehrzahl der 16 Fundorte, an denen bischöfliche Münzen bislang zutage traten, im östlichen Sachsen liegt. Aber auch Wurzen und Mügeln kommen als Prägeorte in Frage. Man kennt Münzen der Bischöfe Gerung, Martin, Dietrich II., Bruno II., Heinrich, Konrad I., Albrecht II. und Witigo I., also nur aus dem Zeitraum von 1154–1293.
Die bischöflich-meißnischen Münzen sind undatierte Brakteaten, die den Wert eines Pfennigs (Denars) hatten. Sie lehnen sich in Münzfuß, Stil, Schrötlingsgröße und -stärke eng an die vorherrschende Münzprägung der Markgrafen von Meißen an, so daß sie nur im Vergleich mit dieser datiert werden können. Dargestellt wird hauptsächlich der en face sitzende Bischof, der an der Kleidung oder seinen Attributen als geistlicher Fürst zu erkennen ist.

Lit.: Schwinkowski 1909, S. 36 f. (1.); Posern-Klett 1846, S. 874 (2.); Schwinkowski 1935, S. 257, 55 var (3.); Slg. Bonhoff 987 (4.); Arnold 1985, S. 132 (5.); Posern-Klett 1846, Nr. 893 (6.).

PA/WH

1.13
Älteste Siegel der Bischöfe und des Domkapitels von Meißen

Wachssiegel der Bischöfe Gerung von 1160 (rund, Dm. 7,3 cm), Martin von 1187 (rund, Dm. 7,5 cm), Dietrich von 1206 (rund, Dm. 7,5 cm) und Albert II. von 1263/1264 (spitzoval, H. 6,5 cm, B. 4,5 cm) sowie des Domkapitels von 1206 (oval, H. 10 cm, B. 7 cm) und von 1263/1264 (rund, Dm. 8 cm). Dresden, Sächsisches Hauptstaatsarchiv, DCM 16, DCM 19, DCM 20, DCM 79, DCM 20, DCM 79.

Das bischöfliche Siegelwesen nahm seinen Ausgang im 10. Jh. von den rheinischen Bistümern und hielt im 12. Jh. in den Diözesen Mittel- und Ostdeutschlands Einzug. Erste Bischofssiegel traten in Magdeburg 1094, in Naumburg 1103, in Merseburg 1127, in Brandenburg 1154 in Erscheinung. Meißen folgte erst 1160. Daher ist hier der älteste Typus der Bischofssiegel, das Brustbildsiegel, nicht mehr vertreten, sondern von Anfang an das im Westen bereits seit dem späten 11. Jh. verbreitete einfache Thronsiegel (zunächst ohne Architekturrahmen). Das Siegel Bischof Gerungs (1152–1170) von 1160 zeigt eine thronende Bischofsgestalt, die den Bischofsstab und eine geöffnete Bibel in Händen hält. Dieser Typ war in Meißen 200 Jahre in Gebrauch.
Vermutlich schon am Ende des 12. Jh. hat auch das Domkapitel ein eigenes Siegel geführt und damit seine gewachsene Bedeutung zum Ausdruck gebracht. In den bischöflichen Urkunden verdrängten die Domherren in dieser Zeit andere Vertreter des Klerus und des „Volkes" aus den Zeugenlisten. Sie erscheinen nicht mehr nur als Handlungs-, sondern bereits auch als Zustimmungszeugen. Im frühen 13. Jh. hatte das Meißner Domkapitel das volle Konsensrecht bei bischöflichen Rechtsakten erreicht; um die Mitte des Jahrhunderts erscheint es als mitregierende, dem Bischof gleichberechtigte Körperschaft. Wie bei den Siegeln der Domkapitel üblich, zeigt auch das meißnische den Bistumsheiligen: eine Gestalt mit Nimbus und aufgeschlagener Bibel, die durch die Umschrift „SANCTUS IOHANNES APOSTOLUS ET EWANGELISTA" identifiziert ist. Dieses Siegel war bis 1263/1264 in Gebrauch.

Lit.: Schlesinger 1962 Bd. II, S. 521 ff.; Blaschke 1970; Kittel 1970, S. 389–421.

MB

oben:
Bischof Gerung, 1160
Bischof Martin, 1187
Domkapitel, 1206
rechts:
Bischof Dietrich, 1206
Bischof Albert II., 1263/1264
links:
Domkapitel, 1263/1264

1.14
Siegelstempel des Domkapitels

Sachsen, um 1260; Dm. 8 cm. Meißen, Archiv des Hochstifts.

Kurz nach 1260 brachte das Meißner Domkapitel sein gesteigertes Selbstbewußtsein durch die Wahl eines neuen Siegels zum Ausdruck: Im „SIGILLUM CAPITULI ECCLESIE MISNENSIS" nennt sich nun die siegelführende Körperschaft selbst. Das neue Siegelbild ist durch einen baldachinartigen Architekturrahmen bereichert. Es erscheint neben Johannes auch der zweite Bistumsheilige, Donatus, der altehrwürdige lokale Patron, dessen Verehrung damals freilich schon im Zurückgehen begriffen war. Offenbar war das Doppelbildnis der Stiftsheiligen besonders geeignet, die Würde des Kapitels zu verkörpern. Man möchte den Vorgang in Verbindung bringen mit der etwa gleichzeitigen Aufnahme des Donatus in das Figurenprogramm des Domchors. Das Typar des Domkapitels ist bis zur Reformation in Gebrauch geblieben.

Lit.: Schlesinger 1962, Bd. II, S. 521 ff.; Blaschke 1970; Kittel 1970, S. 389–421.

MB

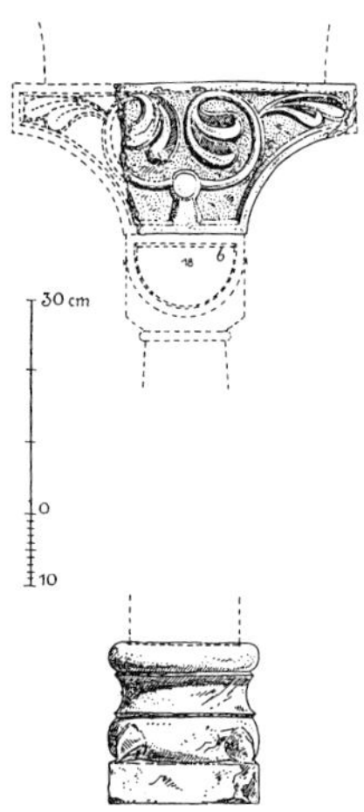

Säulenfuß und Kämpferstein vom romanischen Bau, die als Spolien im gotischen Kreuzgang des Meißner Domes verbaut waren.

1.15

Modell des romanischen Domes zu Meißen

1908 erstmals systematische Domgrabungen unter Dombaumeister Hartung – Langhaus und Querschiff; 1910 im Chorbereich: Neben vorgeschichtlichen Funden glaubte man die Krypta des ottonischen Domes ergraben zu haben – Interpretation bleibt spekulativ; Geometrie und konstruktive Durchbildung des romanischen Baues sicher ergraben; Westabschluß blieb ungeklärt. 1992/1994 Grabungen am westlichen Vierungspfeiler. Modell 1 : 200 nach den Erkenntnissen von Günter Donath, Günter Kavacs und Heinrich Magirius; Ausführung von Thomas Kroh 1997.

Im 10. Jh. wurde auf dem Burgberg von Meißen eine erste Kathedralkirche für das neugegründete Bistum errichtet. Der vermutlich bescheidene Bau wurde um 1100 durch den romanischen Dom ersetzt, eine viertürmige, dreischiffige Basilika mit Querhaus und Ostapsiden. Die Gesamtlänge betrug 46 m, die Breite an der Westfront 19,5 m. Aus den Fundamenten läßt sich eine Westanlage mit zwei Türmen erschließen. Verstärkte Fundamente der östlichen Bereiche der Seitenschiffe weisen auf die Anordnung von Osttürmen hin. Dem südlichen Seitenschiff war eine Portalvorhalle vorgelagert. Der quadratische Chor schloß im Osten mit einer großen Hauptapsis. Die ebenfalls beinahe quadratischen Querhausarme wiesen Nebenapsiden auf. Offenbar war an der Nordseite eine kleine Sakristei angeordnet, ein Baumotiv, das später an der Wechselburger Stiftskirche und an der Freiberger Marienkirche wesentlich ausgeprägter erschien.

Der Domaufriß läßt sich nur über vergleichbare Bauten im mitteldeutschen Raum, wie die Kirche der Augustinerchorherren in Hamersleben und die Liebfrauenkirche in Halberstadt, rekonstruieren. So waren vermutlich die Seitenschiffe ca. 5,5 m hoch, der Obergaden 5 m, der First 17,5 m und die Osttürme bis zum Dachansatz 25 m. Diese Höhe wurde wohl durch die Doppelturmfront im Westen mit 28 bzw. 32 m bis zur Spitze der Turmhelme übertroffen.

Seit etwa 1250 wurde der romanische Bau schrittweise durch den heutigen gotischen Neubau ersetzt.

Lit.: Hartung 1908, S. 11–13; Hartung 1912, S. 21–22; Magirius, Heinrich/Kavacs, Günter: Ergrabung der westlichen Vierungspfeiler, Ms., 1992, 1994.

GD

schwarz: Umrisse des heutigen Domes
braun: Rekonstruktion des romanischen Grundrisses

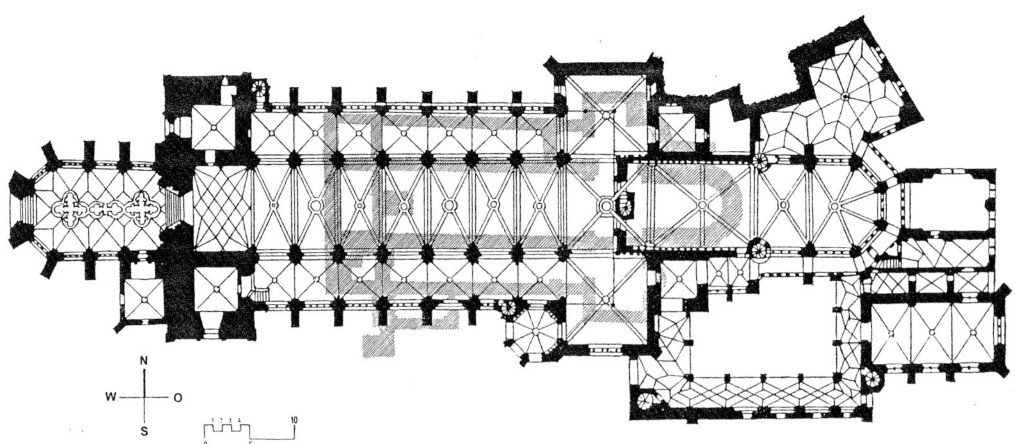

Neue Dörfer, erste Städte, fremde Siedler

Das hohe Mittelalter war eine Epoche des Wohlstands in ganz Europa. Die Bevölkerung wuchs, überall rodeten Kolonisten Wälder und nahmen neues Land unter den Pflug. Aus den Rheinlanden und aus anderen dicht bevölkerten Ballungsgebieten im westlichen Deutschland wanderten Zehntausende nach Osten aus. Zwischen 1100 und 1300 hat Sachsen sein Gesicht völlig verändert. Rund 4.000 neue Dörfer entstanden, die Einwohnerzahl verzehnfachte sich. Erst jetzt wurden die weiten Ebenen des Nordens und die unwegsamen Gebirgsregionen im Süden erschlossen. Die neu besiedelten Gebiete waren nicht herrenlos: Sie gehörten dem König, dem Markgrafen, dem Bischof oder dem Abt eines Klosters. Diese gaben den Siedlern Grund und Boden zu Lehen, erhielten dafür Abgaben und wurden als Herren des zukünftigen Dorfes anerkannt. Die slawische Bevölkerung beteiligte sich an der Kolonisation, geriet nun aber gegenüber den Einwanderern in die Minderheit: Im Laufe der folgenden Jahrhunderte ist sie fast überall in der deutschen Bevölkerung aufgegangen. Lediglich in einigen Gegenden der Lausitz haben die Sorben eigene Sprache und Kultur bewahrt.

In der Zeit des Landesausbaus wurde Sachsen zum Schmelztiegel unterschiedlicher Traditionen und Kulturen. Die Zuwanderer brachten aus ihrer Heimat Werkzeuge, Techniken und eigene Gebräuche mit. Bildende Kunst und Architektur erhielten starke Impulse. Eine Welle von Kirchengründungen ging über das Land. Hatte es vor 1100 im Bistum Meißen etwa fünfzig Pfarrkirchen gegeben, von denen jede für eine große Zahl von Dörfern zuständig war, so erhielt in den Neusiedelgebieten gewöhnlich jedes Dorf eine eigene Kirche. Gründer und Patron der Kirche war der Dorfherr. Er bestimmte den Pfarrer und sorgte für dessen Unterhalt: Bei der Anlage des Dorfes wurde dem Pfarrer ein eigenes Stück Land, das „Pfarr-“ oder „Kirchlehn“, zur Selbstbewirtschaftung zugeteilt. Zusätzlich erhielt er Abgaben von den Bauern seiner Gemeinde.

Rodung und Urbarmachung
Illustration aus dem
Oldenburger Sachsenspiegel,
1336.

Die Übergabe des neuen Dorfes
Der Grundherr händigt dem Bauernmeister (mit Strohhut) eine Urkunde über die Verleihung des Dorfes an die Siedlergemeinschaft aus. Unterdessen beginnen die Bauern zu roden und ein Haus zu bauen.
Illustration aus dem Oldenburger Sachsenspiegel, 1336.

Holzspaten mit Eisenschuh
Illustration aus dem Oldenburger Sachsenspiegel, 1336.

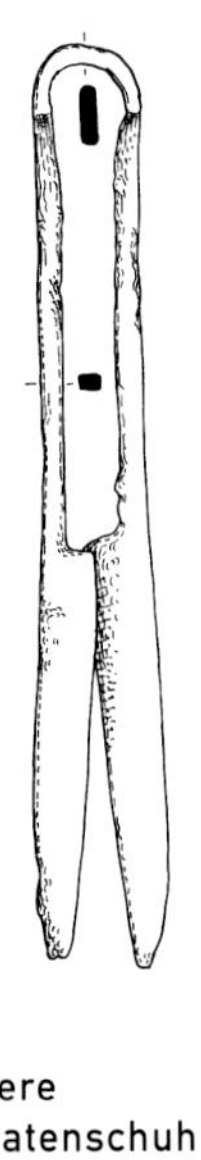

oben: Schere
rechts: Spatenschuh

1.16

Archäologische Funde aus mittelalterlichen Siedlungen

1. Tierknochen: mittelalterlich, Dresden – Altmarkt.
2. Getreide: mittelalterlich, Zwickau – Kornmarkt.
3. Sichel: Zehren (Lkr. Meißen), 10./11. Jh., Eisen, L. 39 cm.
4. Spatenschuh: Chemnitz, 2. Hälfte 13. Jh.; Eisen, L. 16,8 cm, Br. 19,5 cm.
5. Schere: Köllmichen (Muldentalkreis), 9./11. Jh.; Eisen, L. 24,3 cm, davon Scherenblätter 11,3 cm.
6. Mühlsteine: Sornzig (Lkr. Torgau-Oschatz), 10./13. Jh.; Rochlitzer Porphyr; diverse Fragmente.
Dresden, Landesamt für Archäologie mit Landesmuseum für Vorgeschichte, Z-01/5710 (2.), S. 554/98 (3.), R 2228 (4.), S. 1447/61 (5.), D 8449/78, D 841/78 (6.).

Archäologische Siedlungsgrabungen ergeben ein präzises Bild vom Alltag der Menschen im Mittelalter. Reste von Getreide, Schweine-, Schaf- und Rinderknochen erlauben eine Rekonstruktion der Ernährungsgewohnheiten. Landwirtschaftliche Geräte treten nicht nur in Dörfern zutage, sondern auch in Klöstern, Burgen und Städten. Auch diese Siedlungen waren nach Ausweis des Fundgutes bis ins Spätmittelalter agrarisch geprägt.
Die Sichel (3.) mit kurzer Griffangel und einer schmalen, fein gezähnten Schneide stammt vom Burgberg Zehren, einer bedeutenden Befestigung in Sachsen aus ottonischer Zeit. Ausgrabungen der Jahre 1956–1958 ließen den Aufbau der Wallanlagen und die Struktur der Siedlung erkennen. Das Spatenfragment (4.) trat 1988/1989 bei Grabungen im ehemaligen Benediktinerkloster Chemnitz zutage. Der Spaten mit Resten des verkohlten hölzernen Blattes lag unter einem Fußbodenhorizont des 14. Jh. in einer fundreichen Schicht, die Zeugnisse früher klösterlicher Gewerbe- und Bautätigkeit erbrachte (vgl. Nr. 3.14). Der eiserne aufgenagelte Randbeschlag verhinderte eine zu starke Abnutzung des Holzblattes.
Gestalt und Funktion der Schere sind über Jahrhunderte gleich geblieben. Ein früher Beleg ist die aus einem Stück geschmiedete eiserne Schere (5.) vom slawischen Burgwall Köllmichen.
Eine Sonderform früh- und hochmittelalterlicher Siedlung sind Niederlassungen spezialisierter Handwerker bei slawischen, später deutschen Burgen oder an bestimmten Rohstofflagerstätten. Der slawische Ortsname Sornzig bedeutet „Dorf der Mühlsteinmacher". Tatsächlich fanden sich in der slawischen Siedlung des 10./13. Jh. Gruben mit Mahlsteinen, Halbfabrikaten und Gesteinsabfall (6.). Auf der gegenüberliegenden Talseite sind die Mahlsteinbrüche noch heute zu sehen. Mühlsteine aus Sornzig bei Oschatz und Sornzig bei Rochlitz wurden bis in die Niederlausitz gehandelt.

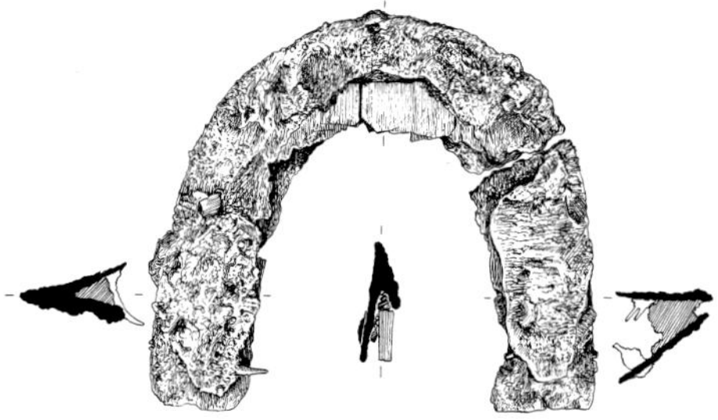

Lit.: Baumann 1982, S. 151–172 (6.); Corpus archäologischer Quellen 1985, Nr. 116/75 (3.), 153/41 (5.); Coblenz Köllmichen 1988, S. 368 f. (5.); Geupel/Hoffmann 1991, S. 18–22 (4.).

RR/RS

1.17

Tympanon aus Elstertrebnitz

Sächsisch, letztes Drittel 12. Jh.; Sandstein, z. T. verwittert und bestoßen; H. 60 cm, B. 144 cm. Aus der 1840 abgebrochenen Kirche Elstertrebnitz (Lkr. Leipziger Land), ehemals Sammlung des Sächsischen Altertumsvereins. Dresden, Staatliche Kunstsammlungen, Skulpturensammlung, Inv. Nr. 2611 (Gipsabguß).

Aus den in Sachsen erhaltenen romanischen Türbogenfeldern mit skulpturalem Schmuck ragt das Tympanon aus Elstertrebnitz durch sein kompliziertes Bildprogramm heraus. Es hatte seinen Platz über dem Türsturz des Kirchenportals und war ursprünglich von leuchtender Farbigkeit. Es dürfte zur Zeit Wiprechts von Groitzsch entstanden sein, zu dessen Besitzungen der Ort gehörte. In der Mitte des Bogenfeldes erhebt sich über einem Altar mit fünf Stufen das Brustbildnis Christi. Er trägt die Stola und ist damit als Hohepriester des Neuen Bundes wiedergegeben, der sich selbst auf dem Altar darbringt und zugleich in der Majestas dargestellt ist. In der erhobenen linken Hand weist ihn ein Buch mit den Buchstaben Alpha und Omega als Weltenherrscher und Richter des Jüngsten Gerichts nach Apok 1, 8 aus. Zu Seiten des Altars stehen Baum und Kreuz als Sinnbild für das Alte und Neue Testament. Ein Heiliger mit Nimbus zur Rechten Christi streckt seine erhobenen Hände, in denen er einen Gegenstand hält, zu Christus hin. Diesen Gegenstand als Lilie zu deuten ist ebensowenig zwingend, wie die Deutung der Blüte am linken Reliefrand als „Rad" im Sinne eines Sonnen- oder Weltsymbols. Trotz fehlendem Attribut wurde der Heilige als hl. Martin interpretiert, der Patron der Elstertrebnitzer Kirche. Eine andere Deutung sieht im Bildprogramm eine vereinfachte Verbindung einer Majestas Domini mit einer Deesis-Gruppe. Dann wäre Johannes d. T. als Fürbitter für die Menschen dargestellt, und bei dem Vogel am rechten Zwickel des Reliefs würde es sich um den Adler des Evan-

Nr. 1.17

gelisten handeln, der auch für die Himmelfahrt Christi steht. Damit stünde die weltliche Figur in der rechten Bildhälfte (der Stifter?), die ihre Arme betend zum Erlöser der Welt emporhebt, zwischen dem Kreuz als Verkörperung des Opfertodes Christi und dem Symbol für Auferstehung und Himmelfahrt.

Lit.: Neubauer 1972, S. 69 ff. (mit weiterer Lit.); Budde 1979, S. 28, Nr. 25; Verborgene Schätze 1992, Nr. 6; Schellenberger 1994, S. 7 f.; frdl. Hinweise von Dr. Friedrich Kobler, München.

BS

1.18

Bruchstück eines Taufsteins

Breunsdorf (Lkr. Leipziger Land), 12./13. Jh.; Rochlitzer Porphyr, H. 55 cm, Wandstärke 12 cm. Dresden, Landesamt für Archäologie mit Landesmuseum für Vorgeschichte, SH-06(R4060).

Die kleine Dorfkirche von Breunsdorf bei Zwenkau wurde abgebrochen, als das 1267 urkundlich erstmals erwähnte Dorf dem Braunkohletagebau weichen mußte. Grabungen in der gotischen Kirche erbrachten Spuren eines romanischen Vorgängers aus der Zeit um 1200. Zu diesem Bau gehörte ein Taufstein von massiver Gestalt und plastisch mit Arkadenbögen verzierter Außenseite. Das Taufbecken hatte einen Innendurchmesser von ca. 60 cm und eine Tiefe von 28,5 cm. Die Bruchstücke des Taufsteins wurden beim Neubau der Kirche in die Fundamente eingemauert.

unpubliziert

RR

1.19

Thronende Madonna mit Kind, sogenannte Otzdorfer Madonna

Niedersächsisch (?), 3. Viertel 12. Jh.; Lindenholz, Reste farbiger Fassung auf dünnem Kreidegrund, Beschädigungen durch Wurmfraß. H. 55,5 cm, B. 19 cm, T. 15 cm. Ehemals Sammlung des sächsischen Altertumsvereins; Dresden, Staatliche Kunstsammlungen, Skulpturensammlung, Inv. Nr. 2751.

Erhabenheit und Würde bestimmen das hieratische Erscheinungsbild der frontal auf dem Thron sitzenden Jungfrau Maria. Die strenge romanische Stilkonvention, die jede Andeutung einer Beziehung zwischen Mutter und Kind vermeidet, ist allerdings ein wenig gelockert: Der im Verhältnis zum Körper überproportionale Kopf Mariens ist leicht geneigt; das im Schoß sitzende Kind ist etwas schräg angeordnet. Die Zöpfe erinnern an die Sitzmadonna im Erfurter Dom (um 1160) und an die Madonna an der Chorschranke der Liebfrauenkirche in Halberstadt (um 1200).
Der Christusknabe segnet mit der Rechten und trägt die Evangelienschriftrolle in der Linken. Die Sitzhaltung folgt der bei romanischen Kultbildern üblichen Anordnung, die sich an den Typus der byzantinischen Nikopoia (griech.: die Siegschaffende) anlehnt. Der Sohn steht als Inbegriff der Weisheit und Erkenntnis im Mittelpunkt; Maria wird als Thronsitz der göttlichen Weisheit verstanden. Die Darstellung der Gottesgebärerin (Theotokos) war theologisch vom Konzil von Ephesus (431) proklamiert worden und erhielt weitere Anstöße von dem bilderfreundlichen Konzil von Nicäa (787).
Die romanische Figur steht in Einzelheiten der Gesichtsbildung der Grabplatte des Erzbischofs

Friedrich von Wettin († 1152) im Magdeburger Dom und der kleinen Sitzmadonna (12. Jh.) aus dem Altarsepulcrum der Stiftskirche auf dem Petersberg bei Halle nahe. Die Gewandbehandlung erinnert an die Marmorfiguren der Seligpreisungen im Remter des Magdeburger Domes und an die thronende Madonna im Tympanon des Marienportals an der Westseite der Kathedrale von Chartres (vor 1194). Unmittelbare französische Einflüsse sind allerdings nicht anzunehmen.

Das Bildwerk wurde kurz vor 1900 im Dachraum der Dorfkirche von Otzdorf (Lkr. Döbeln) entdeckt. Es ist wohl auszuschließen, daß es für diesen Ort geschaffen wurde, möglicherweise stammt es aus Altzella oder aus dem Meißner Dom.

Lit.: Giesau 1914, S. 123–129; Beenken 1924, S. 148–149; Panofsky 1924, S.90–91; Hamann 1927, S. 120; Czeczot 1963, S. 13–14; Reichel 1964, S. 67–68; Fründt 1966, S. 231; Schellenberger 1994, S. 18–19.

GW

Burgen und Städte

Zusammen mit den neuen Dörfern entstanden die Burgen der adligen Herren. Sie lagen außerhalb der von ihnen beherrschten Siedlungen, oft auf einer Anhöhe oder von Wassergräben geschützt. Die zahlreichen Burgen im Pleißenland und im Vogtland, die im 12. Jh. als Reichsterritorien noch unmittelbar dem König unterstanden, wurden von königlichen Ministerialen errichtet. Im mittleren Erzgebirge, im Großenhainer Land und bei Grimma betrieben die Markgrafen von Meißen Kolonisation und ließen das neubesiedelte Land durch Burgen sichern. Die Bischöfe und zahlreiche regionale Herrschaften taten es ihnen nach.

Fast alle Städte Sachsens sind im 12. und 13. Jh. entstanden. Sie entwickelten sich zumeist aus kleinen Gewerbesiedlungen bei einer Burg und Niederlassungen von Kaufleuten an einer Handelsstraße. Die deutschen Könige, die Markgrafen, die Bischöfe und regionale Adelsgeschlechter, in der Oberlausitz auch die böhmischen Könige, bauten diese Siedlungskerne aus. Sie warben Zuwanderer an, verliehen Markt- und Stadtrechte. Hier entwickelte sich eine neue Lebensform, frei von feudalen Bindungen und bestimmt durch die Dynamik der Märkte. Handwerker und Kaufleute lebten auf engstem Raum zusammen und entwickelten bald erste Formen kommunaler Selbstverwaltung.

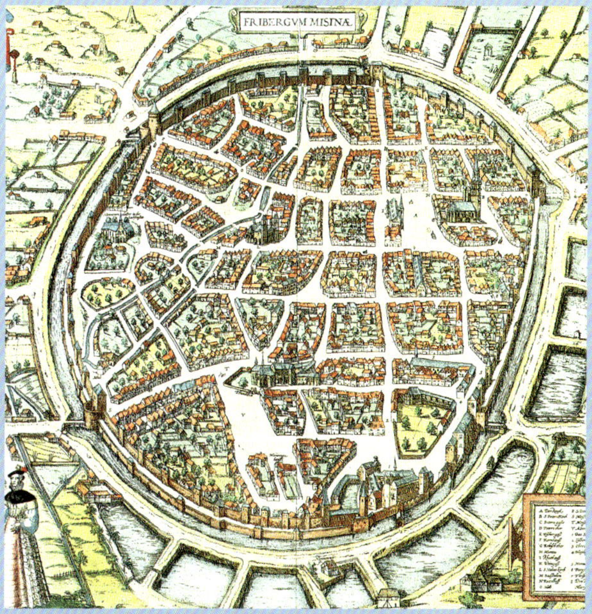

Vogelschau auf Freiberg, 1575

Unter dem Dach der Stadtkirche kamen Zuwanderer unterschiedlicher Herkunft zusammen; aus der Pfarrgemeinde erwuchs die Bürgergemeinde. In den meisten Städten gab es lange Zeit nur eine einzige Kirche. Mancherorts, so etwa in Freiberg, hatte jede Siedlungszelle, aus der die Stadt zusammengewachsen war, eine eigene Kirche. Wie sich die Stadt wirtschaftlich und politisch vom Land absonderte, so löste sie sich auch aus der Abhängigkeit von ländlichen Pfarreien, die noch aus der Zeit vor der Stadtgründung herrührte. Anders als auf dem Land wurden bei der Gründung städtischer Pfarreien Geldzinsen für den Unterhalt des Pfarrers ausgesetzt.

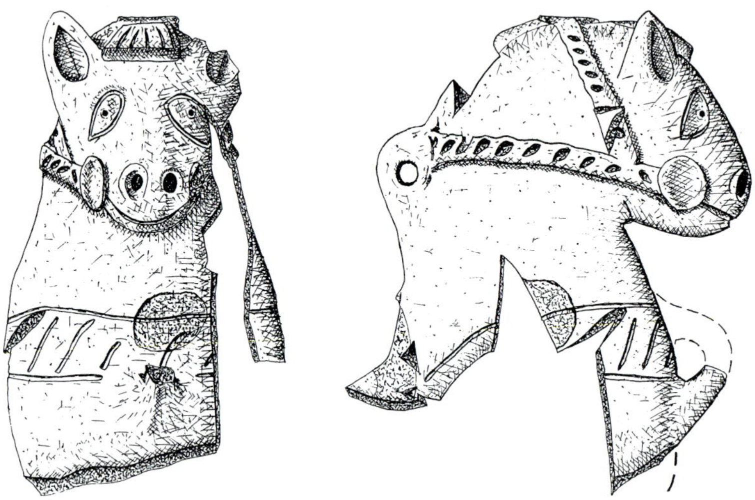

Aquamanile (5.)

1.20

Funde aus mittelalterlichen Burgen

1.) Armbrustbolzen: Niederlauterstein (Mittlerer Erzgebirgskreis), 13./16. Jh.; Eisen; L. 7 cm.
2. Reitersporn: Baruth (Lkr. Bautzen); 14. Jh.; Eisen. L. 13 cm.
3. Kamm: Baruth; 14. Jh; Bein gesägt; H. 4 cm, L. 6,2 cm.
4. Siedefleischgabel: Baruth (Lkr. Bautzen); 14. Jh; Eisen, L. 7 cm.
5. Aquamanile: Burg Greifenstein (Ehrenfriedersdorf, Lkr. Annaberg), 14. Jh.; Ton; Bruchstück; H. 20 cm.
6. Gläser: Böhmisch; 2. Hälfte 14. Jh.; farbloses Glas. Fundort: Burg Mildenstein (Leisnig, Lkr. Döbeln).
Dresden, Landesamt für Archäologie mit Landesmuseum für Vorgeschichte, D1908-1910/78 (1.), D5954/78 (R3972) (2.), D5915/78 (R3971) (4.); Schloßmuseum Greifenstein – Ehrenfriedersdorf (5.), Leisnig, Staatlicher Schloßbetrieb Burg Mildenstein, LG-01 (R2528, 2529) (6.).

Obwohl es in Sachsen zahlreiche Burgen gibt, sind wir über die Entstehung und das Aussehen der älteren Anlagen nur unzureichend informiert. Grabungen, die Auskunft über die frühen Befestigungen geben könnten, sind selten und erfaßten meist nur kleine Flächen. Zu den am besten erforschten Burgen gehört die Wasserburg Baruth. Hier wurde um 1200 auf einem Hügel, der von einem Wassergraben umgeben war, ein Wohn- und Wehrturm errichtet, zunächst aus Holz, später in Stein. Erst im späten 14. Jh. wurde die Wehranlage zu einem repräsentativen Gebäudeensemble mit Pallas und Wirtschaftshöfen erweitert.

Das Fundgut in mittelalterlichen Burgen unterscheidet sich von demjenigen ländlicher Siedlungen. Die Objekte gehörten zu sozial gehobenen Haushalten und stammen häufig aus dem Kontext des ritterlichen Kriegshandwerks: so die Armbrustbolzen oder der Baruther Reitersporn mit vielzackigen Rädern. Einer Dame aus Burg Baruth gehörte der beinerne zweiseitige Kamm: mit der groben Seite konnte sie sich die Haare richten, mit der feinzinkigen Seite Kopfläuse auskämmen. Zur festen Ausstattung herrschaftlicher Küchen gehörten Siedefleischgabeln oder -haken: Dies zeigen archäologische Funde wie bildliche Darstellungen, z. B. auf dem Teppich von Bayeux. Die eisernen Gabeln steckte man auf lange Holzstäbe, um Fleischstücke aus dem Siedekessel zu fischen.
Zur Tafel des Ritters gehören aufwendige Gießgefäße und Gläser. Das Aquamanile (lat. aqua: Wasser; manus: Hand) in Pferdegestalt von Burg Greifenstein enthielt Wasser zur Handwaschung bei Tisch. Die Nuppengläser von Burg Mildenstein stammen eventuell aus böhmischen Hütten, die sich im 14. und frühen 15. Jh. auf die Herstellung von hohen Stangen- und Keulengläsern spezialisiert hatten.

Lit.: Spehr 1984, S. 5–17 (3.,4.); Spehr Baruth, 1988, S. 466–467 (2., 3., 4.); Geupel 1988, S. 458–462 (1.); Geupel/Hoffmann 1993, S. 205–256 (5.); Baumgartner/Krueger 1988, S. 312 ff.; Wieczorek 1995, S. 198–204 (6.).

TW

rechts: Gläser (6.)
unten: Reitersporn (2.)

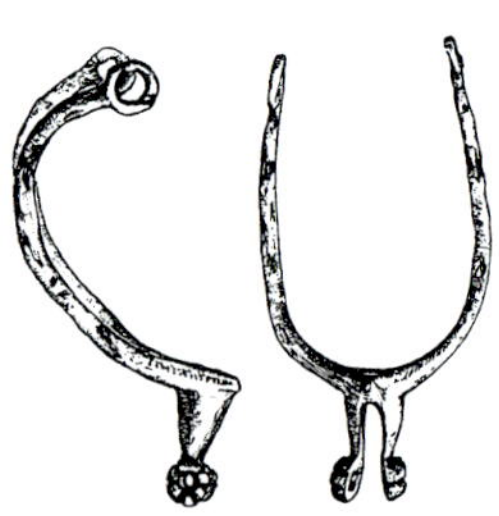

1.21
Ältestes Stadtsiegel von Freiberg

1244, Wachs, rund, Dm. 6,8 cm, Umschrift: „SIGILLUM BURGENSIUM IN VRIBERCH“. Dresden, Sächsisches Hauptstaatsarchiv, O.U. 416.

Das älteste Stadtsiegel Sachsens erscheint erstmals auf einer Urkunde von 1227. Es zeigt drei Zinnentürme und ein Rundbogenportal unter einer Zinnenmauer. Darin steht ein gespaltener Schild mit dem Wappen der Stadtherrn, der Markgrafen von Meißen: links der Meißner Löwe, rechts die beiden aufrechtstehenden Pfähle, die bereits Markgraf Otto (1156–1190) im Schild seines Reitersiegels führte, später „Landsberger Pfähle“ genannt. Türme, Mauern und Zinnen finden sich schon auf dem ältesten Stadtsiegel Deutschlands, wenn nicht Europas: jenem von Köln, das 1118/1119 entstanden ist. Hier ist die Gestalt des hl. Petrus von einem Architekturrahmen umgeben, der die Sancta Colonia als „neues Jerusalem“ vorstellt. Im 13. Jh. war die sakrale Vorstellung vermutlich bereits geschwunden und die zinnengeschmückte Stadtarchitektur zu einer profanen Chiffre abgesunken, die von etwa jeder dritten sächsischen Stadt für ihr Siegel in Anspruch genommen wurde.

Lit.: Blaschke 1960, S. 11 f., 36; Diederich 1979; Schellhas 1979.

MB

1.22
Gefäßkeramik aus Freiberg

Freiberg; 13./14. Jh.; Fundort: Obermarkt 16/17; H. 9–16 cm. Dresden, Landesamt für Archäologie mit Landesmuseum für Vorgeschichte, FG-182/1/12, FG-182/1/14, FG-182/1/26, FG-182/1/30, FG-182/1/31, FG-182/1/35, FG-182/4/4.

Scherben von Küchengeschirr stellen den größten Anteil am Fundgut archäologischer Ausgrabungen. Dank der technologischen und formalen Entwicklung, die die Kochtöpfe im Laufe der Jahrhunderte nahmen, eignen sie sich vorzüglich zur Datierung. Die gezeigten Gefäße spiegeln das Formenspektrum an Gefäßen einer mittelalterliche Großstadt wider. Reduzierend oder oxidierend gebrannte Kochtöpfe dominieren; Trinkgeschirre wie der kleine Steinzeugkrug sind dagegen selten. Die überwiegende Masse der Gebrauchskeramik ist vor Ort hergestellt worden, während Steinzeuggefäße als Handelsware z. B. aus Waldenburg eingeführt wurden.

unpubliziert

TW

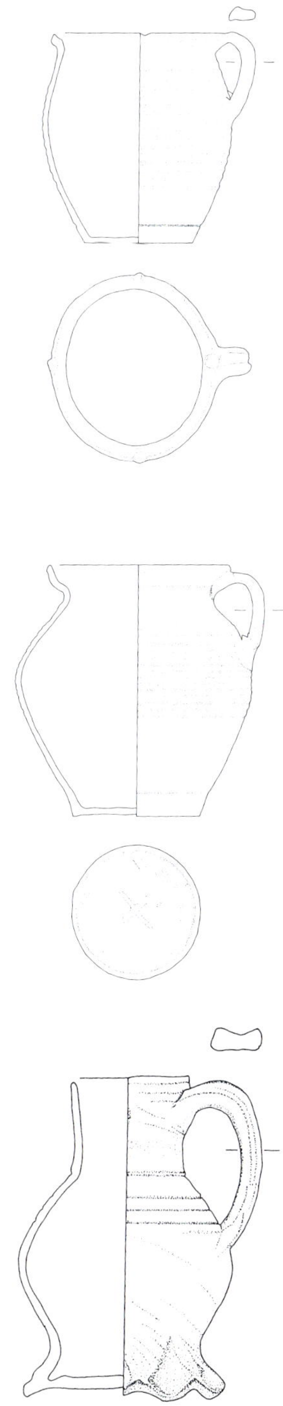

1.23
Silberglanz (Argentit)

Silberglanz (Argentit) aus der Fundgrube Himmelfahrt bei Freiberg. H. ca. 11 cm, B. ca 18 cm, T. ca. 8 cm. Dresden, Staatliches Museum für Mineralogie.

Eine Verschiebung der Erdkruste und Jahrmillionen währende Verwitterungsprozesse haben den kristallinen Kern des Erzgebirges freigelegt und dazu geführt, daß Silbererze im oberflächennahen Bereich lagern. Ihr Abbau war leicht, und ihr hoher Silbergehalt gewährleistete eine Verhüttung mit großer Ausbeute an reinem Metall. Zu den

Die Erbauung der Stadtmauer
Das Kreuzeszeichen mit dem Handschuh bringt die Zustimmung des Stadtherrn zum Mauerbau zum Ausdruck. Illustration aus dem Oldenburger Sachsenspiegel, 1336.

oberflächennahen Erzen gehören sogenanntes gediegenes (reines oder fast reines) Silber, Silbersulfid, Silberglanz oder Argentit neben anderen Silbermineralen. Besonders im südlichen Teil des Freiberger Reviers, im Gebiet von Brand-Erbisdorf, gibt es ein reiches Vorkommen von oberflächennahen silberhaltigen Gesteinen und von Silbermineralen. Ihnen galt der Bergbau in den ersten Jahrhunderten.
Die Geschichte des Silberbergbaus in Sachsen begann mit der Entdeckung des Silbervorkommens in der Flur von Christiansdorf im Jahr 1168. Bergleute aus dem Harz siedelten sich an; innerhalb weniger Jahrzehnte entstand die Bergstadt Freiberg. Ab der Mitte des 13. Jh. weitete sich der Bergbau aus; 200 Jahre später umfaßte er das gesamte Erzgebirge. Es wurde Silbererz abgebaut, Zinn aus Flüssen gewaschen und schließlich auch Zinnstein unter Tage gewonnen. Schon in der frühen Phase des Erzabbaus begannen sich die Klöster für diesen Wirtschaftszweig zu interessieren.

Lit.: Arnold/Quellmalz 1978, S. 134; Der silberne Boden 1990, S. 17 ff.

HSS

1.24
Münzprägung der Markgrafen von Meißen

1. Markgraf Konrad der Große (1130–1156): 3 Türme auf Bogen, darunter Hüftbild des Markgrafen mit Schwert in der Rechten und Palmzweig in der Linken, auf seiner Brust ein Kreuz, 4 Punkte und 2 Sterne im Feld verteilt. Dm. 2,74 cm; 0,88 g. Fundprovenienz: Puschwitz 11.

2. Markgraf Otto der Reiche (1156–1190): OTO (oben links), sitzender Markgraf auf Bogen, hält Schwert in der Rechten und Fahne in der Linken, zu beiden Seiten je 2 Türme. Dm. 2,88 cm; 0,73 g. Fundprovenienz: Seeligstadt 1.
3. Markgraf Dietrich der Bedrängte (1197–1221): Sitzender Markgraf auf Bogen, hält von Linie umrahmten Zweig in der Rechten und Lilie in der Linken, darüber Stern, unten zu beiden Seiten je eine Kugel. Dm. 4,05 cm; 0,99 g.
4. Markgraf Heinrich der Erlauchte (1221–1288): Sitzender Markgraf, hält Fahne in der Rechten und Doppelkreuzstab in der Linken. Dm. 4,41 cm; 0,96 g.
5. Unbekannter Markgraf: H D G M O M (auf dem Rand); nach links steigender Löwe. Dm. 3,74 cm; 0,76 g.
Dresden, Staatliche Kunstsammlungen, Münzkabinett, Nr. 54 (1.), Nr. 90 (2.); Nr. 599 (3.); Nr. 906 (4.); Slg. Horn (5.)

Abgesehen von den Denaren Markgraf Ekkehards I. (985–1002) setzte die kontinuierliche Münzprägung in Meißen erst um 1115/1124 unter Markgraf Heinrich II. ein und erlebte unter Konrad dem Großen einen Höhepunkt. Die reichen Silberfunde im Freiberger Gebiet brachten eine umfangreiche Brakteatenprägung in Gang. Die Brakteaten Markgraf Ottos des Reichen sind von feiner Ausführung, während der Stil unter Markgraf Dietrich dem Bedrängten gröber wurde, um dann in der langen Regierungszeit Heinrichs des Erlauchten sichtlich zu verrohen. Eine Ursache für diese Entwicklung war der steigende Geldbedarf. Da das geförderte Silber zu einem festen Preis an die Landesmünzstätte in Freiberg verkauft werden mußte, zog die wachsende Silberförderung einen erhöhten Münzbedarf nach sich. Um diesen Bedarf mit wenig Aufwand decken zu können, ging man im 13. Jh. dazu über, die Stempel im Gußverfahren zu vervielfältigen und auf die Nachziselierung zu verzichten. Die Markgrafen von Meißen unterhielten Münzstätten in Freiberg, Meißen, Leipzig, Grimma, Groitzsch, Großenhain und unter Konrad dem Großen auch in Bautzen. Die Prägungen lassen sich bis auf wenige Leipziger Brakteaten nicht konkret unterscheiden.
In der 1. Hälfte des 13. Jh. strahlte die meißnische Brakteatenprägung über die Landesgrenze nach Böhmen aus und zwang die böhmischen Könige, für den nördlichen Teil ihres Landes ebenfalls Brakteaten nach Meißner Schlag zu prägen. Schrötlingsbeschaffenheit und Stil der Münzbilder stimmten im 2. Viertel des 13. Jh. zwischen böhmischen und meißnische Brakteaten in so hohem Maße überein, daß eine Münzunion nicht ausgeschlossen ist. Meißnische Brakteaten waren für die Münzherren von Ostthüringen bis zur Oberlausitz Vorbild für die eigene Münzprägung.

Lit.: Haupt 1943, S. 11 (1.); Schwinkowski 1931, Nr. 54 (2.), Nr. 599b (3.), Nr. 521 a (4.), Nr. 762 (5.).

PA/WH

1.25

Bruchstücke eines Silberbarren

Pirna-Copitz (Lkr. Sächsische Schweiz), um 1220/1230; Silber, Gesamtgewicht 130,61 g. Dresden, Landesamt für Archäologie mit Landesmuseum für Vorgeschichte.

Die häufigen Schatzfunde des 13. Jh., die in allen wichtigen Städten der Mark Meißen zutage treten, unterstreichen die Bedeutung der Silberstadt Freiberg für die wirtschaftliche und damit auch politische Macht der Markgrafen von Meißen. Zwischen 1896–1972 wurden in Pirna-Copitz nahe der Brückmühle neben ca. 700 Münzen fünf Silberbarrenstücke gefunden, die um 1220/1230 in einem Gefäß vergraben worden waren.

Lit.: Arnold 1982; Spehr 1988.

TW

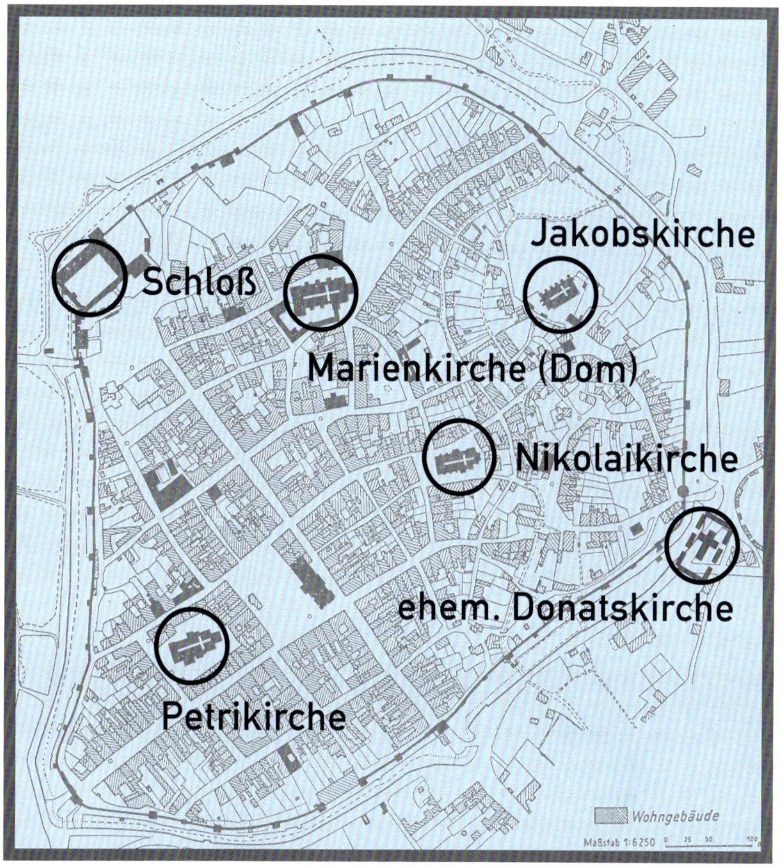

Plan der Altstadt von Freiberg, um 1835
Um 1170 wurde im Osterzgebirge am Lößnitzbach Silber gefunden. Das „Berggeschrei" lockte Zuwanderer in Scharen herbei. Innerhalb weniger Jahre entstand Freiberg, die bevölkerungsreichste Stadt der Mark Meißen. Ältere Siedlungsnachweise als das frühe 12. Jh. fehlen, so daß davon auszugehen ist, daß Freiberg aus „wilder Wurzel" gegründet wurde. Schon zu Beginn des 13. Jh. ist der heutige Stadtgrundriß faßbar, und bereits damals hatte die Stadt fünf Kirchen. Der Kirchenreichtum ist aus der Stadtentwicklung zu erklären: die Bürger – aus verschiedenen Bevölkerungsgruppen zusammengewachsen – bildeten anfangs eigene Kirchgemeinden: Bauern, Bergleute, Kaufleute, Gewerbetreibende und Ministeriale des Landesherrn, der hier eine Burg errichtet hatte. Hauptkirche wurde die St. Petrikirche. Sie gehört zu einer Stadterweiterung um 1210, die an ihrem regelmäßigen Straßennetz zu erkennen ist.

1.26

Modell der Goldenen Pforte am Dom zu Freiberg

Modellwerkstatt der Hochschule für bildende Künste, Dresden 1954; Gips, getönt. H. 49,3 cm, B. 46 cm, T. 21,5 cm. Freiberg, Stadt- und Bergbaumuseum.

Die Freiberger Marienkirche entstand um 1180–1190 als Pfarrkirche jener Siedlung, die sich an den markgräflichen Herrenhof anlehnte. Anfangs nur eine von vier Pfarrkirchen der Stadt, erhielt sie 1480 mit der Gründung eines Kollegiatsstiftes den Titel 'Dom'. Das Zisterzienserkloster Altzella übte seit 1225 das Patronatsrecht aus.
Der Grundriß der romanischen Kirche ist weitgehend gesichert. Der heutige spätgotische Bau übernimmt im wesentlichen die äußeren Umrißformen des Vorgängers. Größe und Grundriß stellen die Marienkirche des 12. Jh. auf eine Stufe mit gleichzeitig entstandenen Domkirchen in Deutschland, ihre plastische Ausgestaltung – auch wenn nur noch die Goldene Pforte und die Lettnergruppe erhalten sind – übertrifft sogar die meisten dieser Bauten.
Die zwischen 1220–1230 entstandene Goldene Pforte ist eines der frühesten erhaltenen Stufenportale mit eingestellten Gewändefiguren in Deutschland. Es befand sich vermutlich an der westlichen Doppelturmfassade. Nach dem Brand der Kirche 1484 wurde das Portal in den Domneubau übernommen – ein bemerkenswerter Vorgang. Obwohl das Portal im 15. Jh. stilistisch und formal veraltet erschienen sein muß, genoß es offenbar eine hohe Wertschätzung. Man versetzte es an das östlichste Joch der Südseite des Langhauses; leichte Unregelmäßigkeiten in der Gewändestruktur und am Tympanon waren die Folge.

Das Portal ist von einer starken plastischen Intensität. Insgesamt neun Rücksprünge bilden den Trichter zum inneren Gewände; die Abfolge wird von den Bogenläufen über der Kämpferzone aufgenommen. Im Tympanon thront Maria als Gottesmutter mit dem Christuskind. Umgeben wird sie von den Hl. Drei Königen zu ihrer rechten und von Erzengel Gabriel und Josef zu ihrer linken Seite.
Die triumphale Mariendarstellung wird von den Gewändestatuen begleitet, Propheten gleichsam als Zeugen des himmlischen Brautpaares, und findet ihre Fortsetzung in den Archivolten. Der Reihe der Erzengel mit der Marienkrönung in der innersten Archivolte folgt die Bergung der Seelen in Abrahams Schoß, begleitet von thronenden Aposteln und Evangelisten. Im Scheitel der dritten Archivolte verehren zwei Engel die Taube des Hl. Geistes; in der äußersten Archivolte greift ein Engel nach den Auferstehenden, um sie in den Himmel zu führen. Auffällig ist die Reduktion des Narrativen zugunsten sehr statuarischer Darstellungen. Stellt man sich das gesamte Portal farbig gefaßt vor – es dominierten Gold-, Rot- und Blautöne, an den Gewändeteilen kamen Weiß- und Grüntöne hinzu – so mußte der Anblick die Atmosphäre eines himmlischen Festes verbreiten.
Die Portalidee ist französischen Ursprungs, architektonische Komposition, stilistische Gestaltung der Figuren und das ikonographische Programm

sind jedoch nicht auf unmittelbare Vorbilder zu beziehen. Als Inspirator des Bildzyklus wird Abt Ludeger von Altzella vermutet, einer der bedeutendsten sächsischen Theologen des Mittelalters. Der Markgraf und seine Vögte sind als Auftraggeber und Bauherrn anzusehen.

Lit.: Krüger 1960; Hütter/Magirius 1967, S. 179–231; Sauerländer 1978, S. 181–216; Meisterwerke mittelalterlicher Skulptur 1996, S. 29, 119–150.

CM

Rekonstruktion der romanischen Marienkirche zu Freiberg

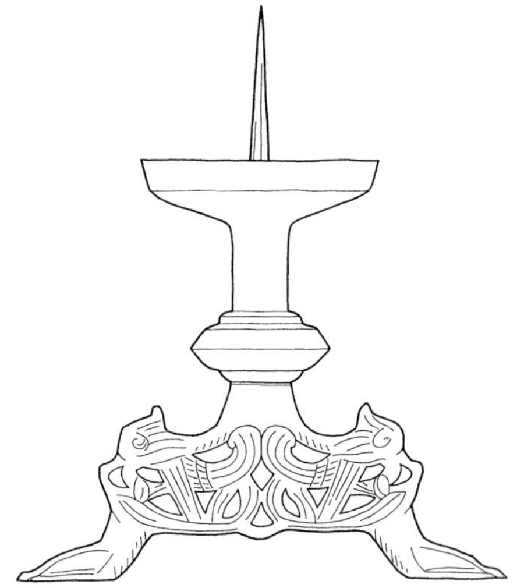

1.27

Dreifußleuchter

Um 1200, Bronze, wohl westfälisch; dreibeiniges Unterteil, Schaft mit Nodus und schlichte Tropfschale mit Spitze, auffällige Verzierung des Unterteiles mit 3 gewinkelteten, in Klauen endenden Beinen; die 'Oberschenkel' sind mit durchbrochenem Rankenwerk und stark stilisierten Drachen reich verziert. H. 17 cm. Dresden, Landesamt für Archäologie mit Landesmuseum für Vorgeschichte (Kopie).

Bei Bauuntersuchungen in der Thomaskirche fand man 1963 in einer verfüllten Pfostengrube einen nur leicht korrodierten Bronzeleuchter, der fortan als 'Thomas-Leuchter' bekannt wurde.
Er gehört zu einer Gruppe ähnlich geformter Leuchter, die nach ihrem Schmuck als Drachenleuchter zusammengefaßt werden. Ihre Verbreitung umfaßt Südskandinavien und Mitteleuropa mit Leipzig als bislang östlichstem Nachweis. Da sich unter den erhaltenen Leuchtern keine Stücke finden, die auf ein Modell zurückzuführen sind, wird es sich bei diesen Leuchtern vermutlich um Produkte handeln, die um 1200 in verschiedenen Werkstätten, wahrscheinlich in Westfalen, hergestellt wurden. Der erhaltenene Bestand der Leuchter kann nur ein Rest von mehreren Hundert ähnlicher Stücke sein.

Lit.: Küas 1971, S. 207–238; Mechelk Bronzeleuchter, 1988, S. 486–487; Stadt Leipzig 1996, S. 322–323.

TW

Klöster

Um 1090 brannte Graf Wiprecht von Groitzsch bei einer Fehde die Kirche von Zeitz nieder. Damit versündigte er sich schwer am hl. Jakob, dem die Kirche geweiht war. Um den Heiligen wieder zu versöhnen, gründete er 1091 das Jakobskloster in Pegau, das erste Kloster auf sächsischem Boden. Seine fromme Tat vermehrte den Ruhm des ehrgeizigen Mannes und brachte ihm manchen wirtschaftlichen Nutzen. In seinem Auftrag leitete der Abt die Ansiedlung fränkischer Kolonisten und baute Obst und Küchenkräuter an, die man in Sachsen noch nicht kannte.

Rund 80 Klöster und Stifte sind bis 1300 zwischen Saale und Neiße entstanden. Praktische Erwägungen spielten dabei ebenso eine Rolle wie echte Frömmigkeit. Die Stifter setzten große Hoffnung in die segensreiche Wirkung des klösterlichen Gebets. Zugleich dienten ihnen die Klöster als Musterwirtschaften im Landesausbau, als kulturelle Zentren ihrer Herrschaften und als Familiengrablegen.

Kloster Pegau und das von Pegauer Mönchen besiedelte Kloster Chemnitz gehörten dem traditionellen benediktinischen Mönchtum an, das sich auf den hohen Adel stützte. Dagegen wollten die Augustinerchorherren die neuen Mittel- und Unterschichten erreichen. Ihre Stifte errichteten sie in den Rodungsgebieten und in den Städten, so St. Afra in Meißen und St. Thomas in Leipzig. Einen wichtigen Anteil am Landesausbau hatten die Zisterzienser – ebenso berühmt für Frömmigkeit und Sittenstrenge wie für technische Fertigkeiten und wirtschaftliches Geschick. Das bedeutendste Zisterzienserkloster Sachsens war Altzella am Rande des Erzgebirges, das Markgraf Otto der Reiche 1162 gründete und zur Grablege seines Geschlechtes bestimmte. Großen Zulauf erhielt der Orden, als um 1200 eine spirituelle Bewegung die Frauen des Adels erfaßte. Vielerorts bildeten sich Gemeinschaften von Frauen, die den Zwängen der männlichen Adelsgesellschaft entfliehen wollten und sich für zisterziensische Ideale begeisterten.

Wiprecht von Groitzsch,
Grabplatte, um 1230/1240,
Pegau, ev. Stadtkirche St. Laurentius

Klöster in Sachsen um 1300

Gründung/Erste Erwähnung und Ort:

- 1119: Riesa
- 1114: Wurzen
- 1136: Chemnitz
- 1162: Altzelle
- 1168: Zschillen-Wechselburg
- 1173: Klösterlein Zelle/Aue
- 1091: Pegau
- 1192: Buch
- 1205: Meißen/St. Afra
- 1212: Leipzig/St. Thomas
- 1213/1218: Bautzen
- 1219: Dommitzsch
- 1220: Meißen/Heilig Kreuz
- 1222: Staucha-Döbeln
- 1224: Plauen
- 1228: Crimmitschau
- 1229: Leipzig
- 1230: Leipzig/Georgenkloster
- 1231: Zwickau
- 1231/1233: Grünhain
- 1233: Geringswalde
- 1225: Dörschnitz/Sitzenroda
- 1234: Marienthal
- 1236: Freiberg
- 1241: Sornzig
- 1243: Torgau
- 1246: Oschatz
- 1248: Bautzen
- 1248: St. Marienstern
- vor 1250: Grimma, später Nimbschen
- 1253: Leipzig
- 1260: Zittau
- 1260/1264: Reichenbach/V.
- 1263: Meißen
- 1265: Dresden
- 1266: Plauen
- 1266: Görlitz
- 1274: Seußlitz
- 1278: Zschillen/Wechselburg
- 1279/1280: Freiberg
- 1289: Zittau
- 1300: Pirna

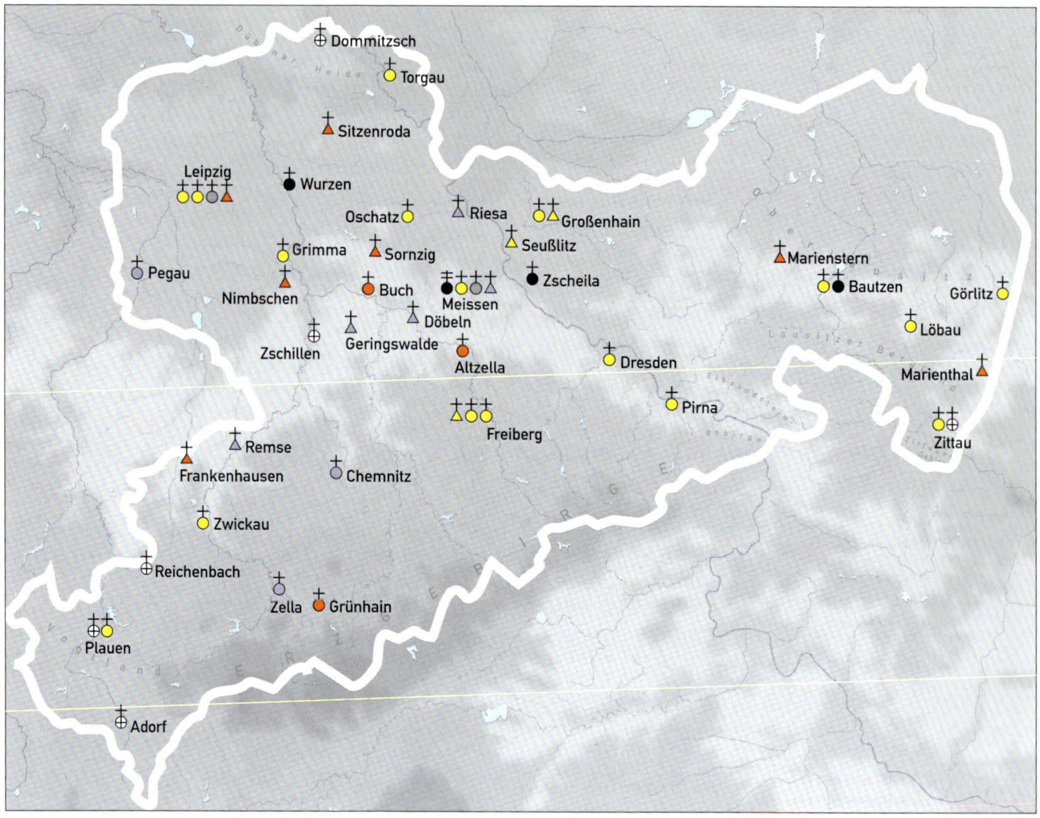

Hochstift Meißen

Kollegiatstifte des Hochstifts Meißen

Augustiner-Chorherrenstifte

Männer- und Frauenklöster der Benediktiner

Männer- und Frauenklöster der Zisterzienser

Männer- und Frauenklöster der Bettelorden

Ritterorden

1.28

Papst Paschalis II. bestätigt die Gründung des Klosters zu Pegau

Lateran, 1104; Pergament, päpstliche Bleibulle an rötlichen Seidenfäden. H. 50 cm, B. 57 cm. Dresden, Sächsisches Hauptstaatsarchiv, O.U. 37.

13 Jahre nach Gründung des Klosters Pegau versuchte man offenbar eine päpstliche Bestätigung zu erlangen. Die auf den 3. Februar 1104 datierte Urkunde Papst Paschalis' II. ist allerdings mit hoher Wahrscheinlichkeit eine Fälschung aus späterer Zeit. Sie könnte den Text einer echten, verlorengegangenen Urkunde wiedergeben. Für die rechtliche Stellung des Klosters war sie von erheblicher Bedeutung: zusammen mit weiteren Rechtsurkunden wurde sie in die „Pegauer Annalen" aufgenommen. Noch im Jahr 1162 ließen sich die Mönche den päpstlichen Schutz von Papst Victor IV. bestätigen.

Lit.: Patze 1963; Schlesinger, Bd. 2, 1962, S. 186–187; frdl. Hinweise von Prof. Vogtherr, Leipzig.

CH

1.29

Kaiser Friedrich I. schenkt Kloster Altzella 800 Hufen Land

Lodi, 1162; Pergament, mit durchgedrücktem Siegel Friedrichs I. H. 67 cm, B. 45 cm, Dresden, Sächsisches Hauptstaatsarchiv, O.U. 68.

1162 machte Kaiser Friedrich I. den Weg frei für die Gründung des Klosters Altzella. Stifter war Markgraf Otto von Meißen. Das Kloster sollte seinem Geschlecht, der meißnischen Linie der Wettiner, als Grablege dienen und einen geistlichen Mittelpunkt bilden für die zahlreichen, zumeist fränkischen Kolonisten, die damals im weiten Umkreis angesiedelt wurden. Die Ausstattung war sehr umfangreich, rund 27.500 ha bereits gerodetes Land. Die Zustimmung des Kaisers war einzuholen, da es sich bei dem Stiftungsgut um Reichslehen handelte.

Das Kloster erhielt die Freiheit der Abtswahl und wurde der Regel des hl. Benedikt unterstellt. Allerdings dachte man wohl schon an die Einsetzung eines zisterziensischen Konventes, denn das Kloster erhielt das bei den Zisterziensern üb-

liche Marienpatrozinium, und die Markgrafen werden nicht nur „advocati" (Vögte), sondern auch „defensores" des Klosters genannt – so bezeichnete man gewöhnlich die Schutzherren eines Zisterzienserklosters. Diese Funktion wurde Otto und dem von ihm bekleideten Markgrafenamt erblich übertragen. Sie war damit amtliche Verpflichtung, keine Familienangelegenheit des Markgrafen. Offenbar wollte der Kaiser eine gewisse Verbindung zwischen Kloster und Reich aufrechterhalten.
1185 nahm Markgraf Otto 185 der 800 Hufen wieder zurück: Man war hier, in der Gegend des späteren Freiberg, inzwischen auf Silber gestoßen, dessen Ausbeute Otto nicht dem Kloster überlassen wollte.

Edition: CDS I/2 Nr. 308. Lit.: Schlesinger 1962 Bd. 2, S. 217 f.; Schattkowsky 1985, S. 1–4.

MB

1.30
Münzprägung der Äbte von Pegau

1. Abt Radboto (1161–1181): + RADEBOTO PIGOVGENSIS ABBASI; Krückenkreuz; in den Enden je ein Ringel; in den Winkeln Kopf, Kreuzesstab, Doppelschlüssel und Krummstab. Dm. 3,61 cm; 0,94 g.
2. Abt Ekkelin (1181–1183): + EKELIN . DEI . GRACIA . PIOVGENSIS . ABBAS; Krückenkreuz; in den Winkeln Kopf, Kreuzesstab mit Hand, Lilie auf Reichsapfel und Krummstab mit Hand. Dm. 3,2 cm; 0,89 g. Fundprovenienz: Döbeln 44.
3. Abt Rudolph (1183–1185): + R(V) ..... ABBAS; Krückenkreuz; in den Winkeln Kopf, Kreuzesstab mit Hand, Lilie auf Reichsapfel und Krummstab mit Hand. Dm. 3,3 cm; 0,87 g. Fundprovenienz: Döbeln 45.
4. Abt Siegfried von Rekkin (1185–1224): SIGFRIDVS . PIGANEIENSIS . ABBAS ; + + + + (auf dem Rand); Krückenkreuz; in den Winkeln Kopf, Krummstab, Rosette (Monstranz) und Buch mit Hand. Dm. 3,46 cm; 0,89 g.
5. Abt Heinrich II. von Vroburg (1224–1226): + HEINRICVS ABBAS PIGAVGI; Krückenkreuz; in den Winkeln Kopf, Lilie, Kreuzesstab und Krummstab. Dm. 3,51 cm; 0,84 g.
6. Abt Thimo von Colditz (1226–1239): + V TIMO ABBAS PIGOWE; Krückenkreuz; in den Winkeln Kopf, Doppelschlüssel, Krummstab und Lilie. Dm. 3,4 cm, 0,92 g. Dresden, Staatliche Kunstsammlungen, Münzkabinett Nr. 2893 (1.), Nr. 2856 (2.); Nr. 2857 (3.); Nr. 5942 (4.), Nr. 2820 (5.); Nr. 2607 (6.).

Pegau ist das einzige Kloster in Sachsen, von dem eigene Münzprägungen bekannt sind. Erste Pegauer Münzen werden Abt Windolf (1100–1150) zugeschrieben; die Münzstätte in Pegau wird erstmals 1172 erwähnt. Der Zeitraum der Prägungen reicht von ca. 1125 bis 1310. Da auf den Münzen immer der Name des amtierenden Abtes angegeben ist, bilden sie in Münzfunden das chronologische Gerüst. Folgende Äbte sind auf den Münzen nachweisbar: Radboto, Ekkelin, Siegfried von Rekkin, Heinrich II. von Vroburg, Thimo von Colditz, Heinrich III. von Posern, Tammo und Konrad I. von Liebenhain. Dargestellt ist stets das Pegauer Krückenkreuz mit unterschiedlichen Symbolen in den Kreuzeswinkeln.
Im Münzfuß und in der Schrötlingsbeschaffenheit ähneln die Pegauer den Brakteaten der Markgrafen von Meißen. Wegen ihres guten Silbers und des gleichbleibenden Gewichtes waren sie im Zahlungsverkehr sehr beliebt und wurden von den Magdeburger Erzbischöfen, den Grafen von Brehna und von Markgraf Dietrich von Meißen nachgeahmt. Pegauer Brakteaten waren bisher in 16 Münzfunden vertreten, von denen die Mehrzahl im westlichen Teil Sachsens und in Sachsen-Anhalt liegen.

Lit.: Leitzmann 1859, Sp. 189, 20 (1.); Schwinkowski/Buchenau 1912, Sp. 4920 (2.), Sp. 4920/21 (3.); Posern-Klett 1846, 1072 (4.), 1061 var. (5.), 1098 (6.).

PA/WH

1.31
Petschaft des Pegauer Konventes

Um 1250; Messingplatte mit erhabener Mittelleiste auf der Rückseite, in die eine eiserne Halterung eingehängt ist. Umschrift „SIGILLUM CONVENTVS MONASTERII PIGAVIENSIS ORDINIS SANCTI BENEDICTI". Dm. 5,1 cm. Dresden, Sächsisches Hauptstaatsarchiv, Siegelsammlung, Schrank 33, Kasten 20, Fach 30.

Das Siegel zeigt eine stehende Gestalt mit Nimbus und Palmwedel in der rechten Hand unter einem von drei Türmen überwölbten Baldachin. Der Heilige ist durch zwei Schriftzüge als „SANCTUS IACOBVS“ gekennzeichnet. Das Siegel erscheint erstmals an einer Urkunde des Jahres 1269 – wahrscheinlich ist das Typar nicht lange vorher entstanden.

Die ältesten Klostersiegel hatten Abt und Konvent gemeinsam geführt; sie zeigen zumeist den Heiligen, dem das Kloster geweiht ist. Für Pegau ist ein solches gemeinsames Klostersiegel nicht nachgewiesen. Im 11. Jh. erscheinen persönliche Siegel der Äbte, meist mit einer Darstellung des herrschaftlich thronenden Abtes. In dem Maße, wie die benediktinischen Konvente ein Zustimmungsrecht bei Rechtshandlungen des Klosters errangen, führten sie eigene Siegel ein, meist mit dem Bild des Klosterheiligen. 1235 bestimmte Papst Gregor IX., daß Urkunden von Benediktinerklöstern mit den Siegeln des Abtes wie des Konventes gesiegelt werden müßten.

Lit.: Kittel 1970, S. 398 ff., 413 ff.; Küas/Kobuch 1977, S. 129; Bayern und Sachsen 1994, S. 84 ff.

MB

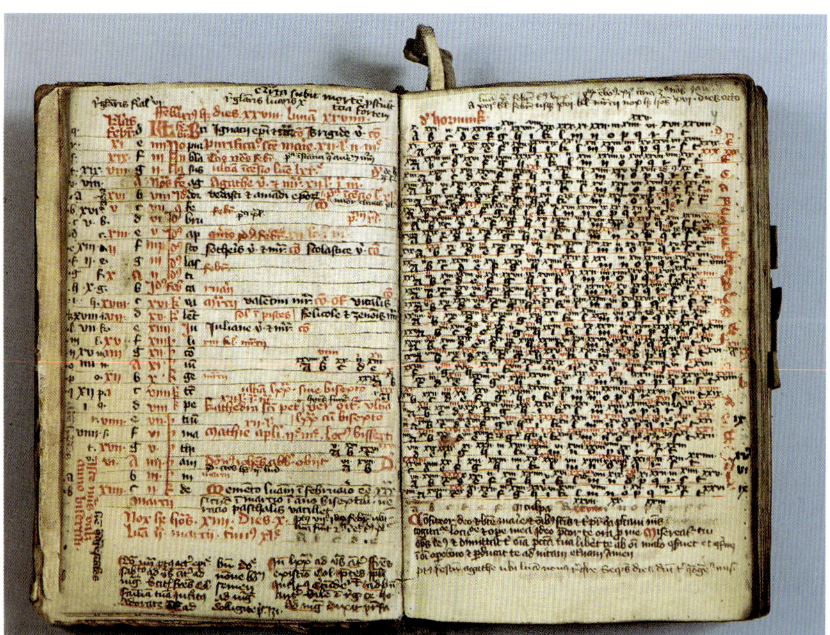

1.32

Liber Usuum des Klosters Altzella

Kloster Altzella, zwischen 1411–1428; Pergament, 186 Bl., Originaleinband aus Holz, mit Leder überzogen, auf dem rückwärtigen Buchdeckel ehemals 4 Messingbuckel, davon 2 ausgebrochen. H. 18,5 cm, B. 13 cm. St. Marienstern, Zisterzienserinnenabtei, Ms. Oct. 123.

Das Buch stammt aus Kloster Altzella, wie ein Eintrag auf fol. 15a und zahlreiche inhaltliche Bezüge verdeutlichen, und könnte bei der Aufhebung des Klosters in der Reformation nach St. Marienstern gekommen sein. Es ist überwiegend von einer Hand geschrieben; Kapitelüberschriften und Initialen sind rot abgesetzt.

Es handelt sich um eine Zusammenstellung der in Kloster Altzella im 15. Jh. üblichen liturgischen Gebräuche, angefertigt zur Benutzung durch die Vorsteher („superiores“) des Klosters. Darunter finden sich ein Kalendar mit Fest- und Heiligentagen, Abschriften der Benediktsregel, der Consuetudines Cisterciensium und der Bibliotheksordnung des Klosters Citeaux, ferner eine Aufstellung der Lesungen aus der Hl. Schrift während der Konventsmessen im Ablauf des Jahres, schließlich verschiedene chronologische Tabellen und eine Ostertafel für die Jahre 1185 bis 1689.

Besonderes Interesse verdient ein deutsches Gebet auf den ersten Seiten des Buches, eine Fürbitte für die Seelen der verstorbenen Stifter und Wohltäter des Klosters. Genannt werden die Markgrafen Otto (d. Reiche), Albrecht (d. Stolze), Dietrich (d. Bedrängte), Heinrich (d. Erlauchte), Friedrich (Clem), Friedrich (II., der Ernsthafte), Friedrich (III., d. Strenge) und ihre Gemahlinnen. Es folgen Fürbitten für die „lantherren, dy mit uns begraben legin“: die Burggrafen von Dohna und Meißen, die von Maltitz, von Nossen, von Reinsberg, von Böhrigen, von Schönburg, von Honsberg, von Heinitz, von Grünrode und die Küchenmeister, schließlich ein Gebet „vor dy achtbern buergere von vriberg dyn uns vor joren ir almoze groeslichen mete geteylet haben“.

Das Gebet stammt aus der Regierungszeit Markgraf Friedrichs IV. des Streitbaren († 1428); denn es heißt von Friedrich III., daß er „dezer Hern vatter west ist". Eine Liste der Äbte von Altzella schließt mit Abt Franciscus (1385–1411). Das Buch dürfte also in der Amtszeit von dessen Nachfolger, Abt Vinzenz (1411–1442), entstanden sein. Der Name dieses Abtes und sein Todesdatum wurden von anderer Hand am unteren Rand der Seite nachgetragen.

unpubliziert

MB

1.33

Quader mit Kapitell aus Altzella

Altzella, Dienstkapitell eines Eckrundstabes aus der Klosterkirche, Ende 12. Jh., Sandstein, H. ca. 50 cm. Nossen, Staatlicher Schloßbetrieb und Klostergut Altzella.

Die ehemalige Kirche des Klosters Altzella, eine kreuzförmige, dreischiffige Basilika mit Staffelchor und Kreuzrippengewölbe, wurde 1198 geweiht. Heute sind lediglich einige Spolien erhalten geblieben. Das Kapitell stammt aus dem Mittelschiff der Kirche, das annähernd quadratische Gewölbejoche besaß. In die Ecken der kreuzförmigen Langhauspfeiler waren zum Mittelschiff Runddienste eingestellt, welche die Gewölberippen aufnahmen und zu diesen mit Kapitell und Kämpferplatte vermittelten. Das Dienstkapitell ist daher nur viertelseitig ausgearbeitet. Dem Kelchblock sind reliefhaft verschlungene, diamantierte Bänder aufgelegt, die sich mittig unter der vom Kapitell aufzunehmenden Rippe und seitlich diese rahmend zu Palmettenblättern öffnen. Noch ist das Blattwerk stark an den Steinblock gebunden. Diese geschlossene Form der Kelchblockkapitelle ist typisch für die 2. Hälfte des 12. Jh.; sie verbreitete sich ausgehend von Bauten des lothringischen Raumes nach Mitteldeutschland.

Lit.: Gurlitt BKD 1922; Magirius 1962, S. 51, 62.

CM

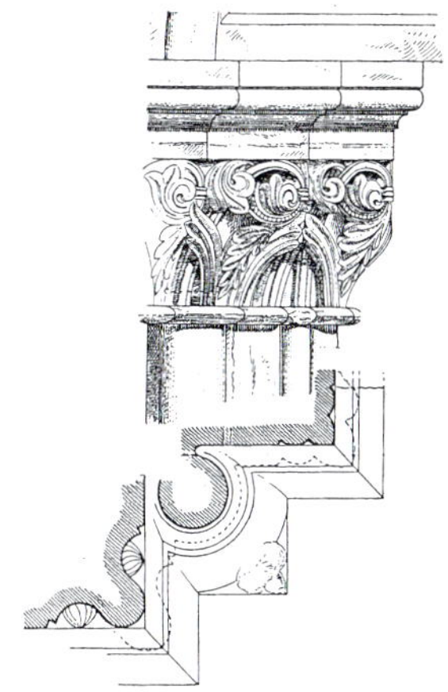

Kapitell aus Altzella
Ansicht und Schnitt

1.34

Fußbodenfliesen aus Altzella

Altzella; spätes 12.–15. Jh., Ton, glasiert, verschiedene Formate. Nossen, Staatlicher Schloßbetrieb und Klostergut Altzella.

Der Bestand an Fußbodenfliesen in Altzella läßt sich aus Inventarbeschreibungen und durch Grabungen in Teilen rekonstruieren. Vermutlich waren der gesamte Klausurbereich und die wichtigen Gast- und Verwaltungshäuser gefliest. Das Spektrum reichte von einfach oder verschiedenfarbig glasierten, quadratischen Fliesen über Plattenmosaike, die aus verschieden geformten und gefärbten Fliesen zusammengesetzt sind, bis zu großen Fliesenrosetten. Die älteren Gebäude waren in der Regel einfach gefliest. Die erhaltenen Fußböden im Kreuzgang und im Konversenhaus besitzen waagerecht oder diagonal zur Raumachse verlegte

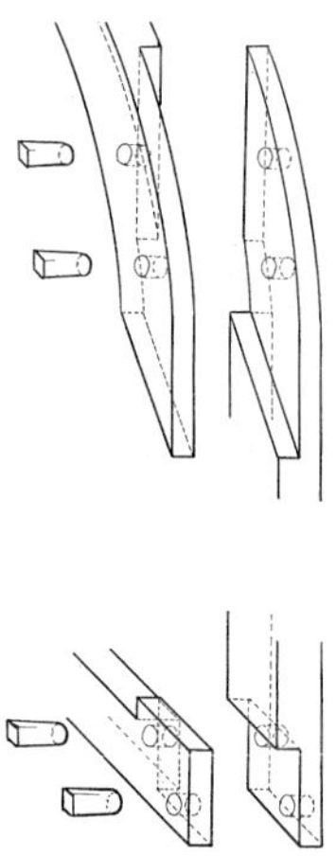

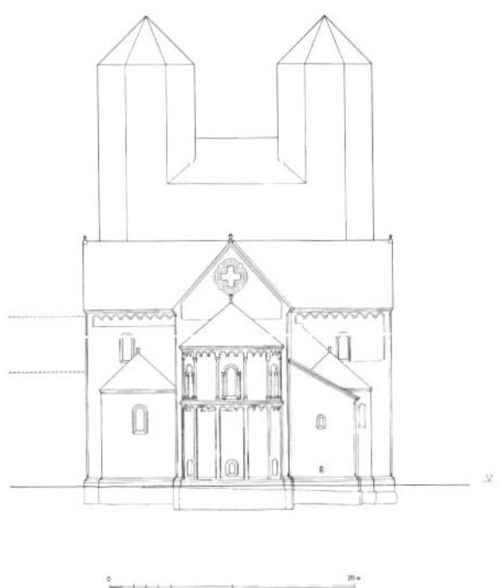

Ostansicht der romanischen Kirche in Wechselburg

Fliesen. Auffällig bunte Plattenmosaikfußböden dürften erst nach Lockerung des zisterziensischen Schmuckverbotes üblich geworden sein. Rosettenfußböden sind für den Kapitelsaal und die Andreaskapelle der Klosterkirche nachgewiesen. Einfache quadratische Fliesen dürften vor Ort hergestellt worden sein; andere sind wegen ihres ortsfremden Tones und der hierzulande unbekannten Art der Glasur als Importstücke anzusprechen.

Lit.: Gurlitt BKD 1922; Beyer 1855; Magirius 1962; Kier 1970; Landgraf 1993.

TW

1.35

Fensteranschläge aus dem Stift Wechselburg

Wechselburg, um 1200; Eichenholz, H. 216 cm, B. 94 cm. Dresden, Landesamt für Denkmalpflege Sachsen.

Das Augustiner-Chorherrenstift Zschillen (heute Wechselburg) ist eine Stiftung des Grafen Dedo von Groitzsch, des Bruders Markgraf Ottos des Reichen. Von den Bauten der Gründungszeit ist einzig noch die Kirche in weiten Teilen erhalten, eine dreischiffige, kreuzförmige, flachgedeckte Pfeilerbasilika. Ihre erste Weihe fand 1168 statt.

Die hölzernen Fensteranschläge gehören zu den beiden oberen nördlichen Querhausfensteröffnungen und dienten zur Aufnahme der Fensterverglasung – die aufwendigste Art des Fensterverschlusses, die im Mittelalter lange Zeit auf Großbauten beschränkt blieb. In Wechselburg gab es Anschläge aus Stein und aus Holz. Bei den hölzernen, der vermutlich älteren Form, waren die seitlichen Stiele unten durch ein Querholz, oben durch einen zweiteiligen Segmentbogen verbunden. Alle Verbindungen sind als Überblattung gearbeitet und durch je einen Holznagel gesichert. Die einzelnen Hölzer bestehen aus gespaltenen Bohlen; nach dendrochronologischer Datierung kann auf ein Fälldatum in der Zeit um 1200 geschlossen werden. Jeweils zwei Aussparungen an den Schenkeln dienten vermutlich zur Aufnahme von Windeisen.
Derartige Fensteranschläge waren allgemein verbreitet, allerdings gibt es heute nur noch wenige erhaltene Beispiele, so ein ähnlicher Rahmen im Kloster Pforta und Reste am Querhaus im Dom von Speyer (Bau II, nach 1080).

Lit.: Küas/Krause 1968, S. 58; Eisbein 1995, S. 103–106.

CM

Stern über dem Kamenzer Land

Die Herren von Kamenz, Gründer des Klosters St. Marienstern, stammten ursprünglich aus Franken. Sie hatten sich in Vesta an der Saale niedergelassen und kamen kurz vor 1200 in die Oberlausitz. Bernhard von Vesta baute seine Burg bei dem slawischen Dorf Kamenz, nach dem sich die Familie dann benannte. Was er begonnen hatte, führte sein Sohn Bernhard II. zu Ende: die Gründung der Stadt Kamenz, den Bau einer Kirche und eines Spitals, die Anlage neuer Dörfer. Seine Absicht, ein Kloster zu stiften, scheiterte dagegen.

Kurz nach seinem Tod, 1248, gelobten seine Witwe, seine Söhne und Töchter die Klostergründung durchzuführen. Die treibenden Kräfte waren die Frauen, die eine zisterziensische Gemeinschaft um sich versammelten. Die Töchter Amabilia und Agnes waren die ersten Äbtissinnen des Konvents. Sie mußten vorläufig im Kamenzer Spital unterkommen, weil die Mittel für den Bau des Klosters nicht ausreichten.

Ihr Bruder, Bernhard III., löste das Gelöbnis zehn Jahre später ein. Er war Geistlicher geworden, ein hoher Würdenträger im Domkapitel von Meißen und ein Politiker von europäischem Format. Eine steile Karriere führte ihn zuletzt auf den Bischofsstuhl von Meißen. Sein eigentliches Lebensziel aber war Bau und Ausstattung des Klosters St. Marienstern, für das er sein gesamtes Vermögen gab. Als seine Brüder die Unterstützung verweigerten, unterstellte er das Kloster den Markgrafen von Brandenburg, den Konkurrenten seiner Familie um die Vormacht in der westlichen Oberlausitz. Nach und nach erwarb er Ländereien seiner Verwandten und übertrug sie dem Kloster. Als er 1296 starb, war St. Marienstern zu einem der reichsten Klöster des Bistums geworden. Die Herren von Kamenz aber wurden, wirtschaftlich geschwächt, 1318 vom Markgrafen von Brandenburg aus ihrer Herrschaft vertrieben.

Äbtissin Agnes von Kamenz
Nr. 2.134, fol. 160r

1.36
Einrichtung der Pfarrei Kamenz

1225; Pergament, mit anhängendem Siegel Bischof Brunos von Meißen. H. 20 cm, B. 35 cm. St. Marienstern, Zisterzienserinnenabtei, Archiv, Urkunde b.

Bischof Bruno II. von Meißen hat diese Schlüsselurkunde für die Geschichte der westlichen Oberlausitz ausgestellt. Bernhard von Vesta sei, so heißt es hier, der Gründer der Stadt Kamenz; er habe die Kirche errichtet und den Aposteln Philipp und Jakob geweiht. Nach seinem Tod verlegte sein gleichnamiger Sohn die Stadt, stellte die durch einen Brand zerstörte Kirche wieder her und erweiterte ihre Dotierung. Bischof Bruno nahm die Neuweihe vor. Die Auflistung des Pfarrvermögens zeigt, daß die Kolonisation im Umkreis der Stadt damals in vollem Gange war. In einem Wald bei Biehla, wo wenig später Hausdorf entstand, waren schon die Hufen abgesteckt. In der Stadt regte sich bürgerliches Leben: es ist von Arealzinsen und vom Marktzoll die Rede. Unter den Zeugen der Urkunde befindet sich der Supan Merboto, vielleicht der Vorsteher und Gerichtsherr der sorbischen Volksgruppe im Burgward Kamenz.
1225 hatten die Herren von Vesta, die sich bald darauf nach Kamenz benannten, den Aufbau ihrer Herrschaft zu einem gewissen Abschluß gebracht. Noch im selben Jahr nahm Bernhard II. mit dem Zisterzienserorden Verbindung auf, da er beabsichtigte, ein Kloster zu gründen.

Edition: CDS II/7- Kamenz, Nr. 1.
Lit.: Knothe 1871, S. 1–33, Huth 1970, S. 170–194, Magirius/Seifert 1974, S. 11 ff.

MB

1.37
Stadttopographie von Kamenz

Die Stadt Kamenz liegt auf einem Plateau oberhalb des Langen Wassers und der Schwarzen Elster. Die Burg der Herren von Kamenz war von ihr durch einen flachen Einschnitt getrennt. Aus der Weiheurkunde der Philippus- und Jacobus-Kirche von 1225 geht hervor, daß die Stadt ursprünglich an anderer Stelle errichtet worden war (vgl. Nr. 1.36). 1225 war dieser Platz noch besiedelt, denn ein Hof und Garten in der alten Stadt, der zur Ausstattung der Kirche gehörte, wird ausdrücklich erwähnt. Hier stand wohl auch die älteste Kirche von Kamenz, die durch einen Brand zerstört worden war.
Zur Lokalisierung der älteren, wohl um 1190 entstandenen Stadtanlage gibt es unterschiedliche Theorien. Als Anhaltspunkte dienen dabei Unregelmäßigkeiten im heutigen Stadtgrundriß, der aber sicherlich durch die zahlreichen großen Brände Veränderungen unterworfen war. Die verschiedenen Kirchen der Stadt wurden als mögliche Nachfolgerbauten der alten Stadtkirche in Erwä-

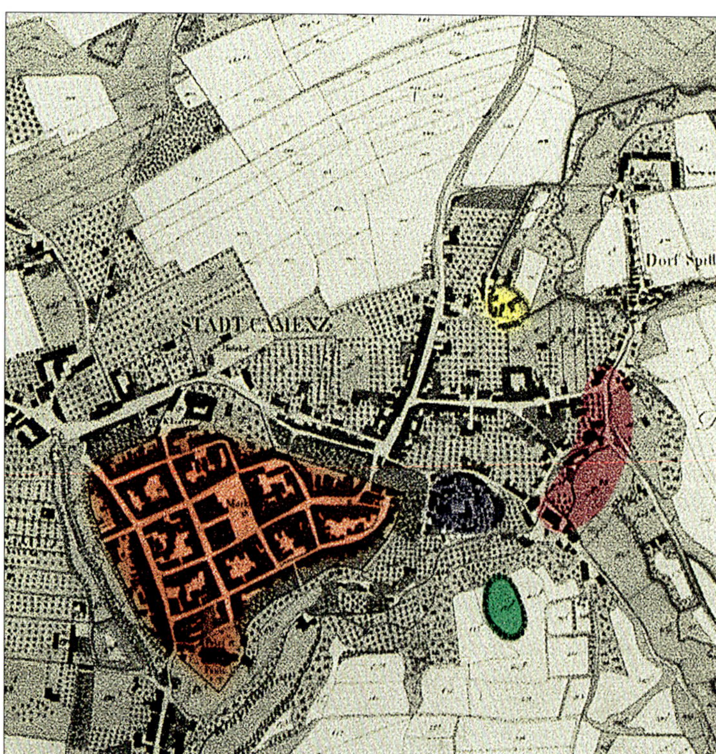

Schanze auf dem Reinhardsberg. Vorgeschichtliche Wallanlage, mutmaßlich mit slawischer Nachbesiedlung

slawische Siedlung an der Schwarzen Elster

Stadtgründung Bernhards I. von Vesta, um 1190

Stadtgründung Bernhards II. von Vesta-Kamenz, um 1220

Burg der Herren von Kamenz, 1432 abgebrochen

Ausschnitt aus einem Plan aus der 1. Hälfte des 19. Jh. Dresden, Sächsisches Hauptstaatsarchiv, Schr. V Fach 60 Nr. 15a.

gung gezogen. Das Jakobs-Patrozinium ist aber lediglich für eine Kapelle überliefert, die bis zum Jahr 1545 auf dem Jakobsberg stand. So wird man am ehesten hier nach der Stadt Bernhards I. zu suchen haben. Endgültige Gewißheit können nur archäologische Nachweise liefern.
Dasselbe gilt für die Lage der slawischen Vorgängersiedlung. Vorläufig läßt sich nur vermuten, daß eine vorgeschichtliche Befestigungsanlage auf dem Reinhardsberg auch von den Slawen genutzt wurde und daß – wie dies auch an anderen Orten der Fall ist – die dazugehörige Siedlung in der Flußniederung lag.

KSC

1.38

Stiftungsurkunde von St. Marienstern

Kamenz, 1248; Pergament, 2 Siegel verloren, H. 40 cm, B. 35,5 cm. St. Marienstern, Zisterzienserinnenabtei, Archiv, Urkunde Nr. 1.

Am 13. 10. 1248 beurkundeten die Brüder Witego, Bernhard und Bernhard von Kamenz zusammen mit ihrer Mutter Mabilia und ihren beiden (namentlich nicht genannten) Schwestern die Absicht, in der Nähe ihres Dorfes Wittichenau ein Nonnenkloster des Zisterzienserordens zu bauen. Die Gründung sollte dem Seelenheil ihrer Vor-

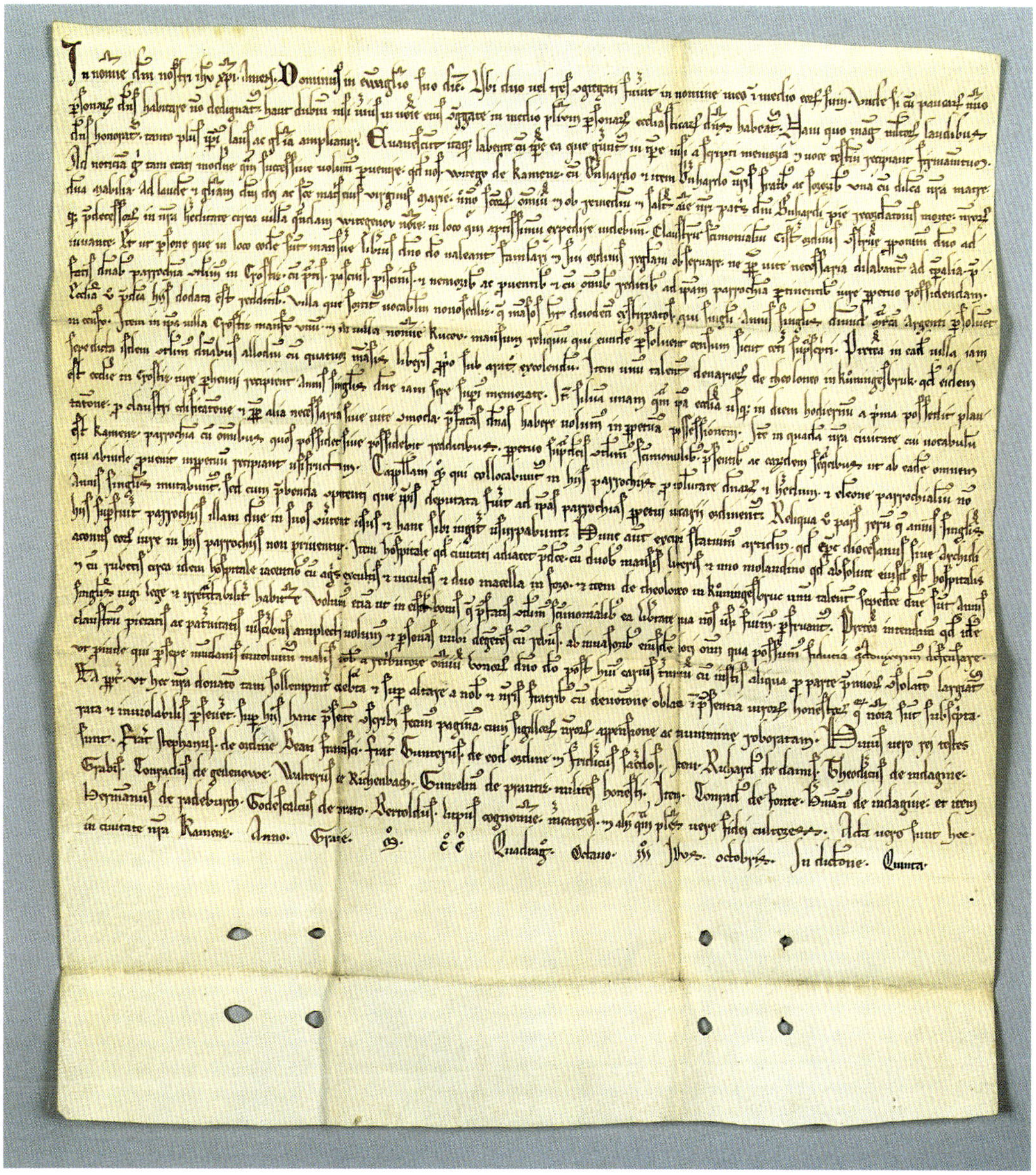

fahren dienen, namentlich aber ihres Vaters, Bernhards II., der vermutlich erst kurz zuvor gestorben war. Die Ausstattung war bescheiden: Dem Kloster sollten das Kamenzer Spital, die Pfarreien Crostwitz und Kamenz inkorporiert werden, so daß sich die Nonnen im wesentlichen mit Zehnteinkünften hätten begnügen müssen. Das Privatvermögen der Herren von Kamenz wurde nicht angetastet.

Der 1248 gefaßte Plan kam zunächst nicht zur Ausführung. Erst mehr als zehn Jahre später, wohl 1259, begannen die Bauarbeiten in St. Marienstern. Gründer und Bauherr war Bernhard III. von Kamenz, der sein väterliches Erbe vollständig für den Klosterbau verwendete. Seine Brüder haben keine Unterstützung geleistet, wohl aber die beiden Schwestern, die vielleicht schon vor 1248 im Kamenzer Spital eine Gemeinschaft religiöser Frauen um sich versammelt hatten. Der klösterlichen Überlieferung nach hießen sie Agnes und Amabilia. Sie gelten als erste Äbtissinnen von St. Marienstern.

Edition: NLM 43 (1866), S. 383.
Lit.: Knothe 1871, S. 1–33, Huth 1970, S. 170–194, Magirius/Seifert 1974, S. 11 ff.; Bauer 1998.

MB

1.39

Privileg der Markgrafen von Brandenburg für St. Marienstern

Köpenick, 1264; Pergament, Siegel der Markgrafen Johann und Otto von Brandenburg, letzteres nur fragmentarisch erhalten. H. 22 cm, B. 26 cm, St. Marienstern, Zisterzienserinnenabtei, Archiv, Urkunde Nr. 7.

Am 17. März 1264 nahmen die Markgrafen Johann und Otto von Brandenburg das Kloster St. Marienstern unter ihren Schutz. Dies ist ihre erste nachweisliche Tätigkeit in der Oberlausitz, deren Landesherrschaft sie erst einige Jahre zuvor angetreten hatten. Die Markgrafen befreiten das Kloster von Vogtei, Steuer und Dienstbarkeit und gewährten ihm die niedere und hohe Gerichtsbarkeit. Ferner bestätigten sie seinen derzeitigen Besitz, der im einzelnen aufgelistet wird.

Infolge der jüngsten Schenkungen von Seiten Bernhards III. von Kamenz hatte sich der Besitz des Klosters in etwa verdreifacht. Ein Teil dieser Güter – darunter auch der Bauplatz des Klosters – war Lehen der Markgrafen. Das ihnen zustehende Obereigentum übertrugen sie dem Kloster und nahmen damit an der Klosterstiftung unmittelbar Anteil. Zum Schutz des Klosters siedelten sie ihnen ergebene Ministeriale in einem dichten Ring um das Kloster an und machten das Gebiet zu einer Bastion ihrer Herrschaft. Eine jahrelang währende Fehde zwischen den Markgrafen und dem Bischof von Meißen ist wahrscheinlich dafür verantwortlich zu machen, daß die um 1260 begonnenen Bauarbeiten in St. Marienstern bald zum Erliegen kamen und erst Ende der 1270er Jahre wieder aufgenommen werden konnten. 1284 siedelte der Konvent aus dem Kamenzer Spital an das Klosterwasser über.

Edition: Huth 1970, S. 200–203.
Lit.: Knothe 1871, S. 1–33, Huth 1970, S. 170–194, Magirius/Seifert 1974, S. 11 ff.; Bauer 1998.

MB

1.40

Bernhard III. von Kamenz

Oberlausitz, 1706; Holzskulptur, farbige Fassung (erneuert); H. 130 cm; bez. auf der Kasel O[ttili] H[entschel] A[bbatissa] M[ariaestellensis] 1706; St. Marienstern, Zisterzienserinnenabtei.

Bernhard III. von Kamenz (um 1225–1296) war die herausragende Gestalt in der Oberlausitzer Geschichte des 13. Jh. Gemeinsam mit seinen Brüdern Witego und Bernhard (IV.) übernahm er kurz vor 1248, nach dem Tod seines Vaters Bern-

hard (II.), die Herrschaft Kamenz, entschied sich aber einige Jahre später für eine geistliche Laufbahn. 1268 erscheint er als Dekan, 1276 als Propst des Meißner Domkapitels. Er führte die 1248 als Familienstiftung begonnene Gründung des Klosters St. Marienstern auf eigene Faust zu Ende und verwendete seinen Teil des väterlichen Erbes auf dieses Projekt. Gleichzeitig knüpfte er ein Netz politischer Verbindungen zu den Herrschaftshäusern Brandenburgs, Schlesiens und Böhmens. Seit 1279 wirkte er als Hofkaplan, dann als Kanzler Herzog Heinrichs IV. von Breslau. Nach dessen Tod 1290 trat er in die Dienste König Wenzels II. von Böhmen. Als enger Vertrauter des Königs spielte Bernhard eine wichtige Rolle bei der Ausdehnung der böhmischen Macht über Schlesien, bei der Gründung des Zisterzienserklosters Königssaal, schließlich bei der Wahl des deutschen Königs 1292, die er – böhmischem Interesse folgend – mit diplomatischem Geschick auf die Person Adolfs von Nassau lenkte. Mit Unterstützung König Wenzels erlangte er 1293, schon hochbetagt, die Bischofswürde von Meißen. 1296 wurde der Klosterstifter in St. Marienstern beigesetzt, ein mittelalterliches Grabmal hat sich allerdings nicht erhalten. Die älteste Darstellung Bernhards aus dem späten 16. Jh. konnte 1996 im Nordflügel des Kreuzganges neben dem Kirchenportal aufgedeckt werden: Sie zeigt ihn als Bischof von Meißen mit dem Modell seines Klosters auf der Hand. Ihr folgten Sebastian Walther und Zacharias Hegewald 1629 bei der Erstellung der heutigen Grabplatte (Nr. 4.52), die den Stifterfiguren des 18. Jh. als Vorbild diente. Die gewöhnlich in der Kreuzkapelle aufgestellte Barockskulptur wurde von der Äbtissin Ottilie Hentschel in Auftrag gegeben. Das Modell zeigt die Klosterkirche mit der barocken Fassade von 1720–1721 und ersetzte hier wohl ein älteres.

unpubliziert; zu Bernhard III.: Knothe 1865.

MB/MW

1.41

Doppelhenkelkelch

Mark Brandenburg (?), um 1260; Gold, gegossen, getrieben; Lippenrand Silber, vergoldet; Edelsteine, Perlen. Gravierte Inschrift am Rand des Fußes (Lesart nach Walther Biehl): „+ IVGGA D[E]O CARA CALICEM QV[A]E PONIS IN ARA VT T[IB]I SIT CLARA V[IR]GO MARIA D[EIP]ARA". (Du, Jutta, Gottes Kind fürwahr. Gibst hin den Kelch auf den Altar. Darum sei hold dir immerdar. Die Jungfrau, die den Herrn gebar.). H. 19,5 cm, Dm. (Kuppa) 16 cm. Um 1938 als Pfand nach Ossegg gegeben, dort 1945 beschlagnahmt; zwischen 1964 und 1985 zusammen mit der Patene (1.42) und dem Kelch (1.43) in der Sakristei der Franziskuskirche in Prag, dem ehemaligen Kloster der Kreuzherren mit dem roten Stern; dort 1965–1966 Photodokumentation durch das Prager Institut für Denkmalpflege; seit 1985/1990 (Restitution des Klosterbesitzes) verschollen. Ehemals St. Marienstern, Zisterzienserinnenabtei. (Kopie aus Gips, um 1935)

Bei der bis ins 13. Jh. üblichen Kelchkommunion benutzte man einen Doppelhenkelkelch, der als Abbild des Gefäßes beim letzten Abendmahl galt. Der Mariensterner Kelch soll – nach schon im frühen 18. Jh. greifbarer klösterlicher Tradition – vom Klosterstifter benutzt worden sein. Noch im 19. Jh. wurde den Schwestern alljährlich zu Kirchweih der geweihte Wein aus diesem Kelch gereicht.
Das Bildprogramm bezieht sich auf die Eucharistie. Die Hauptschauseite am Fuß entspricht jedoch nicht der Anordnung der Reliefs auf der Kuppa und am Henkel. Kompositorischer Mittelpunkt der Reliefs am Fuß ist eine Maiestas Domini mit dem Pantokrator, den Evangelistensymbolen, der betenden Muttergottes und dem Erzengel Gabriel. Getrennt durch ein Band mit Ösen für Saugröhrchen (fistulae) ist darunter ein Zug von 25 betenden Gestalten angeordnet. Sie sind zum Teil durch Nimben und Attribute als Heilige ausgewiesen (Johannes der Täufer, Apostel, hll. Bischöfe und Ritter). Bei sieben knienden Figuren

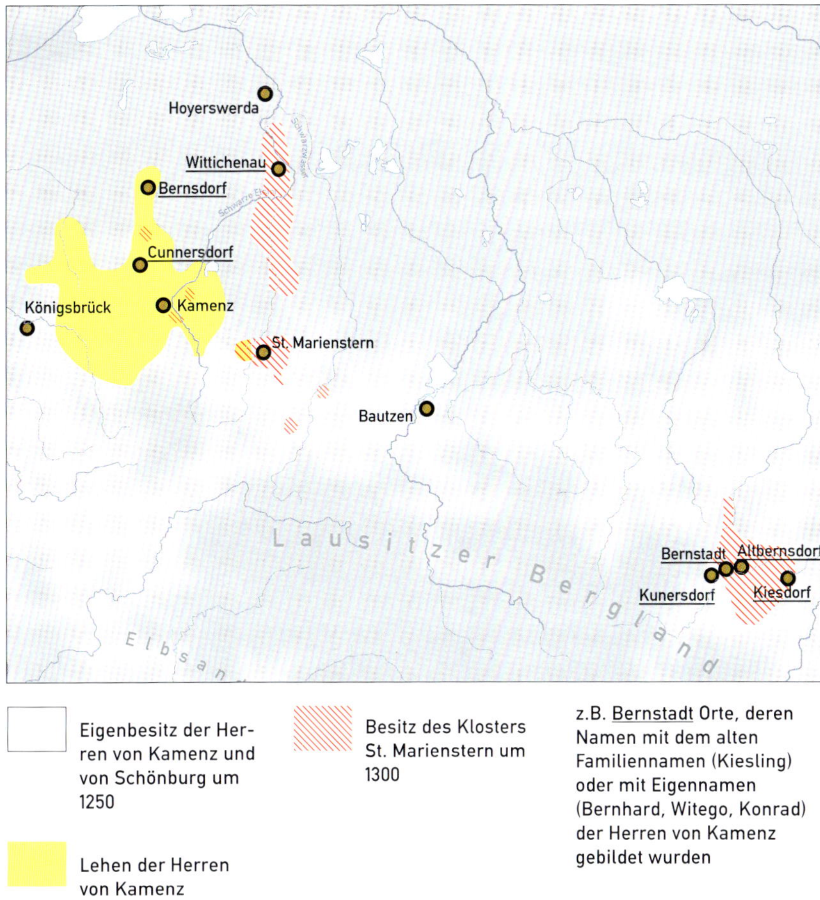

Die Herrschaft Kamenz um 1250 und die Besitzentwicklung von St. Marienstern bis 1300

Um die Mitte des 13. Jh. waren die Herren von Kamenz das mächtigste Geschlecht in der Oberlausitz. Sie waren führend beim Landesausbau beteiligt und gründeten Dörfer und Städte. Einige dieser Siedlungen tragen Namen, die in der Familie verbreitet waren. Die Macht der Herren von Kamenz und der mit ihnen verschwägerten Herren von Schönburg basierte vor allem auf Eigenbesitz, über den sie frei verfügen konnten. Die Eigengüter sind aber bis 1300 fast vollständig an das Kloster St. Marienstern übergegangen. Von viel geringerem Wert waren ihre Lehen: Diese hatten sie vom Landesherrn erhalten und zum größten Teil an die eigenen Vasallen weitergegeben.

fehlt eine solche Auszeichnung. Die Inschrift am Fußrand ermöglicht ihre Identifizierung: Es dürfte sich um die Donatorenfamilie handeln – Jutta, Herzogin von Askanien (1212–1260), ihr Gemahl Markgraf Johann I. von Brandenburg und ihre fünf Kinder.

Der gedrückt kugelige Nodus ist mit durchbrochenen Reliefs von Greifenpaaren mit verflochtenen Hälsen und Schwänzen geschmückt sowie mit Ringen, die mit gemugelten Edelsteinen (Cabochons) und mit von Nägeln befestigten Perlen besetzt sind. Greifen und Pfauen zieren die beiden Henkel. Auf der Kuppa sind in fünf Reliefmedaillons mit Akanthusranken in den Zwickeln Szenen aus dem Leben Christi dargestellt: Verkündigung, Geburt Christi, Anbetung der Hl. Drei Könige, Kreuzigung mit Maria und Johannes, Herabsendung des Hl. Geistes (Pfingsten) und Engel und drei Frauen am Hl. Grab (Auferstehung).

Die in der Stifterinschrift genannte Jutta war seit 1255 mit Markgraf Johann I. von Brandenburg verheiratet. Dieser stellte 1264 zusammen mit seinem Bruder Otto III. das landesherrliche Privileg für St. Marienstern aus, das die Aufnahme des Klosters in den Zisterzienserorden ermöglichte. Nach Johanns Tod 1266 verdrängten seine Nachfolger und Söhne aus erster Ehe – die auf dem Kelch nicht dargestellt sind – die Stiefmutter Jutta und deren Kinder von der Macht. Damit kann man die Stiftung des Kelches auf die Zeit zwischen 1264 und 1266 begrenzen.

Enge Verbindungen bestehen zu dem großen Speisekelch (ehemals im Zisterzienserkloster Mariensee bzw. Chorin, heute in St. Marien zu Berlin), der als Teil der Memorialstiftung für Johann I. und Otto III. von Brandenburg († 1267) geschaffen wurde. Am Schaft dieses Kelches sind Silberblech-Bilder appliziert, die über die gleichen Model geschlagen wurden, wie die Rundbilder an der Kuppa des Mariensterner Kelches. Die Model wurden für weitere Kelche genutzt, für diejenigen aus St. Marien zu Prenzlau (um 1250?; Prenzlau, St. Sabinen) und aus dem ehemaligen Zisterzienserinnenkloster Zehdenick (um/nach 1250?; Brandenburg, Domschatz). Die Prenzlauer Kirche und das uckermärkische Kloster gelten als Stiftungen der Askanier und liegen – wie St. Marienstern – in Gebieten, die erst in der Mitte des 13. Jh. an die Mark Brandenburg gekommen sind. Die Annahme liegt nahe, daß die Stiftung der Kelche zu einer Initiative gehörte, an zentralen Plätzen in den neu erworbenen Landesteilen eine landesherrliche Memoria zu begründen und ein einheitliches „Landes-Bewußtsein“ zu fördern.

Lit.: Gurlitt BDK, Bd. 35 1912, S. 192–194; Fichtner 1927, S. 6 f.; Braun 1932, S. 61–62; Meyer 1932, S. 163 f.; Schürenberg 1932, S. 163 f.; Alt-Lausitzer Kunst 1935, S. 54; Biehl 1959, S. 209–211; Magirius/Seifert 1974, S. 25; Skubiszewski 1982, S. 198–267, Nr. 40; Erdmann 1994; Stehlíková 1994, S. 319–323.

DS

1.42
Patene

Niederrhein oder Niedersachsen, um 1250; Gold (laut Walther Biehl: Silber, vergoldet), getrieben, graviert. Dm. 20 cm. Verschollen (vgl. Nr. 1.41). Ehemals St. Marienstern, Zisterzienserinnenabtei.

Die Patene, die Schale für die Hostien, bildet mit dem Kelch eine liturgische Einheit, weshalb beide meist gemeinsam und nur aus kostbarem Material – Gold oder vergoldetem Silber – gefertigt wurden. Die Mariensterner Patene ist vermutlich älter als der zugehörige Doppelhenkelkelch, der paßgerecht für sie geschaffen und in seiner Ikonographie auf ihr Bildprogramm abgestimmt wurde.
In die Schale ist mittig ein Vierpaß eingetieft, dessen Zentrum eine runde, glatte Vertiefung aufweist. Der Rand ist mit graviertem Rankenwerk verziert. In den Vierpaßzwickeln sind Engel in Halbfiguren angeordnet, in den vier Pässen oben Christus als Weltenherrscher, links die Opferung Isaaks durch Abraham, rechts der Priesterkönig Melchisedek mit Kelch und Brot als Zeichen seines Opferdienstes und unten Abel mit einem Opferlamm. Eine Inschrift um die mittlere Vertiefung erläutert das Sakrament (Lesart nach Paul Krenkel): „+ HOSTIA . MV[N]DAT[UR] . CRVCE . VERBO S[AN]C[T]IFICATUR“ (Das Opferlamm [die Hostie] wird durch das Kreuz entsühnt, durch das Wort geheiligt). Die alttestamentarischen Bilder beziehen sich typologisch auf das Christusopfer. Dieses wird nicht bildlich dargestellt, sondern ist „real“ in der Gestalt der Hostie. Die Inschrift am äußeren Rand, bislang nicht restlos entziffert, nimmt auf den Stifter des Kelches Bezug. In der Lesart von Paul Krenkel lautet sie: „+P[RES]B(YTE)R Off[ICIU]M DV[M] SAC[R]A[E] D(EUM) V(OLENTE) SA .[?] SACR[A]E D[EC] INIS.AR[A]E H(UNC). CALI(C)EM DANTI . VENIAM . REQ[UI]C[=E]M . Q[UE]+ PRECARE“. (Priester, wenn du deinen heiligen Altardienst verrichtest, bitte für den Stifter dieses Kelches um Vergebung seiner Sünden und um die ewige Ruhe).
Ähnliche typologische Darstellungen finden sich auf Patenen aus dem Zisterzienserkloster Ląd (Kalisz, Kollegiatskirche St. Marien) und aus Trzemesno (Gnesen/Gniezno, Domschatz), möglicherweise bayerischen Arbeiten aus der Zeit um 1200. Sehr nahe steht das Mariensterner Stück einer nur in Umzeichnung überlieferten Patene von Konrad von Hausen aus Weingarten, um 1250, mit zum Teil völlig entsprechenden Darstellungen. Vergleichbar ist ferner die Patene aus St. Trudpert, Freiburg i. Br. um 1268 (New York, Metropolitan Museum of Arts/The Cloisters). Hinsichtlich des Figurentypus sei auch auf den Kelch in St. Mauritius, Hildesheim-Moritzburg, verwiesen, eine niedersächsische Arbeit des 2. Viertels des 13. Jh.

Lit.: Gurlitt BKD, Bd. 35 1912, S. 191–192; Braun 1932, S. 213, 238; Alt-Lausitzer Kunst 1935, S. 54; Krenkel 1957, S. 119; Biehl 1959, S. 211–214; Skubiszewski 1966, S. 158; Magirius/Seifert 1974, S. 25; Skubiszewski 1982, S. 244, 267, Nr. 39; Steblíková 1994, S. 319–323.

DS

1.43
Meßkelch

Norddeutschland, Niedersachsen (?), nach 1250; Silber, repoussé getrieben, graviert, vergoldet; Fuß stark abgegriffen, an verschiedenen Stellen gesprungen, Rand ergänzt. H. 14,7 cm, Dm. (Fuß) ca. 15 cm. Verschollen (vgl. Nr. 1.41). Ehemals St. Marienstern, Zisterzienserinnenabtei .

Zur Gründungsausstattung des Klosters gehörte vermutlich auch dieser heute verschollene Kelch mit breitem rundem Fuß, kegelförmig ansteigendem Stiel, flachem geriefeltem Nodus und halbkugeliger Kuppa.
Das theologisch anspruchsvolle Bildprogramm des Kelches bezieht sich auf das Christusopfer. Auf den vier getriebenen Medaillons am Fuß ist dargestellt: Abraham führt Isaak auf den Berg Moriah; die Zurückweisung von Abrahams Opfer; die Stiftung des Osterlamms (Passah) mit Moses und Aaron; Jona und der Walfisch. In den Zwickeln erscheinen als Halbfiguren: Noahs Opfer, Kain tötet Abel, Kain opfert ein Lamm, Abel opfert Getreide auf dem Altar. Auf der Kuppa sind vier Medaillons christologischen Inhalts eingraviert: das letzte Abendmahl, die Kreuztragung, die Kreuzigung, das leere Grab mit dem Engel und den drei Marien. Die Zwickel zeigen König David, die Propheten Isaias und Jeremias. Alle Darstellungen sind durch Inschriften erläutert. Sie bilden vier thematische Gruppen von jeweils drei zusammengehörenden Bildern: Zu jedem Thema gehört eine Szene aus der Zeit vor dem Bund, aus dem Alten und dem Neuen Bund. So wird etwa Abels Tod mit der Opferung Isaaks und der Kreuzigung typologisch verknüpft.
Analogien der alttestamentlichen Szenen weisen der Kelch aus Stift Wilten, niedersächsisch, um 1160/1170 (Wien, Kunsthistorisches Museum) und der Kelch aus Trzemesno (Gnesen/Gniezno, Domschatz) auf, der auch eine ähnliche Abendmahlsdarstellung zeigt. In der Anordnung der Themen vergleichbar sind die Reliefs auf dem Kelch aus Osnabrück, Westfalen, um 1240 (Porvoo/Borgo, Dom), und der ebenfalls gravierte Kelch in Rathenow, Brandenburg, um 1250 in Niedersachsen entstanden.

Lit.: Gurlitt BKD, Bd. 35 1912, S. 194–196; Skubiszewski 1982, S. 267, Nr. 39; Stehlíková 1994, S. 319–323.

DS

1.44
Turmreliquiar mit Blutjaspis

Prag, 1. Hälfte 14. Jh.; Silber, gegossen, getrieben, vergoldet, Niello (stark ergänzt), Pyxis: geschliffener schwarz-weiß-roter, eisenhaltiger Jaspis, Deckel: Onyx; H. 36 cm, Dm. (Fuß) 10,1 cm; Restaurierung: 1996 – Bernhard Greif (Dokumentation). St. Marienstern, Zisterzienserinnenabtei.

Auf dem runden Fuß sind sechs getriebene Schildchen mit dem Adlerflügel der Herren von Kamenz aufgelötet, entsprechend dem Wappen auf der Unterseite des Kopfreliquiars des hl. Jakobus (Nr. 2.80). Das Gefäß und sein Inhalt müssen mit der Reliquienstiftung Bernhards III. von Kamenz bzw. einer nachträglichen Donation seiner Familie zusammenhängen. Ähnliche Blattkränze mit Palmettenblättern wie am schlanken sechskantigen Schaft, am Nodus und an der Pyxis des Turmreliquiars finden sich am Kreuzreliquiar mit durchbohrten Saphiren (Nr. 2.75) und am Fingerreliquiar des hl. Georg (Nr. 2.88). Den Helm ziert ein graviertes Fischgratmuster; das Kreuz auf dem profilierten Abschluß ist ergänzt.
Der Nodus zeigt in tropfenförmigen, niellierten Medaillons groteske Mischwesen, darunter einen Satyr mit Flöte und zweiblättrigem Schwanz, ein eselartiges Monstrum und eines mit einem Mönchshaupt. Sie ähneln den Nielli auf dem gleichfalls in Böhmen gefertigten Admonter Tragaltar, um 1330. Stilistisch gehen sie von den Grotesken der frühen Gotik im Rhein-Maas Gebiet aus, etwa auf dem Buchdeckel aus St. Blasien (heute St. Paul im Lavanttal). Vergleichbare Motive treten in der Buchmalerei auf, so in böhmischen, illuminierten Handschriften der Königin Elisabeth Richenza (Witwe König Wenzels II.) aus Alt-Brünn, entstanden zwischen 1317 und 1323, besonders in ihrem Brevier. In der Goldschmiedekunst finden sich Parallelen bis in die Zeit um 1340/1350 (Kelch in Benzhausen-Hochdorf).

Lit.: Neuhardt/Wagner/Seifert 1996, S. 243.

DS

1.45
Kelch

Niedersachsen oder Rheinland, 3. Viertel 13. Jh., Kuppa nachträglich; Silber, gegossen, getrieben, gepunzt, vergoldet; H. 15,6 cm, Dm. (Fuß) 14 cm, Dm. (Kuppa) 13,7 cm. St. Marienstern, Zisterzienserinnenabtei.

Vom bedeutenden Mariensterner Bestand an Vasa sacra aus dem 13. Jh. blieb nur ein Kelch vor Ort erhalten – wahrscheinlich gehörte er mit den verschollenen Werken (Nr. 1.41–1.43) zur Gründungsausstattung des Klosters.
Auf dem runden Fuß sind vier getriebene Medaillons mit alttestamentlichen Szenen vor einem Hintergrund mit Rautenmuster angeordnet. Inschriften erläutern die Darstellungen, die als Vorankündigungen der Auferstehung Christi in typologischer Beziehung zum Meßopfer stehen: Moses und der brennende Dornbusch, die Aufrichtung der ehernen Schlange, Ezechiel tritt durch das Tempeltor, Jonas entsteigt dem Rachen des Walfisches. Der Nodus ist aus frei getriebenen Weinblättern gebildet. Medaillons mit je einem gepunzten Bischofskopf verzieren die sechs Rotuli. Stil und Ikonographie der Treibarbeit haben vor allem in niedersächsischen Goldschmiedearbeiten des 2. und 3. Viertels des 13. Jh. Parallelen; verwiesen sei auf die Kelche in St. Godehard in Hildesheim und aus Alt-Lomnitz (Stara Lomnica) in Schlesien (verschollen). Beide prägte rheinischer Einfluß. Vergleichbar in Gestalt und Anordnung des Dekors sind auch zwei Kelche oberrheinischen Ursprungs aus dem Hl. Geist-Spital in Freiburg i. Br., um 1270, und aus Weingarten.

Lit.: Gurlitt BDK, Bd. 35 1912, S. 196 f.; Alt-Lausitzer Kunst 1935, Nr. 226; Biehl 1959, S. 212–214; Skubiszewski 1974, Nr. 41; Magirius/Seifert 1974, S. 73 f.

DS

1.46
Sogenannter Stifterkelch

Böhmen oder Sachsen, um 1330–1360; Silber, vergoldet. H. 9,5 cm; Restaurierung: 1996 – Bernhard Greif (Dokumentation). St. Marienstern, Zisterzienserinnenabtei.

Nach der Klostertradition stammt der kleine Kelch aus dem Besitz Bernhards III. von Kamenz bzw. aus dessen Grab. Grabkelche, die zusammen mit einer Grabpatene als symbolische Insignien verstorbenen Priestern beigegeben wurden, sind aber gewöhnlich kleiner, so daß es sich wohl um einen Reisekelch handeln dürfte.
Gestalt und Dekor gotischer Reisegefäße sind einfacher als bei ortsfesten Meßgeräten, was Lokalisierung und Datierung erschwert. Ein in der Form ähnlicher Kelch aus Altenthann (Nürnberger Herkunft) wird in das 2. Drittel des 14. Jh. datiert, ein Reisekelch aus Freiburg im Breisgau um 1350.

Lit.: Knothe 1871, S. 33, Anm. 2; Hitschfel 1894, S. 56; Kostbarkeiten aus Sachsen 1992, Nr. 34.

DS

1.47
Sogenanntes Stifterkreuz

Böhmisch (?), um 1330–1360; Silber, vergoldet, gegossen, getrieben, graviert, Niello. H. 14,8 cm; Restaurierung: 1996 – Bernhard Greif (Dokumentation). St. Marienstern, Zisterzienserinnenabtei.

Zusammen mit dem in der Größe passenden kleinen Kelch (Nr. 1.46) bildet das Standkreuz mit eingelassenen Reliquien eine kleine Reisegarnitur. Es soll ebenfalls vom Klosterstifter verwendet worden sein.
Auf der Vorderseite des abnehmbaren Kreuzes sind ein gegossener Corpus und an den Kreuzenden gegossene Evangelistensymbole angebracht. Die Rückseite zieren Blattwerkgravuren und -reliefs; sie trägt ein Gußfigürchen der gekrönten Muttergottes mit Kind. Der Figuren- und der Ornamentschmuck mit seinen fleischigen Blättern haben stilistisch Parallelen in der Gotik der 1. Hälfte des 14. Jh. Der möglicherweise nachträglich am Balkenfuß angebrachte Wappenschild mit steigendem schwarzen Wolf auf Goldgrund könnte sich auf die Prager Patrizierfamilie Wölfflin (Welfl) beziehen, die 1264–1344 nachgewiesen

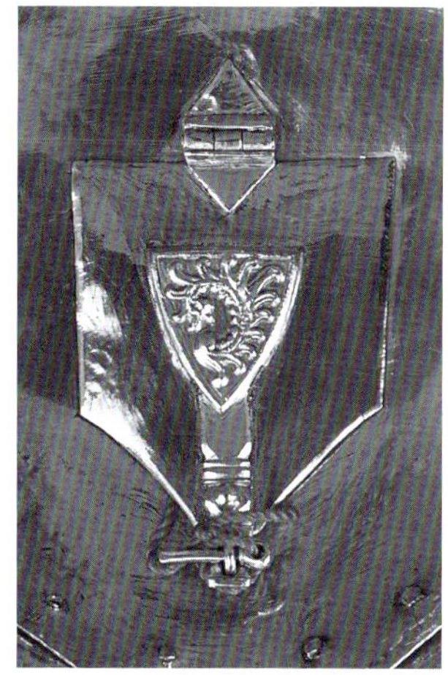

Wappen der Herren von Kamenz (Unterseite des Kopfreliquiars des hl. Jakobus d. Ä.; Nr. 2.80)

links: Nr. 1.45

Auf der Oberseite des ehedem auf einen verlorenen Messergriff aufgeschobenen Beschlages ist das Haupt der Jungfrau Maria als Himmelskönigin dargestellt; der Rand ist mit durchbrochenen Arkaden gegliedert und wird von lilienbesetzten Spitzbögen bekrönt. Der zweite Beschlag zeigt auf der Oberseite eine Öffnung, durch die ehemals das Messerblatt geführt wurde.
Beide Objekte wurden im 19. Jh. als Petschaften Bernhards III. von Kamenz gedeutet – man sprach das Marienhaupt als Positivbild des Siegels an. Vergleichsstücke zeigen aber, daß es sich um die Zierbeschläge eines Messergriffes handelt. Formal ähnelt der Handgriff mit dem Marienhaupt sehr dem Stylos aus Stary Sacz (Polen): ein in Silber gefaßter, geschnitzer Knochen, der später als Reliquie der seligen Kinga verehrt wurde.

Lit.: Hitschfel 1894, S. 56.

DS

ist. Ein entsprechendes Wappen ziert den Boden eines sechskantigen Bechers aus dem Kuttenberger Schatzfund, um 1310/1335 (Nürnberg, Germanisches Nationalmuseum). Johlin Welfl war bis 1341 in der Münze von Kuttenberg tätig; zu seinen Schuldnern gehörte auch das Kloster Ossegg.

Lit.: Gurlitt BDK, Bd. 35 1912, S. 197; Kostbarkeiten aus Sachsen 1992, Nr. 34.

DS

1.48

Fassungen eines Messergriffs

*Böhmen, 2. Drittel 14. Jh.; Silber, getrieben, durchbrochen, vergoldet. a) Zierbeschlag eines Messergriffs; Inschrift in Minuskeln: „ave maria [gracia] plena / d[omi]ni h[os]ana. plena". H. 2,8 cm, B. 1,8 cm, T. 1,1 cm. b) Zierbeschlag eines Messergriffs mit Loch; Inschrift in Minuskeln: „ave * maria * m[ater] a[ngelorum]". St. Marienstern, Zisterzienserinnenabtei.*

1.49

Pontifikalring mit Onyx

Sachsen oder Böhmen, 13. Jh.; Silber, schwach vergoldet, gestreifter Sardonyx. Am Rand gravierte Umschrift: „+ AVE MARIA (?) ...", am Reif (später?) gravierte Inschrift in

Kapitalbuchstaben. Hochoval 4 x 3,5 cm, T. 2,6 cm. St. Marienstern, Zisterzienserinnenabtei.

Der Pontifikalring romanischen Typs, nach der Klostertradition der Bischofsring Bernhards von Kamenz, ist durch einen gemugelten Stein mit kantiger Umfassung charakterisiert. Die Umschrift ist kaum mehr zu entziffern – wahrscheinlich handelt es sich um den Anfang des Ave Maria.

Lit.: Knothe 1871, S. 33, Anm. 2; Hitschfel 1894, S. 56.

DS

des 12. Jh. üblich war. Erst Bernhards Nachfolger, Bischof Albert III. (1296–1312), prägte ein neues Siegelbild. Vor allem führte er, zunächst in der Gestalt des Adlers für sein Rücksiegel, den Bistumsheiligen Johannes in das bischöfliche Siegelwesen ein, der bereits seit dem 12. Jh. das Siegel des Domkapitels beherrschte, und zeigte damit eine geänderte Auffassung des bischöflichen Amtes.

Lit.: Knothe 1865, S. 102 f.; Schlesinger 1962 Bd. II, S. 106 ff.; Rittenbach/Seifert 1965, S. 197–214; Blaschke 1970.

MB

1.50

Bischofssiegel Bernhards von Kamenz

St. Marienstern, 1295; Wachs, spitzoval, H. 7 cm, B. 5 cm. Umschrift: „SIGILLUM BERNHARDI DEI GRATIE MISNENSIS ECCLESIE EPISCOPI". St. Marienstern, Zisterzienserinnenabtei, Archiv, Urkunde Nr. 38.

Im Frühjahr 1293 wurde Bernhard von Kamenz zum Bischof von Meißen gewählt – auf Betreiben König Wenzels II. von Böhmen, dem er zuvor als persönlicher Ratgeber gedient hatte. Als Parteigänger der böhmischen Krone hat er dann auch in seiner dreijährigen Amtszeit gewirkt. So verkaufte er dem König die Stadt Pirna und wirkte daraufhin, daß dieser als Lehensherr des Gebiets um Dresden anerkannt wurde. Seine zisterziensisch geprägte Religiosität kommt in Ablaßbriefen für St. Marienstern, für die Marienkirche und den Marienaltar der Stiftskirche in Bautzen, bei einer Stiftung für das Fest des hl. Bernhard an der Domkirche in Meißen und bei einem gegen die Beginen gerichteten Rundschreiben an den Klerus des Bistums zum Ausdruck.
Bei der Wahl seines Siegels zeigte Bernhard eine konservative Haltung. Er behielt den Typus bei, der bei den Bischöfen von Meißen seit der Mitte

1.51

Siegel der Äbtissin Adelheid von St. Marienstern

St. Marienstern, 1336; Wachs, an Pergamentstreifen. Umschrift SIGILLUM ABBATISSE STELLE SANCTE MARIE. Oval, H. 5 cm, B. 3,5 cm. St. Marienstern, Zisterzienserinnenabtei, Archiv, Urkunde Nr. 91.

Das Siegel zeigt eine Äbtissin, die den Äbtissinnenstab und ein Buch hält. Es ist das älteste nachgewiesene Siegel einer Äbtissin von St. Marienstern. Dieser Typus hat sich mit geringen Abweichungen das ganze Mittelalter gehalten. Seit dem frühen 15. Jh. findet sich zu Füßen der Äbtissinnengestalt der Wappenschild ihrer Familie.
Im Gegensatz zu den Benediktinern haben die Zisterzienser lange an der gemeinsamen Siegelführung von Abt und Konvent festgehalten. Im 13. Jh. legte das Generalkapitel fest, daß in den Siegeln der Name des Abtes nicht genannt werden dürfe, und untersagte den Konventen ein eigenes Siegel. Erst 1335 wurde dies von Papst Benedikt XII. gestattet. In St. Marienstern erscheint ein Konventssiegel seit dem Ende des 14. Jh.

unpubliziert, weiterführend: Kittel 1970, S. 416 f.

MB

Werkstätten des Wissens

Schreiber
Nr. 2.140, fol. 8r

Um 1170 zog eine Gruppe von Mönchen des Klosters Pforta in das Erzgebirge, um das Kloster Altzella aufzubauen. Der Abt gab ihnen mit, was zum Überleben in der Wildnis nötig war. Das waren vor allem Bücher. Denn ein Mönch ohne Buch war hilflos wie ein Ritter ohne Schwert. Daher wurde die Klosterbibliothek „armarium", Waffenkammer, genannt.

Wer Bücher besitzen wollte, mußte sie abschreiben. Dies geschah im Skriptorium, der Schreibstube des Klosters. Schreiben galt als gottgefälliges Werk und war zugleich eine qualvolle Plackerei. Ein geübter Schreiber brauchte etwa ein Jahr für die Abschrift des Neuen Testaments. In den Bibliotheken der Klöster und Stifte versammelte sich das Wissen der gesamten Epoche. Die Mönche des Klosters Pegau lasen Cicero, Horaz und Ovid. Im Leipziger Thomasstift sammelte man bevorzugt juristische und historische Werke. Weithin berühmt war die Bibliothek des Klosters Altzella. Mönche haben sich als erste mit der Geschichte Sachsens beschäftigt.

Außerhalb von Kirchen und Klöstern konnte in Sachsen bis ins 13. Jh. kaum jemand schreiben und lesen. Die Markgrafen von Meißen ließen ihre Urkunden von den Priestern ihrer Hofkapelle schreiben. Auch die ersten Stadtschreiber waren Geistliche. Erst in den Jahrzehnten um 1300 wuchs der Bedarf nach schriftkundigem Personal. Die geistlichen Schulen, die seit längerem bei Bischofskirchen und Klöstern bestanden, öffneten sich nun auch weltlichen Schülern. Im späten Mittelalter entstanden in fast allen Städten neue Pfarr- oder Ratsschulen. Doch noch lange blieb der Lehrerberuf eine Domäne der Geistlichen. Gegenstände des Unterrichts waren Lesen, Schreiben, Latein und Musik. Die Schüler sangen beim Gottesdienst, bei Begräbnisfeierlichkeiten und Hochzeiten. Im Scholarengesang des Mittelalters haben die berühmtesten Chöre Sachsens ihre Wurzeln: der Kreuzchor in Dresden und der Thomanerchor in Leipzig.

1.52
Schreibgriffel und Wachstafel

1.) Griffel, mittelalterlich, Dresden; Bein, L. 11,4 cm. 2.) Griffel, mittelalterlich, Dresden; Bein, L. 12 cm. 3.) Griffel, 10./11. Jh., Meißen, Bein, L. 12,6 cm. 4.) Griffel, 14./15. Jh., Taucha (Kr. Leipziger Land), Bronze, L. 10,7 cm. 5.) Wachstafelfragment, 14./15. Jh., Dresden, Holz mit Wachsresten, L. 19 cm, B. 10,6 cm. 6.) Wachstafelfragment, 14./15. Jh., Leipzig, Holz mit Wachsresten, L. 14 cm, B. (erhalten) 2,6 cm. Dresden, Landesamt für Archäologie mit Landesmuseum für Vorgeschichte, DD-10/1/9 (R638) (1.), DD-10/722/44 (R4044) (2.), S.: 1208/65 (3.), DD-10/514 (R3978) (5.), L-02/207 (R4045) (6.).

Die beiden unverzierten Schreibgriffel vom Dresdner Altmarkt (1. und 2.) wurden aus Knochen gearbeitet. Der eine ist am oberen Ende nur leicht verdickt, der andere hat einen Glättkopf von dreieckiger Form. Reiche Ornamentierungen zeigt ein nur unvollständig erhaltener beinerner Griffel vom Meißner Burgberg (3.). Ein gesäumtes Zickzackband verbindet zwei sich mit den Köpfen gegenüberstehende, stilisierte Menschendarstellungen. Der Bronzegriffel aus Taucha (4.) ist mit Weinranken verziert. Unterhalb des scheibenförmigen, noppenverzierten Glättkopfes weist das Stück eine nadelöhrförmige Durchbrechung auf. Die Fragmente hölzerner Wachstafeln von den Grabungen auf dem Dresdner Altmarkt und im Preußergäßchen Leipzig tragen noch Reste des eingetrockneten Wachses, das vielleicht auch ursprünglich schon schwarz eingefärbt war.

Lit.: Coblenz 1975, S. 62 Taf. 49 (3.); ansonsten unpubliziert.

RR

Um kurzfristige Notizen festhalten zu können, bediente man sich im Mittelalter einer Wachstafel, die mit einem spitzen **Griffel** beschrieben wurde. Das andere Ende der Griffel ist häufig zu einem Glättkopf verbreitert. Damit konnte man Notizen auf dem erwärmten Wachs durch Glattstreichen wieder löschen.

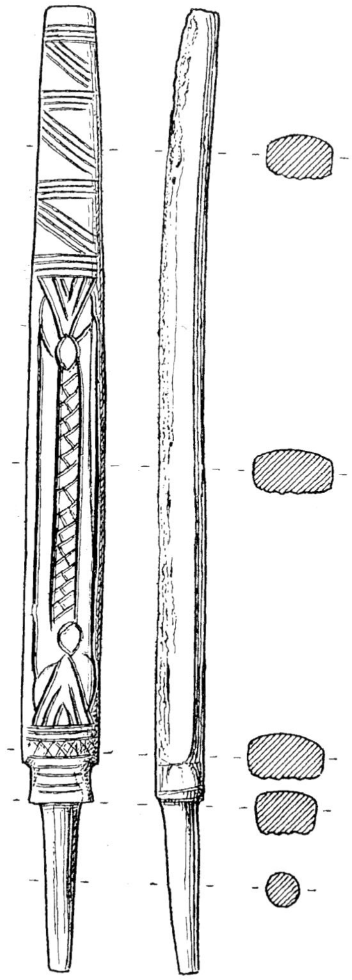

Nr. 1.52
Griffel (3.), 10./11. Jh., Meißen
Ansicht und Schnitte

1.53
Unvollendete Handschrift Vesperale et Matutinale

Hasenburg-Meister, Prag, um 1415–1420; Pergament, lederüberzogener Holzdeckel, 378 Bl. H. 64,5 cm, B. 45 cm. Zittau, Christian-Weise-Bibliothek, Sign. A VI.

Auf der Flucht vor den Hussiten fanden die Prager Domherren 1421 Zuflucht bei den Johannitern in Zittau. Als sie ein paar Jahre später zurückkehrten, blieben mindestens drei ihrer Bücher in Zittau zurück. Durch den Aufenthalt der Prager Domherren und vielleicht auch ihrer Buchmaler begünstigt, entwickelte sich in Zittau eine eigene Malschule, in der zwischen 1435 und 1512 vier weitere Missalien entstanden. Möglicherweise wurde in dieser Werkstatt auch das Große Zittauer Fastentuch von 1472 gemalt.

Die Handschrift A VI enthält den Sommerteil des Vesperale et Matutinale mit den Gesängen für die Vesper, Komplet und Matutin von Trinitatis bis Advent. Unvollendet geblieben, erlaubt sie einen Einblick in den technischen Vorgang mittelalterlicher Buchmalerei. Nachdem das Pergament gespannt, beschabt und zugeschnitten worden war, wurden mit dem Zirkel die Zeilenabstände markiert und mit einem Griffel die Linien gezogen. Dann griff der Schreiber zu Gänsefeder und Tinte; zwischen Text und Notenschrift blieben Flächen für die malerische Ausgestaltung frei. Die Malerei wurde in mehreren Schichten grundiert, gezeichnet, mit Farbe versehen, gehöht und mit Gold illuminiert.
Das aufgeschlagene Blatt 183r zeigt die Initiale „E(cce tu pulchra es amica mea)" mit der Darstellung des Marientodes. Während die Bettdecke und zum Teil auch die Gewänder vollendet und Heiligenscheine und Hintergrundornamentik mit Gold versehen sind, sind die Gesichter und die Kleider Mariens und Jesu sowie des Apostels vorn

Nr. 1.53, fol. 183r

Purpur, Ruß und Pinselgold
Zu den Aufgaben des Miniaturmalers gehörte das Mischen und Anrühren der verwendeten Tinten und Farben. Er benutzt dabei Stößel und Mörser zum Reiben von Pigmenten und Tiegel zum Anrühren der Farben.
Eine schwarze Tinte konnte aus Ruß, Gummi (gummi arabicum) als Bindemittel und Wasser gemischt werden. Aus Dornenrinde wurde eine sehr haltbare rotbraune bis dunkelbraune Tinte gekocht. Farben entstanden aus der Mischung von Farbpigmenten mit einem Bindemittel (Gummi, Eiweiß, Fisch- oder Pergamentleim). Man verwendete sowohl organische Substanzen wie Ochsengalle, Purpur aus der Drüsenflüssigkeit der Pupurschnecke, Safran, Indigo und Petersiliensaft, wie mineralische Farbpigmente, z. B. Azurit, Zinnober, Bleiweiß und Grünspan. Zu den kostbarsten Rohstoffen der Illuminatoren zählte der Halbedelstein Lapislazuli, aus dem leuchtendes Ultramarin gewonnen wurde. Gold fand pulverisiert oder als dünne Metallfolie bei Nimben und Kronen Verwendung.

rechts erst grundiert. In den hellen Blau- und Grüntönen ist jedoch die feine Binnenzeichnung zur Vollendung bereits angelegt.
Die Handschrift wurde zusammen mit dem zugehörigen Winterteil (A I) und einem seit 1988 verlorenen Missale (A VII) für das Augustinerkloster Karlshof in Prag, eine Gründung Karls IV., geschaffen und gehört zu einer Gruppe von sechs Handschriften aus der Zeit zwischen 1400 und 1415–1420, die dem sogenannten Hasenburg-Meister zugeschrieben werden. Dieser Künstler, der nach dem Missale des Prager Erzbischofs Sbinko von Hasenburg genannt wird, gehört zu den bedeutendsten böhmischen Buchmalern der Zeit um 1400. Er erfuhr seine Ausbildung im Umkreis jener Maler, welche die ersten Tafelbilder des Schönen Stiles geschaffen hatten, die er für seine Miniaturen als Vorbilder einsetzte. Die Malereien in den Zittauer Missalen sind die jüngsten bekannten Werke seiner Hand und im Format die größten.

Lit.: Tobias 1871, S. 55; Bruck 1906, S. 254–258; Gotik in Böhmen 1969, S. 245; Krása 1990, S. 141, 236, 239, 247f, 250; Zittauer Missalen 1997, S. 12.

UK/MW

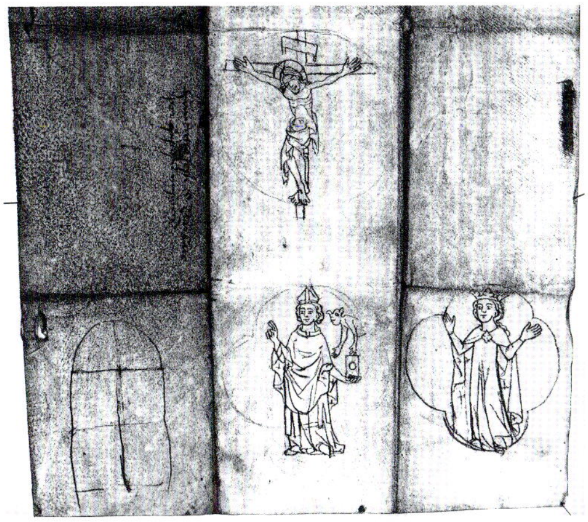

1.54
Glasfensterentwurf

Kloster Heilig Kreuz bei Meißen, bald nach 1355; Pergament, H. 27 cm, B. 23,7 cm. Dresden, Sächsisches Hauptstaatsarchiv, O. U. 3395b (B).

Auf der Rückseite einer Urkunde von 1355, in der die Stiftung des Barbarafestes im Kloster Heilig Kreuz behandelt wird, finden sich Zeichnungen mit drei etwa 7 cm großen Figuren in einem Rundmedaillon und zwei Vierpässen. Dargestellt ist die Kreuzigung Christi, darunter eine Bischofsfigur mit Buch und Teufel. Die weibliche Figur daneben könnte als Maria, Helena oder Barbara gedeutet werden. Es handelt sich um Entwürfe zu Glasmalereien: Neben den Figuren erscheint die Skizze eines Rundbogenfensters mit sechs Feldern. Konturstriche geben die Hauptlinien der Bleirisse und die in Schwarzlot auszuführende Zeichnung an. Die Gewandfutterteile bei den Figuren sind mit Merkzeichen versehen, die als Farbangaben dienten.
Die Zeichnungen geben in seltener Weise Einblick in den Arbeitsprozeß der Glasmalerei im Mittelalter. Vielleicht waren sie für die Chorfenster in der Klosterkirche von Heilig Kreuz bestimmt: etwa für ein zweibahniges Fenster, wie es auf der Zeichnung dargestellt ist, für eine Maßwerkverglasung mit dem Rundmedaillon oben und den zwei Vierpässen darunter oder als beispielhafte Entwürfe für Glasmalerei in den Feldern der Chorfenster.
Den Stil der Zeichnungen kennzeichnet eine feste Strichführung, die bereits verkürzte und körperlich vorstellbare Gestalten ausbildet. Von der zarten Schönlinigkeit von Arbeiten aus der 1. Hälfte des 14. Jh. ist kaum mehr etwas zu spüren. Allerdings ist die malerische Auffassung und gedrungene Gestaltung von Figurendarstellungen der farbigen Verglasung im Erfurter Domchor von etwa 1370/1380 noch nicht erreicht. Die Zeichnung dürfte kurz nach Ausstellung der Urkunde entstanden sein.

Lit.: Puttrich 1844–1850, S. 29–32; Codex diplomaticus 1873, S. 321, Nr. 426; Otte II. Bd., 1884–1885, S. 180; Rauda 1917, S. V–XIV, 1–85; Gurlitt BKD 1923, S. 225–248; Wentzel 1958, S. 131 140; Dehio 1966, S. 274–275.

ED

1.55
Bibliothekskatalog des Klosters Altzella

Kloster Altzella, 1514; Papier, 32 Bl., H. 32,5 cm, B. 22 cm. Jena, Universitätsbibliothek, Ms. App. f.22A (1).

Die Bibliothek von Kloster Altzella gehörte zu den bedeutendsten Büchersammlungen Mittel- und Norddeutschlands. Ihren Grundstock bilden einige Bücher, die der Abt von Pforta den Mönchen mit auf den Weg gab, als diese um 1170 Kloster Altzella besiedelten – ein Verzeichnis der Titel ist erhalten. Vor allem drei Äbte haben sich um den Aufbau der Bibliothek verdient gemacht: Abt Ludeger (ca. 1210–1234), ein bedeutender Theologe und Verfasser zahlreicher Predigten, Abt Vinzenz (1411–1442), unter dem die Klosterschule einen bedeutenden Aufschwung erlebte, und Abt Martin von Lochau (1493–1522), ein hochangesehener humanistischer Gelehrter und Förderer der Musik, der 1506 das Obergeschoß des Konversenhauses zu einem Bibliothekssaal ausbauen ließ.
Der Katalog von 1514 verzeichnet rund 960 Bände, überwiegend Bibelhandschriften und Predigten, Werke der Liturgik, Patristik und Scholastik. Darunter finden sich Handschriften des Augustinus und Gregors d. Gr. aus dem 13. Jh., die deutsche Übersetzung der Evangelien des Martin Beheim von 1343, etliche Werke des Abtes Ludeger und des gleichfalls in Altzella wirkenden Matthäus von Königssaal. Ein besonderes Interesse der Mönche galt der Geschichte. Davon zeugen Abschriften des Orosius, Hugos von St. Viktor, Ekkehards von Aura, Widukinds, Bedas, die einzige erhaltene Handschrift von Brunos „Sachsenkrieg“ sowie die am Ende des 12. Jh. begonnenen Klosterannalen (Annales Veterocellenses) und andere in Altzella entstandene chronikalische Schriften. Ungewöhnlich reichhaltig ist gleichfalls die Auswahl medizinischer Werke. Nach der Reformation wurden Teile des Bücherbestandes nach Leipzig transferiert. Die dortige Universitätsbibliothek besitzt heute rund 240 Handschriften, die sicher aus Kloster Altzella stammen.

Lit.: Beyer 1855, S. 109–130; Schmidt 1897/1899, S. 201–272; Berger/Berger/Magirius 1962, S. 44–52.

MB

Von der Kuhhaut zum Codex
Schon König Eumenes II. von Pergamon (197–159 v. Chr.) soll zur Herstellung von Schriftrollen dünne rasierte Schafhäute verwendet haben. Folglich nannte man den aus Tierhäuten hergestellten Vorläufer des Papiers „Pergament“. Die Bücher, die man daraus herstellte, werden Codex (lat. cuadex ‚Holzblock‘) genannt.
Die Herstellung des sehr dauerhaften, reißfesten und glatten Materials war aufwendig. Man verwendete vorzugsweise Häute von Schafen, Ziegen und Kälbern und beizte diese mehrere Wochen lang in Kalklauge. Die Lederhaut wurde mittels eines Schabeisens von der Oberhaut mit dem Fell und der Unterhaut gespalten. Danach wurde die Haut erneut gewässert und mit fettlösenden Stoffen (Asche, feuchtem gelöschtem Kalk) behandelt, bevor sie naß in einen Rahmen gespannt und an der Luft getrocknet wurde. Das getrocknete Pergament konnte nun mit Bimsstein und Kreide geschliffen und geglättet werden.

Von den Schwestern in St. Marienstern repariertes Pergament aus einem Nocturnale, Nr. 2.142.

1.56
Pultständer mit Aufsatz und Lesepult

Pultständer, 13. Jh., Eichenholz, H. 108 cm; Lesepult, 17. Jh.; H. 26 cm, B. 73 cm, T. 75 cm. Meißen, Dom.

Der Pultständer, zu dem ein zweites gleichartig gestaltetes Exemplar mit Taufschale im Meißner Dom gehört, ist aus vier Beinen zusammengesetzt, die menschlichen Proportionen nachempfunden wurden, aber in Pferdehufen enden; die Kniegelenke sind mit Fratzenköpfen belegt.
Lesepulte wurden für verschiedene liturgische Handlungen benötigt. Möglicherweise dienten die als Paar konzipierten Ständer zum Lesen der Epistel bzw. Evangelien, entsprechend müßten sie vor dem Sanktuarium gestanden haben. Sie könnten aber auch für die Lektionen während der Offizien auf dem Lettner oder im Chor gebraucht worden sein.

Menschen- oder Tierbeinen entlehnte Formen sind als Tragemotiv bis in das späte Mittelalter verbreitet, häufig auch als Untersatz für Taufbecken, wobei die Fratzenmotive apotropäische Bedeutung haben können. Die Pultständer sind wohl in das beginnende 13. Jh. zu datieren. Der heutige Pultaufsatz ist nachträglich aufgebracht worden, die Schmuckelemente im Schnitzwerk der Seitenwände verweisen auf das frühe 17. Jh.

Lit.: Gurlitt BKD 1906, S. 235 f.

CM

1.57
„Paedologia“

Petrus Mosellanus, Frankfurt/Oder: Eichorn, 1517; Pappband. H. 14,8 cm, B. 10,5 cm. Dresden, Sächsische Landesbibliothek, Staats- und Universitätsbibliothek, Sign. Ling. Lat. 828f.

Petrus Mosellanus (um 1493/1494–1524) war die prägende Gestalt im Leipziger Humanistenkreis der 1520er Jahre. Zunächst Lehrer an der Freiberger Stadtschule, führte er später die von Richard Crocus begründete Professur der griechischen Sprache an der Universität Leipzig zu neuem Ansehen. 1519 eröffnete er mit einem vielbeachteten Appell an Mäßigung und Bescheidenheit die Leipziger Disputation. 1520 und 1523 bekleidete er das Rektorat der Universität. Als überzeugter Erasmianer ließ er sich weder von Luther noch von dessen Gegnern vereinnahmen.
Die 1254 erstmals erwähnte Schule des St. Thomas-Stifts in Leipzig stand schon im 15. Jh. in enger Beziehung zur Universität. Die Rektoren der Schule waren dort immatrikuliert und bekleideten hohe Ämter. Mosellanus war ein enger Freund des Rektors Johann Graumann und hat vielleicht selbst zeitweilig an der Thomasschule gelehrt. Graumann ist die „Paedologia“ gewidmet, die erfolgreichste Schrift Mosellanus’, die über 80 Auflagen erlebte und bis ins 18. Jh. zu den wichtigsten lateinischen Unterrichtswerken in Deutschland gehörte. Das Buch steht in der Gattungstradition der humanistischen Schülergespräche. Das didaktische Ziel ist die Vermittlung einer von scholastischem Ballast gereinigten, an Cicero und Terenz geschulten lateinischen Konversationssprache. Die 35 Scholarendialoge geben ein anschauliches Bild des Leipziger Schülerlebens im frühen 16. Jh.: Sie erzählen von Gesang, Spielen, Festen und Ausschreitungen und verschweigen nicht die Not der armen, unter Hunger und Kälte leidenden Scholaren.

Edition: Michel 1906. Lit.: Bömer 1897, S. 95 ff.; Sachse 1912, S. 19–25, Kremer 1982.

MB

1.58

„Declinandi et coniugandi formulae"

Caspar Borner, Leipzig: Blvm, 1539. 131 S., H. 14,9 cm, B. 10,3 cm. Dresden, Sächsische Landesbibliothek, Staats- und Universitätsbibliothek, Sign. Ling. Lat. 595.

Die historische Bedeutung Caspar Borners (um 1492–1547) beruht vor allem auf seinem Wirken an der Universität Leipzig. In den Jahren seiner beiden Rektorate (1539/1540, 1541/1542) hat er hier die Reformation durchgeführt, den Lehrbetrieb reorganisiert und auf neue wirtschaftliche Grundlagen gestellt. Zuvor hatte der aus Großenhain gebürtige Borner an der Thomasschule gelehrt und dieser von 1522 bis 1539 als Rektor vorgestanden. Luthers Wirken hat er mit zurückhaltender Sympathie begleitet und sich erst nach Herzog Georgs Tod offen zur Reformation bekannt.

Zur Zeit von Borners Rektorat unterrichteten an der Thomasschule vier festbesoldete Lehrer. Die rund 150 Schüler kamen überwiegend aus den mittleren und unteren Schichten der städtischen Bevölkerung, während das gehobene Bürgertum seine Söhne auf die städtische Nicolaischule schickte. Borner bemühte sich beim Propst von St. Thomas um eine Verbesserung der kümmerlichen Ausstattung und ließ, als Unterstützung ausblieb, das ruinöse Schulhaus auf eigene Kosten wiederherstellen.

Sein pädagogisches Wirken zielte vor allem auf eine Hebung des Lateinunterrichtes, der in Leipzig damals – so ein zeitgenössisches Gutachten von Magistern der Universität – ganz „verloschen" war. Den Mangel an praxistauglichem propädeutischem Lehrmaterial zu beheben, diente Borners 1524 für die Thomasschule verfaßte lateinische Grammatik. Die „Declinandi et coniugandi formulae in ludo ad d. Thomam pueris destinatae" stellen eine übersichtlich strukturierte, leicht faßliche Einführung in die lateinische Sprache dar, die die „Paedologia" von Borners Freund Mosellanus ergänzte.

Lit.: Sachse 1912, S. 19–33; Helbig 1953.

MB

1.59

Papst Alexander V. bestätigt die Gründung der Universität Leipzig

Pisa, 1409; Pergament, die päpstliche Bleibulle fehlt. H. 42 cm, B. 63 cm. Dresden, Sächsisches Hauptstaatsarchiv, O.U. 5471.

Das Kuttenberger Dekret König Wenzels hatte der böhmischen Nation an der Prager Universität eine beherrschende Stellung verschafft. In der Folge fühlten sich die Magister der sächsischen, bayrischen und polnischen Nationen benachteiligt und verließen Mitte Mai 1409 Prag zusammen mit einer großen Schar von Studenten. Noch im selben Jahr versammelten sie sich wieder in Leipzig zur Gründung einer neuen Universität. Am 4. Juli wurde in Leipzig ein Kolleggebäude für die „Meister der Künste" erworben. Noch bevor das päpstliche Gründungsprivileg vom 9. September einging, nahm die Artistenfakultät den Lehrbetrieb auf. Am 2. Dezember fand die feierliche Eröffnung statt. Die Markgrafen von Meißen, die gemeinsam regierenden Brüder Friedrich IV. und Wilhelm, müssen schon in einem frühen Stadium mit den Magistern in Prag in Verbindung getreten sein und sich zielstrebig um deren Übersiedlung nach Leipzig bemüht haben.

Das päpstliche Privileg hatte Nikolaus Lubich erwirkt, Dekan der Marienkirche in Erfurt und Kanzler der Markgrafen. Als meißnischer Gesandter weilte er auf dem Konzil zu Pisa, das soeben einen neuen Papst, Alexander V., erhoben hatte. In seinem Privileg unterstellte dieser die Universität der geistlichen Aufsicht durch den Bischof von Merseburg, erteilte die volle Lehrfreiheit und das Promotionsrecht für alle Fakultäten. Er erinnerte daran, daß die Markgrafen bereits für das Auskommen von zwanzig Magistern gesorgt hätten (das nachmalige Große und Kleine Fürstenkolleg), und rühmte die natürliche Eignung Leipzigs für die wissenschaftlichen Studien.

Edition: CDS I/2 Nr. 308.
Lit.: Helbig 1961, S. 11 ff.; Hoyer 1983; Hoyer 1987, Abb. S. 7.

MB

Das gute Leben

Pilgerzeichen aus
Rocamadour
Nr. 1.65

Religiöse Zeremonien und Rituale durchzogen im Mittelalter das Leben von der Geburt bis zum Tod. An den zahlreichen Altären der großen Kirchen wurden in dichter Folge Messen und Gedächtnisfeiern für Verstorbene gehalten. Im Meißner Dom ertönte seit 1480 Tag und Nacht ununterbrochen geistlicher Gesang. Unzählige Öllampen und „ewige Kerzen" erleuchteten die Kirchengebäude.

Angst vor der ewigen Verdammnis trieb die Menschen um. „Gute Werke", Bußübungen, Stiftungen und milde Gaben, konnten die Aussichten auf das ewige Heil verbessern. In allen Städten entstanden Laienbruderschaften, in den Bergstädten die Knappschaften: Sie unterhielten eigene Priester, veranstalteten Prozessionen und Totenfeierlichkeiten. Alleinstehende Frauen zogen sich als Beginen in klosterähnliche Gemeinschaft zurück. Auch in sächsischen Städten hatten die Bettelorden Einzug gehalten. In den großen Hallenkirchen und bei Massenveranstaltungen unter freiem Himmel riefen ihre Prediger zu Buße und Umkehr auf und beschworen in drastischen Bildern die Qualen der Hölle. Zuweilen nahm die Frömmigkeit Züge einer Massenhysterie an: „Geißler" zogen durch das Land, die sich auspeitschten, um Buße zu tun. Immer wieder fielen aufgebrachte Gläubige über die Juden her, weil sie ihnen die Schuld am Kreuzestod Christi gaben.

Die Verehrung der Heiligen erreichte im späten Mittelalter nie gekannte Ausmaße. Sie sollten Fürbitte für die Seelen leisten, aber auch als Nothelfer im Alltag wirken. Jede Gemeinde, jeder Stand, jedes Handwerk hatte einen Schutzpatron. Von weither strömten die Menschen zu den Gräbern und Reliquien der Heiligen. Auch aus Sachsen zogen viele zu den großen Pilgerstätten der Christenheit, nach Santiago di Compostela, nach Rom oder nach Jerusalem. Die meisten besuchten allerdings nur die Wallfahrtsorte in der Umgebung, etwa die Kreuzkirche in Dresden, die Kirche von Ebersdorf bei Chemnitz oder die Kapelle im Taucherwald bei Uhyst.

schwer zu erkennen ist. Vogel, bzw. Kugel, Blume, Perlenkette und Krone zeichnen die nackten Knaben aus Freiberg und Leipzig als Christusknaben aus; auch das Wiegenkind aus Bautzen zeigt als Attribute Kugel und Vogel. Durch Krone bzw. den in der Linken getragenen Jesusknaben sind zwei bzw. drei ins 15./16. Jh. zu datierenden Tonfigürchen als Madonnen ausgewiesen. Auch sie sind funktional dem keineswegs auf Kinder beschränkten Spiel zuzuordnen. Auch die Welt dieser Spiele läßt sich mangels zeitgenössischer Bildquellen nicht präziser beschreiben. Immerhin denkbar wäre, daß die seit dem 14. Jh. immer häufiger nachweisbaren Darstellungen der vielfigurigen hl. Sippe analog zu den Ritterspielen en miniature nachgespielt wurden.

Lit.: Hoffmann 1996, S. 127–200, Abb. 16; 18; 40 1–3; 75; 79; 85. Richter/Stanke 1991, S. 38–41; Abb. 1.

JO

1.60
Tonfigürchen

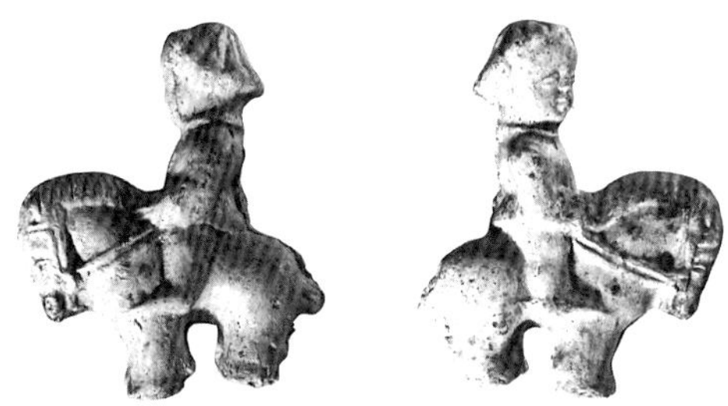

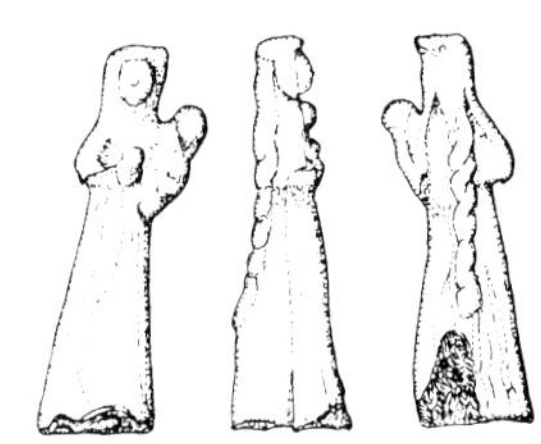

Tonfigürchen aus Bautzen, Dresden, Freiberg, Leipzig, Zittau, Zwickau spätes 13./frühes 16. Jh. H. (der vollständig erhaltenen Figuren) max. 9 cm. Landesamt für Archäologie mit Landesmuseum für Vorgeschichte, Inv. Nr. DD 01/439-103, Z 02/510/56, Z 02/2012/19, Z 02/1000/58; Bergbaumuseum Freiberg Inv. Nr. BF 173/92; Stadtmuseum Bautzen Inv. Nr. V 3115; Leipzig, Stadtgeschichtliches Museum.

Seit dem 13. Jh. begegnen unter dem Fundmaterial aus städtischem Kontext wie aus Burgengrabungen in größerem Umfang kleine Tonfigürchen, die als Spielzeug zu identifizieren sind. Gelegentlich sind sie handgeformt und für den individuellen Bedarf gefertigt; der weitaus größte Teil wird jedoch seit dem 14. Jh. in Serie in einteiligen Modeln hergestellt. Die Verwendung von Pfeifenform in Kombination mit zweiteiligem Model ist mit der Zwickauer Werkstatt auch für Sachsen seit dem 15./16. Jh. dokumentiert. Eine chronologische und produktionsgeschichtliche Zwischenstufe scheint die Werkstatt von Brandis (Muldentalkreis) zu belegen, die handgeformte Tierplastiken mit modelgeprägten Details versah. Pferdchen, Fabeltiere, weibliche Figuren mit Kruselerhauben und die zum Teil modelgleichen, gut erhaltenen Reiterfigürchen mit jugendlichem, plump geformtem Reiter aus Zwickau und Dresden aus dem 16. Jh. lassen sich unschwer dem miniaturisierten Ritterspiel, der Minne en miniature zuordnen. Neben diesen Fiktionsspielen gehören Rasseln, Murmeln, Klappern in den Kontext diverser Funktionsspiele. Zahlreich belegt sind darüberhinaus Figürchen des 14./15. Jh., deren religiöser Hintergrund un-

Der **Heilige Franziskus**, 1181 als Sohn eines Tuchhändlers in Assisi geboren, wurde nach ausschweifendem Jugendleben durch eine Vision des Gekreuzigten zu Enthaltsamkeit und Armut bekehrt und suchte als Eremit Christus nachzustreben. Bald scharten sich um ihn Gleichgesinnte. Sie lebten nach der franziskanischen Regel, die sich an frühchristlichen Idealen orientierte und 1223 vom Papst bestätigt wurde. Bereits zwei Jahre nach seinem Tod wurde Franziskus 1228 heilig gesprochen. In der von Thomas von Celano und Bonaventura verfaßten Heiligenbiographie steht eine Begebenheit aus dem Jahre 1224 im Mittelpunkt: Damals soll Franziskus der Gekreuzigte erschienen sein, und es sollen sich ihm die Wundmale (Stigmata) Christi übertragen haben. Diese Szene wurde – als Sinnbild seiner nahezu vollkommenen Christusgleichheit – zu einem wichtigen Thema der bildenden Kunst.

1.61

Heiliger Franziskus von Assisi

Oberlausitz, unbekannter Schnitzer des Kamenzer Heilandsretabels, nach 1510; Schnitzrelief, Laubholz, rückseitig abgeflacht, originale farbige Fassung; Fassungsschäden, Anobienfraßschäden. H. 125 cm, B. 52 cm, T. 15 cm. Konservierung: 1998 – Betina Beck (Dokumentation). Kamenz, Ev.-Luth. Kirchgemeinde St. Marien (St. Annen).

Vor zerklüfteten Felsen erscheint die kniende Gestalt des hl. Franziskus, in der grauen Kutte der Franziskaner und einfachen Sandalen. Unter dem rechten Arm wird auf einem Felsvorsprung eine kleine Kapelle sichtbar. Die emporgestreckten Hände mit den Wundmalen und der konzentrierte Blick erfordern unbedingt die heute nicht mehr erhaltene Erscheinung des Gekreuzigten.

Die Figur des hl. Franziskus bildete den Mittelpunkt eines Ensembles, das wohl für ein Retabel geschaffen wurde. Von der Gruppe sind heute noch fünf Reliefs stehender Heiliger erhalten; sie stellen zumeist franziskanische Heilige dar und sind seit den 1920er Jahren wieder in der Kamenzer Klosterkirche ausgestellt. Die kaum bewegten und nur durch sparsame Gesten aufeinander bezogenen Gestalten weisen in Körperauffassung, Faltensprache der Gewandbildung und durch Fassung und Werkbankbefestigungen enge Bezüge zu den Skulpturen des Kamenzer Heilandsretabels von 1513 auf. Das Franziskusre-

Niederlassungen der Bettelorden in Sachsen
Mit der Ausbreitung der Bettelorden im 13. Jh. verebbte die Welle der Klostergründungen in Sachsen. Franziskaner und Dominikaner ließen sich in den großen Städten nieder. Um aber auch in kleineren Orten präsent zu sein und dort Almosen sammeln zu können, gründeten sie Termineien – Zweigniederlassungen, die nur mit zwei oder drei Mönchen besetzt waren. So entstand vor allem im wohlhabenden westlichen Sachsen ein flächendeckendes Netz geistlicher Versorgung.

- Klöster und Termineien der Franziskaner
- Klöster und Termineien der Dominikaner
- Klöster und Termineien der Augustiner
- Klöster der Serviten
- Frauenklöster der Bettelorden

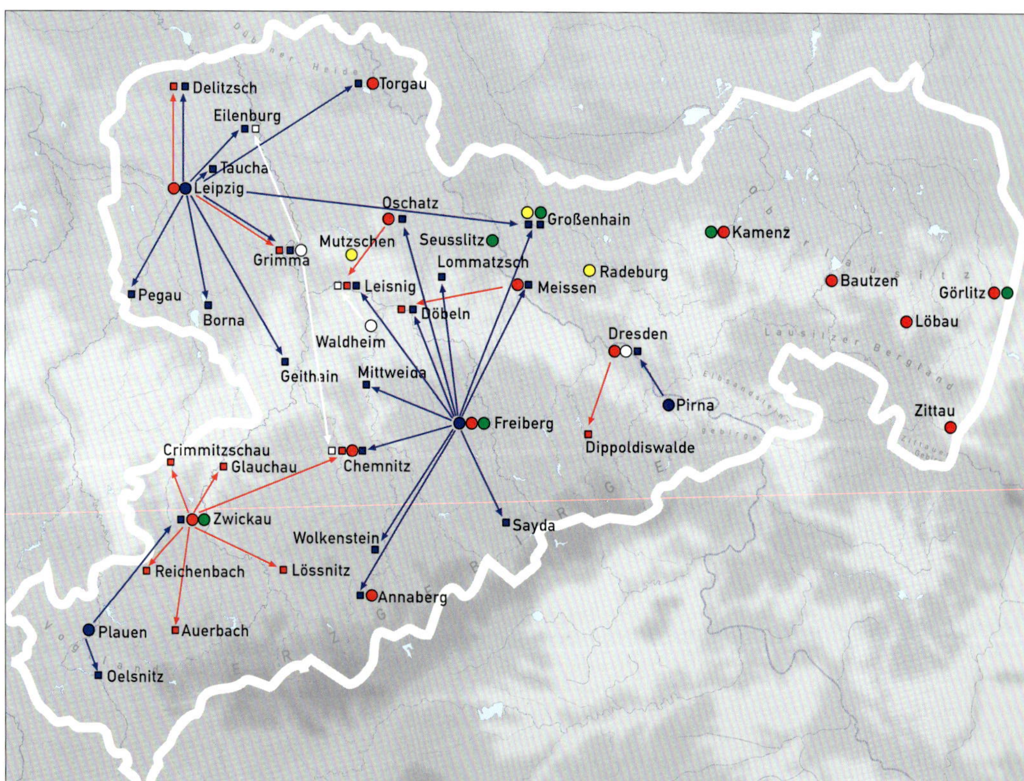

tabel dürfte etwa gleichzeitig für das Franziskanerkloster St. Annen geschaffen worden sein.

Lit.: Gurlitt BKD, Bd. 36 1912, S. 186 f.; Reif 1929, S. 106; Alt-Lausitzer Kunst 1935, S. 25; Mieth 1993, S. 32 f.; Mieth 5/1993, Bd. 1, S. 86, Bd. 2, S. 35 f.

KM

1.62
Opferstock

Heiliggeisthospital Bautzen, um 1500; Stein. H. 87 cm, B. 38,5 cm, T. 36,5 cm. Bautzen, Stadtmuseum, Inv. Nr. R. 17141.

Der Opferstock aus dem Heiliggeisthospital in Bautzen ist eine einfache Steinmetzarbeit. Der Geldkasten, durch ein eisernes Türchen verschlossen, steht auf einem hohen Steinblock, dieser wiederum auf einem Sockel, der in Form und Maßen ein Pendant zum Aufsatz bildet.
Name und Form des Opferstocks leiten sich von der Sitte ab, einen aufrechtstehenden, ausgehöhlten Baumstamm zum Sammeln der Almosen aufzustellen. Zahlreiche Opferstöcke aus Holz mit aufwendigen schmiedeeisernen Beschlägen sind erhalten; steinerne hingegen sind seltener. Die Armen mit „milden Gaben" zu bedenken, war im Mittelalter eine Selbstverständlichkeit für gutsituierte Bürger, die dadurch ihr Seelenheil befördern und ihre Chancen auf einen Platz im Himmelreich verbessern wollten. Wahrscheinlich wurde die Kollekte aus dem Opferstock der Spitalkirche in Bautzen zur Versorgung der Insassen des Heiliggeisthospitals und für Armenspeisungen verwendet.

unpubliziert

HSS

1.63
Schauwaldt-Epitaph

Meister des Altars von Großhartmannsdorf, um 1496; Tafelgemälde, Öl auf Holz; Tafel um 1900 parkettiert, Rahmen mit Flachschnitzerei modern; spätere Retuschen und Übermalungen, der ursprünglich silberne Hintergrund mit Goldlack übermalt (patiniert). Inschrift an der Holzverdachung: „Nach. chris. geburt. tausenth. virhundert. ym. sechz. und: / neunzigsten. jare. am. tage des. heiligen. creuzes. erfindung. / ist. vorscheiden. der. ersam. hannß. schauwalt. meißniesscher. bürger. / albier. begraben. ward. ym. xci. jare. ist. verschieden. katherina. seine: / eliche. hausfrauenden. got mit allen ... selen. gnadg sey." H. 118 cm, B. 80 cm, T. 17 cm. Meißen, Ev.-Luth. Frauenkirchgemeinde.

Eine gemalte Inschrift auf einer Holzverdachung bezeichnet das Tafelbild als Epitaph für die Eheleute Hans und Katharina Schauwaldt, die in den neunziger Jahren des 15. Jh. verstorben waren. Es wurde von ihren Kindern in Auftrag gegeben. Dargestellt ist die Kreuzigung Christi mit Maria und Johannes in einer wüstenartigen Landschaft. Zu Füßen der Kreuzigungsgruppe ist die Stifterfamilie abgebildet: rechts zwei Frauen und links zwei Männer. Die größeren Figuren dürften das verstorbene Ehepaar, die kleineren die Stifter des Bildes darstellen. Auf einem Spruchband zwischen diesen Gestalten stehen die Worte „herr erbarm dich obir unß".
Das Tafelbild ist ein frühes Werk des Meisters des Altars von Großhartmannsdorf, von dem sich weitere Altarbilder in der Martinskapelle in Meißen, der Dorfkirche von Burkersdorf, der Kirche von Dörnthal und in Freiberg (Stadt- und Bergbaumuseum) befinden. Eine Wandmalerei im Haus „Rote Stufen 3" zu Meißen wird ebenfalls diesem Meister zugeschrieben. Kennzeichnend für seine Arbeiten sind manieristisch gelängte Figuren mit sehr kleinen Köpfen und weit auseinanderstehenden hängenden Augen. Diese Merkmale verbinden ihn mit den Meistern Süddeutschlands und des Donauraumes und lassen vermuten, daß er kurz vor 1500 zugewandert ist, um sich zunächst in Meißen, nach 1510 in Freiberg niederzulassen.

Lit.: Sandner 1993, S. 102, 160 ff.

HSS

Spitäler des Mittelalters in Sachsen

vor 1300:
Kloster Altzella
Bautzen
Dörschnitz
Dresden
Eilenburg
Freiberg
Geithain
Görlitz
Grimma
Kamenz
Leipzig
Meißen
Plauen
Radeburg
Lößnitz
Roßwein
Torgau
Zwickau

vor 1400:
Chemnitz
Crimmitschau
Delitzsch
Döbeln
Dohna
Pirna
Wurzen
Zittau

vor 1500:
Annaberg
Großenhain
Lichtenstein
Lommatzsch
Löbau
Reichenbach, Vogtland
Rochlitz
Stollberg, Erzgebirge
Stolpen
Strehla

1.64

Heiliger Jakobus maior

Sächsisch, um 1500; Holz mit erneuerter Fassung, beide Hände abgebrochen. H. 87 cm. Radibor (Lkr. Bautzen), kath. Kirchgemeinde Mariä Rosenkranzkönigin (Alte Kirche).

Die Skulptur steht im leichten Kontrapost auf einem mehreckigen, Stein imitierenden Sockel. Der große Schlapphut mit der Herzmuschel, die Tasche unter dem rechten Arm und die halbhohen Stiefel kennzeichnen die Figur als den Pilgerheiligen Jakobus. Die abgebrochenen Hände könnten weitere Attribute wie Wanderstock und Pilgerflasche gehalten haben.

Das vermeintliche Grab des Apostels Jakobus in Westspanien wurde ab dem 10. Jh. zum wichtigsten Pilgerort neben Rom und Jerusalem. Die Reiserouten nach Santiago de Compostela säumten Pilgerkirchen und Hospize, die den Wallfahrern Unterkunft und Unterstützung boten. Der Heilige wurde seit dem 14. Jh. meist als Pilger dargestellt, mit der Jakobsmuschel an Hut oder Kleidung als Zeichen. Die schlichte Machart der Jakobusskulptur läßt eine lokale Provenienz annehmen. In der Kirche von Radibor genoß der Heilige eine besondere Verehrung: eine weitere Jakobusfigur befindet sich am Sakramentshaus von 1519.

Lit.: Gurlitt BKD 1908, S. 242.

CT

1.65

Pilgerzeichen aus Rocamadour

Rocamadour, 14.Jh. (Fundort: Plauen); Bronze-Zinn-Legierung. H. 5 cm; B. 2,9 cm. Dresden, Landesamt für Archäologie mit Landesmuseum für Vorgeschichte, PL-04/77 (R1491).

Die flache, spitzovale Plakette zeigt die Muttergottes auf einem niedrigen Sessel mit dem Lilienzepter in der rechten Hand. Das Christuskind auf ihrem linken Knie hat die Rechte im Segensgestus erhoben. Die Umschrift „SIGILLUM BEATE MARIE DE ROCAMADOUR" bezeichnet den Ursprungsort des Stückes. Rocamadour ist ein kleines Städtchen in Süd-West-Frankreich, das sich seit der Mitte des 11. Jh. zu einem viel besuchten Wallfahrtsort entwickelte. Hier wurde die „Schwarze Madonna", eine kleine hölzerne Figur, verehrt. Als seit dem späten 14. Jh. den Gläubigen immer häufiger Wallfahrten als Bußstrafen auferlegt wurden, ging die Bedeutung von Rocamadour zugunsten des höher angesehenen Santiago de Compostela zurück.

Der Pilger aus Plauen muß den Wunsch gehabt haben, ein Andenken von seiner Fahrt mit nach Hause zu nehmen. Viele Wallfahrtsorte hatten ein eigenes Pilgerzeichen, das sichtbar an Mantel- oder Hutkrempe getragen wurde.

unpubliziert

CR

1.66

Kleider der Prinzen vom „Prinzenraub"

Sächsisch, 15. Jh.; Unterhemd und Überhemd, weißes Leinen; roter Samtwams mit grüner Borte; langes Hemd, weißes Leinen; Reste eines schwarz-weißen Obwergewandes; rotgraues Wams, Samt, max. H. 92 cm, max. B. 80 cn. Chemnitz-Ebersdorf, Ev.-Luth. Stiftskirchgemeinde Unserer lieben Frauen.

Bereits seit dem Beginn des 15. Jahrhunderts sind Wallfahrten zur ehemaligen Pfarrkirche von Ebersdorf nachweisbar. Die Kleidungsstücke sind die bekanntesten Votivgaben und trugen wesentlich dazu bei, daß Ebersdorf zu einem überregional bekannten Wallfahrtsziel wurde. Die Kleider hatten Ernst und Albrecht getragen, die Söhne des Kurfürsten Friedrich II., als sie in der Nacht vom 7. auf den 8. Juli 1455 von Ritter Kunz von Kaufungen aus dem Schloß Altenburg entführt wurden. Kunz hatte im sogenannten sächsischen Bruderkrieg, den Kurfürst Friedrich II. und sein Bruder Herzog Wilhelm III. 1446–1451 um das thüringisch-wettinische Erbe führten, auf Friedrichs Seite gekämpft. Für die dabei erlittene Gefangenschaft fühlte er sich nicht hinreichend entschädigt und bemächtigte sich der beiden Prinzen als Faustpfand. Er versuchte, mit seinen Geiseln böhmisches Gebiet zu erreichen, wurde aber vorher abgefangen und auf Geheiß des Kurfürsten ohne Gerichtsverfahren in Freiberg enthauptet. Als Dank für den glücklichen Ausgang der Entführung unternahmen die Eltern der beiden Prinzen eine Wallfahrt nach Ebersdorf und brachten dort deren Kleider als Gaben der Muttergottes dar.

CH

1.67

Holzkrücke (Votivgabe mit Inschrift)

Sächsisch, 1530; Holz. Am Schaft der Krücke eingekerbte Buchstaben: „KRUCK. DU. HAST. KLEIN. GLUCK./ KRUCK. DU. HAST. GROS. UNGLUCK./ CZV. MEINEM. UNGLUCK. HAB. ICH. EIN. SCHON. KRUCK./ ODHLATHL. INRI 1530."; in den Vertiefungen der Buchstaben Kreidegrund mit Resten grüner und roter Fassung. H. 123 cm, B. 6 cm. Chemnitz-Ebersdorf, Ev.-Luth. Stiftskirchgemeinde Unserer lieben Frauen.

Im Zuge der Wallfahrten hatte sich die Dorfkirche von Ebersdorf am Ende des 15. Jh. zu einer Art Stiftskirche entwickelt, an deren Altären mehrere Kleriker Dienst taten. Gefördert durch die Wettiner, den umliegenden Adel und das Patriziat von Chemnitz verfügte das Stift im Spätmittelalter über einen beträchtlichen Reichtum, der sich unter anderem durch zahlreiche Altarstiftungen belegen läßt (Nr. 2.13, 2.14). Neben den Prinzenkleidern (Nr. 1.66) haben sich in der Kirche eine Reihe weiterer Votivgaben erhalten, zu denen die hier gezeigte Holzkrücke und ein angeblich einst mit Gold gefülltes Schiffchen zählen.
Die Krücke besteht aus einem vierseitigen, sich leicht verjüngenden Schaft, auf dessen oberes Ende ein einfacher Knauf gezapft ist. Solche Gaben wurden in Wallfahrtskirchen zur Erflehung von Hilfe oder als Dank für eine wunderbare Erhörung geopfert. Oftmals sind es Nachbildungen kranker oder geheilter Körperteile in Silber, Wachs, Ton, Holz u. ä. Die Votivkrücke dürfte auf die Heilung eines Lahmen anspielen.

Lit.: Magirius 1971, S. 1.

CM

Todesangst und Seelennot

Das jüngste Gericht
Nr. 1.70

Das Sterben wurde im Mittelalter anders erlebt als heute. Langes Siechtum im Alter war selten; der Tod kam überraschend und plötzlich. Die Kindersterblichkeit war hoch. Seuchen verursachten immer wieder ein Massensterben. Der Gedanke an den Tod war im Leben allgegenwärtig und eine ständige Mahnung. Angst plagte die Menschen weniger vor dem Augenblick des Sterbens als vor dem, was danach kommt.

Nach christlicher Vorstellung ist der Tod nichts Endgültiges, sondern nur ein Übergang vom irdischen zum Ewigen Leben. Die Guten werden in den Himmel, die Schlechten in die Hölle kommen. Seit dem 12. Jh. kreisten die Phantasien vor allem um das Fegefeuer. Hier büßen die „Halbguten" - also die meisten Menschen - ihre Sünden und warten auf den Tag des Jüngsten Gerichts. Ihr Leiden malte man sich drastisch aus. Es konnte aber erleichtert und abgekürzt werden: durch Buße und gute Werke zu Lebzeiten, durch Totenmessen und Fürbitten nach dem Tod.

Ein guter Tod war eine wichtige Voraussetzung für die Erlangung des ewigen Heils. Die Kunst, "richtig" zu sterben, konnte man erlernen. Dazu gehörte, Buße zu tun, sich in Demut zu wappnen, weltlichen Freuden zu entsagen und sich vor Verzweiflung zu hüten. Wer die Möglichkeit hatte, ließ sich an einem heilsbringenden Ort bestatten: in der Nähe eines Altars, bei den Reliquien eines Heiligen, auf dem Friedhof eines Klosters.

1.68

Aufnahme zweier Seelen in den Himmel

Umkreis Lucas Cranachs d. Ä., um 1515; Rahmen 19. Jh., die Zwickel verdeckend. Öl auf Holz. H. 91 cm, B. 128,3 cm. Chemnitz, Ev.-Luth. Schloßkirchgemeinde.

Die doppelseitig bemalte Tafel zeigt auf ihrer Vorderseite die Aufnahme zweier personifizierter Seelen in den Himmel und auf der Rückseite eine Dreifaltigkeitsdarstellung. Damit thematisieren die Gemälde die Hoffnung des Christen auf ewige Seligkeit. Sie dienten wohl als Memorienbilder.
Entgegen der Konvention ist nicht der Aufstieg der Seele in den Himmel, sondern deren Ankunft dargestellt. Die beiden Verstorbenen, von Engeln gestützt, knien betend vor einer Gruppe von Heiligen. Den Mittelpunkt bilden die drei Marien, die beim Opfertod Christi zugegen gewesen sein sollen. Links hinter ihnen stehen zwei Frauen; im rechten Bildhintergrund versammeln sich einige Männer um Johannes den Täufer, der zusammen mit der Muttergottes als Fürbitter für die Seelen erscheint.
Auch das Bild der Dreifaltigkeit auf der Rückseite handelt von der Erlösung: Der thronende Gottvater hält mit beiden Armen einen Kruzifix, auf dessen linkem Kreuzesarm die Taube des Heiligen Geistes sitzt. Dieses Thema war auf Andachtsbildern in den Jahrzehnten nach 1500 sehr beliebt; es wurde von Cranach und seiner Werkstatt seit 1512 mit nur geringen formalen Abweichungen mehrfach behandelt. Ähnliches gilt auch für die Gruppe der drei Marien. Die Standardisierung der Bildtypen erlaubt keine Bestimmung der ausführenden Hand.

Lit.: Sandner 1993, S. 173; Röber 1975, Nr. 21, 21a, 22.

WF

1.69

Porträtdiptychon des Kaisers Maximilian

Unbekannter Maler (Signatur A. A.), um 1520; Mischtechnik auf Holz. linke Tafel H. 41,3 cm, B. 32 cm; rechte Tafel H. 42 cm, B. 31,8 cm; mit Rahmen jede Tafel H. 57,5 cm, B. 48 cm. Reinigung: Anfang der 1970er Jahre – Heinz-Ullrich Krause. Seit 1811 in der Zittauer Ratsbibliothek nachweisbar. Zittau, Städtische Museen, Inv. Nr. 3935/60.

Das Diptychon besteht aus zwei gerahmten, mit Scharnieren verbundenen Tafeln, die zu einem verschließbaren „Porträtkasten" zusammengeklappt werden können. Die linke Tafel zeigt das Bildnis des lebenden Maximilian I. im Profil; es ist

– im Sinne eines „memento mori“ – ausgerichtet auf das Porträt der rechten Tafel, das den Kaiser als gerade Verstorbenen zeigt. Das Profilbildnis geht auf eine weitverbreitete Eisenradierung Daniel Hopfers zurück, in der Maximilian I. als hl. Georg dargestellt ist. Die Vorlage wurde für die Ikonographie des Diptychons abgewandelt. So hält der Kaiser nun in der linken Hand drei rote Nelken, die den Willen des Dargestellten versinnbildlichen, christliche Demut zu üben und dem leidenden Christus nachzufolgen. Das von Krankheit gezeichnete Antlitz des verstorbenen Kaisers schmückt lediglich eine einfache Ohrenkappe. Ihre leuchtend rote Farbe deutet auf den Opfertod Christi und die Buße hin. Das helle Grün des Hintergrunds ist die Farbe der Hoffnung und steht für die Erwartung einer Auferstehung und neuen Lebens nach dem Tod.

Inhalt und Komposition des Diptychons sind ohne unmittelbares Vorbild. Allerdings kommen im bürgerlichen Porträt um 1500 bereits ähnliche Anliegen zum Ausdruck. Bildnisse, deren Rückseiten einen Totenschädel oder ein Skelett als „Spiegelbild“ des Dargestellten zeigen, ermahnen den Menschen, stets eingedenk des nahen Todes zu leben. Das Bildnisdiptychon folgt ähnlichen Prämissen, jedoch ist hier der real verstorbene Kaiser kurz nach seinem Tod dargestellt. Hierin kommt ein tiefgreifender Wandel in der Beziehung zum Tod und seiner Darstellungsform zum Ausdruck. Detailliert überlieferte Berichte über Äußerungen des Kaisers am Ende seines Lebens, über seine Krankheit und sein Sterben geben Hinweise zur Deutung des Diptychons. Maximilian starb am 12. Januar 1519 in Wels. Gleich nach seinem Tod wurde „ein guter Welser Meister“ herbeigerufen, um den Kaiser auf seinem Totenbett zu malen. Als Prototyp mehrerer Repliken, zu denen auch das Zittauer Gemälde gehört, gilt ein in Tempera auf Papier gemaltes Totenbildnis (Graz, Alte Galerie im Landesmuseum Joanneum). Nur dieses und das Zittauer Gemälde sind mit den Initialen "A. A." signiert, deren Aufschlüsselung „Andre Astle“ bis heute nicht gesichert ist.

Das veristisch gemalte Totenporträt Kaiser Maximilians I. steht am Anfang einer Reihe ähnlicher Bildnisse. Das Thema wurde im Umkreis Luthers und Melanchthons, dann auch am sächsischen Hof aufgegriffen und erfuhr in den folgenden Jahrhunderten verschiedenartige Ausformungen.

Lit.: Dülberg 1994, S. 283–291.

AD

1.70
Das Jüngste Gericht

Andreas Dreßler, Kamenz, 1554, Öl auf Holz. Inschrift: Anno domini 1552, den 17. Avgvsti ist in / christo seeliglich verschiden der ehrn / vest edle Boos von der O(e)lsitz seines /Alters 55 jar/1554. H. 125 cm, B. 76 cm (ohne Rahmen). Kamenz, Ev.-Luth. Kirchgemeinde St. Marien.

Der Kamenzer Maler Andreas Dreßler (1530 bis 1604, vgl. Nr. 4.23) schuf für den Ritter Boos von der Ölsnitz zwei Jahre nach dessen Tod ein Epitaph mit der Darstellung des Jüngsten Gerichtes. Am vorderen Bildrand knien der Stifter und seine Frau, durch ihre Wappen gekennzeichnet. Von den drei Kindern trägt eines ein Leichenhemd: es hält einen Kruzifix als Hinweis auf die Erlösung durch den Opfertod Christi. Lebende und bereits verstorbene Mitglieder der Familie werden gemeinsam dargestellt. Über der Familie ist die Auferstehung der Toten zu sehen. Teufel und Engel streiten mit Astgabel und Schwert um eine Seele. Rechts stoßen zwei Teufel die Verdammten durch ein Tor in den roten Abgrund der Hölle. Gegenüber schreiten die Seligen, von Erzengel Michael geleitet, in das strahlend gelbe Licht des Paradieses. Den Hintergrund bildet eine Landschaft mit spitzen Türmen, durch einen breiten Fluß von der Auferstehungsszenerie getrennt, aber durch eine Brücke mit dieser verbunden. Darüber thront Christus auf der gläsernen Weltkugel; Schwert und Lilie neben dem Kopf des Weltenrichters symbolisieren Strafe und Gnade. Neben ihm knien fürbittend Maria und Johannes der Täufer. Ein Kreis von Gläubigen in zeitgenössischer Tracht nimmt die traditionelle Stelle der Heiligen und Apostel ein. Ihr Erscheinen im Himmel ist nur selten auf Weltgerichtsbildern zu finden.

Lit.: Gurlitt BKD, Bd. 35 1912, S. 73–74; Harbison 1976, Nr. 118.

CT

Nach der Reformation wurde das **Jüngste Gericht** neben der Kreuzigung ein häufiges Thema auf Epitaphien, da die Darstellungen von persönlichen Schutzpatronen oder Maria mit dem Kind nicht mehr auftraten. In der protestantischen Theologie verschob sich der Schwerpunkt vom richtenden auf den gütigen, verzeihenden Gott, zu dem keine Heiligen mehr vermitteln mußten.

1.71
Ars moriendi

Blockbuch, deutsch gedruckt bei Hans Sporer, Nürnberg, 1473, 23 Holzschnitte. H. 26 cm, B (offen). 40 cm. Zwickau, Ratsschulbibliothek, Sign. 24.5.15.

Die Ars moriendi – Sterbekunst – entstand im 15. Jh. als eigene Literaturgattung. Das Zwickauer Blockbuch gehört wegen seiner Holzschnitt-Illustrationen zur Gruppe der „Bilder-Ars (moriendi)". Gedruckt wurde es bei Hans Sporer, der zwischen 1471 und 1474 in Nürnberg, später in Bamberg und bis 1500 in Erfurt nachweisbar ist. Das letzte Blatt hat er mit Datum und Berufsangabe signiert. Das Buch ist eine Kopie der um 1470 entstandenen Ausgabe des Ludwig von Ulm. Diese und Sporers Buch sind die einzigen erhaltenen Blockbücher einer Ars moriendi mit deutschen Texten. Jeder Text- ist eine Bildseite zugeordnet: Den fünf Versuchungen durch stets mit anderen Listen arbeitende Teufel stehen fünf Tröstungen und Ermahnungen der Heiligen gegenüber; im Schlußbild wird die Seele des Sterbenden von den Engeln in Empfang genommen.
Die Holzschnitte waren als Illustrationen für leseunkundige Laien gedacht, bieten aber durchaus auch eigenständige Interpretationen des Themas. Vermutet wird deshalb, daß Texte und Bilder nicht gleichzeitig entstanden. Der Erfolg des Buches liegt in den prägnanten, drastischen Formulierungen. Thema ist nicht mehr – wie bei Darstellungen des Jüngsten Gerichts – die Mahnung zu einem gottgerechten Leben, sondern nur noch der Moment des Sterbens, die Aufrechnung von guten und bösen Taten.

Lit.: Ars moriendi 1922; Himmel, Hölle, Fegefeuer 1994, S. 262–265.

CM

Ars moriendi (lat. = die Kunst des Sterben) ist die Bezeichnung für eine Literaturgattung, die eine Anleitung bietet, selig zu sterben. Ursprünglich in lateinischer Sprache verfaßt, war sie als Hilfsmittel für den Kleriker am Sterbebett gedacht. Im Spätmittelalter, während der Pestzeit, wurde der Text in die Volkssprachen übersetzt und somit auch den Laien zugänglich gemacht. Als illustrierte Erbauungsbücher enthalten sie Anweisungen, wie den Versuchungen im Moment des Sterbens entgangen werden kann.

Das **Blockbuch** ist eine Buchform, bei der Text und Illustrationen (Holzschnitte) aus einer Holzplatte geschnitten sind (Holzplattendruck). Entstanden und verbreitet waren Blockbücher in der Frühzeit des Buchdrucks um 1450.

Krise, Kritik, Reform – Sorge um das Seelenheil

Reforamtionskachel
Nr. 1.80 (4.)

Die Mißstände in der Kirche wurden im ausgehenden Mittelalter unübersehbar. Die überbordende Volksfrömmigkeit nahm zuweilen groteske Formen an. Heilige wurden fast wie Götter verehrt, ihre Reliquien waren eine begehrte Handelsware. Die Vorstellung, man könne sich mit Geld von seinen Sünden freikaufen, breitete sich aus und wurde von skrupellosen Ablaßhändlern ausgenutzt. Der Lebenswandel der Geistlichen, der Mönche und Nonnen war vielen ein Ärgernis.

Auch in Sachsen gab es Versuche, die Fehlentwicklungen zu korrigieren. Die sächsischen Franziskaner spielten eine führende Rolle in der Observanzbewegung, die eine Wiederherstellung der strengen Ordensregel forderte. Immer wieder drängten die Kurfürsten und Herzöge Sachsens auf eine kirchliche Reform. Sie beseitigten Mißstände in den Klöstern ihres Herrschaftsgebietes und bemühten sich, das Ablaßwesen unter Kontrolle zu bekommen. Wer aber die Kirche grundsätzlich kritisierte, wurde als Ketzer verdächtigt: so etwa die Waldenser, eine streng bibeltreue Sekte, die in Sachsen zahlreiche Anhänger hatte. Der Prager Reformator Jan Hus, in vielem ein Vorgänger Luthers, starb 1415 auf dem Scheiterhaufen. Seine Lehren stießen anfangs auch in Sachsen auf Resonanz: Peter von Dresden, ein Lehrer an der Kreuzschule, hatte wesentlichen Anteil an der Formulierung der hussitischen Theologie. In Böhmen löste Hus' Hinrichtung eine revolutionäre Erhebung aus. Als ein Kreuzzug gegen die Hussiten ausgerufen wurde, gingen sie zum Gegenangriff über. Ihre Heere verwüsteten weite Teile Ost- und Mitteldeutschlands.

Die Auswüchse des Ablaßhandels veranlaßten Martin Luther 1517, seine Kritik am kirchlichen Bußwesen in 95 Thesen zu formulieren und öffentlich zu machen. Luthers Auseinandersetzung mit den Mißständen in der Kirche führte am Ende zu einem neuen Glaubensverständnis. Die Einheit der mittelalterlichen Kirche zerbrach, weil sie sich als reformunfähig erwiesen hatte.

1.72

Schatzfund von Mutzschen

Mutzschen (Muldentalkreis), 1. Viertel 15. Jh.; 4771 Kreuz-, Schild- und Helmgroschen sowie Meißner Groschen der Markgrafen Wilhelm I. (1382–1407), Wilhelm II. (1407–1409), Balthasar (1382–1406), Friedrich des Streitbaren (1409–1428) und des Landgrafen Friedrich des Friedfertigen (1406–1440); 27 Prager Groschen des Kaisers Wenzel (1378–1419); 3 Heiligenstädter Groschen des Mainzer Kurfürsten und Erzbischofs Johann II. von Nassau (1397–1419); Sech: Eisen. L. 53,8 cm; Hacke: Eisen. L. 26 cm, B. 11,8 cm; Schar mit Tülle: Eisen. L. 53,8 cm, B. 32,6 cm; Schar mit Stiel: Eisen. L. 31,8 cm, B. 17,8 cm. 1972 am Marktplatz Mutzschen entdeckt. Dresden, Staatliche Kunstsammlungen, Münzkabinett; Landesamt für Archäologie mit Landesmuseum für Vorgeschichte.

Als man Ende des Jahres 1429 in Mutzschen vom Nahen der Hussiten erfuhr, traf ein Bewohner Vorkehrungen, seinen Besitz zu retten: Er packte sein Geld im Umfang von 4814 Silbergroschen in drei Tongefäße, stülpte Deckel darüber und vergrub diese unter der Tenne seines Hauses. Dann zerrte er einen hölzernen Wendepflug mit Schar und Sech und einen Hakenpflug (Arl) über die Stelle, legte eine eiserne Hacke und einen Kochkessel aus Kupferblech dazu und türmte Garben von Hafer, Emmer, Weizen und Gerste darüber. Am 6. Januar 1430 überschritten die Hussiten bei Nerchau die Mulde. Dabei haben sie offenbar den Burgort Mutzschen berührt und die bäuerlichen Anwesen außerhalb der Burg niedergebrannt.
So kann man den archäologischen Befund deuten, der 1972 im Mutzschen aufgedeckt wurde. Die Tenne lag 2,30 m unter der heutigen Oberfläche; eine darüber liegende Brandschicht enthielt die genannten Funde sowie verkohlte Hausbalken, Beschläge einer Tür und gebrannten Fachwerklehm. Die Datierung ergibt sich aus den Prägedaten der Münzen: Die Schlußmünzen wurden zwischen 1425 und 1428 unter Kurfürst Friedrich I. von Sachsen geprägt. Der Gesamtwert des Mutzschener Fundes umfaßt 142 rhein. Goldgulden.

Lit.: Baumann 1978, S. 42–48; Arnold 1991, S. 263–324.

RS

1.73

Ablaßbrief des Erzbischofs Aymo von Tarent für St. Marienstern

Viterbo, 1283; Pergament, H. 50, B. 70 cm. St. Marienstern, Zisterzienserinnenabtei, Archiv, Ablaßbrief Nr. 12.

Im Klosterarchiv von St. Marienstern liegen 43 Ablaßbriefe aus der Zeit zwischen 1267 und 1473. Die Ablässe geben wichtige Hinweise zur Baugeschichte des Klosters und zur Frömmigkeitsge-

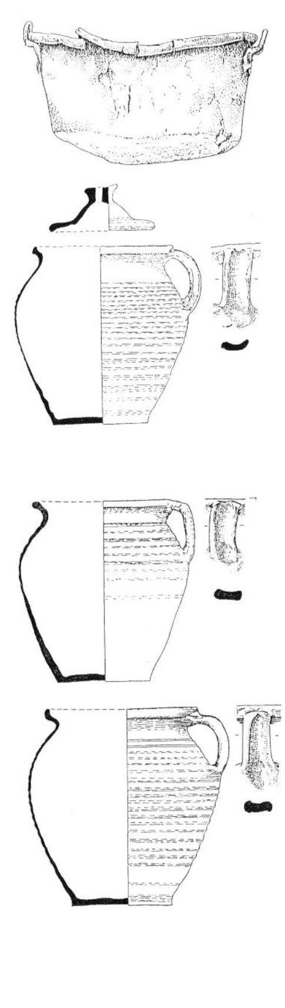

Seit dem 11. Jh. war die Erteilung von **Ablässen** kirchliche Praxis. Wenn ein Gläubiger beichtete, wurden ihm Bußstrafen auferlegt (etwa: eine gewisse Zeit zu fasten oder eine Wallfahrt anzutreten). Wer ein gutes Werk tat, für die Armen oder für den Bau einer Kirche spendete, erhielt „Ablaß", d. h. ihm wurde ein Teil dieser Strafe erlassen. Im späten Mittelalter begann man zu glauben, daß Ablässe auch die Strafzeit im Fegefeuer verkürzen könnten. Seitdem hat sich das Ablaßwesen inflationär ausgebreitet.

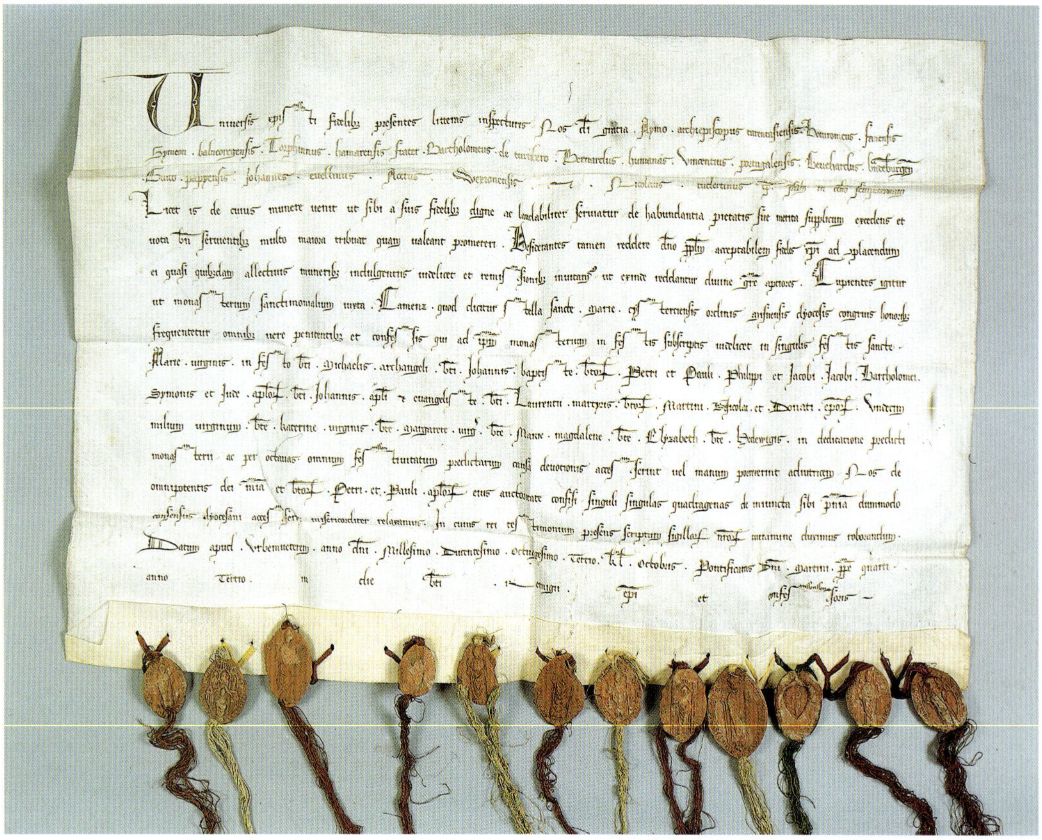

schichte im Bistum Meißen. So zeigt sich, daß St. Marienstern dank der Reliquien der 11.000 Jungfrauen, die wahrscheinlich schon im 13. Jh. in das Kloster gelangt waren, eine wichtige Stätte der Ursula–Verehrung war.

Eine dichte Folge von insgesamt 29 Ablässen fällt in die Jahre 1278 bis 1296 – in dieser Zeit muß der Klosterbau seinen Höhepunkt und Abschluß erlebt haben. 90 Bischöfe aus Deutschland, Böhmen, Polen, Skandinavien, Italien, Frankreich, Spanien und Portugal waren an der Ausstellung der Ablässe beteiligt. Wie es in einigen der Briefe heißt, sollte das Werk der Klostergründung jetzt zu Ende gebracht werden, wozu der Konvent allein nicht in der Lage sei.

Wahrscheinlich wurden die Ablässe des 13. Jh. auf Veranlassung Bernhards von Kamenz ausgestellt, die meisten wohl in seiner persönlichen Gegenwart. Dies gilt auch für den Ablaß des Erzbischofs Aymo von Tarent, den dieser mit elf weiteren Bischöfen am 1. Oktober 1283 erteilte.

Lit.: Bauer 1998; Winzeler 1998.

MB

1.74

„Tetzel-Kiste"

Sächsisch, Corpus: 2. Hälfte 13. Jh. (d), Deckel: Anfang 17. Jh. (d); Eichenholz mit Eisen beschlagen. H. 43 cm, B. 185 cm, T. 47 cm. Konservierung: 1998 – Oliver Tietze. Kamenz, Ev.-Luth. Kirchgemeinde St. Marien.

Der Corpus der Truhe ist aus einem Baumstamm gebeilt. Umlaufende Eisenbänder verstärken die Außenseiten, die Zwischenfelder sind mit stern-

förmig zulaufenden Bändern, verzierten Hufeisen und anderen Eisenteilen gefüllt. Der heutige Deckel mit Einwurfschlitz ist eine Ergänzung des frühen 17. Jh., wobei der Eisenbeschlag in Anlehnung an die mittelalterlichen Formen gestaltet wurde. Die drei über den Deckel gezogenen Bandeisen bilden gleichzeitig den Verschluß mit Vorhängeschlössern an der Vorderseite.
Solche einfachen Gebrauchsmöbel wurden vom frühen Mittelalter bis ins 19. Jh. gefertigt. Sie eigneten sich als Geldtruhen und Opferkästen. Zweifellos wurde auch in der Kamenzer Kiste Geld gesammelt und aufbewahrt. Ob sie tatsächlich dem Ablaßprediger Tetzel bei seinen Geschäften diente, muß offen bleiben. Auch in der Nikolaikirche von Jüterbog gibt es eine sogenannte Tetzelkiste, die vermutlich um 1300 entstanden ist.

Lit.: Gurlitt BKD, Bd. 36 1912, S. 49.

CM

1.75

„Das heilig Leben und Legend des seligen Vatters Bennonis weyland Bischoffen tzu Meyssen"

Hieronymus Emser, Leipzig: Lotter, 1517. H. 19,4 cm, B. 15,5 cm. Dresden, Sächsische Landesbibliothek, Staats- und Universitätsbibliothek, Sign. H. Sax. L. 53.

1274 war man beim Umbau des Meißner Doms auf das Grab Bischof Bennos (1066–1106) gestoßen (vgl. Nr. 1.10, 1.11). Bald schon rankten sich Legenden um die Person und das Wirken des Bischofs. Ablässe und Stiftungen zeugen von der Verehrung, die er im späten Mittelalter in Meißen genoß. Mit Unterstützung Herzog Georgs bemühte sich die Meißner Kirche seit dem Ende des 15. Jh., Benno heiligsprechen zu lassen. Die päpstliche Kommission zur Untersuchung der Taten und Wunder Bischof Bennos brachte aber nicht die gewünschten Ergebnisse. Anfang des 16. Jh. beauftragte Herzog Georg seinen Hofkaplan Hieronymus Emser, die Sache voranzubringen. Emser verfaßte ein Lobgedicht auf Benno und wurde im Winter 1505/1506 selbst in Rom vorstellig. Um neue Zeugnisse für Taten und Wunder Bennos zu finden, reiste er nach Goslar und Hildesheim, wo Benno gewirkt hatte. Emsers 1512 zunächst in lateinischer Sprache verfaßte Vita Bennonis – eine deutsche, der Herzogin von Sachsen gewidmete Übersetzung erschien 1517 – stützt sich nach seinem Bekunden auf Dokumente, die er in Hildesheim gefunden haben will. Gute Gründe sprechen dafür, daß diese Unterlagen nie existiert haben.
Nachdem die Angelegenheit neuerlich ins Stocken geraten war, setzte Herzog Georg große Erwartungen in den neugewählten Papst Hadrian. Er hoffte, daß der Kult des hl. Benno der Ausbreitung der Reformation entgegenwirken könne. Der neue Papst, so schrieb er am 4. Januar 1523 dem Meißner Bischof Johann, wisse wohl, „was Deutscher nacion zu nucz und erhebung furtreglich" sei. Tatsächlich erfolgte die Heiligsprechung wenige Wochen später. Am 16. Juni 1524 wurden die Gebeine des Bischofs in einem Staatsakt erhoben und in feierlicher Prozession durch Meißen geführt.

Lit.: Langer 1884; Rittenbach/Seifert 1965.

DM

Das heilig leben und legend des seligen Vatters Bennonis weyland Bischoffen tzu Meyssen: gemacht vñ in das tewtsch gebracht: durch Jeronymū Emser.

1.76

„Widder den newen Abgott vnd allten Teuffel der zu Meyssen sol erhoben werden"

Martin Luther, Wittenberg: Lufft, 1524. H. 20,0 cm, B. 15,3 cm. Dresden. Sächsische Landesbibliothek, Staats- und Universitätsbibliothek, Sign. Hist. eccl. 302, 16.

Luthers Schrift richtet sich gegen die von Herzog Georg betriebene Heiligsprechung des Meißner Bischofs Benno und die traditionelle Heiligenverehrung überhaupt. Während des mit großem publizistischem Aufwand betriebenen Kanonisierungsprozesses (vgl. 1.75) hatte der Reformator geschwiegen.
Luther stellt wahre und falsche Heilige einander gegenüber. Zu den rechten Heiligen zählt er Jan

„Wenn das Geld im Kasten klingt, die Seele aus dem Feuer springt"
Ein besonders erfolgreicher Ablaßprediger war der Leipziger Dominikanermönch Johann Tetzel, der im Auftrag des Papstes Geld für den Bau des Petersdoms in Rom sammelte. Tetzel unternahm in den Jahren um 1510 mehrere Werbefahrten durch Sachsen und die Oberlausitz. Allein in Görlitz nahm er zwischen Januar und September 1509 2.412 Mark ein – das entspricht etwa den Jahreseinkünften einer der großen Oberlausitzer Standesherrschaften. Die reißerische Art seiner Werbung erregte Anstoß in der Bürgerschaft. Schließlich hat der Rat ihm weiteres Wirken untersagt. In Halle wurde er 1517 der Gotteslästerung beschuldigt. Angeblich hatte er behauptet, er könne selbst demjenigen Vergebung der Sünden beschaffen, der die Jungfrau Maria geschwängert habe.

Hus und Hieronymus von Prag, die von der Kirche wegen ihrer Lehre verurteilt wurden. Solche Menschen bedürfen keiner Bestätigung durch kirchliche Autoritäten; sie sind durch ihr Lebenswerk geheiligt. Dagegen hält Luther Thomas von Aquin und Benno für falsche Heilige; denn das päpstliche Kanonisationsverfahren sei von dogmatischen Gesichtspunkten und politischen Rücksichtnahmen geprägt. Den Prozeß der Heiligsprechung Bennos nennt Luther ein Gaukelspiel. Er kommt zu dem Resümee: „Es ist der Bepste sonderlich ampt, Sie müssen also thun: Rechte heyligen umb bringen, falsche heyligen auff bringen, Gotteswort verdammen, yhr eygen lehr heyligen".

Lit.: WA 15, 192 f.; Martin Luther 1993.

DM

1.77

Martin Luther und Jan Hus spenden das Abendmahl

Cranach-Werkstatt, um 1550; Holzschnitt. H. 27,4 cm, B. 24,1 cm. Eisenach, Wartburg-Stiftung, Inv. Nr. G 1434.

In den theologischen Auseinandersetzungen des 16. Jh. nimmt der Abendmahlsstreit zentralen Raum ein. Im Gegensatz zur römischen Kirche forderte Luther wie vor ihm schon Jan Hus, das Abendmahl in beiderlei Gestalt, d. h. mit Brot und Wein, zu spenden.

Auf einem Altartisch steht ein Christusbrunnen. Der Brunnenstock ist als Lebensbaum ausgebildet: Ein Weinstock, Symbol Christi, wird von einem Kruzifix bekrönt. Zwei Schalen fangen den Blutstrom aus den Wunden des Gekreuzigten auf. Die Zweizahl steht für die göttliche und menschliche Natur des Gottessohnes, zugleich für das Abendmahl in beiderlei Gestalt. Vor dem Altar reichen Martin Luther und Jan Hus den vor ihnen knienden sächsischen Kurfürsten Johann (1468–1532) und Friedrich III. (1463–1525) Kelch und Hostie. Hinter dem Altar knien Johann Friedrich der Großmütige (1503–1554), seine Ehefrau Sybilla und die Söhne. Der Fürst erscheint noch einmal im linken Bildhintergrund, wo ihm Luther als enger Vertrauter die Ohrenbeichte abnimmt.

Das Blatt demonstriert das Bekenntnis der ernestinischen Wettiner zum Luthertum und zugleich einen politischen Anspruch: Als einer der Anführer des Schmalkaldischen Bundes war Johann Friedrich bei der Schlacht von Mühlberg 1547 in kaiserliche Gefangenschaft geraten und hatte die Kurwürde an seinen Vetter Moritz verloren. Auf dem Holzschnitt hängt dennoch ein Teppich mit dem Kurwappen über seinem Haupt. Seine Wange ist durch eine Narbe gezeichnet. Sie rührt von einer Verletzung bei der Gefangennahme. Die Cranach-Werkstatt nutzte diese Narbe als Zeichen, um Johann Friedrich als Glaubenshelden und Märtyrer für das Luthertum zu stilisieren.

Lit.: Strauss/Falk 1980, S. 152; Kunst der Reformationszeit 1983, F 42; Martin Luther 1993, S. 137; Flügel 1996, S. 71–96.

WF

Das Abendmahl in beiderlei Gestalt
In der alten Kirche wurde den Gläubigen bei der Kommunion Brot und Wein als Leib und Blut Christi gereicht. Erst im 13. Jh. setzte sich – aus Scheu, das hl. Blut zu vergießen – der Brauch durch, daß der Kelch einzig dem Priester vorbehalten sein sollte. Jan Hus und nach ihm Martin Luther forderten, dieses Vorrecht des Klerus zu beseitigen und die eucharistische Gleichheit zwischen Priester und Gemeinde wiederherzustellen. Die Einführung des „Laienkelches" wurde zu einem zentralen Anliegen der Reformation.

1.78

Bauer und Mönch

Sebald Beham, 1521; Holzschnitt. H. 9,6 cm, B. 16,3 cm. Dresden, Staatliche Kunstsammlungen, Kupferstichkabinett, Inv. Nr. A 1918–297.

Das Blatt zeigt den Angriff eines Bauern auf einen Mönch, der ein geöffnetes Buch verschlingen muß, ein weiteres liegt zu seinen Füßen. Drei Frauengestalten verkörpern die Todsünden SVPERBIA (Hoffart), LVXVRIA (Wollust) und AVARICIA (Habsucht), charakterisieren damit das Wesen des Mönches und zeigen an, daß er dem göttlichen Gebot zuwiderhandelt. Nicht ihm, sondern dem Bauern ist die PAVPERTAS (Armut) zugeordnet, zu der eigentlich die Mönche verpflichtet wären.

Beide Bücher stellen wohl das Neue Testament dar, auf das sich die Bauern bei ihren Forderungen immer wieder beriefen. Nicht der Mönch, der das Buch fallen ließ, sondern der Bauer, der das geöffnete Buch in der Hand hält, befindet sich in Übereinstimmung mit dem Wort Gottes.

Lit.: Kunst der Reformationszeit 1983, B 87.

WF

1.79
Papstesel und Mönchskalb

Cranach-Werkstatt, Illustration aus: Philipp Melanchthon und Martin Luther, „Deuttung der zwo grewlichen Figuren Bapstesel zu Rom und Munchskalb zu freyberg in Meyssen funden", Wittenberg 1523, Bl. A1b, A2a; gedruckt bei Georg Rhau. H. 14,5 cm, B. 9,5 cm. Dresden, Staatliche Kunstsammlungen, Kupferstichkabinett, Inv. Nr. A 1900-662/671.

Polemische Flugschriften der Reformationszeit setzten die konfessionellen Gegner häufig mit Untieren gleich. Anlaß boten Ereignisse, die als göttliche Wunderzeichen gedeutet wurden. So beriefen sich Luther und Melanchthon auf die Weissagungen in Daniel 8, 3, als sie die Auffindung der antiken Figur eines Tiermonstrums in Rom (1496) und die Geburt eines mißgestalteten Kalbes in Freiberg (1522) als Symbole der kirchlichen Mißstände und Ankündigung des nahenden Antichrists deuteten. Unter einen Druck des Papstesels setzte Luther 1545 die Bildunterschrift: „Was Gott selbs von dem Bapstum helt / Zeigt dis

Deutung der zwo grewlichen Figurn/ Bapstesels zu Rom/ vnd Münchkalbs zu Freiberg in Meissen/funden.
Anno. M. D. XXIII.

Der Bapstesel durch Philippen Melanthon gedeutet.
Ccc ij GOtt hat

schrecklich Bild hie gestellt. Dafür jederman grawen solt / Wenn ers zu hertzen nehmen wolt."
Die Gestalt des „Papstesels" soll zeigen, daß der Papst sich ebensowenig als Haupt der Kirche eignet, wie der Eselskopf zum Körper des Fabeltieres paßt. Elefantenfuß und Greifenklaue kennzeichnen das Regiment des Papstes und die raffgierigen Kleriker. Der Ochsenhuf steht für die Gläubigen. Der „weibische Bauch" charakterisiert das Wesen der Geistlichkeit, und der Kopf am Gesäß weist auf den nahen Untergang der Papstkirche.
Das Kalb entspricht dem gehörnten Tier der Apokalypse. Es ist in eine zerrissene Mönchskutte gekleidet. Seine heraushängende Zunge verweist auf die Prediger und ihre einander widersprechenden Lehren, die deshalb nicht ernst zu nehmen seien. Die Bildmotive waren seit langem eingeführt und beliebig einsetzbar. Bereits Wenzel von Olmütz benutzte im Jahre 1496 einen Papstesel als Spottbild auf Papst Alexander VI. Ein anderer Druck hatte das mißgebildete Kalb auf Martin Luther bezogen.

Lit.: Luther 1983, Nr. 49 A, B; Gotteswort und Menschenbild 1994, Nr. 3.8; Martin Luther und seine Zeit 1983, S. 73.

WF

1.80
„Reformationskacheln"

1.) Abendmahl: Sächsisch-thüringisch, um 1550; ziegelroter Scherben mit farbiger Bemalung, transparente Bleioxidglasur in Grün, Blau, Ocker und Mangan, opake Zinnoxidglasur in Weiß; H. 21,3 cm, B. 19,0 cm.
2.) Gottvater: Sächsisch-thüringisch, um 1550; ziegelroter Scherben mit farbiger Bemalung, transparente Bleioxidglasur in Grün, Blau, Hellblau, Ocker und Mangan, opake Zinnoxidglasur in Weiß; H. 28,8 cm, B. 18,8 cm.
3.) Gekreuzigter: Sächsisch-thüringisch, um 1550; hellgrauer Scherben mit farbiger Bemalung, transparente Bleioxidglasur in Grün, Blau, Ocker und Mangan, opake Zinnoxidglasur in Weiß; H. 28,9 cm, B. 17,2 cm.
4.) Jüngstes Gericht: Sächsisch-thüringisch, um 1550; hellgraue Irdenware, grüne, braune, gelbe und weiße Glasur, H. 14,3 cm, B. 12,6 cm. Fundort: Leipzig, Barthels Hof.
5.) Simson zerstört den Tempel: Melchior Tatzen, Strehla, 1565; grauer Scherben mit farbiger Bemalung in Schwarz, Grün, Gelb und Ocker, transparente Bleiglasur, H. 32,5 cm, B. 27,5 cm.
Dresden, Staatliche Kunstsammlungen, Kunstgewerbemuseum, Inv. Nr. 10769 (1.), 10770 (2.), 1749 (3.), 25233 (5.), Landesamt für Archäologie mit Landesmuseum für Vorgeschichte, L-01/318 (R4033) (4.).

Drei Kacheln (1.–3.) stammen aus einer Töpferwerkstatt, die 1558 in der Sakristei des Halberstädter Doms einen Ofen errichtete. Die Abendmahlsdarstellung (1.) hat Dürers Holzschnitte aus der Großen und Kleinen Passion zur Vorlage. An diesem Ofen (Kriegsverlust 1945) waren weitere polychrome Reliefkacheln mit neutestamentlichen Szenen nach graphischen Vorlagen des 16. Jh. montiert.
Eine Kachel derselben Werkstatt (2.) zeigt im Bogenfeld die Darstellung des bärtigen Gottvaters über den Wolken. Er hält in der Linken die Weltkugel und erhebt die Rechte zum Segensgestus. Auf der von Rollwerk eingefaßten Schrifttafel stehen die Worte aus der Berufung Mose (2. Mose 3, 6): „ALSO SPRACH / DER HERR ZV MO/SE ICH BIN DER / GOT DEINER VE/TER DER GOT AB/RAHAM VND D/ER GOT ISAAC V/ND GOT JACOB".
Die Darstellung des Gekreuzigten (3.) ist in eine rahmende Säulenarchitektur gestellt. Den Hintergrund bilden alttestamentliche Szenen von kreu-

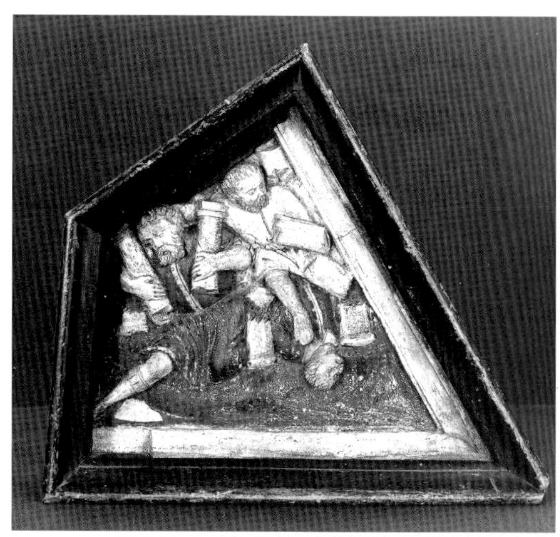

zestypologischer Bedeutung: Abrahams Opfer und die Errichtung der ehernen Schlange durch Moses. Von der zentralen Gestalt der Gerichtsdarstellung (4.), dem richtenden Christus in einer Wolkengloriole, ist nur ein Fragment erhalten. Auf der linken Seite werden die Seligen von einem weißen geflügelten Engel in den Himmel geleitet. Die Verdammten zieht ein mit Hörnern gekrönter grüner Teufel direkt aus der Grabgrube ins Höllenfeuer. Die Hölle ist mit Vertretern der alten Kirche besetzt.

Das Fragment einer Darstellung des Simson (5.) stammt von der Tür der keramischen Kanzel der Kirche in Strehla. Sie wurde von dem dort als Bildschnitzer und Töpfer tätigen Melchior Tatzen als Sühnearbeit geschaffen. Das Fragment zeigt den blinden Simson, der bei einem Opferfest der Philister den Tempel einreißt, dessen Trümmer Simson und alle Philister unter sich begraben (Richter 16, 23–31). Das Motiv wurde typologisch mit dem Opfertod Christi in Verbindung gebracht und kann hier im reformatorischen Sinne auch auf die Einreißung der katholischen Kirche bezogen werden. Die bis auf Tür und Schalldeckel erhaltene Kanzel mit farbigen keramischen Reliefs wird von einer lebensgroßen Mosesfigur getragen. Die Kanzel reiht sich in eine Folge sächsischer Architekturkeramiken des 15. und 16. Jh. ein. Hierzu gehören die Christus-Apostel-Reihe aus der 1. Hälfte des 15. Jh., die Peter Breuer später für die Predella des Flügelaltars der Kirche zu Neudorf verwendete (Dresden, Kunstgewerbemuseum), die Keramikfiguren des Kaisers Heinrich II. und seiner Gemahlin Kunigunde aus dem Jahre 1476 vom Portal der Kunigundenkirche in Rochlitz und der mehr als 30 m lange Fries mit Christusköpfen und gotischen Ranken vom ehemaligen Dominikanerkloster in Leipzig aus dem ausgehenden 15. Jh. (Dresden, Kunstgewerbemuseum).

Lit.: Kunst der Reformationszeit 1983, Nr. F 39.1 (3.), Nr. F 39.2 (2.), Nr. F 39.3. (1.), Kunsthandwerk 1981, Nr. 102 (2.), Nr. 103 (3.); Deutsche Keramik 1985, Nr. 15 (3.); Späth 1980, S. 3–8 (5.); Behrends 1990, S. 94, 95. (5.); Westphalen 1994 (4.).

RRI/CT

Bilderkacheln
Kachelöfen bildeten den Mittelpunkt der wenigen heizbaren Räume. Sie repräsentieren die soziale Stellung, aber auch die Einstellung ihrer Besitzer. Im 16. Jh. traten neben einfarbig glasierten Kacheln mit gotischem Formenschatz die mit Renaissancemotiven versehenen mehrfarbigen. Große Blattkacheln boten Flächen zur Anbringung reliefierter Darstellungen. Der Themenkreis erweiterte sich; die graphischen Künste der Zeit lieferten die Vorlagen. Die Verbreitung einzelner Motive erfolgte durch Weitergabe der Model. Es erscheinen antike Zyklen mit Darstellungen der Tugenden, der Planeten, der Musen oder der freien Künste, ferner biblische Szenen. Aber auch der Streit der Konfessionen setzte sich in der Bilderwelt der Öfen fort. Auf Ofenkacheln erscheinen Serien mit Illustrationen des apostolischen Glaubensbekenntnisses, der Zehn Gebote und des Vaterunser – zentralen Themen der evangelischen Kunst. Satirische Darstellungen wie der Teufel im Mönchshabit oder der Drachen mit Papstkopf stammen aus dem polemischen Repertoire reformatorischer Flugschriften.

linke Seite: Simson zerstört den Tempel (5.)
oben rechts: Abendmahl (1.)
unten links: Gottvater (2.)
unten rechts: Gekreuzigter (3.)

Im Himmel zu Hause

Klausur

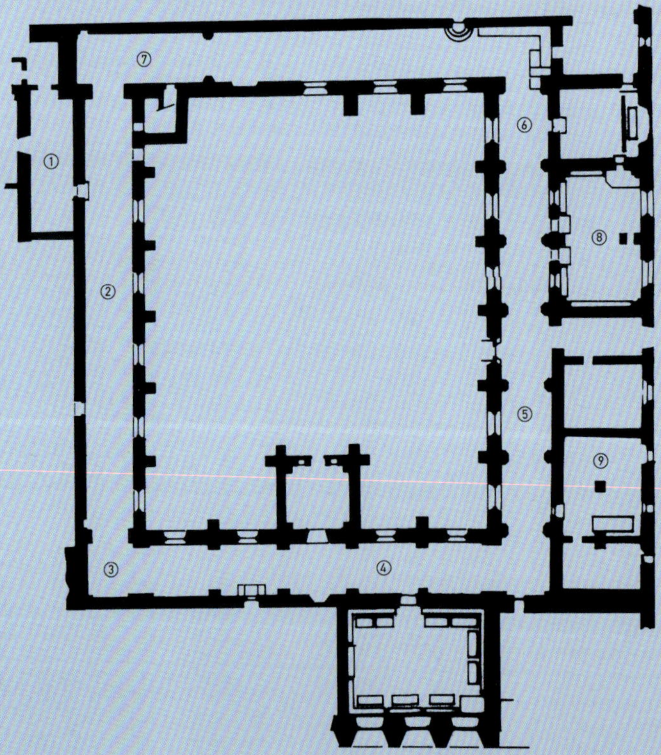

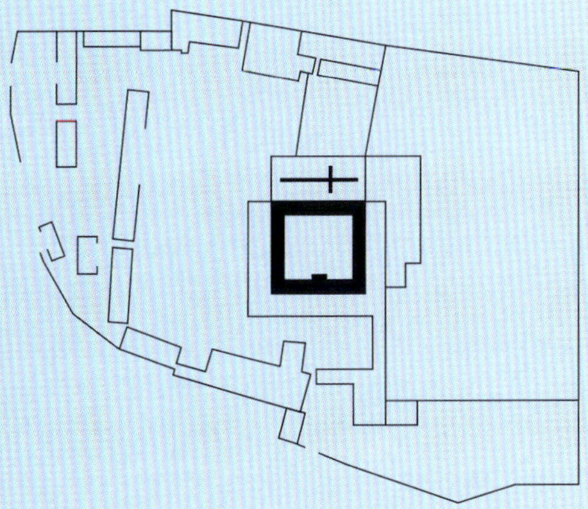

1. Zwischen Himmel und Erde
2. Maria und das Kind
3. Die Schmerzensmutter
4. Der Leidensweg Christi
5. Fürbitter und Nothelfer
6. Abglanz des Himmels – Das Heiltum von St. Marienstern
7. Stoffe, Perlen, Stickereien – Schmuck für den Altardienst
8. Heilige Bücher – Musik zum Lobe Gottes
9. Regel und Gemeinschaft

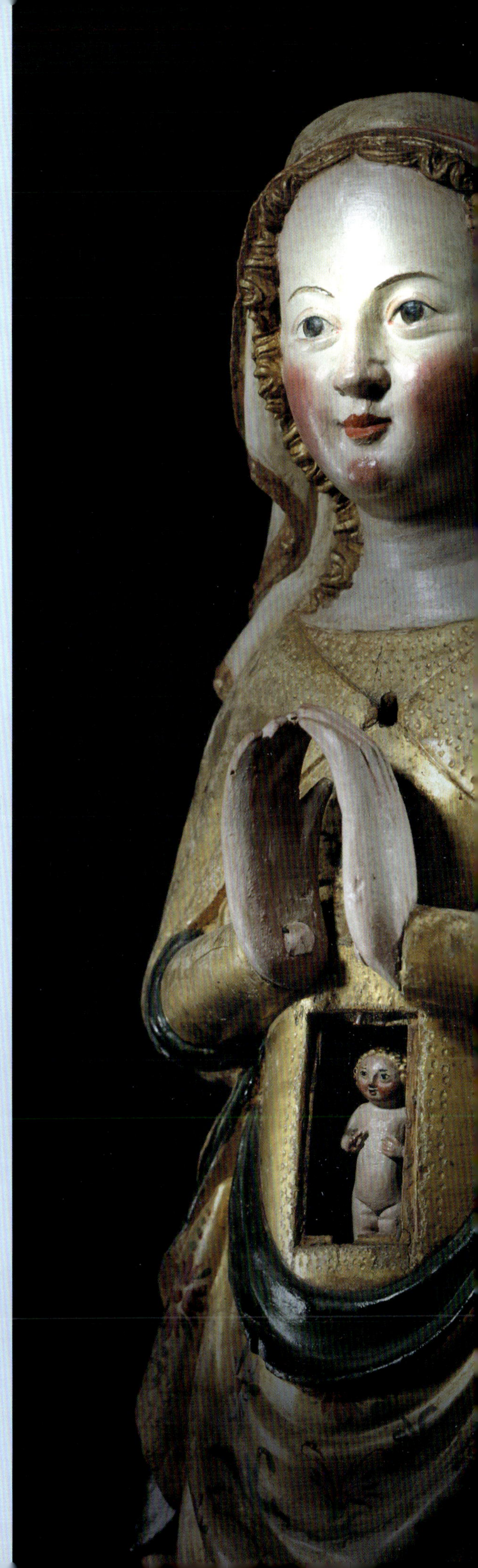

Zwischen Himmel und Erde

Die ersten großen Kunstwerke des Mittelalters in Sachsen sind Abbilder des Himmels auf Erden: die Goldene Pforte am Dom zu Freiberg (um 1225/1230) und die Figurenwand des Lettners in der Stiftskirche Wechselburg (um 1230/1235). Anregungen aus der byzantinischen Kunst mischten sich hier mit solchen aus der Welt der französischen Gotik; die Vermittlung erfolgte über die niedersächsische Kunstlandschaft. In der kleinen Madonna aus der Nähe von St. Marienstern und im Kruzifix aus Ringethal wirken diese Werke nach.

Harmonie der Proportionen, hohe Gewölbe, schlanke Pfeiler, Räume voller Licht und Musik kennzeichnen die Kirchen der Gotik. Sie geben eine Vorstellung von überirdischen Sphären. In Sachsen setzte der Neubau des Domes von Meißen ab 1250 neue Maßstäbe: Einflüsse aus Frankreich, aus dem Rheinland und aus Hessen formten neben heimischen Traditionen dieses erste hochgotische Bauwerk im Bistum. Mit den Figuren der Gründer und Patrone im Domchor hielt um 1260 die Wirklichkeitsnähe des Naumburger Meisters Einzug.

Im letzten Drittel des 13. Jh. folgte mit der Klosteranlage von St. Marienstern der erste Großbau des neuen Stils in der Lausitz. Die weitläufigen Beziehungen Bernhards III. von Kamenz machten es möglich, daß neben zisterziensischen Formen auch Einflüsse aus Schlesien und Böhmen wirksam wurden. Diese Nachbarländer übernahmen im 14. Jh. eine bestimmende Rolle für die künstlerische Entwicklung in Sachsen und der Lausitz.

2.1
Kruzifix

Sächsisch, um 1270/1275; Kreuz wohl neuzeitlich, Corpus Eichenholz, ausgehöhlt, farbig gefaßt; Arme und rechtes Bein ab Oberschenkel angesetzt, einige Finger in Lindenholz angestückt; den Rücken deckt eine grobe Leinwand ab, die Krone bildet ein originales (?) Tau. Vier Farbfassungen festgestellt, originale Fassung auf eine Leinwandbeklebung aufgebracht, Fassung I: mit weißem Inkarnat und vergoldetem Lendentuch, Haare schwarz, Krone grün; Fassung II (gotisch): gelblich weißes Inkarnat, Lendentuch weiß mit goldenen Säumen, innen rot, Haare braun; Fassung III: teilweise erneuerte Leinwandbeklebung, Emulsionsfarbe, lange Blutbahnen; Fassung IV (Anfang 20. Jh.): rosagraue Emulsionsfarbe mit grauem Lendentuch, braunes Haar. Gekreuzigter: H. 185 cm, B. 151 cm, T. 29 cm; Kreuz: H. 235 cm, B. 171 cm, T. 5 cm. Restaurierung: 1993/1998 – Anke und Jan Großmann (Dokumentation). Ehemals vielleicht Zisterzienserkloster Altzella, von wo nach Quellen des 16. Jh. nach der Säkularisation Werke nach Ringethal gegeben wurden. Ringethal (Lkr. Mittweida), Ev.-Luth. Kirchgemeinde.

Das Kruzifix vertritt den Dreinageltyp, der um die Mitte des 12. Jh. aufkam. Die Füße Christi, bisher nebeneinander auf einem Suppedaneum stehend oder am Kreuz befestigt, wurden nun übereinandergelegt und von einem Nagel zusammengehalten. Die Gestalt des Gekreuzigten ist s-förmig bewegt. Das zur linken Schulter geneigte Haupt bedeckt eine Dornenkrone. Neben den geschlossenen Augen zeugt der offene Mund von erlittenen Todesqualen.
Der Typus der mitteldeutschen Dreinagelkruzifixe, der um 1230–1235 mit der Kreuzigungsgruppe von Wechselburg seinen klassischen Höhepunkt erreicht hatte, wird mit dem Ringethaler Gekreuzigten ins drastisch Realistische gewandelt, um das Leiden deutlicher zu veranschaulichen. Die Armhaltung, das zurückgelehnte Haupt und die Betonung des mächtigen Brustkorbes wirken „spätgotisch“. Die Durchbildung von Haar, Bart und Lendenschurz aber zeigen die stilistische Nähe zu Wechselburg. Auch anderswo – zum Beispiel bei der Kreuzigungsgruppe am Naumburger Westlettner – wird nach der Jahrhundertmitte eine Übersteigerung des Leidensausdrucks spürbar. Vergleichbar sind das um 1268 gemalte Triumphkreuz der Zisterzienserkirche Pforta und das Kruzifix in Hohenkirchen bei Wismar, das um 1260/1270 datiert wird. Da die künstlerische Qualität des Ringethaler Gekreuzigten hinter den Hauptwerken etwas zurückbleibt, liegt eine Datierung gegen Ende des 3. Viertels des 13. Jh. nahe.

Lit.: Schneider Beerenberg 1977, S. 164; Magirius/Mai 1985, S. 207.

HM/GW

2.2
Thronende Madonna

Sächsisch, um 1240; Eichenholz, Rückseite ausgehöhlt, ursprünglich mit einer Verschlußplatte versehen; alte Fassung teilweise erhalten. H. 38 cm, B. 22 cm, T. 17,5 cm. Laut Horn „aus einer Wegekapelle nördlich von Kamenz“, eventuell aus St. Marienstern dorthin gelangt; seit 1952 Meißen, Stadtmuseum, Inv. Nr. 906 (Ho. 1).

Die Jungfrau Maria sitzt frontal auf einem Kastenthron und hält auf dem linken Bein den Jesusknaben, der seine Rechte segnend erhebt. Vermutlich befand sich in der verlorenen linken Hand ein Apfel. Der als Schleier über den Kopf gezogene Mantel Mariens reicht bis zu den Füßen hinab. Am Brustausschnitt ist eine mit Glas verschlossene, ovale Vertiefung vorhanden, die auf eine dort ursprünglich eingelassene Reliquie hindeutet.
Holzskulpturen dieser Art wurden zeitweilig auf einem Altar oder dahinter auf einer Säule aufgestellt und konnten in Prozessionen mitgeführt werden. Auf den stilistischen Zusammenhang mit der Sitzmadonna aus der Halberstädter Liebfrauenkirche, um 1230 (Halberstadt, Domschatz), und dem Tympanon der Goldenen Pforte am Freiberger Dom ist hingewiesen worden. Zum Vergleich lassen sich auch eine Madonna aus der

Im 13. Jh. wandelte sich die Darstellung **des Gekreuzigten** tiefgreifend: Der hoheitsvolle Christus wurde vom leidenden Gottesknecht abgelöst. Neben den körperlichen Merkmalen markieren v. a. die Wundmale und die Dornenkrone diese Veränderung.
Die Reduzierung der Nägel von vier auf drei ist möglicherweise auf die aus dem Hl. Land mitgebrachten Nagelreliquien zurückzuführen. Nach Caesarius von Heisterbach (nach 1240) sollen die drei Nägel an die Märtyrertugenden Gehorsam, Geduld und Demut erinnnern; durch die Betrachtung des gemarterten Körpers Christi wird der Gläubige zum Überdenken des eigenen Lebens aufgefordert.

Die Sammlung Horn
Der Weinhändler Otto Horn (1880–1945) aus Meißen erwarb zwischen 1920–1940 zahlreiche Mariensterner Skulpturen für seine Privatsammlung. Dabei stand ihm der Pförtner und Klosterbäcker in St. Marienstern zur Seite, der für ein paar Flaschen Wein gern als Vermittler fungierte und Horn auf Kunstwerke der näheren Umgebung aufmerksam machte. Beraten wurde Horn vom Kunsthistoriker Walter Hentschel (1899–1970). Nach Horns Tod gelangte der Hauptteil der Sammlung in den Besitz der Stadt Meißen und wurde seit 1952 dem Stadtmuseum übereignet. Nachdem einige Skulpturen zeitweise in der Albrechtsburg ausgestellt waren, wird die Sammlung demnächst in der ehemaligen Franziskanerkirche in Meißen eine dauerhafte Präsentation finden.
Ausgestellte Werke aus der Sammlung Horn:
2.2, 2.7, 2.17, 2.27, 2.38, 2.40, 2.41, 2.43, 2.51, 2.56, 2.61, 2.67, 4.103.

Sammlung Fröhlich
Als 1902 das Kaiser-Friedrich-Museum in Görlitz (Oberlausitzer Gedenkhalle, heute zu Zgorzelec gehörig) eingeweiht wurde, bildete die ehemalige Sammlung Fröhlich den Grundbestand der kunstgewerblichen Abteilung. Sie war ein Geschenk des Görlitzer Kaufmanns Martin Ephraim (1860–1944), der den Bau und die Ausgestaltung des Museums maßgeblich gefördert hatte. Die Sammlung wurde von einem nicht näher bekannten Rentier Fröhlich Ende des 19. Jh. in der westlichen Oberlausitz zusammengetragen und umfaßte Kunsthandwerk, Münzen, Bücher, Skulpturen und Gemälde vom Mittelalter bis ins 19. Jh. Ein wesentlicher Teil stammte aus St. Marienstern und seiner Umgebung. Die Sammlung sollte in das Stadtmuseum Bautzen eingehen, das jedoch die verlangte Kaufsumme von 100.000 M nicht aufbringen konnte. So sicherte sie Ephraim für Görlitz. Ihm wurde sein Mäzenatentum von Görlitz nicht gedankt. Er erhielt keine Unterstützung, nachdem er 1933 als Jude in Not geraten war und starb 1944 im Konzentrationslager Theresienstadt. Trotz Verlusten im 2. Weltkrieg bildet die Schenkung noch heute einen wichtigen Teil der Sammlung; ihr kommt große Bedeutung für die Kulturgeschichte der Oberlausitz zu.
Ausgestellte Werke der Sammlung Fröhlich: 2.3, 2.5, 3.23.

Klosterkirche in Ebstorf und der Torso einer Sitzmadonna aus der ehemaligen Stiftskirche in Schöningen (Braunschweig, Landesmuseum), beide um 1235–1240, heranziehen.

Lit.: Alt-Lausitzer Kunst 1935, Nr. 1; Krüger 1960, S. 127 f.; Reichel 1964, S. 68; Niehr 1983, S. 46 f.; Hannig 1985, S. 11 ff.; Der Silberne Boden 1990, Nr. 193; Niehr 1992, Nr. 95, S. 313 f.

GW

2.3

Thronende Madonna mit Kind/ Schmerzensmann

Böhmisch, um 1360; Tempera auf Holz, teilweise beschädigt und übermalt. H. 57 cm, B. 38 cm. Restaurierung: 1985/1987 – Hochschule für bildende Künste Dresden. Laut Inventarbuch II der ehemaligen Sammlung Fröhlich, Bautzen 1903, aus St. Marienstern; von Martin Ephraim dem Görlitzer Museum geschenkt. Görlitz, Städtische Sammlungen für Geschichte und Kunst, Inv. Nr. 35–55.

Das kleine Täfelchen aus St. Marienstern ist das älteste erhaltene Beispiel für Tafelmalerei in der Oberlausitz. Es faßt zwei wichtige Bildthemen der mittelalterlichen Kunst zusammen: Maria mit dem Kind und Christus als Schmerzensmann.

Die durch eine kräftige Farbgebung und den Goldgrund ausgezeichnete Vorderseite zeigt die sitzende Muttergottes mit dem Christuskind in einer Thronarchitektur. Die gestreckte Gestalt der Maria ist über einem ehemals silbernem Kleid in einen Mantel gehüllt. Ihr mit Steinen besetztes Kronendiadem ist ebenso Zeichen ihres Ranges als himmlische Königin wie der Thron mit seiner dreigeschossigen Säulchenarchitektur. Im mittleren Geschoß steht links ein Krug mit einem Becher – Hinweis auf den Opfertod Christi. Rechts springt ein Eichhörnchen oder Kaninchen weg, das als Sinnbild des verfolgten und dann auferstandenen Herrn gedeutet werden kann. Die Architektur ist ein Bild des Thrones Salomonis, des Sedes sapientiae, welcher Maria als der Weisesten unter den Menschen vorbehalten ist (1. Mose 10, 18–20).
Im Gegensatz zur Malerei des Madonnenbildes hat der Schmerzensmann auf der Rückseite zeichnungshaften Charakter. Christus wendet seinen geschundenen Oberkörper dem Betrachter zu. Die Arme hält er vor dem Leib zusammen und offenbart seine Wunden, aus denen Blut rinnt. Mit dem rechten Arm umgreift er einen Palmwedel, Zeichen des Sieges über den Tod.
Die Verbindung der beiden Darstellungen auf einem Andachtsbild fordert zur religiösen Kontemplation über die Geheimnisse der Menschwerdung und Passion Christi auf. Wie die Muttergottes im

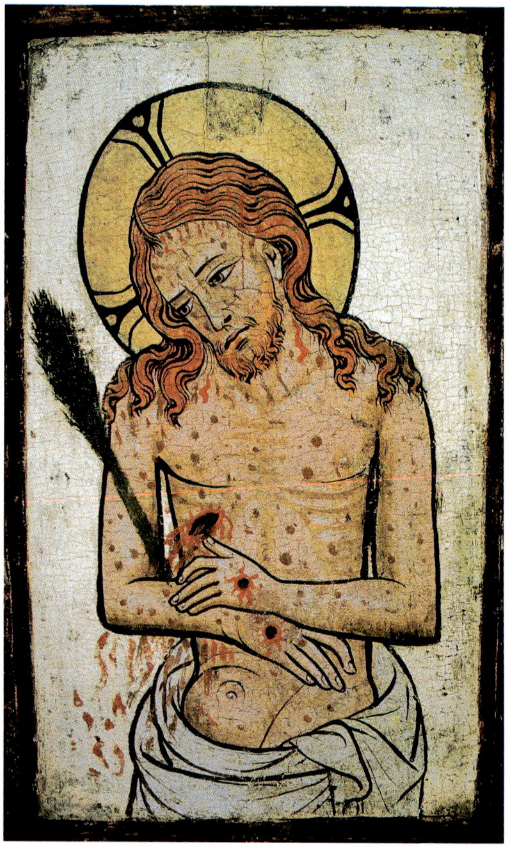

Bild über das künftige Leiden ihres Sohnes sinnt, soll der Andächtige seine Betrachtungen ganz auf Christus konzentrieren. Der eucharistische Gehalt in beiden Darstellungen ist ein Ausdruck der mystischen Verehrung von Blut und Leib Christi, die insbesondere von den Zisterzienserinnen im 14. Jh. gepflegt wurde. Der Schmerzensmann verdeutlicht den Bezug: Als „Imago pietatis" (Bild der Frömmigkeit und des Mitleids), ein sogenanntes „Erbärmdebild", steht er für die hingebende Gottesliebe. Das Motiv gelangte aus Venedig nach Böhmen und wurde dort mehrfach mit einem Madonnenbild zu einem Diptychon verbunden. Einzigartig ist die Vereinigung auf einem beidseitig bemalten Täfelchen – es ist denkbar, daß damit ein Schrank für die Aufbewahrung des Allerheiligsten verschlossen war.
Stilistisch wird das Madonnenbild dem Umkreis des Meisters von Hohenfurth zugewiesen, der um 1350 für die Zisterzienserabtei Hohenfurth (Vyšši Brod) in Südböhmen ein großes Altarretabel geschaffen hatte (Prag, Nationalgalerie). Formal steht die thronende Muttergottes in der Nachfolge der um 1350 in Böhmen für den Prager Erzbischof Ernst von Pardubitz gemalten „Glatzer Madonna" (Berlin, Gemäldegalerie). Nahe stilistische und typologische Beziehung besteht zu dem fast gleich großen Täfelchen mit der Darstellung des Gnadenstuhles aus Schönau (Świerzawa), vor 1350 (Breslau, Nationalmuseum).
Der Görlitzer Schmerzensmann dagegen hat keine Parallelen in der zeitgenössischen Tafelmalerei, sondern steht der Buchmalerei nahe, besonders Darstellungen in den Marienstemer Handschriften Fol. 2 (Nr. 2.133) und Quart 1 (Nr. 2.140).

Lit.: Stange 1933, S. 182; Stange 1935, S. 92; Troche 1938, S. 106 f.; Asche 1940, S. 8–13; Karłowska-Kamzowa 1979, S. 24; Lemper 1987, S. 91 f.

MW

2.4
Sieben Figuren vom Südportal des Domes zu Meißen

Sächsisch-böhmisch, um 1390; Sandstein. Figuren beschädigt, nur 2 (Katharina und Barbara) mit Kopf erhalten, die anderen abgeschlagen, z. T. (Johannes und Agnes) wiedergefunden, Donatuskopf aus dem 18. Jh.; Unterarme des Donatus, rechte Hand der Katharina, rechter Unterarm der Madonna sowie das Kind fehlen; Figuren wohl im letzten Drittel des 18. Jh. überarbeitet: Kopf des Donatus aus anderem Sandstein, die verlorenen Teile der Madonna sowie der Halsausschnitt ihres Gewandes ergänzt, Überarbeitung des wiedergefundenen Agneskopfes. Madonna, hl. Johannes Evangelista und hl. Bischof Donatus: bis zum Halsansatz H. ca. 110 cm, Bischof Donatus mit Kopf H. 141 cm, hll. Jungfrauen bis zum Halsansatz H. ca. 100 cm, Figuren mit Kopf (Barbara, Agnes) H. gesamt 115 cm. Meißen, Dom.

Die sieben Figuren vom Meißner Südportal sind heute an ihrem ursprünglichen Standort, dem Südportal des Meißner Doms, durch vergrößerte Kopien ersetzt. Das Portal ist gleichzeitig mit dem Bau wahrscheinlich zwischen 1310 und 1320 entstanden und diente wohl zunächst als Laienportal, bevor es Mitte des 14. Jh. zum Bischofseingang aufgewertet wurde. An eine Figurenaufstellung an dem Portal war von Anfang an gedacht, die Konsolen und Baldachine sind in einem Zug mit der Errichtung des Portals versetzt worden. Allerdings stammen die sieben Figuren aus späterer Zeit. Sie sind für die vorgefertigten Nischen zu klein und waren vermutlich für einen anderen Platz vorgesehen. Dafür spricht auch, daß im Wimperg des Portals ein Blendmaßwerk abgeschlagen wurde, um die Madonnenfigur aufzustellen.

Dom zu Meißen, Südportal Rekonstruktion des Erstzustandes

Die Madonna ist der Mittelpunkt der Portalikonographie. Sie erscheint als Regina Virginum, als Königin der Jungfrauen, die sie in Gestalt der hll. Agnes, Barbara, Margarethe und (wahrscheinlich) Katharina begleiten. Die Bistumspatrone Johannes Evangelista und Bischof Donatus rahmen die Gruppe.
Die Figuren, um 1390 entstanden, sind unterschiedlich groß; auch die künstlerische Qualität ist nicht einheitlich: Neben sehr gelungenen Schöpfungen, wie dem Kopf des Johannes, stehen weniger anspruchsvolle, wie der fragmentiert erhaltene Körper der Margarethe. Diese Unterschiede sind nicht ungewöhnlich: Wahrscheinlich überließ ein versierter Werkstattleiter die Arbeit an den untergeordneten Figuren seinen Gehilfen.
Die Körperauffassung aller Figuren entspricht einem Schema. Der Körper der Maria folgt einer s-förmigen Schwingung. Ein Bein ist leicht nach vorn gestellt, der Fuß schaut unter dem Saum hervor. Der Oberkörper neigt sich weit nach der Seite des Spielbeins – ein Motiv, das den Eindruck unsicheren Stehens hervorruft. Das Gewand verhüllt den unteren Teil der Figur, oben liegt es eng an, so daß der Körper deutlich hervortritt. Dieses Verhältnis von Körper und Gewand ist bei allen Skulpturen vergleichbar. Die Gewanddrapierung ähnelt sich besonders bei den Jungfrauen: Katharina und Margarethe scheinen spiegelbildliche Varianten eines Typs zu sein. Die Gewänder bilden weichfallende Säume aus, die an den kaskadenartig fallenden Falten an den Seiten der Figuren (Johannes, Katharina und Agnes) zu erkennen sind. Auffällig sind die haarnadelförmigen Kerben in den Gewändern. Eine andere Tendenz der Gewandführung ist die „Verselbständigung" einzelner Stoffbahnen, wie das große Manteldreieck im unteren Teil der Madonnenfigur oder die auf der Standplatte weich umgeschlagene Bahn in der Mitte der Agnesgestalt.
Die Köpfe zeigen idealisierte Züge. Die vier Jungfrauen haben ovale Gesichtsformen und eine hohe Stirn. Besonders eindrucksvoll ist der Johanneskopf. Der geneigte Kopf auf einem schlanken

Hals mit lockenumrahmten Gesicht ruft einen Eindruck von Beweglichkeit und Zartheit hervor, der in der sächsischen Kunst der Zeit einzigartig ist.
Die Figuren sind schwer einzuordnen, bisher wurden sie um 1380 datiert. Gesamtauffassung und Gewandführung sprechen für eine Entstehung in der Zeit des Weichen Stils. Ein Vergleich mit den Figuren vom Westportal des Domes und böhmischen Skulpturen, die auf Grund enger politischer Beziehungen zwischen Kaiser Karl IV. in Prag und den Markgrafen in Meißen eine Rolle gespielt haben könnten, bestätigt die Einordnung in die Zeit vor 1400.
Die Figuren vom Westportal, um 1370 entstanden, waren dem Meister der Südportalfiguren bekannt, obwohl sie sich wesentlich unterscheiden. Die Skulpturen vom Westportal führen die heimische Bildhauertradition fort, die ihre Wurzeln vor allem in Halberstadt und Erfurt hat. Die Anbetungsgruppe im Halberstädter Dom (um 1362) und der etwa gleichzeitig entstandene Severi-Sarkophag in Erfurt zeigen die Merkmale des frühen Parlerstils. „Parlerische" Figuren sind wie auch jene aus der Anbetungsgruppe im Tympanon des Meißner Westportals betont plastisch, meist etwas gedrungen, mit großen Köpfen und kurzen Beinen. Diesen Gestalten mit ausdrucksstarken, naturalistischen Gesichtern stehen am Südportal schlanke Figuren gegenüber, deren weniger flächige Gesichter idealen Ausdruck anstreben. Andererseits sind Merkmale der älteren Werke am Westportal, nämlich das Sichtbarwerden des Körpers unter dem Gewand, auch an den Südportalfiguren zu beobachten. Dieser Bezug auf Älteres ist deutlich an dem vom Gewand eng umwickelten Oberkörper der Südportal-Madonna zu sehen. Die Gesichter der vier Jungfrauen vom Meißner Südportal zeigen Parallelen zu böhmischen Skulpturen des Schönen Stils aus den 80er Jahren des 14. Jh., z. B. zur Frauenbüste aus Untermoldau (Frauenburg/Hluboká n. V., Südböhmische Aleš-Galerie). Auch andere südböhmische Holzplastiken der 80er und 90er Jahre des 14. Jh. sind vergleichbar, etwa der Johannes von Wittingau (Třebon; heute ebenfalls in Hluboká), der hl. Bischof von Rosenberg (Hohenfurth/Vyšši Brod, Stiftsgalerie) oder die Madonna in Žebrák. Zeitlich gingen diese Werke wohl den Meißner Figuren voran, ebenso die verwandte Kalksteinfigur einer Heiligen mit Buch in Prag (Nationalgalerie). Auch die Anna Selbdritt in Neu-Reisch (Nová Říše), ein Werk aus den 90er Jahren des 14. Jh., weist die Meißner Madonna auf Grund des bei beiden auftretenden Faltenmotivs – die dreieckige Falte im unteren Teil der Figur – in ihr Gefolge. Sie besitzt Übereinstimmungen mit französischer Plastik. Dieser Kunstkreis scheint auch Eingang in das Atelier der Meißner Südportalfiguren gefunden zu haben. Obwohl eine Verbindung zwischen französischen Ateliers und dem provinzielleren in Meißen kaum herzustellen ist, scheint es aber nicht ausgeschlossen, daß der Meißner Meister Bildwerke kannte, die gleichzeitig in Wien Vorbild für die Schöpfungen des Meisters von Großlobming waren. Dessen um 1375 entstandener Kopf des hl. Georg (Wien, Österreichische Galerie) ist dem Meißner Johanneskopf auffallend ähnlich.

Lit.: Hartung 1913, S. 21–37; Gurlitt BDK 1919, S. 151–156; Berge 1933, S. 31–37; Lehmann/Schubert 1971, S. 218–220; Kirsten 1982; Kirsten 1992; Magirius 1993, S. 29; Meister von Großlobming 1994; Magirius 1996.

MM

oben:
Kopf des hl. Johannes Ev.

unten: (von links nach rechts)
hl. Johannes Ev.
hl. Katharina
hl. Agnes
Maria mit Kind
hl. Barbara
hl. Margaretha
hl. Donatus

Maria und das Kind

Im Neuen Testament ist auch von Maria, der Mutter Christi, die Rede. Seit jeher wurde sie als Mittlerin zwischen Mensch und Gott gesehen und ist die am häufigsten abgebildete Heilige. Minnegesang und Frauenlob des Hochmittelalters förderten die Verehrung Mariens als Vorbild von Jungfräulichkeit, Reinheit, Güte und Weisheit. Die Zisterzienser erklärten die Gottesmutter zu ihrer Schutzheiligen. In Sachsen wurden ihr zahlreiche Kirchen geweiht.

Die ältesten Marienbilder kamen aus dem christlichen Osten und zeigen sie als Herrscherin und Himmelskönigin. Dichtung und Kunst des 14. Jh. brachten neue Darstellungen hervor; einzelne Ereignisse aus ihrem Leben wurden nun bildlich umgesetzt. Ihre seelische Vollkommenheit spiegelt sich in körperlicher Wohlgestalt. Ein idealisiertes Menschenbild, Freude an bewegter Stofflichkeit und lebendigem Gefühl kennzeichnen die Kunst des „Weichen Stils" der Zeit um 1400. Ihr Merkmal ist die Zuwendung zur schlichten Wirklichkeit, verbunden mit einem gesteigerten Ausdruck von Innerlichkeit. Die Werke der Parler und ihres Umkreises strahlten auch in die Lausitz und nach Sachsen aus. Die „Schönen Madonnen" verbreiteten sich über ganz Europa und wurden zum Inbegriff der Mariendarstellung. Gleichzeitig entstanden Einzelfiguren des Jesuskindes; sie wurden vor allem in den Frauenklöstern verehrt, gewiegt, bekleidet und geschmückt.

Im erzählfreudigen späteren 15. Jh. wuchs das Interesse an der Familiengeschichte Mariens. Ihre Kindheit und ihre in den Evangelien nicht genannte Mutter Anna wurden jetzt häufig abgebildet. In der Oberlausitz erfreuten sich um 1500 vielfigurige Darstellungen ihrer gesamten Verwandtschaft, der Heiligen Sippe, besonderer Beliebtheit. St. Marienstern und das Franziskanerkloster in Kamenz waren im frühen 16. Jh. Zentren der Annenverehrung.

Nr. 2.17

„Virgo perennis, ave! / Per te salvabitur a vae / Mundus in aeternum. / Regem paritura supernum, / Qui Deus est homo, / Cuius primordia promo, / Missus ab arce poli, / Quae mandantur tibi soli, / Sola solens solem / Partu, virgo, dare prolem."
„Sei gegrüßt ewige Jungfrau / Durch dich wird befreit werden die Welt / auf immer vom Weh. / Du wirst gebären den himmlischen König, / Der Gott ist und Mensch. / Gesandt von der Himmelsburg, / Verkünde ich seinen Ursprung / Als Auftrag nur dir. / Dir allein ist es eigen, / Dir allein kommt es zu, / Jungfrau, das Kind zu gebären, die Sonne."
Inschrift der Verkündigungsgruppe an der Fassade der ehemaligen Zisterzienserkirche Altenberg.

2.5
Verkündigung

Oberlausitz, um 1450/60; Relief aus Lindenholz, Rückseite flach; farbige Erstfassung, nur zum Teil erhalten; Bildträger aus verleimten Brettern, Anfügung eines zusätzlichen schmalen Brettes an der linken Reliefseite. H. 83,5 cm, B. 77,5 cm. Restaurierung 1997 – Annett Weber (Dokumentation). Görlitz, Städtische Sammlungen für Geschichte und Kultur, Inv. Nr. 153–161.

Das Relief zeigt den in Luk 1, 26–38 geschilderten Besuch des Erzengels Gabriel bei Maria. Der vor dem Haus Mariens kniende Engel hält in der linken Hand das Schriftband mit der Formel „Ave Maria". Die rechte, abgebrochene Hand hob er ursprünglich grüßend empor. Unter einer Arkade kniet die Jungfrau, demütig die Hände vor der Brust gekreuzt. Die Baldachinarchitektur bildet das Haus Mariens ab. Zwei gedrehte Säulen tragen einen krabbenbesetzten Kielbogen, den zwei Männerköpfe schmücken, deren zugewandte Gesichter entgegengesetzten physiognomischen Typen entsprechen. Ein als Engelskopf gestaltetes Kapitell auf dem Reliefgrund bezeichnet die räumliche Ausdehnung des Mariengehäuses. Links oben schaut Gottvater als Halbfigur aus einer Wolke herab. Er hält die rechte Hand im Segensgestus erhoben und trägt in der linken die Weltkugel.
Mit der betonten Distanz zwischen dem draußen knienden Engel und der von der Architektur wie von einem Schrein umfaßten Figur Mariens wird die Bedeutung der Begegnung zwischen dem göttlichen Boten und der Jungfrau unterstrichen. Das hinter der linken Säule flatternde Band betont die Grenze zwischen Drinnen und Draußen. Die seitliche Öffnung des Mariengehäuses birgt ein Lesepult mit aufgeschlagenem Buch, das in einem Beutel geborgen werden konnte. Dieses Motiv findet sich bereits in der frankoflämischen Buchmalerei der Mitte des 14. Jh. Das von der Säule verdeckte Schriftband tritt in der deutschen Kunst des 15. Jh. ähnlich im Fröndenberger Altar auf, einem westfälischen Werk aus der Zeit um 1420. Während der weiche runde Gesichtstyp eine Lokalisierung der Schnitzarbeit in das Gebiet der Oberlausitz nahelegt, lassen die zarte Brechung der Falten und der altertümliche Kompositiontyp darauf schließen, daß die Schnitzerei nach der Mitte des 15. Jh. entstand.
Im Zeitstil steht dem Werk die Verkündigungsgruppe über dem Westportal der Frauenkirche Görlitz aus dem 3. Viertel des 15. Jh. nahe.
Über dem Lesepult Mariens befindet sich ein Bohrloch, das ursprünglich der Befestigung des Reliefs diente und nahelegt, daß die Schnitzarbeit einem Retabel, wahrscheinlich einem Altarflügel entstammt. Die ehemalige Zugehörigkeit des Reliefs zur Sammlung Fröhlich verweist auf eine Herkunft aus der westlichen Oberlausitz.

Lit.: Braune/Wiese 1929, Nr. 82.

JvF

2.6
Verkündigung Mariä/Anbetung der Heiligen Drei Könige

Böhmisch, um 1420/1430; Tempera auf Nadelholz. Verkündigung: H. 82,5 cm, B. 88,5 cm, T. 3,5 cm. Anbetung: H. 81 cm, B. 88,5 cm, T. 3,5 cm. Restaurierungen: 1964/1966 – Kurt Schütze, Institut für Denkmalpflege Dresden; 1998 – Thomas Höhne und Mathias Steude (Dokumentation), Finanzierung durch die Ostdeutsche Sparkassenstiftung. Hohendorf (Lkr. Borna), Ev.-Luth. Schwesterkirchgemeinde.

Im Verkündigungsbild überbringt der Engel Gabriel mit ausgebreiteten Schwingen der hinter einem Lesepult knienden Maria die Botschaft der bevorstehenden Geburt Christi. Das Spruchband seines Grußes „Ave gratia plena dominus tecum" (Gegrüßt seist du voller Gnade, Gott ist mit dir) schlingt sich um ein Säulchen der Architektur, das die Jungfrau in den Formen des salomonischen Thrones der Weisheit rahmt. Maria neigt ihren Kopf dem Engel zu und nimmt Gottes Ratschluß der Erlösung an. Auf dem zweiten Bild sitzt Maria, nun Muttergottes, und hält das Kind auf dem Schoß. Das Jesuskind hat sich ihr zugewandt, hält in der rechten Hand eine goldene Kugel und weist mit dem linken Zeigfinger auf die sich nähernden drei Könige, die Weisen aus dem Morgenland. Sie bringen dem Kind kostbare Gaben in Kästchen und einem Ziborium – Formen, die mittelalterlichen Goldschmiedewerken entlehnt sind. Die Könige sind durch Haar- und Barttracht als die drei Lebensalter charakterisiert. Der Hintergrund ist auf beiden Bildern nur angedeutet, mit zwei Bäumchen bei der Verkündigung und einer mit rotem Tuch drapierten Bank bei der Anbetung. Strahlendes Gold erhöht die Bedeutung der Darstellungen als Beginn der Heilsgeschichte.

Ausgewogenheit, eine weiche Plastizität, elegante Bewegungen und idealisierte runde Gesichter mit mandelförmigen Augen sowie die warm leuchtende Farbigkeit zeichnen beide Gemälde aus. Sie vertreten die Tafelmalerei des ausklingenden Weichen Stils und haben keine Vergleichsbeispiele in Sachsen. Mit den 1945 in Dresden verbrannten Werken der 1. Hälfte des 15. Jh. aus Topfseifersdorf, Gundorf und Döbra verband sie wenig. Hingegen ist der böhmische Einfluß unverkennbar: Stehen hinter dem Typus, kompositorischen und ikonographischen Details noch die um 1350 entstandenen Darstellungen des Hohenfurter Meisters (Prag, Nationalgalerie), sind stilistisch Werke in der Nachfolge des Altars von Raigern (Rajhrad) aus dem 3. Jahrzehnt des 15. Jh. (Prag, Nationalgalerie) vergleichbar: die sogenannte „Breslauer Madonna" (Breslau, Nationalmuseum), die Tafel von Náměšť (Brünn, Mährische Galerie) und der Jakobsaltar (Prag, Nationalgalerie).

Die beiden Gemälde bildeten ursprünglich den linken Flügel eines Altaraufsatzes mit Darstellungen aus dem Marienzyklus – die Verkündigung war oben, die Anbetung unten angeordnet. Der Inhalt der bemalten Rückseiten beider Tafeln, die nur noch undeutliche Vorritzungen und Reste von Leinwandbeklebungen aufweisen, ist nicht erkennbar. Möglicherweise waren vier in Hohendorf erhaltene, wohl gleichzeitig entstandene, jedoch in ihrer künstlerischen Qualität weniger bedeutende Schreinfiguren (hll. Dorothea, Elisabeth, Petrus und Bischof) zugehörig. Die historischen Umstände, die zur Stiftung des Altarretabels für die kleine Dorfkirche Hohendorf geführt haben, sind nicht überliefert.

Lit.: Steche BKD 1891, S. 63; Dehio 1965, S. 170; Magirius/Mai 1985, S. 88, 198; Sandner 1993, S. 66.

MW

2.7

Heiliger König (Melchior) aus einer Anbetung

Oberlausitz, um 1430; Laubholz, rückseitig gehöhlt; farbige Fassung, Kronenzacken verloren; Finger der linken Hand ergänzt. H. 75,5 cm. Provenienz nach Horn „nördlich von Kamenz". Meißen, Stadtmuseum, Inv. Nr. 759 (Ho 6).

In vornehmer Kleidung, den Körper in eleganter S-Form geschwungen, steht die Figur des Königs auf einer kleinen Plinthe. Er ist als einer der drei Weisen aus einer Anbetungsszene erkennbar, dem traditionellen Bildtypus gemäß als der mittlere, der Melchior genannt wird. Er zeigt auf den Stern, der den Weg zum Ort der Geburt Christi wies; der Kelch mit kostbarem Inhalt ist seine Gabe für den Erlöser. Antlitz und Gestalt sind Ausdruck des höfischen Ideals der Zeit um 1400, wie es von den Grabfiguren und Porträtbüsten der Parler in Prag im späten 14. Jh. geprägt worden war und auch in der Malerei der Hohendorfer Tafeln ihren Nachhall fand (Nr. 2.6). Die schwache Ausbildung der Körperbewegung, die frei geschnitzten Locken und der Faltenwurf mit seitlichen Kaskaden weisen auf eine Entstehungszeit um 1430 hin.

Die Skulptur hatte wahrscheinlich ursprünglich ihren Platz in einem Altarschrein. Die unklaren Herkunftsangaben von Otto Horn deuten daraufhin, daß die Figur wie andere seiner Sammlung aus St. Marienstern stammen könnte. Möglicherweise gehörte sie zu einem Retabel in der Klosterkirche, wo ein Dreikönigspatrozinium für 1512 belegt ist. Die Hl. Drei Könige werden hier als Sterndeuter in Zusammenhang mit dem Klosternamen und der Gründungslegende besonders verehrt.

Lit.: Hannig 1985, S. 20 f., S. 77.

MW

Das Andachtsbild der Maria in der Hoffnung (Nr. 2.8–2.12)

„Maria in der Hoffnung" bezeichnet ein Andachtsbildmotiv, bei dem sich die Kindheitsgeschichte Jesu mit dem Verständnis von Maria als Tempeljungfrau verbindet: „Und der Tempel Gottes ward aufgetan, und die Arche seines Testamentes ward in seinem Tempel gesehen" (Apok 11, 19). Der heilsgeschichtliche Inhalt steht dabei sowohl für die individuelle Frömmigkeitsübung als auch für den liturgischen Brauch. Dargestellt wird Maria mit Attributen ihrer Jungfräulichkeit und den körperlichen Zeichen der Schwangerschaft, wobei das ungeborene Kind in oder vor ihrem Leib erscheint. Dabei werden unterschiedliche Bildkonzepte angewendet. Außer der Visualisierung des vortretenden Leibes und der Bezugnahme darauf durch Gesten und Kleidung (geöffnete Kleidernähte) dienen auch ein Christus-Monogramm (IHS), ein Kreuzeszeichen, ein Strahlenkranz oder die Heiliggeisttaube auf Marias Leib zu einem entsprechenden Verweis. So wie für die Herausbildung weiterer Andachtsbildthemen ist die mystische Bewegung in den Klöstern mit ihrer Frömmigkeitspraxis als geistiger Nährboden anzusehen. Aus der Metaphorik der „unio mystica" leitete man quasi die Empfängnis des Jesuskindes und dessen Geburt im „liebenden Herzen" des einzelnen Gläubigen ab. Offenbar hat sich im Milieu der Nonnenklöster die Jesusverehrung mit Bildern und Gefühlen der Mutterschaft angereichert. Eine „Maria in der Hoffnung" aus dem Dominikanerinnenkloster Hl. Kreuz in Regensburg, um 1300 (Nürnberg, Germanisches Nationalmuseum), enthält als frühestes bekanntes Beispiel in dem verglasten „Bauchfach" ein geschnitztes Kind, das sich herausnehmen ließ. Die vor dem Leib gekreuzten Hände könnten mit der zeitweiligen Liegefunktion in einer Wiege oder Krippe zusammenhängen. Ein um 1350/1360 für St. Marienstern illuminiertes Missale (Nr. 2.139) ist mit einer Initialminiatur (fol. 163v) zum adventlichen Introitus „Rorate, coeli, desuper [...]“ („Tauet Himmel, von oben [...]“) geschmückt, die die Jungfrau-Mutter mit dem in ihrem Schoß sichtbaren Kind abbildet. Die Anstöße für die bildliche Vergegenwärtigung lassen sich unmittelbar auf das Offizium der Adventszeit zurückführen. Die beiden Mariensterner Andachtsbilder (Nr. 2.8, 2.12) haben ähnlich wie das Görlitzer Beispiel (Nr. 2.9) auch außerhalb des liturgischen Zusammenhangs der privaten Frömmigkeit gedient.

Das im böhmisch-schlesischen Kunstkreis auffällig häufige Motiv auf unterschiedlichen Bildträgern erklärt sich aus der Tätigkeit des Prager Erzbischofs Johann von Jenzenstein (1348–1400). 1385 führte er in Böhmen als Neuerung das Fest Mariä Heimsuchung mit einem eigenen Reimoffizium ein. Außerdem ist ihm der im Barock entfaltete Typus der Marienwiegenlieder zuzuschreiben.

GW

„Selig ist der Leib, der dich getragen hat, und die Brüste, die du gesogen hast.“
Luk 11, 27

2.8
Maria in der Hoffnung

Schlesisch, 2. Drittel 14. Jh.; Lindenholz, vollrund geschnitzt, rückseitig ausgehöhlt und mit einem Brett verschlossen; Vergoldung berieben, Annobienfraßschäden am Kronreif; Hände möglicherweise barock ergänzt. H. 94 cm, B. 27 cm, T. 22 cm. Restaurierung: 1997 – Karin Schulz (Dokumentation). St. Marienstern, Zisterzienserinnenabtei.

Die Figur der Maria steht frontal aufgerichtet auf einem Sockel, wobei sich in Hüfthöhe eine kaum merkliche Schwingung andeutet. Der von einem Kronreif bedeckte Kopfschleier fällt bis auf die Schultern herab und läßt seitlich das gelockte Haar sichtbar. Die vor der Brust gehaltenen Hände, bei denen sich nur die Fingerspitzen zaghaft berühren, tragen ebenso wie das am Mantel befestigte Velum mit seiner barocken Blütenmalerei dazu bei, den Blick auf die „Kindswohnung unter dem Herzen“ zu lenken. Ein stehendes nacktes Jesuskind ohne erkennbares Geschlecht ist in der azuritblauen Öffnung bis zur Kniehälfte sichtbar, wobei die rechte Hand den Segensgestus vollzieht. Ein Anschlag mit Aussparungen für kleine Riegel läßt vermuten, daß die Öffnung mit einem Türchen verschlossen war. In der Verbindung mit der Gebetshaltung und dem Velum wird der Eindruck erweckt, als ob sich das Jesuskind in einem Tabernakel darstellt und Maria als Königin dem Weltenretter ihre Huldigung darbringt. Was sie anbetet, trägt sie sichtbar in sich, und es ist zugleich ein Teil ihrer selbst.

Das dem Typus nach singuläre Werk kann stilistisch mit der schlesischen Holzskulptur einer Madonna mit Kind aus Urdorf (Powitzko), 2. Hälfte 14. Jh. (Breslau, Diözesanmuseum) verbunden werden.

unpubliziert

GW

„Maria aber machte sich in diesen Tagen auf und ging mit Eile in das Gebirge, in eine Stadt Judas; und sie kam in das Haus des Zacharias und begrüßte die Elisabeth. Und es geschah, als Elisabeth den Gruß der Maria hörte, hüpfte das Kind in ihrem Leib; und Elisabeth wurde mit Heiligem Geist erfüllt und rief mit lauter Stimme und sprach: Gesegnet seist du unter den Frauen, und gesegnet ist die Frucht deines Leibes! Und woher geschieht mir dies, daß die Mutter meines Herrn zu mir kommt? Denn siehe, wie die Stimme deines Grußes in meine Ohren drang, da hüpfte das Kind vor Freude in meinem Leib. Und glückselig, die geglaubt hat, denn es wird zur Erfüllung kommen, was von dem Herrn zu ihr geredet ist!"
Luk 1, 39–45

2.9

Maria in der Hoffnung

Schlesisch, unter böhmischem Einfluß, um 1400; Kalkstein, unten ausgehöhlt, Reste der ursprünglichen Fassung erhalten: Gewand weiß, Haare hellocker, ursprünglich wie die Strahlenglorie am Gewandausschnitt vergoldet; linker Arm ergänzt, an der rechten Schulter Bruchstelle. H. 67 cm, B. 28 cm, T. 22 cm. Restaurierung: 1951 – Institut für Denkmalpflege Dresden. Ursprünglich Görlitz, Peterskirche. Görlitz, Städtische Sammlungen für Geschichte und Kultur, Inv. Nr. 47–61.

Die vollplastisch ausgeführte Figur zeigt Maria als mädchenhaft anmutige Gestalt, in deren Gesicht sich Erwartung wie Besorgnis ausdrücken. Die im Devotionsgestus vor der Brust gekreuzten Hände lassen ebenso wie die Vertikalfalten unterhalb des Schoßes den vorgewölbten Leib der Schwangeren hervortreten. Ein darin eingelassenes Oval, von einer Strahlenglorie gefaßt, ermöglicht es, hinter einer Marienglasplatte des bloßen Christkindes ansichtig zu werden, so daß man sich durch die Art des rituellen Vorzeigens von der Unmittelbarkeit des Kindes vergewissern konnte. Die Strahlenglorie deutet darauf, daß mit der Geburt des Kindes der Gottessohn als Sonne der Gerechtigkeit in die Welt einkehren wird. Im Vergleich mit der ihr in Haltung, Faltengebung und Haartracht stilistisch vorangehenden Thorner Statue (Thorn/Toruń, Städtisches Museum), hat die Görlitzer Figur „die schöne melodische Biegung und viel von der gewinnenden Zartheit des Ausdrucks" (K.-H. Clasen) eingebüßt. Stilistisch und ikonographisch nahestehend ist auch die Heimsuchungs-Miniatur aus dem Hasenburg-Missale von 1409 (Wien, Österreichische Nationalbibliothek). Einer lokalen Überlieferung zufolge ist die Statue mit Gewändern bekleidet worden.

Lit.: Büsching 1824; Lutsch 1903, Mappe 3, S. 650; Braune/Wiese 1926, S. 24; Alt-Lausitzer Kunst 1935, Nr. 9; Alte Kunst in Sachsen 1955, S. 16–17; Bleibrunner, 1962; Kutal 1962; Wilckens 1965, S. 37; Fründt 1966, S. 217; Clasen 1974, S. 43, 110; Die Parler und der Schöne Stil 1978, Bd. 2, S. 84; Lechner 1981, Nr. 145; Lemper 1987, S. 94.

GW

2.10

Maria in der Hoffnung

Dresden, 15. Jh.; Sandstein, fragmentarisch erhalten, Standfläche mit rechteckigem Stiftloch; Reste spätmittelalterlicher farbiger Fassung; Rückseite bestoßen, Oberfläche versintert. Archäologischer Fund bei Grabungen am südlichen Altmarkt in Dresden. H. ca. 50 cm, B. 17 cm, T. 14 cm. Restaurierung: 1997 – Franziska Frenzel (Dokumentation). Dresden, Landesamt für Archäologie mit Landesmuseum für Vorgeschichte.

Im Frühjahr 1997 wurden im Vorfeld von Baumaßnahmen am Dresdner Altmarkt archäologische Untersuchungen durchgeführt, in deren Verlauf neben Erdbefunden des 12./13. Jh. auch Reste von Kellern des 14.–19. Jh. zutage traten.
In der Mauerkrone eines aus Bruchsteinen errichteten Kellers (15./16. Jh.) wurden drei zusammengehörige Fragmente des Unterkörpers einer Frauenfigur mit langem Gewand und gelockten Haaren entdeckt. Die einzelnen Teile sind durch die Lagerung versintert und weisen durch Brand verursachte Schwarzfärbung der Oberfläche sowie Reste von Ziegelstaub auf. Der Unterleib zeigt eine mandelförmige Öffnung, in der sich ein kleiner Knabe befindet.

Lit.: Pimpl/Wirth 1998.

KW

2.11

Maria im Ährenkleid

Schlesisch, um 1470; Holz, vollrund geschnitzt, farbige Fassung. H. 70 cm. St. Marienthal, Zisterzienserinnenabtei.

Die Marienfigur steht auf einem polygonalen Sockel und trägt ein dunkelblaues, mit goldenen

Ähren verziertes Gewand. Es ist in der Taille mit einem langen Band geknotet und soll wie auch das herabfließende Haar an ihre Jungfräulichkeit erinnern. Die im Gebetsgestus vor der Brust gefalteten Hände stellen dem Betrachter die Demut Mariens vor Augen. Goldene Strahlenkränze finden sich am Halsausschnitt und an den Ärmeln.
Diesem Typus des Andachtsbildes, der vor allem in Bayern, Österreich, Böhmen und Schlesien vorkommt, liegt die theologische Vorstellung von Maria als dem „heiligen Acker" zugrunde, aus dem Christus als das „wahre Himmelsbrot" hervorgeht. Anstoß zu dieser Bildformulierung könnte der Vers: „Der Leib (gleicht) einem Weizenhaufen, eingefaßt mit Lilien" (Hohes Lied 7, 3) gegeben haben. In der theologischen Literatur des 15. Jh. und in Predigten wiederholt sich dieser Satz mehrfach in abgewandelter Form.
Einige Darstellungen der Maria im Ährenkleid haben seit dem 15. Jh. besondere Verehrung gefunden. Das bekannteste Gnadenbild im Mailänder Dom (seit 1387) ist nach Verlust 1465 zunächst durch ein Gemälde und 1485 durch eine vergoldete Marmorstatue ersetzt worden. Diese Kopie trägt am Gürtel die Inschrift: „Electa ut sol, pulchra ut luna" (Klar wie die Sonne, schön wie der Vollmond, Hohes Lied 6, 10). Offenbar durch Vermittlung in Mailand ansässiger deutscher Kaufleute fand dieser Prototyp auch nördlich der Alpen Anklang. Neben zwei weiteren Beispielen schlesischer Provenienz (Breslau, Diözesanmuseum) bietet sich eine Holzstatue aus der St. Elisabeth-Kirche in Breslau, um 1490 (Breslau, Nationalmuseum), zum Vergleich an.

Lit.: Zisterzienserinnenabtei St. Marienthal 1982, S. 74–75; Kostbarkeiten aus Sachsen 1992, Nr. 15.

GW

2.12
Maria in der Hoffnung

Schlesisch, um 1480/1490; Lindenholz, vollrund geschnitzt und farbig gefaßt. H. 66,5 cm, B. 22,5 cm, T. 16,0 cm. Restaurierung: 1996 – Karin Schulz (Dokumentation). St. Marienstern, Zisterzienserinnenabtei.

Die mit einem hohen polygonalen Sockel verbundene Figur zeigt Maria stehend in Vorderansicht. Die im Gebetsgestus vor der Brust aneinandergelegten Hände wirken wie ein schirmendes Dach für das im Schoß angebrachte, von einer Strahlenglorie umgebene Oval im Marienleib. Das erst nachträglich geschwärzte Innere dürfte so wie bei der älteren Maria in der Hoffnung (Nr. 2.9) Platz für ein kleines Jesuskind geboten haben. Erst in Verbindung mit der dritten (barocken?) Fassung ist ein Blättchen als Verschluß eingefügt worden.

„Gaude, mater illibata / que tam mire fecundata / genuisti filium / velut sidus radium! / Fac nos quoque salutari / partu semper fecundari / atque corde steriles / fac clementer fertiles. Amen."
„Freu dich, unberührte Mutter, die du wunderbar geschwängert wurdest und einen Sohn geboren hast wie einen Sternenstrahl. Laß auch uns Anteil haben am Heil, laß uns fruchtbar werden durch deine Leibesfrucht, und mit deiner Liebe mach gnädig die Unfruchtbaren fruchtbar."
Mariengebet des böhmischen Hofkanzlers Johannes von Neumark, 14. Jh.

zu Nr. 2.13
Während der Reinigung wurde das auf die vergoldeten Rahmenschenkel der Tafelvorderseite punzierte feine Rankenmuster deutlicher sichtbar und dabei machte man eine interessante Entdeckung gemacht: In gleichmäßigen Abständen erscheint eine fein gezeichnete Krone, umgeben von gedrehtem Blattwerk.

Da die einem Prototyp angeglichene Faltengebung (vgl. Maria in der Hoffnung aus Dubany, Anfang 15. Jh.; Prag, Nationalgalerie) für eine genaue zeitliche Einordnung keine sicheren Anhaltspunkte liefert, ist dies nur über den Gesichtstyp möglich. Er entspricht weitgehend dem, der in Breslauer Werkstätten im letzten Drittel des 15. Jh. vorherrschend war (Fragment des St. Hedwig-Triptychons; um 1470/1480; Breslau, Nationalmuseum).

unpubliziert

GW

2.13
Altarflügel mit Darbringung Jesu im Tempel

Sächsisch (?), um 1420; Tempera auf Holz. H. 173 cm, B. 78,5 cm. Restaurierung: 1996/1997 – Landesamt für Denkmalpflege Dresden, Annegret Michel (Dokumentation). Chemnitz-Ebersdorf, Ev.-Luth. Stiftskirchgemeinde „Unserer lieben Frauen".

Der linke Flügel eines unbekannten Altars stammt aus der Stiftskirche Chemnitz-Ebersdorf, die mit dem Einsetzen einer Marienwallfahrt zu Beginn des 15. Jh. umfangreiche bauliche Veränderungen erfuhr, finanziert durch das wettinische Fürstenhaus und den regionalen Adel (vgl. Nr. 1.66, 2.14).
Der Flügel besitzt auf seiner Innenseite zwei Bildfelder, die von einem Rahmen mit Rankenwerk eingefaßt werden. Die Malerei wird durch die in kräftigen Tönen gehaltenen Gewänder bestimmt, die kaskadenähnlichen Falten sind durch Licht- und Schattenfall von hoher Plastizität.
Das obere Bildfeld weist Reste einer Verkündigungsszene auf. Erkennbar ist die kniende Figur des Engels mit der Lilie und rechts neben ihm Maria, deren linke Hand auf einem Bücherpult ruht.
Das untere Bildfeld zeigt die Darbringung im Tempel. Im Zentrum steht der Altar mit dem Jesuskind auf der Mensa, zur Rechten Maria, links der Priester Simeon. Hinter Maria drängt sich eine Gruppe von Frauen, von denen Hanna ein Taubenpaar als Opfergabe auf den Armen hält. Von der Person hinter Simeon – vermutlich Joseph – sind nur die Hände erkennbar.
Die Außenseite des Flügels ist stark beschädigt. Nur noch geringe Reste der Malerei sind erhalten: Gewandteile sowie Fragmente von blonden Haaren einer vermutlich weiblichen Person.
Die Zuordnung des Flügels zu einem bestimmten Altar ist nicht möglich. Ein Zusammenhang mit dem Ebersdorfer Altar der Mondsichelmadonna ist fraglich (Nr. 2.14), da weder Höhen- und Breitenmaße noch die verschiedenen Abstände der als Abdrücke erhaltenen Scharniere mit dem Schrein übereinstimmen.

Lit.: Steche BDK 1886, S. 48–63; Magirius 1963, S. 405–427.

WB/AM

2.14
Altarschrein aus Ebersdorf

Sächsisch (?), um 1410/1420; Schnitzfiguren: Lindenholz, Maria aus einem Block, Kopf und seitliche Haarteile angesetzt, an der Krone Holzzapfen für die verlorenen Kronzacken erkennbar; Schrein: Nadelholz; Reste farbiger Fassung. Schrein: H. 193 cm, B. 148 cm, T. 24 cm; Maria: H. 126 cm; Fürst: H. 98 cm; Fürstin: H. 100 cm. Restaurierung: 1996/1997 – Landesamt für Denkmalpflege Dresden, Annegret Michel (Dokumentation). Chemnitz-Ebersdorf, Ev.-Luth. Stiftskirchgemeinde „Unserer lieben Frauen".

Die Entstehung des Altarwerkes muß wie der Altarflügel (Nr. 2.13) mit dem Einsetzen der Marienwallfahrt in der Stiftskirche Ebersdorf in Verbindung gebracht werden. Stilistische Merkmale

verweisen die Figurengruppe in enge Verbindung mit schlesischen Werken des beginnenden 15. Jh., des Weichen Stils. In Sachsen finden sich vergleichbare Madonnen u.a. in Tanneberg (Nr. 2.18) und Goldbach (Nr. 2.20).
Die Figur der Maria mit dem Kind im Zentrum ist als Mondsichelmadonna dargestellt. Die Füße ruhen auf dem ihr abgewandten Antlitz des Mondes, ihr Körper wurde von einem fast vollständig zerstörten mit Zwischgold belegtem Strahlenkranz hinterfangen, der am Rücken der Figur befestigt ist. Das zu beiden Körperseiten in Faltenbäuschen herabfallende Gewand besitzt einen sehr linearen Charakter. Das Christuskind, von Maria dem Betrachter dargeboten, hält in seinen Händen zwei ehemals rote Früchte, wahrscheinlich Granatäpfel als Symbol der Erlösung vom Sündenfall.
Die beiden auf Plinthen knienden Profanfiguren,

Die **Farbrekonstruktion** zeigt die Pracht des Altarwerks bei seiner Entstehung.
Der Mantel Mariens erstrahlte in Weiß, sein Innenfutter war blau. Auch die seitlichen Figuren besaßen eine reiche Kleidung: Der Mann trug ein Gewand mit einer Silberradierung auf roter Fassung, das Innenfutter leuchtete blau auf Silberunterlage, Gürtel und Krone waren vergoldet. Der Mantel der weiblichen Figur war vergoldet, sein Innenfutter blau, das darunterliegende Kleid besaß eine Silberradierung auf rotem Grund.

Nach Konservierung und Reinigung zeigte sich die anspruchsvolle Ausführung von Schnitzerei und Farbfassung. Die Konstruktion des Schreins ist dagegen schlicht: Die Bretter sind lediglich stumpf genagelt; eine Rahmung scheint zu fehlen. Auf Grund dieses Qualitätsunterschiedes wurde die Zuordnung der Figuren zum Schrein angezweifelt.
Nach dendrochronologischer Untersuchung konnte an einem Brett der Schreinrückwand für den letzten Jahrring die Datierung 1403 festgestellt werden. Unter Zurechnung von fehlenden Jahrringen und Lagerung ist ein Herstellungsdatum ab 1410 anzunehmen. Demnach ist der Schrein gleichzeitig für die stilistisch ebenfalls in diese Zeit datierten Figuren geschaffen worden.

„Ganz schön bist du, Maria, / lieblich und holdselig: / Stern, der immer leuchtet; erste Morgenröte. / Du vor allen Frauen / wahrhaft Auserwählte, / wie die Sonne strahlend / über Mond und Sternen. // Deines Mundes Lächeln / lieben deine Kinder. / Gütig sprichst du, Mutter / stets zu deinen Waisen. /Sanft ist deine Stimme, / voller Huld dein Antlitz, / süßer noch als Honig / jedes deiner Worte. // Viele Töchter müh'n sich / um gar dürft'ge Schätze. / Du jedoch verschenkst sie / und bereicherst alle. / Eitel ist und trüg'risch / aller Frauen Schönheit. / In der Gnadenfülle / strahlst nur du, o Schönste: /Judith und auch Esther, / sie verblassen alle. / Denn du gleichst der Sonne, / Mutter aller Schönheit! / Auf der weiten Erde / keine Frau sich findet, / die im Streit Verstrickte /alsobald versöhnt."
Aus der „Corona gemmaria beatae Mariae Virginis" des Kartäusermönchs Dominikus von Preußen, um 1450.

ein Mann und eine Frau, sind mit ihrer Gestik auf den Betrachter ausgerichtet. Die männliche Figur hat ihre Hände zum Gebet gefaltet, kunstvoll bauscht sich das Gewand zu ihren Knien, den bärtigen Kopf ziert eine Krone. Die weibliche Figur hält die linke Hand vor den Körper, was wohl mit der fehlenden rechten als Dankesgestus zu interpretieren ist.
Der Altarschrein entfaltete seine kostbare Wirkung durch den mit Leinwand beklebten, blau gefaßten Hintergrund auf dem vergoldete Sterne leuchteten. Reste von Schleierwerk haben sich an den oberen Innenseiten erhalten. Vermutlich besaß der Altar eine Predella und ein Gesprenge, von denen sich ebensowenig erhalten hat wie von den Flügeln, deren Scharnierabdrücke an den Seiten sichtbar sind.
Die Stifterfiguren dürften mit großer Wahrscheinlichkeit das sächsische Fürstenpaar Friedrich den Streitbaren und seine Gemahlin Katharina von Meißen darstellen, deren Wallfahrt nach Ebersdorf für den 15. November 1420 bezeugt ist. Der Darstellungstypus einer zentralen Heiligenfigur mit seitlichem Stifterpaar begegnet vor allem in Votivbildern und -plastiken. Da Ebersdorf eine Wallfahrtsstätte war, liegt es nahe, hierin eine als Altaraufbau gestaltete Dankesgabe zu vermuten. Doch selbst als Votivgabe ist die Darstellungsform mit ihrer Durchdringung von religiöser und politischer Darstellungsebene ungewöhnlich. Die enge räumliche Beziehung, die vergleichbare Größe der drei Figuren und deren prachtvolle Fassung geben den Stifterfiguren eine hohe Präsenz, wie sie wohl nur von einem Fürstenpaar in Anspruch genommen werden konnte. Sie sind ein frühes und bedeutendes Beispiel für ein selbstbewußtes, eigenständiges Stifterporträt.

Lit.: Steche BDK 1886, S. 48–63; Magirius 1963, S. 405–442; Magirius 1971, S. 17 f.

WB

2.15
Madonna mit dem Kind, genannt Muttergottes von Königssaal

Kopie des Originals aus der Zeit um 1360, 2. Hälfte 17. Jh.; Öl auf Holz, Glasperlenbesatz, schwarz-goldener Profilrahmen, verglast. Bezeichnungen: unten „Thaumatura d. Aulo Regiensis" (Gnadenbild von Königssaal); verso aufgeklebter Zettel mit Signatur „Franz Byres malowal". H. 97 cm, B. 72,5 cm. Restaurierung: 1997 – May Schoder (Dokumentation). St. Marienstern, Zisterzienserinnenabtei.

Die sogenannte Muttergottes von Königssaal – benannt nach der Zisterzienserabtei Königssaal (Zbraslav) bei Prag – gehört zu den berühmtesten Marienbildern des 14. Jh. in Böhmen (Prag, Nationalgalerie). Legenden ranken sich um das Gemälde: Es soll von König Wenzel II. 1295 eigenhändig in seine Stiftung Königssaal getragen und zu Beginn des 17. Jh. unbeschädigt aus den Trümmern des Klosters geborgen worden sein. Im 17. und 18. Jh. entstanden zahllose Kopien, die den Ruhm des Gnadenbildes in Böhmen und den angrenzenden Ländern verbreiteten.
Die Beliebtheit des Bildes hängt mit der formalen Ausgewogenheit und Innigkeit der Darstellung zusammen. Die als Halbfigur präsentierte Madonna hat ihren Kopf leicht dem Kind zugeneigt, das aufrecht auf ihrem rechten Arm sitzt und zur Mutter blickt. Mit der linken Hand umfaßt es die Linke Mariens, in seiner Rechten hält es einen Distelfink. Dieser Vogel ist ein Symbol für die Auferstehung, da er Disteln frißt – Pflanzen der Passion. Der sternbesetzte Mantel der Maria mit einer Brustschließe in Kreuzform, der Schleier und die Blattkrone zeichnen sie als jungfräuliche Himmelskönigin aus; die ins Gold des Hintergrundes geschnittenen Weinranken verweisen auf das spätere Opfer Christi. Die Königssaaler Madonna gehört zu einer Reihe im mittleren 14. Jh. entstandener böhmischer Marienbilder, deren Komposition und Typus auf italienisch–byzantinische Einflüsse zurückgehen.
Die ungefähr originalgroße Mariensterner Kopie folgt dem Vorbild bis in Details; der rückseitig

aufgeklebte Zettel verweist auf die Autorenschaft eines unbekannten böhmischen Malers, der das Originalbild wohl kopiert hat, nachdem dieses vom Königssaaler Konventualen Z. Schwab 1661 erneuert worden war. Im Gegensatz zum 1945 restaurierten und von späteren Ergänzungen gereinigten Original hat sich hier der applizierte Schmuck mit kleinen Glasperlen und bunten Steinen erhalten und ermöglicht so eine Vorstellung vom Aussehen des Gnadenbildes in der Barockzeit.
Da seit der Reformation enge Beziehungen zu Königssaal bestanden und zwischen 1593 und 1650 Äbte jenes Klosters das Amt des Visitators in St. Marienstern innehatten, zudem auch der Propst dorther kam, gelangte das Bild wohl als Geschenk nach St. Marienstern. Es hatte lange Zeit seinen Platz auf dem Schwesternchor. Wie bei anderen Darstellungen des nackten Jesuskindes wurde auch hier um 1900 ein deckendes Kleid aufgemalt (1997 entfernt). Im Kloster diente das Gemälde weiteren Kopien als Vorbild.

unpubliziert

MW

2.16

Madonna mit dem Kind

Prag, um 1400, Rahmen 17. Jh.; Tempera auf Eichenholz, Rahmen mit Inschrift. H. 73,5 cm, B. 61,5 cm, ohne Rahmen: H. 55 cm, B. 45 cm. Restaurierungen 1685, 1871, 1923, 1984/1985 – Institut für Denkmalpflege, Dresden (Fotodokumentation). Böhlitz-Ehrenberg (Lkr. Leipziger Land), Ev.-Luth. Kirchgemeinde Gundorf.

Maria hält das nackte Christuskind und neigt ihm ihr bedecktes Haupt zu. Der Christusknabe wendet sich zum Beschauer und hält in seiner Hand Lilien, Nelken und Vergißmeinnicht.
Nach einer Inschrift auf dem Rahmen hat Angniß Lange 1648 dieses Bild der Kirche in Gundorf gestiftet. Aus Bekenntnisschriften der lutherischen Reformation erfährt man, daß „Maria die hochgelobte Jungfrau [...] auch recht die Mutter Gottes genennet wird und auch wahrhaftig ist“, sowie „für die Kirchen bittet“. So entstanden im 17. Jh. eine Reihe Marienbilder für sächsische lutherische Kirchen, meist als Schmerzensmutter ohne Kind, oft als Bildpaar mit der Darstellung des Christus Salvator. Das Gundorfer Gemälde ist allerdings ein erheblich älteres gotisches Gnadenbild, nach der 1392–1396 entstandenen Madonna des Prager St. Veitsdomes (Prag, Nationalgalerie) geschaffen. Hiervon existieren Repliken in Schlüsselburg (Lnáře), nach 1400, und aus Goldenkron (Zlatá Koruna; Prag, Nationalgalerie) um 1410, die als eigenständige Umsetzungen des Vorbildes gelten können, während die Gundorfer Madonna so sehr der Madonna von St. Veit entspricht, daß eine Zweitausführung oder Werkstattwiederholung naheliegt. Außer der Beruhigung des Umrisses liegen nur geringe Abweichungen der Faltengebung vor. Trotz mehrfacher Erneuerungen waren die Eingriffe, wie UV- und Röntgenaufnahmen zeigen, unerheblich und beschränkten sich weitgehend auf den Hintergrund.
Auffallend ist die Hinzufügung der Blumen in der Hand des Christuskindes in Gundorf. Da der Hintergrund des Prager Bildes erneuert ist, dürfte der aus Ranken und Strahlen geformte Kreuznimbus Christi in Gundorf sogar auf den ursprünglichen Zustand der Madonna von St. Veit weisen.
Das vielleicht in den Wirren des Dreißigjährigen Krieges ins Leipziger Land gelangte Marienbild könnte als Votivstiftung für den zurückgewonnenen Frieden Ausdruck der sich nicht immer eng an die offizielle Kirchenlehre haltenden Volksfrömmigkeit sein.

Lit.: Gurlitt BKD 1894, S. 51.

FS

2.17

Schöne Madonna

Oberlausitz (?), um 1420/1430; Lindenholz, aus einem Block mit Anstückung (linke Schulter) vollrund geschnitzt, Rückseite flach, teilweise mit Leinwand beklebt; farbige Fassung; Krone der Maria, Apfel und Geschlecht des Kindes fehlen; Sockel, rechte Hand, linker Unterarm sowie Haare der Muttergottes ergänzt. H. 105 cm, B. 45 cm, T. 35 cm. Restaurierungen: 1933 – Landesamt für Denkmalpflege Dresden; 1979/1980 – Angelika Thust, Hochschule für Bildende Künste Dresden (Dokumentation); 1997 – Sylvia Ciesielski (Dokumentation). 1933 von Otto Horn aus dem Kloster St. Marienstern erworben; seit 1952 in Meißen, Stadtmuseum, Inv. Nr. 854 (Ho 34).

Die Figur der Muttergottes steht in elegantem Kontrapost auf einem Sockel. Ihr schlanker Körper beschreibt eine gestreckte S-Form. Mit leicht geneigtem Kopf wendet Maria ihr lächelndes Antlitz dem Betrachter zu, der Blick schweift in unbestimmte Ferne. Sie präsentiert das verhältnismäßig große, nackte Kind, das sie sorgsam über ihrer rechten Seite trägt. Das Kind nimmt eine fast sitzende Stellung ein, seine Hände umfaßten einen heute verlorenen Gegenstand, wohl einen Apfel; sein wacher Blick ist auf den Betrachter gerichtet. Weiche Gewandfalten umfließen die Gestalt Mariens, am Unterkleid gespannt, am Mantel seitlich in Kaskaden abfallend; unterhalb des Kindes bilden sich rhythmisch verschobene Schüsselfalten sowie eine leicht geschwungene Haarnadelfalte.

Der ursprüngliche Aufstellungsort im Kloster ist nicht bekannt. Die flache Rückseite, Körperhaltung und Blickrichtungen weisen jedoch darauf hin, daß die Figur für einen erhöhten Standort gedacht war. Möglicherweise hatte sie ihren Platz auf dem Schwesternchor oder auf der Chorgasse, wo sich im 18. Jh. unter mehreren Marienbildern auch eine „Schöne Madonna“ befand. Im 19. und frühen 20. Jh. war die Skulptur im Fenster zwischen Kreuzgang und Kapitelsaal aufgestellt, wo das feuchte Klima zu starken Schäden führte. In ihrem versehrten Zustand erfuhr sie um 1900 durch die Schwester Veronika Lischka (1859 bis 1936) eine Erneuerung mit Gips und Ölfarbe.

Erst die jetzt abgeschlossene Restaurierung, die zur Freilegung der ersten und teilweise der ihr folgenden, spätgotischen zweiten Fassung führte, ermöglicht wieder eine Vorstellung der ursprünglichen Erscheinung und eine stilistische Einordnung. Dem Typus nach steht die Figur in der Nachfolge der „Schönen Madonna“ von Pilsen (um 1384?; Pilsen, St. Bartholomäus), die dem Meister der Krumauer Madonna zugeschrieben wird. Im eleganten Schwung des Körpers zurückhaltender und in seitenverkehrter Positur fand diese wegweisende Skulptur eine Umsetzung in der Madonna von Droužetice, die um 1410 für die Dominikanerkirche St. Margaretha in Pilsen geschaffen wurde (Strakonice, Okresní muzeum). Dieser Figur ähnelt die im Körperbau kräftigere Meißner Madonna.

Lit.: Gurlitt BKD, Bd. 35 1912, S. 214; Thust 1980.

MW

2.18

Muttergottes mit Kind

Sächsisch (?), 1. Viertel 15. Jh.; Figur: Lindenholz, farbige Fassung; Schrein: Nadelholz, ehemals farbige Fassung; Figur ursprünglich vollrund geschnitzt, Erstfassung verloren, Reste der Zweitfassung aus der 2. Hälfte des 15. Jh.; Abarbeitungen an der Rückseite, dadurch Form des achteckigen Sockels und der Saumfalten verändert. Figur: H. 122 cm, B. 39 cm, T. 28,5 cm. Restaurierung: 1982/1983 und 1997/1998 – Ingolf Pönicker (Dokumentation). Möglicherweise nach 1540 aus Altzella nach Tanneberg gelangt; 1899 Leihgabe im Altertums-Museum Mittweida; seit 1961 wieder in Tanneberg (Lkr. Mittweida), Ev.-Luth. Tochterkirchgemeinde.

Mit dieser Madonnenskulptur besitzt die Dorfkirche Tanneberg eines der schönsten Werke des Weichen Stils in Sachsen – ein Beispiel für die nachhaltige Wirkung der Schönen Madonnen der Zeit um 1400. Ihre hohe Qualität läßt eine Herkunft aus dem Zisterzienserkloster Altzella vermuten; es ist schriftlich überliefert, daß nach dessen Aufhebung 1540 mehrere Ausstattungsstücke nach Tanneberg gegegeben wurden.

Die junge Gottesmutter präsentiert das auf ihrem Arm thronende Kind, das mit einem Apfel spielt. Seinen Hals schmückt eine Korallenkette, ein bei Kindern beliebtes Amulett zur Abwehrung von Krankheiten und anderem Unheil. Die elegant ausschwingende Gestalt Mariens umschmiegt seinen Körper. Die Architektur der Gewandfalten definiert die Marienfigur. Dazu kontrastiert die pralle Leiblichkeit des nackten Kindes.

Die Skulptur folgt im Typus der Schönen Madonna von Krumau, um 1400 (Wien, Kunsthistorisches Museum), wobei die Komposition diesem Werk gegenüber formalisierter und spannungsärmer erscheint. Unterschiedlich ist auch die Auffassung des Kindes, das hier in aufrechter Haltung, hoch sitzend die statuarische Ruhe unterstützt. Das Motiv der beidseitigen Rahmung der Mantelschürze mit Faltenkaskaden ist für schlesische Bildwerke typisch wie die sogenannte Schlesische Madonna aus der Sammlung Simon (Berlin, Skulpturensammlung) und die Madonna aus Radibor (Nr. 2.19). Die Madonna aus Tanneberg kann in das 1. Viertel des 15. Jh. datiert werden.

Nachträglich wurde die ursprünglich wohl auf einer Konsole oder in einer Nische aufgestellte Figur zur Einfügung in einen Einzelschrein rückseitig und an der Plinthe abgearbeitet. Kleine Bohrlöcher an den Seitenwänden des Schreins verweisen auf ursprüngliche Türen. Seine Datierung ist unklar. Der schlichte obere Abschluß mit einfachem Zinnenkranz könnte gleichzeitig mit der Madonnenfigur entstanden sein. Ein im Typ und Dekor ähnlicher Schrein mit der Figur des hl. Christophorus in Falsterbo (Schweden) wird in die Zeit um 1400 datiert; jünger scheint hingegen der Einzelschrein mit Figur eines hl. Bischofs in Tanneberg zu sein (Nr. 2.58). Es ist anzunehmen, daß die aus der 2. Hälfte des 15. Jh. stammende Zweitfassung der Figur anläßlich der Einfügung in den Schrein vorgenommen wurde.

Lit.: Pönicker 1982; Magirius/Mai 1985, S. 212; Der silberne Boden 1990, S. 138; Sandner 1993, S. 39.

JvF

2.19

Muttergottes mit Kind und heiliger Johannes Evangelista

Oberlausitz, um 1430; Laubholz, farbige Fassung (Neufassung). Madonna: H. 110 cm; Johannes: H. 105 cm. Restaurierung: 1985/1995 – Leni Mosborn. Radibor (Lkr. Bautzen), Alte kath. Kirche (Johannes); Dresden, St. Josephstift (Madonna).

Beide Skulpturen befanden sich zusammen in Radibor, wo sich ein ungewöhnlich großer Bestand an spätmittelalterlicher Plastik erhalten hat. Obwohl die Kirchgemeinde eine weltliche Patronatsherrschaft hatte, die zwischen 1575 und 1675 versuchte, die Reformation einzuführen, blieb der alte Glaube bewahrt. Die heutige Alte Kirche wurde zu einer Sammelstätte sakraler Bildwerke, die in den umliegenden evangelischen Kirchen keine Verwendung mehr fanden. Woher die vorgestellten Skulpturen stammen, ist unbekannt.

Maria ist als Himmelskönigin mit Zepter und (erneuerter) Krone dargestellt. Auf dem rechten Arm trägt sie den nackten Jesusknaben, der die Rechte segnend erhoben hat. In der Linken hält er einen Apfel. Nach den stark gefühlsbetonten Schönen Madonnen der Zeit um 1400 ist hier eine statisch-repräsentative Darstellung gewählt. Maria und das Kind nehmen keine Beziehung zueinander auf; sie wenden sich dem Betrachter zu. Die weichen Gesichtszüge ähneln jenen der Johannesfigur, die aus dem gleichen Zusammenhang, vielleicht einem Altarretabel, stammt. Der jüngste Apostel wird traditionell bartlos dargestellt und hält in der linken Hand den Kelch. Er symbolisiert den vergifteten Trank, der ihm gereicht wurde und den er durch das Schlagen des Kreuzeszeichens unschädlich machte.

Die s-förmig geschwungene Gestalt, die stilisierten Locken und vor allem die runden Gewandfalten weisen beide Figuren dem ausklingenden Weichen Stil der Zeit um 1430 zu. Sie stehen in Typus und Formgebung der schlesischen Plastik des frühen 15. Jh. nahe. Die Ähnlichkeit mit zwei weiteren, gleichzeitig entstandenen Madonnenfiguren in Radibor – die größere davon stammt angeblich aus Neschwitz – sowie mit anderen zeitgenössischen Bildwerken aus der Oberlausitz läßt es jedoch als denkbar erscheinen, daß damals bereits lokale Werkstätten in der näheren Umgebung bestanden.

Lit.: Gurlitt BKD 1908, S. 240; Wiese 1923, S. 46, 48, 100; Winarjec-Orsesowa 1996.

CT

2.20
Madonna mit Kind

Oberlausitz, um 1430/1440; Laubholz, Rückseite abgeflacht, Fassung abgelaugt; Kronenzacken zum Teil abgebrochen. H. 99 cm. Goldbach (Lkr. Bautzen), Ev.-Luth. Schwesterkirchgemeinde.

Hoheitsvoll, in ein elegantes faltenreiches Gewand gehüllt, präsentiert Maria als gekrönte Himmelskönigin das nackte, aufrecht sitzende Jesuskind. Im Typus, Faltenwurf und Plastizität steht die Figur der Schönen Madonna aus St. Marienstern (Nr. 2.17) nahe. Stärker als dort ist hier der für die Madonnen des Weichen Stils charakteristische Körperschwung zurückgenommen. Durch die Verkleinerung der Köpfe Mariens und des Kindes ordnen sich diese dem Gesamtbild unter. Die heutige Erscheinung ist allerdings verunklärt, da die farbige Fassung fehlt, die zur Differenzierung der künstlerisch hochstehenden Schnitzerei unabdingbar war.
Die stilistisch 1430–1440 datierte Goldbacher Madonna stand ursprünglich wohl in einem Altarretabel. Dabei ist an einen sogenannten Viererschrein zu denken, den in der Oberlausitz und Sachsen bis ins 2. Drittel des 15. Jh. üblichen Retabeltypus: Die Muttergottes als Mittelfigur, flankiert von jeweils zwei übereinanderstehenden kleineren Heiligen.

Lit.: Gurlitt BKD 1908, S. 79; Dehio 1965, S. 131; Magirius/Mai 1985, S. 194; Dehio Sachsen Bd. 1, 1996, S. 409.

MW

2.21
Madonna und heilige Margaretha

Dresden, um 1500; Schreinfiguren eines Altarretabels; Lindenholz, rückseitig abgeflacht und ausgehöhlt, Substanzverluste am Holz, Ergänzungen; Überfassung zum Teil freigelegt, Preßbrokatmuster auf Untergewand, Mantelaußenseiten vergoldet, innen farbig gefaßt, auch Polimentversilberungen und Zwischgoldauflagen, Sgraffiti-Muster. Maria: H. 102 cm, Margaretha: H. 100 cm. Restaurierung: 1993, 1997/1998 – Dresden, Hochschule für Bildende Künste: Katrin Dorendorf, Andrea Schmidt, Renate Kühnen, Susanne Friedmann (Dokumentation). 1881/1882 aus der Kirche Dresden-Briesnitz an den Königlich Sächsischen Altertumsverein Dresden übergeben; Katharina (?) schon 1904 als Verlust verzeichnet, 1941 Rückgabe des Retabels. Dresden-Briesnitz, Ev.-Luth. Kirchgemeinde.

Die Madonna und die hl. Margaretha befanden sich ursprünglich im Schrein eines spätgotischen Flügelretabels. Margaretha stand links von der Madonna, rechts eine weitere Heilige, vielleicht

Katharina. Der Verbleib dieser Skulptur ist unbekannt. Erhalten sind die Flügel des Retabels, die auf den Innenseiten die hl. Barbara und eine weibliche Heilige ohne Attribut, vielleicht Dorothea, zeigen, auf den Flügelaußenseiten die hll. Barbara und Katharina sowie Dionysius und Aegidius. Auf dem rechten Flügel finden sich – nur noch in Resten – weitere Heilige. Damit wäre ein für Sachsen typischer Retabelaufbau mit den Quattuor Virgines Capitales und der Mondsichelmadonna gegeben.
Die Gesichter beider Frauen erinnern in ihrer Gestaltung noch an die Schönen Madonnen. Sie tragen Kronen, deren Zacken abgebrochen sind. Das Christuskind neigt seinen Kopf zur gleichen Seite wie Maria, dennoch ist die innige Beziehung zwischen Mutter und Kind zu spüren. Mit der Hand, die das Kind hält, rafft Maria zugleich ihren Umhang, der in Schüsselfalten mit kleinen Mulden fällt. Das Unterkleid überdeckt die Mondsichel und Plinthe fast vollständig. Die hl. Margaretha ist ähnlich gestaltet, sie steht auf dem Drachen.
Daß der Schnitzer des Briesnitzer Retabels in Dresden zu suchen ist, legt der Vergleich mit einem heute verlorenen Retabel aus Lomnitz aus der Zeit um 1510 nahe.

Lit.: Wanckel 1895, S. 142–143; Flechsig/Wanckel 1900, S. 37a; Gurlitt BDK 1904, S. 5–6; Hentschel 1973, Nr. 124, Dorendorf 1993; Schmidt 1996; Dehio Sachsen, Bd. 1 1996, S. 254.

AH

Die Erscheinung der **Madonna auf der Mondsichel** überliefert die apokalyptische Vision des Evangelisten Johannes: „Und es erschien ein großes Zeichen am Himmel; ein Weib mit der Sonne bekleidet, und der Mond unter ihren Füßen und auf ihrem Haupt eine Krone von zwölf Sternen." (Apok 12, 1).
Der Bildtypus der Mondsichelmadonna, auch „Apokalyptisches Weib" oder Madonna im Strahlenkranz" genannt, setzt die Identifizierung des apokalyptischen Weibes mit der Muttergottes voraus. Er ist seit dem 14. Jh. nachweisbar und gewinnt im 15. Jh. an Bedeutung. Im Zeitalter der Reformation wandelt sich der Typus allmählich zur Himmelskönigin, die bei manchen Bildwerken eine Schlange als Symbol des Sündenfalls und des Ketzertums zertritt.

2.22

Stehende Maria mit Kind sog. Mohrle-Madonna

Oberlausitz, 1. Viertel 16. Jh.; Standfigur, Laubholz, rückseitig gehöhlt; Höhlung bis in den Kopfbereich, Rückbrett aus Nadelholz in alter Befestigung. Reste spätmittelalterlicher farbiger Fassung (aufgefrischt und teilretuschiert), metallener (?) Kopf- und Gürtelschmuck verloren, rechte Hand der Madonna, Teile der Hände (v. a. Finger) und Geschlecht des Knaben, große Teile der Gewandsaumkanten ergänzt bzw. einschließlich vergrößertem Sockeldeckbrett erneuert. H. (ohne Sockel) 86 cm, B. 35 cm, T. ca. 26 cm; H. (Sockel) 10 cm. Restaurierung: 1997 – Katrin Mauersberger (Dokumentation). St. Marienstern, Zisterzienserinnenabtei.

Die stehende Muttergottes trägt unter ihrem Mantel ein eng anliegendes Kleid. Feine Zackenstrukturen schmücken den vergoldeten Einsatz im Dekolleté. Zwei Löcher im Taillenbereich lassen heute verlorenen Gürtelzierrat vermuten. Unter dem ursprünglich von einer Krone bekränzten Schleier quellen Marias lange Haare hervor und rahmen das ovale Gesicht. Mit inniger Zuneigung umschließt Maria das Jesuskind und rafft gleichzeitig den Mantel wie eine schützende Hülle vor ihren Leib. Die Aufmerksamkeit des Jesuskindes gilt dem Spiel mit dem verlorenen Attribut in seinen Händen.

Zu welchem Zeitpunkt die Rückseite der Skulptur mit einem Brett geschlossen wurde, ist unklar. Angesichts unter dem Brett vorhandener Reste originaler Fassung handelt es sich wohl um eine neuzeitliche Zutat, die vielleicht aus verändertem Bildgebrauch resultiert. Zeugnisse intensiver Verehrung sind die wahrscheinlich durch Küssen entstandenen Fehlstellen im Stirn- bzw. Wangenbereich von Maria und Jesus.

Die bewegte Komposition, die unbefriedigende direkte Rück- und Seitenansicht und die Tiefe der Figur lassen gemeinsam mit der auf Betrachternähe konzipierten Gestaltgebung auf eine Herkunft der Madonna aus einem Figurenschrein oder einer Wandnische schließen. In dem seit dem 18. Jh. belegten Übernamen „Mohrle-Madonna" spiegelt sich die noch sichtbare starke Vergrauung des bleiweißhaltigen Inkarnats wider. Das Nebeneinander von großzügigen Faltenbahnen und kleinteilig gratiger Knitterbildung sowie die Lebhaftigkeit des Kindes verrät die Entstehung der Figur im 1. Viertel des 16. Jh. in der Oberlausitz (Görlitz?). Vergleichbares charakterisiert das Œuvre des bis 1503 in Görlitz tätigen Bildhauers Hans Olmützer, wie z. B. an der Gewandführung der trauernden Maria aus Görlitz (Warschau, Nationalmuseum) deutlich wird. Neben retrospektiven Elementen des Schönen Stils zeigt die Mohrle-Madonna oberrheinischen Einfluß, für dessen Vermittlung in die Oberlausitz der wohl aus Mähren stammende, zeitweilig auch in Konstanz tätige Olmützer wichtig war. Eine um 1520 entstandene Figur einer Maria mit Kind (Görlitz, Städtische Sammlungen) zeigt kompositorisch große Nähe zur Mohrle-Madonna.

unpubliziert

KM

2.23
Mondsichelmadonna

Oberlausitz, 2. Jahrzehnt 16. Jh., Meister des Großen Kamenzer Marienaltars; vollrunde Standfigur, Laubholz, geschnitzt, farbige Fassung, nach Befund aufgefrischt und retuschiert, Zepter, Kronenzacken, Arme des Jesusknaben und Attribut ergänzt. H. 110 cm. Restaurierung: 1994 – Uta Fischer (Dokumentation). St. Marienstern, Zisterzienserinnenabtei.

In einen weiten Mantel gehüllt, begegnet Maria als Himmelskönigin mit Krone und Zepter dem Betrachter. Der Jesusknabe auf ihrem Arm beschäftigt sich mit konzentriertem Blick mit dem Attribut in seinen Händen. Da die Arme des Kindes verloren gingen, stellt die ergänzende Restaurierung eine mögliche Interpretationsvariante vor. Mariens jugendliche Schönheit wird durch das am Oberkörper eng anliegende, mit einer geschnitzten Borte aus Blüten und Ranken verzierte Kleid betont. Von der Schwingung der Körperhaltung bestimmt, tritt ihr gesegneter Leib durch die vom Gürtel gerafften Faltenbahnen deutlich hervor. Der gesenkte Blick Mariens könnte auf eine erhöhte Aufstellung der vollrunden Figur, vielleicht in einem Gesprenge, hinweisen. Ihre Rückseite wurde nicht sorgfältig ausgearbeitet und wohl auch ursprünglich nicht gefaßt. Stilistisch ergeben sich durch zahlreiche Übereinstimmungen in der Komposition der Marienfigur, in der künstlerischen Umsetzung bis in Einzelheiten der Gesichts- und Haarbildung, des Gewandbortendekors und der Drapierung engste Bezüge zum Großen Kamenzer Marienaltar, dem Hochaltarretabel der Kamenzer Stadtkirche. Es ist daher eine etwa gleichzeitige Entstehung in derselben Werkstatt anzunehmen.

unpubliziert

KM

2.24
Bambino

Figur: um 1400; Sockel: Oberlausitz, um 1500; Figur: Laubholz, farbige Fassung; Sockel: Nadelholz, farbige Fassung; Figur: H. 45 cm, B. 14 cm, T. 10 cm; Sockel: H. 16 cm. Restaurierung: 1997/1998 – May Schoder (Dokumentation). St. Marienstern, Zisterzienserinnenabtei.

Seit dem Hochmittelalter ist die Verwandlung der Hostie in das Jesuskind ein häufiges Wundermotiv der eucharistischen Frömmigkeit. Aus dem 14. Jh. sind mit diesem Bild zahlreiche Visionen in Lebensbeschreibungen von Nonnen vor allem aus süddeutschen Klöstern verbunden: Das Jesuskind erschien ihnen des Nachts in den Zellen und auf dem Altar bei der Elevation der Hostie, mit goldenem Haar und meist bekleidet. Gleichzeitig entstanden die ersten Andachtsbilder des aus dem erzählerischen Zusammenhang des Weihnachtsgeschehens herausgelösten Jesus, dargestellt im Alter von etwa einem Jahr. In ihrem Selbstverständnis als Nachfolgerinnen Mariens bezogen die Nonnen diese Skulpturen in Weihnachtsspiele ein. Sie wiegten es und sorgten sich sehr realistisch um das Kind, nähten ihm Gewänder und bekleideten es. Der Mariensterner Bambino ist ein solches, aus dem Mittelalter selten erhaltenes Wiegenkind

(auch Fatschenkind genannt). Sein schmächtiger und unbewegter Körper ist im unteren Teil in ein eng anliegendes Tuch gewickelt. Die Hände sind übereinander auf den Bauch gelegt. Mit mandelförmigen Augen blickt es lächelnd auf die Betrachterinnen; sein kindlich großer, ovaler Kopf ist durch das Gold des nach hinten gelegten Haares ausgezeichnet. Im Scheitel befindet sich eine Öffnung, in der ein Nimbus befestigt werden konnte; eine Rille im Haar ermöglichte das Aufsetzen eines Kronreifes. Auf die Kennzeichnung als Erlöser und Weltenherrscher durch Segensgestus und Weltkugel wurde verzichtet. Die Armhaltung und der Umstand, daß die Figur nicht allein stehen kann, zeigen, daß sie liegend gedacht war. Der Sockel mit den Eisendornen zur Befestigung der Skulptur ist erst nachträglich für die stehende Aufstellung dazugekommen. Seine spätgotische, an Buchmalerei angelehnte Bemalung erinnert an Email- und Goldschmiedearbeiten und sollte die Kostbarkeit der Figur unterstreichen.
Von Mariensterner Nonnen sind keine Jesuskind-Visionen des Mittelalters überliefert. Die hier im 14. Jh. lebendige Verehrung des Christkindes zeigt sich jedoch in den Szenen der Kindheitsgeschichte Jesu im Missale Folio 2 (Nr. 2.139) und im Diurnale Quart 1 (Nr. 2.140), wo das Kind mit goldenem Haar, eingewickelt oder bekleidet, stets hervorgehoben ist. Der Bambino ist wohl in der Nachfolge dieser Darstellungen gegen 1400 entstanden. Zumindest seit der Neuzeit wird er in der Weihnachtszeit in reichem Ornat, mit Spitzen und Behängen und einer Krone in Perlstickerei auf dem Schwesternchor aufgestellt.
Stilistisch sind keine Verbindungen zur Plastik des böhmisch-schlesischen Kunstkreises auszumachen, wo dieser Bildtypus ungebräuchlich war. Ob der seit unbestimmter Zeit überlieferte Name „Bambino" einen Hinweis darauf gibt, daß die Skulptur von auswärts bezogen wurde, ist unklar.

unpubliziert

MW

„Danach, in einer Christnacht, nach der Mette lag sie vor dem Altar und sah das minnigliche Kind auf hartem Heu liegen, das hatte sein zartes Leiblein so zerstochen, daß es rote Wundmale hatte. Wiedereinmal war sie in ihrem Gebet, da sah sie ihn abermals in seiner minniglichen Kindheit, und er hatte schon Gewändlein an und spielte vor ihr gar lieblich. Da ward ihr Herz vor Minne brennend, und sie gedachte: 'Und hätt' ich dich, ich äß dich auf vor rechter Lieb.' Da antwortete es ihren Gedanken und stellte sich gar trotzig und sprach: 'Ich laß mich nicht also essen!' Und tat ihr die inneren Sinne auf und gab ihr zu verstehn, daß er damit die Heiligkeit der Sakramente meinte."
Aus der Vision der Nonne Anna Vorhtlin aus Nürnberg im Kloster Engelthal, 14. Jh.

2.25

Stehender Christusknabe

Mecheln, Brabant (?), Anfang 16. Jh.; Holz, geschnitzt, gefaßt und teilweise vergoldet. H. 28 cm (mit Sockel) 34 cm. Kamenz, Ev.-Luth. Kirchgemeinde St. Marien.

Der nackte Christusknabe steht auf einem mit Quasten verzierten Kissen, das auf einem Posta-

ment aufliegt. Die Rechte hat er segnend erhoben, während er in der Linken eine mit einem Holzkreuz besetzte Kugel trägt. Von den scharf geschnittenen Zügen des lockenumrahmten Gesichts geht ein besonderer Reiz aus. Zwei Vertiefungen im Kopf deuten auf eine früher vorhande Krone. Erwähnt wurden zwei nicht mehr vorhandene Leinengewänder mit Seidenbesatz und Goldspitzen. Heute ist die Statue mit einem leinenen Unterkleid und einem Mäntelchen aus weißem Synthetikstoff bekleidet.

Gegen Ende des 15. Jh. lag der Schwerpunkt der Herstellung solcher Andachtsbilder in Brabant und Flandern, wo sie serienmäßig angefertigt wurden. Sie waren nunmehr über die Klöster hinaus auch für die Andacht von Privatpersonen bestimmt. Über Herkunft und ursprüngliche Bestimmung des Kamenzer Knaben gibt es keine genaue Kenntnis.

In nachreformatorischer Zeit wurde der Jesusknabe – ähnlich wie die „Bornkinnl" im Erzgebirge – jeweils zur Christmette und teilweise bis zum Dreikönigsfest auf dem Altar ausgestellt. In Kamenz ist die spätmittelalterliche Praxis entweder beibehalten oder im späten 19. Jh. wiederbelebt worden. Im Erzgebirge und im Vogtland verhielt es sich teilweise ähnlich, da in Schwarzenberg bereits 1575 das Inventar „Ein Kindlein, so man uff Weihnachten uffn Altar setzet" erwähnt. Andererseits könnten aber vom benachbarten Böhmen dazu Anregungen ausgegangen sein, denn in den katholischen Regionen Mitteleuropas bis hin nach Spanien erlebte die Verehrung des Jesuskindes im 17. und 18. Jh. eine zweite Blütezeit. In Zwickau endete der Brauch 1781 mit der Aufklärung.

Gurlitt BKD, Bd. 36 1912, S. 45; Simon 1925; Hentschel 1931, S. 366; Mertens 1992, S. 19; Dehio Sachsen Bd. 1, 1996, S. 68.

GW

2.26

Stehendes Jesuskind (Bornkinnl)

Oberlausitz, 1. Viertel 16. Jh.; Hose: St. Marienstern, Ende 17. Jh.; Laubholz, nachträgliche Sockelplatte aus Nadelholz, farbige Fassung 19. Jh.; Hose: Seide, Leinen; linker Unterarm ergänzt, das Geschlecht zum Anziehen der Hose abgearbeitet (wohl 17. Jh.). H. 59 cm, B. 22 cm, T. 15 cm. Restaurierung: 1995/1996 – Uta Matauschek (Dokumentation). St. Marienstern, Zisterzienserinnenabtei.

Auf einer ursprünglich grünen Plinthe steht in lockerem Kontrapost das Jesuskind mit rundlichem Bäuchlein und kindlich prallen Gliedern. Den runden Kopf mit seinen weichen Zügen frontal nach vorn gerichtet, trifft die Betrachter ein forscher Blick aus wachen Augen. Hinter der breiten Stirn setzen schneckenförmig geringelte

Locken an, die ehemals golden glänzten und auf die, den Abarbeitungen am Hinterkopf nach zu schließen, ein Strahlennimbus oder eine Krone gesetzt wurde. Mit der rechten Hand zeigt es den Segensgestus, die Linke streckt es offen vor sich, darin wahrscheinlich ursprünglich eine Kugel als Zeichen seiner erlösenden Weltenherrschaft tragend. Das Kind ist mit einer knöchellangen, von Trägern gehaltenen Hose aus Seidendamast bekleidet, die auf die Körperform maßgeschneidert und vernäht ist.
Im Typus entspricht die Skulptur den in der Spätgotik weitverbreiteten Darstellungen des stehenden Jesuskindes als Weltheiland (vgl. Nr. 2.25). In St. Marienstern erlebte die Verehrung des Jesuskindes im frühen 16. Jh. in Zusammenhang mit dem Annen- und Sippenkult (Nr. 2.30, 2.31, 2.179) einen Höhepunkt. Das Bornkinnl, das dem Christkind auf dem Relief der hl. Sippe ähnlich ist, dürfte gleichfalls im 2. Jahrzehnt des 16. Jh. und vielleicht im selben Werkstattkreis entstanden sein.
Der ursprünglich abnehmbare linke Oberarm zeigt, daß die Figur stets zur Bekleidung vorgesehen war; mittelalterliche Kleider haben sich jedoch nicht erhalten. Die heutige Hose stammt aus der Barockzeit, als die Figur neu gefaßt und mit einem Sockelbrett versehen wurde. Diese Erneuerung steht in Zusammenhang mit der Christkindverehrung des 17. und 18. Jh., welche vom „Prager Jesulein" ausging (Nr. 4.104).

unpubliziert

MW

2.27
Heilige Anna Selbdritt

Umkreis des Zisterzienserklosters Neuzelle (?), um 1360; einteilige Holzskulptur, Lindenholz, Rückseite gehöhlt und für die Anbringung in Schrein oder Retabel flach gehalten; geringer Anobienbefall und moderne Ergänzungen im Gesicht des Kindes sowie im Sockelbereich; Augen der Anna überschnitzt, ihre Finger am Apfel nachträglich verkürzt; Reste verschiedener Fassungen über originaler farbiger Fassung. H. 82 cm, B. 39 cm, T. 18 cm. Konservierung: 1998 – Sylvia Ciesielski (Dokumentation). Um 1930 von Otto Horn in oder bei Neuzelle erworben, seit 1952 in Meißen, Stadtmuseum, Inv. Nr. 814 (Ho 2).

Anna thront in leichter Schrägstellung auf einer Bank; ihr um Hals und Kinn gewundenes Tuch und das über den Kopf gelegte Schleiertuch kennzeichnen sie als verheiratete Frau. Auf Annas rechtem Bein sitzt Maria, auf deren Schoß das nackte Christuskind, dessen Geschlecht ein kleiner Gewandzipfel verdeckt. Im Gegensatz zu Mariens flach um den Körper gespannten Gewand steht die Draperie der Annenfigur: vertikale Faltenbahnen mit einem in Schlaufen gelegten Saum. Vor diesem Hintergrund werden die eigentliche Gottesmutter und ihr Sohn präsentiert.
Das blockartige Relief ist für eine frontale Untersicht gearbeitet und die ehemalige Aufstellung in einem Schrein anzunehmen. Zahlreiche stilistische Merkmale verweisen auf eine Entstehung vor der Zeit des Weichen Stils. Allerdings könnten die konservativen Gestaltungstopoi auch auf eine traditionell arbeitende Werkstatt in zisterziensischem Kontext verweisen.

unpubliziert

GP/DSC

Die **heilige Anna**, die Großmutter Jesu, findet in der Bibel keine Erwähnung. Ihre vollständige Vita enthält erst die Legenda Aurea des Jacobus de Voragine. Zu Beginn des 16. Jh. erreichte die Annenverehrung ihren Höhepunkt. Davon zeugen zahlreiche Annenpatrozinien, -bruderschaften, Gebete, Hymnen und Predigten. Die Verehrung Annas wurzelt im wachsenden Interesse an der Geburt und Kindheit Mariens und an der Rekonstruktion der Abstammung Jesu. Die frühesten erhaltenen Darstellungen der heiligen Anna Selbdritt (Anna zu dritt) stammen aus der 2. Hälfte des 13. Jh. Die Entstehung des Bildtypus war wohl dadurch bedingt, daß zunächst die Madonna mit Kind als Attribut der Heiligen fungierte. Die Zuordnung der drei Figuren zueinander ist jedoch seit der Frühzeit variantenreich.

„O drei-, viermal und öfter selige Mutter. Du vermagst es: unterstütze die Bitte der Sterblichen, die sich deiner Verehrung widmen. Denn mit dir als Patronin, hoffen wir alles zu erlangen; wenn nur du wollen wirst, dann wird auch die Tochter wollen und das Knäblein wird sich nicht dazu verstehen, dieser, wenn sie bittet, irgendetwas zu verweigern. Der Sohn liebt die Mutter und nichts verweigert dem Sohne der Vater, weil er auch selbst den Sohn liebt. Amen."
Annengebet des Desiderius Erasmus, 1518.

2.28
Heilige Anna Selbdritt

Dresden, um 1500; Lindenholz, dreiviertelrund geschnitzt, rückwärtig ausgehöhlt, Unterarme der Maria, linker Arm des Jesusknaben abgebrochen, Fassung durch Ablaugung verloren. H. 131 cm, B. 44 cm. Konservierung: 1998 – Staatliche Kunstsammlungen Dresden, Ursula Krahl. Ursprünglich wohl im Beinhaus bei der Frauenkirche aufgestellt, später im Jakobihospital Dresden; ehemals Sammlung des Sächsischen Altertumsverein. Dresden, Staatliche Kunstsammlungen, Skulpturensammlung, Inv. Nr. 418.

Die hl. Anna, im Habitus einer älteren Frau mit bedecktem Haupt, trägt in der linken Hand das Jesuskind, in der rechten eine sitzende Figur der Maria. Der Jesusknabe hält spielerisch einen Apfel, der andere Arm – heute abgebrochen – war ursprünglich zum Segensgestus erhoben. Bemerkenswert ist die Unmaßstäblichkeit der mädchenhaften Marienfigur. Die Art, wie die hl. Anna die beiden Figuren hält, suggeriert Schwerelosigkeit.

Sie werden als Attribute oder Symbole emporgehalten, ein altertümlicher Typus, der zu dieser Zeit bereits durch realistischere Darstellungen abgelöst wurde.
Wahrscheinlich befand sich die Figur ursprünglich im Beinhaus der Frauenkirche in Dresden. Für diese 1514 gestiftete Kapelle ist u. a. ein Altar der hl. Anna bezeugt, den die Innung der Dresdner Steinmetzen gestiftet hatte. Die Statue der Anna Selbdritt, die stilistisch in den Beginn des 16. Jh. zu datieren ist, könnte für diesen Altar angefertigt worden sein. 1558 wurde das Beinhaus abgetragen; dabei hat man einen Teil seiner Ausstattung in das seit 1536 bestehende Jakobihospital verbracht.
Die Skulptur zählt zu den besten Werken der nur in wenigen Stücken überlieferten spätgotischen Bildhauerkunst im Umkreis von Dresden, für die eine Entstehung in einer städtischen Werkstatt angenommen wird. Das Bildwerk ist durch Ablaugung in Mitleidenschaft gezogen, nur noch im Gesicht der Anna sind Fassungsreste zu erkennen, bei denen es sich wohl um Spuren einer Vorzeichnung vor der Ausführung der ersten Fassung handelt.

Lit.: Gurlitt BKD 1900, S. 43–44, 172–175.

HSS

2.29
Zwei Flügel eines Sippenretabels

Oberlausitz (Kamenz?), um 1510/1520; 2 Tafelgemälde, Tempera auf Nadelholz; Tafeln seitlich und unten gekürzt, Tafel b gerissen, z. T. retuschierte größere Fehlstellen, Rahmen 20. Jh.; linker Flügel: H. 142 cm, B. 48,5 cm; rechter Flügel: H. 141 cm, B. 49 cm (ohne Rahmen). Restaurierung: 1997 – Rüdiger Beck und Andreas Mieth (Dokumentation). Ehemals Kamenz, äußeres Flügelpaar eines Wandelretabels, 1835 gelangten die angeblich aus der 1542 abgerissenen Walpurgiskapelle bei Kamenz stammenden Flügel als Geschenk des Rittmeisters von Zehmen auf Stauchlitz in die Sammlung der Dt. Gesellschaft zur Erforschung vaterländischer Sprache und Altertümer nach Leipzig; seit deren Auflösung Leipzig, Museum der bildenden Künste, Inv. Nr. 1443 a, b.

Die beidseitig bemalten Tafeln zeigen innen Maria Kleophas auf dem linken und Maria Salome auf dem rechten Flügel, umgeben von ihren Kindern und den auf einer Empore versammelten Ahnen. Die beiden Marien mit ihren Verwandten gehören zur hl. Sippe, deren Zentrum stets Anna mit Maria und Christus bildet. Die Komposition der Sippendarstellung folgt bis in Einzelheiten (z.B. Säulenformen) den Gemälden der Flügelrückseiten des Sippenretabels in der Kamenzer Franziskanerklosterkirche. Ähnlich wie Anna und

Maria dort, sitzen hier Maria Kleophas und Maria Salome vor einer mit Arkaden überfangenen Empore. Alle Personen sind in eine genrehafte Erzählstruktur eingebunden. In Figurentypus, Mimik und Gestik zeigen die Gemälde in Kamenz und Leipzig große Übereinstimmungen. Die an den Einzelfiguren zu beobachtenden qualitativen Unterschiede innerhalb der Leipziger Tafeln lassen sich auch im Hinblick auf den stärker konturierenden Duktus der Kamenzer Tafeln durchaus mit einer Entstehung in derselben Werkstatt vereinbaren. Neben weiteren technischen und stilistischen Gemeinsamkeiten fällt die maßliche Übereinstimmung der Leipziger Gemälde mit denen des Kamenzer Sippenretabels auf. An den Kleidern der Marien ist die Kürzung der Leipziger Tafeln deutlich erkennbar. Die Höhe der Emporenarchitektur sowie die daraus resultierende Gesamthöhe der Tafeln (ca. 163 cm) stimmen überein. Einen weiteren Hinweis auf die mögliche Zugehörigkeit zum Kamenzer Retabel geben die auf einer alten Fotografie noch deutlich sichtbaren historischen Einritzungen im unteren Bereich der Gemälde in Leipzig, die auch für den heute in der Kamenzer Klosterkirche befindlichen Retabelbestand typisch sind. Ausflickungen im Scharnierbereich der Flügelschreinseitenwände des Kamenzer Sippenretabels weisen auf das ursprüngliche Vorhandensein eines zweiten Flügelpaars hin.

Beispiele des frühen 16. Jh. aus der schlesischen Malerei zeigen verwandte Bildschöpfungen sogar in entsprechender Aufteilung auf die Flügeltafeln der ersten Wandlung. Hier wäre vor allem das Œuvre des Meisters der hl. Sippe mit seinem namengebenden Werk, dem Marienretabel in der Marienkirche auf dem Sand in Breslau, zu nennen. Auf den Rückseiten der Leipziger Tafeln fügen sich als Werktagsseite Anna (rechts) und Joachim (links) zur Begegnung an der Goldenen Pforte zusammen. Die beiden einander zugewandten Heiligengestalten besitzen in ihrer geschlossenen Kontur statuarischen Charakter.

Gemeinsam mit dem Sippenretabel und weiteren Kamenzer Werken zählen die in derselben Malerwerkstatt entstandenen Leipziger Tafeln zu einem größeren Retabelkomplex innerhalb des Oberlausitzer Bestandes, der in enger Verbindung mit schlesischen Werken der sog. Beinhartgruppe steht. Ihre Zugehörigkeit zum Kamenzer Sippenretabel kann allerdings angesichts der Unterschiede im Erhaltungszustand und der großen Lücken im Oberlausitzer Retabelbestand nicht endgültig bewiesen werden.

Lit.: Becker 1920, S. 21–22; Alt-Lausitzer Kunst 1935, Nr. 110 a, b; Leipzig MBK 1967, S. 122; Mieth 1993, S. 22–24; Leipzig MBK 1995, S. 93.

KM

Beinhartgruppe: Der Meister der Breslauer Malerinnung Jakob Beinhart ist urkundlich vielfach überliefert. Er war Inhaber eines großen Werkstattbetriebes, dem auf Grund einer mit seinem Namenszug versehenen und 1499 datierten Steinmadonnna an der Breslauer Magdalenenkirche ein umfangreiches Œuvre zugeschrieben wird. Zu dieser Gruppe können in der Oberlausitz neben dem Görlitzer Marienretabel (Nr. 2.45) in der ehemaligen Franziskanerklosterkirche am Obermarkt auch einige Retabel der Kamenzer Klosterkirche und das Löbauer Marienretabel im Bautzener Stadtmuseum gezählt werden. Eine eingehendere Untersuchung seines Gesamtwerkes bleibt vorerst ein Desiderat der Kunstgeschichte.

Heilige Sippe
Nach der Erzählung in der Legenda Aurea aus dem 13. Jh. hatte die hl. Anna nacheinander drei Männer – Joachim, Cleophas und Salomas – geehelicht. Aus diesen Verbindungen entstammten die zusätzlich nach ihren Vätern benannten Töchter mit Namen Maria. Somit können die zentrale Gruppe der Anna mit Maria und dem Jesuskind weitere Personen umgeben. Zunächst die übrigen Töchter der Anna mit deren Kindern: Maria Cleophas mit Jakobus d. J., Barnabas (oder Justus), Simon Zelotes und Judas Thaddäus sowie Maria Salome mit Johannes Evangelist und Jakobus d. Ä. Schließlich können noch Annas Eltern und ihre Schwester mit deren Nachkommen, zu denen Johannes der Täufer gehört, dargestellt sein. Damit umfaßt die hl. Sippe bis zu 28 Personen.
Die Verehrung und Darstellung der hl. Sippe erfreute sich vor allem seit dem ausgehenden 15. Jh. wachsender Beliebtheit.

2.30
Heilige Sippe

Oberlausitz, um 1520/1530; Hochrelief aus senkrecht stehenden Werkblöcken, Laubholz, geschnitzt, farbige Fassung des 19. Jh.; Plinthe größtenteils verloren, Sockel modern, zahlreiche Bestoßungen und Verluste von Gewandpartien im Saumbereich, Kronenzacken, Händen oder einzelnen Fingern, fehlender Steckenpferdkopf, mehrfache Übermalungen und Veränderungen – z. B. Bekleidung der Kinder, originale Fassung in Resten vorhanden, aber nicht freigelegt. H. 80 cm, B. 210 cm T. 45,5 cm. Restaurierung: 1995/1998 – Jan M. Sacher (Dokumentation). St. Marienstern, Zisterzienserinnenabtei.

Unberührt vom lebhaften Treiben der Kinder um Maria Salome links und Maria Kleophas rechts sitzt der unbekleidete Jesusknabe erhöht im Zentrum der Figurengruppe. Nahezu spiegelbildlich flankieren ihn die hl. Anna und die Gottesmutter Maria. Als deutlich ältere trägt die Großmutter des Knaben über ihrem weiten Kleid einen Mantel; ihr Gesicht wird von einem Kopftuchgebände umschlossen. Dagegen ist Marias jungfräuliche Mädchenhaftigkeit durch die unter der Krone hervorquellenden Haare und das oben eng anliegende Kleid. Beide Frauen haben von ihrer Lektüre abgelassen. Während Maria in Betrachtung versunken ihr Buch geschlossen hat, beläßt Anna aufschauend ihre Hände in den geöffneten Seiten. Im Gegensatz zum kontemplativen Andachtscharakter der Mittelszene erscheint die genrehaft–spielerische Wiedergabe der von ihren Kindern rege in Anspruch genommenen Mütter der Jesusbrüder gänzlich von einem wirklichkeitsnahen Erzählstil geprägt.

Eine Aussage über die ursprüngliche Funktion des Reliefs in St. Marienstern ist nur bedingt möglich. Von großem Interesse wäre ein als Kriegsverlust aufgeführtes, kleineres Teilstück eines ähnlichen Sippenreliefs aus der näheren Umgebung des Klosters. Neben den Maßen spricht auch die gleiche Kopfhöhe (Isokephalie) ebenso wie die auf Vorderansicht konzipierte Komposition der Frauen um die zentrale Christkindgestalt für die Unterbringung des Mariensterner Reliefs in einem Predellenschreinkasten eines Hochaltarretabels.
Die bekannten Oberlausitzer Sippendarstellungen sind in ihrer Figurenvielzahl – immer mit über 20 Personen – nur noch denen im benachbarten Schlesien vergleichbar. Im deutschen Sprachraum existieren kaum Beispiele männerloser Sippendarstellungen. Für St. Marienstern wäre daher die Art und Weise ihrer Integration zu überlegen. Zumeist agieren die Frauen mit ihren Kindern allein im Vordergrund – wie in Kamenz (Klosterkirche), Löbau oder Petershain – und darüber, räumlich durch eine Art Brüstung getrennt, versammeln sich die Männer und weitere Sippenmitglieder. Obwohl die beschriebene Art „bemannter" Sippenreliefs meist aus einem Stück geschnitzt wurden, wäre auch eine separate Anbringung der Männeretage direkt an der Schreinrückwand denkbar, wie bei der Kamenzer Predella. Ein aufschlußreiches Vergleichsbeispiel ist das mit dem Datum 1513 bezeichnete Steinrelief vom Görlitzer Haus Valentin Hirschmanns (Görlitz, Städtische Sammlungen), an dem sich nicht nur einzelne Bildmotive wiederfinden, sondern auch ein ähnliches stilistisches Repertoire.
In ihrer typischen Renaissancekleidung mit gepufften und geschlitzten Ärmeln verweisen be-

sonders die beiden äußeren Mariengestalten auf eine relativ späte Entstehung des Reliefs im ausgehenden 1. Viertel des 16. Jh. Die massive Überarbeitung erschwert die Wahrnehmung der bildnerischen Qualitäten des Mariensterner Reliefs, das als Bindeglied zu einer Gruppe Oberlausitzer Bildwerke in der Nachfolge des Großen Kamenzer Marienretabels fungiert. Dieser gehören neben einer Madonnenfigur in Cannewitz bei Panschwitz-Kuckau auch zwei in St. Marienstern aufbewahrte weibliche Heilige (Nr. 2.65) aus dem Werkkreis des Verkündigungsretabels im Stadtmuseum Meißen an.

Lit.: Gurlitt BKD, Bd. 35 1912, S. 215; Hentschel 1973, Nr. 127; Sacher 1996.

KM

2.31
Annenaltar

Oberlausitz, Anna Selbdritt 1. Viertel 16. Jh.; Retabel um 1670; Schnitzretabel mit einem beweglichen Flügelpaar, farbige Fassung 17. Jh.; Anna Selbdrittgruppe barock überarbeitet bzw. ergänzt; linke Hand Annas fehlt, oberes Schleierbrett des rechten Flügels bei letzter Restaurierung ergänzt, Gesprenge und Predella nicht (mehr?) vorhanden. Unteres Schreinbrett bezeichnet: „IESUS MARIA S. ANNA“; querovale Sockelmedaillons der Flügelfiguren bezeichnet: „S. IACOBUS MAI“ und „S. URSULA“. Schrein: H. 125,5 cm, B. 78,5 cm; linker Flügel: B. 39 cm, rechter Flügel: B. 39,2 cm. Restaurierung: 1956/1957. St. Marienstern, Zisterzienserinnenabtei, Klosterkirche.

Altaraufbau
1. Altarblock mit Stipes und Mensa
2. Predella
3. Schrein und Flügel
4. Gesprenge

Das um 1670 entstandene Schnitzretabel mit beweglichem Flügelpaar zeigt eine von zwei Engeln und seitlichen Wolkensäulen umgebene spätgotische Reliefgruppe der Anna Selbdritt in der Mitte und die inschriftlich bezeichneten hll. Jacobus maior auf dem linken und Ursula auf dem rechten Flügel. Ebenfalls aus dem 17. Jh. stammt die Fassung der Heiligengestalten und des spätgotischen Reliefs. Obwohl sich die oberen Schleierbretter an spätgotische Formen anlehnen, unterstützt ihre Binnenornamentik die Datierung um 1670.

Das Annenretabel ist damit ein einzigartiges Beispiel regotisierender Tendenzen in der Oberlausitzer Kunst des 17. Jh., die möglicherweise in der besonderen Wertschätzung der spätgotischen Anna-Selbdritt-Gruppe liegt. Sonst wurden spätgotische Retabelskulpturen zumeist in barocke Altaraufbauten integriert (z. B. in Oberseifersdorf). In St. Marienstern folgt nicht nur der Retabeltypus dem spätgotischen Vorbild des geschnitzten Wandelaltars, sondern die Flügelfiguren versuchen ebenso wie die Engel über Anna und Maria in Komposition und Faltenwurf an die stilistische Sprache des frühen 16. Jh. anzuschließen.

Die Gruppe wird von Maria und Anna gebildet. Beide Frauen wenden sich aus der Profilansicht heraus, um ihre Aufmerksamkeit dem von Marias Schoß zu seiner Großmutter Anna unsicher tänzelnden Jesusknaben zu widmen. In der Konzentration auf die Lebendigkeit des Knabens liegt die eindringliche Geschlossenheit dieser Gruppe begründet, die sie gegenüber anderen, in der Oberlausitz verbreiteten Darstellungen mit stehend schreitendem Jesusknaben auszeichnet, z. B. einer weiteren Mariensterner Anna Selbdritt oder der Darstellung in der Predella des Löbauer Marienretabels (Bautzen, Stadtmuseum). Ebenso wie des Knaben linke Hand hielt wohl auch die verlorene linke der hl. Anna ein Attribut, welches das Interesse des Knaben geweckt hat. Die Anna-Selbdritt-Gruppe kann in die Oberlausitzer Skulptur des späteren 1. Viertels des 16. Jh. – in die Nähe der sog. Beinhartgruppe – eingeordnet werden.

Lit.: Gurlitt BKD, Bd. 35 1912, S. 156; Alt-Lausitzer Kunst 1935, Nr. 43; Magirius/Seifert 1974, S. 56; Magirius 1986, S. 14; Magirius/Seifert 1974, S. 11; Dehio Sachsen, Bd. 1 1996, S. 684–685.

KM

Die Schmerzensmutter

Als Gegenbild zur Schönen Madonna fordert die Schmerzhafte Muttergottes zum Mitleiden auf. Die Versenkung in das Leiden Christi und seiner Mutter, die Suche nach einer unmittelbaren Gottesbegegnung im irdischen Dasein kennzeichneten im 13. und 14. Jh. die neue Frömmigkeit der Mystik (von griechisch mystein = die Augen schließen). In visionären Vorstellungen wurde insbesondere in den Frauenklöstern das Leben Christi nachempfunden und miterlebt.

Die Schmerzensmutter von St. Marienstern gehört zu den im 14. Jh. aufkommenden Andachtsbildern. Sie vergegenwärtigen den Kern des Heilsgeschehens in einzelnen Figuren und sollten die Betrachter zur persönlichen Anteilnahme, zu Andacht und Meditation bewegen. In der Darstellung des auferstandenen Christus haben sich dagegen Schwere und irdischer Schmerz gelöst: In geradezu ätherischer Körperlosigkeit erscheint die Figur des Segnenden Christus aus St. Marienthal. Er bereitet die Betrachter auf himmlische Seligkeit vor.

Die internationalen Verbindungen der Orden, dynastische Beziehungen des Adels und Handelskontakte förderten im 14. und 15. Jh. den Austausch von Themen und Formen der Kunst. Markgraf Wilhelm von Meißen war mit einer Nichte Kaiser Karls IV. verheiratet und ließ nach dessen Vorbild zahlreiche Kirchen und Burgen erbauen. Wohl schon seit dem ersten Drittel des 15. Jh. waren in Sachsen und der Lausitz Maler- und Schnitzerwerkstätten tätig, die Eindrücke aus Böhmen und Schlesien eigenständig weiterentwickelten. Eine liebliche Freundlichkeit, oft gepaart mit realistischen Details sind dabei bezeichnend für die mitteldeutschen Kunstwerke.

Nr. 2.32

2.32
Großes Vesperbild

Mitteldeutschland/Franken (?), um 1360/1370; Baldachin: Oberlausitz 1698; Lindenholz; Pieta fast vollrund geschnitzt, Rückseite ausgehöhlt; Fassung in Tempera- und Ölfarben, patiniert; Polimentvergoldungen. Figur: H. 144 cm, B. 95 cm, T. 63 cm; Baldachin: H. 267 cm, B. 146 cm, T. 115 cm. Restaurierung: 1933/1934 – Otto Puckelwartz, Landesamt für Denkmalpflege Dresden; Konservierung: 1998 – Oliver Tietze (Dokumentation). St. Marienstern, Zisterzienserinnenabtei.

Das Vesperbild – benannt nach der täglichen Andacht zur Vesper, welche die Zeit der Kreuzabnahme und Beweinung Christi am Karfreitag in Erinnerung ruft –, ist bis heute das meistverehrte Andachtsbild in St. Marienstern. Die italienische Bezeichnung „Pieta" bedeutet denn auch zugleich Frömmigkeit und Mitleid; als schmerzhafte Muttergottes ist sie „das Gegenbild zu dem [...] der glücklichen, lieblichen jungen Mutter" (Wilhelm Pinder).

Die Quellen für diese nicht auf ein Bibelwort zurückgehende Darstellung finden sich in Hymnen des 13. Jh. und in paraliturgischen Texten und Passionsspielen (z. B. im Stabat mater); in Italien und Frankreich wurde das Motiv zuerst bildlich umgesetzt. Es war jedoch besonders die deutsche Mystik des 14. Jh., die mit ihren visionären Vorstellungen und der unmittelbar und individuell empfundenen Frömmigkeit die ergreifenden Darstellungen dieses Themas prägte. Große Beliebtheit und weite Verbreitung erfuhr die Pieta als Andachtsbild, in dem zwei wichtige Bildtypen verschmelzen: Maria mit Kind und Kreuzigung, womit Geburt und Erlösungstod, Anfang und Ende von Christi Erdenleben umfaßt sind.

Die unterlebensgroße Mariensterner Muttergottes sitzt auf einer Bank über einem gestuften Sockel mit goldenen Rosetten (1933 nach Befund ergänzt) – vielleicht Symbol für die Freuden und Schmerzen Mariae. Über ihrem Kleid, das mit goldenen Blumen geschmückt ist, fällt der Mantel in weichen Falten mit Schüsselbildung über ihre Knie. Schmerzerfüllt neigt sie das verhüllte Haupt zum toten Sohn, den sie auf ihrem Schoß trägt. Ihre Hände stützen den starren, ausgemergelten Körper Christi, aus dessen Wunden dicke, plastisch aufgesetzte Blutstropfen rinnen; Hinweise auf die Bedeutung Christi als mystischer Weinstock, der ein symbolisches Bild für die Eucharistie ist.

Im Typus entspricht das Werk mit der aufrecht sitzenden Maria und dem Leichnam Christi, dessen geschundenes Haupt mit den halbgeschlossenen Lidern nach hinten fällt, einer Gruppe von frühen Vesperbildern in Mitteldeutschland (sogenannter treppenförmiger Diagonaltypus oder Steilsitztypus), die zwischen 1320 und 1370 entstanden sind. Im Gegensatz zum verhaltenen Ausdruck der Trauer bei gleichzeitigen Pietadarstellungen im Bodenseeraum ist für sie die expressive Betonung des Schmerzes zeichnend. Zu diesen mitteldeutschen Vesperbildern gehören jene aus Scheuerfeld (Veste Coburg), im Ursulinenkloster Erfurt, in Salmdorf bei München, im Naumburger Dom und die Pieta Röttgen (Bonn, Rheinisches Landesmuseum). Östlichste Vertreterin der auch als „heroisch" bezeichneten Gruppe – und der Schmerzhaften Muttergottes von St. Marienstern formal besonders ähnlich – ist die um 1370 entstandene Pieta aus dem Zisterzienserkloster Leubus (Lubiąż, heute in Warschau, Nationalmuseum). Nach einer Legende soll diese Skulptur aus Bamberg stammen. Möglicherweise ist damit auch ein Hinweis gegeben auf die fränkische Herkunft des Mariensterner Werkes, das stilistisch keine Bezüge zu den wenigen erhaltenen Skulpturen der 2. Hälfte des 14. Jh. in der Oberlausitz und im Gebiet des heutigen Sachsens aufweist.

Seit wann sich das Vesperbild im Kloster befindet, ist nicht bekannt. Daß das Thema hier schon im mittleren 14. Jh. bedeutsam war, zeigt seine Darstellung in der Te igitur-Initiale eines für St. Marienstern geschaffenen Missales (Nr. 2.139), an einer Stelle, die üblicherweise einer Kreuzigungsdarstellung vorbehalten ist. Nach klösterlicher Überlieferung hatte das Vesperbild seinen Platz stets in der Klausur. Es ist nicht auszuschließen, daß ein in Zusammenhang mit einem Ablaß des Prager Erzbischofs Johannes Očko von Vlašim genannter Altar der Muttergottes auf dem Chor von 1369 (Klosterarchiv St. Marienstern, Ablaßurkunde Nr. 55) sich auf die erste Aufstellung des Vesperbildes bezieht. Seit dem 17. Jh. ist sein Standort auf dem Nonnenchor schriftlich nachweisbar. Zahlreiche Nachrichten über Anschaffung und Stiftung von Gewändern und Schmuck belegen die hohe Verehrung, die das Werk in der Barockzeit genoß (vgl. Nr. 2.33). Die Legende, wonach die Muttergottes beim Durchzug der Schweden im Nordischen Krieg ihr Gesicht gewendet habe, zeigt, daß man sie im Kloster als wundertätig erachtete.

1698 wurde der heutige Baldachin errichtet, der seither die Skulptur als monumentale Krone überwölbt, gestützt von zwei Engeln und vier tordierten blauen Säulen mit goldenen Weinranken, die als besondere Ehrenzeichen an die Salomonischen Säulen erinnern. Die Pieta selbst wurde 1719 vom Maler Ferdinand Siegfried Philippi neu gefaßt. In den Inkarnatbereichen geht die heute sichtbare Fassung darauf zurück, während sie in den übrigen Partien das Ergebnis der Restaurierung von 1933–1934 ist und der damals festgestellten Originalfassung folgt.

Lit.: Hitschfel 1894, S. 183, 590; Gurlitt BKD, Bd. 35 1912, S. 156; Hentschel 1935, S. 79 f.; Schmidt 1959, S. 79; Krönig 1962, S. 117–122; Magirius/Seifert 1974, S. 61 f.; Magirius 1986, S. 16, 18.

MW

„Zur Vesperzeit sah sie den Herrn als vom Kreuz abgenommen. Sie sah auch, wie die Jungfrau Maria ihn in ihrem Schoß hielt; und es sprach die gebenedeite Mutter zu ihr: 'Tritt herzu und küsse die heilbringenden Wunden meines geliebten Sohnes, die er dir zu Liebe empfangen hat.'"
Aus den Offenbarungen der Mechthild von Hackeborn, 14. Jh.

2.33
Krone des Großen Vesperbildes

Oberlausitz/Böhmen, 1680; Messing, Silber, Glassteine, teilweise beschädigt, einzelne Appliquen fehlen; Bezeichnung auf rückseitiger Kartusche: C[atharina] B[enada] A[bbatissa] M[ariaestellensis] 1680 mit Wappen. H. 26 cm, B. 28 cm, unterer Dm. 20,5 cm. St. Marienstern, Zisterzienserinnenabtei.

Die große Bügelkrone, die nach der gravierten Inschrift auf einer rückseitig angebrachten Kartusche unter der Äbtissin Catharina Benada (reg. 1664–1697) geschaffen wurde, gehört zum barocken Paramenten- und Schmuckschatz des Vesperbildes.
Bis zur Restaurierung 1933/1934 bekleideten die Mariensterner Schwestern das Vesperbild im Laufe des Kirchenjahres mit verschiedenen Gewändern – darunter ein „übergoldtes Thalar" – und Schmuckstücken. Mehrere Kronen, silberne und goldene Angehänge, Kränzchen, zwei Dutzend Ketten und Perlenschnüre sowie zahlreiche Ringe wurden dem Andachtsbild seit dem 17. Jh. verehrt – auch von weltlichen Personen, die keinen Zutritt in die Klausur hatten. Zum Teil waren diese Geschenke Geldbeträge, die dann bei Händlern, etwa einem Juden in Teplitz, für den Kauf von Perlen und Steinen verwendet wurde; zum Teil handelte es sich um profanen Schmuck. Manche Stücke wurden von Goldschmieden geschaffen, die auch anderweitig für das Kloster tätig waren. Die kostbarste Krone erwarb 1703 Äbtissin Ottilie Hentschel zum hohen Preis von 389 Reichstalern.

unpubliziert

MW

2.34
Holzkruzifix

Oberlausitz (?), 2. Hälfte 14. Jh.; Lindenholz, fast vollrund geschnitzt; farbig gefaßt; neues Holzkreuz. H. (Corpus) 73 cm, B. 53 cm. Restaurierung: 1998 – May Schoder (Dokumentation). St. Marienstern, Zisterzienserinnenabtei.

Schmal und zerbrechlich wirkt der mit gestreckten Armen und leicht angewinkelten Beinen mit drei Nägeln am Kreuz befestigte Christus. Der im Verhältnis zum zierlichen Körper große Kopf mit der aus Zweigen geflochtenen und mit Drahtstücken gespickten Krone ist auf die rechte Seite gesunken. Im Gegensatz zu den plastisch kaum ausgeformten Armen und Beinen, deren künstlerische Gestaltung offenbar erst durch die anschließende Farbfassung erfolgte, ist der Oberkörper mit schuppenartig übereinander gesetzten Rippen und dem sich vorwölbenden Bauch sorgfältig modelliert. Dies gilt auch für das sich an die Oberschenkel schmiegende und oberhalb der Knie endende Lendentuch. Die überlängten Proportionen des auf das Kreuz „gespannten" Körpers und die fließende Behandlung des Lendentuches deuten auf eine Entstehungszeit des Werkes nach der Mitte des 14. Jh., der Künstler orientierte sich dabei an Werken böhmischer Provenienz.
Der Corpus wurde auf ein neues Kreuz montiert, die abgebrochenen Arme mittels Holzkeilen neu

angesetzt und der rechte, ebenfalls zerbrochene Arm bandagiert. Im Zuge der jüngsten Restaurierung traten unter späteren Übermalungen Reste der mittelalterlichen Fassung zutage. So weist die Dornenkrone ein sattes Grün auf, Haare und Bart heben sich dunkelbraun vom hellen Inkarnat ab, die Augenbrauen und die Linien der geschlossenen Augen sind ebenfalls braun. Das Lendentuch war ursprünglich wahrscheinlich versilbert. Auffällig sind die zahlreichen, mit leuchtendem Rot aufgemalten Blutspuren. Die Betonung der Wundmale hebt die eucharistische Bedeutung des Kruzifixes hervor; es ist als Andachtsbild ein Symbol für den Opfertod des Erlösers.

unpubliziert

PM

2.35
Kreuzigung Christi

Mittelsachsen, um 1450; Rahmen von 1963; Öltempera auf Holz. H. 111 cm, B. 131 cm. Restaurierungen: 1963 – Institut für Denkmalpflege Dresden; 1998 – Thomas Höhne und Mathias Steude (Dokumentation). Pegau (Lkr. Leipziger Land), Ev.-Luth. Kirchgemeinde St. Laurentius.

In einer figurenreichen Szenerie ist die Kreuzigung Christi und der beiden Schächer nach der Schilderung bei Luk 23, 33–49 dargestellt. Christus hängt an einem T-Kreuz, zu dessen Fuß ein Schädel an den Ort Golgatha gemahnt und gleichzeitig typologisch auf das Grab Adams verweist. Sein Körper ist unversehrt gezeigt, ein Schleier bedeckt die Blöße. Der Kopf fällt zur Seite – Christus ist verschieden. Links steht die in ihrem Ausdruck lyrische und malerisch besonders sorgfältig ausgeführte Gruppe der trauernden Marien – im blauen Mantel die Muttergottes, hinter ihr die rotgekleidete Magdalena und die beiden weiteren Trauerfrauen sowie der Lieblingsjünger Johannes. Rechts ist es der Zeugnis ablegende Centurio, als Ritter mit Herzogshut in der Art der Wenzelkrone präsentiert, einen Fratzenschild haltend und auf den Heiland weisend. Das Schriftband bezeigt seine Erkenntnis und Bekehrung: „vere. vere. filius. dei. erat. ho[mo]. iste“ (Wahrlich, wahrlich dieser Mensch war Gottes Sohn). Um die beiden Schächer scharen sich Pharisäer und Soldaten; hinter den Marien steht Longinus, der als Blinder mit der Lanze in den Leib Christi stößt und vom Blut sehend wird – im Bild ist dies zum Ausdruck gebracht, indem sein rechtes Auge geschlossen ist und er mit seiner Hand auf das offene linke zeigt. Rechts feilschen die Häscher um das Gewand des Gekreuzigten. Die beiden Schächer erscheinen im Moment ihres Todes, beiden entfleucht die Seele aus dem Mund, wobei jene des guten Schächers links in den Himmel aufgenommen, die des schlechten jedoch von einem Teufel in die Hölle gerissen wird.

Der Typus dieser erzählenden Kreuzigung geht auf italienische Darstellungen des Trecento zurück, auf sienesische Werke und Giotto, deren Motive und Stilformen im mittleren 14. Jh. in der böhmischen Malerei aufgegriffen und weiterentwickelt wurden (Meister von Hohenfurth). Vor 1400 fand das Thema in der Kreuzigung von St. Barbara aus der Werkstatt des Meisters von Wittingau (Prag, Nationalgalerie) eine Ausprägung, deren lyrisch gestimmter Charakter in späteren Werken wie der Pegauer Kreuzigung nachwirkt. Die anekdotische Erzählfreude geht jedoch auf andere Quellen zurück – für den ikonographischen Typus des Kalvarienberges mit den beiden Schächern und der Longinusgeschichte sei auf das 1409 entstandene Kanonbild im Missale des Sbinko von Hasenburg (Wien, Nationalbibliothek) und die Kreuzigung von Nové Sady des Meisters des Altars von Raigern, um 1420/1440 (Prag, Nationalgalerie), verwiesen.

Wie das Madonnenbild aus Gundorf (Nr. 2.16) und die Hohendorfer Tafeln (Nr. 2.6), gilt die Pegauer Kreuzigung als wichtiges Beispiel für den böhmischen Einfluß auf die Kunst des heutigen

„Und als sie kamen an die Stätte, die da heißt Schädelstätte, kreuzigten sie ihn daselbst und die Übeltäter mit ihm, einen zur Rechten und einen zur Linken. Jesus aber sprach: Vater, vergib ihnen; denn sie wissen nicht, was sie tun! Und sie teilten seine Kleider und warfen das Los darum. Und das Volk stand und sah zu. Auch die Obersten spotteten und sprachen: Er hat andern geholfen; er helfe sich selber, ist er der Christus, der Auserwählte Gottes. Es verspotteten ihn auch die Kriegsknechte, traten zu ihm und brachten ihm Essig und sprachen: Bist du der Juden König, so hilf dir selber! Es war aber auch über ihm die Überschrift: Dies ist der Juden König.“
Luk 23,33–38

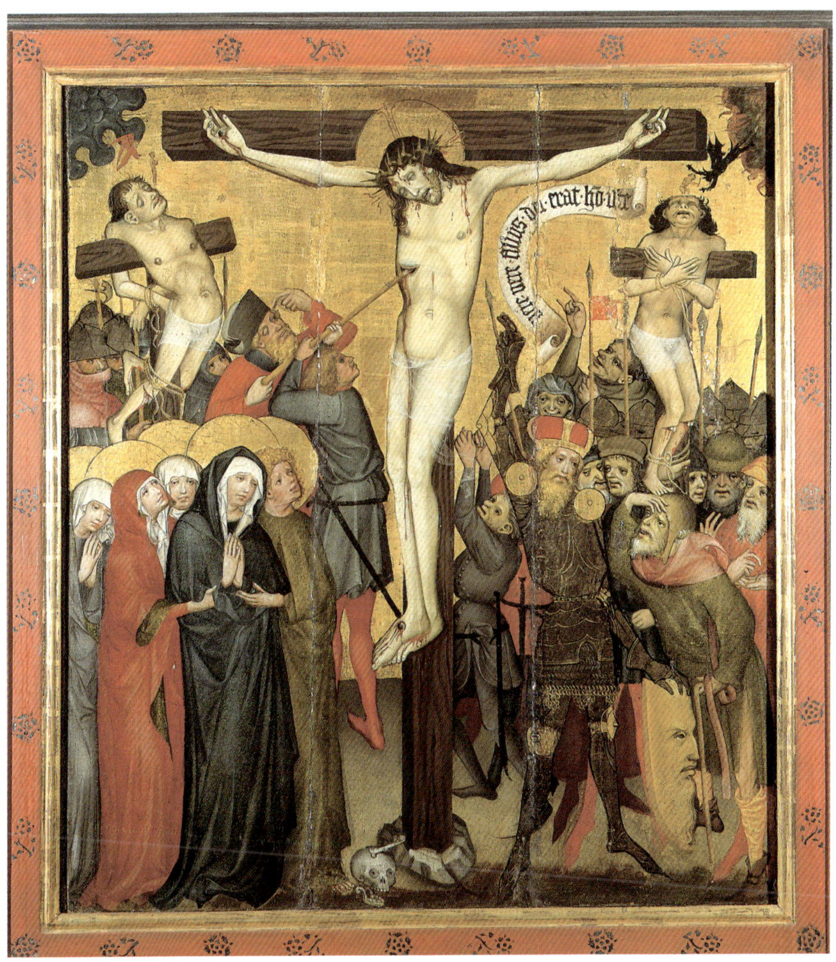

Sachsen in der 1. Hälfte des 15. Jh. Hier führte Nicolaus Eisenberg, als Franziskanermönch und Maler 1446 in Zeitz und 1465–1482 in Leipzig belegt, diese stilistische Richtung fort. Dies zeigen die für ihn durch Inschriften gesicherten Ritzzeichnungen auf Glocken, welche er 1460 für das nahe bei Pegau gelegene Elstertrebnitz (Dresden, Kunstgewerbemuseum) und für die Thomaskirche in Leipzig schuf. Ihm und seiner Werkstatt werden zwei Epitaphien mit Kreuzigungsdarstellungen aus der Leipziger Nikolaikirche zugeschrieben (Leipzig, Stadtgeschichtliches Museum). Insbesondere die Tafel mit zwei Stiftern, die mit der Familie Thyme aus Freyenstatt in Zusammenhang gebracht wird, zeigt in der Figurenauffassung – gerade im Falle des Gekreuzigten – enge Parallelen zur Kreuzigung in Pegau. Vergleichbar sind auch die dem Weichen Stil verpflichtete Gesichtsbildung sowie die zum Teil deutliche Unterzeichnung bzw. Konturierung der Gesichtszüge. Allerdings ist die für die Pegauer Tafel charakteristische Erzählfreude im Leipziger Epitaph einer stärker statischen Komposition gewichen. Da das Gemälde in Pegau auf Grund der modischen Elemente wie der spitzen Schuhe der Männer nicht vor dem 2. Drittel des 15. Jh. entstanden sein dürfte, rückt das Werk nicht nur stilistisch, sondern auch zeitlich in die Nähe Eisenbergs. Hinweise auf die näheren Umstände seiner Entstehung, Auftraggeber und ursprüngliche Funktion – Epitaph wie die Leipziger Tafeln oder Teil eines Altarretabels – fehlen.

Lit.: Steche BDK 1891, S. 93; Stange 1958, S. 153; Schulze 1961, S. 185; Kunstdenkmäler Sachsen 1981, S. 471; Sandner 1993, S. 66; Vergessene altdeutsche Gemälde 1997, S. 32.

MW

2.36
Heilige Magdalena am Kreuz

Schlesisch, um 1420; Holz, geschnitzt und gefaßt; dreiviertel ausgearbeitete Figur, Fragment aus größerem Zusammenhang (Kreuzigungsgruppe); Kreuzesstamm oben gekürzt, seitlich rechts stark verschmälert; rechter Arm der Heiligen nur im Ansatz erhalten, Beschädigung der Nase, teilweise erhaltene, originale Fassung. H. 82 cm, B. 42 cm, T. 15 cm. Die Skulptur stammt aus der 1975–1979 abgetragenen Kirche Tzschelln bei Weißwasser, wo sich auch ungefähr gleichzeitig entstandene Einzelfiguren aus einem Retabel befanden; eine gekrönte Heilige mit Apfel gelangte ebenfalls nach Görlitz (Städtische Sammlungen), 4 kleine Apostelfiguren sowie 2 weibliche Büsten in die Kirche von Nochten (Gemeinde Boxberg). Görlitz, Städtische Sammlungen für Geschichte und Kultur, Inv. Nr. 37–37.

Maria Magdalena kniet in einen Mantel gehüllt auf felsigem Grund zu Füßen des Kreuzesstammes. Mit dem rechten verlorenen Arm umschlang sie das Kreuz, während der linke, in der Vorderansicht verdeckte Arm bei der Dreiviertelfigur wohl nur bis an den Kreuzstamm reichte. Der in schmalen gleichmäßigen Stegfalten herabfallende Mantel verleiht der Figur eine schlank aufstrebende Silhouette. Der summarisch aufgefaßte Körper trägt wie ein Sockel das dem Betrachter zugewandte Haupt der Heiligen. Ihr Antlitz wird durch Schleiertuch und Halsmanschette gerahmt; das über den Rücken fallende Tuch folgt dem verdeckten Haar der Heiligen.
Die Figur war ursprünglich Bestandteil einer Kreuzigungsgruppe. Neben der Gottesmutter ist Maria Magdalena die andere wichtige Protagonistin der Gruppe der trauernden Frauen unter dem Kreuz. Wie die Gottesmutter fordert sie zur Identifikation mit dem Geschehen, zum Mitleiden auf; jedoch häufig, anders als Maria, mit expressiv dramatischer Gebärde. Das Motiv der den Kreuzesstamm umschlingenden Maria Magdalena findet sich schon in der italienischen Kunst des Trecento, z. B. bei Simone Martini, ebenso aber auch in der böhmischen Kunst der 2. Hälfte des 14. Jh. (Kreuzigung Christi, sogenannte Kaufmannsche Kreuzigung, Berlin, Gemäldegalerie); es findet sich auch auf vielfigurigen Kölner und westfälischen Kalvarienbergen der 1. Hälfte des 15. Jh. Die Görlitzer Figur weist in Haltung und Faltengebung enge Parallelen zu Magdalenendarstellungen aus schlesischen, vor allem Breslauer Triumphkreuzgruppen auf. Sie dürfte auch in einer dortigen Werkstatt entstanden sein. Die anmutig

liebliche Pose, die sanften Kurven der unten auslaufenden Mantelfalten und der Habitus der Figur insgesamt weisen sie als typische Bildschöpfung des Weichen Stils aus der Zeit um 1420 aus.

unpubliziert

JvF

2.37

Beweinung Christi aus Zodel

Schlesisch, um 1400; einteiliges Hochrelief, Laubholz, flache Rückseite teilweise gehöhlt; farbige Fassung; Anobienbefall und Risse, im Bereich des angestückten Sockels Fehlstellen der originalen Substanz. Reste mindestens zweier Fassungen (z.T. originaler Kreideschnitt); Rückseite: moderne Holzverstärkungen und textile Hinterklebungen von Rissen und Fehlstellen; noch vor der Anfertigung der Skulptur wurde das Holz mit 3 Holzdübeln im Abstand von 0,25 cm gefestigt, diese bei der Herstellung des Reliefs teilweise wieder abgearbeitet. H. (mit Sockel) 66,5 cm, B. 88,5 cm, T. 8,5 cm. Ursprünglich in der Kirche in Zodel (Gemeinde Neißeaue), 1916 aus dem Schlesischen Museum für Kunstgewerbe und Altertümer in Breslau erworben. Görlitz, Städtische Sammlungen für Geschichte und Kultur, Inv. Nr. 152–61.

Das Zentrum dieser Beweinungsgruppe ist eine Pieta: Maria mit dem Leichnam Christi auf ihrem Schoß, umfaßt dessen Schulter und hält die zerschundenen Hände mit den Wundmalen. Das schmerzgezeichnete Gesicht der Gottesmutter wird von einem gefalteten Kopftuch gerahmt. Der Corpus Christi bildet in seiner diagonalen Lage das Pendant zu Maria sowie den beiden Frauen neben ihr: Maria, die Mutter Jakobi und Maria Magdalena mit dem Salbgefäß. Auf der anderen Seite drängen sich Johannes, eine weitere Frau und Joseph von Arimathia, der niederkniend mit verhüllten Händen das Haupt Christi stützt. Nicht nur seine Devotionsgeste, sondern auch die repräsentative zeitgenössische Gewandung unterscheiden ihn von den übrigen Figuren. Die Draperie des Marienmantels mit dem aufgestauchten Saum, der bis unter die Füße Christi schwingt, hat seine Entsprechung in sogenannten Schönen Vesperbildern. Der zum Teil spannungslosen Umsetzung von Faltenmotiven, den stilisierten Gesichtern und der teilweise summarischen Behandlung von plastischen Details stand eine aufwendige, mehrschichtige Fassung gegenüber. Stilistische Momente des Weichen Stils und traditionellere Motive machen eine Entstehung um oder kurz nach 1400 wahrscheinlich.
Das Relief stammt aus der Dorfkirche in Zodel. Möglicherweise gehörte es zu einem Altarretabel, das sich mit den vor Ort noch vorhandenen Wandmalereien (wohl aus der Zeit nach 1360) in ein christologisches Gesamtkonzept einordnete.

unpubliziert

GP/DSC

Die **Beweinung Christi** ist eine eigenständige nicht durch die Bibel überlieferte Bildfindung, zeitlich plaziert zwischen Kreuzabnahme und Grablegung. Die affektive Darstellung von Schmerz und Trauer bieten ein komplexes Angebot für Betrachtung und Andacht.

„Und als er [Christus] ihr zeigte, wie er vom Kreuz genommen und unserer Frau in den Schoß gelegt wurde, da war sein Leib und sein Antlitz so jammervoll, daß sie sprach, man könnte das niemand völlig sagen. Sie sah auch, wie unserer Frauen Schmerz so groß und überschwänglich war; und das konnte ihre menschliche Kraft nicht mehr erleiden; und von der Übermacht des Mitleides, das sie mit unserer Frau und auch mit unserem Herrn hatte, schwanden ihr die Sinne."
Aus einer Vision der Dominikanerin Mechthild von Stans in Töss, um 1350.

2.38

Pietà

Oberlausitz, 1. Viertel des 15. Jh.; Lindenholz, Rückseite gehöhlt und flach gehalten; farbige Fassung; ehemals mehrteilige Holzskulptur, Substanzverluste durch Anobienbefall, Teile des Sockels sowie Kopf und Beine Christi fehlen, dessen angedübelter rechter Arm wohl original; Bauchpartie Mariens durch Leinwand ersetzt; Skulptur teilweise überarbeitet und überfaßt, geringe originale Fassungsreste (z. B. geschnittener Kreidegrund), weitere Teile der Figur textil unterfüttert. H. 94 cm, B. 51,5 cm, T. 34 cm. Um 1930 von Otto Horn in oder um St. Marienstern erworben; seit 1952 in Meißen, Stadtmuseum, Inv. Nr. 818 (Ho 3).

Die Muttergottes hat sich in ihrem Schmerz niedergesetzt und hält den toten Sohn auf dem Schoß. Die aufrechte Körperhaltung der Maria verstärkt die Frontalität und Axialität der Skulptur, die auf Grund des fast waagerechten Corpus Christi zu den Vesperbildern des „horizontalen Typus“ gehört. Die Draperie des Marienmantels bildet den Kontrast zu dem nur durch ein Lendentuch bedeckten Leib des Sohnes. Die Faltenzüge der Gewandung folgen verallgemeinert dem Draperiesystem, das sich mit dem Weichen Stil für das Motiv der Pieta durchsetzte.

Die heutige Erscheinung des einst wahrscheinlich in St. Marienstern aufgestellten Bildwerkes ist durch Überarbeitungen und den Verlust von Kopf und Beinen Christi beeinträchtigt. Dennoch ist der Torso als Vertreter der sogenannten „Schönen Vesperbilder“ bedeutsam, die als Pendant zu den „Schönen Madonnen“ als Andachtsbilder in Mitteleuropa Verbreitung fanden. In Gestalt und Ausformung entspricht der im 1. Viertel des 15. Jh. entstandenen Meißner Pieta ein ungefähr gleichzeitiges kleineres Vesperbild in Radibor. Daß dieser Typus im 15. Jh. in der westlichen Oberlausitz besonders beliebt war, zeigt zudem ein jüngeres Beispiel in der kath. Pfarrkirche in Wittichenau.

unpubliziert

GP/DSC/MW

2.39

Segnender Christus

Böhmisch, um 1340/1350; Nimbus frühes 16. Jh.; Holz, vollrund geschnitzt, farbige Fassung; Nimbus aus Silber, vergoldet mit Steinbesatz; Finger der linken Hand ergänzt, rechteckige Bodenplatte wohl nachträglich. H. 102 cm, Nimbus Dm. 16,3 cm. St. Marienthal, Zisterzienserinnenabtei.

In statuarischer Ruhe hat der auferstandene Christus aus St. Marienthal den Blick in unbestimmte Ferne gerichtet. Die Figur mit ihren schlanken Proportionen erscheint der körperlichen Realität enthoben und besitzt dennoch monumentale Präsenz. Hoheitsvoll ist die rechte Hand zum Segensgestus erhoben, die linke hielt einen heute verlorenen Kreuzesstab. Eine goldgesäumte mandelförmige Öffnung (fenestella) gibt den Blick frei auf die Seitenwunde.

Der im Scheitel eingelassene Eisenring weist die Figur als Auferstehungschristus aus (vgl. Nr. 2.40). Sie hatte damit einen festen Platz im liturgischen Ablauf des Kirchenjahres. Der im frühen 16. Jh. hinzugefügte Nimbus – eine silbervergoldete Gloriole mit reicher Filigranfassung und einem großen gemugelten Bergkristall in der Mitte, hinter dem die in Silber gegossene Darstellung des Gnadenstuhles als Bild der Dreifaltigkeit leuchtet – zeigt, daß die Figur aber auch unabhängig von diesem Ereignis aufgestellt wurde. Möglicherweise hatte sie ihren Platz auf dem Altar des Nonnenchores. Für eine solche Aufstel-

lung, die auch für den aus dem späten 13. Jh. stammenden Auferstehungschristus in Wienhausen belegt ist, spricht der eucharistische Bezug der Darstellung, wie er mit der Fenestella über der Brustwunde zum Ausdruck kommt.
Historische Nachrichten über die Skulptur fehlen. Die Figur dürfte schon seit ihrer Entstehungszeit zum Besitz des Klosters St. Marienthal gehört haben und auf Grund der Bedeutung in der Liturgie und ihres machtvollen Ausdrucks als eines der wenigen mittelalterlichen Kunstwerke des Klosters über alle Brände und Verwüstungen hinweg bewahrt worden sein.
Vergleichbare Skulpturen haben sich in der Oberlausitz aus dieser Zeit nicht erhalten; in Sachsen ist einzig die Figur des Diezmann aus der Paulinerkirche Leipzig, entstanden im 1. Viertel des 14. Jh. (Leipzig, Kustodie der Universität) in ihrem Zeitstil nahestehend. Engere stilistische Parallelen bestehen zur böhmischen Plastik, zu Werken des sogenannten Meisters der Madonna von Michle (Prag, Nationalgalerie) und seinem Umkreis. Bezeichnend sind die ähnlichen, hochgestreckten Proportionen, die gratigen Falten, der auch beim Christus feststellbare leichte Schwung im Gewand mit seinen geknickten Schüsselfalten. Die Beziehungen St. Marienthals zu Böhmen seit der Gründung durch Königin Kunigunde 1234 machen eine entsprechende Herkunft wahrscheinlich. Allerdings können auch kunstlandschaftlich weiter entfernte Werke zum Vergleich herangezogen werden, etwa die monumentale Figur des hl. Florian im oberösterreichischen St. Florian bei Linz aus dem zweiten Viertel des 14. Jh.

Lit.: Alt-Lausitzer Kunst 1935, Nr. 4; Dehio 1965, S. 315; Zisterzienserinnenabtei St. Marienthal 1982, S. 73; Krause 1987, S. 324 f.; Kostbarkeiten aus Sachsen 1992, Nr. 10.

MW

2.40
Auferstehungschristus

Oberlausitz/Böhmen, um 1410/1420; Lindenholz, vollrund geschnitzt, alte farbige Fassung; Sockel ausgebrochen. H. (ohne Plinthe) 92 cm, H. (Kreuzesstab) 96 cm. Um 1930 von Otto Horn „nördlich von Kamenz" erworben, offenbar im Kloster St. Marienstern; seit 1952 in Meißen, Stadtmuseum, Inv. Nr. 760 (Ho 5).

Seit dem 5. Jh. wird am 40. Tag nach Ostern die Himmelfahrt Christi gefeiert und damit die Osterzeit abgeschlossen. Vielfach wurde an diesem Tag die seit Ostersonntag zur Betrachtung und Meditation über das Wunder der Auferstehung auf einem Altar aufgestellte Figur Christi, die „imago ascensionis domini", in der Messe hochgezogen und durch das Himmelloch – einen offenen Scheitelring im Gewölbe oder eine sonstige Deckenöffnung – den Blicken der Gläubigen entzogen. Zahlreiche entsprechende Skulpturen belegen, daß in Sachsen dieser Brauch weit verbreitet war. Für Meißen ist die damit verbundene Liturgie im „Breviarius secundum chorum Misnensis" von 1520 beschrieben.
In St. Marienstern wird ein Bild des Auferstandenen nicht nur zu Ostern in großen Reiterprozes-

„Christ ist erstanden von der Marter alle. Des solln wir alle froh sein, Christ will unser Trost sein. Kyrieleis./Wär er nicht erstanden, so wär die Welt vergangen. Seit daß er erstanden ist, so freut sich alles, was da ist. Kyrieleis./Halleluja."
Osterhymnus, Bayern/Österreich, 12.–15. Jh.

sionen herumgetragen, sondern auch an Himmelfahrt feierlich vom Altar genommen und durch die Kirche hinausgeführt. Dabei kommt heute eine neuzeitliche Figur zur Verwendung. Ein mittelalterlicher Vorgänger wurde um 1930 an Otto Horn verkauft.
Das Bildwerk zeigt Christus, der eben aus dem Grab geschritten ist. Segensgestus und Kreuzstab weisen ihn als den Erlöser aus. Die Figur kann stilistisch in das 2. Jahrzehnt des 15. Jh. datiert werden. Sie folgt dem Typus, welcher in der Malerei durch die entsprechende Darstellung des Meisters von Wittingau (Třeboň; Prag, Nationalgalerie) um 1380 geprägt wurde. Plastische Umsetzungen aus der Magdalenenkirche in Breslau, um 1390 (Breslau, Nationalmuseum), und aus Kamenz, um 1400 (Dresden, Skulpturensammlung) gingen der weniger bewegten Meißner Figur voran.

Lit.: Hannig 1985, S. 19 f., 77.

MW

2.41
Segnender Christus

Oberlausitz, 1. Viertel 15. Jh.; Laubholz, vollrund geschnitzt, farbige Fassung. H. 36 cm. Laut Otto Horn aus der Nähe von St. Marienstern. Meißen, Stadtmuseum, Inv. Nr. 907 (Ho 11).

Die zierliche Figur ist durch den Segensgestus der stigmatisierten rechten Hand als auferstandener Christus ausgewiesen; in der linken Hand trug er wahrscheinlich ehemals einen Kreuzesstab. Auf das durch die Liebe überwundene Leid weist das Rot von Kleid und Mantel hin. Ungewöhnlich ist die Bartlosigkeit seines runden Gesichts; mit goldenem Haar ist hier der jugendliche Christus als Verheißer des Himmels dargestellt – ein seit frühchristlicher Zeit verbreitetes Bild des Gottessohnes, das im späten Mittelalter selten geworden war. Im frauenklösterlichen Umfeld wurde der kindliche Christus als Vorbild von Unschuld und jungfräulicher Reinheit besonders verehrt. Ebenso erscheint er im Auferstehungsbild im Mariensterner Diurnale Quart 1, um 1360 (Nr. 2.140).
Die Statuette gehört zu einer Gruppe ähnlich großer, jedoch nicht unmittelbar zusammengehöriger Bildwerke aus St. Marienstern und seiner Umgebung, die stilistisch ins 1. Viertel des 15. Jh. datiert werden können und den Einfluß des Weichen Stils böhmischer Prägung zeigen.

Lit.: Alt-Lausitzer Kunst 1935, Nr. 16 (als hl. Gertrud van Oosten [?]); Hannig 1985, S. 19, 77.

MW

Der Leidensweg Christi

Todesangst und Seelennot bewegten das ausgehende Mittelalter, die Epoche der Pest, der Ketzerkriege und der gescheiterten Kirchenreform. In den Mittelpunkt der religiösen Betrachtung rückte das Leiden Christi. Es war gegenwärtig in Passionsandachten, Bußübungen und Sühnewallfahrten und wurde in Geißlerzügen und bei Passionsspielen nacherlebt.

Fromme Stiftungen füllten im 15. und frühen 16. Jh. Kirchen und Kapellen mit neuen Bildern und Figuren. Auf Wandmalereien und großen Flügelaltären breiteten sich die Stationen der Passion Christi aus: Verrat und Verspottung, Dornenkrönung, Geißelung, Kreuztragung und Kreuzigung. Hier waren die großen Themen des Heilsgeschehens angesprochen: Tod und Erlösung, Himmel und Hölle, Umkehr und Buße. Betont wurde die menschliche Hinfälligkeit Christi. Man stellte Bildwerke zu szenischen Gruppen zusammen, und manche, wie der Döbelner Mirakelmann, erhöhten als bewegliche und blutende Gliederpuppen die Drastik religiöser Schauspiele.

Über die großen Handelsstraßen gelangten am Ende des 15. Jh. Tafelbilder und ganze Altäre von weither nach Sachsen. Der Reichtum des Landes und die Frömmigkeit seiner Menschen führten zu einer umfangreichen Kunstproduktion. In der Architektur entwickelte sich ein gut organisiertes Bauwesen mit hervorragenden Meistern, die der sächsischen Spätgotik mit ihren Hallenräumen und Zellengewölben ein eigenes Gepräge gaben. In der Malerei waren zunächst fränkische Künstler bestimmend. Sie brachten die ihnen vertrauten niederländischen Motive mit. Um 1500 bildeten sich in Freiberg, Zwickau, Chemnitz und auch Dresden eigene Zentren künstlerischen Schaffens; für die Lausitz lieferten die großen Werkstätten Breslaus die stilprägenden Vorbilder.

Nr. 2.50

2.42

Wandmalereien im Kreuzgang – Sieben Fälle Christi

16. und 17. Jh.; Secco-Malerei auf Putz. Restaurierung: 1994/1998 Nordflügel – Günter Schreiber und Andreas Teuchner (Dokumentation); Westflügel – Markus Schulz (Dokumentation). St. Marienstern, Zisterzienserinnenabtei, Kreuzgang.

Über der Tür, die vom Nordflügel des Kreuzganges in die Klosterkirche führt, befindet sich ein stilisiertes Gemmenkreuz als Zeichen des Martyriums Christi und damit auch als Zeichen seines Sieges über den Tod und der Erlösung der Menschheit am Jüngsten Tag. Hinterfangen wird die Kreuzesdarstellung von vegetabilen Ranken mit roten Früchten, die die Bedeutung des Kreuzes als Lebensbaum unterstreichen. Stilistisch ähnlich sind vegetabil-ornamentale Malereien im Gewände des gegenüberliegenden Kreuzgangfensters sowie an zwei Pfeilern der über dem Kreuzgang liegenden Chorgasse, die wohl mit dem Bau Ende des 13. oder Anfang des 14. Jh. entstanden.

Rechts neben der Tür zur Klosterkirche befindet sich ein ikonographisch bemerkenswertes Wandgemälde: In drei durch Rahmen getrennten Szenen ist der fallende Christus in verschiedenen Situationen dargestellt, begleitet von gewalttätigen Soldaten. Hierbei handelt es sich nicht um den in den Evangelien überlieferten Kreuzweg Christi. Vielmehr gehen die Szenen offensichtlich auf meditative Frömmigkeitsübungen zurück, die sich am Ende des 15. Jh. vor allem der Passion Christi und ihrer Nachfolge zuwandte. Mit den Darstellungen des siebenmal fallenden oder am Boden zusammenbrechenden, der rohen Gewalt seiner Peiniger ausgesetzten Christus erfand man eine Bildfolge, die sich ideal zur Kontemplation über das unermeßliche Leiden Christi eignete.
Als Vorbild für das Mariensterner Wandgemälde dienten Holzschnitte des 15. Jh., die überwiegend auf die „Vita Jesu Christi" des Kartäusers Ludolph von Sachsen Bezug nehmen. Dargestellt sind der „Fall Christi in den Cedron" – wobei Christus von der Brücke in das Wasser herabgestoßen worden sein soll – gefolgt vom „Fall Christi auf dem Weg von Herodes zu Pilatus" und der „Vorführung vor Pilatus auf der Treppe".

Links von den Darstellungen der „Sieben Fälle Christi" und unmittelbar neben dem Eingang zur Klosterkirche befindet sich die monumentale Gestalt des Klostergründers, Bernhard III. von Kamenz als Bischof von Meißen (1293–1296), der leicht nach links gewandt ist und das Klostermodell mit beiden Händen trägt. Eine Inschrift auf der rechten Seite erklärt diese älteste Darstellung des Stifters eindeutig: „Der Erwördigt Herr/Bernhardt von Camentz/Bischoff zu meissen und/Stifter des Klosters [...]." Links neben dem Bischof befinden sich mehrere Paraphrasen zu Texten der Hl. Schrift, deren Ursprung noch nicht ermittelt wurde. Die Bibelstellen, auf die sich die Paraphrasen berufen, sind exakt angegeben. (1. Text: 1. Joh 14; 2. Text: Jak 22 mit Verweis auf Matth 7; 3. Text in Anlehnung an 2. Thess 3 verfaßt; 4. Text: Joh 1, 40; in den drei anderen Bibelstellen ist das „Wort Gottes" Ausgangspunkt und steht betont im Vordergrund).
Das Wandgemälde und die begleitenden Inschriften sind in das Ende des 16. Jh. zu datieren, die Malereien links der Tür gehören dem 17. Jh. an. Im oberen Bereich befindet sich ein fragmentarischer und in der Ausführung provinzieller Passionszyklus, von dem die vier letzten Szenen erhalten sind: der Abschied Christi von seiner Mutter, das letzte Abendmahl, Gethsemane und die Kreuztragung. Unter der Konsole des Gurtbogens ist die Szenenfolge durch eine Inschrift unterbrochen, in der vermutlich die Auftraggeberin und das Jahr der Entstehung genannt werden: „Anno domini / 1621 / Agnes Hesthkin". Die graue Rahmung der Passionsszenen wird teilweise von rotgefaßten Rahmen mit Credo-Artikeln (fünf sind nicht erhalten) überschnitten. Diese beziehen sich auf die darunter befindlichen, fragmentarischen Darstellungen der Apostel mit Christus in der Mitte. Sie sind ebenfalls dem 17. Jh. zuzuordnen, jedoch von anderer Hand und qualitätvoller in der malerischen Ausführung und Gebärdensprache.
Im westlichen Kreuzgangflügel sind unter dem Gewölbe links und rechts von Gurtbogenansätzen jeweils vier Wappen mit Nameninschriften freigelegt worden, die inschriftlich 1549 datiert sind. Der rechten übergeordneten Inschrift „Elisabeth von Schreibersdorf ihr Zeit Äbtissin [...]" (1544–1551) zufolge handelt es sich vermutlich um die Initiatorin umfangreicher malerischer Ausstattung des Klosters (im Kreuzgang und im Nonnenchor). Die sieben weiteren Wappen gehören Familien von damaligen Konventualinnen: von Metzrad, Baudissin, Kerzenberg, Taubenhain und Kökeritz.

Lit.: Dülberg 1998, S. 260–270; frdl. Hinweise sind Siegfried Seifert und Markus Schulz zu verdanken.

AD

2.43
Verklärung Christi

Oberlausitz, um 1520; Schnitzrelief, Laubholz, farbig gefaßt; Fehlstellen, linker Unterarm Christi fehlt. H. 74 cm, B. 58,5 cm. Um 1930 von Otto Horn aus einer Wegekapelle zwischen St. Marienstern und Crostwitz erworben, seit 1952 in Meißen, Stadtmuseum, Inv. Nr. 813 (Ho 23).

Am Rande einer begrasten Felskante steht Jesus zwischen den ihn anbetenden Gestalten des Propheten Elia und des gehörnten Moses. Unter dem Felsen werden die drei Jünger Jakobus d. Ä. und Johannes sowie ganz rechts Petrus sichtbar, die er zum Gebet mit sich auf einen hohen Berg (Tabor) genommen hatte.
Das wohl aus dem Flügel eines Schnitzretabels stammende Relief folgt in der Darstellung der Verklärung Christi dem seit dem Frühmittelalter gebräuchlichen Typus. Angesichts der kaum variierenden Gestaltgebung der Gesichter und vereinfachten Haarbildung sowie der reduzierten Fal-

„Und nach sechs Tagen nahm Jesus zu sich Petrus, Jakobus und Johannes und führte sie auf einen hohen Berg, nur sie allein, und ward vor ihnen verklärt. Und seine Kleider wurden ganz leuchtend weiß, wie sie kein Bleicher auf Erden so weiß machen kann. Und es erschien ihnen Elia mit Moses, und sie redeten mit Jesus. [...] Und eine Stimme geschah aus der Wolke und sprach: Das ist mein lieber Sohn; den sollt ihr hören!". *Mark 9, 2–7.*

tenanlage entstammt es wohl einheimischer Werkstattproduktion, die durch die getreue Wiedergabe der zwischen Angst und blinzelnder Neugier schwankenden Jünger ihren Reiz hat. Der Erleuchtung des Herrn versuchte der Faßmaler durch die heute verschwärzte Versilberung seines Gewandes Ausdruck zu verleihen.

Lit.: Hannig 1985, S. 28–29.

KM

2.44
Zwei Retabelflügel mit Passionsszenen

„Meister AE", 1475; Öltempera auf Holz. H. 156 cm, B. 54/53 cm. Die Tafeln stammen aus Krakau bei Königsbrück. Dresden, Staatliche Kunstsammlungen, Gemäldegalerie Alte Meister.

Die beiden Tafeln zeigen die Geißelung und Kreuzigung Christi. Sie stammen aus der 1938 abgerissenen Kirche von Krakau und sind Teile eines Altaraufsatzes, von dem sich zwei weitere etwa halb so hohe Bilder mit den Darstellungen der Dornenkrönung Christi und des Marientodes in der Königsbrücker Stadtkirche befinden. Außerdem zugehörig waren eine Tafel mit der Auferstehung Christi sowie die von deren Rückseite abgespaltene obere Hälfte einer Enthauptung des Apostels Paulus; beide sind heute verschollen. Die Loggienarchitektur auf dem Geißelungs-Flügel trägt die Jahreszahl 1475 – wahrscheinlich das Fertigungsjahr des Retabels – sowie zwei Wappen; stellt das eine mit drei leeren Schilden das Berufszeichen der Maler dar, sind in das andere die Buchstaben A und E in Ligatur „eingemeißelt", vermutlich die Künstlersignatur, die bisher mit keinem konkreten Namen in Verbindung gebracht werden kann.
Bei den Krakauer Tafeln scheint es sich um die Fragmente eines Doppelwandelretabels zu handeln, innerhalb dessen mittlerer Wandlung die Passionsszenen zu sehen waren. Seitlich der ausgestellten Gemälde war wohl ein Flügelpaar mit je zwei Bildern angeordnet. Daß diese Szenenfolge, von der eine Darstellung unbekannt ist (Ölberg oder Kreuztragung?), auch den Tod Mariens umfaßte, dürfte mit den Anlässen zusammenhängen, zu denen die Wandlung sichtbar war. Die Flügelaußenseiten waren vielleicht Paulus (Altarpatron?) gewidmet, wie etwa am Leipziger Pauliner-Retabel (um 1490; heute Leipzig, St. Thomas), dessen Enthauptung Pauli demselben Vorbild folgt. Die Festtagsseite ist unbekannt, die Zugehörigkeit einer 1945 verbrannten, ebenfalls aus Krakau stammenden Paulusfigur fraglich.
Die Bilder gehören zu einer umfangreichen Gruppe von Kunstwerken, die ab der 2. Hälfte des 15. Jh. aus Franken, insbesondere aus Nürnberg importiert wurden oder aber, wie auch hier zu vermuten, von dort ausgebildeten Künstlern geschaffen wurden. Zahlreiche dieser Werke verteilen sich entlang der Handelsstraßen von Thüringen bis nach Krakau. In Nürnberg arbeitende Maler wie Hans Pleydenwurff († 1472) und Michael Wohlgemuth (1434/1437–1519) verbreiteten die Ideen aktueller „altniederländischer" Künstler wie Rogier van der Weyden und Dieric Bouts. Neben Einflüssen Hans Pleydenwurffs, dessen Breslauer Doppelwandelretabel von 1462 einmal geöffnet dieselbe Bildanordnung wie das Krakauer aufwies, und motivischen Anleihen bei etwas älteren fränkischen Werken, zeigen die Gemälde des „Meisters AE" in Komposition und Typenbildung vor allem Parallelen zum Œuvre eines weiteren damals in Nürnberg tätigen Malers, der nach einem Triptychon in Leipzig-Stötteritz „Meister des Stötteritzer Retabels" genannt wird. Künstlerische Reaktionen auf diesen lassen sich in Leipzig und Halle sowie in Schlesien fassen. Zwar ist die

Gleichsetzung mit dem „Meister AE" auf Grund der bestehenden Unterschiede kaum anzunehmen, denkbar ist aber ein Kontakt der beiden Maler in Nürnberg, wofür auch Analogien im Farbauftrag sprechen.
Da die einzelnen Zuschreibungen an „Meister AE" – u. a. ein 1945 zerstörtes Retabel von 1486 aus der Burgkapelle Stolpen – in der Forschung umstritten sind, muß der Vorschlag hypothetisch bleiben, seine Werkstatt in Meißen zu lokalisieren. Daß zu jener Zeit nicht nur ein Künstler fränkischer Schulung für Auftraggeber dieser Region tätig war, belegt das 1474 gemalte Kreuzigungs-Triptychon aus Reinersdorf bei Großenhain (Dresden, Skulpturensammlung). Dessen Maler ging zwar von einem ähnlichen, jedoch geringeren Typenrepertoire als der „Meister AE" aus.

Lit.: Gurlitt BKD, Bd. 35 1912, S. 123–127; Staatliche Gemäldegalerie 1930, S. 137; Alte Kunst in Sachsen 1955, Nr. 68; Hentschel 1973, Nr. 118, 300; Sandner 1993, S. 68 f., 310 f.; Hornemann 1995, S. 361.

AHO

2.45

Äußeres Flügelpaar des Görlitzer Marienretabels (Goldene Maria)

Oberlausitz/Schlesien, Werkstatt des Meisters der Guhrauer Passion, um 1510/1520; beidseitig bemalte Tafeln, Tempera auf Nadelholz. H. 258,5 cm, B. 94,5 cm, T. 4,3 cm (für beide Flügel). Restaurierung: 1998 – Jochen Flade und Uta Fischer (Dokumentation). Finanzierung durch die Ostdeutsche Sparkassenstiftung. Görlitz, Ev. Dreifaltigkeitskirche.

Bei dem heute in der Barbarakapelle der Görlitzer einstigen Franziskanerkirche aufgestellten Marienretabel handelt es sich um den ehemaligen Hochaltaraufsatz dieser Kirche. Mit zwei beweglichen Flügelpaaren entspricht das Altarwerk dem in dieser Zeit hier vorherrschenden Retabeltypus und dokumentiert die enge Verbindung der Oberlausitzer zur schlesischen Retabelkunst.
Die mit dem bildschnitzerischen Œuvre der in Breslau tätigen sog. Beinhartwerkstatt verwandte, von vier Engeln umgebene Muttergottesgestalt ist auch als „Goldene Maria" bekannt. Auf den Tafeln der ersten Wandlung und bei geschlossenen Flügeln der Werktagsseite erscheinen Szenen aus der Leidensgeschichte Christi. In der oberen Reihe der ersten Wandlung folgen von links nach rechts Abendmahl, Ölberg, Gefangennahme, Zuführung vor Pilatus, dann unten links Geißelung, Dornenkrönung, Ecce homo und Kreuztragung. Der Zyklus wird auf der Werktagsseite in gleicher Anordnung mit Kreuzigung und Grablegung sowie darunter mit der Auferstehung Christi fortgesetzt. Abschließend und einen übergreifenden Sinnzusammenhang von Festtags- und Werktagsseite herstellend, erscheint rechts unten die Darstellung des wiedergekehrten Christus, der seine Wundmale zeigt und als Weltenrichter auf dem Regenbogen von Engeln umgeben ist, die zum Jüngsten Gericht die Posaunen blasen. Die Darstellung wird mit der Fürbitte für die sündige Menschheit, durch Maria und Johannes der Täufer verbunden, die zu Füßen des Richters knien.

In den meisten Szenen agieren die am Geschehen Beteiligten dicht gedrängt und gestenreich im Vordergrund. Von den Bildfeldrahmen allseitig beschnitten, wirken die einzelnen Bilder nicht in sich abgeschlossen, sondern wie ein fortlaufend erzählender Fries. Auf der Werktagsseite tritt dagegen eine Beruhigung und strenge Klarheit der zumeist von Christus als Zentrum bestimmten Kompositonen ein. Entsprechend ihrer liturgischen Wertigkeit ist der Goldgrund der ersten Wandlung hier dem einfachen Blau des Himmels gewichen.

Neben der hauptsächlichen Orientierung an den Illustrationen Hans Schäuffeleins zu seinem 1507 edierten „Speculum Passionis" flossen auch Elemente der erst 1511 publizierten Passionsfolgen Albrecht Dürers in einzelne Bildkompositionen ein. Auf Grund zahlreicher stilistischer und motivischer Ähnlichkeiten werden die Malereien der Werkstatt des Meisters der Guhrauer Passion zugeschrieben. Bei dessen auf 1512 datierten Hauptwerk handelt es sich um die Tafelgemälde der Wandlungen des jetzt in der Kathedrale zu Posen (Poznań) aufgestellten Hochaltarretabels aus Guhrau (Góra Sląsk). Im erhaltenen Œuvre der besonders im 2. Jahrzehnt des 16. Jh. tätigen Werkstatt dominieren Passionsfolgen, für die bei freier Verwendung graphischer Vorlagen das Spiel mit eigenen Kompositionsvarianten und Figurentypen (z. B. mit auffälligen Schnauzbärten) sowie die Freude an variierender Wiedergabe modischer Kleidungsdetails, Kopfbedeckungen und kostbarer Stofflichkeit (Goldbrokate) bezeichnend sind. Angesichts der Auftragsdichte muß es sich um eine größere Werkstatt gehandelt haben, die hinsichtlich der Skulptur meist – wie in Guhrau, Görlitz oder später in Kamenz – gemeinsam mit der sog. Beinhartwerkstatt auftaucht. Obwohl der Maler der Görlitzer Tafeln bereits dürerzeitliche Vorlagen und eine kräftig leuchtende, von Rot, Grün und Gelb dominierte Farbskala gebrauchte, blieb er mit seinem vorwiegend graphischen Duktus der plastischen Modellierung sowie der Bevorzugung bedeutungshierarchisch bestimmter Raumschichtung dem 15. Jh. verpflichtet.

Lit.: Braune/Wiese 1929, S. 55–59; Ziomecka 1986, S. 84-88; Lemper 1987, S. 94f., S. 113-116; Mieth 5/1993, S. 22; Mieth 1993, Bd. 1, S. 81; Wenzel 1995; Dehio Sachsen, Bd. 1 1996, S. 377.

KM

2.46
Kreuztragender Christus

Oberlausitz, 1. Viertel 16. Jh.; Laubholz, rückseitig abgeflacht; originale farbige Fassung; rechte Hand fehlt, hintere freistehende Haarbahn und Schädelkalotte mit Dornenkrone separat geschnitzt, zahlreiche Fassungsfehlstellen; gesamte untere Partien, weite Teile der Gewandsäume und rückseitig Substanzverluste durch Bestoßung und Anobienbefall, Kreuz neu, kleiner Finger und Zeigefinger der linken Hand, Zehen und Teile des Gewandes um den linken Fuß ergänzt, Sockel nicht ursprünglich. H. 61 cm, B. 117 cm, T. 36 cm. Restaurierung: 1997/1998 – Uta Fischer (Dokumentation). St. Marienstern, Zisterzienserinnenabtei.

Unter der Last des Kreuzes zusammenbrechend, versucht Jesus mühsam, seinen Weg zur Kreuzi-

„Laßt mich Christi Tod mittragen, / wie man ihn ans Kreuz geschlagen, wie er litt, laß fühlen mich! // Laß die Wundmal in mich schlagen, / laß das Kreuz mich trunken tragen, / spüren auch des Sohnes Blut!"
Aus dem „Stabat mater"

gungsstätte auf Knien fortzusetzen. Während die rechte Hand das auf seiner Schulter lastende Kreuz hält, ertastet seine linke Halt suchend das unwegsame Gelände. Die weit aufgerissenen Augen Jesu und die zum Sprechen geöffneten Lippen suchen den Kontakt zum Betrachter. „Wer mir nachfolgen will, der verleugne sich selbst und nehme sein Kreuz auf sich und folge mir nach" heißt es in der Bibel (Mark 8, 34). Diese Aufforderung zu „compassio" und Andacht („devotio") als Wege zur Erlösung wird in der Gestaltung des räumlich erfahrbaren Bildes wirkungsvoll umgesetzt. Hier liegt die Basis für die besonders von den Bettelorden geförderte Verbreitung der Darstellung des kreuztragenden Christus als Andachtsbild seit dem 14. Jh. Daneben bilden die wohl in der Tradition der Passionsspiele wurzelnden, erst Ende des 15. Jh. aufkommenden Kreuztragungsdarstellungen, vor allem Christi Fall unter dem Kreuz, im Rahmen der Kreuzwegandachten eine Besonderheit. Deren einzelne Figuren regen zwar zur Meditation an, ihre Gesamtwirkung aber besteht vor allem in der nahezu lebensgroßen Inszenierung.
Der Vergleich mit der um 1500 entstandenen Gruppe aus der Breslauer Magdalenenkirche (Breslau, Nationalmuseum), deren Christustypus dem in St. Marienstern verwandt ist, legt nahe, daß auch die hiesige Figur ursprünglich zu einer solchen Gruppe gehörte. Hierfür spricht zudem die Anlehnung der Figurenkomposition an jene des kreuztragenden Christus in der Predella des Franziskusretabels der Kamenzer Klosterkirche, so daß eine Entstehung der Mariensterner Figur in der Nachfolge dieser Werke im ausgehenden 2. oder beginnenden 3. Jahrzehnt des 16. Jh. anzunehmen ist. Trotz Ähnlichkeiten im zweischichtigen Fassungsaufbau der violettgrauen Gewänder wird auf Grund starker stilistischer Differenzen (vor allem Kopftypus und schnitzerische Qualität) eine Entstehung in derselben Bildschnitzerwerkstatt ausgeschlossen.

unpubliziert

KM

2.47
Heilige Veronika

Oberlausitz, 1. Viertel 16. Jh.; vollrund geschnitzt, Laubholz, farbig gefaßt, Fassung übergangen. H. 127 cm, B. ca. 38 cm (Tuch), T. ca. 25 cm, Wittichenau (Lkr. Kamenz), kath. Kirchengemeinde St. Mariä Himmelfahrt.

Die Wittichenauer Figur der Veronika ist auf reine Vorderansicht konzipiert. Mit ihrem erhobenen, nach innen gekehrten Blick entzieht sie sich dem Betrachter, dessen Konzentration auf das lebhaft modellierte, dornengekrönte Haupt Christi gelenkt wird. Das Antlitz bleibt von der Bewegung des Tuches unberührt und gewinnt eine eigene Bildwirklichkeit.
Plastische Einzelbildwerke der hl. Veronika sind in der Oberlausitz nicht und in Nachbarregionen nur vereinzelt im Zusammenhang mit vielfigurigen Darstellungen der Kreuztragung überliefert. Die Provenienz der Figur ist angesichts der mehrfachen Umgestaltung der Wittichenauer Kirche nicht gesichert. Obwohl die Figurenkomposition für eine isolierte Aufstellung spricht, ist es angesichts der Verhaftung der hl. Veronika in der Passionsikonographie möglich, daß sie in einen Passionszyklus integriert war. Stilistisch zeigt sie der Oberlausitzer Retabelskulptur des sog. Beinhartkreises verwandte Züge (Gesichtsbildung, Verzicht auf plastischen Gewandzierrat) und dürfte wie diese im 1. Viertel des 16. Jh. entstanden sein.

Lit.: Dehio Sachsen, Bd. 1 1996, S. 860.

KM

Nur Legenden berichten von einer **hl. Veronika** (vera ikon: wahres Bild), die den blutigen Schweiß des kreuztragenden Christus getrocknet habe. Zum Dank soll sich in dieses noch heute als Reliquie in St. Peter in Rom verehrte sog. Schweißtuch (sudarium) das wahre Antlitz des Herrn geprägt haben. In der Isolation des geschundenen Hauptes Christi, das in seiner frontalen Darbietung das Mitleiden des Betrachters fordert, scheint die gesamte Passionsikonographie verdichtet. Einzeldarstellungen zeigen nicht selten nur das Vera ikon. Überlieferte Darstellungen der hl. Veronika als Einzelfigur folgen einem beibehaltenen Typus, der sie immer mit Haube oder Schleier in meist gegürtetem Gewand zeigt. Das Schweißtuch präsentiert sie mit beiden Händen frontal dem Betrachter.

2.48

Christus in der Rast

Oberlausitz, 1. Viertel 16. Jh.; vollrund geschnitzt und farbig gefaßt, Laubholz; einschließlich polygonaler Plinthe aus einem Stück geschnitzt; neuzeitliche Dornenkrone. H. 63 cm, B. 32 cm, T. 36 cm. Restaurierung: 1997 – Roswitha Drechsel-Selunka (Dokumentation). St. Marienstern, Zisterzienserinnenabtei.

Blutüberströmt sitzt Christus erschöpft auf einem Felsen. Den Ellbogen auf das linke Knie gestützt, ruht sein dornenbekröntes Haupt nachdenklich in

Das Bild des **Christus in der Rast** (oder im Elend) entstand aus der spätmittelalterlichen Passionsmystik und der Typologie des alttestamentlichen Bildes vom demutsvollen, aussatzgequälten Hiob auf dem Misthaufen (vgl. 2.149). Die Herauslösung des einsam trauernden Christus aus der Passion verleiht der Gestalt ihre Eindringlichkeit. Der wundenübersäte Körper Christi in seiner Schwäche erregt Mitleid; seine Demut fordert zu Andacht und Nachahmung heraus. Dürer überliefert in der Bildunterschrift zu seinem Holzschnitt des Christus im Elend der Kleinen Passion von 1511 eine wichtige zeitgenössische Interpretation dieser Darstellung: „Du bist, oh Mensch, die Ursache meiner großen Schmerzen, die grausame Ursache meines Kreuzes und Todes. Oh Mensch, laß es genug sein, daß ich dies einmal um deinetwegen ertragen habe. Laß ab, mich mit neuen Sünden zu kreuzigen."

seiner linken Hand. Bereits der Kleider beraubt, erwartet Christus nach dieser letzten Rast die Kreuzigung.
Der Kopf war wohl ursprünglich mit einer Echthaarperücke unter der aus Naturgeäst gebildeten Dornenkrone geschmückt. In Sachsen sind insbesondere aus dem Freiberger Raum (Freiberg, Stadt- und Bergbaumuseum) geschnitzte Figuren dieses Kompositionstypus' überliefert. Zwei Oberlausitzer Figuren des Christus in der Rast in Görlitz (Städtische Sammlungen bzw. Dreifaltigkeitskirche) zeichnen sich nicht nur durch ihre künstlerische Qualität gegenüber der vergleichsweise einfachen Gestaltung der Skulptur in St. Marienstern aus. Neben Abweichungen in der Gesamtgestaltung unterscheiden sie sich auch in der geschnitzten Ausarbeitung der gesamten Haarpartie einschließlich Dornenkrone. Die Ausformung der Plinthe und die Ausarbeitung und Fassung der Rückseite deuten auf eine freie, dem Betrachter zugängliche Aufstellung der Skulptur. Ähnlichkeiten, vor allem in der Physiognomie, zeigt die Figur zu dem kreuztragenden Christus im Klosterbesitz (Nr. 2.46). Beide Werke entstammen wohl einheimischer, eventuell direkt für die Bedürfnisse des Klosters arbeitender Werkstattproduktion. Noch zu Beginn des 20. Jh. wird das Bekleiden der Skulptur überliefert.

Lit.: Gurlitt BKD, Bd. 35 1912, S. 215; Meier 1995, Bd. 2, S. 78.

KM

2.49
Kruzifix aus Grünlichtenberg

1. Viertel 16. Jh.; Laubholz; vollplastisch, Oberkörper ausgehöhlt, Arme angesetzt; Substanzverluste an Händen, Füßen, Nase, Lendentuch, zum Teil neu ergänzt, Fußnagel verloren; an Rißbildungen Leinwandbeklebungen, vermutlich wurden auf einer Leimung mehrere dünne Grundierungsschichten aufgebracht und in der Originalfassung Bindfäden aufgesetzt, die Adern darstellen sollen. H. 175 cm, B. 185 cm, T. 37 cm. Restaurierung: 1996/1997 – Thomas Höhne und Mathias Steude (Dokumentation). Ursprünglich aus der Kirche in Grünlichtenberg bei Waldheim; 1901 Übergabe an das Altertumsmuseum zu Döbeln, 1965 auf dem Dachboden des Döbelner Rathauses wiederentdeckt. Leisnig, Staatlicher Schloßbetrieb Burg Mildenstein, Inv. Nr. K 4953 Kc.

Das Haupt des Gekreuzigten ist nach rechts auf den vorgewölbten Brustkorb gesunken. Wenn auch das Leiden nicht überbetont wird, so zeigt doch die Sehnigkeit im Schulterbereich und den Achseln das Hängen des Körpers. Ähnlich spiegelt die Physiognomie mit den fast geschlossenen Augen und den vorstehenden Wangenknochen sowie die erhaltene Originalfassung das Leiden wider. Nicht nur aus der Seitenwunde fließt Blut, auch die Spuren der zurückliegenden Geißelung sind im Gesicht, auf Brust und Armen noch sichtbar. Das Gesicht weist eine feine polychrome Gestaltung auf. Das Inkarnat in den Augenhöhlen wurde untermalt, so daß es grünlich-blau erscheint.
Die ältere Provenienz des Kruzifixes muß offenbleiben. Die Zuordnung zu anderen Altarretabeln aus der Kirche in Grünlichtenberg (Freiberg, Stadt- und Bergbaumuseum) und deren Herkunft aus dem Kloster Altzella ist nicht belegbar. Im Vergleich mit einem Kruzifixus aus der benachbarten Kirche in Gersdorf von Peter Breuer aus der Zeit von um 1510/1515 kann der Grünlichtenberger Christus in das 1. Viertel des 16. Jh. datiert werden.

Lit.: Gurlitt BKD 1903, S. 69.

AH

„Sie war zu einem Mal an ihrem Gebet vor einem Bilde, da unser Herr in dem Grabe liegt. Und sie nahm unseres Herren Hände und Füße in ihre Hände. Da empfand sie Fleisch und Blut, als wenn leibhaftig ein Mensch da wäre gelegen."
Aus einer Vision der Dominikanerin Mathilde Ritter in St. Katharinenthal.

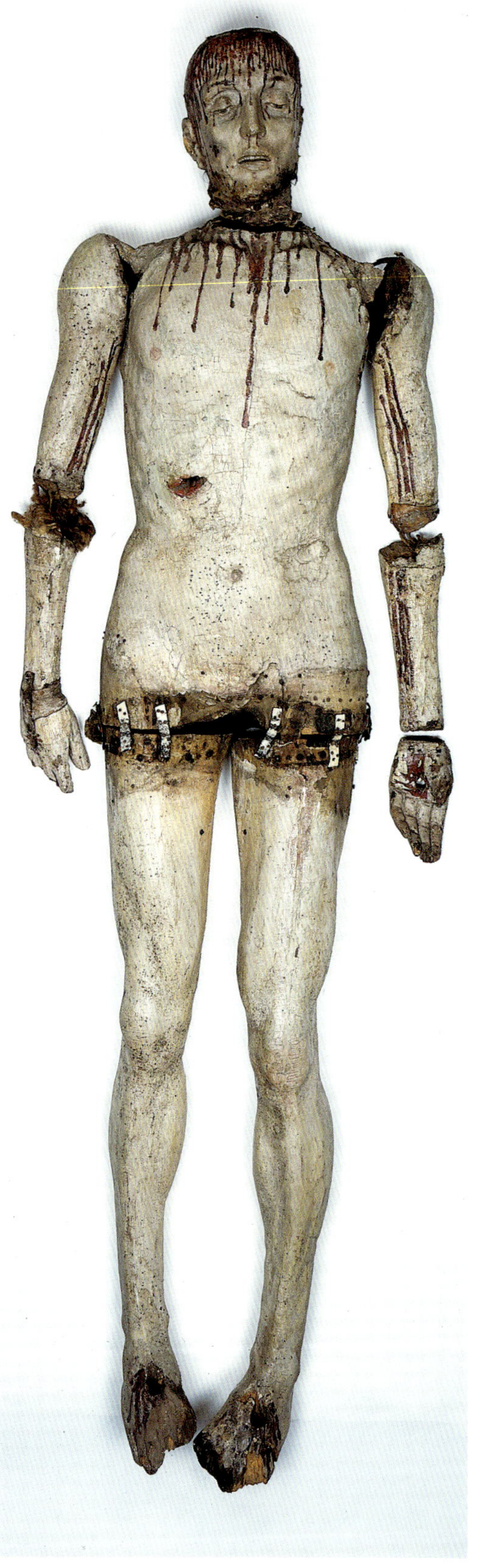

2.50

Kruzifix mit schwenkbaren Armen, sog. Mirakelmann

Sachsen, um 1510; Holzskulptur, farbig gefaßt; Leder, Leinwand, Echthaar; Dornenkrone und Kreuz verloren. H. 190 cm, B. 182 cm, T. 37,5 cm. Restaurierungen: um 1900, um 1950; 1997 (Lendentuch) – Cornelia Hofmann (Dokumentation). Döbeln, Ev.-Luth. Kirchgemeinde St. Nikolai.

Das zunächst befremdlich erscheinende Werk ist nicht einfach eine lebensgroße Liegefigur, sondern vielmehr eine Gliederpuppe. Kopf, Leib, Arme, Hände und Beine sind einzeln gefertigt, mit Lederriemen zusammengehalten und über Gelenke beweglich. Das Lendentuch ist gesondert aus versteifter Leinwand gearbeitet. Realitätsssteigernd wirkten die in das Holz eingesetzten Bart- und Kopfhaare, die nur noch rudimentär vorhanden sind. Die Seitenwunde ist in den ausgehöhlten Leib zu einem Hohlzylinder geöffnet, der über eine jetzt fehlende Rückenklappe erreichbar ist. Zur Aufnahme eines Nagels sind die Füße übereinandergelegt.
Die ersten geistlichen Spiele entstanden in ottonischer Zeit: Nach der Karfreitagsliturgie fand zur Erinnerung an die Grablegung Christi ein symbolisches Begräbnis statt, bei dem ein Kruzifix und eine Hostie zum Hl. Grab getragen und dort „beigesetzt" wurden. Seit dem 13. Jh. sind Liegefiguren des toten Christus, z. B. für hölzerne Grabtruhen, bekannt. Eine dramatische Steigerung dieses Ritus der „Depositio" bedeutet es, wenn von einem großen Kreuz der Christuskörper abgenommen werden kann. Schwenkbare Arme ermöglichten es, denselben Körper daraufhin im Hl. Grab zu bestatten. Der älteste erhaltene Kruzifixus dieser Art ist 1333 im Baptisterium von Florenz aufgestellt worden. Eine Urkunde von 1517 schildert, wie die Kanoniker an der Schloßkirche in Wittenberg die Kreuzabnahme mit Hilfe zweier Leitern vornahmen, den Leichnam mit Tüchern bedeckt zur Bestattung trugen und das Hl. Grab mit Lichterbalken umgaben.
Der Körper des Döbelner Kruzifix konnte durch Entfernen der Nägel und Herausheben des Leibes aus einer Öse vom Kreuz gelöst werden. Einzigartig ist die Beweglichkeit der Körperglieder, während die Möglichkeit, den Kopf zum Zeichen des Todeseintrittes zu bewegen, auch in Kamenz, Wimpfen am Berg und Grancia im Tessin gegeben war. Zudem konnte der Lanzenstich in die Seite durch den Austritt einer Flüssigkeit aus dem Hohlzylinder nachgespielt werden. In Sachsen ist ein Kruzifix mit schwenkbaren Armen noch für die Domkirche zu Meißen belegt.

Lit.: Gurlitt BKD 1903, S. 22–23; Taubert 1978, S. 39.

FS

Nach Matth 12, 40 kündigt die alttestamentliche Überlieferung vom Aufenthalt des Jona im Bauch eines Fisches die drei Tage währende **Höllenfahrt Christi** bereits an. Die Darstellung der Höllenfahrt verdeutlicht in besonderer Weise die umfassende Kraft des die ganze Menschheit einschließenden Erlösungswerkes Christi. Dieses kleidet Luther in seiner Übersetzung (1. Kor, 15, 54–55) in die bekannten Worte „Der Tod ist verschlungen in den Sieg. Tod, wo ist dein Stachel? Hölle, wo ist dein Sieg?"

2.51

Christus in der Vorhölle

Oberlausitz, frühes 16. Jh.; Schnitzrelief, Laubholz; farbig gefaßt, originale Fassung trotz Fehlstellen gut erhalten, beide Unterarme von Christus fehlen, Sockelplatte und Rückwand neu. H. 24 cm, B. 26 cm. Restaurierung: 1973. Um 1930 von Otto Horn in oder um St. Marienstern erworben, seit 1952 in Meißen, Stadtmuseum, Inv. Nr. 717 (Ho 18).

Aus dem weit aufgesperrten Rachen des von einem großäugigen Untier verkörperten Höllenschlundes entweichen auf Christi Geheiß Adam und Eva mit weiteren im Hintergrund angedeuteten Erlösten aus dem Zug der Gerechten. Davor auf dem buckligen Erdboden steht Jesus mit seinen sichtbaren Wundmalen. Den Schwebezustand zwischen Auferstehung aus dem Grabe und Christi Himmelfahrt verdeutlichen die wehenden Zipfel des Mantels, dessen goldener Glanz ihn dem Irdischen entrückt.

Angesichts der geringen Größe des stilistisch ins frühe 16. Jh. zu datierenden Reliefs bleibt die Frage der ursprünglichen Zugehörigkeit zu einem Flügelretabel offen. Sicherlich gehörte es zu einem ausführlicheren Zyklus von Christi Passion und Auferstehung. Vermutlich stammt das Werk aus dem Kloster St. Marienstern, wurden doch unter Otto Horn nachträglich angebrachte Lendentücher – wie sie von den Schwestern um 1900 an zahlreichen Figuren angesetzt wurden – entfernt.

Lit.: Hannig 1985, S. 29.

KM

2.52

Schmerzensmann

Unbekannter Bildschnitzer des Kamenzer Heilandsretabels, Oberlausitz, 1510–1520; vollrund geschnitzte Standfigur, Linde; spätmittelalterliche farbige Fassung, rückseitig flacher und grober gearbeitet und einfach weiß gefaßt, rechter Daumen als originale Anstückung, halbrunde Plinthe. H. 117 cm, B. 29 cm, T. 14 cm. Konservierung: 1998 – Franziska Wosnitza (Dokumentation). Kamenz, Ev.-Luth. Kirchgemeinde St. Marien (St. Annen).

Frontal dem Betrachter zugewandt präsentiert die nur mit dem Lendentuch bekleidete Gestalt Christi ihre fünf Wundmale. Während der emporgerichtete Blick des dornenbekrönten Hauptes auf die Auferstehung verweist, entspricht das Hervortreten des Brustkorbes und der eingefallene Leib noch dem Bild des Gekreuzigten.

Die spiegelbildliche Anordnung der auf den Leib gelegten Hände mit den Wundmalen lenken den Blick auf die von Christi rechtem Daumen gespreizte Seitenwunde. Auch der nach vorn geneigte rechte Fuß verdeutlicht das Bemühen, die Wundmale ins Zentrum der andächtigen Betrachtung und des Gebets zu stellen.
Der ursprüngliche Aufstellungszusammenhang der auf Vorderansicht konzipierten Skulptur ist nicht überliefert. Die abgeflachte Plinthe und nachlässige Rückseitenbearbeitung würden eine Aufstellung in einem Gehäuse oder vor einer Wand zulassen. Im Gegensatz zu Figuren des Christus in der Rast – die fast ausschließlich als Andachtsbilder fungierten – wäre eine Integration des Schmerzensmannes in ein Retabel möglich. Auf eine Entstehung in der Bildschnitzerwerkstatt des 1513 datierten Salvator- oder Heilandsretabels in der ehemaligen Klosterkirche St. Annen zu Kamenz weisen insbesondere Gesichts- und Haarbildung, sowie die von schweren Lidern umrahmten Augen mit erhobenem Blick – auch im Vergleich zur Salvatorfigur selbst – ebenso wie die in den Maßen ähnlichen Werkbankbefestigungen.

Lit.: Gurlitt BKD, Bd. 36 1912, S. 187; Dehio Sachsen, Bd. 1 1996, S. 474.

KM

2.53
Flügelaltärchen mit Schmerzensmann

Oberlausitz, 1505 (auf der Mitteltafel datiert); Öl auf Holz. H. 34 cm, B. 39 cm. Restaurierung: 1911 – Königlich Sächsische Kommission, Dresden. Kamenz, Ev.-Luth. Kirchgemeinde St. Marien.

Die Mitteltafel des kleinen Flügelaltärchens zeigt als Brustbild Christus mit erhobenen Händen, auf denen die Wundmale zu sehen sind. Blutstropfen auf seiner Stirn weisen auf die Dornenkrönung. Christus besitzt einen Strahlennimbus und trägt den Purpurmantel, der die Passion begleitet; die großen Augen blicken eindringlich auf den Betrachter. Auf den schmalen Seitentafeln befindet sich eine Schablonenmalerei des mittleren 16. Jh. Bei der Restaurierung von 1911 entdeckte man

Die Gestalt des **Schmerzensmannes** vereint das Leiden des Gekreuzigten mit der Vorstellung des siegreich auferstandenen Gottessohnes als Retter (Salvator) und Richter der sündigen Menschheit. Mahnend erinnert der Schmerzensmann an das Opfer des Kreuzestodes und kündet vom nahenden Jüngsten Gericht. Gleichzeitig verkörpert er die Erlösung verheißende Eucharistie, ständig neu vollzogen während des Meßopfers am christlichen Altar durch die Wandlung von Christi Leib und Blut in Brot und Wein.

darunter Spuren goldener Schriftzüge, die aber nicht entziffert werden konnten. Hier wurden offensichtlich Inschriften getilgt, die ihren Sinn verloren hatten oder die der evangelische Betrachter nicht mehr billigte. Die Rückseiten des Altärchens sind nicht gefaßt.
Die Darstellung des gemarterten Christus nach seinem Kreuzestod forderte zur Andacht auf und war im Spätmittelalter ein häufiges Thema, das sich auch in der mystischen Literatur findet. Der Typus wurde von byzantinischen Ikonen übernommen. Ab dem 14. Jh. tritt der seine Wunden vorweisende, lebend wiedergegebene Schmerzensmann auf. Die Verbindung der Passion mit der täglich wiederkehrenden Opferung Christi in der Eucharistie machte einige Werke mit der Darstellung der Wunden Christi zu hochverehrten Bildern, mit denen häufig auch Ablässe verbunden waren. Das stieß bei den Reformatoren auf Ablehnung, die die Erlösungstat Christi betonten und die biblisch-historische Ecce Homo-Darstellung (Christus vor Pilatus) bevorzugten.
Das kleine Format des Triptychons legt eine private Nutzung als Haus- oder Reisealtärchen nahe. Möglicherweise stammt es aus dem Kamenzer Franziskanerkloster; bis 1911 wurde es in der Katechismuskirche aufbewahrt. Eine Entstehung in einer Werkstatt der Oberlausitz ist anzunehmen.

Lit.: Gurlitt BKD, Bd. 36 1912, S. 72.

CT

2.54
Thronender Gottvater (Gnadenstuhl)

Oberlausitz, 1. Viertel 16. Jh.; Schnitzrelief, Laubholz, ehemals farbig gefaßt; bis auf wenige (aufgefrischte?) Reste in den Augenpartien verloren, mehrere Risse und abgestoßene Bereiche, Krone bis in den Reifbereich beschädigt, sämtliche Zacken verloren, Nase abgebrochen, beide Hände Gottvaters fehlen ebenso wie der gesamte Bereich der Knie- und Beinpartie bis zu den Füßen. H. 122 cm, B. 71 cm T. 17 cm. Aus der Kirche von Göda; ehemals Sammlung des Sächsischen Altertumsvereins. Dresden, Staatliche Kunstsammlungen, Skulpturensammlung, Inv. Nr. 2760.

Aufrecht majestetisch thront Gottvater auf einer Bank, die sein herabfallender Mantel fast verdeckt. Die Frontalität und die achsialsymmetrische Komposition unterstützen den Eindruck hoheitsvoller Ruhe und Autorität, trotzdem wirken die Gesichtszüge sehr lebendig; Unregelmäßigkeiten der Haartracht mildern die Strenge der Züge.
Der zerstörte untere Bereich und der Verlust der Fassung erschwert die Vorstellung des ursprünglichen Aussehens ebenso wie die stilistische Einordnung dieses Einzelwerkes. Wahrscheinlich handelt es sich um das Schreinrelief eines Flügelretabels. Anhand der großzügigen, aber in hartgratigen Knittern gebrochenen Faltensprache läßt sich die Skulptur um 1510/1515 datieren. In Sachsen sind nur wenige geschnitzte Darstellungen dieses Themas erhalten; so eine Skulptur aus dem Auszug des Markersbacher Retabels (Dresden, Skulpturensammlung). Obwohl stilistisch nicht verwandt und bereits Ende des 15. Jh. entstanden, bietet das samt Schreinrückwand 1787 in die Kanzel der Kleinröhrsdorfer Kirche eingebaute Gnadenstuhlrelief mit erhaltener spätmittelalterlicher farbiger Fassung Anhaltspunkte für das Verständnis der Gestaltgebung des Gödaer Gottvaters. Wahrscheinlich hielt er zwischen den Knien das T-Kreuz mit seinem gekreuzigten Sohn.

Lit.: Gurlitt BKD 1908, S. 69.

KM

Die Bezeichnung „**Gnadenstuhl**“ geht auf Luthers Übersetzung des „thronus gratiae“ im Hebräerbrief zurück. Die Darstellung Gottvaters, der in seinen Armen den Gekreuzigten hält, begleitet von der Heiliggeisttaube, erscheint jedoch schon im 12. Jh. Das Motiv ist wohl zur Erläuterung des „Te igitur“ im Sakramentar entstanden: Gottvater empfängt den Leib seines Sohnes und reicht ihn wieder dar. Seit dem 13. Jh. wird anstelle des Gekreuzigten auch der Schmerzensmann in den Armen des Vaters dargestellt, besonders wenn es um die Verbildlichung der Trauer des Vaters um den Sohn geht.

Fürbitter und Nothelfer

Besondere Tugenden, Festigkeit im Glauben und Märtyrertod gab Menschen den Ruf von Heiligkeit. Die Heiligen sind im mittelalterlichen Verständnis lapides vivi (lebendige Steine), das Fundament des himmlischen Jerusalem. Sie stehen als Vermittler zwischen Gott und den Menschen, die von ihnen Hilfe und Beistand erhoffen. In Legenden und Wundergeschichten verbreitete sich ihr Ansehen.

Seit dem Frühmittelalter treten Heilige als Schutzpatrone der Kirchen auf, in denen sie begraben wurden. Durch die Verbreitung ihrer Reliquien gelangte jede Kirche zu einem eigenen Heiligen. Jeder Altar, alle Berufsgruppen und sozialen Gemeinschaften hatten ihre Heiligen, die Bistümer, die Orden, Klöster, Städte, Länder. Jedem Heiligen wurden bestimmte Aufgaben zugeteilt. In Nöten und Gefahren rief man die Vierzehn Nothelfer an; als Patrone guten Sterbens galten der hl. Christophorus und die hl. Barbara. In St. Marienstern genossen neben dem Klosterpatron, dem hl. Johannes dem Täufer, heilige Jungfrauen besondere Verehrung: Ursula, Magdalena, Dorothea, Katharina, Margaretha.

Ein dichtes Netz von Heiligenstationen zog sich über das ganze Land, in Kapellen, Kirchen, Klöstern und Spitälern. Allein in der Hauptkirche in Kamenz standen 1516 zwanzig Altäre. Für eine Vielzahl spätgotischer Retabel und Einzelfiguren, die in schlesischen und lokalen Werkstätten geschaffen wurden, setzten Bürger und Gönner der Stadt ein gewaltiges Vermögen ein. Ein Teil davon blieb bewahrt. Noch heute kündet am Portal der Hauptkirche zum Kirchhof der Erzengel des 500jährigen Michaelsaltars vom Kommen des Jüngsten Gerichts.

2.55

Vierzehn-Nothelfer-Altar (Barbara-Altar)

Oberlausitz, letztes Viertel 15. Jh.; in der Ausstellung – zwei Standflügel: Tempera auf Nadelholz; je H. 182 cm, B. 70 cm; in der Kirche – Schrein und inneres Flügelpaar: Nadelholz, Tempera; Figuren aus Laubholz, farbige Fassung; H. 182 cm (ohne Predella), B. 280 cm (geöffnet); Restaurierung 1956-1957 – Fritz Riedel. St. Marienstern, Zisterzienserinnenabtei.

Das doppelflüglige Wandelretabel, das heute an der Ostseite des nördlichen Seitenschiffes in der Klosterkirche steht, ist hinsichtlich Größe und Ausstattungsreichtum eines der bedeutendsten Altarwerke in der Oberlausitz aus dem endenden 15. Jh. Sein Bildprogramm spiegelt die Vielfalt spätmittelalterlicher Heiligenverehrung wieder.
Im Zentrum des Schreins steht die Figur der hl. Erzmärtyrerin Barbara; sie ist flankiert von zwei weiteren heiligen Königstöchtern und auf den Flügeln umgeben von männlichen Märtyrern. Sie gehören zu den Vierzehn Nothelfern, einer Gemeinschaft von Schutzheiligen gegen Krankheit, Not und Unglück, deren Verehrung sich seit der Zeit der Pestseuchen im 14. Jh. von Süddeutschland her nach Osten ausgebreitet hatte und gegen Ende des 15. Jh., wie hier auch, 15 Mitglieder umfaßen konnte.
Die zweite Wandlung zeigt in 12 Szenen die Barbara-Legende, wie sie im „Certamen s. Barbarae" von Simeon Metaphrastes aus dem 9. Jh. überliefert ist und im 15. Jh. von Johannes von Wackerzeele um weitere Begebenheiten erweitert wurde. Im letzten Bild wird die Bedeutung Barbaras als Patronin des guten Todes veranschaulicht – durch ihre Fürbitte kommt selbst ein Geköpfter in den Genuß der letzten Wegzehrung, die ihm ein Zisterziensermönch bringt. Motivisch folgt der ausführliche Zyklus, dessen Betonung der verschiedenen Leidensstationen der Heiligen ihren Vorrang gegenüber weniger geprüften Märtyren hervorhebt, den zehn Darstellungen auf dem Barbara-Altar aus Breslau von 1447 (Warschau, Nationalmuseum).
In älteren Auflistungen der Mariensterner Kirchenaltäre ist das Retabel nicht genannt; im späten 19. Jh. stand es auf auf der Chorgasse. Möglicherweise stammt es aus Bernstadt auf dem Eigen. In der dortigen, patronatsrechtlich St. Marienstern unterstellten Stadtkirche befand sich mindestens bis 1610 ein wohl um 1495 errichteter Altar der hl. Barbara und der Vierzehn Nothelfer.
Wie für die spätgotische Kunst der Oberlausitz bezeichnend, ist das Retabel schlesisch geprägt. Verbindungen bestehen zu Werken aus dem Werkstattumkreis des Altars von Gießmannsdorf (Gosciszowicze). Das namengebende Werk von 1505 weist einen gemalten Katharinenzyklus auf, der die Mariensterner Barbarafolge stilistisch weiterführt. Ein Retabel aus Wittgendorf (Witków; heute in Breslau, Sandkirche) zeigt einen vergleichbaren Figurentypus mit puppenhaft unbewegten Gesichtern und altertümlichen Zügen in der Faltendrapierung. In der Lausitz steht das Retabel in der Schloßkapelle Gaußig, um 1480, in einem entsprechenden stilistischen Beziehungsgefüge; es besitzt ähnliche Maßwerkgalerien im Schleierwerk.

Lit.: Hitschfel 1894, S. 591; Gurlitt BKD, Bd. 35 1912, S. 154; Magirius/Seifert 1974, S. 52–54.

KM/MW

1. Wandlung - geschlossener Altar:

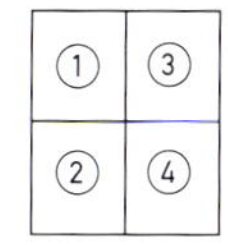

1 – Hll. Dorothea und Apollonia
2 – Hll. Anna Selbdritt und Elisabeth von Thüringen
3 – Hll. Agnes und Agathe
4 – Hll. Magdalena und Martha

2. Wandlung - einmal geöffneter Altar:

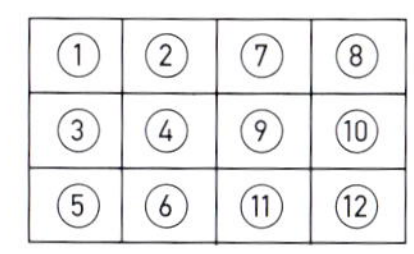

1 – Die im Turm eingekerkerte hl. Barbara wird von einem Engel bekehrt
2 – Sie läßt im Bad des Vaters ein drittes Fenster einbrechen
3 – Sie versteckt sich in einem Fels, Verrat durch einen Hirten
4 – Marterung durch den Vater
5 – Besuch von Christus im Kerker
6 – Verurteilung durch den Vater
7 – Sie wird in den Turm zurückgebracht
8 – Ihr Vater versucht den Turm einzustürzen
9 – Auf dem Weg zur Richtstätte fallen Götzenbilder um
10 – Kreuzigung und Geißelung
11 – Enthauptung durch den Vater, Aufnahme in den Himmel
12 – Ein Zisterzienser bringt einem Geköpften das letzte Sakrament

3. Wandlung - zweimal geöffneter Altar

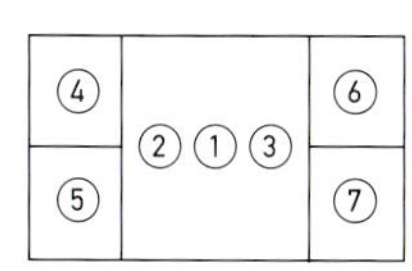

1 – Hl. Barbara
2 – Hl. Katharina von Alexandrien mit Kaiser Maxentius
3 – Hl. Margaretha
4 – Hll. Abt Ägidius, Christophorus, Arzt Pantaleon
5 – Hll. Diakon Cyriacus, Leonhard, Diakon (Laurentius?)
6 – Hll. Ritter Achatius, Georg, Eustachius
7 – Hll. Bischöfe Erasmus, Dionysius, Blasius

Der **heilige Christophorus** soll als Riese Reprobus Pilger und schließlich das Christuskind unerkannterweise durch einen Fluß getragen und daher den griechischen Namen Christus-Träger erhalten haben. Er ist der Patron der Pilger und Reisenden, des Verkehrs und aller Berufe, die viel Kraft erfordern. Er gehört als Garant eines guten Todes zu den Vierzehn Nothelfern: Der Anblick seines Bildes sollte Reisende vor plötzlichem Tod und Unheil bewahren.

2.56

Heiliger Christophorus

Oberlausitz, um 1480; Lindenholz, vollrund geschnitzt, Rückseite leicht abgeflacht, farbige Fassung (teilweise übermalt). H. 47,5 cm, H. (Sockel) 4 cm. Konservierung: 1998 – Sylvia Ciesielski (Dokumentation). Um 1930 von Otto Horn in St. Marienstern erworben, seit 1952 Meißen, Stadtmuseum, Inv. Nr. 700 (Ho 14).

Die Figur zeigt den Heiligen, wie er aus dem Fluß heraus auf das felsige Ufer tritt und sich dabei auf einem Stab stützt. Sein Körper ist nach links gedreht, von der Bewegung des Mantels unterstützt, und symbolisiert die Last des Kindes, das er trägt. Christus hat die rechte Hand zum Segensgestus erhoben, während er in der Linken eine goldene Kugel hält – Zeichen für seine Macht über die Welt, die nun auf den Schultern des Christophorus ruht.
Der ursprüngliche Aufstellungsort der Skulptur im Kloster ist unbekannt. In Faltenwurf, Körperbewegung und Haarbehandlung wirkt der Weiche Stil noch nach; die Figur ist älter als die weiteren Einzeldarstellungen männlicher Heiliger aus St. Marienstern. Der hl. Christophorus wurde im Kloster und seiner Umgebung hoch verehrt. Er ist nicht nur auf den Flügeln des Nothelferaltars (Nr. 2.55) dargestellt, sondern auch in einer weiteren, 114 cm hohen Holzskulptur aus dem frühen 16. Jh., die sich seit 1870 in der Kapelle von Cannewitz (Panschwitz-Kuckau) befindet und wohl aus einem Retabel der Klosterkirche stammt.

Lit.: Alt-Lausitzer Kunst 1935, Nr. 32.

MW

2.57

Michaelis-Retabel

Oberlausitz, 1498; Schnitzretabel mit beidseitig bemaltem Flügelpaar, Laubholz (Michael), Nadelholz (Flügel, Schrein- und Predellakasten), farbige Fassung, Gemälde: Tempera (Schreininneres), Tempera mit Öllasuren (Flügelinnenseiten), Leimfarbe (außen). Fassung und Malerei fast unbeschädigt, Übermalungen an der Predella und Überbronzierung im linken unteren Flügel, versilberter Schreingrund geschwärzt, Schneidmuster nachgezogen, Flügeltafeln mit fast durchgehenden Rissen; Leimfarbenmalereien der Flügel- und Schreinrückseiten beschädigt; Anobienfraß, Fluglöcher, äußere untere Ecke des rechten Flügels gebrochen, Waagenhalterung 1911 und Predellaseitentürchen erneuert, Goldauflagen auf rotem Poliment, Silberauflagen meist direkt auf Kreidegrund. Obere goldene Borte auf innerer Schreinrückwand bezeichnet: „MA..AS..NEUSMA ..AVER", Predella bezeichnet: „1498". Schrein: H. 174 cm, B. 115 cm; rechter Flügel: H. 174 cm, B. 56 cm; linker Flügel: H. 174 cm, B. 58 cm; Michael: H. ca. 130 cm; Predella: H. 41 cm, B. 165 cm. Restaurierungen: um 1910/1911 (vgl. Inschrift Tanz 1911 auf Waagenhalterung), 1998 – Jörg Kestel (Dokumentation), Finanzierung durch die Ostdeutsche Sparkassenstiftung. Kamenz, Ev.-Luth. Kirchgemeinde St. Marien.

Seit 500 Jahren ziert das mit einem beweglichen Flügelpaar ausgestattete Retabel den mittelalterlichen Altarblock des Michaelisaltars nahe des Nordportals der Kirche. Im mittelalterlichen Leben spielte der Michaelistag, an dem auch in Kamenz Abgaben zu entrichten waren, eine große Rolle. Retabel, mit dem hl. Michael als Einzelfigur finden sich aber selten: Vorläufer oder Parallelen zu diesem Typus sind z. B. das Trumsdorfer Michaelisretabel von 1488 (München, Bayerisches Nationalmuseum) oder ein Michaelisretabel aus dem schlesischen Steinau (Scinawa), um 1480, (Breslau, Nationalmuseum; z.Z. im Schloß Brieg /Brzeg).
Die Gestalt des hl. Michael steht in einem hochrechteckigen Schrein, umgeben vom Silberglanz des Schreininneren und dem Goldgrund der Flügel. Vergeblich wehrt sich der zu Boden getretene Teufel gegen den himmlischen Rächer und Überwinder des Bösen. In den Feldern der Flügelinnenseiten stehen je zwei Heilige. Ihre Gestaltung folgt graphischen Vorlagen, z.B. Martin Schon-

gauers Apostel Petrus und Johannes. Eine Ablaßurkunde für den Michaelisaltar von 1489 führt verschiedene Heilige auf, deren Darstellung am Retabel wahrscheinlich ist: Im oberen Feld des linken Flügels dürfte es sich neben dem Apostel Andreas um den hl. König Sigismund handeln. Darunter erscheint neben dem Evangelisten Johannes Papst Gregor der Große. Auf dem rechten Flügel sind die Apostelväter Petrus und Paulus oben und die hll. Katharina und Barbara unten vereint.

Die beiden männlichen Heiligen in der Predella wenden sich der zentralen Annengestalt zu, die Maria und Jesus dem Betrachter präsentiert. Für die Deutung des linken Heiligen mit Pfeilbündel als hl. Sebastian sprechen Jugend, edle Kleidung und Pfeilbündel. Als Pendant erscheint rechts Johannes der Täufer mit dem Lamm.

Bei geschlossenen Flügeln – als Alltagsseite gegenüber dem Glanz der Festtagsseite durch die Wahl der einfachen Leimfarben charakterisiert – wird die gebeugte Gestalt des Schmerzensmannes sichtbar. Ihm zugewandt kniet links eine betende Frauengestalt im schwarzen Habit. Ihre Deutung – z. B. als hl. Katharina von Siena – ist nicht gesichert.

Ein erneuertes Türchen in der rechten Seitenwand der Predella könnte einen Hinweis auf den Gebrauch des Predellakastens zur Aufbewahrung liturgischer Geräte sein.

Bisheriger Zuordnung folgend, schließt sich das Retabel in Gesamtaufbau und Komposition sowie in Malerei und Skulptur stilistisch und zeitlich eng an das Kamenzer Wolfgangsretabel an (1945 in Dresden verbrannt).

Lit.: Flechsig/Wanckel 1900, S. 44 f.; Gurlitt, BKD, Bd. 36 1912, S. 37 f.; Simon 1925, S. 33 f.; Hentschel 1926; S. 46; Städte 1928, S. 476; Reif 1929, S. 96; Alt-Lausitzer Kunst 1935, S. 21; Dehio 1965, S. 178; Kunstdenkmäler Sachsen 1981, S. 419; Mertens 1992, S. 17; Mieth 1993, Bd. 1, S. 50–59, Bd. 2., S. 6–8; Dehio Sachsen, Bd. 1 1996, S. 467 f.

KM

Der **Erzengel Michael** wird seit frühromanischer Zeit als unheilabweisender Schwellenschützer verehrt. Das Schicksal der menschlichen Seele – die Entscheidung über Verdammnis oder Seligkeit – liegt am Tag des Jüngsten Gerichts in seiner Hand.
„Und es erhob sich ein Streit im Himmel: Michael und seine Engel stritten wider den Drachen. Und der Drache stritt und seine Engel und siegten nicht, auch ward ihre Stätte nicht mehr gefunden im Himmel. Und es ward gestürzt der große Drache, die alte Schlange, die da heißt Teufel und Satan, der die ganze Welt verführt. Er ward geworfen auf die Erde, und seine Engel wurden mit ihm dahin geworfen."
Apok 12, 7–9.

2.58
Einzelschrein mit Figur eines heiligen Bischofs (Nikolaus)

Sächsisch, 1430–1440; Schrein: Nadelholz, farbige Fassung; Figur: Lindenholz, rückseitig gehöhlt, Leinwandbeklebung, farbige Fassung mit Goldlack auf Silber (2. Fassung); Türchen des Schreins verloren, Sockel der Figur 1998 ergänzt. Schrein H. 139 cm, B. 82 cm, T. 18 cm; Figur H. 120 cm. Restaurierung: 1998 – Landesamt für Denkmalpflege Dresden, Christine Kelm (Dokumentation). Tanneberg (Lkr. Mittweida), Ev.-Luth. Tochterkirchgemeinde.

In einem Schrein, der ehemals mit einer dreiseitigen Tür geschlossen werden konnte, steht die leicht untersetzte Figur eines hl. Bischofs, würdevoll frontal und nahezu unbewegt. Die erhaltene mittelalterliche Fassung mit fein differenziertem Inkarnat der Figur trägt zur lebendigen Charakterisierung bei. Der Bischof trägt Mitra und Bischofsstab sowie sein Pontifikalgewand mit Albe, Dalmatik und Kasel. Die fragmentarisch erhaltene Bemalung des Schreinhintergrundes bezieht sich auf die Figur: ein roter Vorhang, darüber ein indigo-blauer Himmel mit aufgeklebten Sternen, vor dem sich der hellgelbe Nimbus abhebt.
Ein eindeutiges Attribut zur Benennung des Bischofs fehlt. Da jedoch Nikolaus von Myra, Patron der Schiffer und Kaufleute, auch im spätmittelalterlichen Sachsen der beliebteste hl. Bischof war und ihm in vielen Städten Kirchen geweiht wurden, er zudem häufig ohne besondere Zeichen wiedergegeben ist, handelt es sich wohl um seine Darstellung.
In Körperauffassung und Faltenwurf wirkt der Weiche Stil der Zeit um 1400 nach; die Unbewegtheit und die glatten Oberflächen zeigen aber dessen „Zersetzung" (Walter Hentschel) an; als Entstehungszeit wird das 4. Jahrzehnt des 15. Jh. vorgeschlagen. Stilistisch stand dem Werk die 1945 verbrannte, um 1440 datierte Figur der hl. Barbara aus Markersbach nahe.
Der Einzelschrein gehört mit zwei weiteren Schreinen in Tanneberg, wovon der größere eine Madonnenfigur beherbergt (Nr. 2.18) und der kleinere die Skulptur einer unbekannten Heiligen, zu den wenigen erhaltenen Beispielen dieses Retabeltypus in Sachsen. Ob er für die kleine Dorfkirche geschaffen wurde, ist nicht bekannt. Angesichts der schriftlichen Überlieferung, daß nach der Auflösung von Altzella 1540 Ausstattungsstücke aus der Kirche – in der zwei Altäre dem hl. Nikolaus geweiht waren – hierher gelangten, ist eine entsprechende Provenienz zu erwägen. Jedenfalls ist der reiche Bestand an Einzelbildwerken des 15. Jh. zusätzlich zu dem um 1510 in einer Chemnitzer Werkstatt geschaffenem Flügelaltar an dem abgelegenen Ort erstaunlich.

Lit.: Magirius/Mai 1985, S. 212.

MW

2.59
Heiliger Laurentius

Oberlausitz, 2. Viertel 15. Jh.; Standfigur, Laubholz, vollrund gearbeitet und farbig gefaßt; Rost und evt. Attribut in der linken Hand fehlen, die heutige Zweitfassung unklaren Alters folgt wesentlich der darunterliegenden Erstfassung (ursprünglich Kleidersäume und Mantelinneres rot), Spitzendekor auf Kleidsaum und im Brustbereich barock (?). H. 150 cm, B. 20 cm, T. 13 cm. Restaurierung: 1997 – Gisela Hempel (Dokumentation). St. Marienstern, Zisterzienserinnenabtei.

Im Diakongewand und mit Rost in der rechten Hand folgt die Laurentiusgestalt dem geläufigen ikonografischen Typus. Die auf Frontalansicht angelegte Komposition wird durch die von der Beugung des vorgestellten rechten Beines ausgelöste Ponderation aufgelockert. Die lebendige Modellierung des jugendlichen Gesichts und der herabschauende Blick seines leicht geneigten Hauptes unterstreichen die körpersinnliche Gestaltgebung.

Feine, in die Grundierung geschnittene Parallelriefen verleihen den schneckenförmig gelegten Haaren Struktur. Die typische Frisur legt zusammen mit dem weichen Fluß der Gewanddrapierung eine Entstehung vor der Mitte des 15. Jh. nahe. In den Händen präsentierte der Heilige seine Attribute: Der noch als Griff erhaltene Rost und wohl ein Buch. Ähnlich ist eine um 1420 datierte Laurentiusfigur in der Kirche von Zodel. In beiden Fällen kennen wir weder den ursprünglichen Standort, noch zeigen die Figuren ihre Erstfassung. Unterschiede zur ebenfalls vollrunden Figur in Zodel werden vor allem hinsichtlich der hier wesentlich differenzierteren Modellierung des Faltenwurfs spürbar.

unpubliziert

KM

2.60

Heiliger Diakon (Laurentius)

Oberlausitz, um 1490; Holz, vollrund geschnitzt, farbige Fassung (erneuert); Plinthe und Finger beider Hände beschädigt, Attribut neu. H. 150 cm, B. 34 cm, T. 34 cm. St. Marienthal, Zisterzienserinnenabtei.

Die aus einem Baumstamm geschnitzte, kaum bewegte Figur eines hl. Diakons, wirkt in ihrer plastischen Kompaktheit und Größe monumental. Der Heilige trägt das Diakonengewand mit Albe und straff darübergezogener Dalmatik mit Fransenbesatz. Die nur über dem rechten Knie mit einer Staufalte unterbrochene Flächigkeit des Gewandes betont die statuarische Körperlichkeit der Skulptur. Das Gesicht mit vollen Wangen, Rundkinn, schmaler Nase und gleichmäßigen Brauen-

Der **heilige Laurentius** stammte aus Spanien und war im 3. Jh. Erzdiakon des hl. Papstes Sixtus. In dessen Auftrag verteilte er Kirchenschätze an arme und kranke Christen, um diese dem Zugriff des Kaisers Valerian zu entziehen. Daraufhin wurde er am 10. August 258 auf Befehl des Kaisers auf einem Feuerrost zu Tode gemartert. Als Schutzheiliger der Armen und als Erzmärtyrer genießt er weitverbreitete Verehrung. Zumeist wird er als jugendlicher Diakon mit Tonsur dargestellt. Der Rost als häufigstes Attribut erinnert an seinen qualvollen Tod.

Johannes der Täufer, Vorläufer und Ankünder Jesu und asketischer Prediger in der Wüste, erkannte in Jesus von Nazareth den Messias. Bei dessen Taufe im Jordan nannte er ihn „das Lamm Gottes" (agnus dei), sah Passion und Auferstehung gleichermaßen voraus. Neben Maria ist er der Fürbitter der sündigen Menschheit am Tag des Jüngsten Gerichts. Fellgewand, dichte Haartracht, Buch und Lamm sind seine wichtigsten Attribute.

bogen neigt sich leicht dem Betrachter zu, wobei der Blick unbestimmt bleibt. Die für das ausgehende 15. Jh. bezeichnende Haartracht mit ornamentalen Korkenzieherlocken hebt den jugendlichen Charakter hervor. Die Arme sind an den Körper geschmiegt, die Rechte hält der Heilige offen vor der Brust, die etwas tiefer angeordnete Linke umgreift einen nachträglich hinzugefügten Palmwedel als Zeichen seines Märtyrertodes. Wurde bisher angenommen, daß er ehemals Steine trug – Symbol für das Martyrium des gesteinigten hl. Stephanus –, so deutet die Handhaltung eher daraufhin, daß er einen herabhängenden Rost hielt und damit als Laurentius ausgewiesen war (Nr. 2.59). Als solcher wird die Figur auch in St. Marienthal verehrt, wo dem Heiligen die Verschonung vor einer Feuersbrunst zugeschrieben wird und die Figur deshalb besonderes Ansehen genießt. Ihr ursprünglicher Standort und ikonographischer Zusammenhang ist nicht überliefert. Vermutlich handelt es sich um das Werk eines Oberlausitzer Bildhauers.
Ähnlichkeiten in der Körperauffassung und Modellierung verbinden es mit zwei um 1500 entstandenen Holzbildwerken in St. Marienthal, die heute wie der hl. Diakon auf dem Nonnenchor aufgestellt sind: einer hl. Anna Selbdritt und einer Maria als Tempeljungfrau.

Lit.: Kostbarkeiten aus Sachsen 1992, Nr. 20.

MW

2.61
Johannes der Täufer

Oberlausitz, um 1500; Fragment einer abgesägten, rückseitig gehöhlten Schreinfigur, Laubholz, originale farbige Fassung erhalten; Übermalungen im ursprünglich mit Zwischgoldauflagen versehenen Haar- und Bartbereich, Auffrischungen im Inkarnat, Fehlstellen an den Stirnlocken, Flickung im Brustbereich wohl Entstehungszeit, Sockel 20. Jh. H. 44 cm, B. 42 cm, T. 24 cm. Restaurierung: 1997 – Silvia Ciesielski (Dokumentation). Um 1930 von Otto Horn „in der Gegend von Kamenz", möglicherweise in St. Marienstern erworben; seit 1952 Meißen, Stadtmuseum, Inv. Nr. 908 (Ho 17).

Das zur Seite geneigte bärtige Haupt Johannes des Täufers wird von einer Lockenpracht umgeben. Unter dem Mantel trägt er das härene Gewand. Von der überlebensgroßen Heiligengestalt (ca. 185 cm) ist nur diese Büste erhalten. Im Gegensatz zu den reinen Seitenansichten wirkt die Modellierung der Vorder- und Seitenansicht von schräg links sehr sorgfältig und lebhaft. Ursprünglich befand sich die Figur wohl im Schrein eines Retabels; die Neigung des Hauptes legt eine Aufstellung als linke Figur nahe. Vorläufig kann die Zugehörigkeit zum verlorenen spätgotischen Hochaltarretabel der Klosterkirche von St. Marienstern nur Hypothese bleiben. Johannes der Täufer gehört zu den Hauptpatronen des Klosters, so daß ihm die Position links der zentralen Schreinfigur (Maria) gebührte.
Zur Täuferfigur des Hochaltarretabels der Stadtpfarrkirche St. Marien zu Kamenz zeigen sich motivische und stilistische Verwandtschaft: neben der charakteristischen Mimik besonders die Anlage der geschnitzten Locken. Beide Werke verbindet eine enge Beziehung zur schwäbischen Skulptur des Erhartkreises. Andererseits sind Unterschiede in Gesichtstypus, der Oberflächendurchbildung und Virtuosität der Haarbehandlung offensichtlich. Aus der Verhaltenheit der Gestaltgebung des Meißner Johannes ergibt sich eine Datierung um 1500, die der stilistischen Distanz zu dem erst um 1510–1520 entstandenen Großen Kamenzer Marienretabel sowie dessen Nachfolgewerken entspricht.

Lit.: Hentschel 1926, S. 46; Alt-Lausitzer Kunst 1935, Nr. 48; Alte Kunst in Sachsen 1955; Nr. 58.

KM

„Denn Herodes fürchtete den Johannes, weil er wußte, daß er ein frommer und heiliger Mann war, und verwahrte ihn; und wenn er ihn gehört hatte, ward er sehr unruhig; und doch hörte er ihn gerne. Und es kam ein gelegener Tag, da Herodes an seinem Geburtstag ein Mahl gab seinen Großen und den Obersten und Vornehmsten in Galiläa. Da trat herein die Tochter der Herodias und tanzte und gefiel wohl dem Herodes und denen, die am Tisch saßen. Da sprach der König zu dem Mädchen: Bitte von mir, was du willst, ich will dir's geben. Und er schwur ihr einen Eid: Was du wirst von mir bitten, will ich dir geben, bis an die Hälfte meines Königreichs. Und sie ging hinaus und sprach zu ihrer Mutter: Was soll ich bitten? Die sprach: Das Haupt Johannes des Täufers. Und sie ging alsbald hinein mit Eile zum König, bat und sprach: Ich will, daß du mir gebest jetzt zur Stunde auf einer Schüssel das Haupt Johannes des Täufers. Und der König ward sehr betrübt; doch um des Eides willen und derer, die am Tische saßen, wollte er sie nicht lassen eine Fehlbitte tun. Und alsbald schickte der König einen Henker hin und hieß sein Haupt herbringen. Der ging hin und enthauptete ihn im Gefängnis und trug her sein Haupt auf einer Schüssel und gab's dem Mädchen, und das Mädchen gab's seiner Mutter."
Mark 6, 20-28

2.62
Johannesschüssel

Johanneshaupt: Oberlausitz, 1490–1500; Schale wahrscheinlich nachträglich (wohl 17. Jh.); Holz, farbige Fassung (Haupt: 3. Fassung, Schale: zur 3. Fassung des Hauptes gehörende 2. Fassung), Johanneshaupt: H. 32 cm, Schale: Dm. 56 cm. Restaurierung: 1996 – Uta Fischer (Dokumentation). St. Marienstern, Zisterzienserinnenabtei.

Das aus einem Holzstück geschnitzte Johanneshaupt zeigt das Antlitz eines Toten, noch von Schmerz gezeichnet, aber bereits gelöst. Ursprünglich unterstützte eine naturalistische Inkarnatfassung den lebensnahen Ausdruck; laut einer damals erstellten Rechnung ist das Haupt mindestens seit 1710 vergoldet.
Die Johannesschüssel erinnert an den Tod des hl. Bußpredigers und Täufers Jesu. Auf Wunsch seiner Stieftochter Salome ließ König Herodes Johannes enthaupten und ihr sein Haupt auf einer Schüssel überreichen (Mark 6, 21–28). Die seit dem 13. Jh. überlieferten Johannesschüsseln hatten im Mittelalter ihren Platz in geistlichen Schauspielen; sie wurden zudem als Votiv gegen Kopf- und Halskrankheiten verehrt und gestiftet.
In St. Marienstern hatte die Johannesschüssel seit dem 18. Jh. ihren Platz auf dem Nonnenchor. Vielleicht geht dieser Standort auf eine mittelalterliche und ordensspezifische Tradition zurück, schuf man doch auch in der bayerischen Zisterzienserinnenkirche Oberschönenfeld noch im barocken Neubau zur ständigen Aufstellung einer spätgotischen Johannesschüssel eine Nische im Schwesternchor. Jeweils am 29. August, dem Tag der Enthauptung, wurde die Schüssel auf einem Altar in der Laienkirche zur Verehrung ausgestellt, in der übrigen Zeit des Jahres führte sie den Mariensterner Schwestern den Kompatron des Klosters bildlich vor Augen.
Stilistisch steht das Werk vereinzelt, ein Bezug zu den übrigen spätgotischen Skulpturen des Klosters fehlt; in seiner Feinheit erinnert es an zeitgenössische Goldschmiedearbeiten. Neben der Mariensterner Johannesschüssel ist in Sachsen nur noch in Wittichenau ein Beispiel für diesen Bildtypus bekannt.

Lit.: Hitschfel 1894, S. 591; Gurlitt BKD, Bd. 35 1912, S. 215; Schmidt 1959, S. 79 f.

MW

Virgo inter Virgines ist ein im Spätmittelalter beliebtes Bildthema. Dargestellt wird Maria mit jungfräulichen Heiligen. Oft sind es die Quattuor Virgines Capitales, die vier wichtigsten Jungfrauen.

Katharina von Alexandrien gelang es, 50 Philosophen zum Christentum zu bekehren. Dafür wurde sie gefangengenommen und gegeißelt. Das mit Messern und Nägeln für ihre Hinrichtung präparierte Wagenrad wurde durch göttliches Eingreifen unter Blitz und Donner zerstört. Schließlich wurde sie durch das Schwert enthauptet.

Barbara, Tochter eines Kaufmanns in Nikomedien wurde von ihrem Vater in einem Turm gefangengehalten und bekehrte sich dort zum Christentum. Ihr Vater klagte sie an; sie floh, wurde jedoch von einem Hirten verraten und erneut eingekerkert. Ihr Vater hat sie nach schrecklichen Folterungen enthauptet.

2.63

Drei weibliche Halbfiguren der heiligen Katharina, Margaretha und Barbara

Oberlausitz, 1. Viertel 16. Jh.; Büsten aus einer Predella, Linde, rückseitig gehöhlt, farbige Fassung: Zweitfassung (barock?) als annähernde Wiederholung der Erstfassung, Kronenzacken und linkes Drachenohr erneuert, Anobienfraßschäden. H. (o./m. Kronenzacken) 47/53 cm, B. 34 cm, T. ca. 15 cm. Restaurierung: 1996/1997 – Uta Fischer und May Schoder (Dokumentation). St. Marienstern, Zisterzienserinnenabtei.

Wie ihre rückseitige Höhlung zeigt, waren die drei Büsten weiblicher Heiliger für die Aufstellung im Schrein einer Predella vorgesehen. Die hll. Katharina mit gebrochenem Rad, Margaretha mit Drachen und Barbara mit Turm gehören zu den im Mittelalter beliebtesten weiblichen Heiligen. Ihren Gesichtern, die von herabfließenden Haaren gerahmten werden, verleihen die rundlichen Züge jugendliche Frische. Die Fassung unterstützt diesen Eindruck. Die von wenig gebrochenen Faltenstegen charakterisierte Drapierung der Mäntel läßt die Bewegtheit der Körper spürbar werden. Die schlanken Hände der Heiligen präsentieren in anmutiger Gebärde ihre Attribute. Die charakteristischen Hände dokumentieren die stilistische Verwandtschaft zur Bildschnitzerwerkstatt des Sippen- bzw. Marienretabels in der Kamenzer Klosterkirche St. Annen. Beide Retabel zeigen enge Bezüge zur schlesischen Kunst (sog. Beinhartgruppe). Gemeinsamkeiten bestehen im Kopftypus, der Gewand- und Körpersprache und in der Faßtechnik, soweit dies angesichts der in neuzeitlicher Wiederholung des Originals erhaltenen Fassung erkennbar ist (z. B. reiche Metallauflagen, kein strukturierter Dekor, Inkarnatbehandlung). Daraus ergibt sich eine Datierung um 1510/1520. Die Bestimmung der Predella für das Kloster ist nicht gesichert. Ein motivisch und stilistisch eng verwandtes Werk ist das ebenso zur sog. Beinhartgruppe zählende Marienkrönungsretabel aus Thiemendorf (Tymova) in Schlesien, in dessen Predella Dorothea die Riege der Jungfrauen zu den Quattuor Virgines Capitales ergänzt. Die Predella eines weiteren schlesischen Retabels aus Lampersdorf (Zaborów) zeigt die Büsten dieser vier hll. Jungfrauen in ähnlich dicht gereihter Aufstellung; möglicherweise handelte es sich auch bei den hiesigen Predellafiguren ursprünglich um eine Vierergruppe. Daraus ergäbe sich eine Größe des Predellenschreins (H. 80 cm, B. 180 cm), die im Verhältnis zu erhaltenen Werken durchaus üblich war.

unpubliziert

KM

2.64
Maria-Magdalena-Retabel

Oberlausitz, um 1520; Schnitzretabel mit beidseitig bemaltem Flügelpaar, originale Fassung (aufgefrischt): Flügel und Hände aller Engel fehlen, zahlreiche Retuschen im Schreinhintergrund und auf den Flügelinnenseiten, Verluste auf den Flügelaußenseiten, Ausflickung im Schreindach, Gesprenge (?) und Predella verloren. Schrein: H. 126,5 cm, B. 95 cm; linker Flügel: H. 126,5 cm, B. 45,5 cm, T. 3 cm; rechter Flügel: H. 126,5 cm, B. 47,5 cm, T. 3 cm; Maria Magdalena mit unterem Engel: H. ca. 87 cm. Restaurierung: 1969/1973 – Fritz Riedel (Dokumentation). St. Marienstern, Zisterzienserinnenabtei.

Im Schrein des kleinen Retabels erscheint die geschnitzte Gestalt der Maria Magdalena, die von sieben Engeln zum Himmel emporgehoben wird. Die gemalte Innenseite des linken Flügels füllen dicht gedrängt vor bewölktem Himmel die Gestalten der zwölf Apostel mit Petrus und Paulus im Vordergrund aus. Auf dem rechten Flügel wird der Gekreuzigte von den 10.000 Märtyrern umgeben gezeigt. Rechts vorn kniet ein betender Stifter in Gestalt eines unbekannten Bischofs. In geschlossenem Zustand geben beide Flügel zu einem Bild vereint die Begegnung von Maria Magdalena mit Christus als Gärtner wieder.
Der vergoldete Schreinhintergrund hebt sich vom Grün des Vordergrundes ab. Das in den Kreidegrund geschnittene, für die Oberlausitz und Schlesien typische Granatapfelmuster ziert auch den oberen Bereich der Flügelinnenseiten. Der leicht gedrungen wirkenden Magdalenengestalt verleiht erst der Reigen der Engel, die nach der Legenda aurea die Heilige täglich für sieben Stunden zum Gebet emporhoben, den Charakter himmlischer Entrückung. Die schnitzerische Umsetzung dieses Themas ist seit Hans Multscher (um 1435) und Tilman Riemenschneider (Münnerstadt 1492) verbreitet. Sächsische Beispiele (Waldenburger Relief des Meisters H. W., Höckendorfer Gesprengegruppe) zeigen im Gegensatz zur graphikorientierten Kompositionsvariante (z. B. Meister E. S.) das Motiv des die Figur tragenden Engels unter ihren Füßen.
Die Körperauffassung der Marienskulptur und eine ähnliche Komposition der Ranken in der Zierarchitektur des Schreins weisen enge stilistische Nähe zum Schrein des Löbauer Marienreta-

Dorothea wurde als Tochter einer christlichen Senatorenfamilie nach Folterungen enthauptet. Vor der Hinrichtung verspottete sie ein Jüngling, sie solle ihm Blumen und Früchte aus dem Garten ihres himmlischen Bräutigams schicken.
Daraufhin erschien ein himmlischer Knabe, der ihr den Korb mit den guten Gaben überreichte.

Margaretha, eine Christin in Antiochia, weigerte sich, den Stadtpräfekten zu heiraten und ihrem Glauben zu entsagen. So wurde sie gemartert und zuletzt enthauptet. Im Kerker war ihr als Versucher ein riesiger Drache erschienen, den sie durch das Kreuzeszeichen besänftigte.

Nr. 2.65
links: Magdalena
rechts: unbekannte Heilige
nächste Seite: Apollonia

bels aus dem 1. Viertel des 16. Jh. (Bautzen, Stadtmuseum) auf. Das etwa gleichzeitig um 1520 entstandene Mariensterner Magdalenenretabel gehört damit in den Werkkreis um das Görlitzer Marienretabel (Nr. 2.45).

Die Tafelmalerei des Mariensterner Retabels ist den Werken des „Meisters der Frauenhainer Flügelbilder" verwandt, besonders dessen 1516 datiertem Flügelaltar aus Bad Schandau. Diese Nähe wird v. a. durch die überlängten Proportionen der Apostelgestalten und Eigenarten der Gewandhandlung deutlich.

Lit.: Alt-Lausitzer Kunst 1935, Nr. 61; Gurlitt BKD, Bd. 35 1912, S. 154–156; Magirius/Seifert 1974, S. 54–56; Magirius 1986, S. 13–14; Dehio Sachsen, Bd. 1 1996, S. 684.

KM

2.65

Drei weibliche Heiligenfiguren

Oberlausitz, 1. Viertel 16. Jh.; vollrunde Standfiguren, Laubholz, farbig gefaßt, Figuren auf die Erstfassung freigelegt; Magdalena: zeitgleiches Entfernen der Haube, Nachschneiden der Haare und Befestigung auf Sockel (Zweitfassung); unbekannte Heilige: linke Hand ergänzt, Kronenzacken verloren, Sockelbefestigung vor (Erst)fassung; sog. Apollonia: spätgotische Erstfassung, keine Befestigungsspuren für Kopfbedeckung, rechte Hand und linker Daumen fehlen, leichte Bestoßungen und Fassungsfehlstellen. Magdalena: H. (o./m. Sockel) 63/71 cm, B. 18,5 cm; unbekannte Heilige: H. (o./m. Sockel) 62/70,5 cm; B. ca. 22 cm; sog. Apollonia: H. (o./m. Sockel) 58/69 cm. Restaurierung: Magdalena und unbekannte Heilige: 1997 – Ingrid Varga (Dokumentation); Apollonia: 1997/1998 – Tobias Gockel und Oliver Tietze (Dokumentation). St. Marienstern, Zisterzienserinnenabtei.

In spiegelbildlicher Entsprechung zueinander und mit leicht geneigtem Haupt erscheinen die beiden annähernd gleichgroßen Heiligengestalten der Maria Magdalena und einer unbekannten Heiligen. Die restauratorische Untersuchung beider Figuren ergab, daß sie drei zeitlich und technologisch identische Fassungsfolgen aufweisen. Diese Einheitlichkeit ging durch die jüngste Freilegung auf die jeweilig unterschiedliche Erstfassung verloren. So zeigt die hl. Maria Magdalena heute ein für die Oberlausitz typisches, von reichen Metallauflagen geprägtes Erscheinungsbild der spätmittelalterlichen Fassung. Im Gegensatz dazu wirkt der Farbklang der sicherlich später entstandenen reinen Farbfassung der unbekannten Heiligen matter. Ein Nachweis für eine frühere Fassung wurde bei dieser Figur nicht gefunden. Da sie sich kompositorisch und stilistisch eng an der Magdalenengestalt orientiert, ist nicht auszuschließen, daß sie später hinzugefügt wurde. Der Bildschnitzer der beiden Skulpturen hat auch ein aus der westlichen Oberlausitz stammendes Verkündigungsretabel (Meißen, Stadtmuseum) geschaffen, das in die dreißiger Jahre 16. Jh. zu datieren ist und eine gleichzeitige Entstehung mit den Heiligenfiguren in St. Marienstern vermuten läßt.
Später wurden wohl beide Figuren aus einem unbekannten Aufstellungskontext herausgelöst und mit der dritten Figur der hl. Apollonia zu einer neuen Gruppe zusammengestellt. Darauf verweisen die nahezu identischen Sockel.
Die Bezeichnung der dritten Figur als Apollonia rührt von einer modernen Bleistiftbeschriftung an der Unterseite des Sockels her. Ihr Erhaltungszustand erlaubt keine sichere ikonographische Deutung. Vielleicht handelte es sich um eine Gesprengefigur, was auch für die anderen Heiligengestalten nicht auszuschließen ist. Dieser Position würde auch die auf Metallauflagen verzichtende spätmittelalterliche Fassung entsprechen. Insbesondere der Gesichtstypus und die Manteldrapierung weisen verwandtschaftliche Züge zu den um 1500 entstandenen Schreinskulpturen des Retabels aus Kittlitz (Bautzen, Stadtmuseum) auf.

unpubliziert

KM

Martinus, als Sohn eines römischen Tribunen geboren, kam als Soldat nach Gallien und ließ sich dort vom Bischof Hilarius von Poitiers taufen. 371 wurde er zum Bischof von Tours gewählt. Seine Vita ist im Laufe der Jahrhunderte mit zahllosen Legenden von Wundern, besonders Totenerweckungen und Krankenheilungen, ausgeschmückt worden. Die Darstellung des hl. Martin als jugendlicher Reiter zu Pferde geht auf eine Legende zurück, nach der Martin vor den Toren von Amiens Christus in Gestalt eines Bettlers erschien. Mit dem Schwert teilt er seinen Mantel, um dem Frierenden eine Hälfte zu geben. Der Ritterheilige wurde als Patron der Soldaten, Schneider und Bettler verehrt und galt als Schutzheiliger der Winzer; in dieser Funktion erlangte er sicher auch Bedeutung für die Region um Riesa.

Der **heilige Onuphrius** (um 400) gehört zu den in der Ostkirche verehrten und häufig dargestellten Asketen, dessen Kult sich in Italien im 14. Jh. und im 15. Jh. auch nördlich der Alpen ausbreitete. Die Legende berichtet, daß er als Sohn eines abessinischen Fürsten im Kloster Hermopolis erzogen wurde. Dort lebte er als Mönch, bis er sich entschloß, in die Wüste zu gehen, um 60 Jahre in einer Höhle ein Einsiedlerleben zu führen. Kelch und Hostie als Attribute beziehen sich auf die Kommunion, mit der ihn ein Engel allwöchentlich stärkte. Das fellähnliche Haargewand begegnet sonst bei Darstellungen der „haarummantelten Büßerin“ Maria Magdalena, die sich mit dieser Darstellungsweise ihrerseits an den Bildtypus der hl. Maria von Ägypten anlehnt (vgl. Nr. 2.64).

2.66

Heiliger Martin zu Pferde

1. Viertel 16. Jh.; Laubholz, 3 Holzteile, rückseitig abgeflacht und ausgehöhlt, Plinthe aus 2 Teilen. H. 130 cm, B. 100 cm, T. 23 cm. Restaurierung: 1913, 1997/98 – Betina Beck (Dokumentation). 1597 Altar aus der alten Kirche Riesa-Pausitz nach Weida verkauft, zu diesem gehörte wohl die vorliegende Skulptur; ab 1901 in den Akten des Pausitzer Pfarramts erwähnt. Riesa-Pausitz, Ev.-Luth. Kirchgemeinde St. Martin.

Der Heilige sitzt als stattlicher Reiter auf seinem im Stand verharrenden Pferd, das nur den rechten Vorderhuf erhoben hat. Er trägt ein Renaissancekostüm mit weitem Mantel, darunter eine Schaube mit breitem Kragen und geschlitzten Ärmeln sowie ein flaches Barett. Mit der Linken faßt er den Mantel, um ihn mit dem Schwert zu teilen. Gewiß wurde die Skulptur als Schreinfigur für ein Altarretabel geschaffen.
In Sachsen sind nur wenige Darstellungen des hl. Matin zu Pferde erhalten, so im Schrein eines Retabels aus der Kirche in Weinböhla (heute Meißen, Martinskapelle, 1503). Die Martinsfigur des Retabels aus Großweitzschen um 1520 (1945 in Dresden verbrannt) trug ein ähnliches Kostüm, desgleichen ein gemalter Martin zu Pferde auf der zweiten Wandlung des Altars der Döbelner Nikolaikirche (um 1515/1516). Die Pausitzer Skulptur kann um 1515/1520 datiert werden.
Der bisher dem Martinsaltar zugeordnete Flügel (Dresden, Kunstgewerbemuseum) stammt wohl von einem zweiten Retabel aus Pausitz.

Lit: Gurlitt BKD 1914, S. 208–210; Dehio Sachsen, Bd. I 1996, S. 755.

AH

2.67

Heiliger Onuphrius

Schlesisch (?), 1510–1520; Lindenholz, vollrund geschnitzt; farbige Fassung. H. 62,5 cm. Um 1930 von Otto Horn in St. Marienstern erworben; seit 1952 in Meißen, Stadtmuseum, Inv. Nr. 699 (Ho 15).

Die untersetzte Figur steht auf einem Postament, dessen Oberfläche eine Erderhebung andeutet. Der Eremit, der am ganzen Körper mit Ausnahme von Gesicht, Händen, Füßen und Kniescheiben fellähnlich mit Haaren bedeckt ist, trägt nur einen aus Blattwerk geflochtenen Lendenschurz. Das dichte Haupthaar kennzeichnet ihn genauso wie der bis auf die Brust fallende Vollbart mit zwei langen Backenhaarsträhnen. Zu ergänzen wären ein Stab, den er in der linken Hand hielt, sowie in der rechten Hand wohl einen Kelch oder eine Hostie. Eine Paternosterschnur, wie sie noch eine Aufnahme von 1930 an der linken Hand zeigt, findet sich auch bei anderen Wiedergaben des Heiligen. Im ausgehenden 15. und frühen 16. Jh. ist eine relativ große Verbreitung des hl. Onuphrius festzustellen. Wie der hl. Christophorus wurde er als Patron für eine gute Sterbestunde angerufen. Als männliches Pendant zur hl. Maria Magdalena dürfte er als Inbegriff von Buße und Askese bei den Zisterzienserinnen in besonderem Ansehen gestanden haben.

unpubliziert

GW

2.68
Heiliger Georg

Oberlausitz, Meister des Großen Kamenzer Marienaltars, um 1510/1520; vollrunde Standfigur, Laubholz, originale farbige Fassung; Arme und die Lanze fehlen, Bestoßungen und Fassungsschäden, Metallauflagen der Rüstung verschwärzt, Figurenrückseite im oberen Bereich ohne Fassung. H. 80 cm. Kamenz, Ev.-Luth. Kirchgemeinde St. Marien.

Die Figur entspricht dem geläufigen Darstellungstyp des auf dem Drachen stehenden hl. Georg. Seine verlorenen Hände führten ursprünglich eine Lanze. Der Drache bildet durch seine runden Formen einen Gegensatz zur klaren Kontur der Rittergestalt; kontrastierend setzt sich die Glätte der ursprünglich metallisch glänzenden Rüstung des hl. Georg von der schuppigen Reptilienhaut des Drachen ab. Die spiralige Schwingung des Körpers verleiht der Gestalt Lebendigkeit. Das markante Gesicht prägt kämpferische Entschlossenheit. Die auf Untersicht gearbeiteten Gesichtszüge und die verkürzte Halspartie sprechen für eine hohe Anbringung, z. B. im Gesprenge eines Flügelretabels. Dementsprechend zeigt die Figurenrückseite nicht in allen Bereichen eine sorgfältige Ausarbeitung und Fassung.

Das kompositionelle Ausbrechen der Georgsfigur aus der geläufigen Frontalansicht läßt die gestalterische Kreativität des Bildschnitzers erkennen. Charakteristische Merkmale der Gesichtsbildung – die Gestaltung der Augenpartie und des Mundes – sowie übereinstimmende Merkmale der Inkarnatfassung ermöglichen eine Zuschreibung an den Schnitzer des Hochaltarretabels der Kamenzer Marienkirche. Die bisher festgestellte Verwandtschaft mit den seit 1945 verlorenen Schreinwächterfiguren der hll. Florian und Georg, die wohl zum ehemaligen Hochaltarretabel der Zeitzer Michaelskirche gehören, bleibt auf motivische Ähnlichkeiten beschränkt.

Lit.: Gurlitt BKD, Bd. 36 1912, S. 281; Hentschel 1951; Mieth 5/1993, S. 20.

KM

Der **heilige Georg** – Ideal christlicher Ritterlichkeit und höfischer Tugend – genoß besonders im Spätmittelalter verbreitete Verehrung. Als römischer Offizier war er Christ geworden und wurde nach Marterungen 303 unter Kaiser Diokletian enthauptet. Große Bekanntheit erlangte er durch sein legendäres Auftreten als Drachentöter, der die Stadt Gilena und die als Opfer bestimmte Königstochter durch das Kreuzeszeichen von der Bestie befreit. Als Überwinder des Bösen (in Gestalt des Drachen) zählt er auch zu den Vierzehn Nothelfern.

2.69
Heiliger Andreas

Oberlausitz, 1. Viertel 16. Jh.; Retabelskulptur, Laubholz, rückseitig abgeflacht, farbig gefaßt; rechte Hand beschädigt und (neu) angenagelt, Finger(glieder) der rechten Hand fehlen, obere Teile der Kreuzbalken erneuert (?), spätgotische Fassung mit grüngelüsterter Silberauflage des Kleides und zweischichtigem Rot des Mantels mit polimentvergoldetem Saum unter späterer Überfassung gleichen Farbklangs vorhanden, Haare ursprünglich braun gefaßt, Sockel extra gearbeitet. H. (o. Sockel) 58 cm, H. 4,5 cm, B. 20 cm, T. 12 cm. Restaurierung: 1997 – Peter Taubert (Dokumentation). St. Marienstern, Zisterzienserinnenabtei.

Eine lange Haar- und Barttracht kennzeichnen den hl. Andreas als älteren Mann, der sich aus der Schrittstellung dem Betrachter zuwendet. Der Heilige präsentiert das nach ihm benannte x-förmige Kreuz (crux decussata) seines Martyriums wie ein Schild vor dem Körper. Das Buch in seiner Linken zeichnet ihn als Apostel und Prediger aus. Der leicht geöffnete Mund und der auf eine wohl vorhandene Nachbarfigur gerichtete Blick weisen die Figur in einen größeren Zusammenhang (z. B. einer Apostelgruppe) im Flügelschrein eines spätgotischen Retabels.
Die Komposition geht auf Vorlagen des Wohlgemutkreises zurück. Die gebrochenen Falten des Mantels über dem in Parallelfalten geordneten Kleid und die Haarbildung datieren die Figur ins ausgehende 1. Viertel des 16. Jh. Stilistisch sind etwa gleichzeitig entstandene geschnitzte Heiligenfiguren der Kapelle in Cannewitz (Panschwitz-Kuckau) vergleichbar. Wahrscheinlich wurde die Skulptur in einer Werkstatt der Region gefertigt.

unpubliziert

KM

Den Fischerssohn **Andreas** berief Christus als seinen ersten Jünger. Als Missionar im kleinasiatischen Raum tätig, hat er der Legende nach um das Jahr 60 das Martyrium an einem gleichschenkligen Kreuz erlitten. Es war ihm gelungen, die Ehefrau eines römischen Statthalters zum Christentum und zu ehelicher Enthaltsamkeit zu bekehren. Vom Kreuz herab soll er noch zwei Tage das Wort Gottes gepredigt haben. Als Patron der Fischer, Fleischer und Seiler genießt der hl. Andreas hohes Ansehen. In St. Marienstern wird er auf Grund der hier befindlichen Finger- und Andreaskreuzreliquien besonders verehrt (Nr. 2.89).

Abglanz des Himmels – Das Heiltum von St. Marienstern

Nr. 2.90

Reliquien sind die leiblichen Überreste der Heiligen oder Überbleibsel von Gegenständen, die mit Christus und Maria in Berührung gekommen sind. Man sprach ihnen Wunderkraft zu und hoffte, an ihrer Heilkraft Anteil zu erlangen.
Im Mittelalter waren Reliquien wertvoller als Gold und Edelsteine. Sie wurden verehrt, gesammelt, gehandelt, gefälscht, gestohlen. Stets fügte man beim Bau von Kirchen und Altären Reliquien ein. Weltliche und geistliche Herrscher trugen sie mit sich in die Schlacht, ließen kostbare Fassungen anfertigen und legten große Heiltumssammlungen an – so in Aachen, Köln, Halle und Wittenberg. Schon im Mittelalter kam Kritik an der Reliquienbegeisterung auf. Seit der Reformation blieb die Reliquienverehrung auf die katholische Kirche beschränkt.
Bernhard von Kamenz erwarb auf Reisen nach Rom die ersten Reliquien für St. Marienstern. Viele weitere kamen im Laufe der Jahrhunderte hinzu. Den wertvollsten Teil des klösterlichen Heiltumsschatzes stellen 72 Häupter von Begleiterinnen der hl. Ursula dar. Die Königstochter soll einst zusammen mit 11.000 Jungfrauen auf Brautfahrt gegangen und dabei in Köln das Martyrium erlitten haben. Für den Nonnenkonvent war die heilige Frauengemeinschaft ein Vorbild für standhaften Glauben bis zum Tod.
Die Mariensterner Reliquiare entstanden vor allem im 13.–15. Jh. Es sind Meisterwerke der Gotik, geschaffen von Goldschmieden in Prag, Bautzen, Niedersachsen und Venedig. Die Edelsteine stammen aus Böhmen, Indien, Thailand und Afrika. Die Formen der Gefäße – Büsten, Arme, Finger, Rippen – bilden die Körperteile der Reliquien nach, die sich in ihrem Innern befinden. Die kostbaren Hüllen sollen den geistigen Wert sichtbar vor Augen führen: ein Abglanz des Himmels.

2.70
Bernhard III. von Kamenz

Oberlausitz, 1706; Holz, vollrund geschnitzt, farbige Fassung (teilweise übermalt); Brettersockel. H. 220 cm. St. Marienstern, Zisterzienserinnenabtei.

Die gewöhnlich vor dem ehemaligen Refektoriumsportal des Kreuzgangs aufgestellte Figur des Klostergründers zeigt diesen im bischöflichen Pontifikalgewand mit Hirtenstab und einem Modell der Mariensterner Kirche. Vorbild war die Darstellung auf dem Grabdenkmal von 1629 (Nr. 4.52). Alljährlich wird dem Standbild am Todestag Bernhards III., am 13. Oktober, dessen Pontifikalring (Nr. 1.49) angesteckt. Gleichzeitig wurden auf dem Rand des Grabmals bis zu dessen Versetzung 1966 die wichtigsten Reliquiare und die nach Klostertradition vom Stifter stammenden Gegenstände (Nr. 1.46, 1.47) aufgestellt und in das feierliche Requiem einbezogen.
Bernhard III. von Kamenz gilt als Begründer der Heiltumssammlung von St. Marienstern. Unmittelbare schriftliche Quellen belegen dies nicht, zudem entstanden die meisten Reliquiare erst nach seinem Tod. Da aber auf zwei Goldschmiedewerken der Adlerflügel, das Wappen der Familie, abgebildet ist (Nr. 1.44, 2.80), und mehrere Ablaßbriefe für das Kloster zu Lebzeiten Bernhards im Umfeld der Kurie ausgestellt worden waren (Nr. 1.73), erscheint die Überlieferung glaubhaft, wonach er die Reliquien hauptsächlich aus Rom mitgebracht hatte.

unpubliziert

MW

2.71
Staurothek von St. Marienstern

Byzantinisch (Konstantinopel?), um 1100; Kreuzreliquiar in Form eines Triptychons, Silber vergoldet, Rahmungen in Zellenwerk (verrôterie cloisonnée), Reliquienfassung jetzt leer, Rückseite in Treibarbeit. H. 26 cm, B. 19 cm (geöffnet) 35 cm, T. 3,5 cm. Restaurierung: 1997/1998 – Rainer Richter (Dokumentation). St. Marienstern, Zisterzienserinnenabtei.

Das laut Klostertradition aus dem Besitz Bernhards III. stammende Reliquiar ist ein rechteckiges Behältnis, das sich in zwei Flügeln öffnet. Im Innern schließt ein Schiebedeckel die eigentliche Reliquienfassung ab. Außer der Rückseite sind alle Teile durch verflochtene Rahmenstreifen mit bunten, zum großen Teil verlorenen Zelleneinlagen gegliedert. Sie dürften ursprünglich Bilder von Heiligen in Email (Zellenschmelz) eingeschlossen haben. Auf der Vorderseite tragen die Flügel je zwei Medaillons, dazwischen und auf den äußeren Rahmenleisten saßen Glassteine, von denen noch ein großer vorhanden ist. Die Rückseiten zeigen je acht weitere Einfassungen für Bildfelder. Der innere Schiebedeckel ist durch eine große Raute mit begleitenden Medaillons in demselben Rahmenwerk gegliedert. Auch hier sind alle Emails verloren.
Die jetzt leere Fassung für die Kreuzreliquie, wiederum von Einlegestreifen umrahmt, zeigt eine

Kreuzreliquien
Seit frühchristlicher Zeit stellt die Reliquie des nach der Legende von Kaiserin Helena wiedergefundenen Kreuzes den kostbarsten Schatz der Kirchen dar. Die Menschen pilgerten dorthin, wo eine solche Kreuzreliquie aufbewahrt wurde, um sie zu verehren. Schon 348 berichtet Cyrill, Bischof von Jerusalem, daß den ganzen Erdkreis Stückchen des hl. Kreuzes erfüllen, die von frommen (oder geschäftstüchtigen) Christen von der Jerusalemer Kreuzreliquie abgelöst worden sind. Nach der islamischen Eroberung Jerusalms 1187 blieb der Christenheit nur noch das Stück des Kreuzes, das Helena einst ihrem Sohn nach Konstantinopel gesandt hatte. Von dort wurden zahllose Partikel in den sogenannten Staurotheken (griechisch stauros: Kreuz und theka: Behältnis) in die ganze christliche Welt versandt.
Der hl. Bernhard von Siena kritisierte im 15. Jh. die ungeheure Verbreitung von Kreuzreliquien: „So zeigt man auch viele Stücke vom Holz des Kreuzes Christi; sechs Paar Ochsen vermöchten die Last nicht zu ziehen, wenn man alle zusammenfügte. Das ist das Machwerk von Betrügern. In Ägypten gibt es nämlich Feigenbäume, deren Holz nicht verbrennt, wenn man es ins Feuer wirft; aus solchen werden viele Kreuzpartikel verfertigt."

Kreuzform mit doppeltem Querbalken und gerundeten Enden. Die Schnittpunkte der Kreuzarme waren von runden Einlagen (Perlen?) markiert. Die flankierenden, jetzt leeren Felder dürften oben Engelsfiguren, in den unteren Rechtecken die Gestalten von Maria und Johannes oder des Kaiserpaares Konstantin und Helena enthalten haben. Zusammen mit den übrigen Medaillons von Heiligen (Apostel) ergibt sich eine ikonographische Ordnung, die häufig auf mittelbyzantinischen Reliquiaren, Ikonen oder Buchdeckeln begegnet.

Auf der silbervergoldeten Rückseite ist in getriebener Arbeit vor schuppenartig gemustertem Grund und innerhalb einer breiten Rahmung mit Blattranken ein kräftiges Kreuz mit Blattmuster sowie Blattrosetten wiedergegeben. Die vom Kreuzesfuß aufsteigenden volutenartigen Blätter kennzeichnen das Heilszeichen als „lebensspendendes Holz".

Ein im Inneren der Staurothek gefundenes Dokument (Promemoria) teilt mit, daß sich die Kreuzreliquie seit 1190 in diesem Behältnis befunden habe und am 9. Dezember 1724 in eine neu geschaffene Monstranz umgesetzt wurde, in der sie sich noch heute befindet (Nr. 2.72). Die Arme des Kreuzchens schließen jetzt gerade ab, sie tragen kleine Treppenmotive in Zellenschmelz, offensichtlich die einzigen erhaltenen Reste der Ausstattung der Staurothek mit Emails.

Hinweise auf Zeit und Ort der Entstehung sind nur aus Vergleichen mit anderen Objekten zu gewinnen. Der reiche Gebrauch der Einlegetechnik und der Emailzierate weist in das 10.–12. Jh. Kreuzzierseiten in der Art der getriebenen Rückseite begegnen besonders treffend auf den Kreuzreliquiaren in S. Marco zu Venedig, in der Eremitage zu St. Petersburg, im Lateran zu Rom und in der Kathedrale von Monópoli (Apulien). Letztere weist nicht nur ein vergleichbares Schuppenmuster des Grundes auf, sondern an der Kreuzreliquie auch Reste eines Treppenmusters in Email. Nach dem Verlust der figürlichen Zellenschmelze an fast allen genannten Staurotheken bieten vor allem die Einlagebänder als gliedernde Elemente gute Hinweise auf technische und künstlerische Zusammenhänge. So begegnet die charakteristische Gliederung der Türchen, des Schiebedeckels und der Reliquienfassung nahezu identisch an der Staurothek in St. Petersburg. Die Vermutung gemeinsamer Herkunft oder Werkstatt aus dem Umkreis der byzantinischen Hauptstadt liegt nahe.

Die Parallelen erlauben nur eine relative Datierung des Kreuzreliquiars. Im Vergleich mit technisch und motivisch entsprechenden Teilen an den Staurotheken von Limburg (um 960), in Venedig (um 1000), mit der Halberstädter Patene (11. Jh.) und weiteren Staurotheken in St. Petersburg (11./12. Jh.), im Lateran zu Rom (bisher um 1000, wohl zu früh), in Monópoli (um 1000) und einer letzten im Louvre zu Paris (12. Jh.) ergibt sich für das Kreuzreliquiar von St. Marienstern eine mittlere zeitliche Position, d. h. eine Datierung in das späte 11. Jh., bzw. die Zeit um 1100.

Lit.: Sachsen 1914, Nr. 429; Frolow 1961, Nr. 429; Frolow 1965, Nr. 429; Bank 1977, Nr. 184 f., S. 197–204.

VE

2.72

Kreuzreliquiar in Monstranzform

Franz Josef Eberle (1690–1742), Prag-Kleinseite, 1728. Silber, vergoldet, mit Steinen besetzt. Am Rand des ovalen Fußes Täfelchen mit Inschrift: „Cordula Sommerin / Abbetissa Mariae Stellae / 1728 PC (verschlungen)"; Prager Beschau und Meisterzeichen. H. 56,5 cm, B. 30,5 cm. St. Marienstern, Zisterzienserinnenabtei.

1724 ließ die Äbtissin Cordula Sommer (reg. 1710–1746) die Kreuzreliquie aus der Staurothek in Anwesenheit des damaligen Propstes Carl Breunel, der Priorin und Subpriorin sowie mehrerer Schwestern in eine mit „allen Fleiß angeschaffte Silbern und Vergoldte kostbahre neüe Monstrantz" überführen. Das Reliquiar selbst ist allerdings mit der Jahreszahl 1728 versehen. Es hat die Form einer Sonnenmonstranz und ist reich mit Steinen besetzt. In der Mitte befinden sich die Kreuzpartikel in der übernommenen byzantinischen Fassung, flankiert von zwei anbetenden Engeln mit Palmzweigen und überhöht von einer Krone. Geschaffen wurde das Werk vom Prager Goldschmied Franz Josef Eberle (1690–1742), der auch für die Benediktiner von Břevnov und die Prämonstratenser von Strahov tätig war.

unpubliziert

US

Email ist eine auf Metallgrund – meist Gold, Silber oder Kupfer – aufgeschmolzene Glasmasse, die durch den Zusatz von Metalloxyden verschiedene Farbtöne erhält und entsprechend der Zusammensetzung durchsichtig (transluzid) oder undurchsichtig (opak) sein kann. Nach den technischen Grundverfahren der Emailherstellung unterscheidet man folgende Arten:
Beim Zellenschmelz (cloisonnée) werden Metallstege auf der Grundplatte befestigt. Sie bilden die Konturen von Zellen, in welche die Glasmasse eingeschmolzen wird. Durch das anschließende Schleifen und Polieren liegen Stege und Email in einer Ebene. (Nr. 2.71)
Beim Grubenschmelz (champlevé) werden in starke Folien oder Bleche Vertiefungen eingearbeitet, die anschließend mit Email ausgefüllt werden.
Seit dem frühen 15. Jh. beliebt ist die Emailplastik (émail en ronde bossé). Sie besteht im Kern aus einem Metallgegenstand, der ganz oder teilweise mit Glasflüssen überschmolzen ist. (Nr. 2.90, 4.51)

2.73
Turmreliquiar mit Astkreuz

Paris oder Nordostfrankreich, 4. Viertel 13. Jh.; Silber, gegossen, durchbrochen, getrieben, vergoldet, Niello. Inschrift auf der Unterseite in gotischen Majuskeln: „+ DE SANGVINE D[OMI]NI. DE CLAVO D[OMI]NI. DE SPINEA CORONA. DE CVNABVLIS XPI. DE LACTE BEATE V[IRGINIS]. ET CRINIBVS EIVS. DE VESTE BEATE VIRGINIS. IOHANIS. BAPT[IST]E ET O[MN]I[VM]. MART[YR] ORVM.+" (Vom Blut des Herrn, vom Gewand des Herrn, von der Dornenkrone, von der Krippe Christi, von der Milch der gesegneten Jungfrau und von deren Haar, vom Gewand der gesegneten Jungfrau, Johannes des Täufers und aller Märtyrer). H. 22,3 cm. St. Marienstern, Zisterzienserinnenabtei.

Die italienische Bezeichnung **Niello** leitet sich vom mittellateinischen nigellus, d. h. schwärzlich ab. Unter Niello versteht man in Metall ausgeführte Gravierungen und Ziselierungen, die mit einer dunkelgrauen bis schwarzen Masse gefüllt sind. Diese eingeschmolzene Masse besteht aus Schwefel, Kupfer und Blei, wobei Farbe, Härte und Schmelznuancen von den Anteilen der verwendeten Zutaten abhängen. Die antike Niello-Technik ist in Europa im frühen und hohen Mittelalter bei der Verzierung liturgischer Geräte aus Silber und Gold sehr beliebt und findet seit dem 11. Jh. auch in der Volkskunst große Verbreitung. Erst im Verlauf des 16. Jh. wird das Niello nach einer letzten Blüte in Italien von der Emailtechnik verdrängt.

Die von vier Füßen in Form von Löwenpranken getragene Reliquienkapelle besitzt an den Seiten spitzbogige Nischen mit nielliertem Grund. Darin sitzen gegossene Relieffigürchen, welche die vier schreibenden Evangelisten darstellen. Das Dach wird von einer Kreuzigungsgruppe bekrönt. Die Haltung des Gekreuzigten mit den gegenläufig zum gebogenen Astkreuz gestreckten Armen sowie die Form des Astkreuzes stehen dem Kruzifix auf einem Reliquiar aus der Zisterzienserabtei Herckenrode nahe. Dieses weist die Pariser Kontrollmarke auf und ist in das Jahr 1286 datiert. Das Kreuz mit dem durch Knospen belebten Stamm symbolisiert den Lebensbaum, den Baum des neuen Paradieses.
Ein Verzeichnis auf der Unterseite vermerkt für das Behältnis sehr kostbare Reliquien, darunter Christus- und Marienreliquien. Sie sind auch auf dem in einer Abschrift überlieferten Weihedokument der Mariensterner Kreuzkapelle von 1294 aufgeführt.

Lit.: Carpzov 1719, S. 338; Hitschfel 1894, S. 547–548; Kostbarkeiten aus Sachsen 1992, Nr. 8; Neuhardt/Wagner/Seifert 1996, S. 241.

DS

2.74
Kreuzreliquiar mit durchbohrten Saphiren

Böhmen, um 1330; Silber, getrieben, graviert, vergoldet, Niello, Bergkristall, 3 blaue durchbohrte Saphire (einer fehlt). H. 35,2 cm, Dm. (Fuß) 11 cm. Restaurierung: 1998 – Landesamt für Archäologie Dresden, Eckehard Görke. St. Marienstern, Zisterzienserinnenabtei.

Auf jedem Lappen des Sechspaß-Fußes befinden sich ein unmittelbar aus dem Metall gearbeitetes Niellomedaillon mit einem Männerkopf: Christus zwischen den Aposteln Petrus, Paulus sowie Johannes und zwei Apostel ohne Attribute. Die lächelnden Gesichter von Christus und Johannes mit ihren schmalen, scharf geschnittenen Augen und den schattierten Linien des Umrisses stehen stilistisch der ähnlich gravierten Darstellung des hl. Benedikt auf dem sogenannten Handschuh des hl. Adalbert im Prager Domschatz (um oder nach 1340) und den Medaillons auf dem Kelch aus dem südböhmischen Prämostratenserstift Milevsko (Prag, Kloster Strahov) nahe.
Die Kreuzenden sind ebenfalls mit Niello geschmückt – unten ist der Evangelist Johannes, oben ein zu Christus hinabfliegender Engel und seitlich je ein Prophet mit Redegestus und Schriftband dargestellt. Die künstlerisch hervorragenden Gravierungen stehen in einer Reihe mit dem Reliquienkreuz des Königs Přemysl Ottokar II., (1260–1278; Regensburg, Domschatz), dem Niel-

Über dem Vierpaß-Fuß und einem Vierkantstil mit Nodus erhebt sich das aus mehreren Silberblechen zusammengesetzte Kreuz mit dem daran befestigten gegossenen Corpus. Ein graviertes Rautenmuster schmückt Schaft und Ränder des Kreuzes; auf den mit Rankenwerk geschmückten Dreipaßenden sind oben ein geflügelter Stier, unten ein Löwe als Evangelistensymbole sowie links und rechts gegossene Blütenrosetten befestigt. Diese ersetzen wahrscheinlich die heute fehlenden Evangelisten-Medaillons mit dem Engel bzw. dem Adler.
Die Rückseite des Kreuzes ist mit gravierten Ranken versehen. Im Zentrum gibt eine kreuzfömige, von einem tordierten Silberdraht gefaßte Glasscheibe den Blick auf ein Kreuzpartikel in Form eines Holzkreuzchens frei. Die Reliquie wurde in jüngerer Zeit mit einer Schraube neu befestigt und bemalt, der unterlegte Strahlenkranz könnte aus dem 18. oder 19. Jh. stammen.
Das Kreuz wird zur Hausweihe am 6. Januar, zu den Exerzitien und zur Erneuerung der Gelübde den Zisterzienserinnen zum Friedenskuß gereicht.

unpubliziert

PM

Aus dem Orient importierten Juwelenhändler durchbohrte **Saphire** über die Mittelmeerhäfen, besonders über Venedig, nach Europa. Da der Saphir schon im frühen Mittelalter wegen seiner himmelblauen Klarheit und Reinheit Christus zugeordnet wurde, sind solche „durchbohrten" Edelsteine nicht selten an Kreuzigungsdarstellungen in Goldschmiedewerken zu finden.

lo am Reliquiar der Zehntausend Märtyrer (Prag, Domschatz) und der Patene in Rimbo (Schweden). Diese Arbeiten belegen die Kontinuität der Prager Goldschmiedekunst seit der 2. Hälfte des 13. Jh.
Die Saphire an den Balkenenden scheinen – ähnlich wie am Regensburger Ottokar-Kreuz – später nach dem Vorbild einer Crux gemmata ergänzt worden zu sein. Die gegossene Kreuzigungsgruppe hat Parallelen in oberrheinischen Werken aus der Zeit um 1320–1330, etwa einem Vortragekreuz in Köln (Schnütgenmuseum). Die punzierten Lilien an den runden Zapfenenden des Nodus können als Symbol für die Unschuld Mariens oder als Zeichen des hl. Bernhard von Clairvaux interpretiert werden.

Lit.: Kostbarkeiten aus Sachsen 1992, Nr. 4; Neuhardt/Wagner/Seifert 1996, S. 237–238.

DS

2.75
Paxkreuz mit Kreuzpartikel

Bautzen (?), Anfang 16. Jh.; Silber, getrieben, gegossen, vergoldet, Glas. H. 28 cm, B. 14 cm. Restaurierung: 1998 – Landesamt für Archäologie Dresden, Eckehard Görke. St. Marienstern, Zisterzienserinnenabtei.

Das **Gravieren** (von franz. graver = graben) von Bildern und Ornamenten auf Gold, Silber und anderen Metallen ist eine in Europa seit dem hohen Mittelalter verbreitete Schmucktechnik. Während die frühen Gravierungen mit Meißel und Punze ausgeführt wurden, verwendeten die spätgotischen Goldschmiede Spitz-, Flach- oder Rundstichel, um die Linien der Zeichnung in die Fläche einzutiefen. Zu unterscheiden ist zwischen dem plastischen Gravieren, bei dem ein erhabenes Relief entsteht und dem graphischen Stechen von Linien und Strichen.

Umgeben von runden Medaillons mit den Darstellungen der vier Evangelisten und ihren Symbolen – oben Matthäus und Johannes, unten Lukas und Markus – erhebt sich aus dem vertieften Mittelfeld das Relief der thronenden Madonna mit Kind, beide in ein reich drapiertes Gewand gehüllt. Die Form des Reliquiars erinnert an einen Buchdeckel; eine solche ursprüngliche Funktion ist aber nicht eindeutig zu belegen.
Das reiche Filigran mit spiralförmig eingerollten Zweigen und gedrehten Knospen ist vergleichbar mit dem entsprechenden Schmuck auf dem Buchdeckel des Otto-Adelheid-Evangeliars (Quedlinburg, Domschatz), einer niedersächsischen Arbeit aus der Zeit um 1220–1230, und jenem am Armreliquiar des hl. Stephanus (Halberstadt, Domschatz), entstanden wohl nach 1225. Ähnliches Filigran tritt ungefähr gleichzeitig auch in Frankreich auf (Vortragekreuz im Domschatz von Sens), besonders häufig jedoch an Werken in und um Trier. Da das Filigran nicht nur am Rahmen, sondern auch an den Nimben des Madonnenreliefs Verwendung fand, entstand es wohl gemeinsam mit jenem. Das Relief erinnert an niedersächsische Holz- und Stuckplastiken des 2. Drittels des 13. Jh.; im Typus entspricht der Darstellung die kleine Sitzmadonna aus der Umgebung von St. Marienstern (Nr. 2.2). Der heutige Eindruck wird allerdings durch Verzerrungen in der Gesichtspartie und scharfe, bei Nachtreibungen entstandene Kanten beeinträchtigt. Die gesamte Tafel wurde mehrfach überarbeitet und neu montiert.

Lit.: Kostbarkeiten aus Sachsen 1992, Nr. 2; Neuhardt/Wagner/Seifert 1996, S. 242–243.

SS/FW/MW

In der Goldschmiedekunst bezeichnet **Filigran** ein Zierwerk aus verlöteten Drähten, die als Muster verarbeitet sind. Die Drähte, meist aus Gold oder Silber, können zusätzlich in sich gedreht oder mit feinen Körnern bedeckt sein. Filigran erfährt häufig Nachbildungen durch feine Gußtechniken oder durch Treib- und Ausschnittarbeiten (sog. unechtes Filigran).

2.76

Reliquientafel

Madonnenrelief und Rahmung: Niedersachsen (?), um 1250; Stanzenbleche auf den seitlichen Begrenzungen der Brettkanten: 14. Jh.; massive Lindenholztafel mit mittlerer Vertiefung; auf der Vorderseite genagelte Silberbleche, getrieben und teilweise vergoldet; unter dem nachgetriebenen Madonnenrelief mit Pergamentstreifen umwickelte Reliquien; Evangelistentondi gestanzt, mit Wachs hinterfüllt; auf dem schrägen Rand eingekratzte Schriftzeichen; vergoldetes Silberfiligran, Perlen, 14 aufgenagelte Steinfassungen, nur noch 2 mit Steinen besetzt; die Rückseite der Tafel mit Pergament bezogen, ursprünglich versilbert und mit Goldlack überzogen, in der Mitte ein etwa 3 x 3 cm großes Türchen. H. 36,6 cm, B 25,0 cm. Restaurierung: 1996 – Bernhard Greif (Dokumentation). St. Marienstern, Zisterzienserinnenabtei.

2.77

Zahnreliquiar des heiligen Nikolaus

Prag (?), um 1300; Silber, vergoldet, gegossen, getrieben, Filigran, Sockel mit Holzkern; zwei Säulchen fehlen. H. 38,9 cm, B. 14,5 cm. Restaurierung: 1998 – Landesamt für Archäologie Dresden, Eckehard Görke. St. Marienstern, Zisterzienserinnenabtei.

Das Reliquiar hat den Charakter eines Andachtsbildes: Getragen von zwei Löwen erhebt sich über einem Sockel mit vier Stufen die als Halbrelief getriebene Figur des hl. Bischofs. Er steht vor einer Rückwand mit durchbrochenem Rankenwerk unter einem Thronbaldachin mit seitlichen Türmchen, die ehemals die Bekrönung von heute verlorenen Säulchen bildeten – dem Tor des himmlischen Jerusalem. In der linken Hand hält der Bischof die Zahnreliquie, über die eine ver-

goldete Silberhülle gestülpt werden kann. Ein durchgehendes Silberblech bildet die Rückwand, in die ein hohes spitzbogiges Türchen mit der gepunzten Darstellung des thronenden Christus und Engeln eingelassen ist.
Die Zusammensetzung des Reliquiars mit Tragelöwen, dem Treppenunterbau und der majestätisch die Reliquie präsentierenden Relieffigur – als Motiv wohl abgeleitet von der Zeigung der Reliquie im Gottesdienst – ist bisher ohne Vergleich. Der Typus der von einer Arkade gerahmten Standfigur ist von den Reliquienschreinen der späten Romanik übernommen. Er setzte sich in französischen Statuetten der Zeit um 1250 fort, dem Heiligen vor dem Säulenportal mit zwei runden Türmchen in Reims (Schatzkammer der Kathedrale) oder auf dem Reliquiar der hl. Eugenia in Varzy. Vergleichbar ist die Statuette des hieratisch stehenden hl. Nikolaus, welche vom Patriarchen von Aquileia, Nikolaus von Luxemburg, zwischen 1350 und 1358 dem Domschatz von Cividale gestiftet wurde – wohl eine Prager Arbeit aus der Zeit um 1350. Dem Relief stehen Werke der Siegelkunst nahe: die Siegel des Abtes Reinhard II. von Kladrau (Kladruby) und des Abtes Hermann von Goldenkron (Zlatá Koruna) von 1290. Die Punzen auf der Rückseite folgen niedersächsischen Vorlagen aus der Zeit um 1250; ein engerer Zusammenhang scheint jedoch mit dem Majestätssiegel des böhmischen Kanzlers (1268, 1282) und den Reliefs auf dem Fuß des Armreliquiars des hl. Georg (Prag, Domschatz) zu bestehen.

Lit.: Ticin 1692; Carpzov 1719, S. 338; Hitschfel 1894, S. 549; Kostbarkeiten aus Sachsen 1992 S. 33, Nr. 6.

DS

2.78

Büstenreliquar des heiligen Johannes des Täufers

Prag, um 1320/1340; Silber, vergoldet, getrieben, durchbrochen, ziseliert; Kopf aus vier Blechen zusammengesetzt. Rundscheibe mit Lamm Gottes, Inschrift: „+ ECCE AGNVS DEI" (Siehe das Lamm Gottes). Im Innern Gewebefragmente: weißes und schwarzes Leinen, dunkelgrüne Seide, Seidenatlas, rotes Seidentuch und Reliquien: 2 Teile eines Unterkiefers mit je einem Zahn, 2 Wirbel, Teile von Armknochen und Rippen, dazu Inschriftenbänder auf Pergament: „vestimenti sci johanis apostoli evangelisti / Mauricii et sociorum eius / Marci evangelisti / sancti Quirini / Margarethae virginis / de tabula Domini / Dionysii episcopi martyris / Jacobi apostoli mai[oris] / Amperii episcopi martyris / ypocarii epi.m. geruncii valen[...] / Katherine virginis / Helene regine / Silvestri / undecim milium v[irginum]" (vom Kleid des hl. Apostels und Evangelisten Johannes, von Mauritius und seinen Gefährten, vom Evangelisten Markus, vom hl. Quirin, von der Jungfrau Margaretha, vom Tisch des Herrn, vom Bischof und Märtyrer Dionysius, vom

Die Bezeichnung **Encolpion**, hergeleitet von dem auf der Brust oder im Gewandbausch (griechisch Kolpos) getragenen Gegenstand, ist ein Sammelbegriff für schützende (prophylaktische) und das Böse abwehrende (apotropäische) Amulette. Die Encolpien konnten aus Holz, Elfenbein, Stein, Metall oder Leder gearbeitet sein, die Formen variierten von vier- über vieleckig bis hin zu runden Medaillons. Ursprünglich aus der antiken Vorstellungswelt stammend, wurden die Anhänger mit Reliquien, frommen Sprüchen oder Heiligenbildern ausgestattet, in den christlichen Gebrauch übernommen. Die kreuzesförmigen Encolpien sind typologisch und funktional eng mit den kreuzförmigen Reliquienkapseln und Pektoralien (Brustkreuzen) verwandt.

Apostel Jakobus dem Älteren, vom Bischof und Märtyrer Amperius, vom Bischof und Märtyrer Hypocarius [...], von der Jungfrau Katharina, von der Königin Helena, von Silvester, von den elftausend Jungfrauen); auf Papier: „S. Egidii" (vom hl. Ägidius). H. 39 cm, Fuß: B. 28,8 cm, T. 14,5 cm. St. Marienstern, Zisterzienserinnenabtei.

Die Büste mit den im Scheitel eingelassenen Schädelreliquien des hl. Johannes des Täufers, des zweiten Patrons von St. Marienstern, ist eines der Hauptwerke des Klosterschatzes. Über einem Sockel mit freiplastischem Rankenband ist der Heilige als Büßer und Wüstenprediger mit langem Haar, Vollbart und im Fellgewand dargestellt. Beide Arme erscheinen in den Proportionen zu klein und zierlich. Mit seinem rechten Zeigefinger weist Johannes auf den runden Reifen in seiner linken Hand, der das vollplastische Bild des Lamm Gottes umfängt.

Das ebenmäßige, scharf geschnittene Antlitz folgt einem Gesichtstypus, der in der niederrheinischen Plastik der 1. Hälfte des 13. Jh. ausgebildet wurde (z. B. an der Silberbüste des hl. Antonius Eremita in Köln, Schnütgenmuseum). Auf die Ähnlichkeit der Ornamentik am Mariensterner Werk mit jener am Plenar der Fünf Brüder von 1315 (Alt-Bunzlau/Staré Boleslav, Kollegiatskirche) wurde bereits hingewiesen. Hinsichtlich Gesichtsform und Modellierung steht der Johannesbüste nebst dem Mariensterner Kopfreliquiar des hl. Jakobus (Nr. 2.80) insbesondere die Figur des Schmerzensmannes aus dem Dornenkronen-Reliquiar nahe, das das Wappen des Olmützer Bischofs Johann Volek (1334–1351) trägt (Baltimore, Walters Art Gallery). Die Arbeiten stammen höchstwahrscheinlich aus der gleichen Prager Goldschmiedewerkstatt. Zu dieser Werkgruppe zählt auch das schärfer modellierte Simeonsreliquiar im Domschatz zu Aachen, das wohl nicht wie bisher um 1320–1330, sondern etwas später zu datieren ist, sowie die Plastik des hl. Nikolaus in Cividale. Ähnlichkeit besteht auch zum weniger fein ausgearbeiteten, um 1354 in Prag geschaffenen Büstenreliquiar des hl. Sigismund aus Płock, das Karl IV. 1370 dem Prager Domschatz entnommen und dem polnischen König Kasimir geschenkt hat (Warschau, Nationalmuseum).

Lit.: Hitschfel 1894, S. 56, 548; Kostbarkeiten aus Sachsen 1992, Nr. 3; Neuhardt/Wagner/Seifert 1996, S. 236, 242.

DS

2.79

Encolpion zum Büstenreliquiar des heiligen Johannes des Täufers

Niedersachsen, um 1250/1260; Silber, vergoldet, gemugelter Bergkristall. Hochoval H. 6,3 cm, B. 5,4 cm, T. 2 cm. Niello mit Inschrift: „HOC SACRO MORE VITCIT BAPTISCA CRUORE" (Auf diese heilige Weise siegte der Täufer durch sein Blut). St. Marienstern, Zisterzienserinnenabtei.

Die Vorderseite des dem Büstenreliquiar (Nr. 2.78) umgehängten Encolpions zeigt unter dem Bergkristall die Reliquie: einen Tropfen vom Blut Johannes des Täufers. Rückseitig ist in Niello der Heilige dargestellt, im Typus wie er auf der Büste erscheint: im härenen Gewand, eine Scheibe mit dem Lamm Gottes tragend, hier zusätzlich umgeben von Blattwerk.

Lit.: Kostbarkeiten aus Sachsen 1992, Nr. 3; Neuhardt/Wagner/Seifert 1996, S. 242.

DS

2.80

Kopfreliquiar des heiligen Jakobus des Älteren

Prag, um 1320/1340; Silber, getrieben, graviert, ziseliert, vergoldet, Glas- und Edelsteine (s. u.) in den ursprünglichen Fassungen (ein Stein fehlt mit der Fassung). Inschrift am Fußrand: „MAJORIS JACOBI QVINQVE PARTES CEREBELLI HIC ALIE DVE SVNT QVOQVE RELIQVI[A]E" (Vom hl. Jacobus dem Älteren fünf Teile der Hirnschale und zwei andere Reliquien); auf der Unterseite ein Türchen mit getriebenem Wappenschild mit dem stilisierten Adlerflügel der Herren von Kamenz; im Inneren in weißem Leinen mehrere Knochenstücke (Arm-, Bein- und Wirbelteile), eines in roten Seidenstoff eingehüllt, sowie eine kleine, nicht auf die Reliquien bezogene Urkunde mit dem ältesten Siegel des Klosters Altzella, 13. Jh. H. 23,2 cm, T. (Sockel) 18,3 cm. Restaurierung: 1996 – Bernhard Greif (Dokumentation). St. Marienstern, Zisterzienserinnenabtei.

Aus einem ansteigenden Fußrand mit graviertem und gepunzten Ornamentband sowie reichem Steinbesatz wächst das ausdrucksvolle bärtige Haupt des Heiligen. Die glatten Hautpartien kontrastieren mit dem in feinen Strähnen wiedergegebenen Haar und dem gewellten Bart; im Scheitel sind fünf Schädelstücke des Heiligen eingelassen. Das Wappen der Herren von Kamenz auf der Unterseite weist auf einen Zusammenhang mit der überlieferten Reliquienschenkung des Klosterstifters hin.

Die Kopfbildung und die klar geschnittenen Gesichtszüge zeigen Ähnlichkeit mit der Johannesbüste (Nr. 2.78), das Antlitz wirkt jedoch ruhiger und ist in den Proportionen ausgewogener. Seine wahrscheinlich aus Holz geschnitzte Vorlage und

Die Symbolkraft der Steine
Nicht die physikalischen Eigenschaften, sondern die Farbe war im Mittelalter für Benennung und Charakterisierung eines Edelsteines ausschlaggebend. So wurden Rubine und Granate als „Karfunkelsteine" bezeichnet und der blaue Lapislazuli „Saphir" genannt. Der Symbolgehalt der in Reliquienfassungen verarbeiteten Steine macht sich deswegen eher an ihren Farben fest. Eine wichtige Quelle für die Deutung von Edelsteinen liefert Hrabanus Maurus: Ein Karfunkel (Rubin oder Granat) kann nach ihm Sinnbild sein für das Wort Gottes, das die Dunkelheit erleuchtet, sein königliches Purpur aber auch als Sinnbild königlicher (und päpstlicher) Würde, der Gerechtigkeit, des himmlischen Königtums Christi, des Blutvergießens Christi und des Triumphes in Zusammenhang mit der Kreuzigung gelesen werden.
Dem Amethyst verleiht Maurus die Bedeutung als „Gedanken des Himmels in Demut".
Der Smaragd kann als „Glaubensstärke im Unglück" gelesen werden; er ist Hinweis auf die Liebe, die Jungfräulichkeit und durch seine Härte auch auf die Unvergänglichkeit. Die Farbe Grün bezieht sich auf das Paradies und damit auch auf die Hoffnung auf Unsterblichkeit.
Der Chalcedon ist gemäß Maurus ein Symbol für die „innere Liebesglut" und der Chrysopras eines für „Tat und Lohn der Märtyrer".
Der farblose Bergkristall versinnbildlicht im späteren Mittelalter die Taufgnade und Menschwerdung Christi.
Eine besondere Stellung unter den Edelsteinen nimmt der Sternsaphir ein: Er kann als Hinweis auf Weisheit gedeutet werden, denn das Siegel des biblischen Königs Salomon war ein Sternsaphir.

die Treibarbeit sind von höchster Qualität und stammen sicher von einem führenden Meister der Prager Goldschmiedewerkstätten aus dem 2. Viertel des 14. Jh. Ihm können auch die Büstenreliquiare der hl. Ludmilla im Prager Domschatz und einer unbekannten Heiligen aus Jezeří (Mühlhausen/Nelahozeves, Sammlung Lobkowitz-Raudnitz) zugeschrieben werden. Für beide Büsten sind wie für das Jakobushaupt scharf und präzise geschwungene Kanten charakteristisch. Zweifellos stammt auch die Mariensterner Johannesbüste aus diesem Werkstattzusammenhang.
Dieses Reliquiar schmücken die interessantesten Edelsteinen des Mariensterner Schatzes: ein farbloser Stern-Leukosaphir, ein schwarzer, zwölfstrahliger, ein grünlich-schwarzer, ein schwarzer und ein blauer Sternsaphir, ein blauweißer, ein hellblauer, ein blauschwarzer, ein braunschwarzer und zwei schwarze Saphire, zwei grüne Smaragde, neun rote Granat-Almandine und ein Granat-Almandin zwischen Stern und Katzenauge, ein gelber und ein braun gefleckter weißer Chalcedon, ein grüner Chrom-Chalcedon, ein grünlicher Türkis und vier apfelgrüne Chrysoprase sowie ein später gefaßter Chrysopras.
Der Leukosaphir und die blauen Saphire stammen wahrscheinlich aus Ceylon, die Smaragde aus Ägypten, die Chrysoprase aus Schlesien. Bemerkenswert sind die sieben schwarzen Saphire, die teilweise einen Asterismus (Sterneffekt) aufweisen. Einzigartig ist der zwölfstrahlige Saphir. Solche Steine sind bisher nur aus Thailand und Australien bekannt, wobei jedoch der Saphir-Abbau in Thailand erst seit dem 17. Jh. überliefert ist. Die im 14. Jh. gefaßten Mariensterner Steine lassen den Schluß zu, daß entweder die Saphirgewinnung in Thailand wesentlich älter ist, oder daß die Sternsaphire aus einer anderen geographischen Region stammen. Steine, die jenen aus Thailand entsprechen, sind aus der nordböhmischen Fundstelle Jizerská Louka im Isergebirge bekannt, die allerdings erst im 20. Jh. erschlossen wurde.

Lit.: Carpzov 1719, S. 338; Hitschfel 1894, S. 549; Kostbarkeiten aus Sachsen 1992, Nr. 5; Neuhardt/Wagner/Seifert 1996, S. 236.

DS/JH

2.81

Encolpion zum Kopfreliquiar des heiligen Jacobus des Älteren

Mitte 13. Jh.; Silber, teilweise vergoldet, getrieben, graviert, Niello. H. 5,8 cm, B. 3,5 cm. St. Marienstern, Zisterzienserinnenabtei.

Der viereckige Anhänger besteht aus zwei Silberblechen; die an den Kanten hochgebogene Rückseite ist glatt und schmucklos. Das Niello-Bild des

Gekreuzigten auf der eingesetzten vorderen Platte ist mit tief eingravierten Linien umrissen und hebt sich deutlich vom vergoldeten, mit punktierten Reihen bedeckten Hintergrund ab.
Christus ist als Viernageltypus wiedergegeben. Auf dem Titulus über dem Gekreuzigten erscheinen die Buchstaben IC XC, d.h. die lateinischen bzw. griechischen Abkürzungen für den Namen Jesu Christi.
Stilistisch kann das Encolpion in die Mitte des 13. Jh. datiert werden. Es dient als Schmuck und Auszeichnung des Jacobus-Reliquiars (Nr. 2.80). Entsprechende Anhänger gehören auch zum Büstenreliquiar Johannes des Täufers und dem Reliquienostensorium der Gottesmutter (Nr. 2.78, 2.102).

Lit.: Neuhardt/Wagner/Seifert 1996, S. 242.

PM

2.82

Reliquiar mit Marmorbüste des lehrenden Jesusknaben

Marmorbüste: Toskana, 14. Jh. (?); Fassung: Böhmen, 1. Viertel 14. Jh.; weißer Marmor, Silber, getrieben, ziseliert, vergoldet, Rundkristall, Temperabild auf Pergament, Edelsteine am Fußrand: 12 rote Granaten, 8 Saphire, 3 Leukosaphire sowie weitere, bisher nicht bestimmte helle, grüne und hellblaue Steine. H. 22,4 cm, Fuß (oval): 13,7 x 9,5 cm. St. Marienstern, Zisterzienserinnenabtei.

Einzigartig ist die Gestalt dieses kleinen Reliquiars mit Reliquien des hl. Bernhard von Clairvaux, das an dessen Gedenktag, dem 20. August, in feierlicher Prozession durch die Klosterkirche getragen wird.
In einer Silberfassung thront die Marmorbüste des Jesusknaben, der gemäß Luk 2, 41–51 als zwölfjähriger Knabe bei der Disputation mit den Schriftgelehrten im Tempel dargestellt ist. Mit lebhaftem Gesicht und geöffnetem Mund hält er seinen Vortrag und bekräftigt seine Argumente mit der in antiker Pose vor die Brust geführten rechten Hand. In den Szenen auf der Fassung setzt sich das Leben Jesu in abgekürzter Form fort: Das Medaillon auf der Vorderseite zeigt die Taufe Jesu, dessen messianischer Auftrag mit dem Herabkommen der Heiliggeisttaube offenbar wurde. Auf der Rückseite ist die Erfüllung des Erlösungsversprechens thematisiert: Unter einem Bergkristall ist eine Miniatur der Kreuzigung eingelassen, umgeben von den Ranken eines Weinstockes, zu dessen Füßen zwei kniende Jünglinge mit Winzermessern eine große Traube abschneiden. Sie können als die Kundschafter Josue und Kaleb (4. Mose 13, 18) verstanden werden, die wie der Weinstock als typologisches Bild bzw. Symbol für Christus gelten; die Trauben als eucharistisches Motiv sind ein Sinnbild für die Freuden der durch das Opfer Christi ermöglichten Seligkeit im Paradies.
Der Typus des lächelnden Kindes findet sich um 1300 in einem kupfernen Kopfreliquiar aus Limoges. Der Mariensterner Büste stehen jedoch die ideal-schönen Kinderdarstellungen näher, die seit dem späten 13. Jh. in der Toskana geschaffen wurden. Auf Kanzelreliefs und Einzelstatuen aus der Pisano-Werkstatt finden sich Kinderfiguren und Bildnisse, die in Anlehnung an spätantike Sarkophagplastik entstanden und in plastischer Durchbildung und Ausdruck mit dem Mariensterner Jesuskind vergleichbar sind – es sei hier nur auf die entsprechende Gestik Jesu bei der Madonna del Latte von Nino Pisano, 1365–1368 (Pisa, Nationalmuseum), hingewiesen. Bisher wurde die Büste ins späte 17. bzw. 18. Jh. datiert, eine Datierung ins 14. Jh. kann jedoch nicht ausgeschlossen werden, zumal der Kunstaustausch zwischen dem böhmischen Hof und Italien seit dem 13. Jh. belegt ist. Dafür spricht auch das ikonographische Gesamtprogramm des Reliquiars und die einheitliche Gestalt der Fassung.
Der Sockel setzt über einem Rand mit kleinen Steinen in Kastenfassungen an. Auf der Vorderseite ist mit zwei korallenbesetzten Stiften eine Platte befestigt, deren durchbrochenes Blattwerk den Blick auf einen Pergamentzettel mit dem Reliquienverzeichnis ermöglicht.
Die Treibarbeit weist motivisch und stilistisch enge Verbindungen zu anderen Goldschmiedearbeiten des Mariensterner Schatzes aus dem frühen 14. Jh. auf. Die Punze für das vorderseitige Medaillon wurde auch am Meßkännchen (Nr. 2.119) und partiell an der Rückseite des Zahnreliquiars des hl. Nikolaus (Nr. 2.77) benutzt, wo zudem ein ähnliches Blattornament auftritt. Die Auswahl der Edelsteine erinnert an die Büste des hl. Jakobus (Nr. 2.80). Die Kreuzigungsminiatur und die Gravur der Jünglinge im Weinberg haben Parallelen in der böhmischen Buchmalerei des letzten Viertels des 13. Jh. (Codex mit Heiligenviten, Nationalbibliothek Prag, Ms. VI E 1; Hohenfurther Bibel, Zisterzienserkloster Hohenfurt/Vyšší Brod).

Lit.: Kostbarkeiten aus Sachsen 1992, Nr. 19; Neuhardt/Wagner/Seifert 1996, S. 237.

DS/MW

„Sage ich und halte fest mit der gantzen Christenheit, Daß man die lieben Heiligen ehren und anruffen sol. Denn wer mag doch das Widderfechten, Das noch heutigen Tages sichtiglich bey der lieben Heiligen Cörper und Greber Gott durch seiner heiligen Namen Wunder Thut"?
Martin Luther, 1519

2.83
Kopfreliquiar eines Unschuldigen Kindes

Böhmen oder Rheinland, 3. Viertel 14. Jh.; Silber, getrieben, durchbrochen, vergoldet; angehängtes Pektoralkreuz aus Silber mit 4 Smaragden und einem Rubin. Nachträgliche Inschrift am Rand des Fußes: „Reliquiae Sanctorum Innocentium" (Reliquien der heiligen unschuldigen Kinder). H. 11,4 cm, Fuß (oval) 11,3 x 7,7 cm. Restaurierung: 1998 – Landesamt für Archäologie Dresden, Eckehard Görke. St. Marienstern, Zisterzienserinnenabtei.

Das Unschuldige Kind gehört zu den neugeborenen Kindern aus Bethlehem, die auf Befehl König Herodes' (Matth 2,16—18) ermordet werden sollten. Ihre Verehrung verbreitete sich seit dem 14. Jh.; Gedenktag ist der 28. Dezember mit dem Fest der Unschuldigen Kinder. Reliquienbüsten der Unschuldigen Kinder haben sich selten erhalten; ein entsprechendes Haupt aus dem Prager Domschatz kam im Jahre 1421 auf die Burg Oybin, wo es bis zum Brand 1445 aufbewahrt wurde. Die Mariensterner Darstellung des nackten Kindes besitzt sehr weiche Gesichtszüge mit weit aufgerissenen Augen und kurzen gelockten Haaren; sie ist aus vier Blechteilen (Gesicht, Haare, Schulter, Rand) zusammengesetzt. Im Scheitel des Kopfes befindet sich ein kleines rundes Kristallfenster, das den Blick auf die Reliquie ermöglicht. Der Prototyp des Kinderreliquiars entstand am Ende des 13. Jh. in Limoges. Wahrscheinlich wurden dort kupferne Kopfreliquiare für den Export gefertigt, als Vorlagen für silberne Büsten. Die Reliquienbüste aus St. Marienstern ähnelt in einigen Gesichtspartien der Büste des hl. Sigismund aus Płock (Warschau, Nationalmuseum) und dem Büstenreliquiar des hl. Petrus in Vallendar bei Koblenz aus dem 2. Viertel des 14. Jh.

Lit.: Kostbarkeiten aus Sachsen 1992, Nr. 21.

DS

Nr. 2.84, 2.85

2.84
Rippenreliquiar des heiligen Matthias

Böhmen, 1. Hälfte 14. Jh.; Gold, getrieben, graviert, schwarzes Email, ein Edelstein fehlt, weißes Organdy-Gewebe. Auf der vorderen Seite Inschrift in gotischer Fraktur: „H[A]EC MERITVM.VENIE[NTEM] NO/BIS D[AR]ET COSTA MATHIE." (Diese Rippe des Matthias möge uns kommende Wohltat spenden). H. 2,8 cm, L. 22,5 cm, T. ca. 1,4 cm. Restaurierung: 1998 – Landesamt für Archäologie Dresden, Heiko Schmiedel. St. Marienstern, Zisterzienserinnenabtei.

Vermutlich bezieht sich die Inschrift des Reliquiars auf den anstelle des Verräters Judas in die Apostelgemeinschaft gewählten Märtyrer Matthias. Die Kaiserin Helena schenkte seine Reliquien ihrer Geburtsstadt Trier; sie genossen später vor allem in Niedersachsen große Verehrung.
Das in der Form des Rippenknochens gebogene Behältnis zeigt auf der Vorderseite in der Mitte der Schauöffnung die emaillierte Inschrift und an den Enden ein graviertes Rankenornament mit der Darstellung des Teufels als Wolf in Mönchskutte. Auf der Rückseite rahmt das spiralenförmige Rankenornament in der Mitte zwei Fabelwesen – einen Vierbeiner und ein zweibeiniges Monstrum mit Menschenkopf. Fast identische Darstellungen und Ornamente findet man am Rand des Armreliquiars des hl. Eustachius (Nr. 2.86); beide Werke entstanden wohl in einer Werkstatt.

unpubliziert

DS

2.85
Rippenreliquiar eines der Zehntausend heiligen Märtyrer

Böhmen, 2. Hälfte 14. Jh.; Gold, getrieben, schwarzes Email, Gewebe. Auf der vorderen Seite Inschrift in gotischen Minuskeln: „x. milia. militv[m]." (von den Zehntausend Soldaten). H. 2,6 cm, L. 24,8 cm, T. ca. 1–1,6 cm. Restaurierung: 1998 – Landesamt für Archäologie Dresden, Heiko Schmiedel. St. Marienstern, Zisterzienserinnenabtei.

Im 12. Jh. entstand zum Ansporn für die Kreuzfahrer die Legende von Achatius und der 10.000 Märtyrer von Armenien. Als Märtyrer-Gemeinschaft bildeten sie ein Pendant zur Gefolgschaft der hl. Ursula, die in St. Marienstern besonders verehrt wurde. Eine Darstellung ihres Todes zeigt ein Flügel des Magdalenenaltars in der Klosterkirche (Nr. 2.64).
An den Enden des gebogenen Rippenreliquiars sind auf der Vorderseite zwei gegossene Figürchen angebracht: Maria in einem Kielbogen und ein sitzender Engel in schuppigem Gewand, der wohl auf einer verlorenen Gambe musizierte. Die Figürchen entsprechen stilistisch dem Dekor am Reliquiar des Herrn Philipp (Nr. 2.97). Die Rückseite zeigt graviertes Rankenwerk.

Lit.: Carpzov 1719, S. 338.

DS

2.86
Reliquiar des heiligen Eustachius

Böhmen, Prag, 1. Drittel 14. Jh.; Silber, getrieben, vergoldet, Filigran. Inschrift auf dem Fußrand: „+ BRACHII EVSTACHII.MILITIS. ET. MARTIRIS." (Vom Arm des hl. Ritters und Märtyrers Eustachius). Glas- und Edelsteine: obere Manschette – ein blauer Saphir, 2 Amethyst-Cabochons, ein dunkler Amethyst-Cabochon, ein gelber Chalcedon mit Rautenschliff (spätere Fassung), violettes, gelbes und facettiertes Glas, mit Raute geschmücktes und mit grüner Folie unterlegtes Glas, ein Stein fehlt; untere Manschette – ein Bergkristall mit blauer und einer mit grüner Folie, 3 violette Amethyst-Cabochons, ein violetter Amethyst, ein roter Glasstein mit facettierter Briolette (19. Jh.), ein gelber Glasstein mit Raute, ein hellgrüner facettierter Glasstein (spätere Fassung), 3 grüne Olivine, ein grüner Serpentinit, ein Stein fehlt (gemmologische Bestimmung: JH). H. 44,3 cm, B. 16,9 cm, T. 14,6 cm. St. Marienstern, Zisterzienserinnenabtei.

Armreliquiare spielen im späten Mittelalter eine wichtige Rolle in den Heiltumsschätzen. Sie enthielten neben Armknochen häufig weitere Reliquien, ihre Form ist daher nicht nur als Nachbildung des entsprechenden Körperteils zu verstehen. Es wird damit an das Martyrium des Heiligen gemahnt, zudem kann die aufwärts gerichtete Hand die Rechte Gottes darstellen (Psalm 117, 16), die Armgestalt den Arm Gottes, in dem die Reliquien geborgen sind.
Das Reliquiar des hl. Eustachius, der zu den Vierzehn Nothelfern gehört, entspricht dem üblichen Erscheinungsbild dieses Typs. Der Schnitt des Ärmels mit abgesetztem Gewand, einfassenden Borten und dichter Knopfreihe ist der Hofmode der 1. Hälfte des 14. Jh. zuzuordnen. In die Ärmel ist ein Rautenmuster mit sechsblättrigen Blumen auf den Kreuzungsstellen eingraviert; vergleichbar ist die plastische Verzierung auf der Rückseite des

Monile am Armreliquiar der hl. Barbara im Prager Domschatz, auf dessen Ärmel ähnliche Blumen appliziert sind. Die Buchstabenform der Inschrift entspricht jener am Kopfreliquiar des hl. Jakobus (Nr. 2.80), das dazwischen angeordnete zweibeinige Monstrum mit rankenförmigem Schwanz hat einen Bruder auf dem Mariensterner Rippenreliquiar des hl. Matthias (Nr. 2.84).
Die hervorragend gearbeiteten Borten bestehen aus unechtem Filigran, das von Spiralranken aus glattem Draht, getriebenen Rosetten und gekerbten Steinfassungen gebildet wird. Ob sie, wie bisher vorgeschlagen, in das 4. Jahrzehnt des 13. Jh. datiert werden können, ist unsicher. Eine Entstehung zusammen mit dem Arm im frühen 14. Jh. scheint angesichts der einheitlichen Gesamterscheinung denkbar.

Lit.: Carpzov 1719, S. 338; Hitschfel 1894, S. 549; Kostbarkeiten aus Sachsen 1992, Nr. 9; Neuhardt/Wagner/Seifert 1996, S. 237.

DS

2.87
Reliquienaltärchen

Böhmisch, um 1380; Holz, farbig gefaßt, Armreliquiare vollrund geschnitzt; 1911 Rahmen der Flügel und Farbfassung des Schreins erneuert. Schrein: H. 29 cm, B. 43 cm (geöffnet 89 cm), T. 9,7 cm, Armreliquiare: H. 23,5 cm. Restaurierung: 1911 – Königliche Kommission zur Erhaltung der Kunstdenkmäler. Kamenz, Ev.-Luth. Kirchgemeinde St. Marien.

Der kastenartige Schrein besitzt nach Art der Schreinaltäre verschließbare Flügel, die im geöffneten Zustand neben den bemalten Innenseiten den Blick auf beide Armreliquiare freigeben. In ihnen sind im Unterarmbereich Vertiefungen eingeschnitten, in denen sich nicht näher bekannte Reliquien befinden. An hohen Feiertagen wurde der Reliquienschrein offen auf einem Altar ausgestellt. Andacht und Verehrung galten sowohl dem Heiltum als auch den auf Goldgrund gemalten Passionsbildern auf den Flügelinnenseiten.
Die blau gefaßte, mit Sternen besetzte Schreinrückwand visualisiert das Paradies der Heiligen im Himmel, wie es bei anderen Reliquiaren eine der Kathedralarchitektur entlehnte Abbildhaftigkeit des Himmlischen Jerusalem assoziiert. Auf dem linken Flügel kniet Christus am Ölberg und erfleht Beistand für das bevorstehende Leiden. Geronnenes Blut bedeckt sein Gesicht, den Hals und die Hände und erinnert an den Angstschweiß, der nach dem Passionsbericht des Lukasevangeliums wie Blutstropfen zur Erde rann. Neben Christus sind die drei Apostel schlafend dargestellt, vorn Petrus, hinter ihm Jakobus und Johannes.
Mit der Ölbergszene korrespondiert auf dem anderen Flügel die Darstellung der Kreuzigung mit den trauernden Gestalten der Mutter Jesu und des Jüngers Johannes. Er wendet sein Gesicht im Schmerz ab und verschränkt die Hände haltsuchend ineinander. Die unter dem Mantel verborgenen Hände von Maria deuten eine Betgeste an. Stilistisch gehört die Malerei in die Nachfolge des Meisters von Hohenfurth sowie des Meisters von Wittingau oder des Flügelretabels von Pähl, vor 1400 (München, Bayrisches Nationalmuseum). Der Typus des Gekreuzigten begegnet ähnlich auf dem Kaselstab der Kasel von Braunau (Broumov), um 1385 (Prag, Nationalgalerie). Faltengebung und Gesichtstypus zeigen Verwandschaft zur Anna Selbdritt-Tafel aus dem Striegauer Karmeliterkloster, Ende 14. Jh., (Breslau, Nationalmuseum) sowie zum Retabel aus Rusko, um 1420 (ebenda).

Lit.: Gurlitt BKD, Bd. 36 1912; Alt-Lausitzer Kunst 1935, S. 33; Mertens 1992, S. 19; Dehio Sachsen, Bd. 1 1996, S. 468.

GW

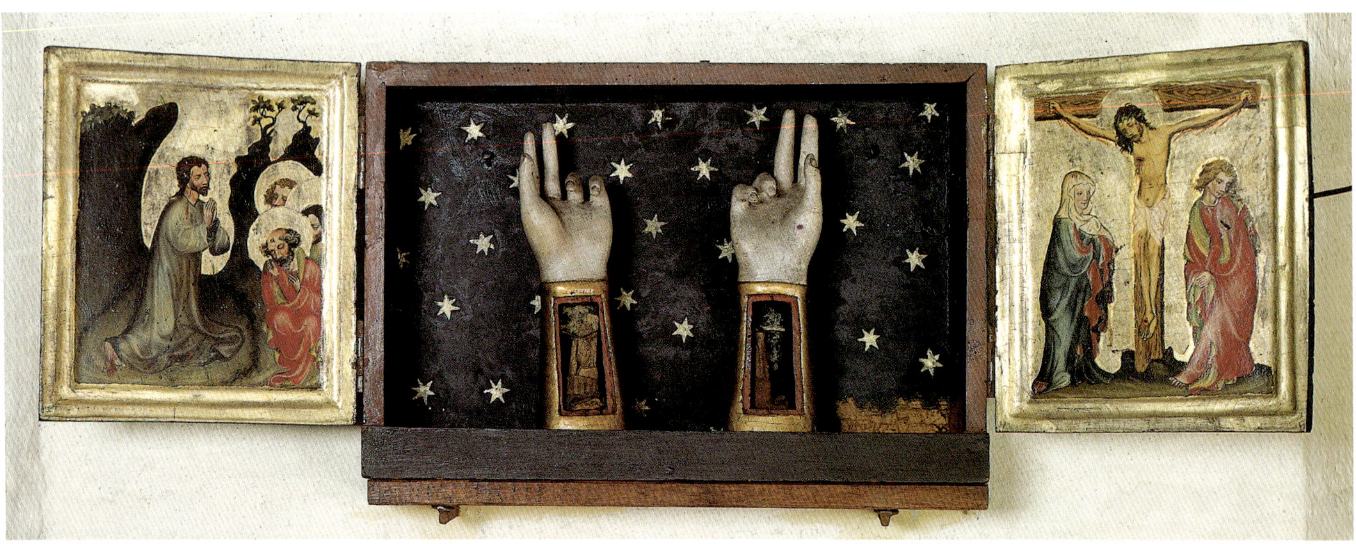

2.88

Fingerreliquiar des heiligen Georg

Böhmen, frühes 14. Jh.; Silber, getrieben, vergoldet, Edelsteine. Inschrift am Fußrand: „DIGITVS SANCTI GEORGII MARTIRIS" (Finger des hl. Märtyrers Georg). H. 31,0 cm. Konservierung: 1998 – Landesamt für Archäologie Dresden, Eckehard Görke. St. Marienstern, Zisterzienserinnenabtei.

Auf der horizontalen Fläche des runden Fußes befinden sich vermutlich nachträglich aufgesetzte Korallen und kleine Steine. Der lange Schaft trägt einen Mittelfinger mit der durch eine Öffnung sichtbaren Reliquie. Mit dem engen Nodus zwischen zwei ringförmigen Blättern ähnelt der Schaft dem Zepter aus dem Grab des böhmischen Königs Přemysl Ottokar II. (Prag, Domschatz), das allerdings infolge des zu kleinen Sarges über dem Nodus abgebrochen ist. Blattkranz und Schaft stehen zudem stilistisch dem Kreuzreliquiar mit Saphiren nahe (Nr. 2.74).

Lit.: Hitschfel 1894, S. 549; Kostbarkeiten aus Sachsen, 1992, Nr. 13; Neuhardt/Wagner/Seifert 1996, S. 238.

DS

2.89

Fingerreliquiar des heiligen Andreas

Böhmen, frühes 14. Jh.; Silber, gegossen, getrieben, teilweise vergoldet. Auf dem Fuß Inschrift: „DIGITVS SANCTI. ANDREE" (Finger des hl. Andreas), die Buchstaben G, N, und T als Unzialen geformt. H. 29,2 cm, Fuß Dm. 11,8 cm. Konservierung: 1998 – Landesamt für Archäologie Dresden, Eckehard Görke. St. Marienstern, Zisterzienserinnenabtei.

Über dem runden Fuß erhebt sich ein Schaft, der die Reliquienkapsel in Form eines Fingers trägt und sich durch ein Türchen öffnen läßt. Die Inschrift auf dem Fuß entspricht formal denjenigen am Armreliquiar des hl. Eustachius (Nr. 2.86) und am Kopfreliquiar des hl. Jakobus (Nr. 2.80).

Lit.: Carpzov 1719, S. 338; Hitschfel 1894, S. 549.

DS

2.90

Fingerreliquiar der heiligen Ursula

Böhmen, frühes 15. Jh.; Brosche: Paris, 1. Hälfte des 15. Jh.; Silber, getrieben, graviert, vergoldet; auf dem Fuß 2 leere Steinfassungen, eine Fassung verloren; am Nodus blaues opakes Email; Brosche: Gold, Reste von grünem, weißen und blauen Email „en ronde bossé", Edelsteine: ein Diamant (Naturkristall in Oktaederform), ein roter Sternrubin und 5 Naturperlen (gemmologische Bestimmung: JH). Auf dem Fuß 3 gravierte Schriftbänder: „de digito / s.ursule / virgi[in]s" (vom Finger der hl. Jungfrau Ursula). H. 26,9 cm, Dm. (Fuß) 11,6 cm. Konservierung: 1998 – Landesamt für Archäologie Dresden, Eckehard Görke. St. Marienstern, Zisterzienserinnenabtei.

Der Sechspaß-Fuß steigt über einem durchbrochen gearbeiteten Sockel glatt auf; am Schaft befinden sich zwei Zwischenstücke und ein mittig gedrückter Nodus, dessen Roteln ein emailliertes Blumenmotiv zeigen. Das Reliquiengehäuse hat die Form eines Fingers mit Türchen. Auf das zweite Fingerglied ist nachträglich eine Brosche (oder die ehemalige Aufsatzplatte eines Rings) aufgesetzt worden, deren Email auf plastischem Grund mit bemalten Punkten zu den frühesten Beispielen der kurz vor 1400 in Frankreich aufgekommenen Technik „en ronde bossé" gehört. Der verwendete ungeschliffene Diamant in Form eines Oktaeders und die Gestaltung der Edelsteinfassung sprechen für eine Entstehungszeit nach 1420.

Lit.: Kostbarkeiten aus Sachsen 1992, Nr. 18; Neuhardt/Wagner/Seifert 1996, S. 238.

DS

links: Nr. 2.90

Nach der Legenda aurea wurde **Ursula**, Tochter des frommen christlichen Königs von „Britannien" (Bretagne), von dem heidnische Königssohn von England zur Frau begehrt. Ursula stellte zur Bedingung, daß der Königssohn drei Jahre warten und inzwischen den christlichen Glauben annehmen solle. Dann würde sie sich mit elf edlen Jungfrauen und diese mit jeweils tausend Mägden nach England einschiffen. Nach Ablauf dieser Frist trat Ursula mit ihrem Gefolge die Reise an. Vom Sturm abgetrieben, landeten sie zunächst in Köln, von wo sie – einer Engelvision gehorchend – zu einer Pilgerreise nach Rom aufbrachen. Unterwegs schlossen sich immer mehr Menschen an. Bei ihrer Rückkehr nach Köln, war die Stadt von den Hunnen belagert, die über die Jungfrauen herfielen und ein Blutbad unter ihnen anrichteten. Ursula wurde von einem Pfeil des Hunnenfürsten getötet, dem sie sich verweigert hatte.

Die hl. Paulina gilt der Legende nach als Verwandte der hl. Ursula, mit der sie als eine der 11.000 Jungfrauen das Martyrium erlitt. 1374 bestätigte der Bischof Konrad von Meißen erstmals angesichts der drohenden Pest die Wundertätigkeit der in St. Marienstern befindlichen Reliquien aus jener Märtyrergemeinschaft, 1457 ist in einem weiteren Ablaßbrief der Leib der hl. Paulina besonders hervorgehoben. Mit Ausnahme der im Büstenreliquiar aufbewahrten Teile erfolgte im 19. Jh. eine Neufassung der Reliquien in einer Liegefigur aus Wachs und Stickerei.
Die Büste erhebt sich über einer im 17./18. Jh. erneuerten Grundplatte auf linsenförmigen Füßen; sie ist aus fünf Blechen zusammengefügt (Sockel, Basisplatte, Gesichtsmaske, Hinterkopfschale und abnehmbarer Deckel). An der Vorderseite zeigt sie mittig die wohl nachträglich angefügte Inschrift, die mit einem getriebenen Schmuckband eingefaßt ist. Der frontal wiedergegebene Mädchenkopf wird durch ebenmäßige, asketisch wirkende Züge und vom Mittelscheitel in regelmäßigen Strähnen herabfallendem Haar charakterisiert. Eine in Resten erhaltene Bemalung von Augen und Lippen verlieh dem Antlitz Lebendigkeit.
Stilistisch und zeitlich geht die Büste dem Kölner Holzbildwerk der hl. Paulina im Domschatz zu Aachen voran, ebenso den zahlreichen Büstenreliquiaren in der Goldenen Kammer von St. Ursula zu Köln bzw. im dortigen Schnütgenmuseum. Vorstufen des Typus finden sich in der niederrheinischen Holzskulptur der Zeit vor 1230. Verwiesen sei etwa auf die sogenannte Aachener Madonna in Köln (Schnütgenmuseum) und auf kupferne Büsten unbekannter Märtyrerinnen aus der Gesellschaft der hl. Ursula, die um 1250 in Limoges entstanden und möglicherweise auch für den Export bestimmt waren.

unpubliziert (Leib der hl. Paulina aufgeführt bei Ticin 1692, S. 50–51, Nr. 32)

DS

2.91

Büstenreliquiar der heiligen Paulina

Sächsisch oder böhmisch, 1. Viertel 14. Jh.; Ergänzungen nach 1350; Silber, gegossen, getrieben, vergoldet, Reste von schwarzer und roter Farbe; am Sockel Flechtband mit Halbkugeln und Edelsteinen: 5 gemugelte Amethyste mit abgerundeten Kanten, ein tropfenförmiger Amethyst-Cabochon, 4 Amethyste mit flachem Tafelschliff, ein weiterer Amethyst, 2 gläserne Saphirimitationen (gemmologische Bestimmung: JH). Im Innern: Schädelknochen und weitere Knochenteile; Papier aus dem 18. Jh. mit Wasserzeichen (Stadtwappen von Bautzen). Am Sockel gravierte Inschrift in gotischen Minuskeln: „sancta paulina". H. 43,5 cm, B. 41,2 cm, T. 15 cm. Restaurierung: 1996 – Bernhard Greif (Dokumentation). St. Marienstern, Zisterzienserinnenabtei.

2.92

Vier Büstenreliquiare weiblicher Heiliger

Um 1400 (Büsten A und C), 2. Hälfte 15. Jh. (Büsten B und D); Lindenholz, vollrund geschnitzt; barocke Farbfassung mit Ölfarbe und Ölvergoldung; Büste A: H. 34 cm, B. 27 cm, T. 15 cm; Büste C: H. 36 cm, B. 27 cm, T. 18 cm; Büste B: H. 38 cm, B. 28 cm, T. 19 cm; Büste D: H. 38 cm, B. 28 cm, T. 17 cm. Restaurierung: 1997 — Roswitha Drechsel-Selunka und Ulrike Sommer (Dokumentation). St. Marienstern, Zisterzienserinnenabtei.

Die vier Reliquienbüsten bilden aufgrund ähnlicher Proportionen und Gestaltung eine Gruppe,

Abweichungen in Größe, Stil und Bearbeitung belegen jedoch, daß jeweils nur zwei Figuren (Büsten A und C bzw. B und D) zeitgleich entstanden sind. Die Köpfe sind zur Aufnahme der Reliquien ausgehöhlt; die beiden kleineren Werke wurden mit geschmiedeten Doppelnägeln auf ovale Sockelplatten montiert.
Dargestellt sind vier Jungfrauen aus dem Gefolge der hl. Ursula. Offenbar wurden die beiden größeren Büsten mit ihrer nachlässigeren bildhauerischen Bearbeitung nach dem Vorbild der bereits vorhandenen kleineren angefertigt. Deren Entstehung ist auf Grund des lieblichen, an die Kunst der Parler erinnernden Gesichtstypus' und der schönlinigen Gestaltung der Haare in der Zeit um 1400 anzusetzen. Vielleicht handelte es sich um Exportwerke aus Köln oder dem Rheinland.
Von der mittelalterlichen Farbfassung der Holzbüsten haben sich nur wenige Reste erhalten. Wahrscheinlich waren die Haare - in Anlehnung an das vergoldete Silberreliquiar der hl. Paulina (Nr. 2.91) und um Goldschmiedearbeiten zu imi-

Im 12. Jh. entdeckte man nordöstlich des römischen Köln ein antikes Gräberfeld. Man glaubte dort die sterblichen Überreste Ursulas und ihrer Begleiterinnen gefunden zu haben. Seit dem verbreitete sich die Verehrung der **„Elftausend Jungfrauen"** in ganz Europa. Die hohe Zahl der Märtyrerinnen geht wahrscheinlich auf einen Lesefehler zurück, bestärkte aber den Glauben an die Authentizität der zahllosen Reliquien. Die beliebteste Präsentationsform wurde die Büste aus Metall oder Holz. Allein in der barocken Goldenen Kammer von St. Ursula in Köln, der Hauptverehrungsstätte der Heiligen, werden 122 Jungfrauenbüsten aufbewahrt, eine größere Anzahl ist auch im Kölner Dom und in St. Kunibert zu sehen.
St. Marienstern besaß ursprünglich 78 Häupter der Elftausend Jungfrauen. 1763 schenkte das Kloster sechs davon der sächsischen Kurfürstin Maria Antonia für die Silberkapelle im Dresdner Taschenbergpalais; dort gingen sie 1945 zugrunde.

oben: Büste A und C
unten: Büste B und D

„O selige Jungfrauenschar, die die göttliche Gnade erleuchtet hat! O ihr immer lebendigen Ölbäume, welche Güte ausströmen! Machet, daß wir mit Wahrheit und Aufrichtigkeit euer Lob singen, damit wir würdig werden, nach dem Tode das heilige Los zu erlangen. Segne, o Herr, dieses Haus durch der Jungfrauen Verdienste und alle, die darin wohnen. Es sei ihm Gesundheit, Demut, Heiligkeit, Keuschheit, Stärke, Sieg, Glaube, Hoffnung, Liebe, Gütigkeit, Mäßigkeit, Geduld, Geistigkeit, Züchtigkeit und Gehorsam durch endlose Dauer."
Aus den Gesängen zum Reliquienfest der hl. Ursula in St. Marienstern.

tieren - mit einer Polimentvergoldung überzogen. Auch für das schulterfreie Untergewand der Jungfrauen ist eine Vergoldung anzunehmen. Die aktuelle barocke Neufassung scheint diesen Zustand aufgegriffen zu haben, wobei das Decolleté mit einer illusionistischen Spitzenbordüre in grauer und weißer Ölfarbe verziert wurde.
Bei der Restaurierung zeigte sich, daß bei der Reliquienbüste C die abnehmbare, mit einer etwa 3 cm großen Öffnung versehenen Kalotte bei einer früheren Erneuerung falsch aufgesetzt wurde. Die Wiederherstellung des originalen Zustandes ermöglichte eine Untersuchung der in einem handgewebten Leinenbeutel aufbewahrten Reliquien, die offenbar mehrfach ergänzt wurden. Es handelt sich dabei um Zähne (darunter einer mit einer Krone), verschiedene Steine, Holz- und Metallstückchen sowie Knochen; ein Schädelfragment bildete wohl ursprünglich den Hauptschatz des „redenden", d. h. in der Form auf seinen Inhalt verweisenden Reliquiars.
Seit 1457 ist die Zahl von 78 heiligen Häuptern („capita in numero septuaginta octo") der 11.000 Jungfrauen als Besitz von St. Marienstern belegt. Sie wurden an Feiertagen, insbesondere in der Oktav nach dem Ursulafest am 21. Oktober in der Kirche zur Verehrung ausgestellt. Möglicherweise flankierten die vier Holzbüsten das etwas größere und wesentlich ältere Kopfreliquiar der hl. Paulina. Ansonsten waren die hölzernen Büsten möglicherweise in einem Reliquienaltar verschlossen, vergleichbar dem Ursularetabel des Zisterzienserklosters Marienstatt im Westerwald.

Lit.: Ticin 1692, S. 48, 50.

PM

2.93
Zwei Reliquiare in Form von Schiffchen

15. Jh.; Silber, teilweise vergoldet. H. 28,9 cm, L. 17,7 cm, Dm. (Fuß) 12,4 cm. Konservierung: 1998 – Landesamt für Archäologie Dresden, Eckehard Görke. St. Marienstern, Zisterzienserinnenabtei.

Reliquiare sind nicht nur als Schaugefäße in Form von Monstranzen oder einzelner Körperteile ausgebildet worden, sondern illustrieren auch die Geschichte der Heiligen, deren Reliquien in ihnen enthalten sind. So wurden für Ursulareliquien neben Behältnissen in Gestalt von Büsten, Häuptern und Fingern solche geschaffen, die von ihrem Lebensweg erzählen. Dazu gehören die Schiffchenreliquiare. Die Heilige und ihre Begleiterinnen fuhren in einem Schiff – einem alten Symbol für die Kirche – zum Martyrium. Dieses Schiff, die „Navicula ursulana", wurde als Zitat der Legende

verstanden, darüberhinaus aber auch als Bild der Hoffnung auf ein besseres Jenseits nach den Mühen des Diesseits.
Beide der wohl als Pendants konzipierten spätgotischen Schiffchen in St. Marienstern ruhen auf einem sechspassigen Sockel. Über einem kurzen Schaft sitzt das Reliquiengehäuse in Form eines Einmasters mit einer Takelage aus gedrehtem Silberdraht, an der ein Anker hängt. In der glatten, von einer Reling mit Zinnenfries eingefaßten Oberfläche ist ein Türchen zum Schiffsstand mit den Reliquien eingelassen. Auf die Darstellung der hl. Jungfrauen – wie etwa auf dem 1505 geschaffenen Ursulaschiffchen im Domschatz von Reims – wurde zugunsten eines Steuermanns verzichtet, der in Rittertracht gekleidet auf dem Heck steht: Zusammen mit dem Anker ist er ein Bild für Glaube und Hoffnung, woran die Betrachter der Schiffchen im Hinblick auf ihren Lebensweg gemahnt werden sollten.

Lit.: Kostbarkeiten aus Sachsen 1992, Nr. 22.

SS/MW

2.94
Turmreliquiar mit Glaszylinder

Prag, um 1300; Silber, getrieben, vergoldet, Glas, Reliquien in Leinen eingerollt. Inschrift: „De peplo D[omi]ni, De peplo b[ea]te Virginis et Barbarae, Bartholome, Elysabeth, Apollonie, Afre, undecim millium virginum, Nycolai episcopi martyris et venceslai." (Vom Mantel des Herrn, vom

Mantel der seligen Jungfrau und von Barbara, Bartholomäus, Elisabeth, Apollonia, Afra, den Elftausend Jungfrauen, dem Bischof und Märtyrer Nikolaus und Wenzeslaus). H. 15,6 cm, Dm. (Fuß) 4,1 cm. Restaurierung: 1996 – Bernhard Greif (Dokumentation). St. Marienstern, Zisterzienserinnenabtei.

Über einem runden Fuß mit gepunztem Sockel, dem kurzen Schaft mit einem repoussé getriebenen Kugelnodus sitzt der Reliquienbehälter in Form einer runden Kristallkapsel. Sockel und Dach sind mit drei feinen Spangen befestigt. Der kegelförmige Helm ist mit Krabben besetzt und wird von einer Kugel mit Kreuz bekrönt.
Vergleichbare Stücke zu diesem geläufigen Typ des Ostensoriums befinden sich im Prager Domschatz. Die Kugelform und die Technik der unechten Granulation sind mit dem Zepter des böhmischen Königs Přemysl Ottokar II. vergleichbar, das entweder vor 1268 oder zum Begräbnis 1296 angefertigt worden war.

unpubliziert

DS

2.95
Turmreliquiar mit Ruinenjaspis

Sachsen oder Böhmen, frühes 14. Jh.: Silber, getrieben, vergoldet, Niello (beschädigt), geschliffene Brekzie aus schwarzbraunem Ruinenjaspis, 4 weiße, nachträglich geschliffene Quarze (gemmologische Bestimmung: JH). H. 25,1 cm, Dm. (Fuß) 10,4 cm. Restaurierung: 1998 – Bernhard Greif (Dokumentation). St. Marienstern, Zisterzienserinnenabtei.

Aus einem Achtpaß-Fuß steigt ein gedrungener Schaft mit geripptem Nodus zum Reliquienbehälter, der die Form einer Pyxis mit kegelförmigem Dach hat und von einem Kreuz bekrönt wird. Vier feine Spangen mit Scharnieren fassen die Ruinenachatkapsel mit den Reliquien ein. Der Fuß ist mit Spiralrankenornamenten und den vier Evangelistensymbolen geschmückt, deren archaische Formen ebenso wie der Nodus (vergleichbar mit jenem des verlorenen Mariensterner Kelches Nr. 1.45) auf Vorlagen aus der 2. Hälfte des 13. Jh. verweisen. Der präzise glatte Steinschliff und die Disproportion des kräftigen Fußes gegenüber dem kleinen Behälter finden im Reliquienschrein des hl. Nikolaus im Prager Domschatz eine Parallele, der entweder als böhmische oder venezianische Arbeit des frühen 14. Jh. gilt. Jedenfalls ging die Vervollkommnung der Schlifftechnik von Hartsteinen auf venezianische, zum Teil in Mitteleuropa tätige Goldschmiede zurück.

unpubliziert

DS

2.96
Reliquienmonstranz mit Bergkristallzylinder und Apostelminiatur

Böhmen, 1. Viertel 14. Jh.: Silber, getrieben, gegossen, vergoldet, Eisen (Kreuzchen), Tempera auf Pergament, Bergkristall, Glas- und Edelsteine: am Fuß – ein milchiger Chalcedon, ein milchig weißer, gemugelter Leukosaphir, ein apfelgrüner Chalcedon, ein milchig grüner Chrysopras, grünes, smaragdgrünes, rotes und violettes Glas; am Behälter –

Nr. 2.95

2 facettierte Bergkristalle, ein roter, gemugelter Granat-Almandin, ein weißer Quarz, weißes, grünes und rotes Glas (gemmologische Bestimmung: JH). H. 36,4 cm, Dm. (Fuß) 11,9 cm. Konservierung: 1998 – Landesamt für Archäologie Dresden, Eckehard Görke. St. Marienstern, Zisterzienserinnenabtei.

Der achtlappige Fuß und der kurze Schaft mit Kugelnodus – auf den acht tropfenformigen Zapfen abwechselnd ein Christus- und ein Bischofskopf – trägt eine schlanke achtkantige Ampulle, die von Säulchen fankiert und von drei Turmspitzen mit griechischen Kreuzchen abgeschlossen wird. Dieser Typus ist seit der 2. Hälfte des 13. Jh. verbreitet; die Form wurde auch für Salböl-Gefäße und Reliquiare u.a. in Prag, Krakau, Salzburg und Frankreich verwendet. Unterschiedlich ist jeweils nur die Gestalt des Fußes und der Dekor, den oberen Abschluß bildet stets ein Kreuz. Außergewöhnlich am Mariensterner Werk ist die in den Kristallzylinder eingelegte Miniaturmalerei, die auf Goldgrund die Halbfiguren der mit Schriftbändern bezeichneten Apostel Paulus, Andreas, Johannes, Jakobus, Thomas und Philippus zeigt. In Zeichnung und klarem Kolorit entsprechen sie dem späten Zackenstil und wurden offenbar von Vorlagen abgeleitet, wie sie in Prager Handschriften des letzten Drittels des 13. Jh. geläufig waren (Franziskaner-Bibel, Prag, Bibliothek des Nationalmuseums, Ms. XII B 13; Franziskaner-Breviar Prag, Kunstgewerbemuseum, Ms. 7681; Hohenfurther Bibel).
Das Reliquiar gehört stilistisch und mineralogisch zur umfangreichen Gruppe der Mariensterner Goldschmiedearbeiten, die um und nach 1300 in Böhmen entstanden sind.

Lit.: Kostbarkeiten aus Sachsen 1992, Nr. 7; Neuhardt/Wagner/Seifert 1996, S. 239.

DS

links: Nr. 2.96
rechts: Nr. 2.97

2.97
Turmreliquiar des Herrn Philipp

Prag, 2. Viertel 14. Jh.; Silber, gegossen, getrieben, vergoldet, Bergkristall, Gewebe. H. 37,7 cm, Dm. (Fuß) 11,8 cm. Inschrift: „+ H[A]EC MONSTRANCIA[M] COMPARAVIT DO[MINVS] PHILIPVS" (Diese Monstranz erwarb Herr Philip). Restaurierung: 1998 – Landesamt für Archäologie Dresden, Eckehard Görke. St. Marienstern, Zisterzienserinnenabtei.

Ein flacher Fuß in Vierpaßform mit Eckspitzen trägt das schlanke Turmgehäuse mit den Reliquien in einer Kristallkapsel. Er ist außer der Inschrift mit Rankenwerk graviert, das ähnlich auf der Reliquientafel der Fünf Brüder, datiert 1315 (Alt Bunzlau/Staré Boleslav, Kollegiatskirche), erscheint. Den sechskantigen Schaft zieren unter- und oberhalb des Nodus Friese mit thronenden Königspaaren, während der kapellenförmige Nodus selbst in wimpergartigen Rahmen hervorragend ausgeführte Frauenbüsten aufweist. Die Form des Reliquiars entspricht einer Reihe böhmischer Werke des 14. Jh., so den Reliquiaren der hll. Vinzenz, Lorenz und Ludmilla im Prager Domschatz und dem Reliquiar des hl. Veit in Herrieden. Der figürliche Schmuck entstammt dem profanen Repertoire, wohl der höfischen Goldschmiedewerkstatt der Zeit des 2. Drittels des 14. Jh. in Prag; als Vergleichsstücke seien die Schale mit Frauenbüsten aus Burg Karlstein, um 1350 bis 1360 (Prag, Kunstgewerbemuseum) sowie die sogenannten Stifterpetschaften in St. Marienstern (Nr. 1.48) genannt.
Laut Inschrift war das Reliquiar die Stiftung eines Herrn Philipp, möglicherweise der 1313 belegte 23. Abt von Altzella oder ein 1338 genannter Pfarrer gleichen Namens in Crostwitz.

unpubliziert

DS

2.98
Turmreliquiar mit Bergkristallzylinder und Abendmahlsreliquie

Prag, um 1350; Silber, gegossen, getrieben, vergoldet, Glas, Bergkristall, Pergament. Edelsteine: unten – ein Granat-Almandin, 2 durchbohrte Perlen, 4 unbestimmte Steine, mehrere Steine fehlen; oben – ein Moosachat, 2 durchbohrte Perlen, ein apfelgrüner Chrysopras (?), ein roter Granat-Almandin. Inschrift oben: „Ave Maria gratia plena." Inschriftband innen: „de pane c[o]ene d[omi]ni [...] s[an]ct ap[osto]li et ewangeliste, Johannes ewangeliste Pauli ap[osto]li, Jacobi majoris, Andree ap[osto]li, barnabae ap[osto]li, philipi et Jacobi, II partes m. p.. simonis et inde mathie m. petri... item recto Bartholomei..." (vom Brot des letzten Abendmahls und von verschiedenen Aposteln). H. 26,1 cm, Dm. (Fuß) 10,4 cm. Restaurierung: 1998 – Landesamt für Archäologie Dresden, Eckehard Görke und Evelin Rattun. St. Marienstern, Zisterzienserinnenabtei.

Aus einem gestuften sechseckigen Fuß mit flacher Oberfläche steigt ein schlanker sechskantiger Schaft mit kapellenförmigem Nodus auf. Das Schaugefäß wird von zierlichen Spangen eingefaßt, solche halten auch die bekrönende Spitze, die von einer durchbrochenen Kugel abgeschlossen wird. Die beschädigte Glaspyxis ersetzt wohl ein Bergkristallgefäß. Der erhaltene spährische Bergkristalldeckel ist kleiner, aber von gleicher Gestalt und fast identisch geschliffen wie die Kapseln der Reliquiare der hll. Lazarus, Marta und Magdalena und des hl. Blasius im Prager Domschatz. Ein ähnliches Werk, etwas später zu datieren (um 1360–1370) und ebenfalls in Prag entstanden, enthält das Reliquiar für den Gürtel Christi (Aachen, Münsterschatz).

Lit.: Kostbarkeiten aus Sachsen 1992, Nr. 14; Neuhardt/Wagner/Seifert 1996, S. 240.

DS

2.99

Turmreliquiar mit Johannesreliquie

Böhmen, 2. Drittel 14. Jh.; Silber, vergoldet; Bergkristall; Pergamentauthentik: „De veste sancti iohannis baptiste / una indutus fuit in heremo" (Vom Kleid des hl. Johannes womit er einst in der Wüste bekleidet war). H. 34,5 cm, B. 12,4 cm. Restaurierung: 1996 – Bernhard Greif (Dokumentation). St. Marienstern, Zisterzienserinnenabtei.

Das als Monstranz ausgebildete Reliquiar weist einen runden Fuß mit vier getriebenen Weinblättern auf, am schlanken glatten Stiel ein Nodus mit sechs Roteln, die gekrönte Männerköpfe in Relief zeigen. Das Reliquienbehältnis besteht aus geschliffenem Bergkristall, in dem sich eine Reliquie vom Kleid Johannes des Täufers, ein rotes Gewebe aus Kamelhaar, befindet. Vier Scharnierstangen verbinden den Fuß mit dem Abschluß, einem geschwungenen glatten Helm mit erneuertem Kreuz.

Die Köpfe auf den Roteln entsprechen jenen am Nodus des ältesten vor Ort bewahrten Mariensterner Kelches (Nr. 1.45); das Kopfschema folgt einem Typus, der bald nach 1300 auf kleinen königlich-böhmischen Siegeln auftritt, beispielsweise auf jenem von Wenzel III. von 1305, das um 1307 auch von seinem Nachfolger Heinrich IV. von Kärnten benutzt wurde. Der Königskopf kann zudem als Gegenstück zum Königinnenkopf auf der sogenannten Petschaft Bernhard III. von Kamenz (Nr. 1.48) gelten.

unpubliziert

DS

2.100

Reliquienmonstranz in Form eines Ziboriums

Venedig (?), um 1340; Kupfer, getrieben, vergoldet, Bergkristall, Steine, 6 durchbohrte Korallen. Am Fuß Inschrift: „AVE MARIA" (Gegüßt seist du, Maria). H. 43,5 cm, Dm. (Fuß) 13,3 cm. Konservierung: 1998 – Landesamt für Archäologie Dresden, Eckehard Görke. St. Marienstern, Zisterzienserinnenabtei.

Der sechseckige Fuß trägt auf dem Rand zwischen gefaßten Steinen die gravierte und wiederholte Inschrift des Mariengrußes. Darüber leiten zwei durchbrochene Stufen, die obere in Sternform, zum Schaft über. Der Nodus zeigt auf den Rautenfeldern gepunzte Löwenköpfe. Am sechseckigen Gehäuse stehen unter Baldachinen gegossene Figürchen: die hll. Petrus, Paulus und vier weitere Apostel. Darüber öffnet sich der Blick auf die Reliquien in der Kristallkapsel. Sechs gedrehte Säulchen tragen den aufklappbaren Deckel mit

Faltdach aus geschuppten Dachfeldern und nachträglich aufgesetzten Korallen. Die Giebel sind mit versilberten Reliefs des Salvator Mundi, des Lamm Gottes und der vier Evangelistensymbole vor goldenem Grund geschmückt. Als Bekrönung fungiert eine Statuette der Muttergottes unter einem Baldachin, auf dessen Spitze die nachträglich hinzugefügte Heiliggeisttaube sitzt.
Das ikonographische Programm ist allgemein christologisch gehalten bzw. bezieht sich auf Maria als Himmelskönigin. Es ist deshalb denkbar, daß die Reliquien erst vor Ort eingesetzt wurden und das Behältnis unabhängig von seinem späteren Inhalt geschaffen wurde. Dafür spricht auch, daß die Reliquie der hl. Hedwig – Gründerin des Zisterzienserinnenklosters Trebnitz – aus Schlesien stammen mußte, eine schlesische Herkunft des Reliquiars aber ausgeschlossen werden kann. Es weist Verbindungen zur venezianischen Goldschmiedekunst auf, zeigt aber auch internationale Züge (Marienfigur).

Lit.: Kostbarkeiten aus Sachsen 1992, Nr. 17; Neuhardt/Wagner/Seifert 1996, S. 240.

DS

2.101
Ostensorium mit Reliquie der Gottesmutter

Böhmen oder Lausitz, um 1400; Fuß: Venedig (?), 2. Viertel 14. Jh.: Silber, gegossen, getrieben, graviert, vergoldet, Goldfolie, Niello, Bergkristall. Edelsteine am Fuß: ein gemugelter Amethyst, ein gemugelter Achat, ein milchiger Achat mit Tafelschliff, ein hellgrüner Chrysopras, ein milchig grüner Chrysopras aus Ząbkowice in Schlesien, ein Karneol (gemmologische Bestimmung: JH). An der Rückseite Inschriftband: „de crinibus sce Marie virg, de sy[n]done domini, ipsius conspeta sanguine" (vom Haar der hl. Jungfrau Maria, vom Grabtuch Christi, mit dessen Blut besprengt). H. 36,8 cm, Dm. (Fuß) 10,2 cm. Restaurierung: 1998 – Landesamt für Archäologie Dresden, Eckehard Görke. St. Marienstern, Zisterzienserinnenabtei.

Der sechseckige Fuß mit Steinbesatz schließt mit einem wohl nicht dafür geschaffenen, vierseitigen Nodus ab, dessen Roteln die Buchstaben I, L, R, h zeigen. Ein zweiter Nodus in Kapellenform ist an der Trägerstange befestigt. Über einer Konsole mit Blattwerk setzt der tafelförmige Aufsatz an, der als gotische Fassade mit seitlichen Fialen und einem geschuppten Dach ausgebildet ist. Die Vorderseite zeigt in einer großen Bergkristallkapsel die beschriftete Reliquie, in den Zwickeln von gefaßten Steinen begleitet. Auf der Rückseite ist vor einem Hintergrund mit Rankenwerk in opus punctile-Technik eine Relieffigur der Muttergottes mit Kind und Zepter angebracht.
Als wichtiges Vergleichsbeispiel für den Typus der Reliquienostensorien mit plastischen Figuren sei auf das Dorotheenreliquiar aus dem Basler Münsterschatz, um 1350 (Basel, Historisches Museum), verwiesen. Stilistisch steht das Stück aus St. Marienstern dem Reliquiar des hl. Matthäus und dem Pazifikalkreuz mit Rundkristall im Prager Domschatz nahe, wo sich zudem eine Reliquientafel mit einem Partikel vom Marienschleier hinter einem 8 cm hohen ovalen Bergkristall und mit einer vergleichbaren Gravierung befindet.
Die Ähnlichkeit des Fußes mit jenem des möglicherweise venezianischen Reliquienziboriums der hl. Hedwig (Nr. 2.100) spricht für eine entsprechende Provenienz. Der untere Knauf scheint dagegen eher nordeuropäischer Herkunft zu sein und aus der 1. Hälfte des 14. Jh. zu stammen. Der Aufsatz dürfte um 1400 entstanden sein, wohl in Böhmen oder in der Lausitz (Bautzen?).

Lit.: Kostbarkeiten aus Sachsen 1992, Nr. 12; Neuhardt/Wagner/Seifert 1996, S. 239.

DS

2.102

Encolpion zum Ostensorium mit Reliquie der Gottesmutter

14. Jh.: Rundkapsel, Silber, vergoldet, Niello, geschliffener Bergkristall. Auf der Vorderseite: zwei Gewebepartikel mit Inschriftbändern auf Pergament: „De veste Ste Marie / De peplo S. Mariae" (Vom Kleid Mariens, vom Mantel Mariens). Auf der Rückseite: niellierte Umschrift in zwei Kreisen: „+ VIRGINIS. EXIMI[A]E. VESTIS PEP[LI] / + L[A]C[RI]M[IS]. QVE. MARIE.* AVE MARIA." (vom wunderbaren Kleid und vom Mantel der Jungfrau, mit Tränen der Maria, Ave Maria). Dm. 6 cm. St. Marienstern, Zisterzienserinnenabtei.*

Lit.: Neuhart/Seifert/Wagner 1996, S. 242.

2.103

Turmreliquiar in Form der Heiliggrabkapelle mit Kreuzreliquie

Sächsisch oder böhmisch (?), Anfang 15. Jh.: Fuß erneuert; Kupfer, getrieben, vergoldet, Seidengewebe, Papier, Dracoun. Glas- und Edelsteine: am Fuß – 6 gelbe Glassteine mit Tafelschliff, 6 Rosengläser; am Gehäuse – am Außenkranz: ein milchig grüner, gemugelter Chrysopras aus Ząbkowice (Niederschlesien), ein Amethyst, ein Karneolachat, 2 grasgrüne Chrysoprase aus Schlesien, in der Mitte: Bergkristall mit Holzpartikel aus dem hl. Kreuz, 4 kleine Amethyste, davon ein facettiertes Oval später ergänzt, 4 Bergkristalle (gemmologische Bestimmung: JH). Inschriftband: „S.vincentii, Francisci de Paula ... ". H. 56,1 cm; Dm. (Fuß) 11,6 cm. Konservierung: 1998 – Landesamt für Archäologie Dresden, Eckehard Görke. St. Marienstern, Zisterzienserinnenabtei.

Der runde erneuerte Fuß mit getriebenem Schaft und von mit zwei Inschriftenbändern eingefaßtem, geripptem Nodus trägt einen Behälter in Form einer geschlossenen sechseckigen Kapelle. Die architektonische Form und das schlanke Türmchen mit hohen Fenstern lassen darin ein Abbild der Heilig-Grab-Kapelle in Jerusalem erkennen, die nach ihrer Erneuerung 1099 durch die Kreuzfahrer viele Nachahmungen in Europa fand – als steinerne Großbauten wie in Görlitz und im Konstanzer Münster oder als hölzerne Modelle. Bereits seit dem 11. Jh. wurden auch Reliquienschreine als Heilig-Grab-Kopien gestaltet, etwa die elfenbeinerne Sainte-Chasse im Domschatz von Sens, später wurden vor allem Turmreliquiare, Pyxiden und Tabernakel nach ihrem Vorbild ausgeführt.

An der Vorderseite des Mariensterner Reliquiars ist ein großer Stern befestigt, dessen fünfeckige Form als Christussymbol (fünf Wunden) zu verstehen ist. Umgeben von einem Blätterkranz und fünf Edelsteinen ist in der Mitte eine Blüte mit der zentralen Kreuzreliquie angeordnet. Die technische Ausführung mit gedrehtem Draht und freihängenden Blättchen tritt im 1. Viertel des 14. Jh. am Nodus des Kelches aus der Dresdner Sophienkirche (Dresden, Kunstgewerbemuseum) auf. Um 1400 finden sich ähnliche Arbeiten in der burgundischen und deutschen Schmuckkunst, die spätesten Beispiele sind die Nürnberger Natternbäume aus dem frühen 16. Jh. (Dresden, Grünes Gewölbe; Wien, Kunsthistorisches Museum). Die Steinfassungen des Mariensterner Reliquiars deuten jedoch auf eine frühere Entstehung hin.

unpubliziert

DS

2.104
Turmreliquiar mit Fäßchen

Um 1500; Silber, vergoldet; geschnittenes Glas. H. 24,8 cm, B. 6,5 cm. St. Marienstern, Zisterzienserinnenabtei.

Sechspaßfuß mit einfach aufsteigendem Schaft mit Nodus; Reliquienbehältnis aus Glas in Fäßchenform mit Ornamentschnitt, bekrönt durch ein spitzes Dach mit graviertem Schuppenmuster, abgeschlossen durch einen kleinen Kruzifix.

unpubliziert

2.105
Fäßchenreliquiar

Kristall: Prag, spätes 16. Jh.; Fuß und Fassung: Meister HP, Bautzen (?), 17. Jh.; Silber, gegossen, getrieben, graviert, Bergkristall, vergoldet; Reliquien mit Inschriftenbändern: „...Ven. Arm. S.Adalb. S.Nicolai / S.Johannis Bapt. De velo B. Mariae Virg. Columbani. Claudiae Imp...“; an einem der aufsteigenden Fußlappen eingraviertes Äbtissinnenwappen mit den Initialen A[nna] M[argaretha] A[bbatissa] M[ariaestellensis]; am Rand des Fußes gepunzte Meistermarke HP, ligiert in Herzschild, undeutliche Stadtmarke in Rund- oder Vierpaßschild. H. 17,3 cm, Dm. (Fuß) 9,6 cm. Konservierung: 1998 – Landesamt für Archäologie Dresden, Eckehard Görke. St. Marienstern, Zisterzienserinnenabtei.

Ein Sockel mit Sechspaßfuß trägt ein Fäßchen aus Bergkristall, dessen Seitenteile mit Silberdeckeln verschlossen sind. Darauf stehen auf kleinen Sockeln die gegossenen Figürchen der Muttergottes mit Kind, der hl. Ursula mit Pfeil und einer hl. Märtyrerin mit Palme. Die Marienfigur ist ihrem Aussehen nach älter als die Figuren der beiden Märtyrerinnen und wurde wohl an diesem Stück sekundär verwendet.
Ein Fäßchen aus Bergkristall in ähnlicher Größe und Form in einer Silberfassung mit gravierten Blattenden, jedoch ohne Fuß, wird im Prager Domschatz aufbewahrt. Es gilt als Damenflakon aus dem 16. Jh. und dürfte zusammen mit dem Mariensterner Fäßchen geschliffen worden sein. Vermutlich stammen beide Gefäße aus der Miseroni-Werkstatt in der kaiserlichen Mühle in Prag, für die noch 1657 ein großer Bestand an solchen Kristallarbeiten urkundlich überliefert ist. Laut Wappen und Initialen wurde das Fäßchen für die Äbtissin Anna Margaretha Dorn (reg. 1640–1664) mit dem silbernen Fuß versehen, der formal noch der Spätgotik verpflichtet ist; er kann vorläufig keinem bekannten Meister zugewiesen werden.

Lit.: Kostbarkeiten aus Sachsen 1992, Nr. 23.

DS

2.106
Reliquienkapsel in Vierpaßform

2. Hälfte 15. Jh.; Silber, teilweise vergoldet, getrieben und gegossen, graviert, Pergament; Reliquienverzeichnis in roter Schrift: „de [prae]s[a]epia cri[sti] d[omi]ni, de ligno d[omin]i, de lacte b[eatae] Marie, ... Andrae, Bartolomee, Mathiae, Martini ep., Erasmi, Pancracii, ... hedwigis, de cathena s[an]cti Petri, ... undecim milia virginum“ (von der Krippe Christi, vom Kreuze des Herrn, von der Milch der seligen Maria, ... von Andreas, Bartholomäus, Mathias, vom Bischof Martin, von Erasmus, Pankraz, ... Hedwig, von den Fesseln des hl. Petrus, ... von den Elftausend Jungfrauen). Edelsteine: Kreuz – Bergkristall, Doubletten aus gelblichem Quarz und Glas, 2 Doubletten aus Bergkristall und orangem Glas, ein Feldspat-Adular(?), ein Heliotrop-Jaspis, ein oranger Chalcedon (Sardonyx), ein Bergkristall, ein gelber Chalcedon (gemmologische Bestimmung: JH). Dm. 14, 5 cm, H. (mit Öse) 17 cm, T. 3,5 cm. St. Marienstern, Zisterzienserinnenabtei.

In das Zentrum des vierpaßförmigen Behältnisses ist ein Bergkristall in Form eines Kreuzes mit Dreipaßenden eingelassen, der den Blick auf das Reliquienverzeichnis ermöglicht. Oberhalb des aufmontierten, gegossenen Kruzifixes erscheint eine separat umwickelte Reliquie, ein Kreuzessplitter. Am Rand und an der Zarge sind Blattranken mit vergoldeten Distelblüten sowie Steine in Kastenfassungen angebracht, begleitet von einem

Der Glaube, daß selbst den kleinsten Splittern der Gebeine von Heiligen und Märtyrern heilsame Kräfte innewohnen, führte zu dem Wunsch, Reliquien persönlich zu besitzen. Kleine Behältnisse zu ihrer Aufbewahrung und zum täglichen Gebrauch sind seit der frühchristlichen Zeit überliefert. Sie knüpfen formal an die aus Gold gearbeiteten römischen 'bullae' an, die von den Kindern der Senatorenfamilien als Amulett getragen wurden. Nach den mittelalterlichen Quellen werden diese persönlichen Amulette als 'capsellae' und 'phylacteria' bezeichnet; auch die liturgischen Brustkreuze oder Pektoralien sind auf diesen Typus zurückzuführen.
Seit dem 14. Jh. entwickelten sich die **Reliquienkapseln** zu kostbar ausgestatteten Schmuckstücken. Große Verbreitung fanden sie im 15. und 16. Jh., die am häufigsten auftretende Form ist das runde Medaillon.

Gestochene Bilder
Parallel zur Verfeinerung der Gravierungstechniken im Verlauf des 15. Jh. entwickelte sich abgeleitet aus der Kleinkunst die Technik des Kupferstichs. Umgekehrt dienten die Blätter von Künstlern und Kupferstechern wie Meister E.S., Martin Schongauer und Albrecht Dürer als Musterblätter für die „ungedruckten Stiche“ auf liturgischen Geräten und Reliquiaren.
Zunächst wurde der metallene Untergrund poliert, dann mit einer weißen Grundierung überzogen, in die mit einer Reißnadel die Umrisse der Darstellung eingeritzt, von einer Vorlage durchgepaust oder durchgerieben wurden. Im Anschluß erfolgte die Ausarbeitung mit den verschiedenen Sticheln; der zu bearbeitende Gegenstand lag dabei auf einem mit Sand gefüllten Kissen, das je nach Arbeitsrichtung gedreht werden konnte.

tordierten Silberdraht. Die Rückseite zeigt eine gravierte Darstellung der Muttergottes mit Kind im Strahlenkranz, die im Sinne einer Sacra Conversazione von den hll. Ursula und Andreas begleitet wird. Wahrscheinlich bediente sich der Künstler dreier Musterblätter mit je einem Heiligenbild, die er zu einer Szene verband. Die Gewandbildung der gravierten Figuren, charakterisiert durch große, an wenigen Stellen ösenartig umknickende Falten, die breite Disposition der Gestalten sowie die Gesichtstypen lassen auf eine Entstehung der Reliquienkapsel in der 2. Hälfte des 15. Jh. schließen. Die Vorlagen stammten wahrscheinlich aus dem oberrheinischen Raum.
Zweifellos entstand das Reliquiar in derselben Werkstatt wie die beiden weiteren Mariensterner Kapselreliquiare (Nr. 2.107, 2.108)

unpubliziert

PM/DS

2.107

Agnus Dei- oder Reliquien-Kapsel in Vierpaßform

Prag, Ende 15. Jh.; Silber, vergoldet, getrieben, gegossen, graviert, roter Seidenstoff. Dm. 7 cm, H. (mit Öse) 9,5 cm. St. Marienstern, Zisterzienserinnenabtei.

Das Medaillon ist aus zwei vierpaßförmigen Silberplatten und einer glatten Zarge zusammengesetzt. Durch einen Ausbruch an der Rückseite ist ein in rote Seide eingewickelter Gegenstand im Inneren der Kapsel zu erkennen, der sowohl ein Agnus Dei wie auch eine Reliquie sein könnte.
Die Bildfläche der Ansichtsseite ist mit einer eingravierten umlaufenden Linie und parallelen Kurzschraffuren eingefaßt. Der Hintergrund der aufmontierten Kreuzigungsszene wurde in Andeutung einer Landschaft mit dem Stichel grob bearbeitet. Die Figuren der Kreuzigungsgruppe sind kleine Goldschmiedeplastiken, die nach vorhandenen Modellen gegossen und je nach Bedarf für die Ausstattung von Reliquiaren und liturgischen Gerätschaften verwendet wurden.
Die Rückseite der Kapsel zeigt den hl. Hieronymus mit einem Löwen. Die Vorlage zur Darstellung des Kirchenvaters „im Gehäuse“, d. h. in seiner Studierstube, fand der ausführende Graveur in einem Kupferstich des oberrheinischen Goldschmiedes Meister E. S. (nachweisbar 1425–1467). Das 1466 datierte Blatt zeigt den Täufer Johannes im Kreise der Patriarchen und Evangelistensymbole. Mittels einer Pause wurde das Medaillon mit dem hl. Hieronymus auf die Mariensterner Kapsel kopiert. Die Übertragung führte zu einer Vergröberung des Bildes: Die Architektur ist mißverstanden und hat ihren sinnvollen Zusammenhang verloren, wie es auch die unorganische Anordung der Falten am Gewand des Einsiedlers zeigen.

unpubliziert

PM/DS

2.108

Reliquienkapsel in Sechspaßform

Um 1500; Silber, teilweise vergoldet, getrieben, graviert, Pergament; Reliquienverzeichnis in roter Schrift: „undecem milia virginum, decem mi/lia mart(yrum) d(e) s(ancti) jacobi“ (von den Elftausend Jungfrauen, von den Zehntausend Märtyrern, vom hl. Jacobus). Edelsteine: ein stark abgeriebener Amethyst, ein milchig gelber, später gefaßter Chalcedon, 2 violette Amethyste sowie Glas, ein Stein fehlt (gemmologische Bestimmung: JH). Dm. 11 cm, T. 4,5 cm. St. Marienstern, Zisterzienserinnenabtei.

Das der großen Reliquienkapsel (Nr. 2.106) in Form und Entstehungszeit nahestehende Medaillon trägt in der Mitte einen gemugelten Bergkristall; der Lupeneffekt vergrößert das Reliquienverzeichnis. Die Kapsel birgt nach Aussage der Inschrift Reliquien, die auch in anderen Reliquiaren im Mariensterner Schatz vertreten sind. Der breite Rand der Kapsel und die Zarge sind mit gefaßten Steinen und aus dem Draht getriebenen Blattranken mit Distelblüten bedeckt. Diese Technik tritt häufig in mitteleuropäischen Goldschmiedearbeiten der Spätgotik auf, so auch an einer Reliquienkapsel im Prager Domschatz.
Die nicht vergoldete Rückseite des sechspaßförmigen Anhängers zeigt die qualitätvollste Gravierung unter den auf diese Weise geschmückten Reliquien- und Agnus-Dei-Kapseln des Mariensterner Schatzes. Vor dem Hintergrund einer hügeligen Landschaft ist die Kreuzigung Christi mit

der trauernden Maria und dem auf den Erlöser weisenden Johannes Evangelista dargestellt. Bei der Übertragung von der Vorlage auf das Format der Kapsel wurde die Szene offenbar verkürzt, so daß die Assistenzfiguren wesentlich größer als Christus ausfielen. In der genau beobachteten und aufwendig inszenierten Fältelung der Gewänder sowie in der anatomischen Durchformung des gestreckten Christusleibes zeigt die Gravierung enge Beziehungen zu oberrheinischen Werken der 2. Hälfte des 15. Jh. Die Vorlage für dieÉriensterner Reliquienkapsel könnte aus dem engeren Umfeld Martin Schongauers (1425/30–1491) stammen. Auf Grund der Ähnlichkeit dieser Darstellung mit der Gravur auf der Reliquienkapsel des hl. Markus im Prager Domschatz dürften beide Stücke in der selben Prager Werkstatt entstanden sein.

unpubliziert

PM/DS

2.109
Runde Reliquienkapsel

Prag, um 1500; Silber, teilvergoldet, getrieben und gegossen, graviert, roter Seidenatlas, Pergament, später ergänzte geschliffene rote Glassteine. Dm. 10 cm, H. (mit Verschluß) 12 cm, T. 3,5 cm. St. Marienstern, Zisterzienserinnenabtei.

Die vorliegende Form der Reliquienkapsel ist seit dem ausgehenden 15. Jh. u. a. in Böhmen sehr verbreitet. Das offene Mittelfeld, verdeckt durch eine gegossene und vergoldete Kreuzigungsgruppe, unter der in rotem Seidenstoff die Reliquie liegt, wird von einer Hohlkehle eingefaßt; einziger Schmuck des breiten Randes sind drei getriebene Silberblüten mit je einem roten Stein. Blüten und Figuren entsprechen jenen auf dem Kelch der Äbtissin Elisabeth von Haugwitz von 1501 (Nr. 2.120).
Die Miniatur-Darstellung des Gekreuzigten, flankiert von Maria und dem Evangelisten Johannes, orientiert sich an den Kreuzigungsgruppen großformatiger Kreuzreliquiare und Paxkreuze. Wie bei dem Reliquiar mit Astkreuz aus St. Marienstern (Nr. 2.73) hängt der Körper Christi an dem als Lebensbaum gestalteten Kreuzesholz, den Assistenzfiguren dienen zwei Äste als Piedestal, die dem Fuß des Kreuzes entwachsen.
Die Gravierung der Rückseite der Kapsel zeigt eine etwas grob gearbeitete Szene mit dem hl. Martin von Tours. Stilistisch steht das Werk dem gravierten Monile mit Gottesmutter von 1513 im Prager Domschatz nahe; es ist wohl in der gleichen Werkstatt entstanden.

unpubliziert

PM/DS

2.110
Runde Agnus-Dei-Kapsel

Böhmisch (?), 1522; Intaglio: Rom, 3. Jh. n. Chr. (?); Silber, teilweise vergoldet, getrieben, graviert, Pergament, Wachs; 3 Partikel in hellgrüner Seide; Glas- und Edelsteine: ein Bergkristall mit weißem Quarz-Intaglio in der Mitte, einen römischen Kaiser mit Haarband darstellend, ein oranger Chalcedon mit gebogener Achatstruktur, ein brauner Chalcedon (Karneol) sowie Glas; (gemmologische Bestimmung: JH). Inschrift um die Figurengruppe: „ADESTO . METTERCIA .O. INCLITA . ANNA ANNO . DOMINI . 1522" (Hilf hochgerühmte Anna Selbdritt, im Jahre des Herrn 1522). Dm. 12 cm, H. (mit Öse) 15 cm, T. 4 cm. St. Marienstern, Zisterzienserinnenabtei.

Vor der Öffnung in der Mitte der runden Kapsel erlaubt ein gemugelter Bergkristall den Blick auf die geweihte Wachsscheibe des Agnus Dei und ein Pergamentstück mit der Inschrift „O Agne Dei miserere mei" (Lamm Gottes, erbarme Dich meiner). Der hohlkehlenartig verbreiterte und vergoldete Rand des Medaillons ist mit silbernem Blattwerk besetzt, das sich um fünf gefaßte Steine – darunter ein spätantiker Intaglio – rankt. Den inneren und äußeren Abschluß bildet jeweils ein gedrehter und gekerbter Draht. Diese im Spätmittelalter verbreitete Form der Agnus-Dei-Kapsel zeigt auch eine der Mariensterner Reliquienkapseln (Nr. 2.109).
Die auf dem aufklappbaren Deckel des Anhängers eingravierte Szene der Anna-Selbdritt folgt einem Typus, der in St. Marienstern mehrfach auftritt (Nr. 2.31): Die beiden Frauen sitzen auf Faltstühlen nebeneinander. Anna ist mit dem das Haar bedeckenden Schleier der verheirateten Frau als die Ältere ausgewiesen, während Maria mit offenem Haar und Krone als Jungfrau und Himmelskönigin charakterisiert ist. Mit ihrer Linken

Agnus Dei-Kapseln
Die Bezeichnung Agnus Dei, d. h. Lamm Gottes, leitet sich von den aufgeprägten Lamm auf Wachsstücken ab, die am Morgen des Weißen Sonntags von der geweihten und zerschnittenen Osterkerze unter die Gläubigen verteilt wurden. Die Weihe der später eigens zu diesem Zweck angefertigten Wachsscheiben erfolgte seit dem 15. Jh. durch den Papst, allerdings nur im 1. und 7. Jahr seiner Amtszeit. Sein Name wurde neben dem Lamm in das weiße, gebleichte und somit „jungfräuliche" Bienenwachs – mitunter auch in Brot, Silber oder Perlmutter – eingeprägt; das Lamm symbolisiert mit Meßkelch und Siegesfahne den Opfertod und die Auferstehung Christi. Agnus-Dei-Scheiben ohne schützendes Gehäuse sind nur selten erhalten, da sie für den privaten Gebrauch als Schutzmittel gegen Naturkatastrophen, böse Geister und Krankheiten bestimmt waren. Ihre Bezeichung übertrug sich auf die den Reliquienkapseln in Form und Funktion nahestehenden Metall-Anhänger, die ihrerseits, wie auch eines der Mariensterner Stücke, das Bild des über den Tod triumphierenden Lammes tragen.

linke Seite:
Nr. 2.106
Nr. 2.108
Nr. 2.107
rechts:
Nr. 2.109

hält Anna der Tochter das nackte Kind entgegen. Über Jesus schwebt die Taube des hl. Geistes. Wie bei den Stühlen zeigt sich auch in den Gewändern die Schwierigkeit des Graveurs, seine zeichnerische Vorlage in exakter Weise auf den Deckel der Kapsel zu übertragen.
In der die Figurengruppe rahmenden Inschrift wird die dargestellte Heilige um Fürbitte angerufen und das Datum der Stiftung genannt. Als Auftraggeberin kommen entweder die Mariensterner Äbtissin Elisabeth von Temritz (urkundlich belegt 1515–1519) oder ihre Nachfolgerin Margareta von Metzrad (urkundlich belegt 1524–1554) in Frage.

unpubliziert

PM/DS

2.111

Agnus-Dei-Kapsel als Anhängermedaillon

Prag (?), 1594; Silber, getrieben, vergoldet, graviert, Bergkristall oder Glas, Kupferstich auf Papier, mit Tempera koloriert, roter Seidenstoff, Wachs. Auf 2 konzentrischen Kreisen die Inschriften: „IN MEMORIAM et LV[CIA] AB[BATISSA] STEL[AE] MARIAE“ und „MART[INUS] KAT[?] N[OVECELLENSIS] P[ROFESSUS] D[EDIT] A[NNO] D[OMINI] 1594“. Dm. 7 cm, H. (mit Ösen) 8,5 cm. St. Marienstern, Zisterzienserinnenabtei.

Unter einer runden Glasscheibe ist auf der Vorderseite des Anhängers ein ausgeschnittener zeitgenössischer Stich – möglicherweise ein Votivdruck aus der Prager Sadeler-Werkstatt – sichtbar. Vor dem aufgeklebten Goldpapier-Hintergrund erscheint die Gestalt Christi, bezeichnet als „PATER LVMINVM“ (Vater des Lichtes). Auf seiner Brust ist eine Sol-Darstellung zu erkennen: Christus als Licht des Glaubens gegen das Dunkel der Sünde. Der Stich in Collagetechnik wurde wohl von einer Mariensterner Schwester verziert.
Die Rückseite besteht aus einer mit vier ausgestanzten Palmetten geschmückten Platte, unter der das Agnus Dei sichtbar ist. Laut Inschrift wurde die Kapsel von einem Neuzeller Konventualen Martin, der vielleicht kurzzeitig als Propst in St. Marienstern amtierte, zur Zeit der Äbtissin Lucia Günther (reg. 1576–1584 und 1592–1606) gestiftet.

unpubliziert

PM/DS

2.112

Agnus-Dei-Kapsel als Anhängermedaillon

*Böhmen/Prag (?), 1596; Silber, getrieben, vergoldet, gegossen, graviert, roter Seidenstoff, Wachs. Umlaufend gravierte Inschriften: recto – „LVCIA * GUNTERS * ABBATISSA * COE:NOBY * MARIAE * STELLAE * ANNO 1596“ (Lucia Günther Äbtissin des Klosters Marienstern im Jahr 1596), verso – „ECCE.AGNVS * DEI * QVI * TOLLIT * PECCATA * MVNDI * N * S * W * N * P * D * S * I 1596“ (Siehe das Lamm Gottes, das die Sünden der Welt trägt). Dm. 10,5 cm, H. (mit Öse) 13,5 cm. St. Marienstern, Zisterzienserinnenabtei.*

Das Medaillon ist aus zwei gewölbten Scheiben mit Scharnieren zusammengesetzt. Der mit gestanzten Palmetten durchbrochene Untergrund erlaubt auf beiden Seiten den Blick auf das in Seide gehüllte Agnus Dei. Im Zentrum der Vorderseite ist eine gegossene Kreuzigungsgruppe befestigt, die neben dem Kruzifixus statt Maria und Johannes offenbar zwei weibliche Heilige zeigt, die sich in bewegter Trauer Christus am Astkreuz zugewandt haben. Die umlaufend gravierte Inschrift nennt das Entstehungsjahr und die damals amtierende Äbtissin Lucia Günther sowie in den bisher nicht auflösbaren Abkürzungen wohl den Stifter.
Die Rückseite des Anhängers ziert ein graviertes Bild des Lammes mit Kelch und Siegesfahne. Die Inschrift gibt die aus der Meßliturgie stammende, hier auch auf den umseitig dargestellten Opfertod Christi bezogene Akklamation wieder. Es ist denkbar, daß das Medaillon während des Gottesdienstes als „pacem“, d. h. zur Weiterreichung des Friedenskusses nach dem Vaterunser und vor der Kommunion, verwendet wurde.

unpubliziert

PM

2.113
Encolpion in Kreuzform

Böhmisch (?), Mitte 15. Jh.; Silber, gegossen, getrieben, graviert. H. 5,5 cm, B. 4,5 cm. St. Marienstern, Zisterzienserinnenabtei.

Die Vorderseite des kreuzförmigen Behältnisses zeigt eine gravierte Darstellung der stehenden Maria mit dem Kind, die Rückseite Christus am Kreuz. Im Inneren birgt der Anhänger mehrere in Stoff gehüllte Reliquien, darunter sicher ein Kreuzpartikel. Offenbar hat der Künstler zunächst das Bild in die Silberfläche eingegraben, um diese anschließend in Form eines Deckels aufzuschneiden.

Der Kruzifixus im Dreinageltypus auf der Rückseite ist grob und summarisch gearbeitet. Die Darstellung folgt Gravierungen auf Prager Pektoralen des Schönen Stils (zwei Exemplare im Prager Domschatz, ein weiteres in Mühlhausen/Nelahozeves, Sammlung Lobkowitz-Raudnitz). Das sorgfältiger ausgeführte Bild der Gottesmutter als stehende Himmelskönigin im Strahlenkranz – Maria in sole – zeigt ebenfalls Ähnlichkeiten mit böhmischen Arbeiten, der Madonna auf einem Encolpion (Prag, Domschatz) und einer gegossenen Marienfigur aus der Zeit um 1450 (Prag, Kunstgewerbemuseum); vergleichbar sind aber auch schlesische Werke in Hamburg und Köln.

Formal und auf Grund der eingeschlossenen Reliquien könnte der Anhänger als Brustkreuz (Pektorale) gedient haben, das möglicherweise zum Ornat einer Mariensterner Äbtissin gehörte.

unpubliziert

PM/DS

2.114
Medaillon mit thronender Maria mit Kind

Böhmisch (?), 2. Hälfte 15. Jh.; Perlmutter, geschnitzt, Gesichter glatt abgegriffen, Silber, getrieben, vergoldet. Dm. 6 cm. St. Marienstern, Zisterzienserinnenabtei.

Gefaßt von einem gezackten Rahmen stellt das Perlmutterrelief die Gottesmutter dar, die auf einem Thron sitzt, der im Typus das Grab Christi antizipiert, und präsentiert das nackte Jesuskind. Zu ihren Seiten beugen sich zwei Engel aus den Wolken herab, wovon der linke das Zepter der Himmelskönigin hält und der rechte – statt die Krone zu halten – mit dem Apfel des Jesuskindes spielt.

Kompositorisch folgt das hervorragend geschnitzte Werk Vorlagen des Weichen Stils; der Typus der Madonna entspricht der monumentalen Holzskulptur in der Prager Teynkirche, die um 1420 vom sogenannten Meister der Kalvarienszene aus der Teynkirche geschaffen wurde. Ähnliche verkleinerte Umsetzungen in Perlmutter und Elfenbein sind bekannt, genannt sei jene im Salzburger Altärchen des Meisters Perchtold, datiert 1494 (New York, Metropolitan Museum/The Cloisters).

Im 15. Jh. wurde die irisierende Innenschicht von Muschelschalen meist von den Goldschmieden selbst geschnitten und zum Schmuck ihrer Werke verwendet.

unpubliziert

DS

Stoffe, Perlen, Stickereien – Schmuck für den Altardienst

Nr. 2.115

In der Messe wird das Gedenken an den Opfertod Christi gefeiert. In der Urkirche als schlichtes Abendmahl begangen, wurde die Meßfeier im Mittelalter zu einer reichen Zeremonie mit Lesungen, Gebeten, Gesang und weiteren rituellen Handlungen ausgestaltet. Die Wandlung von Brot und Wein zu Leib und Blut Christi stellt den Höhepunkt der Meßliturgie dar.

Mit kostbaren Geräten und Gewändern wurde die Bedeutung des Altarsakramentes hervorgehoben. Die heiligen Gefäße (vasa sacra), welche unmittelbar mit dem Allerheiligsten in Berührung kommen, müssen aus Silber oder Gold gefertigt sein: Im Kelch werden Wein und Wasser gemischt, die Patene dient als Hostienschale; die gewandelte Hostie wird bis zur Kommunion im Ziborium aufbewahrt und in der Monstranz zur Schau gestellt. Weiteres Meßzubehör sind die Meßkännchen, in denen Wasser und Wein bewahrt werden, Rauchfaß und Weihwasserkessel, die Glöckchen, deren Klang auf die Wandlung vorbereitet, Altarkreuz und Altarleuchter und die Paxtafel für den Friedenskuß.

Der Altar selbst ist mit einem Altartuch bedeckt. Ein Antependium (Vorhang) aus Holz, Metall oder textilem Material schmückt seine Vorderseite. Der Meßornat der zelebrierenden Priester ist oft reich mit Stickerei, Perlen und Juwelen versehen. Manche dieser Gewänder und Behänge entstanden in den Frauenklöstern; die meisten jedoch wurden von professionellen Handwerkern geschaffen. Häufig arbeiteten die Seidensticker mit anderen Spezialisten zusammen, mit Goldschmieden und Juwelieren. Ihre Erzeugnisse fanden weite Verbreitung: Böhmische Stickereien wie das prachtvolle Pirnaer Antependium wurden bis in den Ostseeraum und nach Oberungarn exportiert. Die Vorzeichnungen für diese Arbeiten lieferten Maler. Nach Vorbildern der Bildhauerkunst schufen im 16. Jh. erzgebirgische Werkstätten Meisterwerke der Reliefstickerei.

2.115
Die Gregorsmesse

Meister des Annaberger Bäckeraltares, 1519; Tempera und Öl auf Holz. H. 124 cm, B. 100 cm. Restaurierungen: 1909 (auf Leinwand übertragen), 1951 und 1997/1998 (neuer Rahmen) – Landesamt für Denkmalpflege Dresden (Dokumentation). Dippoldiswalde, Ev.-Luth. Stadtkirchgemeinde St. Marien und St. Laurentius.

Auf dem Tafelbild zelebriert der hl. Gregor in einer gewölbten Hallenkirche mit Diakon, Subdiakon und Presbyter assistens die Hl. Messe. Dargestellt ist der Moment der Elevation der soeben gewandelten Hostie.

Dem Bild der Gregorsmesse liegen mehrere Überlieferungen zugrunde. Seit dem 9. Jh. ist die Legende von der Hostienbäckerin bekannt, die Zweifel an der eucharistischen Wandlung von Brot und Wein in Leib und Blut Christi äußerte. Durch das Gebet Gregors aber wandelte sich die auf den Altar zurückgelegte Hostie zum Beweis in einen Finger und wieder zurück. Diese Überlieferungen gaben im ausgehenden 14. Jh. Anlaß, Gregor die Vision des vom Kreuz herabsteigenden Christus, der sein Blut in den Meßkelch fließen läßt, zuzuschreiben. Die mystische Frömmigkeit dieser Zeit führte zu meditativen Gebetsübungen über das Leiden Christi.

Die damit verbundenen Gegenstände und Handlungen wurden aus dem szenischen Zusammenhang herausgelöst und kamen zur Vertiefung der persönlichen Andacht einzeln zur Darstellung. Auf der Dippoldiswalder Tafel dienen sie als Bildschmuck des Altars: zu Füßen des Schmerzensmannes die Kreuzesinschrift INRI, sodann die Hand, die Schüssel, die 30 Silberlinge des Judas, die drei Würfel der Soldaten, die Zange und eine Fessel, darüber die Köpfe der Magd und des Petrus. Bekleidete Engelknaben halten die Geißelsäule, die Lanze, den Stab mit dem Essigschwamm, die Leiter und das Kreuz.

Die Verbindung mit den Ablaßgebeten Gregors machte das Thema für Epitaphien geeignet. Aufgrund des hochrechteckigen Formates und der Imitation der Schleierbretter von Altarschreinen dürfte dieser Zweck auch auf das Gemälde aus Dippoldiswalde zutreffen.

Der Maler verwendet für die Gregorsmesse die gleiche Innenarchitektur, wie bei der Szene von Mariä Verkündigung auf den von ihm gemalten Außenseiten der Flügel des Bäckeraltares in der Annaberger St. Annenkirche. Der Künstler kam wahrscheinlich aus Süddeutschland nach Sachsen und brachte typische Formen der Augsburger Frührenaissance mit. Seit etwa 1514/1515 war er in einer Freiberger Werkstatt tätig.

Lit.: Sandner 1993, S. 164.

FS

2.116
Pirnaer Antependium

Böhmen (Prag), vor 1350; Seidenstickerei auf naturfarbenem Leinen, farbige Filofloßseide in Spalt- und Klosterstich, Gold- und Silberlahn in Anlegearbeit und Flachreliefstickerei, Vorzeichnung oftmals sichtbar; Farben verblaßt, Glasperlen in den Heiligenscheinen fehlen. H. 94 cm, L. 339 cm. 1842 aus der Pirnaer Stadtkirche St. Marien vom Königlich Sächsischen Verein für die Erforschung und Erhaltung vaterländischer Altertümer übernommen. Dresden, Staatliche Kunstsammlungen, Kunstgewerbemuseum, Inv. Nr. 37417.

Auf dem wohl für einen Hochaltar gedachten Antependium ist die Marienkrönung zwischen Aposteln und böhmischen Landespatronen unter zierlichen Spitzbogenarkaden mit perspektivisch-phantastisch gestalteten Vogelgehäusen dargestellt. Von links nach rechts: der Evangelist Johannes, die Apostel Paulus und Philippus, der hl. Adalbert, Bischof von Prag, sowie der hl. Wenzel, auf der rechten Seite Johannes der Täufer, die Apostel Paulus und Jakobus der Ältere, der hl. Prokopius als Abt von Sazawa sowie der hl. Veit. Weitere Heilige, Nonnen und Mönche enthalten die Rundmedaillons im rahmenden Rankenfries. Die Wappen in den Bogenzwickeln über der Mittelgruppe beziehen sich vermutlich auf die oberösterreichische Stifterfamilie von Vollkrah.

Das Pirnaer Antependium gilt als die älteste erhaltene, großformatige, böhmische Stickerei. Glie-

Die Bekleidung des Altarunterbaus (Stipes) mit einem **Antependium** war seit dem 4./5. Jahrhundert üblich. Ursprünglich umgab die Altarbekleidung alle vier Seiten des Stipes, später beschränkte man sie auf die vordere Breitseite. Als Verkleidung der Altarvorderseite erhielt sie die Bezeichnung Antependium. Sie wurde sowohl aus Textilien als auch aus Metall (Gold, Silber, vergoldetes Kupfer) und im späteren Mittelalter auch aus Holz gefertigt.

Als **Altarkreuz** bezeichnet man ein mit einem Kruzifix auf der Vorderseite versehenes Standkreuz, das seit dem 11. Jh. während der Messe zwischen den Kerzenleuchtern auf dem Altar aufgestellt wurde und diese überragen sollten. Bald ging man dazu über, Leuchter und Kreuz optisch aufeinander abzustimmen. Der heutige, auch in ev.-luth. Kirchen übliche Brauch, Leuchter und Altarkreuz ständig auf dem Altar zu belassen, ist für das Mittelalter nicht nachzuweisen.

derung und ikonographisches Programm sind von italienischen Vorbildern übernommen. Stilistisch ist das Werk jedoch eng mit der böhmischen Tafelmalerei im Umkreis des Meisters von Hohenfurth verbunden, so mit der Predella aus Raudnitz (Roudnice; Prag Nationalgalerie) und der Madonna aus Glatz (Berlin, Gemäldegalerie). Es handelt sich wohl um eine Arbeit für das Dominikanerkloster in Pirna; die Dominikanermönche in den Medaillons des rechten Rahmens deuten darauf hin. Pirna gehörte zwischen 1298 und 1407 zur böhmischen Krone. Durch die Auflösung des Klosters nach der Reformation gelangte der Altarbehang in die Stadtkirche St. Marien. Hier wurde die Stickerei 1841 unter einer späteren Bedeckung des Altares entdeckt.
Der Charme der Darstellung und die Feinheit der Stickerei machen das Antependium zu einem Kleinod des Weichen Stils. Die Standfiguren bewegt ein leichter S-Schwung und ihre Körper werden durch enganliegende Hemden betont, über die sich Mantelumhänge in weiten Schüsselfalten bauschen.

Lit.: Drobná 1950, S. 16; Schuette/Müller-Christiansen 1963, S. 41; Schmidt 1969, S. 178; Umění české a slovenské gotiky 1972, Nr. 47; Zeminová 1978, S. 32–25; Stejskal 1978, Nr. 31; Kunsthandwerk 1981, Nr. 225 (mit älterer Lit.); Haase 1995, S. 12 f.

GH

2.117
Zwei Altarkreuze

a) 2. Hälfte 15. Jh./Anfang 16. Jh.; H. 28 cm, B. 10,8 cm. b) Anfang 16. Jh.; H. 21,4 cm, B. 12,8 cm. Silber, gegossen, graviert, gepunzt, Glasflüsse, Edelsteine, schwarzes Grubenschmelz (oder Niello?), Titulus bei b) verloren. Restaurierung: 1998 – Landesamt für Archäologie Dresden, Eckehard Görke. St. Marienstern, Zisterzienserinnenabtei.

Das höhere der beiden Altarkreuze besteht aus drei Teilen, dem Vierpaß-Fuß, dem Schaft auf quadratischem Grundriß mit Nodus und einem weiteren Zwischenstück, auf dem das Kreuz befestigt ist. Darauf ist der gegossene Corpus Christi montiert, umgeben auf den Dreipaßenden von Engeln mit Büchern. Der schmale Rand der Kreuzbalken ist auf beiden Seiten mit einer kräftigen Gravur verziert. Die Rückseite schmückt ein großer ovaler Amethyst.
Das kleinere Altarkreuz ist einfacher gearbeitet, besitzt aber ein reicheres Bildprogramm. Unmittelbar auf dem hochgezogenen Fuß steht das Kreuz mit gegossenem Kruzifix und schmückenden Gravuren und Punzierungen. Gravierte Rosen als Symbole der Wunden Christi begleiten die an die Dreipässe der Balkenenden montierten Glasflüsse, die stellvertretend für Edelsteine auf die Herrlichkeit des Himmelreiches und damit auf die Erlösung hindeuten. Die Rückseite zeigt die Muttergottes mit Kind als Himmelskönigin. Sie ist von zwei Blumen ähnlich jenen der Vorderseite und von vier durch Schriftrollen gekennzeichneten Propheten umgeben.

unpubliziert

WF

2.118
Pazifikale

Kreuz: 1. Hälfte 15. Jh.; Silber, getrieben, graviert, vergoldet, Kristalle und Rubin (?); Fuß: wohl Anfang 16. Jh.; Kupfer, vergoldet. Inschrift auf der Vorderseite: „johannis", „mateus", „markvs", „lvcas", Rückseite: „reliq'e/Margaret/...". H. 27 cm, Dm. (Fuß) 11 cm. Meißen, Dom.

Nach dem römischem Meßritus erhielten ausgewählte Laien unmittelbar vor Austeilung der Kommunion ein Pazifikale (auch Paxtafel) zum Kuß gereicht. Es diente als Vermittler des liturgischen Friedenskusses, den der Priester als Symbol übernatürlichen Seelenfriedens gibt. Entsprechend der engen Bindung an die Kommunion verweisen die Bildprogramme immer auf den Opfertod Christi. So trägt das kreuzförmige Pazifikale aus dem Meißner Dom auf seiner Vorderseite ein Kruzifix und in den in Dreipässen auslaufenden

Nr. 2.118, Vorder- und Rückseite

Balkenenden die vier Evangelistensymbole. Die Figuren zeichnen sich durch eine lineare Binnenschraffur bzw. -punzierung aus. In das Pazifikale sind Reliquien eingelassen. Sie befinden sich in der Rückseite in fünf mit Kristallen bzw. Rubinen geschlossenen Vertiefungen, die auch als Hinweise auf die Wunden Christi zu deuten sind.
Besondere Beachtung verdient dieses Pazifikale, weil es nebst einem spätgotischen Kelch das letzte Werk ist, das sich aus dem einst reichen Domschatz von Meißen erhalten hat. Dieser ist verlorengegangen, nachdem Herzog Moritz am 11. Mai 1542 die „kirchen clenodia [...] in vnser silber kammer verantwortt" überführen ließ.

Lit.: Gurlitt BKD 1919, S. 237 f.

WF

2.119
Meßkännchen

Prag, 2. Viertel 14. Jh.; Silber, getrieben, gegossen, teilvergoldet, Grubenschmelz (email champlevé); am Scharnier Bruchstelle, ursp. Daumenrast. Inschrift auf dem Deckel: IHESUS A(qua); Bez. am Fuß: +++. H. 15,7 cm, Dm. (Fuß) 7,5 cm. St. Marienstern, Zisterzienserinnenabtei.

Das Gefäß folgt einem Typus, der im Spätmittelalter im weltlichen wie im sakralen Bereich große Beliebtheit fand. Seine gebauchte Form ist einem böhmischen Meßkännchen auf hohem Fuß ähnlich, das sich seit kurzem in New York (Metropolitan Museum/The Cloisters) befindet.
Im Unterschied zu den meist nicht figürlich verzierten mittelalterlichen Meßkännchen besitzt das Mariensterner Gefäß zwei aufwendig gearbeitete Vierpässe mit durchbrochenen Halbreliefs. Die etwas altertümlich wirkenden, noch in der Tradition des ausgehenden 13. Jh. stehenden Darstellungen zeigen die Taufe Christi und den Salvator Mundi. Vergleichbar sind die Medaillons am Fuß des Armreliquiars des hl. Georg im Prager Domschatz und am Siegel des böhmischen Kanzlers Peter, um 1268. Die Ähnlichkeit mit dem Relief der Taufe Christi am Reliquiar mit Marmorbüste (Nr. 2.82) legt eine gemeinsame Werkstatt nahe.

Unpubliziert; für frdl. Hinweise sei Herrn Dr. Timothy B. Husband, New York, gedankt.

DS/WF

In der katholischen Liturgie spielen Wein und Wasser eine große Rolle. Wein symbolisiert das Blut Christi. Wasser hingegen dient dreierlei Zwecken: Dem Mischen mit Wein, der rituellen Händewaschung des Priesters, z. B. vor Austeilung der Kommunion, und dem Ausspülen des Abendmahlkelches. Kleine bauchige Kännchen aus Glas oder verschiedenen Edelmetallen dienten der Aufnahme von Wein und Wasser während der Messe. Zu den Kännchen gehört eine flache Schüssel, die das bei der Händewaschung abfließende Wasser auffängt.

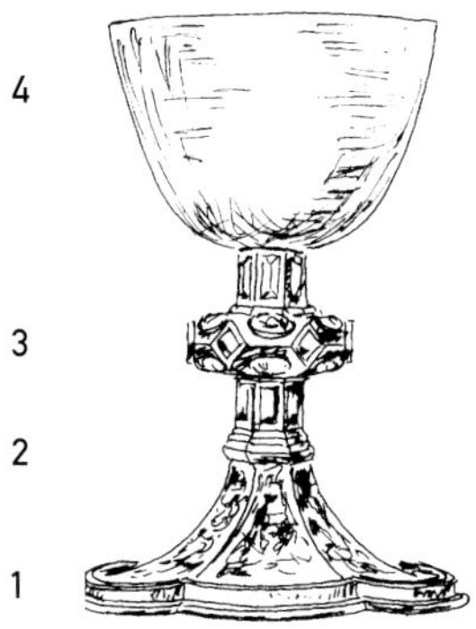

Der **Kelch** besteht aus:
1. Fuß
2. Schaft
3. Nodus mit Rotulae
4. Kuppa

2.120

Kelch mit Wappen der Äbtissin Elisabeth von Haugwitz

Prag, 1501; Silber, gegossen, getrieben, ziseliert und vergoldet, opakes blaues Email, geschliffene böhmische Granaten. Am unteren Rand des Fußes gravierte Inschrift in Minuskeln: „Stella Mariae 1501". H. 19 cm, Dm. (Fuß) 11,9 cm. Prag, Kunstgewerbemuseum, Inv. Nr. 61.683.

Über einem Sechspaß-Fuß steigt ein kräftiger Schaft zur glattwandigen Kuppa auf. Auf dem Rand ist ein emailliertes Schild mit Widderkopf und Äbtissinnenstab angebracht, das Wappen der Elisabeth von Haugwitz, die 1491–1515 als Äbtissin von St. Marienstern belegt ist. Den Fuß ziert eine Kreuzigungsgruppe, deren Gußform auch für ein gleichzeitig entstandenes Kapselreliquiar (Nr. 2.109) verwendet wurde. Der Nodus zeigt sechs Rauten mit den emaillierten Buchstaben IHESUS zwischen plastischen Distelblumen; darunter ist die Inschrift „MARIA" und oberhalb „IHESUS" graviert.
Form und Dekor des Werkes sind bezeichnend für die Meßkelche der Zeit um 1500. Ähnlich war ein verlorener spätgotischer Kelch mit der Darstellung der Maria Assumpta und sechs Granaten in der Wallfahrtskirche Rosenthal; vergleichbar sind auch die beiden etwas schlichteren Kelche der Ev.-Luth. Kirche Reichenbach (Landkreis Kamenz).

Lit.: Středověké umělecké řemeslo 1986, S. 15, Nr. 102.

DS

2.121

Ciborium

Deutschland, 2. Hälfte 15. Jh.; Kupfer, graviert und vergoldet; Dachbekrönung und Büchseneinsatz fehlen. H. 23,2 cm. Dresden, Kunstgewerbemuseum, Inv. Nr. 22795.

Das sechseckige Ciborium mit steilem Dach und zinnenkranzbewehrter Büchse auf hohem Schaft mit gedrücktem Nodus erhebt sich über einem runden flachen Fuß. Es folgt einem am Niederrhein verbreiteten Typ. Ehemals bekrönte wahrscheinlich ein Kruzifix die Dachspitze. Die Gravuren auf den Seiten der Büchse zeigen jeweils ein Akanthusblatt, das verdreht, gespannt oder gebogen die gerahmte Fläche gänzlich füllt.

Lit.: Kunsthandwerk 1981, Nr. 177.

IAJ

Die Bezeichnung **Ciborium**, lateinisch Gehäuse, leitet sich von der architektonischen Würdeformel eines säulengestützten Daches ab, mit dem seit der Antike Throne, Altäre oder auch Gräber überfangen wurden. Für das kirchliche Gerät, in dem die geweihten Hostien für die Laienkommunion aufbewahrt wurden, ist der Bezug zur Grabeskirche in Jerusalem (vgl. Nr. 2.103) bestimmend. Das Architekturzitat unterstützt die Bedeutung der Hostie als Leib Christi, indem es den Ort des Grabes und der Auferstehung symbolisch anwesend macht.

2.122
Weihrauchfaß

Sächsisch, um 1500; Silber, Fuß nach 1640 ergänzt. H. 31 cm. Bautzen, Domschatzkammer St. Petri.

Der Deckel des Rauchfasses ist in Form einer Kuppel mit sechsseitigem Turm und Fenstern mit gotischem Maßwerk gestaltet. Er symbolisiert das himmlische Jerusalem, in dem Gott, dem Herrscher des Himmels und der Erde, das Weihrauchopfer als Zeichen der Königswürde dargebracht wird. Das Gefäß erinnert an Darstellungen von Martin Schongauer und Albrecht Dürer. Der Fuß des Weihrauchfasses wurde im 30jährigen Krieg beschädigt und nach 1640 in barocker Gotik ergänzt. Das Rauchfaß wird noch heute an hohen Festen im Bautzner St. Petridom liturgisch verwendet.

Lit.: Gurlitt BKD 1909, S. 30; Deutsche Kunst der Dürer-Zeit 1971, S. 304; Seifert 1992, Nr. 6.

SS

2.123
Missale Misnense

Mainz: Peter Schöffer, 1485; Papier, Schweinsledereinband, Messingbeschläge und Schließen. H. 35 cm, B. (offen) 50 cm. St. Marienstern, Zisterzienserinnenabtei, Sign. M 50.

Bis zum Ausgang des 13. Jh. hatte sich die Zahl der liturgischen Bestandteile der Messe stark erhöht und gleichzeitig in wiederkehrende Formeln verfestigt. Der kirchliche Kalender wurde ständig um weitere Heiligenfeste ergänzt. Es galt daher, den Geistlichen verbindliche Vorlagen zur Verfügung zu stellen und den Ablauf der Messe einheitlich zu regeln. Zu diesem Zweck wurden in Missalen die gottesdienstlichen Gebete und Gesänge zusammengefaßt. Zunächst handelte es sich dabei um handgeschriebene Bände, die nur eine eng umgrenzte, lokale Verbindlichkeit besaßen und trotz aller Sorgfalt Fehler aufwiesen, die sich mit jeder Abschrift mehrten. Diese Nachteile und das Bestreben, zumindest auf Diözesanebene vereinheitlichte Formen durchzusetzen, räumten dem Buchdruck als der modernsten Form der Vervielfältigung schon früh einen Platz bei der Herstellung kirchentypischer Werke ein.
Nachdem seit 1456 in Nürnberg von Johannes Gutenberg Bibeln gedruckt worden waren, die auch in Sachsen Verbreitung gefunden hatten, machte als erster Meißner Bischof Johann V. von Weißenberg (1476–1487) bei der Herstellung liturgischer Schriften Gebrauch davon. Er ließ 1485 für das Bistum Meißen bei Peter Schöffer in Mainz Missalien in einer Auflage von 30 Stück drucken. Der Buchdrucker Schöffer und sein Teilhaber Fust, die den Druck des Missale Misnense ausführten, waren – bevor sie zusammen eine eigene Druckwerkstatt eröffneten – Mitarbeiter bzw. Geldgeber Gutenbergs.

Lit.: Rittenbach/Seifert 1965, S. 345–346; 775 Jahre Domkapitel St. Petri 1996, Nr. 18.

DM

2.124
Breviarium Misnense

Druck: Leipzig, Melchior Lotter, 1502; Pergament, Schweinsledereinband; Oktavformat. Bautzen, Domkapitel St. Petri, Domstiftsbibliothek, Sign. Brev. IV, 2.

Das Breviarium enthält die Psalmen, Gebete und Lesungen für die verschiedenen Gebetszeiten jeden Tages des Jahres nach dem Fest- und Heiligenkalender des alten Bistums Meißen. Das vorliegende Brevier wurde auf Veranlassung des Meißner Bischofs Johann VI. von Salhausen (1487–1518) auf Kosten des Meißner Domkapitels durch Melchior Lotter 1502 in Leipzig gedruckt, wie ein Text auf Blatt 338 berichtet. Spätere handschriftliche Eintragungen bezeugen, daß das Brevier vom Bautzener Domkapitel noch bis in das 17. Jh. gebraucht wurde. Das erste Blatt des Bandes zeigt einen Holzschnitt mit den beiden

„Wie **Weihrauch** steige empor mein Gebet ..."(Ps. 140, 2 bzw. 141, 2)
Schon in der Antike wurden während Kulthandlungen Räucherungen mit ätherisch duftenden Stoffen vorgenommen. Diesen Brauch übernahm das Christentum. Man benutzte speziell aufbereitetes Harz einer Boswellia-Art, den sogenannten Weihrauch, der noch heute vewendet wird. Liturgischen Räucherungen dient ein an Ketten aufgehängtes Räucherbecken mit einem durchbrochenen Deckel. So kann der duftende Rauch aus dem Gefäß entweichen. Wie Meßkännchen und Auffangschale, Altarkreuz und Leuchter Ensembles bilden, so gehören zum Rauchfaß immer ein Weihrauchbehälter, nach seiner Form Schiffchen genannt, und ein Löffelchen zur Entnahme und zum Aufstreuen des Weihrauchs.

Seit karolingischer Zeit versuchte man, den Charakter der gottesdienstlichen Feiern in der **Farbe der liturgischen Kleidung** zum Ausdruck zu bringen. Mit dem von Papst Pius (1566-1572) herausgegebenen Missale erlangte der Farbkanon Verbindlichkeit. Danach ist der Kanon beschränkt auf die Farben Weiß (Silber), Rot, Grün, Violett und Schwarz, wobei die drei erstgenannten durch Gold ersetzt werden können. Innerhalb der Grundfarbe sind Nuancen erlaubt. Zierwerk und Besatzstücke, z. B. das Rückenkreuz der Kasel, dürfen auch in nichtliturgischen Farben ausgeführt sein.
Die Farben werden folgenden Tagen und Anlässen zugeordnet:
Weiß: die der Dreifaltigkeit geweihten Tage, Feste Christi, sofern sie nicht an dessen Martyrium erinnern, Gründonnerstag, Karsamstag, Fronleichnam, Allerheiligen sowie Brautmessen, Kirchweihen.
Rot: Pfingsten und die den Aposteln und Märtyrern geweihten Tage.
Grün: Zeit zwischen Dreifaltigkeit und Advent.
Violett: Advent und alle Gelegenheiten, bei denen Buße, Sühne und Bitte zum Ausdruck gebracht werden soll (Fastenzeit).
Schwarz: Karfreitag, Totenmessen.

Schutzheiligen des alten Bistums Meißen: rechts der Apostel und Evangelist Johannes, links Bischof Donatus von Arezzo, Märtyrer († 362); vor den beiden Bistumspatronen ist das Wappen von Bischof Johann VI. von Salhausen angeordnet, bekrönt von Mitra und Bischofsstab, über der Krümme des Bischofsstabes in einem Wappenschild das Haupt des hl. Donatus, bekrönt von einem Adler mit ausgebreiteten Schwingen. Die Mitteldarstellung ist von den 13 Wappen der Domherren umgeben, die z. Z. der Drucklegung des Breviers Mitglieder des Meißner Domkapitels waren.

Lit.: 775 Jahre Domkapitel St. Petri 1996, Nr. 19.

SS

2.125
Kasel mit perlgestickten Adlern

Perlstickerei des Dorsalkreuzes: böhmisch (?), 2. Hälfte 14. Jh. (Stickerei); Seidengewebe: Lyon, um 1700; Stickerei mit Schnüren aus Flußperlen und Korallen auf leinenüberzogenen Wülsten; Goldfäden aus vergoldetem Silberlahn um Seidenseele in Anlegetechnik auf Wülsten und als konturierende Kordel; 11 verschiedene Paillettenarten und Brakteaten aus vergoldetem Messing und Silber; Füße, Schnäbel und Kronen der Adler aus vergoldetem Silber; auf rosafarbenem Lamé barock montiert und dabei verkürzt; auf dem Pektoralstab das Monogramm O. H. A. M. und die Jahreszahl 1701 mit Bezug auf die Äbtissin Ottilie Hentschel und den

möglichen Zeitpunkt der Ummontierung. H. 107 cm, B. 74 cm dorsal; H. 76 cm, B. 65 cm pektoral. Restaurierung: 1998 – Gisela Bruseberg und Heide Hilpert (Dokumentation). St. Marienstern, Zisterzienserinnenabtei.

Das Dorsalkreuz war ursprünglich aus mindestens 15 Adlermedaillons mit einzelnen perlgestickten Elementen (Adlerkorpus, Flügel, Akanthusranken, heraldische Lilien), reliefierten Vierpässen und elf unterschiedlichen Brakteaten- und Paillettenarten besetzt. Zu Beginn des 18. Jh. wurden die Teile vom ursprünglichen textilen Träger gelöst und auf einen rosafarbenen Lamé neu montiert. Dabei löste man zwei Adlerdarstellungen auf. Ihre Flügel finden sich als Akanthusblätter zweitverwendet an den Enden der Kreuzarme. Die Anordnung der Medaillons mit Akanthusblattwerk in den Zwickeln ist wohl ursprünglich. Wo die heraldischen Lilien angebunden waren und ob sie überhaupt aus diesem Kontext herrühren, ist ungewiß; sie sind dichter mit Perlen besetzt als Adler und Akanthusblätter und nicht von einer Goldkordel konturiert. Etwa die Hälfte der Brakteaten und Pailletten dürfte aus anderen Zusammenhängen stammen. So erweist sich die heutige Zusammenstellung als ein Produkt des 18. Jh.
Der gekrönte heraldische Adler ist ein Symbol Christi und seiner Auferstehung. Die Auferstehungsthematik legt einen Gebrauch der Kasel an Ostern und Himmelfahrt nahe. Da an diesen Festtagen weiße Paramente angelegt wurden, ist es fraglich, ob das Rot der barocken Kasel der ursprünglichen liturgischen Farbe entspricht.
Eine ähnliche, aus dem Kloster Marienborn bei Helmstedt stammende Perlstickerei mit Adlerdarstellungen im Dreiviertelprofil, kombiniert mit der Marienkrönung, besaß das Berliner Kunstgewerbemuseum (1945 verbrannt). Im Zisterzienserinnenkloster Isenhagen ist zudem ein Überhang mit derartigen Adlermotiven überliefert. Motiv und Wulsttechnik scheinen damit an niedersächsische Perlstickereien der zweiten Hälfte des 14. Jh. anzuknüpfen. Doch auch das Inventar des Prager Veitsdoms berichtet von zahlreichen Perlstickereien, die sich aber nicht erhalten haben. Mit dem vorliegenden Werk könnte ein seltenes Zeugnis böhmischer Perlstickerei der 2. Hälfte des 14. Jh, bewahrt worden sein.

Lit.: Gurlitt BKD, Bd. 35 1912, S. 200; 800 Jahre Osek 1996, Nr. 8.

EW

2.126
Mitra

Mitteldeutsch, um 1370–1380; Stickerei von bunter Seide und Goldgespinst in Spaltstich, Knötchenstich, Anlegetechnik und Plattstich auf Leinen; Zwischenschicht Pergament; Futter Seidenatlas grün (Innenfutter) und rot, an den Bändern durch roten Seidenrips erneuert; rote Seidenquasten mit Spikatknoten. H. 35 cm, L. Behänge (infulae) 43 cm. Vermutlich aus dem Dom zu Merseburg. 1739 mit der „Verlassenschaft" des Herzogs Heinrich von Sachsen-Merseburg in den Besitz Kurfürst Friedrich Augusts II. von Sachsen/König Augusts III. von Polen übergegangen (Journal des Grünen Gewölbes von 1733 ff., Bl. 64, Eintragung vom 13. April 1739. – Inventar über den Vorrat des Grünen Gewölbes von 1733, Bl. 60, Nr. 110. – Inventar über das Kostümzimmer im Historischen Museum von 1838, S. 250, Nr. 93, S. 281, Überweisungsbeleg). Dresden, Staatliche Kunstsammlungen, Rüstkammer, Inv. Nr. I 84.

Die Mitra ist mit farbiger Seide und Gold bestickt. Die wohl böhmisch beeinflußte, figürliche Stickerei führt zur „Nadelmalerei" hin. Die halbfigurigen Gestalten heben sich durch ihre in den Flächen fließenden Farbübergänge und durch die

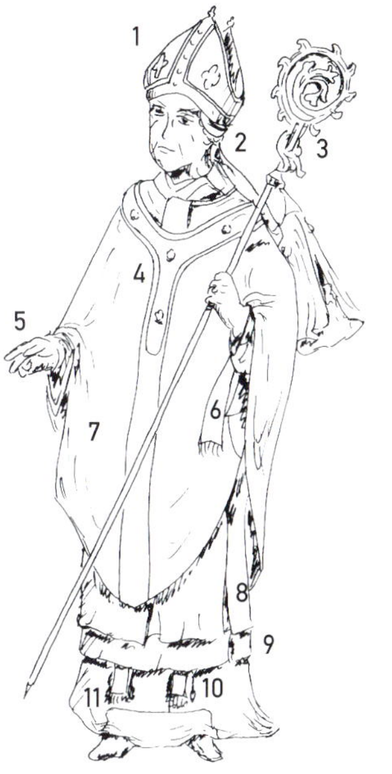

Bischofsornat:
1. Mitra
2. Fasciae
3. Bischofsstab
4. Pallium
5. Pontifikalhandschuhe
6. Manipel
7. Kasel
8. Dalmatik
9. Tunika
10. Stola
11. Albe

durch verschiedene Sticktechniken erzeugte differenzierte Oberflächengestaltung vom starren, in der Textur einem Mosaik gleichenden Grund ab. An den Schnittstellen von titulus und circulus treten mit der Gottesmutter (Vorderseite) und dem thronenden Christus (Rückseite) die Zentralgestalten des Bildprogramms hervor. Der Figur der Maria sind am circulus die hll. Katharina mit Rad und Magdalena mit Salbgefäß, der Figur von Christus, der Evangelist Johannes mit Adler und der Apostelfürst Petrus mit Schlüssel und Buch zugeordnet. In die Zwickel von titulus und circulus sind Johannes der Täufer mit Lamm und der hl. Laurentius mit glühendem Rost an der Vorderseite, die hll. Georg mit Lanze und Schild und Stephanus mit Palmzweig an der Rückseite eingebracht. An den Behängen folgen zwei Engel in Bethaltung, die hll. Jacobus mit Muschel, Margaretha mit Drachen, Andreas mit Stabkreuz und Elisabeth mit Blumenkorb. Die Heiligenfiguren an den Behängen sind vor gotische Fenster gestellt. Mit ihren Darstellungen steht die Mitra ganz im Zeichen der spätmittelalterlichen Heiligenverehrung. Die Mitra stammt vermutlich aus dem Besitz des Merseburger Domkapitels. Darauf weisen die exponierte Darstellung Johannes des Täufers und des hl. Laurentius hin, die als Schutzpatrone des Merseburger Domes verehrt wurden.

Lit.: Hettner-Büttner 1871; Theumert 1965, S. 181; Ich Thomas Müntzer 1989, S. 28; Wilckens 1991, S. 224, 227–228.

JB

2.127

Kasel mit Perlstickerei

Perlstickerei des Dorsalkreuzes: Prag (?), um 1400; Stickerei des Pektoralstabes: St. Marienstern (?), nach 1710; Seidengewebe: Lyon, um 1700; Dorsalkreuz: Stickerei mit Schnüren aus Flußperlen und Korallen auf Leinengrund; Goldfäden aus vergoldetem Silberlahn um Seidenseele als konturierende Kordel mit Heftfäden angelegt; Kopf des Gekreuzigten in Perl- und Seidenstickerei erneuert; silbervergoldete Treib- (Blätter, Nägel, Lendenschurz Christi) und Prägearbeiten (Medaillons mit Evangelistensymbolen und Lamm Gottes), Goldblechnimbus Christi mit 3 geschliffenen Steinen (Amethyste, Topas); verschiedene Brakteaten; dreiteilige Blattornamente mit Granaten als barocke Ergänzung; auf lachsfarbenem Lamé neu montiert und dabei stark verkürzt; Dorsalkreuz eingefaßt von barocker Goldborte, in ähnlicher Form auch am Kreuz Christi. Pektoralstab: Auf demselben Lamé barocke Stickerei mit Monogramm der Äbtissin Cordula Sommer (1710–1746). H. 84 cm, B. 64 cm pektoral; H. 115 cm, B. 74 cm dorsal. Restaurierung: 1998 – Gisela Bruseberg und Heide Hilpert (Dokumentation). St. Marienstern, Zisterzienserinnenabtei.

Das Dorsalkreuz der Kasel zeigt in einer Stickerei aus Flußperlen den Gekreuzigten. Seine verhältnismäßig großen Hände und Füße sind von silbervergoldeten Nägeln durchstoßen. Sie verdeutlichen zusammen mit den durch Korallen markierten Wundmalen und dem aus der Seitenwunde in einen Kelch strömenden Blut den Opfertod des Gottessohnes. Perlgestickte und silbergetriebene Blattformen definieren das Kreuz als Arbor Vitae, als Lebensbaum. An den Enden der Kreuzesbalken finden sich die vier Evangelistensymbole; der Fuß des Dorsalkreuzes zeigt das Lamm Gottes mit Siegesfahne und Kelch. Edelsteinbesatz im Nimbus des Gekreuzigten und im Nodus des Kelches, der silbervergoldete Lendenschurz Christi, perlgestickte Blütenelemente an den Enden der Kreuzarme und angeheftete Brakteaten und Pailletten ergänzen das vorzüglich erhaltene und äußerst kostbare Kaselkreuz. In ba-

rocker Zeit wurde es auf einem lachsfarbenen Lamé neu montiert, dabei verkürzt und dem Format der Kasel angepaßt.
Die ausgemergelte Gestalt des Gekreuzigten und die Evangelistensymbole folgen weitverbreiteten, im 14. und 15. Jh. anzutreffenden Darstellungstypen. Das Engelssymbol des Matthäus – sein feingeschnittenes Gesicht, die Behandlung seines Haares wie die Fältelung seines Gewandes – erlaubt eine Datierung um 1400 und läßt an eine Entstehung der hervorrangenden Goldschmiedearbeiten und damit sicher auch der Stickerei in Böhmen, wohl in Prag, denken.

Lit.: Gurlitt BKD, Bd. 35 1912, S. 200; 800 Jahre Osek 1996, Nr. 9.

EW

2.128

Palla mit Adler, Phönix und Pelikan

Böhmen oder Lausitz (?), um 1400; Pappe überzogen mit lachsfarbenem, grünen und violett-blauen, heute ausgeblichenen Seidengewebe in Köperbindung; leinenüberzogene Wulstunterlagen für verlorene Perlstickerei, erhalten lediglich die Heftfäden, konturiert von angelegten Goldkordeln; Fäden aus vergoldetem Silberlahn um Seidenseele, mit Heftfaden fixiert; farbige Seidenstickerei in den Zwickeln der Blattansätze der Ranken in Stilstichen, konturiert von weißen Spaltstichen; 3 silbervergoldete Medaillons, 2 weitere verloren, 13 gefaßte Edelsteine auf getriebenen Akanthus-Blatt-Füßchen, 5 weitere verloren; silbervergoldete Margeriten-Brakteaten und flach bzw. halbkugelig gewölbte, vergoldete Silberbuckel. H. 27 cm, B. 27 cm. Restaurierung: 1998 – Gisela Bruseberg und Heide Hilpert (Dokumentation). St. Marienstern, Zisterzienserinnenabtei.

Das mittlere Feld des Seidengewebes zeigt eine geometrische Komposition aus verschlungenen Ranken mit Akanthusblattwerk die Medaillons ausbilden und in Margeritenblüten münden. Den Knospenansätzen der Akanthusblätter sind Tropfen aus Seidenstickerei angesetzt, wie sie aus der zeitgenössischen Buchmalerei als Goldtropfen bekannt sind. Sämtliche Flußperlen, die dieses Rankenwerk erstrahlen ließen, sind verloren.
In die mit Seide unterlegten Medaillons sind silbervergoldete, getriebene und geprägte Darstellungen eingelassen. Von den drei erhaltenen ist der Pelikan mit seinen Jungen im Nest zu identifizieren: Nachdem der Vogel drei Tage um seine toten Jungen getrauert hatte, riß er sich die Brust auf; durch sein Blut wurden sie wieder zum Leben erweckt. Ausgehend von einer häufig anzutreffenden Zusammenstellung dieses Motivs mit drei weiteren, sind unten links ein Phönix auf Holzscheiten, also im Feuer zu sehen, und im Baum oben rechts ein Adler auf seinem Verjüngungsflug. Diese Darstellungen ließen sich um die eines Löwen, der seine toten Jungen nach drei Tagen durch Anblasen wiedererweckt, für das Feld oben links ergänzen. Bei allen handelt es sich um dem Physiologus entlehnte Symbole für die Eucharistie bzw. Auferstehung Christi. Das Feld in der Mitte könnte das Lamm Gottes eingenommen haben. Das Bildprogramm steht in engem Zusammenhang mit dem Gebrauch der Palla, mit der der Kelch bei der Eucharistiefeier bedeckt wurde.
Auf dem rahmenden Seidenstreifen sind Akanthusornamente aus Perlstickerei im Wechsel mit gefaßten Edelsteinen versetzt. Die Form der Akanthus-Füßchen und die getriebenen Blattformen auf dem gleichzeitigen Manipel (Nr. 2.129) finden sich an Werken der Goldschmiedekunst der 2. Hälfte des 14. Jh. Entgegen der Technik der böhmischen Bildstickerei dieser Zeit sind die farbig angelegten Zwickel nicht in Spaltstichen aus ungedrehter Seide, sondern in Stilstichen aus gedrehter Seide gearbeitet. Die Palla könnte daher eher abseits des künstlerischen Zentrums Prag, vielleicht in der Lausitz, um 1400 oder angesichts der Rankenkomposition und der Art der Blattzusammenstellung im frühen 15. Jh. entstanden sein.

unpubliziert

EW

Die zur Gestaltung von Textilien verwendeten **Flußperlen** sind nicht nur kostbare Zierde, sondern haben eine christologische Symbolhaftigkeit. Gemäß zweier Textstellen aus dem Matthäusevangelium sind Perlen Sinnbild für die christliche Lehre, für Christus und das Himmelreich. So spricht Christus in der Bergpredigt: „Ihr sollt das Heilige nicht den Hunden geben, und eure Perlen sollt ihr nicht vor die Säue werfen, auf daß sie dieselben nicht zertreten mit ihren Füßen und sich wenden und euch zerreißen." (Matt 7, 6) Und in einem Gleichnis wendet er sich an seine Jünger: „Das Himmelreich ist gleich einem Kaufmann, der gute Perlen suchte, und da er eine köstliche Perle fand, ging er hin und verkaufte alles, was er hatte, und kaufte sie." (Matt 13, 45)

2.129
Manipel

Böhmen oder Lausitz (?), um 1400; aus 4 Teilen zusammengesetzter Streifen aus lachsrotem Seidengewebe in Köperbindung, gefüttert mit blau gefärbtem Leinen, links beschnitten, Buchstaben aus Perlstickerei in Wulsttechnik im Wechsel versetzt mit solchen aus getriebenem, vergoldeten Silber; das heute fehlende C von Christus mit grüner Seide unterlegt, gerahmt von ca. 0,8 cm breitem Bändchen aus perlgestickten Feldern und Brakteaten im Wechsel, von einer Goldkordel konturiert, Fäden aus vergoldetem Silberlahn um Seidenseele, Goldkordeln und Goldbuchstaben mit Heftfaden fixiert; keine Perle erhalten, nur die Heftfäden. B. 109 cm (4 x 27 cm), H. 5,5 cm. Restaurierung: 1998 – Gisela Bruseberg und Heide Hilpert (Dokumentation). St. Marienstern, Zisterzienserinnenabtei.

Der Manipel führt in einem Wechsel aus getriebenen und perlgestickten Minuskeln den Satz „usque : ad mo[rtem] cristus : factus est : pro nobis : obediens" (gehorsam bis zum Tod ist Christus für uns geschaffen worden). Es handelt sich um die Inversion einer auf Phil 2, 8 zurückgehenden Antiphon, die üblicherweise in der Karwoche gesungen wurde. Im Vordergrund steht der bis in den Opfertod geleistete Gehorsam des Gottessohnes, mit dem er den im Ungehorsam Evas begründeten Sündenfall überwand.
Es handelt sich um ein Ornatstück, das ab dem Subdiakon jeder klerikalen Weihestufe zukam. Über dem linken Arm getragen, wurde es so befestigt, daß beide seitlichen Enden lang herabhingen. In der Regel zur Opferfeier angelegt, sollte der Manipel der liturgischen Tagesfarbe angepaßt sein. Für das vorliegende Exemplar können wir daher einen Gebrauch in der Karwoche annehmen, wofür auch die Inschrift spricht. Im Seidengewebe, den verwandten Goldkordeln und der Wulsttechnik der Perlstickerei entspricht dem Manipel die Palla aus St. Marienstern (Nr. 2.128). Wie sie dürfte er um 1400 oder danach entstanden sein. Beide stammen sicher aus der gleichen Stiftung, die jedoch bisher keiner bestimmten Person zugeordnet werden kann.

unpubliziert

EW

2.130
Dorsalkreuz

Lausitz, um 1500; Leinen, Stickerei aus Seide und Goldfäden; Farben ausgeblichen, Fäden teilw. ausgefallen. L. 112 cm, B. 57 cm. Bautzen, Domschatzkammer St. Petri.

Das Kaselkreuz ist der Rest eines gotischen Meßgewandes, das um 1500 wahrscheinlich in der

Lausitz gearbeitet wurde und angeblich aus St. Marienstern stammt. Auf Leinen sind in Flachstickerei aus Seiden- und Goldfäden mehrere Szenen aus dem Leben Jesu und seiner Mutter Maria dargestellt: Die Anbetung des Jesuskindes durch die Heiligen Drei Könige, die Darstellung Jesu im Tempel, Mariä Tempelgang und der 12jährige Jesusknabe mit seinen Eltern auf dem Weg nach Jerusalem. Als obere Szene war ursprünglich am Anfang des Längsstabes die Geburt Jesu dargestellt. Dieser Teil ist nicht mehr vorhanden.

Lit.: Schellakowsky 1931, S. 34 f.; Seifert 1992, Nr. 92.

SS

2.131
Mitra

Deutsch, um 1500; Reliefstickerei von Gold- und Silbergespinst, farbiger Seide, Perlen und silbervergoldeten Pailletten auf Leinen, überwiegend in Anlegetechnik, teils in Rückstich, teils appliziert; Innenfutter Wolle naturfarben hell und rot verzwirnt, gestrickt; Futter der Bänder Seidenrips rot (erneuert); Zierleisten (teils Verlust), Rosetten (teils Verlust), Einzelfassung (teils Verlust) für Schmucksteine, Scharniere und Schmuckanhänger (teils Verlust) Silber, ziseliert und vergoldet; Schmucksteine (teils Verlust) Türkise, Granate, Amethyste, Turmaline, Aquamarine, Doubletten von Berg-

kristall mit blaugrüner Farbschicht, größtenteils in Tafelschliff, vereinzelt Antikschliff und Rosenschliff; große Perlen. H. 41 cm; L. Bänder (infulae) 47 cm. Vermutlich aus dem Dom zu Merseburg; 1738 mit der „Verlassenschaft" des Herzogs Heinrich von Sachsen-Merseburg in den Besitz Kurfürst Friedrich Augusts II./König Augusts III. übergegangen (Journal des Grünen Gewölbes von 1733 ff., Bl. 64, Eintragung vom 23. September 1738; Inventar über den Vorrat des Grünen Gewölbes von 1733, Bl. 60, Nr. 110; Inventar über das Kostümzimmer im Historischen Museum von 1838, S. 238, Nr. 67 und S. 281, Überweisungsbeleg). Dresden, Staatliche Kunstsammlungen, Rüstkammer, Inv. Nr. I 86.

Die Mitra ist vorwiegend mit Goldgespinst bestickt. Die figürlichen Motive sind mit Werg unterlegt und treten plastisch hervor. Die Perlen an den Bildmotiven – an den Gewändern der Gestalten, am Mauerwerk und an den Bodenfliesen – sowie an den Bildrändern sind durch Knötchen unterbrochen auf Seidengarn aufgefädelt, der dem Untergrund aufgenäht ist. Sie akzentuieren die Drapierung der Gewänder und das Federwerk der Engelsschwingen und verleihen dem dargestellten weihnachtlichen Geschehen – der Verkündigung an Maria (Vorderseite) und der Geburt Christi (Rückseite) – einen festlichen Charakter. Die feine Perlenstickerei steht in einem gewissen gestalterischen Gegensatz zu den großen am titulus, circulus und an den infulae aufgereihten silbervergoldeten Rosetten mit bunten Schmucksteinen und großen Perlen. Die Rosetten stammen vermutlich nicht von derselben Hand wie die Zierleisten und dürften ein späteres Zubehör darstellen. Sie könnten einzelne Steinfassungen ersetzt haben.

Lit.: Hettner/Büttner 1871; Theumert 1965, S. 181; Kunst der Reformationszeit 1983, Nr. B 16.

JB

2.132
Pontifikalhandschuhe

16. Jh.; Seide rot und grün sowie Goldgespinst, gestrickt; Posamenten Goldgespinst. L. 25 cm, Weite (Stulpen) 28 cm; L. (Finger) max. 8,5 cm. Dresden, Staatliche Kunstsammlungen, Rüstkammer, Inv. Nr. I 98/1.

Die Ausstattung in roter Seide und Gold sowie das in einer Gloriole erscheinende Zeichen für den Namen Jesus "IHS" auf dem Handrücken weisen die Handschuhe als liturgische Kleidungsstücke aus. Die frühesten bekannten Beispiele von gestrickten Pontifikalhandschuhen reichen in das 13. Jh. zurück. Wie die Mitra erlangten sie die Bedeutung eines bischöflichen Sondergewandes. Sie wurden und werden vom Bischof bei der Ausübung des Pontifikalamtes bis zur Handwaschung vor der Opferung getragen.
Die symbolische Bedeutung der Handschuhe ist an die Kategorie der Reinheit gebunden – zum einen in der Lesart der Reinheit des Tuns und des Herzens, zum anderen als Verweis auf die Sündhaftigkeit der Menschen.
Die Datierung der vorliegenden Handschuhe, deren Herkunft ungeklärt ist, basiert auf Vergleichsbeispielen aus dem spanischen Raum. Qualität und Erhaltung sind hervorragend und belegen eine behütete Verwahrung.

Lit.: Braun 1924, S. 154 f.; Nicht 1963, Nr. 32.

JB

2.133
Kaselkreuz mit Reliefstickerei

Stickerei: Erzgebirge (?), 2. Viertel 16. Jh.; Seidengewebe: Lyon, 18. Jh.; Grund mit grobem Leinen und beschriebenem Papier (Notenhandschriften) unterlegt, mit weinrotem Seidengewebe überzogen; direkt darauf das Rankenornament gearbeitet: angelegte Silberkordeln unterschiedlicher Stärke, seidenumwickelte Pergamentgimpen, Kantillen, angelegte Silberfäden durch Leinenunterlagen reliefiert, gelbe und blaue Seide in Knötchenstichen; alle weiteren Teile separat gearbeitet und appliziert; Körper aus Drahtgerüst, Papierlagen und verklebtem Fadenmaterial aufgebaut, fixiert in verklebtem Leinengewebe; Unterstickungen (Gesichter) und Fadenunterlagen (Adern) für die Feinstruktur des Reliefs; Inkarnate mit Seidenatlas überzogen (auch Schädel und Knochen); Gold- (Nimben und Kreuz, Kleidung, Evangelistensymbole) und Silberanlegetechnik (Inschriften, Heiliggeisttaube) verbunden mit angelegten, farbigen Seidenfäden (Lorbeerkränze); gold- und silberdrahtumwickelte, ungedrehte, farbige Seide mit Heftfaden angelegt (Gewänder Mariens und Johannes'); drahtverstärkte Pergamentgimpen von farbiger Seide (Flügel), Drahtgimpen von Goldfäden und farbiger Seide umwickelt (Haare und Blut Christi); Silberpailletten mit stehenden Dreipaßblättchen und Lindenblattform, Brakteaten in Margeritenform, zwei größere Faltsterne; Pektoralseite der Kasel verloren. H. 109 cm (Stab oben und unten beschnitten), 20 cm (Kreuzarme), B. 25 cm (Stab), 68,5 cm (Kreuzarme); Dorsalseite der Kasel: H. 117 cm, B. 72 cm. Restaurierung: 1998 – Gisela Bruseberg und Heide Hilpert (Dokumentation). St. Marienstern, Zisterzienserinnenabtei.

Das Dorsalkreuz zeigt auf einem roten, mit silbernem Rankenornament bedeckten Grund die Kreuzigung Christi mit den trauernden Maria und Johannes Evangelista. Die Kreuzesenden markieren in Lorbeerkränzen die vier Evangelistensymbole. Sie führen Schriftbänder mit ihren Bezeichnungen: Löwe (Markus) und Adler (Johannes Ev.) in den Kreuzarmen, Engel (Matthäus) und Stier (Lukas) ober- und unterhalb des Gekreuzigten. Überwölbt von einem Wolkenband mit Engelsköpfen zeigt sich Gottvater mit Sphaira und Segensgestus. Sein kahler Schädel läßt auf eine verlorene Kaiser- oder Papstkrone schließen. Die vor ihm schwebende Heiliggeisttaube vervollständigt die Dreifaltigkeit. Unterhalb des Kreuzes zeigen sich die Knochen des Kalvarienberges, Symbol für die Überwindung des Sündenfalls.
Möglicherweise orientiert sich die Komposition an verbreiteten Druckerzeugnissen; eine genaue Vorlage läßt sich nicht nachweisen. Die Komposition erscheint künstlerisch ganz auf die Bildaufgabe 'Kaselkreuz' ausgerichtet: so etwa mit der die Darstellung beschließenden Wolkenbordüre mit Engelsköpfen und hinsichtlich der Zipfel des Lendentuchs Christi. Statt einer Darstellung in per-

spektivischer Verkürzung und Knitterfalten wird hier mit dem Schurz aus angelegten Goldfäden vor rotem Grund kontrastreich auf die oblonge Bildfläche Rücksicht genommen und diese zur Materialentfaltung genutzt.

Man suchte die Stickerei den skulpturalen Erzeugnissen dieser Zeit anzupassen. Sehr überzeugend gelang die differenzierte Modellierung des Corpus Christi. Die unterschiedlichen Techniken der Stickerei und die diversen Materialien dienten einer differenzierten Oberflächencharakterisierung, die z. T. mimetische Züge aufweist. So wurde der Schleier Mariens nicht gestickt, sondern als feines Gewebe in die Darstellung eingefügt. In Anlegetechnik gearbeitete Gewandflächen referieren kostbarste silber- und golddurchwirkte Stoffe. In Anlehung an burgundische Lasurstickerei sind die Goldfäden von farbigen Heftfäden in den Tiefen der Gewandfalten fixiert und lassen diese verschattet erscheinen, während die freiliegenden Goldfäden der ohnehin reliefierten Höhen das Licht reflektieren.

Perlen oder Edelsteine fanden keine Verwendung. Derartige Juwelenzier an den Gewandsäumen Gottvaters, Mariens und Johannes' wurden durch farbige Gimpen und Kantillen wiedergegeben. Ähnlich finden sie sich auch am Gewandsaum des Verkündigungsengels auf dem gemalten Flügel des Bäckeraltars (Annaberg, St. Annenkirche), dem die Figuren der Stickerei auch mit ihren parallel geführten und glockenartig auf dem Boden aufstoßenden Gewandfalten nahestehen. Bei einem derartigen Vergleich sind aber die für die Stickerei spezifischen Gestaltungsmittel, so die Schnurunterlagen, zu berücksichtigen. Auch wenn bisher noch kein namentlich faßbarer Sticker nachgewiesen werden kann und textile Vergleichsbeispiele fehlen, ist eine Entstehung der Stickerei in den neuen künstlerischen Zentren der Erzgebirgsregion in den zwanziger oder dreißiger Jahren des 16. Jh. denkbar.

Lit.: Gurlitt BKD, Bd. 35 1912, S. 203; Drobná 1950, S. 32; 800 Jahre Osek 1996, Nr. 39.

EW

Heilige Bücher – Musik zum Lobe Gottes

Im Kloster wird täglich die Messe gefeiert. Achtmal kommen die Schwestern von Mitternacht bis Sonnenuntergang zum Stundengebet zusammen. Jahrhundertealte Bräuche und Formen bestimmen den Ablauf dieser Feiern, die Liturgie (griechisch: öffentlicher Dienst, Opferdienst). Bücher mit den Texten aus der Heiligen Schrift, mit Gesängen und Gebeten begleiten den klösterlichen Tagesablauf.

Wie die Gefäße für den Gottesdienst gehören auch die liturgischen Bücher zu den heiligen Gegenständen und sind deshalb reich ausgestattet. Die Buchmaler verwendeten teure Farben und Gold. In der Bibliothek von St. Marienstern ist eine bedeutende Anzahl kostbar ausgemalter und verzierter Handschriften erhalten geblieben. Die Malereien entstanden in Nordfrankreich, in Böhmen und in Sachsen. Wahrscheinlich hatten die Schwestern selbst schon im 14. Jh. eine eigene Schreib- und Malwerkstatt.

Gottesdienste werden seit jeher musikalisch ausgestaltet. In den Klöstern führte man die antike Musiklehre weiter. Einstimmige und ohne Instrumente gesungene gregorianische Choräle bilden die Grundlage des Kirchengesanges. Die Zisterzienser legten Wert auf schlichte Musik. In allen Klöstern des Ordens sollten dieselben Gesänge erklingen. Eine Ablenkung vom Wort durch die Musik war zu vermeiden, der Tonumfang wurde auf eine Dezime festgelegt - wie es einem natürlichen Stimmumfang entspricht. Mehrstimmige Gesänge waren erst am Ende des Mittelalters erlaubt.

Um 1500 war Kloster Altzella ein Zentrum der Musikpflege in Sachsen. Dort schrieb Johannes Helbig mehrere Chorbücher für St. Marienstern. Wie in anderen Frauenklöstern war die Unterstützung des Gesanges durch Trumscheite üblich, sogenannte Nonnengeigen. 1556 wurde hier das Orgelspiel im Gottesdienst eingeführt. In der Barockzeit komponierten böhmische und schlesische Zisterzienser mehrstimmige Messen und Instrumentalmusik für die Nonnen.

Lektionar des Arnold von Meißen

Böhmen/Oberlausitz, um 1280/1290; lat. Text mit Perikopen und Homilien; 2 Bde.; Winterteil: 195 Pergamentbll., ursprünglicher Einband aus weißem Schweinsleder, uneinheitliche Beschläge, z. T. datiert 1308; H. 42,5 cm, B. 32,3 cm; Sommerteil: 264 Pergamentbll., Renaissance-einband. H. 42,5 cm, B. 32,2 cm. Der Sommerteil gelangte vor 1891 aus St. Marienstern nach Ossegg, der Winterteil vor 1945; letzterer heute in Prag, Nationalbibliothek, Ms. Osek 76, Cim. A 7.; Sommerteil seit 1945 verschollen. (nicht ausgestellt)

Der Winterteil enthält die Lesungen für die Gottesdienste von Advent bis Palmsonntag; sie sind in Minuskelschrift zweispaltig zu je 32 Zeilen pro Seite geschrieben. Der Text ist rubriziert und mit Fleuronnée-Initialen von der Hand des Schreibers geschmückt, mehrfach findet sich der Eigentumsvermerk: LIBER STELLE SANCTE MARIE (fol. 1v, 2r, 194v und 195r). Auf fol. 195r steht ein Schreiberkolophon: „Hoc opus Arnoldi Misnensis dextera scripsit. Ipse diu scribat et longo tempore vivat. Cum fuerit presto liber iste mei memor esto." (Dieses Werk des Arnold von Meißen hat er mit seiner Rechten geschrieben. Er selbst schrieb lange und lange Zeit möge es fortdauern. So lange es zugegen ist, möge dieses Buch meiner eingedenk sein). Über Persönlichkeit, Stand und Tätigkeitsort dieses Schreibers ist nichts bekannt.
19 historisierte und ornamentale Initialen schmücken den Winterteil des Lektionars. Der verlorene Sommerteil, der ein identisches Seitenlayout, Eigentumsvermerke und dasselbe Schreiberkolophon aufwies, hatte 40 historisierte und 35 ornamentale Initialen. Bekannt sind die Miniaturen der verlorenen Handschrift durch die Publikation von A. Friedl (1928) und durch Fotografien aus dem Nachlaß J. Krásas.
Das Bildprogramm des Proprium de tempore (Temporale) mit Lesungen aus den Evangelien und Episteln zeigt historisierte Initialen zu Weihnachten, Epiphanie und zur Beschneidung des Herrn. Das anschließende Sanctorale ist wesentlich reicher mit figürlichem Dekor zu wichtigen Heiligenfesten verziert. Herausgegriffen seien einige bedeutende Szenen: Ein frühes Zeugnis für das insbesondere in Frauenklöstern beliebte Thema der Johannesminne ziert die Initiale „Q-uia in pecore" (fol. 142r.) zum Fest Johannes Ev. (27.12.). Herausragend gestaltet ist das Bild zum darauffolgenden Tag der unschuldigen Kinder (fol. 146r): Der Maler nutzte die Diagonale der Initiale „Z-elus quo tendat" zur Darstellung des Kindermordes von Bethlehem und plazierte die klagenden Mütter seitlich des Soldaten, der gerade ein Kind ersticht. Ikonographisch außergewöhnlich und künstlerisch zu den besten Bildern des Codex gehört die Initiale zum Fest des

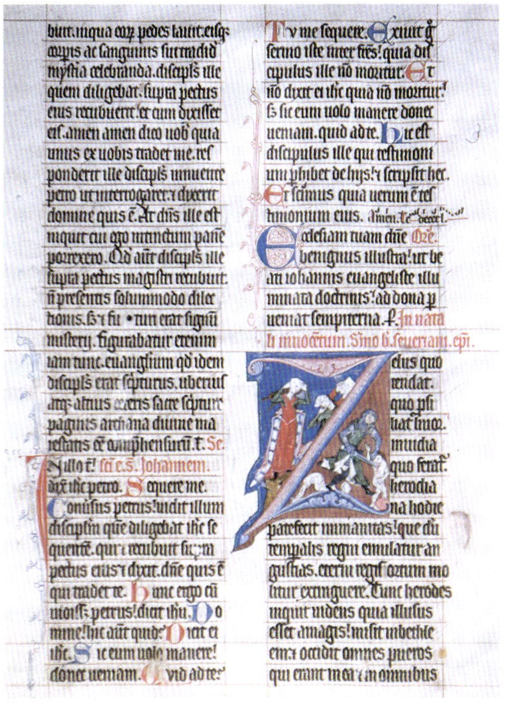

hl. Thomas von Canterbury (29.12.) auf fol. 150v, „S-i quis vult". Maria beugt sich aus dem oberen Feld zu Bischof Thomas Beckett hinunter, um ihm das Gewand zurechtzurücken. Mit ihrer Linken stützt sie sich auf den Buchstabenschaft, in der Rechten hält sie eine Nadel in der Hand. Die Initiale zum Fest der hl. Agnes (21.1.), „S-ervus Christi Ambrosius", fol. 160r, zeigt im oberen Teil die Heilige, im unteren eine Ordensschwester im Adorantengestus, die inschriftlich als Agnes bezeichnet ist. Aus ihrem Gewand folgerte man, daß es sich um eine Klarissin handle und schrieb deshalb die Handschrift einem am Prager Agneskloster wirkenden Skriptorium zu. Der Inhalt des Werkes, die ausgezeichneten Feste und die Ikonographie zeugen jedoch in Übereinstimmung mit dem Eigentumsvermerk von zisterziensischem Ursprung. Es kann deshalb angenommen werden, daß hier die zweite Äbtissin von St. Marienstern, Agnes von Kamenz, dargestellt ist. Neben den figürlichen Szenen enthält die Handschrift ornamentale Initialen: traditionelle Flechtbandornamente, vegetabile Formen, geometrische Ornamente und zoomorphe Motive.
An der Ausstattung des Lektionars waren mindestens zwei Maler beteiligt. Der ältere gehört in die Tradition der zeitgenössischen thüringisch-sächsischen Malerei mit ihren byzantinischen Anleihen, den dramatischen Bildkompositionen, ausdrucksvollen Gesichtern und den Zackenstil-Draperien. Der jüngere, qualitativ weniger erfolgreiche Kollege orientierte sich eher an der oberösterreichischen und bayerischen Malerei. Seine Bilder zeigen westeuropäischen Einfluß, eine größere Linearität und schematischere Gesichter.

Nr. 2.134, fol. 146r

Einen wichtigen Bestandteil der Messe bilden die Lesungen aus den Apostelbriefen, den Evangelien (Perikopen) und aus den Predigten der Kirchenväter (Homilien). In einem **Lektionar** sind alle Lesungstexte in der Abfolge des liturgischen Jahres enthalten. Den einzelnen Texten geht die Angabe des Festtages und der Textquelle voraus. Ein Lektionar ist in drei Teile gegliedert. Der erste Teil, das Proprium de Tempore (Temporale), enthält die Lesungen zu den Sonntagen und Herrenfesten. Der zweite Teil, das Proprium de Sancits (Sanctorale), umfaßt alle Texte für die Heiligenfeste; es wird ergänzt durch das Commune Sanctorum, das als dritter Teil des Lektionars Lesungstexte für die Festtage von Gruppen namentlich nicht genannter Heiliger beinhaltet.

Historisierte Initiale aus dem Diurnale Quart 1. (Nr. 2.140, fol. 106r)
Darstellung des Erzengel Michael, der einem aus dem S entwachsenden Drachen die Lanze in den Rachen stößt.

Historisierte Initialen beziehen sich inhaltlich auf den Text. Sie illustrieren den Wortsinn oder nehmen Bezug auf eine Hauptaussage des Textes.

Die Anteile beider Illuminatoren, denen offenbar noch ein schwächerer Gehilfe zur Seite stand, durchdringen sich, so daß sie nicht immer auseinanderzuhalten sind. Stil und Inhalt scheinen bei den qualitätvolleren Initialen zusammenzugehen: Die dynamische byzantinisierende Malerei wurde für dramatische Situationen bevorzugt.
Der stilistische Zusammenhang zwischen dem Lektionar und der Prager Franziskanerbibel (Prag, Nationalbibliothek, Ms. XII B 13) erlaubt es, die Entstehung beider Handschriften derselben Werkstatt zuzuschreiben, die entweder in Prag ansässig war oder durch die böhmischen Kronländer wanderte. Dazu paßt, daß beide Handschriften an eine ältere, reich illuminierte Psalterhandschrift anknüpfen (heute Cambridge, Fitzwilliam Museum, Ms. 36–1950), die offenbar für schlesische Auftraggeber entstanden war.

Lit.: Wohlmann 1891; Friedl 1928; Swarzenski 1936, S. 36; Květ 1948, S. 185; Hänsel-Hacker 1954, S. 38; Schmidt 1969, S. 168; Stejskal 1976, S. 13; Stejskal 1978, S. 19, 225; Soukupová 1984, S. 69–96; Krása 1989, S. 58f.; Soukupová 1989, S. 163–169; Všetečková 1995, S. 219–223; Všetečková 1996, S. 285–300; 800 Jahre Osek 1996, Nr. 12.

HH (dt. Übersetzung Wolf B. Oerter)

2.135
Psalterium

Nordfrankreich oder Flandern, 3. Viertel 13. Jh.; 238 Pergamentbll., 25 spätere Papierbll., barocker (?) Ledereinband mit Randlinienprägung, eine einfache Schließe erhalten. H. 14 cm, B. 11,5 cm, T. 5,5 cm. St. Marienstern, Zisterzienserinnenabtei, Ms. Oct. 4.

Das kleinformatige Gebetbuch enthält einen Psalter mit vorangestelltem Kalendar. Später fügte man vorn und hinten einige Papierblätter mit Gebeten hinzu, bei einer Neubindung wurden die Seiten beschnitten. Zu unbekannter Zeit entfernte man, wie der Lagenverband zeigt, mehrere ganzseitige Miniaturen. Hergestellt wurde das Psalterium in Nordfrankreich oder Flandern. Im Kalendar erscheinen ein paar typisch nordfranzösische Heilige, die Litanei endet mit einer Reihe vor allem in Thérouanne und St. Omer verehrter Heiliger. Die nordfranzösisch-flämische Grenzregion, in deren prosperierenden Handelsstädten in der 2. Hälfte des 13. Jh. produktive Buchmalereiateliers arbeiteten, ist durch das Zusammenwirken eigenständiger Einflüsse wie solcher aus England und Paris gekennzeichnet. Die Auswahl der Monatsarbeiten etwa, mit denen die Kalenderseiten

Nr. 2.136, fol. 119r

Das **Psalterium** ist ein Gebetbuch für den persönlichen Gebrauch. Es enthält die 150 Psalmen in ihrer biblischen Reihenfolge. Sowohl Kleriker als auch Laien besaßen und benutzten Psalterien, die oftmals in Randbemerkungen, angefügten Gebeten oder in einem Kalender die besonderen Gewohnheiten ihrer Besitzer wiederspiegeln. Da die Texte der Psalmen immer gleichlautend in den Gebetsbüchern enthalten und keinen speziellen Gepflogenheiten eines Ordens oder einer Diözese unterworfen waren, konnten diese Bücher auch aus weit entfernten Orten bezogen werden, was die wohl in Nordfrankreich hergestellten Psalterien aus St. Marienstern belegen.

verziert sind, entspricht dem flämischen Schema (Lichtmeß im Februar, Einholen von Feuerholz im Juni), ebenso die Zehnteilung des Psalters durch historisierte Initialen (die Beatus-Seite fehlt heute). Der Pariser Tradition entsprechend sind wortillustrierende Szenen ausgewählt, Darstellungen, die die ersten Wörter des betreffenden Psalmes illustrieren. Jeder historisierten Initiale war eine ganzseitige Miniatur mit einer christologischen Szene gegenübergestellt – nur die Kreuzigung und die Auferstehung sind von diesem ursprünglich mindestens neun Bilder umfassenden Zyklus erhalten geblieben. Der Miniaturenzyklus und die Initialen wurden wohl von zwei verschiedenen Künstlern hergestellt, die jedoch eine auffallende Vorliebe für Profilfiguren teilten. Der Illuminator der Initialen verwendete Gold, Rosa und Dunkelblau für die Buchstaben mit ihren langen Ausläufern in Form von Windmühlenflügeln, im Binnenfeld gebrauchte er zusätzlich ein dunkleres Weinrot und verschiedene Weiß- und Grautöne. Die Farbskala der Miniaturen ist ähnlich, die meisten Töne sind etwas dunkler gehalten, statt rosa verwendete der Maler ein Violett, und als neuer Farbton tritt ein kupfernes Grün hinzu.
Keinerlei Gebrauchsspuren, individuelle Formulierungen in den Texten oder andere Zusätze geben Hinweise auf die Auftraggeberschaft. Da Ordensheilige nicht besonders betont sind und im Kalender keine liturgischen Festgrade eingetragen sind, dürfte die Handschrift für den privaten Gebrauch eines Laien oder einer Laiin bestimmt gewesen sein. Wie der Psalter aus Nordfrankreich ins Kloster in die Oberlausitz kam, ist ungeklärt.

unpubliziert

SM

2.136

Psalterium

Nordfrankreich oder Flandern, 4. Viertel 13. Jh.; 333 Pergamentbll., spätgotischer Ledereinband mit Prägestempeln (Muttergottes und Christophorus), eine gegossene Schließe mit hl. Katharina und ehemals emailliertem Wappen erhalten. H. 13,5 cm, B. 8,5 cm, T. 6,4 cm. St. Marienstern, Zisterzienserinnenabtei, Ms. Oct. 3.

Das kleine Psalterium mit Kalender und angefügtem Requiem stammt wie das Ms. Oct. 4 (Nr. 2.135) aus Nordfrankreich. Verglichen damit handelt es sich hier um ein kostbareres Exemplar, das möglicherweise für eine Adelige hergestellt wurde. Die Wappen in den Rahmen der Miniaturen weisen auf die französisch-belgische Region (schwarzer Löwe auf Gold: Grafen von Flandern und von Hennegau, goldener Löwe auf Schwarz: Herzog von Brabant, roter Löwe auf Gold: Grafen von Holland) und dokumentieren einen hohen Anspruch. Eine der zwei plastisch verzierten und vergoldeten Schließen ist erhalten geblieben. Sie zeigt unter einer Wimpergarchitektur die hl. Katharina und Reste eines wohl blaugrundigen Wappens mit goldenen Kugeln. Dieses bisher nicht identifizierte Wappen haben möglicherweise die Auftraggeber der Handschrift getragen, Katharina könnte ihre bevorzugte Namenspatronin gewesen sein.
Weder textliche Eigenheiten noch die Angaben in Kalendar und Litanei erlauben eine präzise Lokalisierung des Psalters. Das Manuskript ist reich illuminiert mit Darstellungen der Monatsarbeiten im Kalender, fünf ganzseitigen Miniaturen zur Kindheit Jesu vor dem ersten Psalm, acht weiteren Vollbildern zur Passion Christi bei den Teilungsstellen (die Kreuzigung vor Ps. 68, fol. 136r, ging verloren) und neun historisierten Goldgrundinitialen mit Szenen aus dem Leben Davids und wortillustrierenden Darstellungen. Eine Totenmesse mit zelebrierenden Klerikern und Klageweibern beschließt die Bilderreihe. Die Ausläufer der Initialen, die den Textblock fast vollständig umschließen, enden häufig in Drôlerien. Am reichsten ausgestaltet sind die Marginalien auf der Beatus-Seite (fol. 12v): Im unteren Rand bekämpfen sich zwei Ritter in voller Rüstung, ein reitender Mann mit Flöte und Trommel sowie ein Dudelsackbläser musizieren, zwei menschliche Halbfigürchen entwachsen den ornamentalen Antennen und richten ihre Waffen aufeinander.
In welchem nordfranzösischen oder flämischen Buchmalereizentrum der Psalter illuminiert wur-

oben: Nr. 2.136, fol. 12r

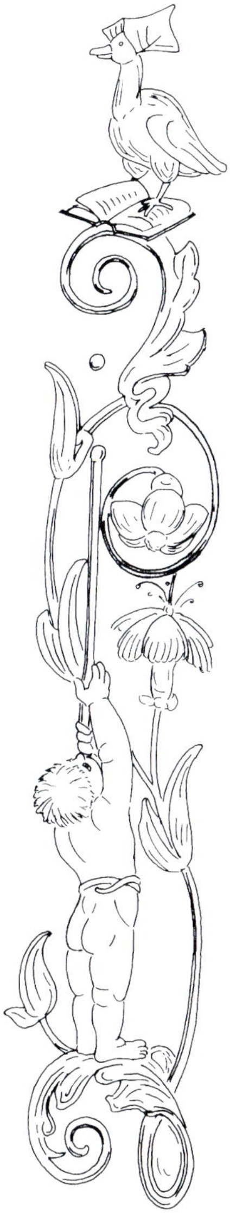

Drôlerie-Figuren aus dem Graduale Nr. 2.152, fol. 29r.

Drôlerie-Initialen (drôle frz. komisch, lustig) werden von witzigen Gestalten bevölkert, die kaum einen Bezug zum Text haben. Auf den Ausläufern der Initialen finden sich Menschen in bizarren Situationen und Tiere in komischen Posen, die ein Eigenleben im begleitenden Rankenwerk führen.

rechts: Nr. 2.137, fol. 2v
unten: Nr. 2.137, fol. 89v

Monatsbild Mai mit Falkenjagd
Nr. 2.136, fol. 3r

de, ist ungeklärt – mit Sicherheit falsch ist die bisherige Einordnung als thüringisch-meißnisch. Rahmenbildung, Ornamentik und Einzelheiten des Figurenstiles – nicht aber das Bildprogramm – erinnern an den bekannten Psalter des Guy de Dampierre, des Grafen von Flandern (Brüssel, Bibliotheque royale, Ms. 10607); gut vergleichbar sind beispielsweise die beiden Darstellungen der singenden Kleriker zu Ps. 97. Produkte aus dem Umkreis dieses Psalters dürften den Illuminatoren von Ms. Oct. 3 als Vorlage gedient haben. Die Lokalisierung der „Dampierre-Handschriften" wird in der kunstgeschichtlichen Forschung kontrovers beurteilt; Thérouanne, Amiens oder Brügge wurden vorgeschlagen. Entstanden ist das Psalterium Ms. Oct. 3 wohl im letzten Viertel des 13. Jh.

Lit.: Rothe 1966, S. 212, 249.

SM

2.137
Psalterium

Nordfrankreich oder Flandern, Ende 13./Anfang 14. Jh.; 215 Pergamentbll., spätgotischer Ledereinband, 2 Schließen. H. 14 cm, B. 9,5 cm, T. 4,8 cm. St. Marienstern, Zisterzienserinnenabtei, Ms. Oct. 5.

Das ursprüngliche Erscheinungsbild dieses Psalters hat sich stärker verändert als das der beiden verwandten Handschriften Ms. Oct. 3 und Oct. 4. (Nr. 2.135, 2.136). Im Kalendar fehlen die Blätter Mai bis August, eine unbekannte Anzahl von ganzseitigen Miniaturen wurde entfernt, die zwei verbliebenen an einem falschen Ort eingebunden und alle Seiten bei einer Neubindung außen und oben beschnitten. Einige Farben und der Goldgrund sind stark abgerieben. Vom Bildprogramm und dem Ausstattungskonzept ist das Manuskript eine vereinfachte Kopie des Luxuspsalters Ms. Oct. 3 (Nr. 2.136). Auf den Kalender mit Illustrationen zu den Monatsarbeiten folgte ein Vollbilderzyklus zu Geburt und Passion Christi (nur Verkündigung und Geißelung erhalten), den anschließenden Psaltertext gliederten ursprünglich zehn historisierte Initialen mit den in nordfranzösischen Handschriften üblichen wortillustrierenden Darstellungen (Ps. 1: verloren, Ps. 51: David und Teufel, Ps. 101: betender David).
Das Psalterium ist auffällig universal gehalten und weist kaum spezifische Eigenheiten auf, die Rückschlüsse auf die Auftraggeberschaft ermöglichten (nicht auszuschließen sind präzisere Hinweise in den verlorenen Seiten). Die zwei Wappen, die auf der Verkündigungsdarstellung in Gold den steigenden schwarzen Löwen der Grafen von Flandern zeigen, kennzeichnen wohl die regionale Zugehörigkeit der Handschrift. In die nordfranzösisch-flämische Grenzregion weisen auch Themen und Anzahl der Psalterinitialen, Figurenstil und Ornamentik. Besonders differenziert sind die Monatsarbeiten (Jan.: Mahlzeit am Feuer, Feb.: Lichtmeß, März: Beschneiden der Bäume, April: Paar unter Rosenhecke, Sept.: Sämann, Okt.: Weinkelter, Nov.: Schweinemast mit Eicheln, Dez.: Ochsenschlachtung) und die Marginalien gestaltet. Entgegen der üblichen schematischen Rahmung aller Kalenderbilder sind die Rahmen genau dem jeweiligen Bildmotiv angepaßt: Die Arkatur über der Lichtmeßdarstellung ist bekrönt von einem Joch mit gut sichtbarer Glocke, und das höfisch gekleidete Paar mit Blütenzweigen wird statt von Architekturabbreviaturen von einem Strauch umrahmt. Die langen, oft zwei Seiten des Textblockes umfassenden Buchstabenausläufer enden häufig in gekonnt gezeichneten Tieren, Mischwesen und Musikanten mit verschiedensten Instrumenten. Manche Darstellungen – so ein nackter Mann, der aus einem großen Kelch trinkt oder eine Nymphe, die statt des Königs David Harfe spielt – kommentieren in satirisch-witziger Weise den Text.
Zweimal erscheint eine Äbtissin mit weißer Tunika, schwarzem Mantel, schwarzem Schleier und langem Stab in den Rändern – ein Hinweis auf eine klösterliche Bestimmung des Psalters? Die Farben der Ordenstrachten sind im fraglichen Zeitraum zu wenig normiert, um den Orden sicher zu bestimmen; auch Kalender und Litanei geben keine weiteren Anhaltspunkte.

Unbekannt ist, wie die drei Psalterien Ms. Oct. 3, 4 und 5 von Nordfrankreich oder Flandern ins Kloster St. Marienstern gelangten, vielleicht durch weitreichende adelige Heiratsverbindungen. Vermutlich kamen sie gleichzeitig nach Sachsen, dies vielleicht schon bald nach ihrer Entstehung, findet sich doch im Kalender von Ms. Oct. 5 am 24. November in einer Schrift des 14. Jh. der deutsche Eintrag: „meyner muter jorgetzyt".

unpubliziert

SM

2.138

Psalterium

14. Jh. (?); 209 Pergamentbll., Ledereinband. H. 14,5 cm, B. 10,5 cm, T. 4,5 cm. St. Marienstern, Zisterzienserinnenabtei, Ms. Oct. 6.

Ein unregelmäßiges Äußeres und Benutzungsspuren zeugen davon, daß der Psalter gebraucht und mehrfach umgearbeitet wurde. Der einheitlichste und älteste Teil sind die Seiten mit den fortlaufend geschriebenen 150 Psalmen und den elf Deckfarbeninitialen auf Goldgrund zu den Teilungsstellen und dem Beginn der Cantica. Später hinzugefügt wurden wohl der Kalender zu Beginn, der wiederum in zwei Phasen ausgeführt wurde, und zahlreiche Gebete im hinteren Teil der Handschrift. Einzelne Blätter des Psalmteiles mußten ebenfalls ersetzt werden, sie waren offenbar schadhaft geworden. Liturgische Angaben über den ursprünglichen Bestimmungs- resp. Entstehungsort der Handschrift finden sich demzufolge nicht – eine Litanei fehlt.

Die Miniaturen weisen stilistisch und ikonographisch Eigenheiten auf, für die kaum Vergleichsbeispiele zu finden sind; eine Lokalisierung ist daher schwierig. Einzelne Motive und vor allem die Figurenbildung wirken manchmal etwas unbeholfen. Wahrscheinlich wurde der Psalter nicht in einem künstlerischen Zentrum hergestellt, sondern an einem eher abgeschiedenen Ort, wo weniger Vorlagenmaterial und weniger geübte Illuminatoren zur Verfügung standen – ein Frauenkloster ist nicht auszuschließen. Die Psalminitialen sind im ersten Teil mit wortillustrierenden Darstellungen verziert (Ps. 26: Mann, der sich auf die Augen deutet, Ps. 38: Mann, der sich auf den Mund deutet, Ps. 52: Narr mit Schellen), im zweiten Teil herrschen sitzende, wohl singende Männer vor – vielleicht Propheten, wie sie in niederländischen Psalterien vorkommen. Ps. 109 beginnt mit einer formal ungewöhnlichen Trinitätsdarstellung, die in Anlehnung an eine Muttergottes mit Kind konzipiert wurde: Gottvater thront frontal und hält seitlich auf dem linken Arm den kleinen Christus, die Heiliggeisttaube sitzt auf dem Ärmchen des Kindes. Während Bildprogramm und Buchstabentyp mit langen, von goldenen Außengründen begleiteten Antennen auf Vorbilder aus dem nordfranzösischen oder niederländischen Raum schließen lassen, sind Farbgebung und Figurenstil dieser Region fremd. Helleres und dunkleres Blaugrau sowie warmes Rotorange bestimmen das Kolorit, ergänzt durch helles Rosa und Ocker. Die Figuren haben massige, blockartige Körper mit meist geradlinigen Konturen, die Gewänder werfen kaum Falten. Am Anfang steht das qualitativ beste Bild, der psallierende David als Sängerkönig – nach mittelalterlicher Überzeugung ist er der Verfasser der Psalmen (Fol. 8v).

Die bisherige Lokalisierung der Handschrift nach Nordthüringen überzeugt wenig, auch eine Datierung in die 1. Hälfte des 13. Jh. ist eindeutig zu früh – die Buchstabenausläufer beispielsweise sind nur als Reduktionsformen jüngerer Vorbilder zu erklären. Deutsche Randbemerkungen über die Verwendung der einzelnen Psalmen, eine Überarbeitungsstufe des Kalenders und hinzugefügte Gebete lassen vermuten, daß das Psalterium noch im 14. oder 15. Jh. ins Kloster St. Marienstern kam.

Lit.: Rothe 1966, S. 199; Libor 1967, S. 30.

SM

Nr. 2.138, fol. 8v

Nr. 2.139, fol. 13r

Das **Missale** gehört zu den Büchern für die Meßliturgie und enthält alle festen und wechselnden Texte (Gesangstexte, Gebete und Lesungen) der Messe für das liturgische Jahr. Diese sind in Blöcke in der Reihenfolge des Meßverlaufs gegliedert. Wie das Lektionar und das Graduale ist das Missale in die drei Teile Temporale, Sanctorale und Commune Sanctorum gegliedert. Zusätzlich enthält es Votiv- und Totenmessen. Oft werden auch Sammelhandschriften, in denen verschiedene Bücher der Meßliturgie zusammengefaßt sind (Missale, Sakramentar, Graduale, Lektionar, Ordinarium missae) als Missale bezeichnet.

2.139

Missale (Winterteil)

St. Marienstern oder Altzella (?), um 1350; 192 Pergamentbll. (am Anfang und Ende mindestens je 4 Bll. verloren), Schweinsledereinband, Schließen verloren. H. 47 cm, B. 34 cm, T. 8 cm. St. Marienstern, Zisterzienserinnenabtei, Ms. Fol. 2.

Das Missale enthält Text- und Gebetsformulare für die Feste vom ersten Adventssonntag bis zur Osternacht. Ob die wohl einst vorhandene Ergänzungshandschrift mit dem Sommerteil ebenfalls illustriert gewesen war, ist unklar. Ein Kalendar, welches normalerweise einem Missale vorangeht, fehlt – entweder ist es verloren gegangen, oder man benutzte dasjenige aus dem Brevier Quart 1 (Nr. 2.140). Der Text des großformatigen Buches ist in regelmäßiger Schrift zweispaltig geschrieben, farbige Anfangsbuchstaben unterschiedlicher Größe sowie rote Titel und mehrere Zeilen hohe Deckfarbeninitialen mit Goldgrund (28 historisierte und 6 ornamentale Initialen) gliedern den Text. Besonders wichtige Festformulare sind hervorgehoben durch eine historisierte Initiale mit einer Szene aus dem Leben Jesu bei den Herrenfesten resp. einem Ereignis aus der Vita des gefeierten Heiligen. Das Bildprogramm ist in differenzierter Weise auf die Funktion des Buches – ein Meßbuch – und seine Adressatinnen abgestimmt. Der Gedanke an die Eucharistie prägt verschiedene Bilder. So ist auf der großen Initiale zur Weihnachtsmesse „P-uer natus est nobis“ (fol. 13r) die Krippe mit ihrer Maßwerköffnung, der Profilierung und dem bekrönenden Giebelaufsatz wie ein steinerner Altar unter einem Ziborium gestaltet und ruft dadurch die Wiederholung des Opfers Christi während einer Meßfeier in Erinnerung. Im Bild der Menschwerdung Christi ist so zugleich schon der Erlösungstod gegenwärtig. Die ‘T-e igitur’-Initiale (fol. 125r), die das erste Gebet des römischen Meßkanons einleitet, thematisiert ebenfalls die eucharistische Bedeutung des Leibes Christi. Während dieses Gebet sonst mit einer Kreuzigung illustriert ist, findet sich hier eine Pieta: Maria hält den toten Sohn auf ihrem Schoß und schmiegt ihren Kopf an sein Gesicht. Die Haltung des Leichnams entspricht nicht dem üblichen Schema der Vesperbilder mit quer auf dem Schoß gelagertem Christus, sondern demjenigen des Schmerzensmannes mit frontalem Oberkörper und gekreuzten Unterarmen. Maria präsentiert den Betrachterinnen den toten Körper des Sohnes mit den Wundmalen. Die Nonnen konnten angesichts dieses aus der historischen Erzählung des Lebens Jesu herausgelösten Andachtsbildes über die Bedeutung seines Opfertodes und die erlösende Wirkung des Blutes meditieren. Die in der Buchmalerei seltene Darstellung einer Pieta wurde vielleicht inspiriert von einem im Kloster vorhandenen Vesperbild (vgl. Nr. 2.32).

Maria als namengebende Klosterpatronin erscheint in mehreren Darstellungen. Es ist ihre Rolle als Mutter Gottes, die den Zisterzienserinnen wichtig war: Die Initiale „C-oncede nos famulos tuos“ (fol. 170r) zeigt sie als gekrönte Halbfigur, das kleine Christkind haltend, die Initiale „R-orate celi desuper“ (fol. 163v) als Maria in der Hoffnung. Wie im Brevier Quart 1 zeigt die Initiale „E-terne Deus“ (fol. 12v) zu einem Gebet der Weihnachtsliturgie das ikonographisch seltene Motiv der knienden Maria, die ihr Kind anbetet. Dieses Thema, das sich nicht von den Geburtsschilderungen der Evangelien herleitet, scheint gerade bei Zisterzienserinnen im 14. Jh. wichtig gewesen zu sein – eine vergleichbare Darstellung findet sich im sog. Codex Gisle (Osnabrück, Domkapitel), einem reich illuminierten Graduale für die Zisterzienserinnen von Rulle bei Osnabrück.

Die liturgische Feier im Gottesdienst soll ein Stück himmlischer Herrlichkeit auf Erden widerspiegeln. Das illuminierte Buch ist Teil davon: Dies zeigt sich hier in der reichlichen Verwendung von Gold und leuchtenden Farben, in der Bedeutung der Musik – singende und musizieren-

de Engel begleiten das Weihnachtsbild – und im mädchenhaft jugendlichen Aussehen der Figuren mit langen blonden Haaren. Die meisten von ihnen sind als jungfräulich charakterisiert – besonders für den üblicherweise als Greis dargestellten Josef ist dies ungewöhnlich. Sie gewinnen so an Vorbildcharakter für die Betrachterinnen.
Die inhaltlichen Akzente des Bildprogrammes wie die enge stilistische Verwandtschaft zu den Miniaturen der Handschriften Quart 1 (Nr. 2.140) und Quart 27 (Nr. 2.142) sichern die Bestimmung des Meßbuches für St. Marienstern. Wie weit die materielle Beteiligung der Zisterzienserinnen an der Ausführung dieser Handschrift ging, ist unklar. Die Skriptorien von St. Marienstern und Altzella sind bisher zu wenig erforscht, als daß man für das 14. Jh. einzelne Schreiberhände dem einen oder anderen Konvent zuordnen könnte. Stilvergleiche sind schwierig, weder aus St. Marienstern noch aus Altzella oder benachbarten Zentren sind zeitgenössische illuminierte Handschriften bekannt. Die Farbigkeit der Miniaturen, dominiert von ungebrochenem, leuchtenden Rot und Blau, die nur durch schwarze Konturen markierten Faltenzüge und die reiche Ornamentierung einfarbiger Hintergrunds- und Gewandflächen, sind ästhetische Elemente, die in der Glasmalerei und vor allem der Textilkunst häufig verwendet wurden und im 14. Jh. offenbar in verschiedenen Frauenklöstern des deutschsprachigen Raumes beliebt waren. Mit Sicherheit war die Person, die das Bildprogramm konzipierte, mit dem geistigen Leben im Kloster eng vertraut, sei es die Äbtissin selbst oder der Vaterabt aus Altzella gewesen. Anhaltspunkte für die Datierung liefern die Kostüme; das modernste Gewand mit engem Schnitt und tiefsitzendem Gürtel trägt Saulus bei seiner Bekehrung (fol. 146r). Eine Entstehung des Werkes um oder kurz nach der Mitte des 14. Jh. ist wahrscheinlich.

Lit.: Rothe 1966, S. 212.

SM

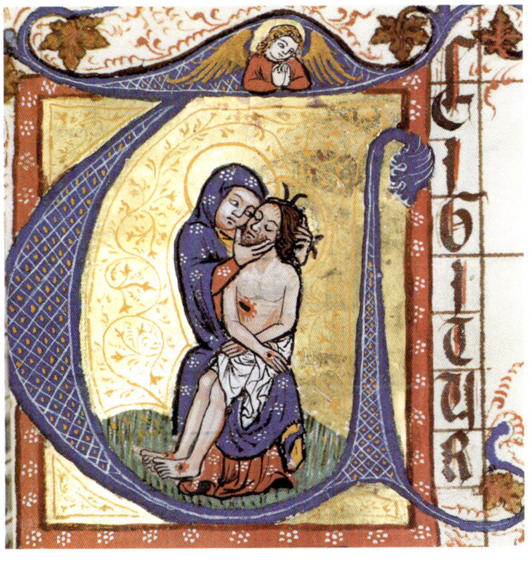

oben: Nr. 2.140, fol. 41r
links: Nr. 2.139, fol. 125r

2.140

Brevier (Diurnale)

St. Marienstern oder Altzella (?), 3. Viertel 14. Jh.; 134 Pergamentbll., originaler Ledereinband mit Messingbesatz. Besitzeintrag fol. 8r–9v unten: „liber Stelle Sancte Marie". H. 34 cm, B. 25 cm, T. 7 cm. St. Marienstern, Zisterzienserinnenabtei, Ms. Quart 1.

Die Handschrift beinhaltet ein Brevier, das für St. Marienstern in der Mitte des 14. Jh. kopiert und mit 24 historisierten Goldinitialen reich illuminiert wurde. Die in einheitlicher Schrift sorgfältig kopierte Handschrift enthält nach einem Kalender die wechselnden Texte für die Tageszeiten des Stundengebets an Festtagen; sie wurde während des Offiziums im Chor verwendet. Der Kalender entspricht mit den Heiligen und den angegebenen Festgraden zisterziensischem Gebrauch; auf die Bestimmung für ein Kloster in der Diözese Meißen weist die Rubrizierung des Bistumsheiligen Donatus (7. August). Nachträglich wurden die hl. Anna und das Fest der Empfängnis Marias eingetragen, das 1356 vom Orden für

Fleuronnée-Initiale aus dem Brevier Quart 1;
Nr. 2.140, fol.90v.

Neben dem Psalterium benutzten die Klosterfrauen für das tägliche Stundengebet, das sogenannte Offizium (officium lat. Pflicht), das **Brevier** (brevis lat. kurz). In diesem liturgischen Buch sind die verschiedenen für das Offizium verwendeten Bücher zusammengefaßt enthalten. Ein Brevier setzt sich aus dem Kalendarium (Verzeichnis der Festtage des Kirchenjahres), dem Psalterium feriatum (Psalmen für die Festtage) mit Antiphonen, Hymnen etc., dem Temporale, dem Sanctorale und dem Commune Sanctorum zusammen. Oft ist das Brevier in zwei Teile getrennt: den Winter- und Sommerteil. Ein Diurnale ist ein Auszug aus dem Vollbrevier, das nur die Tagzeiten (die sechs Stundengebete des Tages: Prim, Terz, Sext, Non, Vesper, Komplet) enthält; das Nocturnale hingegen enthält ausschließlich die Nachtzeiten (die Stundengebete in der Nacht: Vigiliae, Nocturnae oder Matutin).

verbindlich erklärt worden war und sich rasch verbreitete. Eine Entstehung der Handschrift in die Zeit um oder kurz vor 1356 ist aus liturgischen, stilistischen und kostümgeschichtlichen Gründen wahrscheinlich.

Entsprechend älterem Brauch in Thüringen und Sachsen schmückt jede Kalenderseite ein hochrechteckiges Bildfeld mit der Darstellung eines Apostels, dessen Festtag in diesen Monat fällt, und einer Monatsarbeit (Abb. S. 237, 240 f., 248). Diese detailreichen Bilder widerspiegeln Szenen aus einer idealisierten profanen Welt bäuerlicher Arbeit und höfischen Vergnügens – so beispielsweise die nackten Figürchen in der Sauna, die ihre Blöße mit Wedeln bedecken und Wasser auf die heißen Steine schütten oder das modisch gekleidete, höfische Paar beim Schach.

Wichtige Feste sind mit einer Goldgrund- oder Deckfarbeninitiale ausgezeichnet, die das zu feiernde Ereignis illustriert. Neben den 24 historisierten Initialen finden sich ornamentale Deckfarben- und große Fleuronnée-Initialen bei wichtigen Zäsuren. Wie beim Missale Fol. 2 (Nr. 2.139) ist das Bildprogramm auf das Kloster St. Marienstern abgestimmt. Je wichtiger das Fest im Kloster war, desto größer und aufwendiger gerahmt wurde die Initiale. Zuoberst in dieser Hierarchie stehen die Initialen zu Christi Geburt und Himmelfahrt sowie zu Marias Tod und Himmelfahrt – letzteres eine schon im Lektionar des Arnold von Meißen für St. Marienstern (Nr. 2.134) besonders hervorgehobene Darstellung. Speziell gekennzeichnet sind u.a. auch die Initiale mit dem Ordensgründer hl. Bernhard und jene zum Fest der 11.000 Jungfrauen, deren Reliquien im Kloster verehrt wurden. Die Auferstehungsminiatur bezieht sich zweifach auf St. Marienstern: Das dunkelblaue, mit goldenen Sternen geschmückte Gewand Christi spielt auf den Namen des Klosters an und der rechte Grabwächter trägt einen Schild, der mit dem Wappen der Stifter, der Herren von Kamenz geschmückt ist.

Die Handschrift ist mit dem Missale stilistisch eng verwandt; die Entstehungsumstände sind wohl ähnlich. Hier hat jedoch ein Künstler mitgewirkt, der mit der zeitgenössischen böhmischen Buchmalerei gut vertraut war und von dessen Wirken im Missale keine Spuren zu erkennen sind. Seiner Hand sind die Personen auf der großen Weihnachtsseite (fol. 14v) zuzuschreiben, die weit ausgeschnittene, eng anliegende und mit weiß gehöhte Gewänder tragen. Im Gegensatz zum „einheimischen" Mitarbeiter verwendete er schwarze Konturen und schwarze Faltenzüge spärlich. Vermutlich war er selbst nur auf dem einen Blatt tätig, hat aber den Malstil des oder der anderen Illuminatoren beeinflußt.

Lit.: Rothe 1966, S. 213.

SM

2.141

Graduale

St. Marienstern oder Altzella (?), 3. Viertel 14. Jh.; 298 Pergamentbll., originaler Ledereinband mit Messingbesatz. Besitzeintrag fol. 2r/3r: „liber stelle sancte marie misnense

Nr. 2.141, fol. 17v–18r

Das **Graduale** enthält die Gesänge der Messe. Die Bezeichnung ist abgeleitet von dem Graduale, einem Gesang, der von den Vorsängern auf den Stufen (gradus lat. Stufe) vor der Kanzel gesungen wurde. Das Buch beginnt meist mit dem „Ad te levavi animam meam" („Zu Dir habe ich meine Seele erhoben"), dem Eingangsgesang zum ersten Adventssonntag und wird auch als Antiphonarium missae bezeichnet.

diecese". H. 32 cm, B. 23 cm, T. 10 cm. St. Marienstern, Zisterzienserinnenabtei, Ms. Quart 27.

Die Handschrift enthält die wechselnden Chorgesänge für die Meßliturgie. Jede Seite hat sieben oder acht Text- und Notenzeilen mit schwarzer Quadratnotation auf einem verschiedenfarbigen Vierliniensystem. Die Verse beginnen mit etwas vergrößerten, teils farbig geschmückten Initialen; den Beginn eines neuen Gesangs markiert meistens eine mehrfarbige Fleuronnée-Initiale. Diese dekorativen Elemente ermöglichen eine gute Orientierung, da das Buch während der Meßfeier aus einiger Entfernung lesbar bleiben mußte.
Die zwei höchsten Feste des Kirchenjahres, Weihnachten und Ostern, sind mit drei Notenzeilen hohen Deckfarbenminiaturen ausgezeichnet worden. Ein rechteckiger Grund umfängt den goldenen Buchstabenkörper, in dessen Binnenfeld die figürliche Szene dargestellt ist. Am Geburtsbild zeigt sich deutlich, daß die entsprechende Miniatur aus dem Missale Fol. 2 (Nr. 2.139) zum Vorbild genommen und vereinfacht wurde. Maria sitzt halb aufrecht auf einem Bett mit gedrechseltem Bettgestell und präsentiert das in Windeln gewickelte Christuskind. Josef kauert am Fußende, Ochs und Esel fressen aus der Krippe im Hintergrund. Die Gestalt der Krippe erinnert wiederum an einen Altar. Der goldene Stern über der Szene spielt möglicherweise auf den Namen des Klosters an. Die akklamierenden Engel, die in der Vorlage in Medaillons den Buchstabenkörper schmückten, sind zu Ganzfiguren ergänzt und an den Rand des Bildes verschoben worden.
Das Graduale ist flüchtiger und technisch weniger gut gearbeitet als die eng verwandten Handschriften Fol. 2 und Quart 1 (Nr. 2.140). Ob die drei Bücher gleichzeitig in Zusammenhang mit einem historischen Ereignis, z.B. zu einer Weihe, in Auftrag gegeben wurden, ist unklar. Jedenfalls verfügten die Schwestern von St. Marienstern im ausgehenden 14. Jh. über eine stattliche Sammlung kostbar illuminierter Handschriften für den Gottesdienst.

unpubliziert

SM

2.142
Brevier (Winterteil)

Böhmisch (?), Ende 14./Anfang 15. Jh.; 236 Pergamentbll. in 24 Lagen, von der letzten Lage fehlen 4 Folioseiten (nach der fehlerhaften Foliierung sind nur 234 Bl. gezählt); schweinslederbezogener Holzeinband (stark beschädigt), ehemals 2, heute verlorene Schließen. H. 28, 5 cm, B. 21 cm, T. 7,5 cm. St. Marienstern, Zisterzienserinnenabtei, Ms. Quart 7.

Nr. 2.142

Das zweispaltig geschriebene Breviar, dessen Provenienz aus St. Marienstern mit dem Eintrag „Liber – stelle – sancte – marie" (fol. 1v-2r) gesichert ist, enthält die Textanfänge der Psalmen mit Antiphonen, Gebeten etc. der einzelnen Horen für den Zeitraum vom ersten Advent bis in die Karwoche. Das Temporale endet mit der 'feria sexta' nach Palmsonntag – es ist der Karfreitag, der jedoch nicht näher bezeichnet wird. Auf fol. 149r beginnt das Sanctorale mit dem Fest des hl. Andreas.
Neben einigen aufwendig gestalteten Fleuronnée-Initialen – sekundären Gliederungselementen des Textes ohne Deckfarbenausstattung – weist die Handschrift drei ornamentale (fol. 1r, 29v, 149r) und eine mit dem Weihnachtsgeschehen historisierte Initiale „P-rimo tempore alleviata et terra zabulon" (fol. 30r) auf: Unter einer Decke sitzt die gekrönte Muttergottes und hält das gewickelte Christuskind in ihren Armen. Dahinter ist in Halbfigur Josef zu sehen, dessen Wanderstab bereits auf die anstehende Flucht nach Ägypten verweist. Die Ikonographie der Geburtsszene, im Unterschied zu jener am Beginn des 15. Jh. üblichen, in der Maria das Kind im Strahlenkranz anbetet, lassen wie die grüne Untermalung der Inkarnate der Figuren an eine Entstehung der Malerei noch im 14. Jh. denken. Der Akanthus des Buchstabenstamms der Initiale wie der von ihr ausgehenden Ranken, deren Blattzwickel zahlreiche Goldtropfen tragen, ist jedoch fleischig und in der Zeichnung des Blattwerks wenig differenziert, so daß eine Datierung auch noch in die ersten drei Jahrzehnte des 15. Jh. möglich wäre.

unpubliziert

EW

„In diesem Augenblick nahm Meister Abraham ein [...] wunderlich durchschnittenes Blatt zur Hand, hielt es vor die brennenden Kerzen, und auf der Wand reflektierte sich ein ganzer Chor von Nonnen, die auf seltsamen Instrumenten spielten.[...]
Wahrhaftig! – Tante Füßchen ragt hervor unter den Nonnen! – Sie ist auf eine Fußbank getreten um das schwierige Instrument besser handhaben zu können. [...]
'Baut mir ein solches Instrument', rief der Geheime Rat mit glänzenden Augen, 'baut mir ein solches Instrument, Meister Abraham, ich werfe meine Nagelgeige in den Winkel, berühre nicht mehr den Euphon, sondern setze Hof und Stadt in Erstaunen, auf der Trompette marine die wunderbarsten Lieder spielend!'"
Aus: E. T. A. Hoffmann: Lebens-Ansichten des Katers Murr, 1820/1821.

Zu Nr. 2.143:
Zwei Trumscheite des 18. Jh. im Musikinstrumentenmuseum der Universität Leipzig; das rechte Instrument stammt aus der Zisterzienserinnenabtei St. Marienthal.

2.143

Zwei Trumscheite, sog. Nonnengeigen

(Althochdt.: trumme - Trompete, Trommel; scheit - Holz); Sachsen, 18. Jh., Corpus aus Fichtenholz, Darmsaite, in das Schalloch Pergamentrosette eingelassen. H. 185 cm, B. 24 cm, T. 17 cm. St. Marienthal, Zisterzienserinnenabtei.

Das Instrument besteht aus einem langen schmalen, sich nach oben verjüngenden Kasten mit leicht bauchigem Querschnitt und einem im Verhältnis zum Kasten sehr kurzen, angesetzten Hals. Das Trumscheit besitzt nur eine Saite, die an einem gebogenen, zweifüßigen Steg befestigt ist. Nur der kurze Stegfuß ist fest mit der Decke verbunden, während der flache, unbelastete Fuß dicht über der Decke schwebt und bei Berührung der Saite vibriert. Das Instrument wird nicht wie üblich in Stegnähe, sondern am Sattel angestrichen. Die Griffpositionen sind durch eingearbeitete Tonbuchstaben gekennzeichnet.
Der Tonvorrat – 3. bis 26. Naturton – entspricht dem von Blasinstrumenten, wobei nur die größeren Exemplare das Spielen der oberen Naturtöne ermöglichen. Auf den kleinen, besonders im Mittelalter verbreiteten Trumscheiten ist der Spieler kaum über den 8. oder 9. Ton hinausgekommen. Die Positionen werden so abgegriffen, daß die Saite nur leicht angedrückt wird, dadurch erklingen allein Flageolettöne. Beim Spiel schlägt der linke Fuß des Steges periodisch auf. Auch dieses schnarrende Geräusch kommt dem Ton einer Trompete recht nahe. Größere Instrumente wurden auf dem Boden gestützt gespielt, kleinere Exemplare hielt man ähnlich der Geige.
Trumscheite sind bereits im 12. Jh. in Bildquellen nachweisbar und gehörten seit dem 14. Jh. bis zum Ende des 18. Jh. zu den gebräuchlichen Streichinstrumenten in Europa. In der Barockzeit erhielten sie sogar ein eigenes Repertoire an Stücken. Sie waren auffallend häufig in Frauenklöstern in Gebrauch und wurden daher oft als Nonnengeige oder Marientrompete bezeichnet. Aus dem Kloster St. Marienthal sind insgesamt sechs Marientrompeten des 18. Jh. erhalten (zwei Instrumente in Leipzig, Musikinstrumentenmuseum), die vermutlich vom gleichen Instrumentenbauer stammen. Auch in St. Marienstern waren Trumscheite üblich und bis in die jüngste Vergangenheit noch vorhanden.

Lit.: Kinsky 1912, S. 325 f.; Fontana/Heise 1998, S. 55.

CM

2.144
Brevier

Frühes 13. Jh.; Holzdeckeleinband mit Lederüberzug, Linien eingepreßt; auf Vorder- und Rückseite je 5 Auflageknöpfe in Kupferblechbeschlägen; Ränder der Deckel mit Blechbeschlägen gesichert; auf der Vorderseite 2 eiserne Schließhaken, von den Schließen nur noch Riemenreste vorhanden; am unteren Rand und am Rücken je 4 starke Metallstifte zur sicheren Aufstellung, ein Stift am Rücken fehlt. Pergamenthandschrift auf Bll. 1–109; am Anfang sind 2 Bll. herausgeschnitten, am Schluß fehlt vermutlich ein Blatt. Einband: H. 35,5 cm, B. 25,4 cm, Blattgröße: H. 35 cm, B. 24,5 cm. St. Marienstern, Zisterzienserinnenabtei, Ms. Quart 11.

Der Brevier Quart 11 ist die dem Typ nach älteste Handschrift der Mariensterner Bibliothek. Charakteristisch ist, daß in ihr die geschriebenen Texte des Breviers an den zum Singen vorgesehenen Stellen mit linienlosen Neumen bezeichnet sind.
Die sichere Datierung neumierter Handschriften nur aus dem Schriftbild ist schwer möglich. Das vorliegende Werk dürfte wohl noch im frühen 13. Jh. entstanden sein. Vielleicht ist es als Teil der Gründungsausstattung der Bibliothek nach Marienstern mitgebracht worden.
Auf Bl. 9r beginnt das Capitulum „Petrus et Johannes“ mit dem Text „Tu es Petrus“. Es gehört zur Liturgie des Festes der hll. Petrus und Paulus am 29. Juni. Der neumierte Abschnitt deutet eine Melodie an, die noch im gedruckten Zisterzienser-Antiphonar von 1955 Eingang gefunden hat.

Lit.: Grüß 1998, S. 426 f., Antiphonarii Cisterciensis, Pars prima 1955.

HG

2.145
Antiphonar

13./14. Jh.; lederüberzogener Holzdeckel (Eiche), Leder geprägt, eine Schließe am Deckel verloren, Rest noch vorhanden; Band besteht aus 4 Teilen, 2. Teil nur lose eingelegt, die andern eingebunden; alle Teile tragen starke Gebrauchsspuren, besonders an den rechten unteren Blattecken infolge häufigen Umblätterns. Einband: H. 36,5 cm, B. 28,5 cm. St. Marienstern, Zisterzienserinnenabtei, Ms. Fol. 20.

Die erste Lage beginnt mit „Vigilia Pasche ad vesperas super Psalmos – antiphona: Alleluia ...“ und enthält 15 Blätter Pergament (Bibliothekszählung versehentlich 1–14) in zwei Lagen zu vier und drei Bögen, ein Blatt zwischengeheftet. Dieser erste Teil ist unvollständig und endet mit der Zeile „(a)dvenit ignis divinus non comburens sed illumi...“. Am unteren Rand von fol. 2r und 3r ist ein-

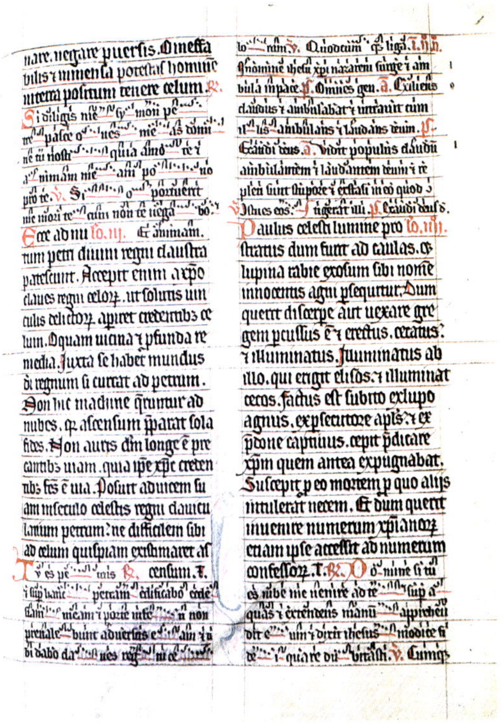

Neumen sind die Vorgänger unserer Notenschrift. Es sind Zeichen, die im wesentlichen aus Strichen und Punkten und daraus abgeleiteten Kombinationen bestehen. Sie geben durch ihre Richtung im Schriftbild eine Erinnerungshilfe für den Sänger, der die gemeinte Melodie bereits kennen muß. Ohne diese Kenntnis sind die Neumen nicht exakt lesbar.
Die Neumierung von Texten ist im alteuropäischen – und mit anderen Varianten im byzantinischen – Raum weit verbreitet gewesen.

oben: Nr. 2.144, fol. 10r
unten: Nr. 2.144, Notentranskription zu fol. 9r.

Als Vorbereitung des Beschreibens der fertigen Pergamentbögen mußte der Schreiber ein **Liniengerüst** herstellen, indem er mit Griffel, Feder oder Metallstift die Liniierung der Seiten zeichnete oder ritzte. Der Zeilenabstand wurde mit Hilfe eines Zirkels oder eines Punktierrädchens eingestochen oder die Linien mit einem Fadennetz durchgerieben. Bei der sogenannten Blindritzung wurden die Linien auch durch mehrere Seiten oder ganze Lagen durchgedrückt.

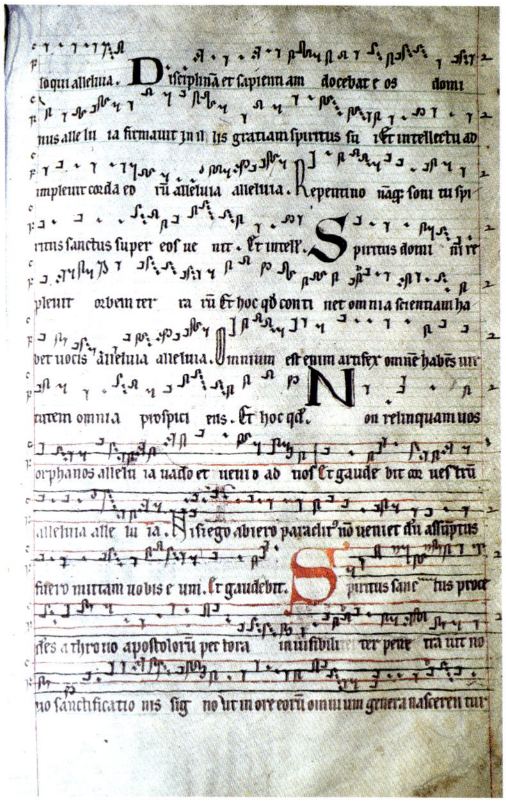

Nr. 2. 145, fol. 15r

getragen: „Liber stelle / Stelle S. marie“. Die Lineatur der Blätter ist durch Nadeleinstiche im Abstand von 4 mm vorbereitet worden; z.T. geschwunden oder nicht vollzogen, z.T. auch mit unsicherer Hand (nach?)gezogen. Die Formen der Systeme wechseln. Es kommen vor: schwarz – grün c' – schwarz – rot f, oder fünf grüne Linien, gelegentlich auch nur eine Linie. Bei Wechsel des Schlüssels wechselt auch die Linienfarbe. Die Notierung erfolgt in einer frühen, neumenartigen Choralnotation in weichem flüssigem Stil, mit Schwalbenschwanz-Hufnagel und -Pes. Die beiden Lagen wurden vom ersten Schreiber geschrieben, wohl im 13. Jh.

Die zwei folgenden Lagen tragen die jüngere Handschrift eines zweiten Schreibers. Sie enthalten zwei Bögen und drei Blätter (Bibliothekszählung 1–7). Die zweite Lage ist eingebunden, jedoch wurde das letzte Blatt herausgeschnitten. Der Teil beginnt mit: „Sanctarum Undecim milium virginum ad vesperas super psalmum Antiphone“.

Die Notenschrift ist eine sehr frühe, aus dem 14. Jh. stammende 'gotische' oder Hufnagel-Notation, die in veränderter Form seit dem 15. Jh. in Deutschland geläufig ist, hier aber noch sehr weiche Züge hat. (vgl. Nr. 2.154). Auf der letzten Seite (fol. 7v) endet der Haupttext, von fremder jüngerer Hand sind drei zusätzliche Notenzeilen eingetragen worden.

Der dritte eingebundene Teil des Corpus (Bibliothekszählung 15–30) stammt in Text und Notenschrift von einem weiteren Schreiber des 13. Jh. Das Liniensystem ist nunmehr schwarz – gelb c' – schwarz – rot f – schwarz angeordnet. Die Neumen gehören ebenfalls zu einem älteren weichen Stil, jedoch ist die Virga hier ein nach rechts gerichteter Haken, der Punctus sieht wie ein stark gekrümmtes Komma aus. Die wahrscheinlich schneller auszuführenden Currentes (d.h. laufende, bzw. rennende Töne, im Schriftbild Ketten von mehreren kleinen, auf der Spitze stehenden Notenköpfen) erscheinen als Rhomben, die Ligaturen sind weich gerundet. Dieser dritte Teil beginnt mit: „Ad te levavi animam meam“ (Zu dir habe ich meine Seele erhoben), dem Introitus des ersten Adventsonntags.

Angeheftet ist als vierter Teil ein Pergament-Anhang, dessen Blätter die Bibliothekszählung 8–15 tragen. Der Text beginnt: „Sacerdos in eternum cristus Dominus secundum ordinem Melchisedek“ (Christus, der Herr, ist ein Priester in Ewigkeit nach der Ordnung Melchisedeks). Das Notenliniensystem ist nunmehr schwarz – gelb c' – grün – rot f – schwarz angeordnet. Der Schreiber ist mit großer Sicherheit nicht identisch mit dem zweiten Schreiber, gehört aber wohl auch ins 14. Jh.; er schreibt eine Hufnagel-Notation, bei der die abwärts gerichteten Notenhälse sehr spitz zulaufen und der Punctus elegant geschwungen ist. Es kann nicht ausgeschlossen werden, daß auf fol. 14v erneut der Schreiber wechselt, da nunmehr der Notenhals nur noch eine spitz zulaufende Linie ist. Dieser Teil ist unvollständig, er bricht auf fol. 15v ab.

Lit.: Grüß 1998, S. 427–429.

HG

2.146
Chorbuch (Fragment)

14. Jh.; Schweinsledereinband, vorn und hinten je 5 Auflageknöpfe, ursprünglich 2 Schließen, verloren; 49 Bll. Pergament, an Anfang und Ende fehlen Bll.; jede Seite enthält in der Regel 9 Systeme mit jeweils 5 Notenlinien, folgende Zuordnungen: schwarz – gelb g – grün – rot c – schwarz; oder schwarz g – gelb – grün c – rot – schwarz; oder schwarz – gelb c – grün – rot f – schwarz. Einband: H. 31,7 cm, B. 24,5 cm, Blattgröße: H. 31 cm, B. 23,3 cm. St. Marienstern, Zisterzienserinnenabtei, Ms. Quart 28.

In alphabetischer Anordnung, die durch Großbuchstaben am Rand ausgewiesen ist, enthält die Handschrift eine Sammlung von Stücken des Ordinarium Missae. Es beginnt auf fol. 1r mit Sanctus und Agnus dei und dem Ordnungsbuchstaben C. Die unter A und B verzeichneten Stücke sind Textverlust. Die Reihung von Sanctus und Agnus

Dei setzt sich bis fol. 5r mit dem Buchstaben M fort, danach folgen, erneut mit A beginnend, Kyrie, z.T. mit speziellen Tropierungen wie „Fons bonitatis" (fol. 5v) und „De apostolis" (fol. 7r). Ab fol. 6v sind die Kyrie mit Gloria verbunden. Die alphabetische Reihenfolge ist bis N eingehalten, danach geht es ohne derartige Angaben weiter. Bis fol. 46v ist ein Schreiber tätig, er endet seine Eintragungen mit Alleluia-Stücken des Ordinarium Missae.

Fol. 47r beginnt ein zweiter Schreiber; er ist gekennzeichnet durch auffällig dünne Notenhälse und einem Wechsel der Farbe der Notenlinien, die jetzt folgendes Bild zeigen: grün – grün – gelb c – grün – rot f. Seine Eintragungen beginnen mit „Promissa iucundo gaudia superna".

Beide Schreiber benutzen eine verhältnismäßig frühe Form der Hufnagelnotation wohl noch des 14. Jh. mit relativ dünnen Hälsen der Virga. Am Ende der Handschrift sind zwei Bögen Pergament mit Eintragungen einer anderen, dritten Hand zugesetzt worden; das letzte Blatt ist herausgeschnitten.

Bemerkenswert sind auch die Innenseiten des Einbands, die zwei wiederverwendete Stücke von Pergament enthalten, auf denen Fragmente früherer mehrstimmiger Musik eingetragen sind. Die Identifizierung steht noch aus.

unpubliziert

HG

2.147

Antiphonale, Invitatorium, Incipitverzeichnisse

15./16. Jh.: Papierhandschrift in geprägtem Ledereinband; Band bis fol. 168v intakt, danach Überlieferung bruchstückhaft, einzelne Bll. fehlen, etliche liegen lose. Einband: H. 17 cm, B. 12,6 cm; Blattgröße: H. 16,5 cm, B. 12 cm. St. Marienstern, Zisterzienserinnenabtei, Ms. Oct. 50.

Die Handschrift stammt von einem Schreiber, er beginnt mit großer Hufnagel-Notation auf den Blättern 1–40r, wobei seine Schrift dem sogenannten böhmischen Typus zugeordnet werden kann. Er benutzt zu Beginn vier Systeme pro Seite, mit der Linienordnung schwarz – rot c' – schwarz. Häufig führt er eine obere rote Hilfslinie ein, die den Ton f' bezeichnet. Der Text beginnt mit dem Invitatorium „Venite exultemus domino Jubilemus deo salutari nostro praeocupemus faciem ei ..." (Psalm 94). Auf fol. 40v wechselt der Schreiber die Schriftgröße und fährt mit kleinerer Notation auf sechs Systemen fort, jedoch nur bis zur Mitte von fol. 42v. Danach folgen bis fol. 152r Incipit-Verzeichnisse, in denen jeweils zusammengehörige Antiphonen und Psalmen mit Text und Noten angegeben werden.

Das Verzeichnis bricht auf fol. 152r mit der Zeile „Zachee festinans descende" ab. Auf fol. 152v beginnt eine ausgeschriebene Liturgie „Ad mandatum monachorum" mit der Überschrift „In Cena domini". Auf fol. 152v/153r die Liturgie der Fußwaschung festgehalten, die bis heute einen Teil des Gründonnerstag-Offiziums bildet.

Vertonte Texte der Meßliturgie

Nach dem Introitus, dem Eingangslied, singt oder spricht die Gemeinde bzw. der Chor mit dem Priester das Kyrie: Kyrie, eleison. – Christe, eleison. – Kyrie, eleison. (Herr, erbarme dich. – Chistus, erbarme dich. – Herr, erbarme Dich).

Auf das Kyrie folgt das Gloria. Es beginnt mit den Worten: Gloria in excelsis Deo. Et in terra pax hominibus bonae voluntatis. (Ehre sei Gott in der Höhe. Und auf Erden Friede den Menschen, die guten Willens sind).

Das Sanctus gehört zur Präfation. Es wird gesprochen oder gesungen, bevor der Priester zum Kanon anhebt und beginnt: Sanctus, Sanctus, Sanctus Dominus, Deus Sabaoth. (Heilig, heilig, heilig Herr, Gott der Heerscharen).

Dem Sanctus folgt der hl. Kanon, das große Bitt- und Opfergebet. Er beginnt mit den Worten: Te igitur, clementissime Pater, per Iesum Christum, Filium tuum, Dominum nostrum, supplices rogamus ac petimus, ...(Dich, gütiger Vater, bitten wir demütig und flehen zu Dir durch Jesus Christus, Deinen Sohn, unseren Herrn ...).

Das Agnus Dei wird von Gemeinde bzw. Chor gebetet oder gesungen, nachdem der Priester Wein und Brot vermischt hat: Agnus Dei, qui tollis peccata mundi: miserere nobis. (Lamm Gottes, daß Du hinwegnimmst die Sünden der Welt: erbarme Dich unser).

Nr. 2.147, fol. 153v–153r.

Prozessionsordnung aus dem Antiphonale Oct. 50
161r: In die palmarum dum cantor abbati ramum obtulerit et icipiat: Pueri hebreorum tollentes ramos olivarum (Am Palmsonntag, während der Kantor dem Abt einen Zweig dargeboten hat und beginnt: Die Kinder der Hebräer trugen Ölzweige in ihren Händen).
Ad exitum processionis: Occurunt turbe cum Floribus (Beim Auszug der Prozession [aus der Kirche]: Mit Blumen eilen ihm die Scharen entgegen).
161v: In prima stacione: Collegerunt pontificies (An der ersten Station: Die Hohenpriester haben sich versammelt).
162r: In secunda stacione: Unus autem ex ipsis (An der zweiten Station: Er ist nämlich einer von ihnen selbst).
162v: In Tercia stacione: Ave rex noster (visus crucem) (An der dritten Station: Friede sei mit unserem König (im Angesicht des Kreuzes).
163r: Quatour Fratres canunt: Gloria laus et honor (Vier Fratres singen: Ruhm, Lob und Ehre).
164r: Ad ingressum ecclesie: Ingrediente domino (Vor dem Eingang der Kirche: Folget dem Herren nach).
In die pasce ad exitum processionis: Christus infernum debellatur
Am Ostertag vor dem Auszug der Prozession: Christus siegt über die Unterwelt).
165r: Quattuor fratres: Salve festa dies toto venerabilis (Vier Fratres: Sei gegrüßt, ehrwürdiger Festtag).
166v: In ingressu ecclesie: Sedit angelus ad sepulcrum (Während des Einzugs in die Kirche: Ein Engel sitzt am Grab).

Auf fol. 161r beginnt eine Prozessionsordnung. Sie faßt die Geschehnisse vom Einzug in Jerusalem, Christus an der Pforten der Hölle bis zum leeren Grab am Ostersonntag zusammen.
Im Hinblick auf den Zisterzienser-Orden ist von Interesse, daß auf fol. 193r bei Beginn einer losen Lage in wiederum größerer Schrift unter der Überschrift „Bernhardi" ein weiterer liturgischer Teil beginnt, der mit den Worten eingeleitet wird: „Dedit de cuius in celebracione operis sancti et ornavit tempora sua usque in fine. Gloria".

unpubliziert

HG

2.148

Contentorum in hoc volumine index. Isagoge in musicam melliflui doctoris sancti Bernhardi, 1517.

Musiktheoretischer Sammelband, hrsg. vom Zisterzienserpater Michael Schmeltzer, Prior in Altzella; Leipzig: Melchior Lotter, 1517; Quart; 68 ff. (unpaginiert); weißer Schweinsledereinband mit Prägemuster (recto: IHS, verso: Madonna mit Kind) und Bezeichnung in Goldprägung „C[atharina] B[enada] A[bbatissa] Z[u] M[arien] S[tern] 1.6.78." H. 20 cm, B. 15,5 cm, T. 2 cm. St. Marienstern, Zisterzienserinnenkloster, C 97.

In der Zeit des Abtes Martin von Lochau (1493 bis 1522) erlebte das Zisterzienserkloster Altzella eine kulturelle Blüte. Unter ihm wurden nicht nur 1506 der Bibliothekssaal auf dem Konversenhaus errichtet, die Bücherbestände erweitert sowie 1509 das Bernhardinerkolleg in Leipzig neu aufgeführt, sondern er trat auch als maßgeblicher Förderer der wissenschaftlichen und musikalischen Tätigkeit der Konventualen in Erscheinung. Seit 1494 hatte Michael Schmeltzer († nach 1519) das Amt des Priors inne. Zeitweise als Professor der Theologie und der freien Künste am Bernhardinerkolleg tätig, verfaßte er mehrere Lehrschriften, die sich besonders mit dem Werk des hl. Bernhard von Clairvaux befassen; einige seiner Handschriften haben sich in Leipzig (Universitätsbibliothek) und Dresden (Sächsische Landes- und Universitätsbibliothek) erhalten. Zudem wirkte er als Musiker, pflegte Choral- und Figuralmusik und begründete mit dem Altzellaer Frater Michael Meurer (Muris) den Ruf Altzellas als Zentrum von Musiklehre und Musikpflege in Sachsen vor der Reformation. In Zusammenhang mit anderen zeitgenössischen Editionen der Werke des hl. Bernhard gab er 1517 dessen musiktheoretische Schrift „Isagoge in musicam" (Anleitung zur Musik) heraus, in deren Prologus der Heilige erklärt, daß er zusammen mit musikverständigen Brüdern das Zisterzienser-Antiphonar verbessert und verbindlich für alle Klöster des Ordens festgesetzt habe. Im zweiten Teil (Praefatio) erläutern diese Brüder die Verbesserungen, dem sich eine Erklärung der Kirchentonarten anschließt. Ein von Michael Schmeltzer verfaßter und wie im ersten Teil mit zahlreichen Notenbeispielen illustrierter Appendix enthält sodann einen „modulus psallendi". Mit diesem „Regelbüchlein für den Chorgesang" versuchte Schmeltzer die musikalische Praxis der Zisterzienser nach den Richtlinien des hl. Bernhards zu erneuern. Laut der Vorrede schrieb er diese Regeln auf Anregung von Dietrich von Werthern, Rat des Herzogs Georg von Sachsen. Jenem war in der Kirche von Altzella eine alte Tafel mit einer Tonlehre aufgefallen, und er bat zum Nutzen der Zisterzienserinnen in St. Marienthal und St. Marienstern um eine Abschrift – offenbar wurde in den Lausitzer Frauenklöstern damals der Chorgesang nicht mehr in einer angemessen erscheinenden Form gepflegt. Abgeschlossen wird das Werk von einem Druckfehlerverzeichnis, einem Lobgedicht auf Martin von Lochau und die Brüder am Bernhardinum in Leipzig, einem Abschiedsgruß für den aus Altzella nach Pforta gewählten Abt Petrus sowie eine Widmung an die Jungfrauen von St. Marienstern, die in humanistisch-antikischer Manier als Vestalinnen bezeichnet werden.
Aus dem 16. Jh. stammende handschriftliche Einträge und Ergänzungen – so die Transponierung des Magnificat – belegen, daß das Büchlein in St. Marienstern Verwendung fand; wie die Neueinbindung zeigt, noch im 17. Jh. Von größerer Bedeutung für den praktischen Nutzen im Konvent waren jedoch die vier in der Nachfolge von Schmeltzers „Isagoge", unter dessen Mitwirkung geschriebenen Folianten des Antiphonars und Graduales von 1515–1529 (Nr. 2.149–2.152).

Lit.: Schmidt 1897/1899, S. 223–225; Clemen 1933, S. 3–12; Berger/Berger/Magirius 1967, S. 54 f.

MW

2.149

Antiphonar (Sommerteil)

Johannes Helbig, Altzella, 1515; Folio, Pergament, 121 Bll. (am Anfang fehlt ein Titel- oder Schutzblatt), nach 112 eine Seite herausgeschnitten, nachfolgend Ergänzungen von anderer Hand; auf Grund leichter Beschneidung möglicherweise Zweiteinband, liniengeprägtes Schweinsleder, 9 Bünde; Blattweiser aus Leder mit Goldlack, teilweise abgerissen; Messingbeschläge: Randleisten, unten 4 Stehknöpfe, auf den Deckeln je 5 Messingbuckel; von ehemals 2 Lederschließen fehlt eine; Rückenkante am vorderen Deckel gebrochen. H. 55,5 cm, B. 36,5 cm, T. 9 cm. St. Marienstern, Zisterzienserinnenabtei, Ms. Fol. 3.

Der erste Band des zweibändigen Antiphonars (vgl. Nr. 2.150) enthält die Antiphonen und Responsorien für die beweglichen Feiertage zwischen Ostern und Advent und das Ende des Kirchenjahres. Die Handschrift entstand 1515 im Skriptorium von Altzella. Ihr Schreiber war der Mönch Johannes Helbig aus Freiberg (Signatur und Datierung auf fol. 112v). Obwohl St. Marienstern nicht als Auftraggeber ausgewiesen ist, liegt es angesichts der drei nachfolgend entstandenen Chorbücher Helbigs nahe, daß auch dieses für das Kloster geschaffen wurde. Die aufwendige liturgische Neuausstattung hing wahrscheinlich mit den Bestrebungen nach einer Vereinheitlichung und Reform des zisterziensischen Chorgesangs zusammen, die unter Abt Martin von Lochau von Altzella ausging. Ihre Wegbereiter waren die beiden Patres Prior Michael Schmeltzer und Michael Meurer (vgl. Nr. 2.148).
Die Notenlineatur wird von einem schwarzen Text mit roten Anfängen sowie unterschiedlich reich ausgeschmückten Initialen begleitet. Die Lineatur selbst wechselt zwischen drei und vier Linien in der Anordnung gelb c' – schwarz – rot f – schwarz und führt gelegentlich eine rote Hilfslinie f' ein; b und h sind in ihrer modernen Funktion benutzt. Die Initalen sind in der einfachsten Version mit der Schreibfeder mit einem Ornament und teilweise mit fratzenhaften Mönchs- und Nonnengesichtern gefüllt; weitere sind Rot, Grün, Violett und Blau ornamentiert gestaltet und je nach Bedeutung des Gesanges größer und mit Gold- und Silberauflagen hervorgehoben. Charakteristisch für die malerische Ausschmückung ist die radierungsähnliche Ornamentmalerei auf den Metallauflagen, die Bevorzugung von Konträrfarben, feingliedriges Rankenwerk mit stilisierten Blüten und Früchten und Goldpunkten in der Art spätgotischer Gewölbeausmalungen. Acht historisierte Initialen zeichnen die hohen Festtage und wichtige Lesungstexte aus. Daß der Buchmaler zuweilen auch einen drastischen Spaß nicht verschmäht hat, zeigt die Initiale „S–i bona suscepimus...", in der Job ob seines unbeugsamen Glaubens Vorwürfe von seiner kochlöffelschwingenden Frau erhält (fol. 77v). Das Motiv des auf einem Misthaufen sitzenden Job – ähnlich erscheint es auch auf dem gleichzeitig entstandenen Hochaltar der Nikolaikirche in Döbeln – war das Vorbild für den gerade in Sachsen beliebten Typus des „Christus im Elend" (Nr. 2.48).
Die figuralen Bilder stehen in Komposition und künstlerischer Souveränität der gewandten Ornamentmalerei nach; Körperbildung und Wiedergabe der Gewänder wirken schematisch, die Gesichter puppenhaft. Landschaftshintergründe und erzählende Details zeigen jedoch, daß dem Maler die zeitgenössische Tafelmalerei vertraut war. Die stilistische Nähe und die teilweise motivische Übereinstimmung mit den historisierten Initialen des zweiten Antiphonarbandes (Nr. 2.150), welche Andreas von Roßwein gemalt hatte, lassen annehmen, daß dieser auch hier beteiligt war. Verwandt ist zudem das Andachtsbildchen des hl. Georg aus St. Marienstern (Nr. 2.180).

Lit.: Rothe 1966, S. 270, 282; Grüß 1998, S. 432–435.

HG/MW

Ein **Antiphonar** enthält die Antiphonen, kurze Gesangsstücke vor und nach den Psalmen zur Angabe der Tonart. Inhaltlich nimmt der Text der Antiphon Bezug auf den Grundgedanken des Psalms. Es gibt zwei Typen von Antiphonaren: Das Antiphonarium missae – identisch mit dem Graduale – enthält die Meßgesänge und das eigentliche Antiphonale, das Antiphonarium officii, enthält die Gesänge des klösterlichen Stundengebetes. Wie das Brevier ist das Antiphonar in ein Diurnale und ein Nocturnale unterteilt.

Nr. 2.149, fol. 77v

Nr. 2.150, fol. 120r

2.150

Antiphonar (Winterteil)

Johannes Helbig, Johannes von Freiberg, Andreas von Roßwein, Altzella, 1516; Folio, Pergament, 162 Bll., nach fol. 159 fehlt mindestens ein Blatt, Fol. 160–162 Allerheiligenlitanei, von anderer Hand eingefügt; Einband aus Schweinsleder mit geprägtem Linienmuster; Messingbeschläge: Schutzleisten, unten vier Stehknöpfe, auf den Deckeln je fünf Buckel, zwei Schließen aus Leder und Messing. H. 56,5 cm, B. 38,5 cm. St. Marienstern, Zisterzienserinnenabtei, Ms. Fol. 6.

Nach der Herstellung des ersten Bandes des Antiphonars von Johannes Helbig 1515 (Nr. 2.149) schuf dieser im folgenden Jahr zusammen mit seinen Mitbrüdern Johannes von Freiberg und Andreas von Roßwein den zweiten Band mit den Antiphonen und Responsorien zu den unbeweglichen, allgemeinen und lokalen Heiligenfesttagen von St. Andreas (30. November) bis St. Anna (26. Juli).

Den Gesängen ist ein Widmungsgedicht vorangestellt, das der damalige Kantor in Altzella, Michael Meurer zu Ehren von St. Marienstern und seines Altzellaer Vaterabtes Martin von Lochau in klassischem Renaissancelatein verfaßt hatte (fol. 1v). Entstanden ist die Handschrift für die Äbtissin Elisabeth von Temmritz (1515–1523); wahrscheinlich handelte es sich um ein Geschenk des Abtes Martin. Unter einer Initiale zumÉriensterner Kirchweihfest an Johannis (24. Juni) sind beide gemeinsam dargestellt (fol. 120r), als Halbfiguren mit den Wappen und Zeichen ihrer Würde. Seitlich sind sie bekrönt von einem Hahn, einer Anspielung auf Michael Meurer, der aus Hainichen stammte und deswegen Galliculus (Hähnchen) genannt wurde.

In Notation und Erscheinung entspricht der Band seinem Vorgänger weitgehend. Allerdings sind die Formen und Farben der Rankenmotive kräftiger geworden und werden zunehmend von Tieren belebt; die ornamentalen Initialen haben an Verspieltheit eingebüßt und wirken in ihrer klaren Flächenteilung strenger. In den acht figuralen Bildern zu allgemeinen und in St. Marienstern besonders wichtigen Heiligenfesten wird die Initialform kompositorisch geschickt eingesetzt und frei überspielt. Ikonographisch sind sie traditionellen Typen verpflichtet. Der Maler war laut dem Widmungsgedicht Andreas Roswinus, Andreas Schmiedewald aus Roßwein, der 1501 in Altzella eingetreten und 1538–1545 dem Kloster als letzter Abt vorstand.

Lit.: Alt-Lausitzer Kunst 1935, Nr. 566; Rothe 1966, S. 272, 282; Berger/Berger/Magirius 1967, S. 55.

MW

2.151

Graduale (Band I)

Johannes Helbig, Altzella 1522–1523; Folio, Pergament, 126 Bll.; Schweinsledereinband mit Prägemustern, 9 Bünde; Messingbeschläge: Schutzleisten, unten 4 Stehknöpfe, auf den Deckeln je 5 Buckel; 2 Schließen aus Messing; Stempel auf Einband-Innenseite; kein Vorsatzpapier; ursprüngliche lateinische Foliierung unten auf der recto-Seite. H. 60 cm, B. 38,5 cm. St. Marienstern, Zisterzienserinnenabtei, Ms. Fol. 4.

Sechs Jahre nach Vollendung des zweibändigen Antiphonars ließ Äbtissin Elisabeth von Temmritz ein Graduale für die Gesänge der Messen vom ersten Adventssonntag bis Fronleichnam fertigen. Sie gab es bei Johannes Helbig in Auftrag; die Kosten des Buches – 26 Gulden und 15 kleine Groschen – trugen die Konventualinnen mit Unterstützung von „anderen frommen Menschen“ zusammen (fol. 126r). Als Zeichen für diese Auftraggebergemeinschaft sind durch das ganze Buch hindurch sämtliche der damals 39 Mitglieder des Konventes mit Namen und Amt verzeichnet, dazu der Propst Matthäus von Sternberg und der Schreiber Johannes Helbig. Eingeleitet wird der Band vom Wappenschild des Klosters mit dem goldenen Marienstern.

Grundgestaltung und Notenschrift folgen dem Antiphonar, allerdings um Formen und Motive der Renaissance bereichert. Die Ranken nähern sich antikisierenden Arabesken und Grotesken und sind mit Vögeln, einem zusammengebundenen Rehbock oder einem Affen bevölkert. Nackte verspielte Putti tummeln sich darin und kommentieren das Geschehen auf den historisierten Initialen.

Die Bilder sind mit leuchtenden Farben – tiefem Blau, kräftigem Rot und Grün – sowie Gold mit radierter Zeichnung ausgeziert; ornamentale Initialen sind dagegen zurückhaltender gestaltet. Die elf figürlichen Szenen, die raffiniert mit der durch die Initialen vorgegebenen Rahmung spielen, haben mit den Bildern des Antiphonars wenig gemeinsam. Es kommt hier eine ungekannte Freiheit im Umgang mit den bekannten Motiven zum Ausdruck – vom harfespielenden David, der in Rückenansicht erscheint zu „A-d te levavi“ (fol. 1r), über die Darstellungen der Beschneidung Christi, welche die Kenntnis des jüdischen Brauches voraussetzt (fol. 15r), bis zum Kirchweihbild mit Details wie Schädeln im Beinhaus, Butzenscheiben der Fenster und Dachziegeln (fol. 123r). Unmittelbaren Bezug zu St. Marienstern zeigen die Initialen „G-audeamus omnes“ mit der dramatischen Wiedergabe der Landung der hl. Ursula (fol. 105r) und „C-ibavit eos“, worin die Kommunion der Zisterzienserinnen vor ihrem Choraltar mit einem goldenen Marienretabel gezeigt wird (fol. 125r). Die Bilder stammen von einem geübten Maler, dem sowohl die sächsische (Freiberger) Malerei um 1520, als auch die zeitgenössische Buchgraphik gut bekannt waren.

Nr. 2.151, fol. 125r

Lit.: Alt-Lausitzer Kunst 1935, Nr. 567a; Rothe 1966, S. 275, 282; Berger/Berger/Magirius 1967, S. 55.

MW

2.152

Graduale (Band II)

Johannes Helbig, Altzella 1528–1529; Folio, Pergament, 159 Blätter; Schweinsledereinband mit Prägemustern und Christusmonogramm, 9 Bünde; Messingbeschläge: Schutzleisten, unten 4 Steckknöpfe, auf den Deckeln je 5 Messingbuckel; 2 Messingschließen; rote Foliierung lat. unten. H. 60 cm, B. 40 cm. St. Marienstern, Zisterzienserinnenabtei, Ms. Fol. 5.

Der zweite Band des Graduale enthält die Meßgesänge von Ostern bis Allerheiligen. Seine Auftraggeberin war Äbtissin Margaretha von Metzrad (1524–1543). Zur Fertigung haben „fromme Menschen“ mit ihren Gaben beigetragen (fol. 1v). Im kurzen Widmungstext weist der Schreiber Johannes Helbig darauf hin, daß er einst Beichtvater der Mariensterner Nonnen gewesen sei.

Nr. 2.52, fol. 44r

Die Seitengestaltung und Akzentuierung durch Initialen folgt dem Antiphonar von 1515. Wie schon in Band I zeigen die Einzelformen eine gereifte Renaissance-Motivik. Die abstrahierten Initialen sind nun aus Arabesken und Grotesken gebildet. Bei den ornamentalen Initialen fällt die Reduktion in Farbe und Dekor auf: Blau, Ocker und Rot werden durch nur leicht variiertes silbernes Rautenmuster gehöht. Auch in den 13 historisierten Initialen wiederholt sich die Ornamentzeichnung in den strahlend goldenen Hintergründen. Die figürlichen erzählfreudigen Szenen weichen ikonographisch zum Teil von den entsprechenden Darstellungen in den drei älteren Chorbüchern ab.
Die Erzählfreude des Malers äußert sich in mehrfigurigen Szenen wie dem Abendmahl, das inhaltlich in der Rankenmalerei scherzhaft ergänzt ist durch einen Fuchs, der eine Gans erwischt hat (fol. 44r). Ohne Parallele in den anderen Handschriften Helbigs ist die Illustration zum Requiem, die ein offenes Grab mit dem Leichnam eines Mönches und darüber eine Bahre zeigt, auf welcher der Tod als Knochenmann liegt (fol. 143v). Anderen Bildern standen Vorbilder in Band I Pate: z.B. in der Darstellung der hl. Ursula (fol. 134r), wo allerdings die dortige Leichtigkeit nicht mehr erreicht ist. Wahrscheinlich war hier – zusammen mit dem für die Notenschrift wie für die Rankenmalerei zuständigen Johannes Helbig – ein anderer Maler am Werk.

Lit.: Alt-Lausitzer Kunst 1935, Nr. 567b; Rothe 1966, S. 273, 282; Berger/Berger/Magirius 1967, S. 55.

MW

2.153

Prozessionale

Johannes Helbig, Altzella, 1524; brauner Ledereinband mit Messingschutzleisten und je 5 Auflageknöpfen aus Messing; 2 Messingschließen, eine fehlt. Einband: H. 13 cm, B. 11,3 cm. St. Marienstern, Zisterzienserinnenabtei, Ms. Oct. 2.

Der Schreiber benutzt vier Systeme zu vier, selten zu drei Linien. Die Anordnung der Linien wechselt: entweder rot c' – schwarz – rot f – schwarz oder schwarz – rot c' – schwarz – rot f. Die schwarzen Linien stehen im Terzabstand. Die Handschrift ist zweifach datiert. Auf Bl. 126r findet sich der Eintrag: „Liber stelle sancte Marie scriptus pro usu religiose virginis Elisabet de Schreyburßdorff: Per fratrem Joannem Helbig Anno MDXXIIII" (Ein Buch des Mariensterns, geschrieben für den Gebrauch der frommen Jungfrau Elisabeth von Schreibersdorf durch den Bruder Johannes Helbig im Jahre 1524). Von anderer Hand ist darunter eingetragen: „Tandem librum istum iusto iure nacta est Christina Krommers pro cuius usu sequens adscripta est ... per Nicolaum Schalciadem Organista Anno 1572 2. die Maii" (Dieses Buch ist nach rechtem Recht vererbt worden an Christina Krommers zu deren Gebrauch durch den Organisten Nicolaus Schalciades am 2. Mai 1572). Vermutlich ist Schalciades selbst der Schreiber des Erbvermerks. Der Schreiber des ersten Teils ist demnach Johannes Helbig, die Erstbesitzerin Elisabeth von Schreibersdorf. Der Schreiber des zweiten Teiles ist der Organist Nicolaus Schalciades; ob Christina Krommers die zweite oder eine spätere Besitzerin war, läßt sich nicht sagen.
Die Handschrift beginnt mit der Antiphon „Lumen ad revelacionem gencium et gloriam plebis tue israhel" (Ein Licht zu erleuchten die Heiden und zum Preis deines Volkes Israel), die zu dem

Die Gestalt der **Hufnagel-Noten** mit abwärtsgerichtetem Hals in Form eines dicken Nagels gab ihnen ihren Namen. Durch die Schrägstellung des breiten Federkiels erhalten sie ihre Form. Sie vertreten das typische Schriftbild deutscher liturgischer Handschriften hauptsächlich des 15. und 16. Jh. Die Notenformen werden auch in den Druck übernommen.

links: Nr. 2.153, fol. 18v
rechts: Nr. 2.154, fol. 6r

Canticum Simeonis „Nunc dimittis" (Herr, nun lässest du deinen Diener in Frieden fahren) gehört. Am oberen Rand von fol. 7r mit der Antiphon „Hodie beata virgo" hat eine Benutzerin als Anweisung für die Prozession eingetragen: „dises sang man wen man rüm komp bei der Kirch tirre". Auf fol. 18r beginnt der Fußwaschungs-Ritus, die einen wichtigen Teil des Gründonnerstags-Officiums bildete.

Auf Blatt 126v–128r hat Schalciades eine Sequenz aufgezeichnet: „O Jesu pie" und dazu die Anweisung notiert: „Antiphona Melchisedek in organis luditur usque ad Sequentia, quae presbiter venerabile Sacramentum portans per incipiendo et chorus virginum respondendo complebunt." Daraus geht hervor, daß die Antiphon zunächst nur von der Orgel gespielt wurde und danach der Priester die Sequenz anstimmte. Dies zeugt davon, daß um 1570 gregorianische Stücke auch von der Orgel allein gespielt werden konnten.

Lit.: Grüß 1998, S. 434.

HG

2.154
Prozessionale

Johannes Helbig, Altzella, 1525; messingbeschlagener Ledereinband mit 5 Stützknöpfen und ursprünglich 2 Schließen, nur noch eine vorhanden, Leder mit eingepreßter Musterung. Nach 2 vorgebundenen, geringfügig beschnittenen Papierlagen in lateinischer Zählung I–XV und 2 Bll. Pergament folgt der originale Buchblock aus Pergamentbll. 1–118; die 1. Lage aus zwei Bll. ist lose; Bll. 119–122 sind eine angehängte Papierlage, das letzte Bl. ist an den hinteren Deckel geklebt. Einband: H. 10,1 cm, B. 8,5 cm. St. Marienstern, Zisterzienserinnenabtei, Ms. Oct. 7.

Die Notierung bedient sich der Hufnagel-Noten. Es wechseln Systeme mit drei und vier Linien. Der tonale Raum wird durch Schlüsselbuchstaben c und f sowie die Farbe der Notenlinien bestimmt, jedoch kann die Zuordnung von Farbe zu Schlüssel wechseln. Die schwarzen Linien stehen jeweils im Terzabstand zu den farbigen.

Fol. 1v des Hauptteils zeigt die Antiphon „Lumen ad revelacionem" in Vierlinien-Notation, bei der im zweiten System die obere rote Linie als c' ausgewiesen ist und damit die untere rote Linie als f bezeichnet ist. Die Antiphon gehört zu dem Canticum Simeonis „Nunc dimittis" (Herr, nun lässest du deinen Diener in Frieden fahren), das seinen liturgischen Ort in der Prozession an Mariae Lichtmeß hat. Auf fol. 6r beginnt die Antiphon „P-ueri hebreorum tollentes ramos olivarum". In einem Dreiliniensystem ist die rote Linie als f ausgewiesen. Die Antiphon gehört zur Palmsonntagsprozession.

Der Hauptteil des Bändchens ist bis fol. 111v von einer Hand geschrieben; der mit „Johannes/1525" unterzeichnet. Es handelt sich wieder um Johannes Helbig. Es folgen zwei Nachträge von fremder Hand. Auf fol. 120r und v der nicht zur Notierung benutzten Papierlage steht eine deutsche Eintragung, die von einer Benutzerin des Prozessionale stammt: „Am tage nach den corporis cristi (Fronleichnam, am Donnerstag nach Trinitatis) noch der processio wen man auf den chor kombt So hebt die Kantorin das verbum caro zu danach list der Prister ein collechten collechten (!) und dar nach hebt die Kantorin Zu confesio und domino sing und da pacem und alle noch noch (!) einander und darnach list der Prister weider ein collecten und dan nach hebt der Prister zu o sacrum misterium".

Lit.: Grüß 1998, S. 434.

HG

2.155

Prozessionale

1557; Ledereinband aus jüngerer Zeit mit 2 Schließen. Einband: H. 13,3 cm, B. 10,7 cm. St. Marienstern, Zisterzienserinnenabtei, Ms. Oct. 19.

Die in Hufnagel-Notation geschriebene Pergamenthandschrift fällt durch die ungewöhnliche Lineatur auf: grün – gelb c' – grün – rot f – grün. Auf Blatt 39r bricht die Handschrift ab, fol. 39v enthält ein Alleluia von fremder Hand. Diese Seite zeigt noch die in der ganzen Handschrift angelegte Begrenzung des Schreibfeldes durch senkrechte rote Doppellinien sowie die fünf Notenlinien. Ab fol. 40r ist ein doppelter Bogen Papier nachgeheftet. Dort ist ein „Imolabit hec die“ eingetragen, die restlichen Seiten sind leer. Die Handschrift ist am Ober- und am Außenrand geringfügig beschnitten. Der Hauptteil enthält eine Anzahl von Antiphonen und Responsorien, darunter die Antiphon „Lumen ad revelacionem gencium“ in charakteristischer Anordnung. Sie gehört zum Canticum Simeonis, wird am Anfang ganz aufgeschrieben, dann folgen „Nunc dimittis“ und „Quia viderunt“, darauf nur noch die Abkürzung „Lu“ mit Noten, danach „Quod parasti ante faciem“ und wieder „Lu“, schließlich das „Gloria patri“ und „Sicut erat“, gefolgt von „Lumen“.
Fol. 10r zeigt die groteske Initialzeichnung eines Mannes, die den Text „Unus autem ex ipsis caiphas nomine“ (Einer von ihnen, mit Namen Kaiphas) illustriert. Auf fol. 16r ist eine Datierung in der Initiale angebracht: „an/no LVII“, entsprechend ist die Handschrift 1557 entstanden.

unpubliziert

HG

Nr. 2.155, fol. 16r

2.156

Choralpassion nach Matthäus

17. Jh.; eine Lage aus 4 Bögen Papier, daran anschließend 4 einzelne Bögen, Blattzählung 1–16, Heftung ist vermutlich neueren Datums, teilweise locker; Papier mit dem Wasserzeichen „Springendes Einhorn“. H. 43,5 cm, B. 27,5 cm. St. Marienstern, Zisterzienserinnenabtei, Ms. Fol. 22.

Einstimmige lateinische Choralpassion nach Matthäus, geschrieben durchweg in acht Systemen pro Seite mit je vier roten Linien. Noten und Text sind mit schwarzer Tinte geschrieben, die Namen der Personen rot. Außer Christus, Johannes Ev., Judas, Petrus, Pilatus, Ancilla, Servi und Uxor Pilati ist dort, wo der Text es fordert, 'Chorus' vorgeschrieben, dies jedoch ebenfalls einstimmig im Lektionston. Dabei handelt es sich um den 5. Kirchenton auf f, der jedoch in den meisten Jesusreden im Unterschied zu den übrigen Partien durch ein original eingetragenes b zu F-dur, bzw. zu einem Mixolydisch auf f moduliert wird. Als Entstehungszeit ist das 17. Jh. anzunehmen.

unpubliziert

HG

2.157

Johannespassion

Um 1715; auf dem 1. Umschlagbl. die aus jüngster Zeit stammende Aufschrift „Johannes Passion“; 2 Hefte in leeren Umschlagbll. ohne Einband zusammengeklebt; Wasserzeichen des Papiers einheitlich „Budissin, im Kreis“. H. 32,9 cm, B. 21,0 cm. St. Marienstern, Zisterzienserinnenabtei, Ms. Quart 55.

Analog zu einer datierten Matthäus-Passion von 1715 in St. Marienstern (Ms. Quart 54) sind die beiden Hefte ebenfalls auf 1715 datiert worden, da sie sich äußerlich gleichen. Die beschriebene Quelle enthält eine deutsche Choral-Passion nach dem Evangelisten Johannes für Einzelstimmen und vierstimmigen Chor. Die Passion ist weitgehend in deutschsprachiger Gregorianik mit schwarzen runden Notenköpfen ohne Hälse niedergeschrieben. Sie wurde 1850 erneut abgeschrieben (Ms. Quart 56), dabei kehrte man zu fünf roten Notenlinien und antikisierenden rautenförmigen Punktnoten zurück. Eine auf 1656 datierte lateinische Choralpassion nach dem Evangelisten Johannes wird unter der Signatur Quart 53 aufbewahrt.

unpubliziert

HG

Regel und Gemeinschaft

Grundlage für das Leben der Zisterzienser ist das Regelbuch, das der hl. Benedikt im 6. Jh. geschrieben hatte. Die Gründer des Ordens bemühten sich im 12. Jh., den ursprünglichen Sinn der Regel zu verstehen, und setzten sie in ihrer alten Strenge wieder in Kraft. Eine klare Hierarchie bestimmt die Klostergemeinschaft: Ein Abt oder eine Äbtissin stehen ihr vor; weiteren Brüdern oder Schwestern werden bestimmte Ämter in Kirche, Haushalt und Wirtschaft übertragen.

Gemäß der Benediksregel geht auch in St. Marienstern der Aufnahme in das Kloster eine Probezeit (Kandidatur und Noviziat) voraus. Dann werden die Gelübde des Gehorsams gegenüber Gott und der Äbtissin, der Ortsbeständigkeit, des Verzichts auf Ehe und Besitz abgelegt. Die Äbtissin teilt jeder Schwester zu, was diese für ihre Arbeit und zu ihrem persönlichen Gebrauch benötigt. Kleine Heiligenfiguren, Gebetsbücher und von den Schwestern selbst gemalte Andachtsbilder in den Zellen sind Ausdruck der privaten Frömmigkeit.

Im Spätmittelalter und in der frühen Neuzeit wurde die Ordensregel häufig sehr großzügig ausgelegt. Auch in St. Marienstern verfügten die Schwestern damals über persönlichen Besitz und unterhielten zum Teil eigene Haushalte. Die Klausurvorschriften wurden nicht so streng wie heute eingehalten.

Im Kapitelsaal versammelt sich der Konvent jeden Morgen zur Lesung eines Kapitels aus der Regel. Hier werden Aufgaben verteilt und Abstimmungen durchgeführt. Das Wandbild Gottvaters mit dem Sündenbekenntnis weist darauf hin, daß an diesem Ort die Ordensfrauen ihre Verfehlungen bekennen. Vor Gott und der Gemeinschaft wirft sich die reuige Schwester nieder und bittet um Verzeihung. Im Kapitelsaal nimmt der Konvent von verstorbenen Mitschwestern Abschied und gedenkt der Patrone und Wohltäter: Die Gemeinschaft der Lebenden ist mit jener der Toten und der Heiligen verbunden.

Nr. 2.163

„Deshalb betreten sie mit Freude den engen Weg, von dem der Herr sagt: 'Schmal ist der Weg, der zum Leben führt.' So leben sie nicht nach eigenem Gutdünken und folgen nicht ihren persönlichen Neigungen und Gelüsten, sondern wandeln nach dem Urteil und Befehl eines anderen, verbringen ihr Leben im Kloster und wünschen, unter einem Abte zu stehen. Ganz gewiß befolgen solche das Wort des Herrn, der sagt: 'Ich bin nicht gekommen meinen Willen zu tun, sondern den Willen dessen, der mich gesandt hat.'"
Aus dem 5. Kapitel der Regel des hl. Benedikt.

2.158

Kapitelbuch

Johannes von Leipzig, 1369, Handschrift auf Pergament, 93 Bl. H. 27,5 cm; B. (offen) 42 cm. St. Marienstern, Zisterzienserinnenabtei, Ms. Quart 26.

Neben den liturgischen Büchern – dem Missale, dem Psalterium sowie dem Hymnar und Antiphonar – gehört das Kapitelbuch mit der Regel des hl. Benedikt zu den Büchern, die bei der Neugründung eines Klosters unerläßlich waren und das Leben der Gemeinschaft regelten. Die Gewohnheit, ein Kapitel der Regel zu Beginn von Versammlungen und Mahlzeiten vorzutragen, gab ihm seinen Namen.

Alle Bereiche des monastischen Lebens werden durch die Regel bestimmt. An den Anfang stellt Benedikt die Anforderungen an einen Abt (Kap. 2), es folgen Bestimmungen über das klösterliche Leben (Kap. 2–12), den Gottesdienst, das Chorgebet und die Psalmenlesung (Kap. 13–20). Weiter wird bestimmt, wie der Abt mit Verfehlungen umzugehen hat (Kap. 23–30), Fragen des Klostereigentums, des persönlichen Besitzes und der Verpflegung der Mönche werden abgehandelt (Kap. 31–41), Bekleidung und Schuhwerk geregelt (Kap. 42–62). Kapitel 62–67 beschreiben die Aufgaben der verschiedenen Klosterämter. Die abschließenden Artikel geben Ermahnungen zum Leben in der Gemeinschaft.

Die Regel des hl. Benedikt ist mit der Charta Caritatis, der Ordenskonstitution der Zisterzienser, die Stephan Harding im September 1119 dem Generalkapitel des Ordens vorlegte und damit den Zisterzienserorden eigentlich begründete, die Basis zisterziensischen Klosterlebens bis heute.

Das Kapitelbuch in St. Marienstern stammt aus dem Frauenkloster Heilig Kreuz bei Meißen, das in der 1. Hälfte des 13. Jh. zisterziensisch geprägt war. Nach einer Inschrift auf fol 92v, wurde es „1369 am Tage vor Michaelis, des Erzengels, [...] durch die Hand des Priesters Johannes von Leipzig", eines Konventualen aus Altzella, vollendet. Eine weitere Eintragung am Anfang des Buches meldet, „Das buch salt? Margareta Stangin schickt ir Christine Luttich"– Sr. Margareta Stange war Mitte des 16. Jh. Subpriorin in St. Marienstern. Nach der Auflösung des Klosters Heilig Kreuz gelangte diese Handschrift nach St. Marienstern, wie die zweite Eintragung berichtet.

unpubliziert

DM

2.159

Ordensväter: der heilige Benedikt und der heilige Bernhard

Oberlausitz, 1655; Öl auf Leinwand; schwarzer Friesrahmen mit goldenen und grüngelüsterten Arabesken; jeweils unten rechts bezeichnet mit dem Wappen, dem Monogramm A[nna] M[argaretha] D[orn], A[bbatissa] M[ariaestellensis] und dem Datum 1655. H. 232 cm, B. 133,5 cm, Rahmen B. 12 cm. Restaurierung: 1997 – Uta Fischer (Dokumentation). St. Marienstern, Zisterzienserinnenabtei.

Die beiden monumentalen Ganzfigurenbilder der Ordensväter Benedikt von Nursia (um 480–547) und Bernhard von Clairvaux (1090–1153) sind als Bildpaar wahrscheinlich für den heutigen Standort im Kapitelsaal geschaffen worden. Beide stehen vor einem gerafften Vorhang in einem Innenraum mit Marmorfußboden in Schachbrettmuster; in ihrer Haltung und mit ihren Würdezeichen – neben beiden steht links ein Tisch mit Mitra, in der Hand halten sie den Abtsstab mit dem Velum – entsprechen sie sich. Zusätzlich zum Habit ist Benedikt durch den Schweigegestus gekennzeichnet; beide halten das rote Buch der Regel. Das Glas auf dem Buch und der Rabe im Fenster erinnern an zwei Wundergeschichten des hl. Benedikt, die Gregor I. überliefert hat: Ein Becher mit vergiftetem Trank zersprang, als Benedikt ihn segnete, und vergiftetes Brot ließ er von einem Raben wegtragen.

Die im späten 19. Jh. teilweise übermalten Gemälde entstanden im mittleren 17. Jh. im Auftrag der Äbtissin Anna Margaretha Dorn (1649–1664; vgl. Nr. 4.45). Sie gehören zu einer Gruppe von mindestens acht Gemälden: einem 1654 entstandenen weiteren Bildpaar der beiden Ordensväter, einem Altarbild der Maria als Rosenkranzkönigin (1655) und einem vierteiligen Passionszyklus mit Darstellungen von Ölberg (1657), Gefangennahme Christi (1655), Kreuzigung und Kreuzabnahme (1656). Diese, in den

Einzelheiten durchaus unterschiedlichen Bilder stehen zeitgenössischen flämischen Werken nahe. Die kühle Farbigkeit und altertümliche Figuren- und Gesichtsbildung lassen jedoch vermuten, daß sie in einer Werkstatt im näheren Umkreis – vielleicht in Bautzen – entstanden sind.

unpubliziert

MW

2.160

Glasgemälde mit der heiligen Ursula aus dem „Hussitenfenster"

Sächsisch (?), um 1400; Schwarzlotmalerei auf farbigem Hüttenglas, mehrere Sprünge, Bemalung vielfach verloren, Rotüberfänge fast gänzlich abgewittert, rechte Hälfte der Tabernakelbekrönung, untere Kapitelle der Stützen, 2 Rosetten der Randborte, rechte Hand, kleine Scherben im Gewand, in der Standfläche und im Rankengrund ergänzt. H. 92,3 cm; B. 59,3 cm. Restaurierungen: 1888 – Kgl. Sächs. Hofglasmalerei Türcke, Zittau; 1911 – Gebrüder Liebert, Dresden; 1928 – Firma Sachse und Hoffrichter, Dresden; 1982 – Glaswerkstätten Lehmann, Berlin-Weißensee (Dokumentation). St. Marienstern, Zisterzienserinnenabtei, Klosterkirche.

Das nordöstliche Fenster im Chor der Klosterkirche birgt mittelalterliche Glasmalereien, die verschiedenen Verglasungsperioden angehören und hier nachträglich zusammengesetzt wurden.

Die volkstümliche Bezeichnung „Hussitenfenster" bringt es mit den aufständischen Hussiten in Verbindung, die 1429 das Kloster brandschatzten. Jedoch können Zerstörung und Neuzusammensetzung auch eine Folge des Dreißigjährigen Krieges gewesen sein.

Das ursprüngliche Bildprogramm der Verglasung in der Klosterkirche war von Heiligengestalten bestimmt, nach den erhaltenen Scheiben handelte es sich vorwiegend um hl. Jungfrauen. Die Fenster hüllten den Kirchenraum in warme Farben; versammelt zu einer communio sanctorum (Gemeinschaft der Heiligen) boten die Heiligen in den Fenstern ein leuchtendes Vorbild für die klösterliche Frauengemeinschaft.

Das achtzeilige Fenster wird über jeder der drei Bahnen mit einer dreipaßförmigen Kopfscheibe geschlossen und von einem Maßwerk aus sechs

Grund für die Bezeichnung **„Hussitenfenster"** ist die Verbräunung der Glasscheiben, die man Brandschäden zuschrieb. Tatsächlich ist die schwarze Verfärbung auf Korrosion zurückzuführen, eine Auflösung der Glasoberfläche, die nicht zuletzt durch Umwelteinflüsse hervorgerufen wurde: Eine dünne, sehr dichte, durch Manganoxydanreicherungen dunkel gefärbte Korrosionsschicht liegt auf einer von Haarrissen durchsetzten Zone unmittelbar unterhalb der Bemalung. Sie wäre durch ein mechanisches Abtragen der Verwitterungsschicht unwiderbringlich zerstört worden. Mehrere Restaurierungen versuchten 1888, 1911 und 1928 die Lichtdurchlässigkeit der Scheiben wiederherzustellen. 1982 wurde das Fenster erneut restauriert und chemisch behandelt. Um die Schwarzlotmalerei zu schützen, wurde sie mit Paraloid abgedeckt, einem reversiblen Kunstharz. Dann wurden die Scheiben 24 h in ein Tauchbad mit 25% Hydrazinhydratlösung gelegt und anschließend mit Wasser gespült. Das Resultat zeigte sich in einer deutlichen Aufhellung der Gläser infolge der Umwandlung der braunen Mangan- in farblose Verbindungen. Diese konnten durch ein Bad in 1%iger Ameisensäure aus der Glasoberfläche herausgezogen werden. Nachträglich erfolgte Untersuchungen ließen bisher keine schädigenden Nebenwirkungen erkennen.

Schwarzlot ist die in der Glasmalerei verwendete, aus Metalloxyden und Glaspulver bestehende schwarze Deckfarbe. Sie wird mit Bindemitteln aufgetragen und verstärkt oder ergänzt die durch die Bleiruten vorgegebene Zeichnung.

Dreipässen bekrönt. Die Scheiben a und b der untersten Zeile sind Reste eines Glasmalereifensters, das wohl im Zusammenhang mit einer Erstverglasung der Kirche entstanden ist. Hier steht unter einem Baldachin je eine gekrönte weibliche Heilige mit Palmenzweig. Der Hintergrund ist mit großen Vierblattornamenten und Kreuzblüten gefüllt. Die Figuren erscheinen durch ihre frontale, etwas starre Körperhaltung, die Gebärdensprache, den Gesichtstypus, die kräftige Kontur- und Halbtonbemalung der Gewänder und die schematische Anordnung der Borten altertümlich, noch von einer spätromanischen lokalen Tradition geprägt. In der feinen Gesichtszeichnung und den Schüsselfalten des Mantels sind hochgotische Formen angedeutet, weshalb man eine Entstehungszeit kurz vor 1300 annehmen kann. Vergleichbar war eine heute verlorene Scheibe mit dem hl. Donatus aus dem Meißner Dom. Baugeschichtlich lassen sich die Scheiben mit der 2. Bauphase der Kirche in den letzten beiden Jahrzehnten des 13. Jh. verbinden. In dieser Zeit wurde das Farb- und Figurenverbot, das vom Generalkapitel des Zisterzienserordens auch für Glasmalereien vorgeschrieben worden war, nicht mehr streng beachtet.

Alle weiteren Figurenscheiben stammen aus einer jüngeren Verglasung. Sie bilden durch gleichbleibende Randborten aus wechselnden Rauten bzw. Blättern und Rosetten ein einheitliches Ensemble. Dazu muß auch eine Kreuzigungsdarstellung gehört haben, denn die Scheibe 1c zeigt Johannes Evangelista mit erhobenen Händen zur rechten Seite, also zum Kreuz, hingewendet. Neben ihm steht der hl. Benedikt in Ordenstracht mit Buch und Krummstab. Entsprechend der Anordnung von Johannes und Benedikt könnten auf der rechten Seite des Kreuzes Maria und Bernhard von Clairvaux gestanden haben. Die Anwesenheit der beiden heiligen Äbte unter dem Kreuz entspricht ordensspezifischen ikonographischen Vorstellungen.

Die Zeilen zwei bis sieben nehmen in jeder Scheibe je eine weibliche Heilige auf. Durch ihre Kronen und die Märtyrerpalme gehören sie dem Stand der Jungfrauen und Märtyrerinnen an. In diesem Sinne darf man auch die Rosetten der Ranken interpretieren, die häufig in der gotischen Kunst die paradiesische Sphäre anzeigen, in der sich die zum Ewigen Leben Berufenen bewegen. Ein persönliches Attribut kennzeichnet nur wenige der heiligen Frauen: Barbara mit dem Turm (2a), Katharina mit dem Rad (3c), Margaretha mit dem Drachen (4b), Cäcilia mit einem Blumenkranz (4c), Agnes mit dem Lamm (5c), Kunigunde mit dem Reichsapfel (6c) sowie Maria Ägyptiaca mit drei zu Steinen gewordenen Broten (3a). Weitere Attribute sind durch Verwitterung unkenntlich geworden, andere wie das Buch zu allgemein, um die Heiligen zu identifizieren. Durch ein Schriftband mit ihrer Namensbezeichnung läßt sich die hl. Sabina benennen. Im Kreis der hl. Jungfrauen erscheint auch die Klosterpatronin Ursula mit dem Pfeil und einem Zepter (5b).

Die oberste Zeile, die Kopfscheiben sowie das Couronnement, sind den Wappen der Stifter vorbehalten. In den Feldern 8a und 8c erscheint jeweils das Wappen der Familie von Colditz, ein schwarzer Löwe und drei schräglinke schwarze Balken auf gelbem quergeteiltem Schild, im Feld 8b dasjenige der Familie Berka von Duba mit zwei gekreuzten, viermal geasteten kahlen Eichenästen auf gelbem Schild. Im Couronnement wird ein weiteres Mal das Wappen der Colditz sichtbar, darüber hinaus der Schild mit der Adlerschwinge, Wappen der Herren von Kamenz, Gründer und Förderer des Klosters. Unmittelbar daneben befindet sich ein grün umrandeter, siebenmal von Gold und Schwarz geteilter Schild, dessen Zugehörigkeit nicht näher bestimmt werden kann. Mit einem roten Krebs auf weißem Schild weisen sich die Herren von Cottbus als Stifter aus. Die genannten Stifterfamilien gehörten zur adligen Oberschicht in der Lausitz, die mit dem Kloster durch Ausübung der Land- und Klostervogtei bzw. über als Äbtissinnen amtierende Töchter verbunden waren. Wahrscheinlich hatten nicht alle Wappen hier ihren ursprünglichen Platz, sondern waren über mehrere Fensterverglasungen verteilt, die durch Stiftungen dieser Familien finanziert worden waren.

Die Vielzahl gleicher Bildaufgaben wurde recht schematisch gelöst. Die Figuren zeigen in Haltung, Gestik und Gewandung kaum Veränderungen. Selbst die Farben wiederholen sich mit Rot, Gelb, Blau und einem blassen Grün in monotoner Abfolge, nur gelegentlich durch das kontrastarme Purpurviolett bereichert. Die Architekturen sind nach einem einheitlichen Prinzip gebaut. Die Gesichter mit den aufgeworfenen Lippen, den kräftigen Nasen und vorstehenden Augen erinnern an Typen, die für eine Gruppe parlerisch geprägter Glasmalereien charkteristisch sind und in den letzten beiden Jahrzehnten des 14. Jh. beispielsweise für den Erfurter Dom, die Nürnberger St. Martha-Kirche und das Ulmer Münster von einer wohl in Nürnberg etablierten Werkstatt geschaffen wurden.

Die weiche Behandlung der Gewänder dort ist hier jedoch von einem spröden, linearen und gelegentlich durch Kreuzschraffuren verschatteten Faltenverlauf abgelöst, die gedrungenen Gestalten haben eine betont s-förmige Achse erhalten, die durch das ebenfalls fortschrittliche Motiv der seitlich ausschwingenden Gewandsäume stabilisiert werden soll. Die verschachtelten Architekturgehäuse der Parlerzeit sind im Sinne funktionaler Raumgestaltung geklärt. Es wird eine dem Schönen Stil verpflichtete Auffassung erkennbar, die eine Entstehung der Glasmalereien um 1400 wahrscheinlich macht. Jedoch vermochten die Glasmaler die Neuerungen nur in konventioneller Weise umzusetzen, so daß ein – vielleicht durch Vorbilder in Musterbüchern angeregter – Rückgriff auf Formen des Stils der 1. Hälfte des 14. Jh. stärker hervortritt. Über den Sitz der Werkstatt sind keine sicheren Angaben möglich. Die Glasmaler werden sich am ehesten in einer der regionalen Städte der Lausitz niedergelassen haben.

Die Darstellungen der hll. Barbara und Sabina sowie einer nicht identifizierten Heiligen in der zweiten Zeile wird man trotz gleichbleibender Thematik anderen Fenstern zuordnen müssen. Sie unterscheiden sich durch eine hellere Farbpalette, durch einen anders gestalteten Hintergrund, eine variierte Kronenform und das Schriftband sowie durch eine weniger raumhaltige Rahmenarchitektur. Gleichermaßen fällt eine etwas derbere Ge-

Die Darstellung Johannes des Täufers entspricht dem damals verbreiteten Typus, der ihn als Prophet und Bußprediger im Fellgewand, mit langem Bart und Haar zeigt. Attribut und Geste verweisen auf seine Worte im Johannesevangelium (Joh. 1,29) „Sehet, das Lamm Gottes, das die Schuld der Welt hinweg nimmt".

sichtszeichnung mit runden Augen und vorstehenden Pupillen auf. Diese Unterschiede lassen sich eher mit der Ausführung in einer anderen Werkstatt als mit einem Zeitabstand erklären.

Lit.: Knothe 1871, S. 59–60; Hitschfel 1894, S. 92, 589; Gurlitt BKD, Bd. 35 1912, S. 171–182, St. Marienstern 1933, S. 28–29; Schmidt 1959, S. 56–59; Müller 1985, S. 80–81; Bochynek 1986, S. 96–102; Magirius 1986, S. 14–16; Mittelalterliche Glasmalerei 1989, S. 31; Reinelt 1992; Glasmalereien 1997, S. 54, 188–189.

MBÖ

2.161

Glasbild des heiligen Johannes Baptist

Böhmen/Prag, um 1360; farbige Hüttengläser, Schwarzlotbemalung in Kontur- und Radiertechnik, flächig lavierte Halb- und Wassertonmodellierung; geringfügige Verluste von Kontur- und Halbtonbemalung, auf den Rückseiten der gelben und blauen Gläser leichte Ansätze von Korrosion, Glasgemälde in der Höhe beschnitten, besaß möglicherweise seitliche Ornamentstreifen, im 19. Jh. ersetzt, 1957 jedoch wieder entfernt, 1956/57 roter Ärmel und der Zinnenkranz des linken Türmchens ergänzt. H. 64,5 cm, B. 39,5 cm. Restaurierung: 1956/1957; aus St. Marienstern, Klosterkirche, 1835 nach Kloster Ossegg überführt (?), seit 1950 Prag, Kunstgewerbemuseum, Inv. Nr. 65368/1950.

Das in kräftigen Farben gestaltete Glasgemälde mit dem hl. Johannes Baptist gehört zu den schönsten Werken der böhmischen Malerei aus der Mitte des 14. Jh. Es zeigt den Heiligen im Kontrapost leicht nach links gewendet unter einer baldachinartigen Arkade stehend.

Das Glasgemälde wurde nicht als Einzelscheibe konzipiert, sondern stammt aus einem Bildfenster mit mehreren Standfiguren. Bislang galt als Herkunft die Zisterzienserabtei Ossegg. Ungewißheit bestand lediglich über seinen ursprünglichen Standort, da nach 1691 die Klosterbauten verändert worden waren. Daß das Glasgemälde möglicherweise jedoch nicht aus Ossegg stammt, ist einem Hinweis von Hitschfel 1894 zu entnehmen. Demnach befand es sich bis zum Januar 1835 im nördlichen Chorfenster der Klosterkirche von St. Marienstern. Erst dann habe es Franz Salesius Krügner, 1817–1835 Propst in St. Marienstern, nach seiner Wahl zum Abt von Kloster Ossegg zusammen mit seiner Gemäldesammlung dorthin überführen und vom örtlichen Glasermeister Fiedler im linken Fensterflügel der Abtskapelle einsetzen lassen. Vermutlich ist die Scheibe ursprünglich in St. Marienstern zu lokalisieren, zumal das Kloster, ebenso wie ehemals Ossegg, kostbare Reliquien des Täufers besitzt und er hier als Kompatron besonders verehrt wird. Die Frage nach dem ursprünglichen Standort muß jedoch offen bleiben.

Die stilistische Heimat des Glasgemäldes liegt zweifellos in Böhmen. Die felsig-zerklüftete Bodenplatte und die aus der zarten Lavur radierte Ornamentik der Architektur gehören dort zum traditionellen Repertoire der Malerei der 1350er Jahre, die italienische Einflüsse assimiliert hatte. In den dort anzutreffenden aufwendigen Thronarchitekturen liegen auch die Voraussetzungen für die Gestaltung der Rahmenarchitektur mit ihren lebhaft gegliederten Seitenteilen, die ähnlich wie Strebepfeiler mit Wasserschlägen und Gesimsbändern versehen sind. Die Nähe des Glasgemäldes zur höfischen Kunst wird deutlich im Vergleich mit Malereien aus dem Umkreis des Meisters Theoderich, etwa den Fresken im Kreuzgang des Prager Emaus-Klosters. Die physiognomische Ähnlichkeit des Johannes mit den robust-kernigen Gestalten, wie sie vom Hofmaler Karl IV. geprägt wurden, ist nicht zu übersehen. Wie Theoderich hatte der Glasmaler wenig Interesse am Tiefenraum, begnügt sich mit einer schmalen Bildbühne und offenbart im Umgang mit der Farbe seine Virtuosität. Der schmächtige, fast gelenklose Körper des Johannes sowie der spiralig flatternde Mantelzipfel begegnen auch in gleichzeitig entstandenen Buchmalereien wie dem Liber Viaticus des Johannes von Neumark und bestätigen die Datierung um 1360.

Da die mittelalterlichen Bildfenster Böhmens, deren Existenz in Quellen vielfach belegt ist, so gut wie vollständig verloren sind, kommt der Johannesscheibe hohe Bedeutung zu. Sie bestätigt mit ihrer hohen technischen Qualität, daß die Glasmalerei um 1360 in Prag schon Tradition hatte. Zudem belegt sie, daß Prag zur Zeit Karls IV. nicht nur in der Buch-, Wand- und Tafelmalerei, sondern auch in der Glasmalerei eine führende Rolle gespielt haben muß. Für St. Marienstern könnte das Glasgemälde wie die ungefähr gleichzeitig entstandenen Goldschmiedearbeiten ein Zeugnis für die engen kulturellen Beziehungen zu Prag sein. So entstammten drei zwischen 1334 und 1377 amtierende Äbtissinnen der Familie von Colditz, die am Prager Königshof verkehrte, und zu der auch der Dominikaner Colda von Colditz gehörte, der 1312/1314 das durch seine Illustrationen bekannte Passional für die Prager Königstochter Kunigunde verfaßt hatte.

Lit.: Hitschfel 1894, S. 90, 92; Scherzer 1948, S. 337–396; Hettes 1958; Stejskal 1974, S. 74; Kesner 1972; Stejskal 1976; Matous 1975, S. 80 f.; Parler und der Schöne Stil 1978, S. 716 (Poche); Stejskal 1978, S. 58, 227; Kuthan 1982, S. 86–121; Hejdová/Drahotová 1989, S. 12–14, Nr. 27; 800 Jahre Osek 1996, Nr. 6; Z pokladů litoměřické diecéze III 1997, Nr. 173.

EF

2.162

Drei Maßwerkscheiben mit Wappen des böhmischen Königs

Böhmisch (?), spätes 14. Jh.; Schwarzlotmalerei auf farbigem Hüttenglas, partiell Bemalungsverluste, einige geklebte Sprünge, Ergänzungen im weißen Randbereich und in der Ornamentspitze eines Adlerwappens, minimale Ergänzungen im Löwenwappen; Löwe: H. 75,5 cm, B. 53 cm, Adler: H. 77 cm, B. 53,5 cm, Adler: H. 79 cm, B. 55,5 cm. Restaurierung: 1982 – Glaswerkstätten Lehmann (Dokumentation). St. Marienstern, Zisterzienserinnenabtei.

Im Kreuzgangfenster, das dem Eingang zur Kreuzkapelle gegenüber liegt, sind im Maßwerk drei Wappenscheiben eingelassen, die den politischen Macht- und Schutzanspruch des böhmischen Königs über das Kloster im Mittelalter dokumentieren, wie er auch in den Privilegienbestätigungen der jeweiligen Herrscher zum Ausdruck kommt. Möglicherweise gehörten die Wappenscheiben zu einer verlorenen Fensterstiftung – vielleicht einer

Gedächtnisstiftung für den Herrscher –, die Teil einer umfassenden Kreuzgangsverglasung war.
Zwei Wappenscheiben zeigen auf gelbem Schild den heraldisch nach rechts blickenden schwarzen Reichsadler. Durch einen blauen, roten und weißen Rand sind die Schilde rund eingerahmt und in den Zwickeln mit Grisailleornamenten aus stilisierten Eichen- und Kleeblättern entsprechend den Kreuzgangfenstern zur Maßwerkform eines lilienförmigen Passes aufgefüllt. Die obere Spitze nimmt eine blaue Blütenraute bzw. -rosette ein. Die dritte Wappenscheibe zeigt bei gleicher ornamentaler Ausführung auf rotem Schild in Weiß einen gekrönten Löwen mit gespaltenem und gekreuztem Schwanz, das Wappentier der böhmischen Könige.
Mit diesen Scheiben präsentiert sich das Haus der Luxemburger, deren Vertreter von 1310 an die böhmische sowie seit der Krönung Karls IV. 1349 auch die deutsche Königswürde innehatten und seit 1355 römische Kaiser waren. Die Oberlausitz war seit 1319 dem böhmischen König unterstellt. Die Scheiben dokumentieren den böhmischen Schutzanspruch über das Kloster. Die Tradition des heraldischen Hinweises auf die doppelte Königskrone hatte Karl IV. unmittelbar nach seiner Krönung begründet, als er in sein Majestätssiegel beide Wappen einarbeiten ließ, ein Motiv, daß zuvor auf deutschen Königssiegeln nicht gebräuchlich war. Die beiden Söhne Wenzel und Sigismund übernahmen es, und vor allem in den prachtvollen Handschriften König Wenzels kehrt es immer wieder.
Man hat die Glasmalereien aus stilistischen Gründen in das späte 14. Jh., die Regierungszeit König Wenzels zu datieren.

Lit.: Gurlitt BKD, Bd. 35 1912, S. 182.

MBÖ

2.163

Siegelstock des Konvents von St. Marienstern und Abdrücke vom Siegel des Konvents und der Äbtissin

Siegelstock: Oberlausitz, 1. Drittel 15. Jh.; Siegelfeld: Kupfer, Stock: Eisen. Inschrift in gotischen Minuskeln zwischen 2 Linien und Kreuzmuster: + sigillum s. conventus + stelle + sante + marie (Abbreviatur über n im Wort sante). H. 3 cm, Dm. 4,5 cm. Wachsabdrücke der Siegel des Konventes von St. Marienstern und der Äbtissin Elisabeth von Haugwitz an der Urkunde Nr. 193 des Klosterarchivs St. Marienstern von 1504, an Pergamentstreifen. Spitzoval, H. 5,4 cm, B. 3,2 cm. St. Marienstern, Zisterzienserinnenabtei.

Der Abdruck des Konventssiegels stammt von dem erhaltenen Typar. Das Siegelbild zeigt eine Klosterkirche mit Dachreiter und Spitzbogenfenster, darüber und darunter jeweils drei Sterne, rechts eine stehende Madonna mit Christuskind. Dieses Siegel erscheint erstmals an der Urkunde Nr. 153 des Klosterarchivs St. Marienstern von 1433. Ein älteres Konventssiegel aus dem 14. Jh. ist nur über ein Fragment an der Urkunde Nr. 146 von 1416 zu belegen.
Die Äbtissin Elisabeth von Haugwitz führte ein Siegel mit einer stehenden Äbtissin, die rechts ein Buch, links den Äbtissinnenstab hält. Zu Füßen der Gestalt steht das Wappenschild der Familie Haugwitz (dessen Zeichnung am vorliegenden Exemplar nicht mehr zu erkennen ist). Das Siegelbild folgt einem Typus, der für die Siegel der Äbtissinnen von St. Marienstern seit dem frühen 14. Jh. gebräuchlich war.

unpubliziert

MB/DS

2.164

Kleines Totenbüchlein

1525; 38 Bl. in Leder gebunden, davon 14 Bl. Pergament, die übrigen Papier. H. 11 cm, B. 10 cm. St. Marienstern, Zisterzienserinnenabtei, Archiv.

Zweifellos ist in St. Marienstern von Anfang an ein Totenbuch geführt worden, in das die Namen der verstorbenen Schwestern eingetragen wurden. Zu Beginn des 17. Jh. existierten zwei „libri mortuorum“. Sie wurden im 30jährigen Krieg nach Bautzen gebracht und gingen dort im großen Stadtbrand von 1635 unter. Äbtissin Dorothea Schubart stieß bei ihrer Suche nach Nachrichten über die Verstorbenen des Konvents früherer Jahrhunderte auf ein „kleines büchlein, in welchem viel Namen der abgestorbenen Abtissen und anderer Swestern zur ewigen gedechtnus waren auffgezeichnet“. Dieses Buch ist sowohl im 1525 datierten Original als auch in einer von Äbtissin Dorothea veranlaßten Abschrift erhalten. Das Büchlein von 1525 wurde im Auftrag der Priorin und nachmaligen Äbtissin Elisabeth von Schreibersdorf von „frater Andreas“ geschrieben, vermutlich ein Kaplan des Klosters und Mönch des Klosters Altzella. Vielleicht handelt es sich um Andreas Richter, der in der Leipziger Universitätsmatrikel für 1492 verzeichnet ist. Das Buch enthält eine Liste von 20 Äbtissinnen (fol. 3v, 4), die Namen von 109 Chorschwestern und sieben Jungfrauen, die als Schülerinnen der Klosterschule starben (fol. 5–12), die Namen von 78 Laienschwestern (fol. 12v–16), die Allerheiligenlitanei mit vier Collecten (fol. 17–23v) und einen Ge-

betsteil, der u.a. die Benediktionen zu den Lesungen des um 1525 gebräuchlichen Zisterzienser-Breviers (fol. 24v–38) enthält.
Nur ein Teil des Buches gehört zum ursprünglichen Bestand, vermutlich die Blätter 1–23 und 36–38. Einige von ihnen blieben zunächst leer und wurden erst später beschrieben. Schon kurz nachdem Bruder Andreas seine Arbeit beendet hatte, wurde das Buch neu gebunden und bei dieser Gelegenheit die übrigen Blätter hinzugefügt, z.T. unter Verwendung desselben Papiers, das auch Andreas benutzt hatte. Namen verstorbener Schwestern wurden fortlaufend bis ins 17. Jh. ergänzt. Die Äbtissinnenliste stammt aus den Jahren um 1600.
Außer bei einigen späten Nachträgen findet sich bei den Namen der Verstorbenen keine Angabe zum Todestag oder -jahr. Dennoch lassen sich für zahlreiche der hier erwähnten Nonnen weitere Angaben machen, denn für 1458 und für 1522/23 stehen zwei vollständige Zusammenstellungen des damals bestehenden Konventes zur Verfügung, ferner zahlreiche urkundliche Erwähnungen von Äbtissinnen, Priorinnen, Subpriorinnen und Kellerinnen. Daraus ergibt sich, daß das Totenbüchlein von 1525 keinesfalls die Namen aller Schwestern enthält, die in den Quellen nachzuweisen sind. Verzeichnet sind in chronologischer Reihenfolge die Todesfälle im Konvent seit etwa 1460. Das Buch ist von vorn nach hinten geführt, d.h. der älteste Todesfall steht unten auf dem letzten Blatt, der jüngste oben auf dem ersten. Ob Bruder Andreas eine ältere Totenliste abgeschrieben hat, oder ob er seine Angaben aus einem kalendarisch angelegten Totenbuch zusammentrug, ist unbekannt.

Lit.: Paul Skobel, Ms. 1948; Joachim Huth, Ms. 1959/1960, beide im Klosterarchiv St. Marienstern.

MB

2.165
Großes Totenbuch

1637; Folioband, Papier, lederüberzogener Buchenholzdeckel. 197 Bl. H. 31,5 cm, B. 19 cm. St. Marienstern, Zisterzienserinnenabtei, Archiv.

Nachdem die alten Totenbücher des Klosters St. Marienstern verbrannt waren, ließ Äbtissin Dorothea Schubart ein neues anlegen. Schreiber war Martin Buschmann, Propst des Klosters (vgl. Nr. 4.41), der auch die Abschrift des Totenbüchleins von 1525 besorgt hatte. Das Buch ist kalendarisch geordnet und war bis in unser Jahrhundert im Gebrauch. Es enthält die Namen der Schwestern des Konvents, die zwischen 1637 und 1936 gestorben sind, mit Tag und Jahr ihres Todes. Nach der Vorrede der Äbtissin Dorothea sollten in das Buch eingetragen werden, „die Fundatores, die Väter Aebte, Beichtvätter, Abtissin und alle Chor- und Leyschwestern, Novitien, auch die, so mit uns Bruderschafft oder Schwesterschafft haben. Wohlverdienthe Diener, so im Dienste verschieden, die Wohltheter, die etwas dem Stiefft legiert, verehrt oder testamentiert haben“. Neben den Angehörigen des Konvents, den Vateräbten, Pröpsten und Kaplänen finden sich im Totenbuch auch die Namen von 22 Verwandten der Äbtissinnen, von 38 Angestellten und Wohltätern des Klosters, sowie ab 1745 der Administratoren und Kapläne von Rosenthal. Als Stifter werden lediglich Bernhard III. von Kamenz und sein Bruder Heinrich genannt. Nachgetragen wurden auch die Namen der verstorbenen Schwestern, die aus dem Totenbüchlein von 1525 bekannt waren, einschließlich der bis in das frühe 17. Jh. reichenden Nachträge. Da man nicht wußte, an welchen Tagen sie gestorben waren, verteilte man ihre Namen gleichmäßig über das Kirchenjahr und ordnete sie fiktiven Todesdaten zu.
Dem Kalendarium ist eine Liste der Äbtissinnen seit Gründung des Klosters vorangestellt (fol. 3). Drei von ihnen lassen sich urkundlich nicht nachweisen: Amabilia von Kamenz („Fraw Amabilia, ist die erste Abtissin gewesen, des Bischofs und Fundatoris Schwester, und ist im Spitel begraben“), ihre Schwester Agnes („Fraw Agnes auch des Fundatoris Schwester, die ander Abtissin“) und die Äbtissin Agnes von Gersdorf, die zwischen Elisabeth von Lunckewitz (belegt 1435–1444) und Barbara von Nostitz (belegt 1456–1487) eingereiht ist. Die Angaben der Totenbücher und weiterer Nennungen ergeben für St. Marienstern einen Namensschatz, der in deutschen Klöstern seinesgleichen sucht. Für die Zeit

Nr. 2.165, fol. 1r

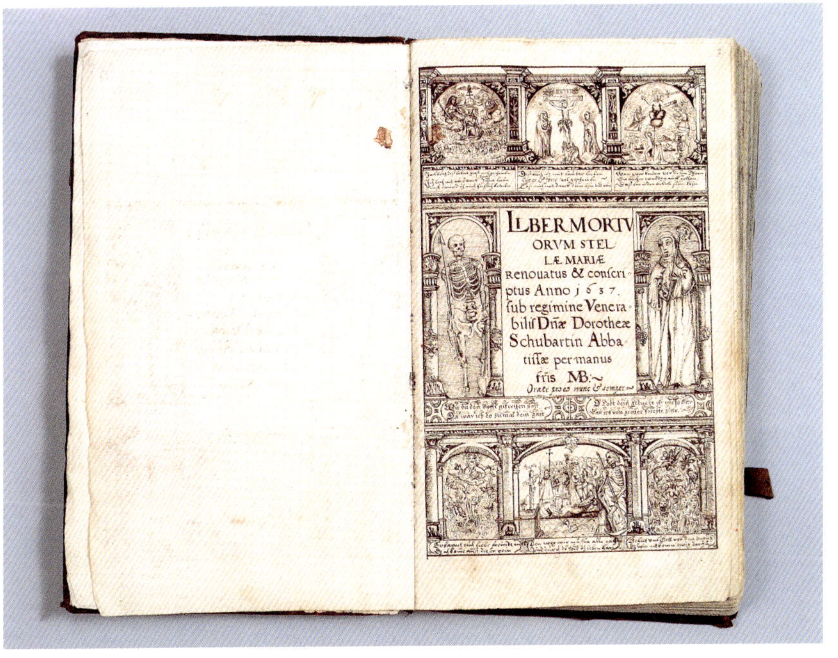

seit dem frühen 15. Jh. läßt sich die Zusammensetzung des Mariensterner Konvents fast lückenlos rekonstruieren. Sr. M. Elisabeth Gäbler, die zur Zeit eine Namensliste von den Anfängen bis zum Jahre 1939 zusammenstellt, kann bisher 594 Schwestern namhaft machen.

Lit.: Skobel, Paul Ms. 1948; Huth, Joachim Ms. 1959/1960, beide Klosterarchiv St. Marienstern.

MB

2.166
Stab der Äbtissin Anna Margareta Dorn

1660, Silber, getrieben, gegossen, teilvergoldet, graviert, rote und grüne Glasflüsse; eine Rosette fehlt; Meisterzeichen: HK in Ligatur, Beschauzeichen: D für Dresden; Bezeichnung am Stab, unterhalb des Knaufes: Wappen A. M. Dorn und Inschrift „Anna Marga/reta Dorn/in Abbatis/sin zv Mari/enstern/1660". H. 193 cm, B. 18,5 cm. St. Marienstern, Zisterzienserinnenabtei.

Der Stab des Abtes läßt sich vereinzelt bereits im

5. Jh. nachweisen, bevor er im 10./11. Jh. allgemeine Verbreitung fand. In dieser Zeit erhielt er seine übliche Grundform, indem der Stab in eine Krümme ausläuft. Abt bzw. Äbtissin durften ihn nur im Bereich des Klosters führen. Als ausschließliches Hirtensymbol steht er im Gegensatz zum ähnlich geformten Bischofsstab, der auch als Herrscherzeichen fungiert. Allerdings versuchte das Generalkapitel der Zisterzienser im Verlauf des Mittelalters wiederholt, den übermäßigen Gebrauch solcher Stäbe bei den Äbtissinnen einzuschränken.
Der Äbtissinnenstab der Anna Margareta Dorn ist aus vier Einzelteilen zusammengeschraubt: Der Krümme, zwei unterschiedlich gearbeiteten Knäufen und dem in einer Spitze auslaufenden Stab. Die Krümme bildet eine vierkantige Volute, die Seitenflächen sind mit silbervergoldeten Rosetten und quadratischen, roten bzw. grünen Glasflüssen in verzierten Kastenfassungen besetzt. Die beiden Schmalseiten schmücken gegossene Putten mit Marterwerkzeugen. Am oberen Ende der Volute steht eine Madonnenfigur im Strahlenkranz mit Kind und Zepter. Auf dem Scheitel der Krümme befindet sich eine stilisierte Lilie.
Der obere Knauf ist mit Glasflüssen und vergoldeten Putten, den Repräsentanten des Himmels, besetzt. Der untere Knauf besteht aus acht kronenförmig angeordneten Voluten, die von je einem mit Perlenstab belegtem Blatt gebildet werden. Vier von ihnen werden durch gegossene Puttenköpfchen bekrönt.
Das Erscheinungsbild des Stabes wirkt uneinheitlich und in einzelnen Formen veraltet. Vermutlich wurde der Stab 1660 unter Verwendung älterer Einzelteile montiert und verziert.

Lit.: Gurlitt BKD, Bd. 35 1912, S. 197 f.; Degen 1936, S. 73 f.

WF

2.167
Pektoralkreuz der Äbtissin

Dresden oder Prag (?), vor 1600; Silber, gegossen, punziert, teilweise vergoldet; Reliefs teilweise abgerieben, Kettenöse repariert. H. ca. 9 cm, B. ca. 5 cm. St. Marienstern, Zisterzienserinnenabtei.

Das kleine, an den Balkenenden lappenförmig abgeschlossene Kreuz trägt die vollplastisch gearbeitete Gestalt des Erlösers, der bereits als Gestorbener dargestellt ist. In den Enden der Kreuzbalken befinden sich die vier Evangelistensymbole Engel, Löwe, Stier und Adler. Über dem Haupt Christi ist der Titulus INRI, zu seinen Füßen der Schädel Adams angebracht. Das Kruzifix folgt dem von Giambologna vorgeprägten Typus, der besonders in Süddeutschland verbreitet war. Eine solche Arbeit in St. Marienstern anzutreffen, verwundert wenig, da es mit Prag und Dresden zwei benachbarte Kunstzentren gab, in denen um 1600 Künstler aus Italien nachweisbar sind.

unpubliziert

WF

2.168
Äbtissinnenring

Böhmen oder Lausitz, 2. Hälfte 15. Jh./16. Jh.; Silber, getrieben, graviert, schwach vergoldet, Ebenholz; Wappen mit Äbtissinnenstab und Initialen AM. H. 3,8 cm, Dm. 3 cm, B. (Schild) 1,8 cm. St. Marienstern, Zisterzienserinnenabtei.

Gedrechselte Ringe aus Holz oder Horn sind seit dem 15. Jh. bekannt und wurden während der Renaissancezeit als persönliche Ringe üblich.
Auf der Oberseite des Holzringes ist mit drei kleinen Nägeln ein vergoldetes Silberblech befestigt, das sowohl nach innen als auch nach außen umgebogen ist und einen schmalen Streifen des dunklen Holzes sichtbar läßt. Den äußeren Abschluß der Metallauflage bildet ein aufgelegter, tordierter Silberdraht, der Rand ist wellenförmig beschnitten. Das Schildchen des Ringes zeigt einen punzierten Äbtissinnenstab sowie die Buchstaben AM darüber, die entweder „Abatissa Mariaestellensis" oder „Anna [Äbtissin von] Marienstern" bedeuten. Die Gestalt des Volutenstabes mit Zopf und Wappenschild spricht für eine Datierung in die 2. Hälfte des 15. Jh. oder ins 16. Jh. Die Initialen könnten sich allenfalls auf die Äbtissinnen Anna von Loeben (nachgewiesen 1551 bis 1554 oder 1565) oder Anna von Budissin (nachgewiesen 1554–1565) beziehen.

unpubliziert

PM/DS

2.169
Siegelstock der Äbtissin Katherina Benada

Meister Johann Georg Rudolf (?), Ossegg, nach 1664; Eisen. Inschrift zwischen Perlmuster und Linie: CATHARINA BENNADIN ABBATISSIN. IN CLOSTER MARIENSTERN. Hochoval 4,8 x 4,1 cm. St. Marienstern, Zisterzienserinnenabtei.

Im Siegelfeld ist die Halbfigur der Äbtissin mit Äbtissinnenstab und ovalem Wappenschild des Klosters eingraviert. Die Gravierung ähnelt stilistisch dem Relief am Fuß des Pazifikalkreuzes derselben Äbtissin (Nr. 4.110), weswegen eine entsprechende Autorenschaft in Erwägung gezogen werden kann. Die hohe Qualität dieses Siegelstockes ist für die Zeit des frühen Barock außergewöhnlich.

unpubliziert

DS

2.170
Kreuzgang von St. Marienstern mit vier Schwestern

Otto Wagner (1803–1861), 1835; Öl auf Leinwand; bronzierter Kehlrahmen mit Palmettenleiste. Bez. auf dem Sockel des Tabernakels Monogramm „OW 1835", auf dem Rahmen „OB 159". H. 47,5 cm, B. 35 cm, Rahmen B. 9 cm. Restaurierung um 1930/1940; Ossegg, Zisterzienserabtei.

Die einzige bekannte Innenansicht von Klausurräumen St. Mariensterns aus dem 19. Jh. zeigt den Nordflügel des Kreuzganges mit Blick nach Westen. Als „Kollationsgang" (Lesegang) hat dieser mit der Kirche verbundene Teil des Kreuzganges besondere Bedeutung: Auf den hier angeordneten Bänken versammelt sich der Konvent zur gemeinsamen Lesung vor der Komplet. Und hier findet das „Mandatum pauperum" statt, die Fußwaschung der Armen, die im Gedenken an die Fußwaschung Christi am Gründonnerstag von der Äbtissin und den Schwestern vorgenommen wird. Buße und Beichte haben hier ihren Raum. Auf dem Bild weisen der heute nicht mehr aufgestellte Beichtstuhl und die vor den Kreuzwegbildern kniende Schwester daraufhin. Die anderen dargestellten Schwestern beten im Brevier. In der Fensternische vorn links steht der ehemalige Tabernakel des Hochaltars, ein Werk Georg Vaters von 1720 (heute in der Wallfahrtskirche Rosenthal).
Das Gemälde wurde vom Dresdner Maler Otto Wagner geschaffen, in dessen mit großer Genauigkeit ausgeführten Architekturbildern sich histo-

risches Interesse mit dem romantischen Sinn für das Pittoreske verbanden. Das Entstehungsdatum des Bildes läßt vermuten, daß es für den ehemaligen Mariensterner Propst Salesius Ignaz Krügner gemalt wurde, der 1835 das Amt des Abtes von Ossegg antrat und bis zu seinem Tod 1842 innehatte. Krügner hatte in St. Marienstern die Gründung des St. Joseph-Instituts maßgeblich befördert. Er stand mit verschiedenen zeitgenössischen Malern in Dresden in Kontakt, ließ sich von Carl Vogel von Vogelstein porträtieren und legte in St. Marienstern eine Kunstsammlung an, die er 1835 nach Ossegg überführte. Darunter befanden sich auch Werke aus der Lausitzer Zisterzienserinnenabtei, etwa die Johannesscheibe (Nr. 2.161).

Lit.: 800 Jahre Osek 1996, Nr. 112.

MW

2.171

Hieronymus: Traktat über die Jungfräulichkeit

„Ein epistel oder Sandbrieff Sand Jeronimi zu der heylige iunckfrawen Eustochium vo dem lobe der iunckfrowenschafft"; Ende 15. Jh.; Inkunabel, Kettenbuch, Papier, Holzeinband, Titelblatt fehlt, Lederschließen fehlen; laut handschriftlichem Eintrag aus dem 16. Jh. wurde das Buch in St. Marienstern auf dem Chor aufbewahrt und benutzt. H. 15,5 cm, B. (offen) 23 cm. St. Marienstern, Zisterzienserinnenabtei, Sign. S 80.

Das Traktat des Hieronymus hatte – durch einen handschriftlichen Eintrag überliefert – auf der Nonnenempore der Kirche seinen festen Platz. Oftmals gab es auf den Emporen Schranknischen, in denen sich die Bücher befanden. Sie dienten vor allem den Privatandachten, die außerhalb der liturgisch festgelegten Gebetszeiten auf dem Nonnenchor üblich waren. Neben dem Traktat finden sich in St. Marienstern weitere Andachtsbücher, die zum Bücherbestand des Nonnenchores gehörten oder in der „Alten Sakristei" aufbewahrt wurden, der mittelalterlichen Bibliothek, die direkt von der Nonnenempore zugänglich war.

Das Traktat über die Jungfräulichkeit verfaßte Hieronymus als Brief an Iulia Eustochium (Ep. 22), um sie in ihrer Überzeugung zu festigen, sich gegen die Ehe zu entschließen. Es ist eine Abhandlung über das asketische Leben einer Jungfrau, mit Warnungen vor den Antagonismen dieses Lebens und Ermahnungen gegen Luxus, Freßlust und Eitelkeiten. Hieronymus gibt praktische Hinweise, wie sie ihr Leben einzurichten habe und schildert gleichzeitig sein eigenes Mönchleben und die Versuchungen in der Wüste. In diesem Sinne – als Anweisung zu Askese in Kleidung und Nahrung, zu strenger Klausur und der Ermahnung zu einem rein kontemplativen Leben – diente und dient das Buch den Andachten der Klosterfrauen.

unpubliziert

CM

Hieronymus (374–419) ist vor allem durch seine lateinische Vulgata-Bibel bekannt. Er gehört zu den großen lateinischen Kirchenvätern, deren Werke während des Mittelalters in vielen Klosterbibliotheken tradiert wurden. In Dalmatien geboren, ließ er sich 366 in Rom taufen und erhielt dort nach seinem zweijährigen Wüstenaufenthalt die Priesterweihe. Er gab den angesehenen römischen Witwen Paula und Marcella sowie deren Tochter Eustochium asketische Unterweisungen. Für diese Frauen schrieb Hieronymus Briefe, in denen theologische Fragen erörtert wurden. Sie zeigen neben seinen Ideen und Ermahnungen immer seine persönlichen Gemütsbewegungen und bieten eine lebendige Beschreibung über das Leben der Frauen in der Spätantike.

Ein epistel oder sandbrieff Sand Jero
nimi zu der heylige iunckfrawen Eusto
chium vō dem lobe d iunckfrawschafft
Ochter höre vnd sich vñ neig dei
ne orē vñ vergiß deins volcks vñ
das hauß deins vaters vñ so wird
begerē der künig dein zierde. Also redt got
zu d mēschlichē sele i dē .xliiij. psalmē. Auff
das sie nach dē ebēbild Abrahe außgee vō
seinē erdtrich vñ freündtschafft vlosse die
caldeyschē. die außgelegt werdē als die bö
sen geist. vnd wone in dem landt d leben
digen. Das an einem andern ort der pro
phet seüfftzende begerdt sprechende. Ich
gelaub zu sehē die guttē ding des herrē in
der erden der lebendigen. Aber es ist nit ge
nung außgeen vō deinem vaterlandt. sun
der du vergessest dañ auch deines volckes
vnd das hauß deines vaters. Vnd so du
den leyb verschmehet hast werdest zuge
fügt in die vmbfahung des gesponsen.
Nicht sich hintersich spricht die geschrifft

2.172

Prozessionale

Johannes Beyer, Oberlausitz, 1519; 68 Pergamentbll., originaler Ledereinband mit Prägestempeln und Messingschutzleiste, je 5 kleine Messingbuckel, ein Schließenansatz aus Messing mit Minuskelschrift, Schließe selbst verloren, Initialbildchen und Illustrationen in Wasserfarben, rote Lineatur, vier Notensysteme pro Seite; Innendeckel vorn mit Bibliotheksstempel und Bezeichnung. H. 7,5 cm, B. 5 cm. St. Marienstern, Zisterzienserinnenabtei, Ms. Oct. 1.

Das kaum fingerhohe Büchlein enthält Gesänge für Prozessionen. Sein kleines Format ist auf die Bedürfnisse der Sängerinnen zugeschnitten, die es so bei den Prozessionen einfach mittragen konnten. Es besitzt drei ganzseitige Miniaturen und vier Initialen. Die Darstellung auf der letzten Seite zeigt eine Zisterzienserin mit weißem Gewand, schwarzem Skapulier, schwarzem Schleier und einem langen, roten Rosenkranz als Gebetsschnur um den Hals. Die lateinische Inschrift auf dem Bildhintergrund nennt die Entstehungszeit, 1519,

und den Hersteller der Handschrift, Johannes Beyer aus Bischofswerda.
Auf fol. 59v ist die sonst selten illustrierte Einkleidungsfeier dargestellt. Ein Priester schneidet der Novizin die Zöpfe ab. Die Kürzung des Haares symbolisiert ihre eingeschränkte persönliche Freiheit durch die Unterwerfung unter die Ordensregel. Lohn dafür ist die himmlische Krone, die über dem Haupt der jungen Nonne schwebt.

unpubliziert

SM

2.173
Truhe

Oberlausitz, 16. Jh.: Nadelholz; ca. 2 cm starke, gebeilte Bretter, mit Schwalbenschwanz auf Gehrung verbunden; Bodenbrett und Deckel neu, dabei Anschlagseite des Deckels verändert; ursp. Verschluß nicht erhalten, wahrscheinlich Langbänder, die vom Deckel „überhangen"; Fassungsreste mit Schablonenmalerei. H. 56 cm, B. 108 cm, T. 56 cm. St. Marienstern, Zisterzienserinnenabtei.

Truhen gehören seit dem Mittelalter bis in das 19. Jh. zu den wichtigsten Möbeln in den Klöstern, Schränke wurden erst im späten 17. Jh. üblich. Die eintretenden Novizinnen brachten meist ihre Truhen als Aussteuer in die Klöster mit, in denen sie Kleidung, Wäsche, Geschirr und andere eigene Dinge bewahrten.
Die Mariensterner Truhe gehört dem Typ der Kastentruhen an. Die Kanten verstärken zusätzlich je zwei geschmiedete Eisenbänder; im Innern dokumentiert eine Nut zum Einschieben eines Brettes die ursprüngliche Fachteilung.
Die Außenseiten der Truhe waren weiß gefaßt und mit schwarzer Schablonenmalerei dekoriert. Die Frontseite (heute Rückseite des Deckels) gliedert ein stilisiertes Schablonenmuster – eventuell eine Initiale mit Krone darüber – möglicherweise das Monogramm einer Schwester. Diese Schablone wurde häufiger zur Gestaltung von Gegenständen im Klosterbereich verwendet: als erneuerter Bucheinband findet sie sich auf einer Druckausgabe von 1508 wieder.
Die ausgestellte Truhe ist das einzig erhaltene spätmittelalterliche Möbel dieser Art aus St. Marienstern. Konstruktion und Ornamentik weisen in das 16. Jh.

unpubliziert

CM

2.174
Profeßkrönchen und Weihezettel zur Profeß

Weihezettel: 1674; Papier, H. 27 cm, B. 21 cm.
Krönchen: 20. Jh.: Buchsbaum, geflochten. Dm. ca. 15 cm.
St. Marienstern, Zisterzienserinnenabtei.

Profeßkrönchen sind von den Mitschwestern geflochtene Kränzchen. Die Schwestern tragen sie in St. Marienstern zur Profeß und bewahren sie bis an ihr Lebensende auf, um sie mit ins Grab zu nehmen. Sie sind Zeichen ihrer symbolischen Vermählung mit Christus und verweisen zugleich auf die Dornenkrone. In anderen Klöstern erhalten die Profeßschwestern einen Ring.

Profeßzettel der Cordula Sommer
1674, 30. November
„Ich Schwester Cordula Sommer verspreche meine Stabilität unter einer immerwehrenden Klausur, Bekehrung meiner Sitten und gelobe Keuschheit, Armut und Gehorsam nach der Regel des hl. Pater Benedikt vor Gott und allen Heiligen, deren Reliquien allhier sind in diesem Ort, der genannt wird Marienstern Cistercienser-Orden, so erbauet worden zu Ehren der ehrwürdigen Mutter Gottes Maria, des hl. Johannes des Täufers und der hl. Ursula in Gegenwart ihrer Hochwürden des Herren Laurentius, Abt zu Osseg, Visitator und Vicary Generalis, wie auch der Hochwürdigen Jungfrau Catherina Benada Abbatissin."

Unter der **hl. Gertrud der Großen** (1256–1302) und der **hl. Mechthild von Hackeborn** (1241–1298) entwickelte sich das Zisterzienserinnenkloster Helfta besonders in der 2. Hälfte des 13. Jh. zu einer Schule der Mystik – der Helftaer Mystik des Herzens. Gertrud, ehemalige Schülerin der Mechthild, gilt als die herausragende Literatin der „Helftaer Schule". Neben der Aufzeichnung ihrer eigenen mystischen Erfahrungen hat sie über Jahre auch die Erlebnisse der Mechthild niedergeschrieben.
Die geistlichen Erfahrungen beider Nonnen sind in Texten des liturgischen Gebetes eingebettet. Es sind Lebensbeschreibungen, die besonders die spirituellen Erfahrungen der Frauen wiedergeben, textlich gegliedert gemäß dem Verlauf des Kirchenjahres. Aus diesen Werken spricht eine für die damalige Zeit neue, sehr gefühlvolle Frömmigkeit; Mittelpunkt bildet die Verehrung des durchbohrten Herzens Jesu als göttliche Liebesoffenbarung.

Die Aufnahme einer Schwester in den Orden vollzieht sich in mehreren Schritten. Nach Abschluß des Noviziats (Probezeit) erfolgt die endgültige Aufnahme durch die Profeß, die vom Pater immediatus – dem Vaterabt – im Beisein der Äbtissin und des Konvents vollzogen wird. Während der Messe legt die Novizin das mündliche Profeßgelübde ab, worauf die nach der Benediktinerregel vorgeschriebene Profeßurkunde der Äbtissin übergeben wird. Diese Urkunde ist auf den Namen der amtierenden Äbtissin und die Namen der örtlichen Heiligen und Reliquien ausgestellt. In St. Marienstern findet die Zeremonie vor dem Hauptaltar der Kirche statt.

CM

2.175

Kerze und Taschenmesser

17./18. Jh., Kerze: Wachs. L. 14 cm, Dm. 1 cm, schmal zulaufend. Taschenmesser: Metall, Bein. Auf der Scheide Reste einer Prägemarke. L. 15 cm. St. Marienstern, Zisterzienserinnenabtei.

Kerze und Taschenmesser sind Fundstücke, die bei der Abtragung des Chorgestühls auf der Empore der Kirche in St. Marienstern in den 60er Jahren zum Vorschein kamen.
Kerzen wurden in St. Marienstern bis 1922 selbst gefertigt. Über die Herstellung gibt es im Klosterarchiv mehrere Beschreibungen aus dem 18./19. Jh. Ähnliche Exemplare wie das Mariensterner Messer fanden sich auch unter dem Fußboden des Nonnenchores von Wienhausen. Solche Messer gehörten zum persönlichen Besitz der Schwestern.

unpubliziert

CM

2.176

Auszug aus dem „Marienleben" des Philipp von Seitz

15. Jh.; Pergament und Papier mit Schweinsledereinband, Messingschließen mit Langbändern fehlen, Anfangsseiten fehlen, Zwischenseiten und Initialen herausgeschnitten. H. 15,5 cm, B. 27 cm. St. Marienstern, Zisterzienserinnenabtei, Ms. Oct. 11.

Das „Marienleben" des Philipp von Seitz entstand um 1300 in der Kartause Seitz (slow. Žiče) in Slowenien und wurde im späten Mittelalter zu einem der meistgelesensten Bücher. Seinen Namen und seine Kartause Seitz nennt er im Epilog des Werkes, die genaue Herkunft des Philipp von Seitz bleibt unbekannt, wahrscheinlich stammt er aus dem mitteldeutschen/niederdeutschen Grenzgebiet. Quelle seines Marienlebens ist die „Vita beate virginis Mariae et salvatoris rhytmica" aus der Zeit um 1230, die er durch Rückgriffe aus den Evangelien ergänzt. Rahmen der in einen neuen Zusammenhang gebrachten Texte bildet die Geschichte der neutestamentlichen Ereignisse. In der vorliegenden Handschrift werden nur Auszüge überliefert: Teile der Kindheitsgeschichte und die Himmelfahrt Mariens.

Lit.: Gärtner 1978.

CM

2.177

Gertrud von Helfta: Ein botte der götlichen miltekeit

„Das buch d' botschafft ader legatio gotlicher guttikeit durch ein sonderliche andechtige selige closteriuckfraue des closters Helffede etwan bey Eiszleben im lande czu Sachssenn aus gotlicher Eingebunge gemacht." Gertrud v. Helfta, 1505 gedruckt bei Melchior Lotter in Leipzig; Einband Holz, Rücken mit punziertem Leder, Messingschließen, einseitig ausgebrochen; 117 Bll., einspaltig, auf der Innenseite des Einbandes handschriftliche Gebete. H. 22 cm, B. (offen) 31 cm. Ausgabe von 1505 in der Mariensterner Bibliothek in 3 Exemplaren, eine weitere Ausgabe von 1508 in 2 Exemplaren erhalten („Das buch geistlicher gnaden. offenbarunge. wunderliches und beschaulichen lebens. der heiligen jungfrawn Mechtildis und Gertrudis. Closterfrawn des closters Helffede"). St. Marienstern, Zisterzienserinnenabtei, Sign. B 53.

Die Mariensterner Bibliothek weist eine erstaunliche Anzahl an Werken der Andachtsliteratur auf. Zu den fünf Exemplaren mit Texten der Helftaer Mystikerinnen kommen eine gedruckte Ausgabe des Traktates über die Jungfräulichkeit des Hieronymus (Nr. 2.171) und weitere Andachtsbücher mit Unterrichtungen zu einem geistlichen Leben hinzu.
Das „buch der botschafft" ist die deutsche Übersetzung des „Legatus divinae pietatis" (Gesandter der göttlichen Liebe) der hl. Gertrud von Helfta. Ursprünglich lateinisch geschrieben und in fünf Bücher eingeteilt, ist es seit Anfang des 15. Jh. in stark gekürzter Fassung in der deutschen Übersetzung nachweisbar. Nicht mehr Bücher, sondern kurze Kapitel gliedern den Text, der wie im Original aus einer weitgehend losen Reihung verschiedener Einzelvisionen und geistlicher Erfahrungen besteht.
Das vorliegende Exemplar gehört zur frühesten Druckausgabe, die 1505 bei M. Lotter in Leipzig

entstand, auf Begehren der ein sehr strenges geistiges Leben führenden Herzogin Zedena. Sidonia (Zedena) von Sachsen, Tochter König Georgs Podiebrad von Böhmen und Frau des Herzogs Albrecht des Beherzten, erwirkte 1470 während des Krieges zwischen ihrem Vater und König Matthias von Ungarn auf Bitte der Äbtissin von St. Marienstern ein Schutzversprechen für das Kloster und seine Güter.

Lit.: Wieland 1973, S. 9–13.

CM

2.178

Heilige Anna Selbdritt

Oberlausitz, Anfang 16. Jh.; Holz, vollrund geschnitzt, modern überfaßt. H. 23 cm, B. 18 cm, T. 10 cm. St. Marienstern, Zisterzienserinnenabtei.

Die auf breitem Sitz mit niedriger Rückenlehne thronende Anna hält das nackte Christuskind und Maria in den weitgeöffneten Armen. Während das auf dem rechten Knie der Großmutter sitzende Christuskind in der Rechten den Apfel oder die Weltkugel hält und die Linke zum Segensgestus erhoben hat, führt die auf der anderen Seite stehende mädchenhafte Maria einen Zeigegestus auf das Kind hin aus. Die rechte Hand Marias liegt auf der Brust Annas.

Die kleine Skulptur ist allansichtig und trägt der Möglichkeit des häufigen Umhertragens oder Umstellens des Heiligenbildes Rechnung. Welche Funktion der kleinen Anna-Selbdritt-Gruppe zukam, ist nicht mit Sicherheit rekonstruierbar. Wahrscheinlich dienten kleinformatige Bilder und Skulpturen dieser Art der Andacht, der kontemplativen Versenkung der Einzelnen ins Gebet. Die Faltenbildung, ebenso aber auch die trotz der Naivität der Ausführung naturalistische Körperbildung legen die Annahme der Entstehung der Anna-Selbdritt-Gruppe zu Beginn des 16. Jh. nahe.

unpubliziert

JvF

2.179

Tod Mariae

Harz/Halberstadt, um 1460/1470; Alabasterrelief in Holzgehäuse; Kleinteile wie Kerze, Aspergil und Salbgefäß aus anderem Material – heute verloren. Gehäuse: H. 38 cm, B. 21 cm, T. 8 cm. St. Marienstern, Zisterzienserinnenabtei.

Die nur knapp 30 cm hohe Skulptur zeigt Maria auf ihrem Sterbebett, umgeben von elf Aposteln. Vor dem Bett sitzen zwei die Totengebete lesende Apostel, acht bilden einen Halbkreis dahinter. Petrus steht zusammen mit einem Engel direkt bei Maria. Der Engel schließt den Mund der Verstorbenen, die mit gefalteten Händen auf dem Bett

Verborgene **Zeugnisse des „Alltagslebens"** die im Laufe der Jahrhunderte zwischen die Spalten der Fußbodenbohlen im Nonnenchor von Wienhausen gerutscht waren oder absichtlich dort versteckt wurden:

Pergamentblättchen und Heftchen
Pilgerzeichen
Ruten
Eierschalen
Altarbildchen
Brillen
Glasmalereifragmente
Geldstücke
Spindeln mit Wirteln
Messer
kleine Figuren
Holzlöffel
Holzschalen
Teile von Rosenkränzen
Spanschachtel
Eberzähne
Knochen
Briefchen
Reliquien
Zinnrelief
Heiligenbildchen
Reste von Stickereien
Webebrettchen
Fingerhut
Pappreliefs
Blättchen mit Schriftübungen

liegt. Petrus hat in der Linken einen Weihwasserkessel, die gekreuzte Stola unter seinem Umhang zeichnet ihn als Priester aus, welcher der Sterbenden die Sakramente gespendet hat. Ein Apostel im Hintergrund – wohl Johannes – schwenkt einen Weihrauchkessel, die Apostel rechts und links tragen einen Kerzenhalter und ehemals wohl ein Salbgefäß.
Bei dieser Skulptur steht die Darstellung eines guten, das heißt vorbereiteten und vom Priester begleiteten Todes im Mittelpunkt. Die heutige Aufstellung des Marientodes im Krankenzimmer des Klosters St. Marienstern dürfte der ursprünglichen Zweckbestimmung als privates Andachtswerk zur ständigen Mahnung an den Tod noch sehr nahe sein.
Alabaster wurde wegen seiner Ähnlichkeit zu Marmor und der leichteren Bearbeitbarkeit seit dem 14. Jh. als Material für Skulpturen verwandt. Neben den Niederlanden, England und Spanien bestanden auch deutsche Abbau- und Verarbeitungszentren (Harz, Thüringen, das Fulda- und Werratal, Hohenlohe und Steigerwald). Das kleine Werk des Marientodes dürfte als Serienproduktion entstanden sein, eine Gruppe ähnlicher Darstellungen mit Beweinung und Grablege als weitere Motiven wurde in die schwäbisch-fränkische Gegend lokalisiert und um 1450/1460 datiert. Die Mariensterner Skulptur zeigt allerdings eine stärkere stilistische Nähe zu Werken der mitteldeutschen Gruppe um Halberstadt. Die Skulpturen verließen die Werkstatt ungefaßt, hier wurden nur das Inkarnat, die Haare und Bärte und der Goldbesatz der Gewänder aufgetragen. Das hölzerne Gehäuse stammt aus einer späteren Zeit.

unpubliziert

CT

2.180

Andachtsbildchen Kreuzigung

St. Marienstern, 2. Hälfte 15. Jh.; Federzeichnung mit roter Wasserfarbe auf Pergament, Nadellöcher zur ehem. Befestigung. H. 23,6 cm, B. 16 cm. St. Marienstern, Zisterzienserinnenabtei.

Auf dem Blatt mit vorgezogenem Rahmen und Kreuz ist in kräftiger, ungelenker Federzeichnung die Kreuzigungsgruppe dargestellt. Die monumentale Figur des dornengekrönten Christus breitet seine Arme über die trauernden Maria und Johannes zu seinen Seiten aus. Beide sind in Kleider gehüllt, deren textile Strukturen im Mantel Mariens durch Schraffur und im fellartigen Kleid des Johannes mit Strichelzeichnung betont sind. Die in weichen Zickzackfalten fallenden Säume und der statuarische Typus erinnern an Kreuzigungs-

darstellungen der 1. Hälfte des 15. Jh. Einziger farblicher Akzent ist das Blut, das aus allen Wunden des Gekreuzigten auf Maria und Johannes herabtropft und die eucharistische Bedeutung der Kreuzigung veranschaulicht.
Die Pergamentzeichnung ist das älteste erhaltene Andachtsbildchen in St. Marienstern. Wie in den niedersächsischen und süddeutschen Zisterzienserinnenklöstern hatten auch hier seit dem 15. Jh. einzelne Schwestern Bilder als Ausdruck ihrer Frömmigkeit selbst geschaffen und in den Zellen und Betstübchen zur Unterstützung ihrer individuellen Meditation aufgehängt.

unpubliziert

MW

2.182

Andachtsbildchen mit heiligem Georg

Altzella (?), um 1510–1520; Miniatur auf Pergament; am Rand abgegriffen. H. 12,8 cm, B. 9,8 cm (Miniatur H. 8,5 cm, B. 5,3 cm). St. Marienstern, Zisterzienserinnenabtei.

Das kleine Pergamentblatt, das an der unteren rechten Ecke Nadellöcher aufweist, zeigt in einem

schmalen Goldrahmen eine farbenprächtige Darstellung des hl. Georg im Kampf mit dem Drachen. Der Heilige sitzt als Ritter mit Schwert auf einem Pferd – einem Schimmel als Symbol seiner Tugendhaftigkeit –, unter ihm fletscht das graue Untier seine Zähne. Im Hintergrund kniet auf einer grünen Wiese vor einer roten Burg die Königstochter, die dem Drachen versprochen ist und nun durch den Heiligen mit dem Zeichen des Kreuzes und seiner Heldenkraft befreit wird.

Das kleine Pergamentbild, das möglicherweise aus einer Handschrift herausgeschnitten wurde, bewahrte man bis in die Gegenwart in einem Gebetsbuch auf. Es diente der persönlichen Andacht einzelner Schwestern.

Seine klare Komposition, die lichte Farbigkeit in Weiß, Beige, Hellgrün und Hellblau, der Verzicht auf einen perspektivischen Bildraum und die volkstümlich schlichte Erzählfreude erinnern an Miniaturen von Andreas von Roßwein im zweibändigen Antiphonar, das 1515–1516 von den Zisterziensermönchen Johannes Helbig und Johannes von Freiberg im Skriptorium von Altzella für St. Marienstern geschaffen wurde (Nr. 2.149, 2.150). Eine Datierung in das 2. Jahrzehnt des 16. Jh. liegt daher nahe.

unpubliziert

MW

2.182

Andachtsbildchen mit Herz Jesu

St. Marienstern, 1. Hälfte 16. Jh.; Wasserfarbe und Gold auf Pergament. H. 10 cm, B. 7 cm. St. Marienstern, Zisterzienserinnenabtei.

Eingefaßt von einem Rahmen, dessen Ornament mit dem Motiv des tropfenden Blutes bereits auf das Thema des Bildes Bezug nimmt, ist das Herz Jesu dargestellt. Es ruht in einem Kelch, womit auf die Eucharistie verwiesen ist, und wird von einer Lanzenspitze schräg durchbohrt. Als Bekrönung fungiert die Dornenkrone, aus welcher Blut auf das Herz herabströmt. Mit goldenen Minuskeln sind seitlich die griechischen Abkürzungen für den Namen Jesu angeordnet – ehs und xps (Jesus Christus). Links und rechts vom Kelch sind die vier Kreuzesnägel dargestellt, die für die Arma Christi stehen, die Marterwerkzeuge und symbolisch für den Opfertod.

In seiner auf abstrahierte Formen reduzierten Darstellung folgt das Andachtsbild den Vorstellungen der spätmittelalterlichen Herz-Jesu-Verehrung.

Vermutlich ist das Mariensterner Andachtsbildchen, das mit Werken aus anderen Frauenklöstern (z.B. aus St. Walburg in Eichstätt) vergleichbar ist, die Arbeit einer hier lebenden Nonne; inspiriert war seine Entstehung zweifellos von mystischen Werken etwa den in der Klosterbibliothek mehrfach vorhandenen Offenbarungen der hll. Gertrud von Helfta und Mechthild von Hackeborn (Nr. 2.177).

Lit.: Seifert 1997, Nr. 21.

MW

Ausgehend von den großen Mystikerinnen des 13. Jh. verbreitete sich **Herz-Jesu-Verehrung** insbesondere in den Frauenklöstern, wobei das Zisterzienserinnenkloster Helfta bei Eisleben eine wichtige Rolle spielte. Die bildliche Verbindung von Herz Jesu und Eucharistie ist ein Ausdruck der mystischen Erfahrung des Todes Christi im liturgischen Nachvollzug in der Messe. Das blutende Herz ist das Symbol der aufopfernden Liebe, in der sich Christus mit seinen Nachfolgerinnen vereinigt. In diesem Verständnis ist die Kommunion der Augenblick, in welchem der Mensch Christus am unmittelbarsten berührt und von ihm berührt wird.

Fisch, Zins und Aderlaß – Klosterwirtschaft und Klosterwissen

Eiskeller

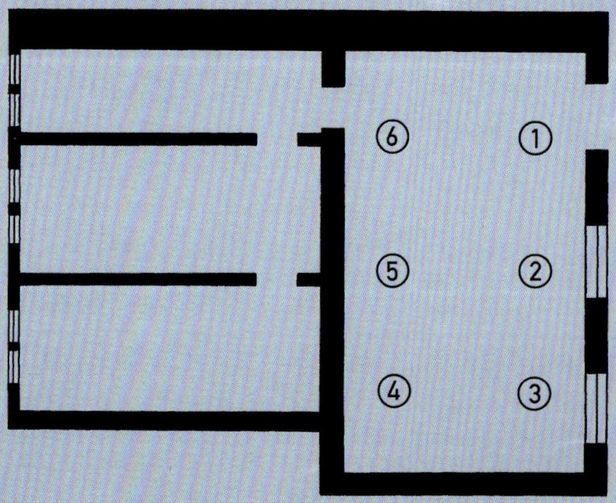

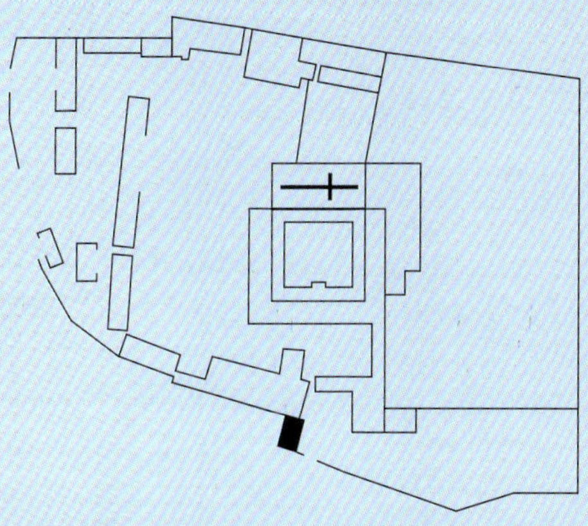

1. **Im Schweiße ihres Angesichts**
   Die Feldarbeit der Mönche und Laienbrüder
2. **Um Gotteslohn: Martin Czesslawicz arbeitet für das Kloster**
   Die Grundherrschaft des Klosters
3. **Tabak, Bier und Kräuterbalsam – Honig, Eisen, Teer**
   Klosterwirtschaft und Heidegewerbe
4. **Geschäftsbetrieb vor Klostermauern**
   Bau, Handwerk und Handel der Klöster
5. **Die kranke Äbtisssin**
   Heilkunde und Krankenfürsorge im Kloster
6. **Vivat Domina!**
   Klosterherrschaft, Klosteruntertanen

Im Schweiße ihres Angesichts

Die Feldarbeit der Mönche und Laienbrüder

Nr. 3.1

„Die Mönche unseres Ordens müssen von ihrer Hände Arbeit, Ackerbau und Viehzucht leben". Mit dieser Bestimmung in ihrem ältesten Ordensstatut von 1134 brachen die Zisterzienser mit einer jahrhundertelangen Tradition. Zwar hatte schon der hl. Benedikt (480–543) das Gebot des „Betens und Arbeitens" erlassen, aber die körperliche Betätigung der Mönche hatte sich doch zumeist auf Dienst in der Schreibstube und leichte Arbeit in Haus und Garten beschränkt.

Der Arbeitseifer zisterziensischer Mönche verschaffte der Landwirtschaft des Ordens im 12. Jh. einen stürmischen Aufschwung. Zu jedem Kloster gehörten ein Wirtschaftshof und landwirtschaftliche Zweigbetriebe, die „Grangien". Um das Chorgebet – die eigentliche Aufgabe der Mönche – nicht zu vernachlässigen, führten die Zisterzienser eine klosterinterne Arbeitsteilung ein. Körperliche Arbeit wurde von Konversen (Laienbrüdern) geleistet, die vom regelmäßigen Chorgebet befreit waren. Sie lebten von den Chormönchen getrennt und nahmen im Kloster einen niederen Rang ein.

Für den Landesausbau Sachsens im 12. und 13. Jh. spielten die Klöster der Zisterzienser und anderer Orden eine wichtige Rolle. Die Mönche führten verbesserte Methoden des Ackerbaus ein und pflegten Sonderkulturen, die in Sachsen kaum bekannt waren: den Anbau von Kräutern, Obst und Wein, die Anlage von Fischteichen und die Schafzucht. An der Rodung und der Gründung neuer Dörfer beteiligten sie sich dagegen nur in geringem Umfang.

3.1
Zisterziensermönch

Sächsisch, um 1520; Holzrelief; Wasserschädigungen, 2. Farbfassung erhalten. Figur: H. 88 cm, B. 34 cm, T. 9,5 cm; Rückwandplatte: H. 106 cm, B. 35 cm, T. 2,2 cm. Nossen, Staatlicher Schloßbetrieb und Klostergut Altzella.

Das geschnitzte Bildnis eines Zisterziensers stand am Weg von Altzella nach Pappendorf und machte den Vorüberziehenden deutlich, daß sie sich auf Klostergrund befanden. Der Mönch hält einen Rosenkranz und ein geöffnetes Buch, in dem noch die Worte „ist es auch / vermirk / worten" zu lesen sind. Das Relief ist in der Frühzeit der Reformation um 1520 entstanden, als schon die ersten Mönche das Kloster verließen. 1545 übergab der letzte Abt von Altzella das fast ganz entvölkerte Kloster dem Kurfürsten Moritz von Sachsen.

Lit.: Gurlitt BKD 1922; Magirius 1962.

HSS

3.2
Das Leben der Zisterzienser

Böhmen, um 1720–1730; 16 Gemälde, Öl auf Leinwand; schwarzer Karniesrahmen mit Zwischgoldinnenleiste. Je H. 43 cm, B. 60 cm. Herkunft: Zisterzienserkloster Ossegg (Osek). Libochovice (CZ), Statní zámek, Inv. Nr. 252–267.

Wohl im Auftrag des Abtes von Ossegg malte ein wahrscheinlich böhmischer Maler im 1. Drittel des 18. Jh. einen Zyklus von 16 Szenen aus dem Leben der Zisterzienser. Den Gemälden können bisher weder ikonographische Vergleichsbeispiele noch Kupferstichvorlagen zugeordnet werden.
In gedeckter Farbigkeit nach der Art niederländisch beeinflußter Genremalerei des 18. Jh. werden Alltagsszenen aus dem Klosterleben dargestellt. Dabei idealisiert der Maler die Realität des 18. Jh. und zeigt den im Schweiße seines Angesichts tätigen Zisterzienser: Mönche bei der Obsternte, in der klostereigenen Glasmacherwerkstatt, in der Bäckerei und in der Wäscherei. Dies sind Arbeiten, die im 18. Jh. nur noch von Laienbrüdern und Klostergesinde verrichtet wurden. Andere Szenen zeigen den Empfang und die Beherbergung von Gästen, den Eintritt ins Kloster, die Einkleidung und den Noviziatsunterricht, die Sündenbekennung im Kapitel, das gemeinsame Mahl im Refektorium, das Chorgebet, die Visitation des Abtes in einem ihm unterstellten Frauenkloster, die letzte Kommunion eines sterbenden Mönches und das Totengedächtnis.

unpubliziert

MW

3.3
Modell einer Grangie

Angefertigt nach Zeichnungen des 16. Jh. aus dem Zisterzienserkloster Schönau. Maßstab 1:50, Salem, S. K. H. Maximilian Markgraf von Baden.

Grangien (von lat. granarium = Scheune), große Gutshöfe, die von den Klöstern selbst bewirtschaftet wurden, sind charakteristisch für die frühe zisterziensische Landwirtschaft. Die Höfe umfaßten einen großen Gebäudekomplex mit Wohnungen, Wirtschafts- und Vorratsräumen und einer kleinen Kapelle. Die Landarbeit wurde anfangs von Konversen (Laienbrüdern) geleistet, später traten meist Lohnarbeiter an ihre Stelle.
Als die sächsischen Zisterzienserklöster gegründet wurden, begann der Orden bereits, sich von der Eigenwirtschaft zu lösen und zur Grundherrschaft überzugehen. Die acht Grangien, die Kloster Altzella 1213 besaß, lagen zumeist in der Lommatzscher Pflege. Sie waren entgegen den Ordensregeln in bereits besiedeltem Gebiet errichtet worden. Seit dem späten 13. Jh. wurden sie nach und nach aufgegeben, verkauft, verpachtet oder parzelliert und zu Erbrecht an Bauern ausgegeben. Einige ehemalige Grangien dienten jetzt als Hebestellen zur Sammlung ländlicher Abgaben; Landwirtschaft wurde hier nur noch in bescheidenem Umfang getrieben (vgl. Nr. 3.6).

Lit.: Kloster und Staat 1984, S. 70. Schattkowsky 1985, S. 12–28.

CM/MB

3.4
Öl- oder Senfmühle

Altzella, 12.–13. Jh.; 1. Gefäß: Grillenburger Sandstein; Rand stellenweise ausgebrochen. H. 23 cm; Dm. (unten) 26 cm, (oben) 36 cm. 2. Mahlstein: Porphyr. Dm. 22–23 cm; H. 5,5 cm. Nossen, Staatlicher Schloßbetrieb und Klostergut Altzella.

Zur Wirtschaftsgeschichte des Zisterzienserklosters Ossegg

Im 13. und 14. Jh. bildeten die Erträge aus eigener Landwirtschaft und Grundherrschaft die Existenzgrundlage der Zisterzienser in Ossegg. Ihr Getreide verkauften sie bis nach Meißen; im näheren Umkreis vertrieben sie Kalkstein, keramische Erden, Sand und Sandstein.
Eine wichtige Rolle spielte seit der Gründung des Klosters 1196 der Bergbau: Das Freiberger „Berggeschrei" hatte die Herren von Bilin bewogen, Zisterzienser in ihrem Herrschaftsgebiet anzusiedeln. 1302 regelte ein Vertrag zwischen Abt Gervicus und dem Nachkommen der Stifterfamilie die Teilung der aus den abgebauten Erzen gewonnenen Metallen. Die Abtei betrieb Silber-, Zinn-, Blei-, Kupfer- und Eisen- sowie seit Anfang des 17. Jh. auch Braunkohlebergbau, wobei letzterem der Alaunabbau zur Vitriolerzeugung voranging. Die ab 1763 geöffneten Ossegger Kohlenschächte bei Brüx (Most) und Dux (Duchcov) stehen am Anfang der ökologischen Zerstörung der nordböhmischen Erzgebirgsregion.
Mit dem Bergbau ging die Rodung der Erzgebirgswälder einher, das Holz wurde u.a. für die Glashütten verwendet, die im Frauenbachtal bereits um 1200 im Auftrag der Zisterzienser von französischen Fachleuten betrieben wurden. Noch im 18. Jh. gehörten dem Kloster Glashütten, Glasbläsereien und Glasschneidereien.
Einen wichtigen Wirtschaftszweig Osseggs in der Neuzeit stellten Textilmanufakturen dar. Der Konvent besaß ab 1697 eine Strumpffabrik und eine Wollzeugmanufaktur, die hauptsächlich für den kirchlichen Bedarf produzierte.
Innerhalb des Klosters waren bis ins 20. Jh. Mühle, Bäckerei, Schlachthaus, Weinpresse, Brauerei und Mälzerei sowie Schmiede, Wagnerei und Schneiderei in Betrieb.

nächste Seiten: Abb. zu Nr. 3.2

Die Handmühle, deren Fundumstände unbekannt sind, besteht aus zwei Teilen: einem beckenartigen Gefäß (das 1923 als Weihwasserbecken angesprochen wurde) und einem Mahlstein, dem Lieger. Das Gefäß ist über zylindrischem Fuß kuppaförmig geweitet. In der Wandung befindet sich eine Öffnung, darüber ein grob gearbeiteter Reliefkopf mit Fratzengesicht. Das Innere weist Schleifspuren auf. Eine Eintiefung im konkav ausgehauenen Boden dient zur Aufnahme einer Welle. Der Dämonenkopf und die Verwendung von Grillenburger Sandstein datieren das Becken in das 12. oder 13. Jh. Der auf der Oberseite stark abgeriebene Lieger paßt in der Größe zum Mahlbecken. Handmühlen dieser Art waren bis ins 19. Jh. in Gebrauch. Um die Mühle in Funktion zu setzen, muß ehemals ein weiterer Mahlstein vorhanden gewesen sein, der sog. Läufer, der auf einer beweglichen Welle sitzt, während der Lieger fest mit dem Becken verbunden ist. Das Mahlgut wird durch ein Loch in der Mitte des Läufers eingeführt und zwischen den Steinen zerrieben; es tritt als Senfmehl oder Öl aus der Öffnung des Beckens hervor. Öle aus Lein, Hanf oder Flachs dienten zur Speise, als Brennstoff für Lampen und zur Herstellung von Heilmitteln und Seifen.

Lit.: Gurlitt BKD 1923.

TW

3.5

„Liber ruralium commodorum"

Petrus de Crescentiis, Handschrift auf Papier, lateinisch, 1396. 192 Seiten, Schweinsledereinband, Metallknöpfe (bis auf einen) und Schließen fehlen, vorn leeres Deckblatt, letzte Seite herausgerissen, H. 30 cm, B. (offen) 40 cm. St. Marienstern, Zisterzienserinnenabtei, Sign. Quart 18.

Das Werk des Bologneser Dominikaners Petrus de Crescentiis (um 1233–1320) war das führende Handbuch der Landwirtschaft im Mittelalter. Er studierte in Bologna und war im Dienste bolognesischer Podesta in Norditalien tätig, wo er die verschiedensten landwirtschaftlichen Techniken kennenlernte. Die Originalität seines Werkes besteht in der Verbindung der dialektischen Methode, wie sie an der Universität betrieben wurde, mit dem naturwissenschaftlichen Realismus der Dominikaner. In enzyklopädischer Form behandelt die in zwölf Bücher gegliederte Schrift alle Bereiche landwirtschaftlicher Tätigkeit und ergänzt das traditionelle Wissensgut der Antike und des Mittelalters um neue, aus der Erfahrung gewonnene Erkenntnisse. Das Buch wurde in mehrere Sprachen übersetzt. Über ganz Europa verstreut, haben sich mehr als 130 Handschriften erhalten.
Ein Eintrag am Ende des Buches nennt 1396 als Jahr der Abschrift und einen Nicolaus als Kopi-

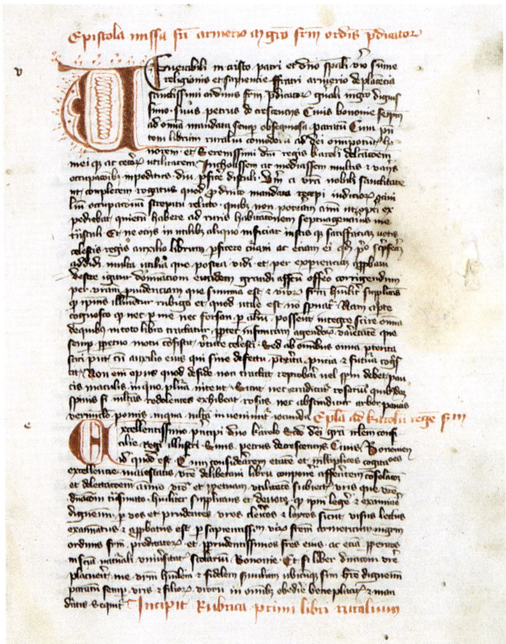

sten. Auf dem Buchdeckel sind Beobachtungen zu Wetter und Getreideernte im Jahre 1443 notiert.

Lit.: Richter 1991, S. 223–275. (mit weiterführender Lit.)

DM

3.6

Erbbuch von Leubnitz

Michael Wassermeister, Leubnitz (heute Dresden), 1516; Handschrift auf Pergament. H. ca. 31 cm, B. ca. 21,5 cm. Dresden, Stadtarchiv, Ratsarchiv A. XIII. 203. om.

Vom Leubnitzer Hof, ehemals einer Grangie des Zisterzienserklosters Altzella (vgl. Nr. 3.3), wurde im ausgehenden Mittelalter der Klosterbesitz in der Gegend um Leubnitz verwaltet und bewirtschaftet. Hierzu zählten acht Dörfer und einiger Streubesitz, darunter auch Äcker vor der Stadt Dresden. 1516 verfaßte der Leubnitzer Hofmeister Michael Wassermeister das sogenannte „Erbbuch des Amtes Leubnitz". Das Buch enthält ein Register der zum Wirtschaftshof gehörenden Besitzungen, Zinse und Dienste, Abschriften von Privilegien und rechtliche Bestimmungen, ferner Ratschläge zu Landbau und Viehwirtschaft. Auf dieser ehemaligen Grangie wurde offensichtlich noch im frühen 16. Jh. Eigenwirtschaft getrieben. Auf dem aufgeschlagenen Bl. 9a legt Wassermeister dar, zu welchen Zeiten die verschiedenen Getreidearten auszusäen und wie zu düngen sei.

Lit.: Heydenreich 1878; Rühle 1966, S. 514–521; Schattkowsky 1985; Trautmann 1915, S. 113–131.

MME

Um Gotteslohn: Martin Czesslawicz arbeitet für das Kloster

Die Grundherrschaft des Klosters

In Cannewitz, einem kleinen sorbischen Dorf in der Nähe von St. Marienstern, lebte vor 600 Jahren der Bauer Martin Czesslawicz. Wir wissen nichts über sein Leben, seine Frau, die Zahl seiner Kinder. Nur sein Name ist überliefert und die Höhe der Abgaben, die er dem Kloster jedes Jahr zu entrichten hatte. Denn Martin gehörte zur Grundherrschaft St. Marienstern. Das heißt: Seine Äcker und Wiesen waren Eigentum des Klosters, einen bestimmten Teil der jährlichen Erträge mußte er dort abgeben. Die Äbtissin war die Herrin von Cannewitz wie von zahlreichen anderen Dörfern. Mehrmals im Jahr kam ihr Vogt ins Dorf, um Gericht zu halten.

Grundherrschaft war die wirtschaftliche Basis des klösterlichen Lebens im Mittelalter. Auch die Zisterzienser, die doch ursprünglich nur von eigener Arbeit leben wollten, gingen im Laufe der Zeit dazu über, ihre Güter von abhängigen Bauern bewirtschaften zu lassen. Bei der Klostergründung erhielt der Konvent Land und zugleich die Herrschaft über die Menschen, die darauf wohnten und arbeiteten. Die Grundherrschaft von St. Marienstern umfaßte am Ende des Mittelalters rund 600 qkm.

Die Klöster führten schon sehr früh über ihre Einkünfte Buch. Um 1375 ließ die Äbtissin von St. Marienstern die Namen ihrer Bauern und die Höhe der Abgaben in einem Buch verzeichnen. Das Urbar (Abgabenverzeichnis) von St. Marienstern ist eine einzigartige Quelle für die Geschichte der Oberlausitz.

Aus den Angaben zu Martin Czesslawicz läßt sich erschließen, daß er ca. 20 Hektar guten Bodens besaß und daß er in Jahren mit guter Ernte rund 5–8% seiner Getreideerträge dem Kloster abtreten mußte. Selbst wenn er eine große Familie zu ernähren hatte, blieb Korn übrig zum Verkauf auf dem Kamenzer Markt. Die Abgabe von 22 Groschen Zins entsprach etwa drei Wochenlöhnen eines städtischen Tagelöhners oder dem Wert einer halben Kuh. Kurz: Martin Czesslawicz war ein wohlhabender Mann; seine Abgaben an das Kloster dürften ihn nicht allzusehr belastet haben.

Getreideernte,
Monatsdarstellung aus dem
Diurnale Nr. 2.140.

Jährlich zu leistende Abgaben zweier Bauern aus der Mariensterner Grundherrschaft nach dem Urbar von 1374:

Martinus Czesslawicz aus Cannewitz:
22 Groschen
je 2 Scheffel (1 Scheffel Mariensterner Maß = ca. 125 l oder 100 kg) Weizen, Roggen und Hafer
3 Hühner
30 Eier
2 Käse
1 switik (= Gebinde von einem Pfund) Flachs
je 2 scutellae (1 scutella = 1/64 Scheffel) Mohn und Hanf

Jochof Martini aus Prischwitz:
1 1/2 Scheffel Roggen
1 Huhn
1 Schweineschulter
4 Töpfe Honig
1 Groschen Wachpfennige
8 Frontage mit der Sichel

3.7

Urbar des Klosters St. Marienstern

St. Marienstern, 1374, Ledereinband 1. Hälfte 16. Jh.; Pergamenthandschrift von 48 Bl., in Buchdeckeln aus Eichenholz mit punzenverziertem Lederrücken, durch 2 Messingschließen zusammengehalten. H. 37 cm, B. 26 cm. St. Marienstern, Zisterzienserinnenabtei, Archiv.

Das Urbar des Klosters St. Marienstern ist die wichtigste Quelle zur ländlichen Wirtschaftsgeschichte des Mittelalters in Sachsen. Der Hauptteil des Buches, niedergelegt von zwei anonymen Schreibern, bietet ein Verzeichnis sämtlicher Zinse, Zehnte und Dienste, die dem Kloster zustanden. Von verschiedenen Händen stammen sodann Abschriften von Urkunden des späten 14. bis frühen 16. Jh., von denen etliche nur hier überliefert sind. Das Urbar entstand in der Amtszeit der Äbtissin Amabilia von Colditz, die 1374–1377 nachzuweisen ist und bis 1382 regiert haben könnte. Vermutlich hat Amabilia gleich nach ihrem Amtsantritt eine Zusammenstellung der klösterlichen Einnahmen verlangt, die sie für die langwierigen, erst 1382 abgeschlossenen Verhandlungen um eine Inkorporation der Pfarreien Kamenz und Bernstadt benötigte: Das Urbar kennt Nikolaus von Milstrich als Klosterpropst (fol. 46v); dessen Nachfolger tritt aber bereits 1374 in Erscheinung (Urk. Nr. 126, Archiv St. Marienstern).

Das Urbar enthält die Namen von fast 1.500 Personen aus rund 60 Ortschaften. Es wurden zunächst vor Ort Aufzeichnungen in deutscher Sprache gemacht, die danach in der Klosterkanzlei ins Lateinische übersetzt wurden. In der Zusammensetzung der Abgaben spiegeln sich rechtliche Unterschiede zwischen Dörfern im Alt- und Neusiedelland und im Rechtsstand der Bewohner innerhalb eines Dorfes wieder. Besondere Verhältnisse herrschten in den sorbischen Gebieten am Klosterwasser: Nicht Richter oder Schultheißen mit Eigengütern wie in deutschen Dörfern, sondern zumeist Starosten treten als Ortsvorsteher auf. Die Richter haben, als Nachfahren der slawischen Withasen, ihren Besitz zu Lehen und leisten dafür Reiterdienst. Deditzer, Angehörige eines Standes slawischer Unfreier, zahlten einen Kopfzins und galten als „vortadilte und vorwurffen lewthe" (fol. 85): sie hätten eigene Gerichte, seien vor allem als Zeidler beschäftigt und nicht zunftfähig, könnten sich allerdings durch eine einmalige Zahlung vom Makel ihres Standes freikaufen.

Edition: Haupt/Huth 1957.

MB

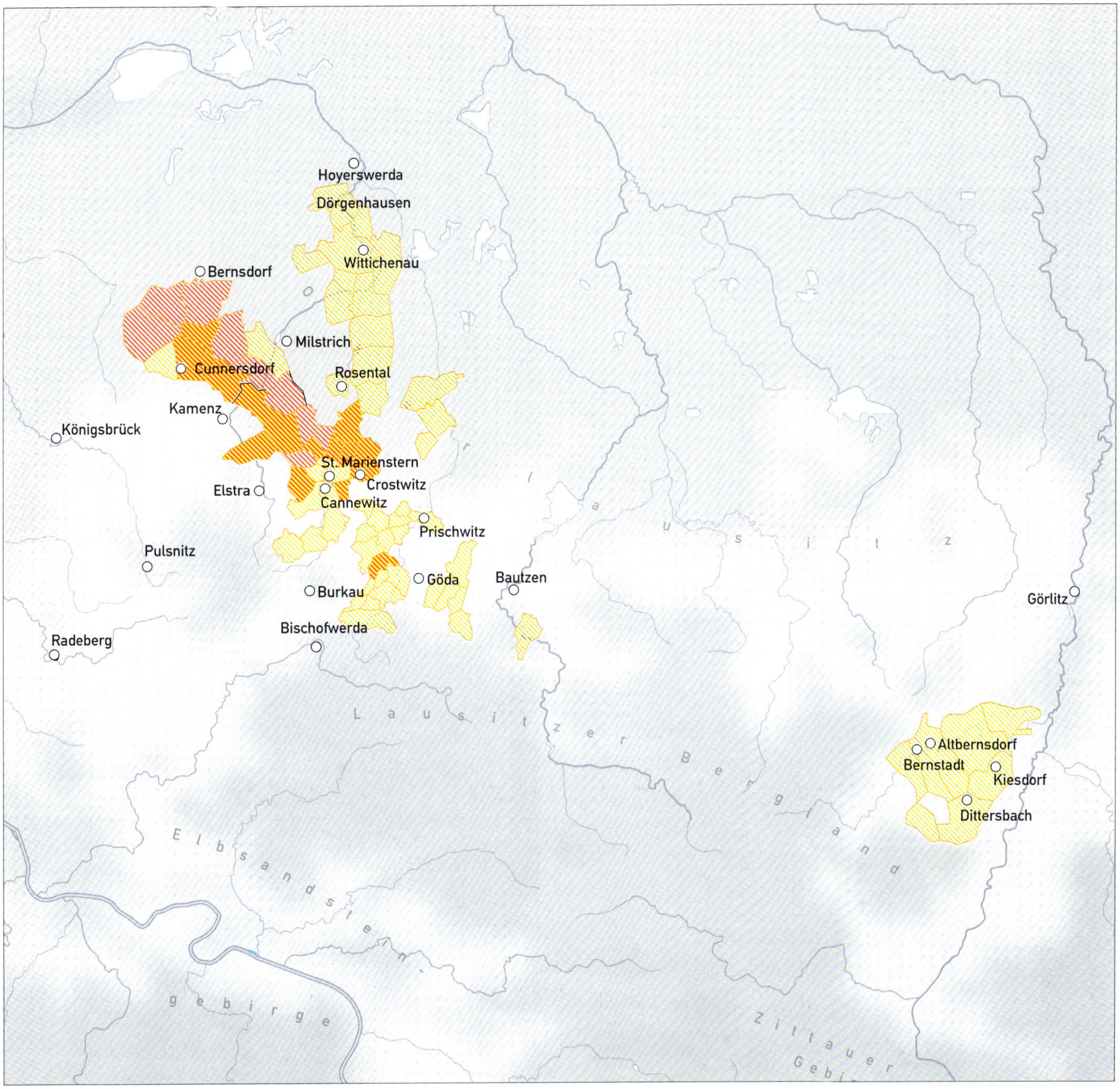

Dorfmarkungen, aus denen das Kloster grundherrschaftliche Abgaben bezog

Dörfer, die dem Kloster den kirchlichen Zehnten entrichteten

Dörfer, die Abgaben und Zehnte entrichteten

Abgaben und Zehnte des Klosters St. Marienstern um 1375

St. Marienstern erhielt grundherrschaftliche Abgaben in Form von Geld, Getreide und anderen Naturalien. Von geringerer Bedeutung waren die Zehnten, Einnahmen, die ursprünglich den Pfarrern der Dorfkirchen zugestanden hatten. Im Durchschnitt mußte jeder zehntpflichtige Bauer einen Doppelzentner Getreide entrichten.

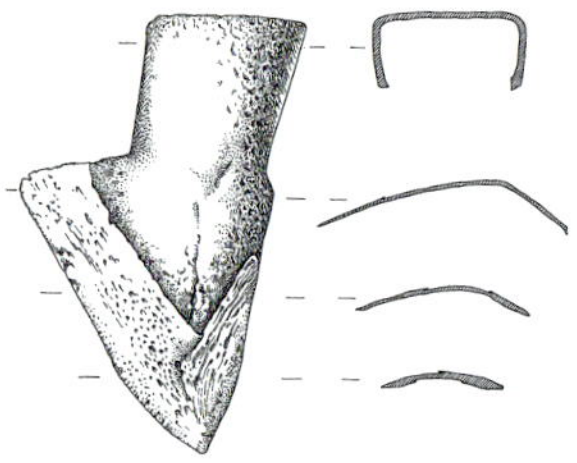

Nr. 3.8 Schar

Pflug mit Vorschneidemesser Illustration aus dem Oldenburger Sachsenspiegel, 1336.

3.8

Schar und Sech

Klein-Biesnitz, Kr. Görlitz, 13./14. Jh; Eisen, Schar: L. 36,5 cm; B. max. 22,0 cm; Sech: L. 46 cm; Br. max. 7,6 cm. Görlitz, Städtische Sammlungen für Geschichte und Kultur.

Die beiden Eisenteile eines mittelalterlichen Beetpfluges wurden 1968 am Südhang der Landeskrone gefunden. Die Schar besteht aus einer c-förmig gewölbten Tülle und einem leicht gewölbten, asymmetrisch ausgeschmiedeten Blatt mit Verstärkungen auf der Ober- und Unterseite. Das Sech weist eine im Querschnitt dreieckige Klinge auf, die sich zur Spitze hin verjüngt. Am Beetpflug hatte die Pflugschar die Aufgabe, das vom Sech senkrecht geschnittene Erdreich waagerecht zu trennen. Das Wenden der Erdschollen – die wichtigste Neuerung gegenüber dem älteren Hakenpflug – übernahm das Streichbrett, das archäologisch jedoch nicht überliefert ist.

Lit.: Mechelk 1988, S. 439–442.

RR

3.9

Scheffelmaß

Oberlausitz, 14.–15. Jh.; Stein. H. 80 cm, Dm. 60 cm. Zittau, Städtisches Museum, Inv. Nr. 13744/2222.

Im Mittelalter und der frühen Neuzeit wurde Getreide nicht nach Gewicht, sondern nach Volumen gemessen. Die traditionelle Maßeinheit ist der Scheffel. Scheffelmaße waren regional unterschiedlich groß. So faßte der Zittauer Scheffel rund 104 Liter, der Mariensterner Klosterscheffel dagegen 126,5 Liter.
Das Zittauer Scheffelmaß war ein amtliches Eichgefäß, das in städtischem Auftrag hergestellt worden war. Um Manipulationen zu verhindern, wurden solche Gefäße aus festen, unvergänglichen Materialien gefertigt, häufig aus Bronze, selten aus Stein. Sie standen meist beim Rathaus oder auf dem Marktplatz. Nach ihnen wurden Gebrauchsmaße aus Holz geeicht.

unpubliziert

HSS

Monatsbilder

Die Kalenderseiten von Psalterien wurden gern mit bildlichen Darstellungen der Monate geschmückt. Seit dem 9. Jh. bildete sich das Monatsbild als Darstellung einer jahreszeitlich typischen Arbeit heraus. Zu den Monatsarbeiten traten im hohen Mittelalter häufig Szenen aus dem höfischen Leben. Die Themen der Monatsbilder sind regional sehr unterschiedlich. Hier zeigt sich noch deutlich der für den bäuerlichen Jahreszyklus bedeutsame klimatische Unterschied zwischen den Kulturlandschaften Europas. Zuweilen ergeben sich auch Hinweise auf das ländliche, städtische oder höfische Umfeld des Künstlers.

Januar: Aderlaß (S. 248)
Februar: Wildschweinjagd
März: Sauna (S. 248)
April: Rodung
Mai: höfisches Paar beim Schach
Juni: Sämann und Pferd
Juli: Heuernte
August: Getreideernte (S. 237)
September: Dreschen
Oktober: Weinernte
November: Schweinemast
Dezember: Füße wärmen und Würste braten

Aus Diurnale Quart. 1, vgl. Kat. Nr. 2.140
St. Marienstern, Zisterzienserinnenabtei.

Tabak, Bier und Kräuterbalsam – Honig, Eisen, Teer.

Klosterwirtschaft und Heidegewerbe

Blick in die wirtschaftsgeschichtliche Sammlung des Klosters St. Marienthal

Nach Jahrhunderten der Krise erlebten St. Marienstern und St. Marienthal, die beiden Zisterzienserinnenklöster der Oberlausitz, seit dem späten 17. Jh. noch einmal eine Blüte. Der wirtschaftliche Aufschwung sorgte für geschäftiges Treiben im Klosterhof – von beschaulicher Stille konnte keine Rede sein. Es wurde geschlachtet, gemahlen, gebacken; zwischen ein- und ausfahrenden Wagen drängten Schweine und Rinder. Im Grüngürtel um die Klöster bauten die Nonnen Obst, Kräuter, Gemüse und Hopfen an, in Marienstern zeitweilig auch Tabak. Kräutertee, Klosterbalsam und Klosterbier waren begehrte Handelsartikel. Die Mariensterner Klosterbrauerei stellte erst 1973 ihre Arbeit ein.

St. Marienstern gehörte auch in der Neuzeit zu den größten Grundbesitzern der Oberlausitz. Das Rückgrat der Klosterwirtschaft bildeten die sechs klösterlichen Gutshöfe; dazu kamen Schäfereien und Fischteiche. Am System der mittelalterlichen Grundherrschaft hielten die Klöster fest – im Gegensatz zum Adel, der seine Untertanen in wachsendem Umfang zu Fronarbeit auf den Rittergütern zwang. Die Abgabenlast der Klosterbauern war erträglich, Frondienste wurden kaum verlangt. In einigen Mariensterner Dörfern entwickelte sich ein wohlhabender, selbstbewußter Bauernstand.

3.10
Schrank mit Darstellung der vier Jahreszeiten

1708, Fichtenholz; doppeltüriger Kastenschrank mit Mittelstollen auf Kugelfüßen, Brettkonstruktion, Seitenwände und Türblätter in 2-Felder-Rahmen-Füllungskonstruktion, innen gleichmäßige Fächerung ursprünglich mit je 10 Schubkästen, die oberen 6 Kästen fehlen, beide Türflügel mit separatem Schnappschloß, Schlüsselschilder handgeschmiedet als Rechteck mit geschweiften Ecken, zweilappige Schließbänder der Türen nachträglich, Türinnenflächen und Stirnseiten der Schubkästen farbig gefaßt. H. (mit Füßen) 195 cm, B. 85 cm, T. 60 cm. St. Marienstern, Zisterzienserinnenabtei.

Die Außenseiten des robusten zweitürigen Kastenschrankes sind braun gefaßt; die eingearbeiteten Kissen gliedern die großen Flächen. Die Innenseiten beider Türflügel und die Stirnseiten der Schubkästen sind mit farbigen Streublumen (Hopfenrispen, Sonnenblumen, Tulpen, Wildrosen, Rittersporn, Kamille und Goldregen) auf hellblauem Grund großzügig bemalt. Der Blauton wurde mit Smalte angelegt. Die Innenseiten der Türen bestimmen je zwei ovale Spiegel mit szenischen, durch Putten illustrierten Darstellungen der vier Jahreszeiten. Vermutlich wurde der Schrank meist mit geöffneten Türen präsentiert. Nach den Ausgabebüchern entstand der Schrank im Juni 1708. Einige Wochen zuvor hatte man für einen neuen Altar „1 Lot Zinnober, Fein Mahler-Blau, 1/2 Pfd. Berg-Grün, 1/2 Pfd. gelbe Erde, 1/2 Pfd. Bleiweiß" beschafft – offenbar verwendete man Reste dieser Farben für den Schrank.
In den Schubkästen wurden – aufgeklebten Schriftbändern zufolge – Quittungen über Einkäufe für den Haushalt der Äbtissin aufbewahrt; die Namen hier erwähnter Kaufleute tauchen in den klösterlichen Rechnungsbüchern des 18. Jh. auf.

unpubliziert

CM

3.11
Der kluge Landmann

Der Kluge Landmann. Oder: Recht gründlicher und zuverlässiger Unterricht / wie man das Hauswesen nützlich anfangen / in gutem Stand erhalten / in vielen Stücken verbessern / und denn auch mit großen Vortheil geniessen möge. Druck: Frankfurt/Leipzig 1713; H. 21 cm, B. (offen) 41 cm. St. Marienstern, Zisterzienserinnenabtei.

Der „Kluge Landmann" war ein im 18. Jh. in mehreren Auflagen verbreiteter Leitfaden für die landwirtschaftliche Haushaltung gehobener Kreise. Er richtet sich an eine gebildete Leserschaft mit Interesse an praktischer Unterrichtung und modernen Wirtschaftsmethoden. Der erste Teil enthält Anleitungen zum Liegenschaftserwerb und Hausbau, zur ländlichen Arbeit im Verlauf des Jahres, Ratschläge zur Kleintierhaltung, zur Haltbarmachung von Fleisch, zum Anlegen eines Gemüse- und Obstgartens und zur Bienenzucht. Der zweite Teil ist der Tierhaltung und dem Ackerbau gewidmet: Es schließen sich Hinweise zum Anbau von Getreide und Tabak, zur Wiesenwirtschaft, zum Wein- und Hopfenanbau und zur Fischzucht an.
Von der Nutzung des Buches im Konvent von St. Marienstern zeugen handschriftliche Einträge von 1723 über das Düngen sowie die Bekämpfung von Raupen- und Rattenplagen; außerdem eine Rezeptur, wie man Bienen anstatt mit Honig auch mit anderem Saft füttern kann, dessen genaue Rezeptur angegeben ist.

unpubliziert

CM

„Vor Rauben in Kraut und Kohl: soll der Saamen bevor solcher gesäet wird 1/2 Stunde in Menschen Harn und Brandtwein mit was Camin Ruß vermischt eingeweicht werden.
oder
Man soll Haasen Beine mitten in die Beethe stecken.
[...]
Ratten werden verjagt und weggefangen durch gute Katzen, man hat aber auch von den Katzen einige Unlust indem man nicht wohl wegen ihres Naschens was darf stehen lassen, und weil solche ihre excrementa ins Getreyde, sonderlich ins Korn legen und allda verscharren."
Handschriftliche Notizen von 1723 im Buch „Der kluge Landmann".

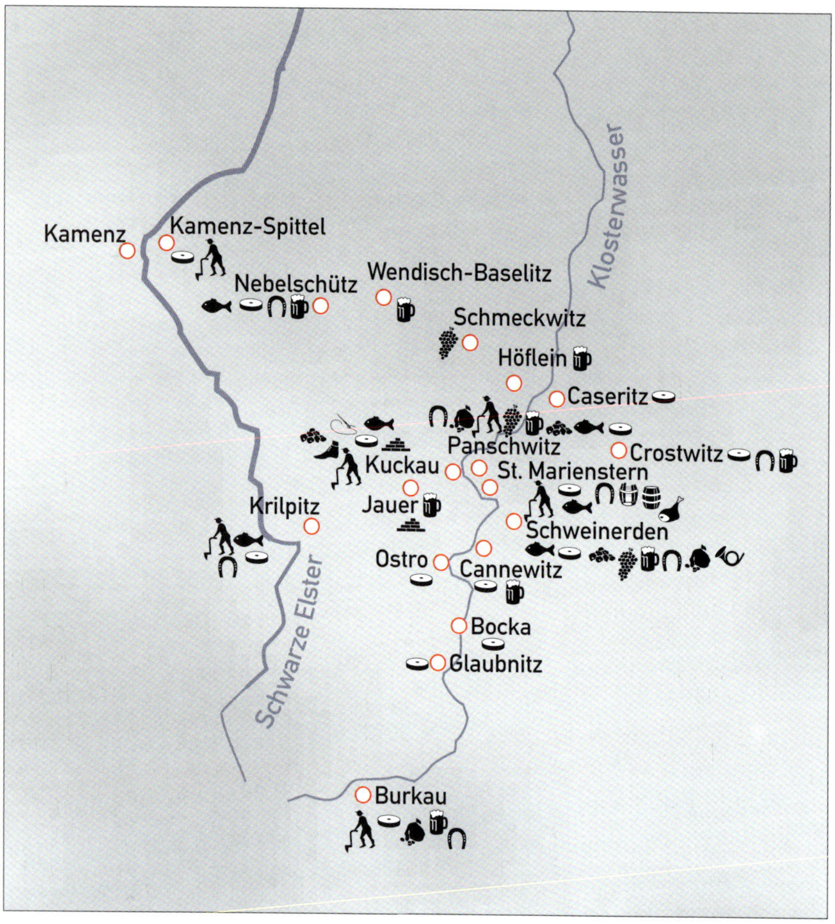

klösterliches Vorwerk
Teichwirtschaft
Steinbruch
Ziegelei
Mühle
Weinberg
Kretscham (=Gasthof)
Schmied
Schneider
Händler
Schuhmacher
Brauer
Büttner
Fleischer
Poststation

Ländliches Wirtschaftsleben um St. Marienstern im 18. Jh.

Das Kloster spielte im regionalen Wirtschaftsleben eine doppelte Rolle: Es war der größte Betrieb im weiten Umkreis und zugleich der wichtigste Abnehmer von Waren und Dienstleistungen. Zwischen 100 und 200 Personen waren ständig zu versorgen: Nonnen, Laienschwestern, Novizinnen, Schülerinnen, Pensionäre, Gäste, Klosterbeamte, Diener und Hofgesinde. Dazu kam der nicht abreißende Strom von Bedürftigen, die am Klostertor vorsprachen. Um diesen Bedarf zu decken, siedelten sich schon im Mittelalter zahlreiche Handwerker in den Klosterdörfern an. Im Klosterurbar von 1374 werden Müller, Schmiede, Schneider, Weber, je ein Zimmermann, Stellmacher, Ölschläger, Schuster, Fleischhauer, Töpfer und Brettschneider genannt. Noch heute ist St. Marienstern der größte Arbeitgeber in Panschwitz-Kuckau.

3.12

Werkzeuge der Heidegewerbe

1.) Klotzbeute, Sachsen, 19. Jh, Kiefernholz, H. 180 cm, Dm. 50 cm. 2.) Räucherlampe eines Zeidlers, Sachsen, 19. Jh., L. ca. 25 cm. 3.) Zeidlermesser, Sachsen, 19. Jh., L. ca. 30 cm. 4.) Teerschwelgefäße, Tagebau Nochten, 12./13. Jh., H. ca. 50 cm, Dm. ca. 30 cm. 5.) Raseneisensteine, Tagebau Reichwalde. 6.) Eisenschlackestücke, Tagebau Reichwalde (Mocholz), vermutlich 15./16. Jh. Schloß Blankenhain, Agrar- und Freilichtmuseum (1.), Landwüst, Vogtländisches Freilichtmuseum (2.), Dresden, Museum für Volkskunst (3.), Dresden, Landesamt für Archäologie mit Landesmuseum für Vorgeschichte (4., 5., 6.).

Im Norden des Klostergebietes sind die Böden schlecht und die landwirtschaftlichen Erträge gering. Die Oberlausitzer Heide brachte eigene spezialisierte Gewerbe hervor, die auf dem Reichtum des Landes an Wald, Wasser und Eisenerz basierten. Sie wurden schon in der Epoche vor dem Landesausbau und bis in jüngste Zeit betrieben; ihre Blüte erlebten sie im späten Mittelalter.

Die Zeidlerei (Waldbienenzucht) ist ein traditionelles slawisches Gewerbe. Es wurde häufig von den Deditzen betrieben, die zunftähnlich organisiert waren und um Marienstern noch im ausgehenden Mittelalter einen rechtlichen Sonderstatus hatten (vgl. Nr. 3.7). Der Zeidler schlug mit einem Beil eine Höhlung („Beute“) in einen Kiefernstamm und lockte mit einer riechenden Kräuterpaste einen wilden Bienenschwarm dort hinein. Alte Beutbäume wurden häufig abgesägt und wie Bienenkörbe aufgestellt. Um ernten zu können, vertrieb der Zeidler das Bienenvolk, indem er die Beute ausräucherte und mit einem Messer das Gewirk aus Honigkuchen und Wachs herausschnitt.

Das bei den Slawen übliche Verfahren der Gewinnung von Teer in Teergruben ist in der Oberlausitz bis ins späte Mittelalter nachzuweisen. Hierbei wurden zwei übereinanderstehende Gefäße eingegraben. Ein Schwelfeuer brachte harzhaltiges Holz und Rinde im oberen Topf zur Destillation, der austretende Teer sammelte sich in dem darunter stehenden Auffanggefäß.

Archäologen stoßen im Heidegebiet oft auf mächtige Brocken Eisenschlacke: eine Erinnerung an die Zeit der Oberlausitzer Eisengewinnung im 14.–17. Jh. Diese Stücke wurden in Mocholz gefunden, wo sie als Hausfundamente Verwendung fanden. Die Eisenindustrie beruhte auf Raseneisen, das in den Bachläufen und feuchten Niederungen ansteht. Die Erze wurden in einfachen Rennöfen geschmolzen und in Hammerwerken weiterverarbeitet. Rennöfen treten bei archäologischen Untersuchungen im Vorfeld des Braunkohletagebaus als regelrechte Batterien zutage.

Lit.: Bauer 1997, S. 143–203.

MB

Geschäftsbetrieb vor Klostermauern

Bau, Handwerk und Handel der Klöster

Die Triebfeder für den wirtschaftlichen Erfolg der Zisterzienser war eine Utopie: die Sehnsucht nach gottgeweihtem Leben, abgeschottet und unabhängig von der Außenwelt. Konversen sollten alle im Kloster benötigten Güter vor Ort selbst herstellen. Besonders gut kennen wir die Verhältnisse in Kloster Altzella: In zahlreichen Werkstätten auf dem Klosterhof arbeiteten Böttcher, Schmiede, Stellmacher, Ziegler und Kalkbrenner. Man webte und walkte Tücher, gerbte Leder und stellte Schuhe und Mützen her. Auch St. Marienstern hatte klostereigene Handwerksbetriebe, in denen vermutlich Konversen aus Kloster Altzella beschäftigt waren.

Die Erzgebirgsklöster beteiligten sich am Bergbau und an der Weiterverarbeitung der Erze. Auf dem Gelände des Benediktinerklosters Chemnitz stand schon im 12. Jh. eine Gießerei. Altzella unterhielt etliche Silbererzgruben und Schmelzhütten – sehr zum Verdruß der Stadt Freiberg und der Markgrafen von Meißen, die das Kloster nicht am Silberreichtum partizipieren lassen wollten. Kloster Grünhain betrieb Bergbau auf Eisen, unterhielt zahlreiche Hammerwerke und Kohlegruben.

Für den Absatz überschüssiger Produkte errichteten die Klöster Handelshöfe in großen Städten oder beschickten die Märkte der Landstädte, die unter ihrer Herrschaft standen. Schon im 12. Jh. spielten zisterziensische Kaufleute – welterfahrene, weitgereiste Konversen – auf den Märkten in Sachsen eine wichtige Rolle. Die sächsischen Zisterzienser handelten mit Getreide, Hanf, Salz, Vieh, Wolle und Wein. Kloster Altzella erzeugte grobe Tuche für den Massenabsatz, aber auch Sonderwünsche wurden erfüllt: So spezialisierte sich im 14. Jh. eine Konversenwerkstatt auf zierlich gearbeitete Nachtschuhe aus Filz, die beim Adel sehr begehrt waren.

Konversen bei der Arbeit. Ausschnitt aus einer Zeichnung um 1600, nach mittelalterlichen Vorlagen („Die Erbauung des Klosters Schönau"). Original im GNM Nürnberg.

Nr. 3.13 (2.)

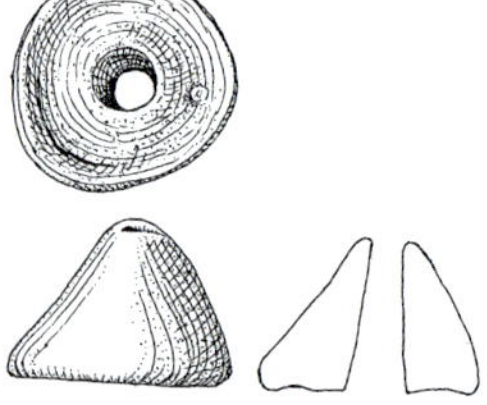

Nr. 3.13 (1.)

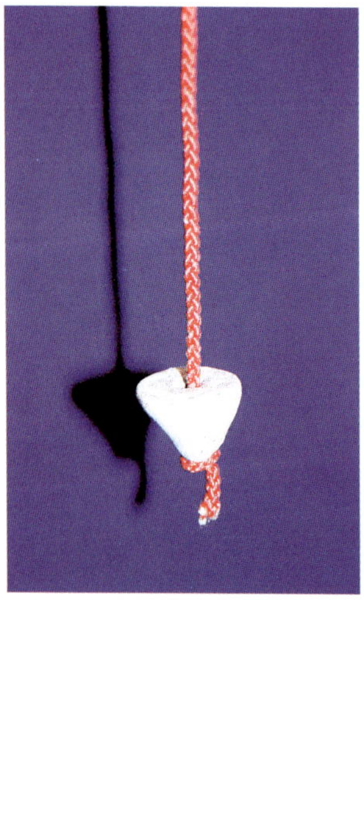

3.13

Zisterziensischer Baubetrieb

1.) Baulot: Oschatz, 1. Viertel 13. Jh., Blei. H. 1,9 cm; gr. Dm. 2,6 cm; Gewicht 55,4 g. 2.) Schlußsteine aus Altzella: Sächsisch, 2. Viertel 13. Jh., Sandstein. 3.) Fragmente eines Fenstermaßwerks: St. Marienstern, um 1300, H. 46 cm, B. 27 cm, T. 27 cm und H. 36 cm, B. 15 cm, T. 25 cm. 4.) Backsteine aus Kloster Altzella, 13. Jh. 5.) Dachsteine und Feierabendziegel aus St. Marienstern, 17./18. Jh. Dresden, Landesamt für Archäologie mit Landesmuseum für Vorgeschichte (1.), Nossen, Staatlicher Schloßbetrieb und Klostergut Altzella (2., 4.), St. Marienstern, Zisterzienserinnenabtei (3., 5.).

Die Zisterzienser erbauten ihre Klöster grundsätzlich selbst. Aufsicht führte der Cellerar (Klosterverwalter), Planung und Leitung lagen bei einem kundigen Mönch, Konversen führten die Arbeiten aus. Ihre Klosterbauten sollten frei sein von überflüssigen Bauteilen und Schmuckelementen, ohne Glockentürme, Malereien, Skulpturen, bunte Fußbodenbeläge und farbige Glasfenster. Zisterziensische Bauhütten wirkten wegweisend auf die Bautechnik des Mittelalters. Sie wurden – trotz Verbot des Ordens – auch für andere Großprojekte herangezogen: beim Bau von Kathedralen, zuweilen auch von Burgen. So zeigen der Dom zu Meißen und sogar die Altneusynagoge von Prag zisterziensischen Einfluß.

Zisterziensische Konversen könnten mit dem Baulot (1.) gearbeitet haben, das 1992 bei Ausgrabungen des spätromanischen Gebäudes „Osterlant" bei Oschatz in der ältesten Nutzungsschicht des Südostflügels gefunden wurde. Es wird vermutet, daß am Bau dieses wohl markgräflichen Palastes Bauhütten der Zisterzienserklöster Volkenroda und Walkenried beteiligt waren. Die Bauzeit konnte durch dendrochronologische Bestimmung von Holzteilen auf das 1. Viertel des 13. Jh. eingegrenzt werden.

Die Schlußsteine aus dem Zisterzienserkloster Altzella (2.) gehörten vermutlich zum Gewölbe des heute zerstörten Kreuzganges (vgl. Nr. 1.33). Sein annähernd quadratischer Grundriß und die Jochbreite der Gewölbe konnten durch Grabung rekonstruiert werden. Der Kreuzgang von Altzella wird in das 2. Viertel des 13. Jh. datiert. Er entstand, wie meist üblich, in der letzten Etappe des Klosterbaus. Die vier Kreuzgangseiten waren umlaufend mit einem Kreuzrippengewölbe überspannt. Die Rippen saßen auf Wandkonsolen und liefen mittig – am Hauptknotenpunkt – in Schlußsteinen zusammen. Den flach ornamentierten Schlußstein verziert verschlungenes Blattwerk, das sich zur Mitte in symmetrischen Lilienblättern öffnet. Der hängende, zapfenförmige Stein ist mit diamantierten verschlungenen Bändern überzogen und im Scheitel mit einer kleinen Rosette bekrönt. Motivisch und stilistisch vergleichbar sind Schlußsteine aus dem benachbarten Kloster Buch (Leisnig, Schloßmuseum), aber auch Stücke aus den Zisterzienserklöstern Schönau, Ebrach und Plaß.

Die Maßwerkfragmente (3.) stammen aus einem gotischen Fenster der Klosterkirche von St. Marienstern, das im Zuge der barocken Umbauten vermauert wurde. Sie wurden im Fundament eines Altars zweitverwendet.

Die Zisterzienser haben zur Verbreitung des Backsteinbaus in Nord- und Osteuropa einen wichtigen Beitrag geleistet. Kloster Altzella ist eines der frühesten Zeugnisse der Backsteinarchitektur in Sachsen. Für das Mauerwerk verwendete man Backsteine (4.), die in klostereigenen Ziegelbrennöfen hergestellt wurden. Auch St. Marienstern besaß seit dem Mittelalter und bis ins 19. Jh. eigene Tongruben und Ziegelhütten, aus denen die für den Klosterbau benötigten Ziegel gewonnen wurden. Am Ende eines Arbeitstages fertigten die Ziegler mit Zeichen versehene „Feierabendziegel"(5.): Sie waren ein Abrechnungsbeleg für das geleistete Tagewerk.

Lit.: Magirius 1962, S. 106 f. (2.).

CM/RS/MW

3.14
Gußform- und Glockenfragment

Kloster Chemnitz, Gußformfragment (Halbform), gehäckselter Lehm. H. 14,5 cm, B. 10 cm. Fragment einer Glocke, Bronze, H. 11,5 cm, B. 11 cm, Dm. ca. 19 cm. Chemnitz, Schloßbergmuseum.

Bei archäologischen Untersuchungen im Südflügel des ehemaligen Klosters Chemnitz (vgl. Nr. 1.16/4) zeigte sich, daß dieser mehrere ältere, in das 14. Jh. bzw. späte 13. Jh. datierte Gebäude überlagert. Die ältesten Vorgängerbauten wurden in kurzem Zeitraum durch Feuer zerstört.
Im Brandschutt fanden sich Gußformstücke in großer Zahl und ein Glockenfragment – Werkstattabfall einer klösterlichen Gießerei. Bei den Gußstücken handelt es sich um verschiedene Formteile aus gehäckseltem Lehm, darunter eine aus Fragmenten zusammengesetzte Halbform für ein Zinnkännchen, und um Formen, die in Stein geschnitten waren. Das Glockenstück ist an einer Bruchkante angeschmolzen; es war offenbar zum Wiedereinschmelzen in die Gießerei gelangt.

Lit.: Geupel/Hoffmann 1991, S. 18–22.

VG

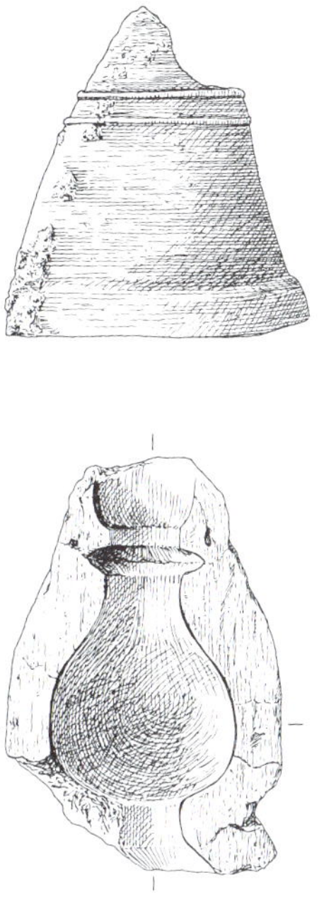

Nr. 3.14
oben: Fragment einer Glocke
unten: Gußformfragment

3.15
Glocke von Schleinitz

Leuben-Schleinitz (Lkr. Meißen), 13./14. Jh.: Glockenbronze, H. (mit Krone) 36 cm, (ohne Krone) 24 cm, Dm. (am Schlag) 28 cm. Schloß Schleinitz, Förderverein.

Die Glocke von Schleinitz ist eine der ältesten erhaltenen Kirchenglocken Sachsens. Kleine Glocken wie diese gehörten zur Grundausstattung der zahlreichen im 12./13. Jh. errichteten Kirchen. Kaum eine von ihnen ist erhalten – dafür sorgten Feuer, Raub und Einschmelzung zur Rohstoffgewinnung.
Für welche Kirche die Glocke geschaffen wurde, ist unbekannt. Seit 1996 hängt sie in der wiederhergestellten Kapelle von Schloß Schleinitz, früher auf dem Dachreiter des zum Rittergut gehörigen Gerichtsgebäudes von Schleinitz. Weder dieses Gebäude noch etwa die Kapelle des Schlosses, die wesentlich jüngeren Datums ist, kommen als ursprünglicher Aufhängungsort in Frage.

unpubliziert

TW

3.16
Bergordnung des Abtes von Grünhain

1534, Urkunde. Weimar, Thüringisches Landesarchiv, Reg. T. 868.

Das Kloster Grünhain im westlichen Erzgebirge betrieb bereits im 14. Jh. bei Markersbach, Raschau und Schwarzbach den Abbau von Erz, Silber und Kohle. Ferner gab das Kloster Eisenhämmer und -hütten zur Pacht aus. Mit den benachbarten Herren von Schönburg kam es wegen umstrittener Eigentumsrechte an Erzgruben wiederholt zu Auseinandersetzungen. Beide Seiten wollten verhindern, daß eigenes Erz in das Gebiet der fremden Herrschaft verkauft und dort weiterverarbeitet wurde, womit Anteile an den Einkünften der Hütten und Hämmer verloren gegangen wären. Dabei schreckte man auch vor Übergriffen gegen Fuhrleute und Schmelzöfen nicht zurück. Nachdem die Schönburger ein Eisenembargo gegen das Kloster verhängt hatten, untersagte der Abt seinerseits die Ausfuhr von Klostereisen ins Schönburgische. Die Grünhainer Bergordnung von 1534 ist daher nicht nur eine allgemeine Anweisung für den Abbau von Erz, sondern auch das Dokument eines klösterlichen Handelskrieges gegen einen lästigen Konkurrenten.

Lit.: Märker 1968, S. 63 ff.

CH

Irische Wandermönche haben die aus asiatischen Vorbildern entwickelte **Glocke** im frühen Mittelalter als Instrument der christlichen Liturgie – als „signum ecclesia" – in Europa bekannt gemacht. Glocken wurden entweder aus Metallblech geschmiedet oder in Formen gegossen. Die Herstellung der gegossenen Glocken verlief in mehreren Arbeitsschritte. Mit Hilfe einer Schablone wurde ein Glockenkern aus Lehm geformt. Darauf wurde in Wachs oder Talg die äußere Glockenform aufgetragen und mit einem Tonmantel umgeben. Die Wachsfüllung schmolz beim Brennen der Form aus. In den entstandenen Zwischenraum konnte nun die eigentliche Gußmasse aus einer Legierung von Bronze, Kupfer und Zinn gegossen werden. Nach dem Erkalten wurde die Form zerschlagen.

Die kranke Äbtissin

Heilkunde und Krankenfürsorge im Kloster

Aderlaß und Sauna, Monatsdarstellungen aus dem Diurnale Quart. 1, Nr. 2.140.

1697 wurde Äbtissin Katharina Benada von schwerer Krankheit heimgesucht. Nichts konnte ihr Linderung verschaffen. Da stellte ihr der Hofapotheker in Dresden eine Hausapotheke zusammen. Manches Mittel dürfte seine Wirkung nicht verfehlt haben, so das Opium, das der „schmerzstillenden Essenz" beigegeben war. Ob dagegen die aus Korallen, Perlen und Krebsaugen gewonnenen Tinkturen der Äbtissin geholfen haben, ist zu bezweifeln. Die Hausapotheke blieb jedenfalls fast unberührt – offenbar hielt man sich im Kloster eher an die bewährten Hausmittel.

Die klösterliche Heilkunde ist aus der Tradition der antiken Medizin erwachsen. Kräuter waren die einzigen Medikamente: sie wurden in Würzwein getrunken, zu Essenzen ausgekocht, zu Pulvern und Salben verarbeitet. Man behandelte Wunden, schiente Knochenbrüche, schreckte vor chirurgischen Eingriffen allerdings zurück. Schröpfen und Aderlässe galten als Allheilmittel gegen beinahe jede Krankheit.

Kranke Mönche und Nonnen erhielten eine sorgsame Pflege. Sie waren von Arbeit, dem Chorgebet und Fastengeboten freigestellt. Jedes Kloster verfügte über eine Infirmerie – eine Krankenstation – meist ein selbständiges Gebäude außerhalb der Klausur. Die Infirmerie des Zisterzienserklosters Buch aus dem 13. Jh. gehört zu den am besten erhaltenen Anlagen dieser Art in Deutschland.

In vielen Zisterzienserklöstern, so in Pforta und Altzella, gehörte ein Bad zur Ausstattung des Klosterkrankenhauses. Die Mariensterner Nonnen vertrauten am Ende des 14. Jh. auf die Erfahrung ihres sorbischen Bademeisters Frenczil, wenn ihnen die Kälte in den ungeheizten Klosterräumen allzusehr zusetzte. Vermutlich war das Klosterbad von St. Marienstern eine Art Sauna wie sie im späten Mittelalter in ganz Europa beliebt waren. Eine der ältesten Darstellungen einer solchen Anlage findet sich in einer Mariensterner Handschrift aus der Zeit um 1350.

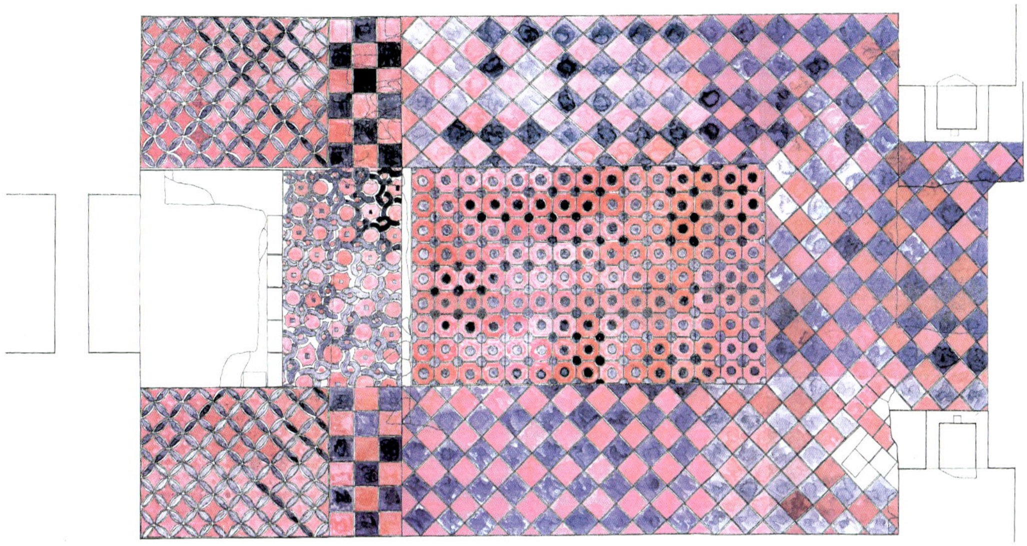

Rekonstruktion des Fußbodens der Infirmeriekapelle

3.17

Infirmerie des Klosters Buch

Fragmente des Ziegelfußbodens unterschiedlicher Größe, sächsisch, 13. Jh.; gebrannter Ton, ca. 3 cm stark. Rekonstruktionszeichnung: G. Unteidig, 1995, Dresden.

Das Zisterzienserkloster Buch, eine Stiftung des Burggrafen Heinrich III. von Leisnig, wurde 1192 vom Kloster Sittichenbach aus besiedelt. Von der dreischiffigen, romanischen Pfeilerbasilika sind nur die Umfassungsmauern des Sanktuariums sowie die südliche Seitenschiffswand erhalten. Ferner stehen noch der stark umgebaute Ostflügel der Klausur und die später zum Abtshaus umgebaute ehemalige Infirmerie mit einer Krankenkapelle. Das Krankenhaus, dessen äußere Gestalt der Umbau des frühen 16. Jh. prägt, ist im Kern noch erhalten: An den ehemalig l-förmigen Grundriß des Krankensaals stößt an der Stirnseite nach Osten, leicht aus der Mitte verschoben, die zweijochig gewölbte Krankenkapelle. Die Lage der Infirmerie außerhalb des inneren Klosterquadrums ist üblich. Meist befand sie sich, wie in Buch, östlich des Ostflügels, durch einen Gang mit der Kirche oder dem Kreuzgang verbunden.

1994 wurden bei Freilegungsarbeiten in der Krankenkapelle neben einer in situ erhaltenen Piszine an der Ostwand Fragmente eines Fußbodens aus Tonfliesen gefunden, die in verschiedenen Ornamentformen verlegt waren. Die Farbe der Platten variiert zwischen grau und rot bis zu braun. Die Fliesen sind an den Kanten abgeschrägt und wurden in einem Holzrahmen „geschlagen", so daß sie über eine sehr dichte Oberfläche verfügen.

An der Entwicklung und Verbreitung der Bodenfliesen hatten die Zisterzienser entscheidenden Anteil. Anordnungen des Generalkapitels gegen „überflüssigen" Schmuck der Kirchen richteten sich auch gegen aufwendige Gestaltung der Fußböden. Trotz oder gerade wegen dieser strengen Regeln entwickelten die Zisterzienser neue Gestaltungsformen, die sowohl dem Verbot als auch ihrem Schmuckbedürfnis Rechnung trugen: So führte das Verbot farbiger Glasfenster zur Entwicklung der Grisaille-Technik als Ornamentverglasung. Bei den Fußböden experimentierten die Zisterzienser besonders mit dem Ziegel als einfachem Werkstoff; an die Stelle figürlicher Darstellungen traten gemusterte Mosaik- oder Fliesenböden. Die Kapelle im Kloster Buch ist dafür ein bedeutendes Beispiel.

Lit.: Rentsch/Pattloch o.J.; Battré 1951; Reinboth 1/1994, S. 4–6; Reinboth 2/1994, S. 1–2; Reinboth 1995, S. 18–25.

CM

links: Zustand der Infirmerie 1995

unten: Rekonstruktion der mittelalterlichen Anlage

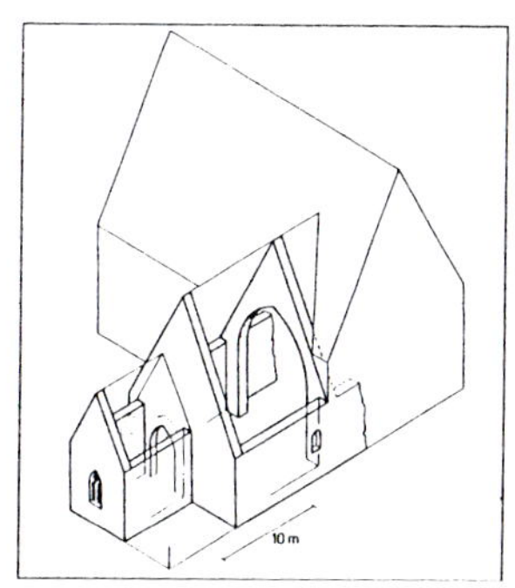

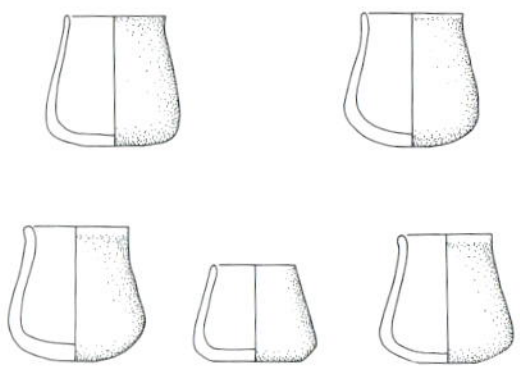

Nr. 3.18 (1.–3.)

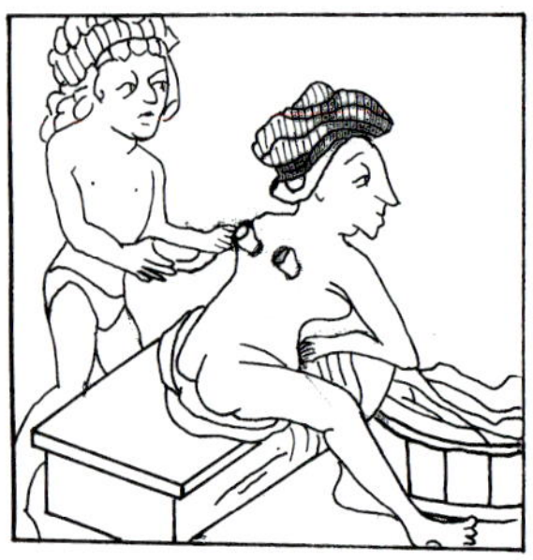

3.18

Schröpfköpfe

1.–3. Altliebel, Niederschlesischer Oberlausitzkreis; 4.) Lichtenstein, Kr. Chemnitzer Land; 15. Jh.; gebrannter Ton; 1.) H. 5,2 cm, Dm. max. 5,6 cm; 2.) H. 5,5 cm, Dm. max. 5,9 cm; 3.) H. 5,6 cm, Dm. max. 5,9 cm; 4.) H. 4,6 cm, Dm. max. 5,1 cm. Dresden, Landesamt für Archäologie mit Landesmuseum für Vorgeschichte.

Schröpfköpfe aus Ton oder Glas wurden in mittelalterarchäologischem Kontext in Sachsen bislang selten geborgen. Einige aus Ton gearbeitete Stücke liegen aus dem Gutshof Altliebel sowie aus der Badergasse in Lichtenstein vor.
Schröpfen war ein wesentlicher Teil der medizinischen Behandlung und Vorsorge im Mittelalter. Mit Hilfe von Schröpfköpfen ließ sich das Blut in der Haut über erkrankten Organen ansaugen, oder man konnte über kleine Einschnitte in der Haut den Patienten zur Ader lassen. Schröpfköpfe wurden vor allem in der Badestube angesetzt, wenn Wärme die Blutgefäße erweitert hatte.

unpubliziert

RR

3.19

Kräuterbuch

Contrafayt Kreüterbuch. Otto Brunfels, Hans Weiditz (Holzschnitte) Straßburg, 1532; neuer Ledereinband, Papier gedruckt, mit colorierten Holzschnitten; handschriftliche Randnotizen des 18./19. Jh., leichter Wasserschaden, einzelne Seiten fehlen. H. 31 cm, B. (offen) 45 cm. St. Marienstern, Zisterzienserinnenabtei, K 27-9/10 Med.

Otto Brunfels, 1489/90 in Mainz geboren, Kartäuser in Mainz und Straßburg, empfing 1514 die Priesterweihe. Er wurde zum leidenschaftlichen Anhänger Luthers und veröffentlichte zahlreiche theologische Schriften, die sich zum Teil im späteren Verzeichnis der vom apostolischen Stuhl verbotenen Bücher wiederfinden. Zeitweilig aus Straßburg vertrieben, lehrte er später an der dortigen Karmeliterschule. Er begann sich mit Medizin zu beschäftigen, promoviert 1532/33 und wurde noch im gleichen Jahr Stadtarzt in Basel. 1524 veröffentlichte er seine ersten medizinischen Arbeiten. Sein Kräuterbuch „Herbarum vivae eicones", das hier in einer deutschen Übersetzung vorliegt, wurde richtungsweisend für die Botanik der Neuzeit.
Das Buch gliedert sich in zwei Teile. Der erste Abschnitt behandelt die Geschichte der Botanik und

führt in die Kräuterkunde ein. Der zweite Teil, das eigentliche Herbarium, enthält ganzseitige Abbildungen der Pflanzen mit Erläuterung ihrer Namen und Wirkung, sowie Hinweise, wie sie zu sammeln seien. Die kolorierten Holzschnitte fertigte Hans Weiditz. Seine naturgetreuen Zeichnungen geben die Kräuter in natürlicher Größe wieder.

Otto Brunfels gehörte neben Leonhard Fuchs und Hieronymus Bock zu den Begründern der modernen Botanik. Sein Kräuterbuch zeichnet sich weniger durch neue Erkenntnisse aus als durch eine zuverlässige Zusammenfassung des zeitgenössischen Wissens über die Verwendung von Pflanzen in der Heilkunde. Die Illustrationen markieren den Beginn botanischer Druckgrafik der Neuzeit.

Lit.: Röttinger 1904, S. 8–18, S. 102 f.; Roth 1900, S. 291 ff.

CM

3.20

Hausapotheke der Abtei

Dresden, 1697; Kiste aus eisenbeschlagenem Holz, Glasfläschchen, Holzschatullen; im Hohlraum des Deckels Schriftstücke. H. 27,5 cm B. 36,5 cm T. 24 cm. St. Marienstern, Zisterzienserinnenabtei .

Als die Äbtissin Catharina Benada (reg. 1664 bis 1697) im Frühjahr 1697 erkrankte, ließ sie eine vollständige Hausapotheke aus der Dresdner Hofapotheke nach Marienstern kommen. Diese war damals – nicht zuletzt wegen ihres umfangreichen Warenlagers – über die Landesgrenzen hinaus berühmt.

Die Hausapotheke ist schlicht und zweckmäßig aufgebaut; Verzierungen finden sich lediglich am Metallgriff des Deckels und an beiden Schlössern. Seitenflügel und Mittelteil sind aus Schubladen aufgebaut für die Spanschachteln mit Pulvern und Pillen; darüber sind Stellfächer für die Vierkantflaschen aus gefärbtem Glas angebracht. Die

„Aus S: Churfürstl: Durchl: zu Sachsen
Hoff Apotheke sind von Ihr: Hochwürden
und [Gnaden] der Jungfrau Abbatißin in
Kloster Marienstern, hernach [...] Medi
camenta in eine Apotheke [so][von]
dem Herrn Leib Medico, Dr. [...]
verordnet gefüllet und solches abgeholet
worden: Alß:
Anno 1697/ 5. May
Dr. Bussi Spiritus
Dr. Michaels Bezoar Tinctur
Sonderliche Mixtur:

Hirschhorn Spiritus
Mixtur wieder die Kalten Fieber
Blähungs Spiritus
Lösender Brust Spiritus
Resolvierender Spiritus 80

tropfen
Brust Essenz 60 tropfen
Magenstärkende Tropfen
Eröffnungswäßerlein 100 tropfen
Mutter Tropfen 60 auff einmahl
Schmerzstillende Essenz
Bluttreinigende Essenz
Pomeranzen Essenz 40 bis ...5 tropfen
Corallen Tinktur
Anhaltende Tinktur
Essenz von Bezoar Stein 50 bis 60 tropfen
Bittere Essenz 50 tropfen
Magen Elixier 50 tropfen
Magenstaerkendes Wäßerlein
Brust Balsam 15 tropfen
Herzstaerkende [...] Tinctur
Stahl Tinctur
Myrrhen Tinctur
Elixier wieder die Schwere Noth 50 bis 60 tropfen
Mutter Elixier 50 bis 60 tropfen
Bezoardische Herz Pulver
Marggrafen Pulver
Dr. Michels Roth [...] Herz Pulver
Ungarisch Herz Pulver
Rothes Leber Pulver
[Stärk] Pulver
Pulver wieder die Kalten Fieber
Brust Pulver
Soodt Pulver
Pulver wieder den Stein
Zahn Pulver
Erbrech Pülverlein
Laxier Pulver
[B..sch..ffter] Haubt Pillen
Fluß Laxierende Pillen
Präparierte Krebs Augen
Bibergeil Essenz 50 bis 60 tropfen
Lebens Balsam
Präpariert Hirschhorn
Präparierte Corallen
Präparierte Perlen

Summa 27 Rthr 5 gl - ?
Jacob [Schäffer] [...]ppria
Hofapotheker
Dres. 15. July 1697"

Aus: Rechnung des Apothekers an die Äbtissin Benada

Schubladen können an einem Bindfaden herausgezogen werden.
Im Hohlraum des Deckels lagen eine Gebrauchsanweisung und eine Rechnung des Apothekers an die Äbtissin Benada samt den zugehörigen 18 Rezepten. Demnach wurde die Apotheke im Mai und Juli 1697 nach den Verordnungen des „Herrn Leib Medico" aufgefüllt, wobei das Spektrum der Arzneimittel gegenüber den in der Gebrauchsanweisung beschriebenen geringfügig abweicht. Die Indikationen reichen von Erkältung und morgendlicher Übelkeit bis zu Lungenentzündung und Roter Ruhr. Die Rezepte spiegeln die Vielfalt des Arzneischatzes dieser Zeit: pflanzliche, tierische und mineralisch-chemische Komponenten werden genutzt und ungeachtet der differenten galenistischen bzw. chemiatrischen medizinischen Vorstellungen miteinander kombiniert.
Mehrere Arzneien sind auf ein weibliches Klientel zugeschnitten. Das „Pulver wieder die kalten Fieber" – die Malaria, die wie in allen Feuchtgebieten Europas auch in der nördlichen Oberlausitz endemisch war – enthält Chinaerde, die als Mittel gegen Malaria erst seit der Mitte des 17. Jh. im Schrifttum erwähnt wird. Im Gegensatz zu präparierten Perlen oder den aus der Signaturlehre begründeten roten Korallen (gegen Blutstürze) ist die Verwendung von Opium in der schmerzstillenden Essenz oder von Myrrhe im Zahnpulver noch heute üblich. Bemerkenswert ist ein „Elixier wieder die schwere Noth" (Epilepsie), zu dessen Einnahme Kirschwasser angeraten wird. Sonst wird empfohlen, die Medikamente mit Bier oder Wein einzunehmen. Neben solchen Spezifika finden sich zahlreiche „entgiftende" Mittel aus der klassischen Humuralpathologie: Abführ- und Brechmittel, die schweißtreibenden Bezoardica und „resolvierende" oder „eröffnende" Mittel, die die Ausscheidung der „materia peccans", der Krankheitsursache, erleichtern sollen.

Ein Vergleich der Rezepte mit der Gebrauchsanweisung läßt erkennen, daß einige Medikamente zur Behandlung der Äbtissin dienten (z. B. präparierte Krebsaugen, präpariertes Hirschhorn), andere offenbar selten gebraucht wurden, so daß sie einer Auffüllung nicht bedurften (z.B. Tinctur gegen die Schwindsucht). Die Apotheke war nicht lange in Gebrauch; bald nach dem Tod der Äbtissin Katharina Benada geriet sie in Vergessenheit.

unpubliziert

BG

3.21
Vier Glasflaschen mit Evangelistendarstellungen

Sächsisches Erzgebirge, 1678; hellgrünliches, leicht blasiges Glas, farbige Emailmalerei, Vergoldung; Zinnschraubverschluß. Abriß, an den Flaschen mit Markus und Johannes weiße Nummer „139 a, 139 b". H. 17,0–17,4 cm, Dm. (Boden) 9,0 cm. Flaschen mit Evangelisten Mattheus, Marcus, Johannes: St. Marienstern, Zisterzienserinnenabtei; Flasche mit Evangelisten Lucas: Dresden Privatbesitz.

In die Form geblasene Vierkantflaschen mit abgerundeter Schulter und Bodenkanten sowie eingestochenem Boden und aufgeschmolzenem Hals. An der Schulter umlaufende Goldborte, gerahmt von weißer Punktreihung. Auf der Vorderseite der vier Flaschen das Wappen der Äbtissin Katharina Benada (reg. 1664–1697), darüber die Bezeichnung „Catherina Benadin Abb: S.M.", darunter die Datierung „1678". Auf der Gegenseite der Wandung jeweils auf einer Flasche die Darstellung der vier Evangelisten mit der entsprechenden Be-

zeichnung: „S. MATTHEUS", in ein Buch schreibend und mit dem Engel; „S. MARCUS" mit beschriebenem Buch und dem Löwen; „S. LUCAS", mit Buch und Feder in den Händen und dem Stier; „S. JOHANNES" mit Kelch und Segensgestus und dem Adler. Die jeweils beiden Wandungsseiten werden durch gegenständig komponierte hohe Blattstauden mit großen Tulpen-, Nelken- und Rosettenblüten ausgeziert.
Die Mariensterner Apostelflaschen, die möglicherweise aus erzgebirgischen Glashütten stammten, dienten vermutlich als Reise- oder Aufbewahrungsbehältnisse für Weihwasser. Ihnen vergleichbar sind die bemalte Flasche von 1675 mit dem hl. Lukas (Prag, Kunstgewerbemuseum) mit Wappen, Allegorie des Feuers und des Herbstes, die opak hellblaue Flasche von 1682 mit dem hl. Markus nach der gleichen Stichvorlage (Prag, Kunstgewerbemuseum) und die Flasche von 1677 mit „Luna" auf der Mondsichel (Zittau, Städtische Kunstsammlung).

Lit.: Alt-Lausitzer Kunst 1935; Nr. 420 a, b; Haase 1988, Nr. 48–50.

GH/CLM

3.22

„Bitte gar demütig, ein Flaschel Branntwein mitzuschicken"

St. Marienstern, 1653; Brief an Herrn Hans Heurisch, geschrieben von Sr. Euphemia Böhm; Papier, Tusche. H. 24 cm, B. 19,5 cm. St. Marienstern, Zisterzienserinnenabtei.

Das Klosterleben konnte sehr ungemütlich sein, vor allem im Winter, wenn die Schwestern in tiefer Dunkelheit aufstanden und sich zum Frühgebet in der kalten Kirche einfanden. In den Wintermonaten stand am Eingang zum Chor stets eine Flasche Branntwein. Um die Übersendung einer solchen Flasche ersuchte die Priorin Euphemia Böhm († 1681) einen Lieferanten des Klosters: Es „ist der armen Nase so kalt, wenn sie aus der Metten kommt, daß sie möchte abfrieren, sie sehet wohl in allen Flaschen, ob davon ein Branntwein möchte vorhanden sein, findet aber nichts."

unpubliziert

MB

3.23

Schnupftabakdose

Frankreich, 19. Jh.; Horn, geschnitzt; Inschrift auf dem Deckel: „LA VIERGE A LA CHAISE". H. 1,6 cm, B. 4,3 cm, L. 7,7 cm. Görlitz, Städtische Sammlungen für Geschichte und Kultur.

Den Deckel der Schnupftabaksdose ziert ein Relief der Muttergottes mit dem Jesus- und dem Johannesknaben. Die Dose stammt vielleicht aus St. Marienstern – es ist bekannt, daß die Nonnen im 18. Jh. dem Schnupftabak zusprachen.
Die Mode des Tabakschnupfens war vom französischen Hof über die Residenzen des Adels und der Fürsten schließlich auch in Kirchen und Klöster gelangt. Gegen diese Unsitte erließ Papst Urban VIII. 1644 eine Bulle, die von Innozenz XII. (1691–1700) erneuert und verschärft wurde. Benedikt XIII. (1724–1730), selbst ein leidenschaftlicher Schnupfer, beschränkte das Verbot seiner Vorgänger auf die Dauer gottesdienstlicher Handlungen. Zudem bewies er merkantiles Geschick, indem er ein Monopol des Kirchenstaates auf Tabakfabrikation und -handel errichtete.

unpubliziert

HSS

Von den Glasbläsern Venedigs wurde in der Mitte des 16. Jh. neben bestimmten Gefäßformen und Verzierungen auch die Dekorationstechnik mit **Email- oder Schmelzfarben** übernommen. Von den Glashütten Böhmens wurde dann das Bild- und Dekorationsrepertoire des Emailglases entwickelt und verbreitet. Emailfarbe besteht aus einer glasähnlichen pulverisierten Farbsubstanz, die durch Terpentin oder ein anderes Bindemittel flüssig gemacht wird. Bei geringen Temperaturen wird sie in einem Schmelzofen auf die Oberfläche der schon fertigen Glasgefäße aufgeschmolzen. Der Vorgang wird in einem Traktat von 1780 so beschrieben: „ […] wärmet die gemahlten Gläser in dem Kühlhafen im Aschofen allmählig auf, leget sie im Aschofen auf ein Blech, damit der Sand nicht in das Gemählte hänge, hohlet das Glas, wenn es heiss satt, mit dem Hefteisen durch das kleine Loch aus dem Aschofen, hält es zwey oder dreymal in den Schmelzofen, dass die Farbe anschmelze, und sich mit dem Glase feste vereinige, und lässet alsdenn das Glas kunstmässig wieder erkalten." (Ludewig 1780, S. 74)

Nr. 3.23

Vivat Domina!

Klosterherrschaft, Klosteruntertanen

Nr. 3.24

Der 1. September 1800 war ein großer Tag für die Klosterstadt Bernstadt. Die Domina selbst, die neugewählte Äbtissin Vincentia Marschner, stattete ihren Antrittsbesuch ab. Die Bürgergarde salutierte, Gewehrsalven donnerten, Schulkinder, mit Kränzen geschmückt, trugen Gesänge und Gedichte vor. In feierlicher Zeremonie legten die Honoratioren der Stadt und die Vertreter der umliegenden Dörfer den Gehorsamseid ab. Am Abend wurde in der Kirche eine Huldigungskantate aufgeführt. Die hochwürdige Äbtissin zeigte sich gnädig: Drei Wochen lang durchreiste sie ihre Besitzungen auf dem Eigen, empfing Gesandtschaften der Bürger und Bauern, bestätigte Privilegien und nahm Huldigungen entgegen.

Jahrhunderte lang gehörte das Kloster St. Marienstern zu den mächtigsten Herrschaften der Oberlausitz. Die Äbtissin gebot über rund 60 Dörfer und 2 Städte (Wittichenau und Bernstadt). Ihr „weltlicher Arm" war der Klostervogt. Er vertrat das Kloster in Geschäften, bei Prozessen und auf den Versammlungen der Oberlausitzer Stände. Ihm unterstand eine Schar von Klosterbeamten: der Syndicus, der Sekretär, der Landreiter, etliche Schreiber, Amtsboten, Gutsverwalter und Förster. Der Vogt hielt Gericht über die Untertanen des Klosters und erließ Dorfordnungen, die das Leben der Bauern bis ins Detail regelten. Auch die „hohe Gerichtsbarkeit", bei der es um Leib und Leben ging, stand dem Kloster zu. Todesurteile wurden auf dem Galgenberg bei Crostwitz vollstreckt, zuletzt im Jahre 1804.

3.24

Ehrenpforte für Äbtissin Vincentia Marschner

Oberlausitz, 1818; Aquarell auf Papier; H. 48 cm, B. 57,5 cm. St. Marienstern, Zisterzienserinnenabtei, Archiv.

Als am 15. September 1818 die Äbtissin Vincentia Marschner ihren Besitzungen auf dem Eigen einen Besuch abstattete, wurde sie in Bernstadt mit einer Ehrenpforte empfangen: Auf einer kulissenartigen Festarchitektur prangte dort ihr umkränztes Wappen. Ein zweites Aquarell zeigt die Rückseite des Torbogens mit einer dem sächsischen Regenten Friedrich August dem Gerechten gewidmeten Inschrift: „Gott segne den König / Aus Ehrfurcht, Liebe und Dankbarkeit."
Regelmäßig bereiste die Domina und Abbatissa von St. Marienstern die Dörfer und Städte ihres Herrschaftsgebietes, besichtigte die Wälder und Kirchen, bestätigte die Amtsvertreter und erledigte anstehende Geschäfte. Ihre Besuche gaben stets Anlaß zu Festlichkeiten, so besonders zu den traditionellen Huldigungsfeierlichkeiten bei der Amtseinführung. Bei ihrem Besuch auf dem Eigen im September 1818 wurde ihr zu Ehren in Schönau eine Festmusik in der Kirche aufgeführt, die der Schullehrer für sie komponiert hatte; danach verweilte sie bei dem evangelischen Pastor.

unpubliziert

MW

3.25

Emblembild auf Cordula Sommer

Ferdinand Siegfried Philippi (?), um 1720–1730; Öl auf Leinwand; schwarzer Profilrahmen mit geflammter Innenleiste. H. 95 cm, B. 66,5 cm; Rahmen: B. 8,5 cm. Restaurierung: 1998 – Friedbert Kühn (Dokumentation). St. Marienstern, Zisterzienserinnenabtei.

Im Kranz um die Darstellung der hl. Cordula angeordnet, verherrlichen sieben ovale Medaillons mit emblematischen Bildern die Herrschaft von Cordula Sommer. Sie hat als eine der bedeutendsten Persönlichkeiten in der Reihe derAriensterner Äbtissinnen zwischen 1710 und 1746 durch ihre rege Bautätigkeit die barocke Erscheinung des Klosters geprägt. Möglicherweise war das Bild eine Gabe zum 50jährigen Profeßjubiläum der Äbtissin 1724.
Die lateinischen Embleme mit Bild (Pictura), Motto (Inscriptio) und erklärendem Vers (Subscriptio) spielen mit den Namen Cordula Sommers. Ausgangspunkt ist die hl. Cordula, ihre Namenspatronin, die nach der Legende als Gefährtin der hl. Ursula einen Tag nach dem Martyrium ihrer Begleiterinnen den Tod gefunden hatte. Ihr vom lateinischen „cor" (Herz) abgeleiteter Name wird in vielfältiger Beziehung zum „Marienstern" gesetzt. Auf Maria verweisen auch Rosen, Tulpen und Gänseblümchen am Rand, die sich darüberhinaus auch auf den Familiennamen Sommer beziehen.
Text- und Bildautor waren zweifellos von den im Barock überaus beliebten Emblembüchern beeinflußt, beispielsweise von Georgia Montaneas „Monumenta emblematum christianorum virtutum" von 1571, auf den das Bild des Magneten, der ein Herz an sich zieht, zurückgeht. Die Verse könn-

ten von Franz Christoph Schwarzbach, Pfarrer in Königshain (einer Patronatsgemeinde von St. Marienthal), stammen, dessen Name auf der umgeklappten Spannkante des Bildes steht und der vielleicht auch Donator des Gemäldes war. Als Maler kommt Ferdinand Siegfried Philippi (†1736) aus Schweinerden in Betracht, ein Schwager der Äbtissin Ottilia Hentschel, der im Auftrag von Cordula Sommer zahlreiche Gemälde zur Ausschmückung des Klosters geschaffen hatte.

Lit.: Hesse 1998 (mit Beschreibung und Erläuterung der Embleme)

MW

3.26
Zeremonienschuhe der Äbtissin

Oberlausitz, Mitte 18. Jh.; vernähte Ledersohle mit Absatz, blaue Seide, Brokatstickerei mit Silberdrahteinfassungen und aufgenähten Goldblättchen, H. 12 cm, B. 27 cm, T. 12 cm. St. Marienstern, Zisterzienserinnenabtei.

Zur Auszeichnung des Pontifikalamtes – der Meßfeier, die von einem Bischof oder einem Abt gehalten wurde – trägt der Zelebrant zu seinem feierlichen Gewand, den Handschuhen und übrigen Insignien auch besondere Schuhe. Sie waren zunächst schmucklos ausgeführt, seit dem späten Mittelalter aber zunehmend mit kostbarer Stickerei gestaltet. In Anlehnung an solche liturgische Fußbekleidung ließ sich eine Äbtissin von St. Marienstern im mittleren 18. Jh. Schuhe für festliche Anlässe anfertigen. Sie wurden bei der Profeß und bei Huldigungsfeierlichkeiten getragen, zuletzt, soweit bekannt, von Äbtissin Benedicta Göhler (reg. 1830–1866). Der gute Erhaltungszustand zeigt, daß die Schuhe ihre praktische Funktion nur selten erfüllten.
Das volkstümliche Blumenornament und die Technik der Stickerei tritt ähnlich auch auf barocken Kaselteilen und anderen liturgischen Textilien in St. Marienstern auf: es dürfte sich also um eine Klosterarbeit handeln.

Lit. Schellakowsky 1931, S. 34.

MW

3.27
„Das beglückte Bernstadt" – Untertanen gratulieren ihrer Äbtissin

1. Geburtstagsgedicht auf Äbtissin Katharina Benada, von Pater Eugen Haumann, Mönch in Neuzella, 1666. Büchlein mit Pappeinband, fadengebunden, 16 Bll., H. 19 cm, B. 16 cm.
2. „Das beglückte Bernstadt". Gratulationsgedicht auf die Wahl der Äbtissin Ottilia Hentschel von Johann Georg Gerber, stud. theol., 4. 11. 1697, gedruckt bei Michael Hartmann, Zittau. 1 Bl., H. 30 cm, B. 39,5 cm.
3. Geburtstagsgedicht für Clara Trautmann, von Pastor Johann Gottfried Jordan und Diakon Benjamin Traugott zu Bernstadt, 23. 8. 1773, gedruckt bei Benjamin Franken, Zittau. 1 Bl., H. 28 cm, B. 36 cm.
4. Gedicht zum Namenstag der Äbtissin Bernharda Kellner, von M. Johann Christian Gretschel, 20. 8. 1791, gedruckt in Burkau, 1 Bl., H. 25,5 cm, B. 38,5 cm.
St. Marienstern, Zisterzienserinnenabtei, Archiv.

Das Klosterarchiv bietet eine Fülle von Zeugnissen untertänlicher Huldigung für die Äbtissinnen von St. Marienstern, die jahrhundertelang zu den mächtigsten Gewalten und angesehensten Persönlichkeiten der Oberlausitz zählten. Neben standartisierten Huldigungsformeln der Lehnsleute, Vertreter der Dorfschaften, der Obrigkeiten und Zünfte in den Klosterstädten Bernstadt und Wittichenau finden sich seit dem späten 17. Jh. persönlich gefärbte Gruß- und Gratulationsschreiben. Gewöhnlich in Gedichtform, wurden sie gedruckt und als fliegende Blätter verbreitet. Anlaß boten der Amtsantritt einer Äbtissin, ihr Amtsjubiläum und persönliche Festtage (wobei dem Namenstag ein höherer Rang zukam als dem Geburtstag). Meist Geistliche, auch der protestantischen Konfession, gaben hier ihr Bestes, und nicht immer hielt das Versmaß mit den überschwenglichen Gefühlen der ländlichen Dichter Schritt.

unpubliziert

MB

3.28

St. Marienthal und seine Stiftsdörfer

Oberlausitz, vor 1740; Öl auf Leinwand. H. 100 cm; B. 125 cm; Rahmen B. 8,5 cm. St. Marienthal, Zisterzienserinnenabtei.

Das Gemälde zeigt aus der Vogelperspektive Kloster St. Marienthal und seine Stiftsdörfer in hügeliger Landschaft unter dem Wappen der Äbtissin Theresia Senfftleben. Der Gedenkstein im Vordergrund trägt die nachträglich ergänzte Inschrift: „Der Hochwürdigen / Jungfrauen Frauen Theresia / Senfftlebin Abbatissin, zu Ihrem / Hohen Nahmens=tag / Praesentieret L. Joseph Maletz / Ord. Cisterc: zu Plaß / Profess: allhier ins 24. Jahr unwürdiger Probst. 1737-1753". Das Gemälde ist ein Geschenk Joseph Maletz' an die Äbtissin Theresia Senfftleben zu ihrem Namenstag. Maletz kam aus dem böhmischen Zisterzienserkloster Plaß und wirkte zwischen 1714 und 1740 als Propst in St. Marienthal. Während der Amtszeit der Äbtissin wurden die Stiftsdörfer durch die schlesischen Kriege stark in Mitleidenschaft gezogen. Ihr Hauptbemühen galt dem Ausbau dieser Dörfer und der bereits unter ihren Vorgängerinnen begonnenen barocken Umgestaltung des Klosters.

Lit: Zisterzienserinnenabtei St. Marienthal 1982, S. 37.

HSS

Vielfalt und Toleranz – die Lausitz in der Neuzeit

Gästehaus

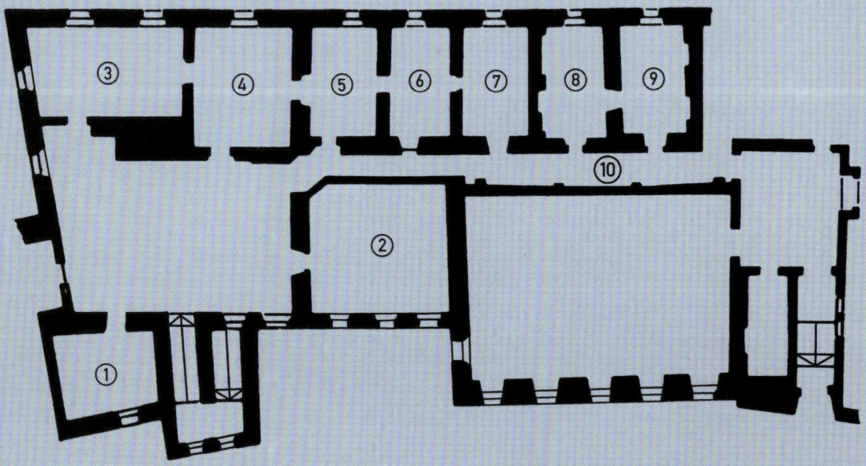

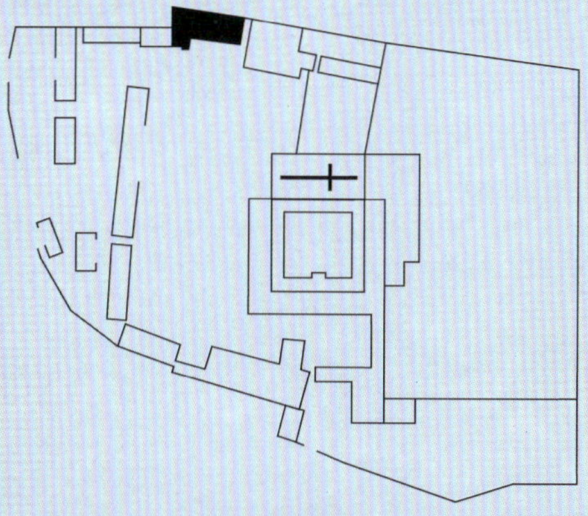

1. Die Oberlausitz – fast ein Freistaat
2. Die Reformation in Sachsen
3. Reformation und alter Glaube in der Oberlausitz
4. Im Umbruch – Konfessionen, Krisen, Konfrontationen
5. Das Kloster und der Dresdner Hof
6. Böhmen in der Lausitz
7. Volksfrömmigkeit, Wallfahrt und Klosterkunst
8. Aus der Lausitz in die Welt
9. Bürgertum, Aufklärung und der Weg in die Moderne

Die Oberlausitz – fast ein Freistaat

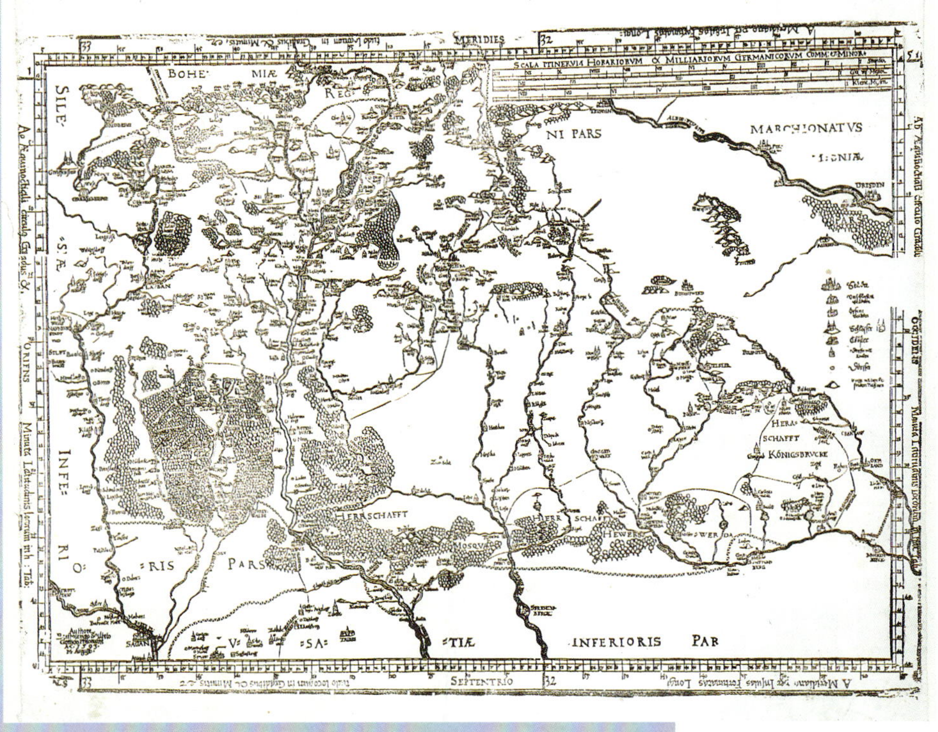

Nr. 4.1

Die historische Oberlausitz ist das Land zwischen der Pulsnitz und dem Queis. Ihr östlicher Teil gehört heute zu Polen, der Hauptteil des Landes zum Freistaat Sachsen. In der Geschichte war die Oberlausitz eine Drehscheibe europäischer Kulturen: zwischen Deutschen und Sorben, zwischen Sachsen, Böhmen und Schlesien. Politisch ist das Land erst seit dem Dreißigjährigen Krieg mit Sachsen verbunden, zuvor war es ein Nebenland des böhmischen Königs. Die Lausitzer des Mittelalters schauten vor allem nach Prag. Aber: der König ließ sich durch seinen Vogt in Bautzen vertreten und kümmerte sich wenig um die Verhältnisse im Land.

Die Schwäche der Landesherrschaft eröffnete regionalen Gewalten viel Spielraum zur freien Entfaltung. Kaum anderswo in Deutschland waren die Städte so ungebunden in ihrem politischen Handeln und herrschte der Adel so unbeschränkt auf seinen Gütern wie in der Oberlausitz. Im 14. Jh. machte sich das Fehlen einer zentralen Ordnungsmacht schmerzlich bemerkbar. Raubritter verunsicherten die Straßen, das Land drohte in Anarchie zu versinken. Die sechs Oberlausitzer Städte – Görlitz, Bautzen, Zittau, Kamenz, Löbau und Lauban – schlossen sich 1346 zusammen, um gemeinsam die öffentliche Ordnung wiederherzustellen und die Raubnester des Adels zu brechen. Mit Duldung und Förderung des böhmischen Königs übernahmen die Städte staatliche Ordnungsfunktionen und Aufgaben der Rechtspflege, die der Landesherr nicht wahrnehmen konnte. Erst im 16. Jh. gelang es dem Adel, die Vorherrschaft der Städte zu brechen.

Dreimal im Jahr trat in Bautzen der Landtag zusammen, der sich aus Vertretern der Städte, des Adels und der geistlichen Herrschaften zusammensetzte. Der Landtag hatte gegenüber dem Landesherrn eine starke Stellung: Er stellte über lange Perioden in der Geschichte die eigentliche Regierung dar. Als die Oberlausitz 1635 an Sachsen kam, mußte Kurfürst Johann Georg I. die Vorrechte der Stände anerkennen. Die Oberlausitz blieb eine Ständerepublik mit weitgehender Autonomie. Erst im 19. Jh. wurde sie vollständig in den sächsischen Staatsverband integriert.

4.1
Lusatiae Superioris tabula chorographica. Landtaffel des Marggrafthumbs Ober Lausitz

Bartholomäus Scultetus, Görlitz: Scharfenberg, 1593; Holzschnitt. H. 50 cm, B. 36,5 cm. Görlitz, Städtische Sammlungen für Geschichte und Kultur, Inv. Nr. Kt. VII 39. 3.

Die „Landtafel der Oberlausitz" ist links unten bezeichnet mit „Authore Bartholomaeo Sculteto Gorlicio Philomathe A[nno] C[hristi] 1593 M[ense] Augusto" (vgl. zu Bartholomäus Scultetus Nr. 4.33). Am Rahmen weisen ein Schneidmesser und die Buchstaben NS auf den Formschneider hin, wohl ein Mitglied der böhmisch-schlesischen Künstler- und Druckerfamilie Scharfenberg. Die Karte ist nicht genordet. Längen-, Breitengrade und Entfernungen sind auf den Rand- und den rechts oben eingefügten Maßstabsleisten bezeichnet. Der Maßstab schwankt zwischen 1 : 256.000 (nach den Breitengraden) und 1 : 271.000 (nach den Längengraden). Die Meßgenauigkeit der Karte nimmt ab, je weiter die Angaben von Görlitz entfernt sind. Sieben unterschiedliche Darstellungen für Siedlungsgrößen weist eine Legende aus. Häufungen oder Vereinzelungen von Bäumen und „Maulwurfshügeln" kennzeichnen Wälder und Gebirge. Flüsse sind bezeichnet, Bäche bleiben namenlos, Straßen fehlen. Die Herrschaftsgrenzen sind deutlich dargestellt und benannt.
Die Karte entstand im Auftrag der Oberlausitzer Landstände, nachdem Scultetus sich bereits 1568 durch eine „Landtafel der Markgraftümer Lausitz und Meißen" einen Namen gemacht hatte. Finanzielle Förderung durch Ritterschaft und Stände der Oberlausitz ermöglichten es Scultetus, Reisen zu Vermessungs- und Observationszwecken zu unternehmen. Mit dem Eintrag der deutsch-sorbischen Sprachgrenze durch eine punktierte Linie legte Scultetus die erste deutsche Sprachgrenzenkarte vor. Die Kenntnisse über deren Verlauf dürfte Scultetus seinen Verbindungen zu Pfarrern, Bürgermeistern und Gutsherren verdankt haben.
Die Karte der Oberlausitz gehört zu den im 16. Jh. zahlreich erschienen kleinmaßstäbigen Karten. Meist waren die Verfasser Mathematiker oder Astronomen, die Karten häufig in Eigeninitiative fertigten. Der Druckstock der Scultetus-Karte wird ebenfalls in Görlitz aufbewahrt.

Lit.: Gräve 1824, S. 455–505; Jancke 1861, S. 280–285; Baumgärtel 1891, S. 247–250; Beschorner 1902, S. 297–318; Hantzsch 1905, Tafel XVI, S. 6; Koch 1910, S. 1–80; Henschel 1932, S. 114–146; Reuther 1953, S. 154–172; Reuther 1955/1956, S. 1133–1161; Reuther 1957, S. 61–65; Kursachsens Karten 1986, S. 13; Kursächsische Kartographie 1990, S. 243–244; Schlesier des 15. und 16. Jh. 1990, S. 46–55; Kartensammlung 1997, S. 237.

AK

4.2
Der heilige Wenzel

Böhmisch, 3. Viertel 14. Jh.; Sandstein, vollrund, die Rückseite nur teilweise bearbeitet, Loch zur Aufnahme eines Befestigungsankers, ehemals farbig gefaßt, Schwertscheide abgebrochen, rechter Arm verloren. H. 125 cm; Zittau, Städtische Museen, Inv. Nr. 10631/32241 (Leihgabe in der Burg- und Klosteranlage Oybin).

Die enge Verbindung der Oberlausitz im Mittelalter mit Böhmen zeigt die einstige Anwesenheit des böhmischen Nationalheiligen Wenzeslaus an der Fassade der Zittauer Hauptkirche St. Johannis. Dargestellt ist der junge Herzog Wenzel im Typus eines mittelalterlichen Ritters mit Plattenrüstung, Adlerschild, Schwert und der Herzogskrone auf dem Kopf. Zusammen mit einer Skulptur der hl. Katharina (Zittau, Städtische Museen) gehörte er zu einem Figurenzyklus an den südseitigen Strebepfeilern des dreischiffigen Baus aus dem 14. Jh., der nach 1485 umgebaut und nach dem österreichischen Bombardement von 1757 durch die heutige, erst 1837 vollendete Johanniskirche ersetzt wurde.

Der **Heilige Wenzel** wurde um 910 als Sohn des böhmischen Herzogs Wratislaus I. und Enkel der hl. Ludmilla geboren. Als christlicher Herzog förderte er den Anschluß Böhmens an das deutsche Kaiserreich und setzte sich für eine Christianisierung des Landes ein, wurde aber nur wenig später im Jahre 935 (oder 929) von seinem Bruder Boleslaus, Anführer einer aufrührerisch-national gesinnten Partei, ermordet. Bereits wenig später rehabilitiert, wurde sein Leichnam in den Veits-Dom überführt und ihm zu Ehren die Wenzelskapelle errichtet. In kurzer Zeit entwickelte er sich zum Landespatron Böhmens.

Zittau spielte seit dem 13. Jh. durch seine Lage zwischen Böhmen, Oberlausitz und Schlesien eine wichtige Rolle für das böhmische Königshaus. Das Land Zittau gehörte zum Bistum, später Erzbistum Prag. Mit Münzstätte und Landgericht ausgestattet, war Zittau königliche Stadt. Die beiden Steinskulpturen der Johanniskirche widerspiegeln die historischen Verhältnisse: Stilistisch stehen sie böhmisch-mährischen Werken nahe, die nach der Mitte des 14. Jh. – vor Ankunft der Parler in Prag – entstanden sind und österreichische sowie schlesische Prägung aufweisen.

Lit.: Gurlitt BKD 1907, S. 2 f.

HSS

4.3
Böhmische und brandenburgische Brakteaten in der Oberlausitz

1.) König Wladislaus II. (1158–1173): VATIILAVS REX über Mauer mit Tor; darüber Hüftbilder des Königs mit Lilienzepter und der Königin mit Körbchen, einander zugewandt; links und rechts ein Turm; oben zwei Sterne und zwei Punkte. Dm. 2,88 cm, 0,77 g, Provenienz: Rodewitz 15.
2.) Entstellte hebräische Umschrift; unter Dreibogen die Hüftbilder des Königspaares, einander zugewandt; dazwischen Lilie. Dm. 3,23 cm, 0,88 g, Provenienz: Rodewitz 16.
3.) König Přemysl Ottokar I. (1192–1230): Frontal sitzender König mit Schwert und Fahne. Dm. 4,06 cm, 0,95 g. Provenienz: Grünroda 11.
4.) König Wenzel I. (1230–1253): Frontal sitzender König mit Schwert und Fahne. Dm. 3,94 cm, 0,79 g.
5.) König Přemysl Ottokar II. (1253–1278): O T C V L H (auf dem Rand); gekrönter Kopf von vorn in Zackeneinfassung. Dm. 3,92 cm, 0,77 g, Provenienz: Reutnitz 1.
6.) Markgraf Albrecht III. (1269–1300): A V A V A V (auf dem Rand); Topfhelm von links mit gesträubtem Adlerflug als Helmschmuck. Dm. 3,82 cm, 0,85 g.
7.) Unbestimmter Markgraf von Brandenburg: Schreitender Hahn. Dm. 4,18 cm, 0,92 g.
Dresden, Staatliche Kunstsammlungen, Münzkabinett, Nr. 3620 (1.), Nr. 3621 (2.), 2322 (3.), 2347 (4.), 2468 (5.), 2451 (6.), 2389 (7.).

1158 kam die Oberlausitz als Reichslehen an die Herrscher von Böhmen. Folgende böhmische Herzöge und Könige prägten Oberlausitzer Münzen: Wladislaus II., Sobieslaus I. oder Sobieslaus II., Wenzel, Přemysl Ottokar I., Wenzel I., Přemysl Ottokar II. und Wenzel II. Die Münzen wurden nach Meißner Vorbild in der Münzstätte Bautzen geschlagen. 1253 kam die Oberlausitz als Pfand an die askanischen Markgrafen von Brandenburg. Lediglich das Zittauer Land verblieb bei Böhmen. Die böhmischen Könige mußten um 1253/1255 in Zittau eine neue Münzstätte einrichten, die um 1300 bei Einführung der Prager Groschenwährung im Zuge der Zentralisierung der Münzprägung durch König Wenzel II. nach Kuttenberg (Kutnáhova) verlegt wurde. Die brandenburgischen Markgrafen übernahmen die Münzstätte in Bautzen und eröffneten 1268 eine weitere in Görlitz.
Die böhmischen und brandenburgischen Brakteaten – ganze und halbe Pfennige – folgen in Stil und äußerer Beschaffenheit den markgräflich-meißnischen. Als Münzbild verwendeten die böhmischen Könige den sitzenden gekrönten Landesherrn mit unterschiedlichen Attributen in den Händen. Die brandenburgischen Brakteaten zeigen Wappenbilder – Adlerflug, Hahn, Helm, Halbmond, Sterne und Pflanzen. Beiden ist eine glatte, glänzende Oberfläche eigen.

Lit.: Schwinkowski 1909, S. 34 (3.); Buchenau/Pick 1928, S. 108/9 (1., 2.); Haupt 1954, S. 538/22 (4.), 551/1 (7.), 558/1 (6.), 559/1 (5.)

PA/WH

4.4
Siegel böhmischer Könige

1.) König Johann von Böhmen, Siegel von 1330: Ritter mit Topfhelm auf galoppierendem Pferd; in den Händen Schwert, in der linken den Schild. Umschrift: „JOHANNES DEI GRATIA REX BOEMIE AC LUXEMBURGENSIS COMES." Dm. 9,5 cm.
2.) König Karl IV., Siegel von 1350: König auf Thron mit Zepter und Reichsapfel; rechts vom Thron der Schild mit dem Reichsadler, links der Schild mit dem böhmischen Löwen. Umschrift: „KAROLUS DEI GRACIA ROMANORUM REX SEMPER AUGUSTUS ET BOEMIE REX". Dm. 10,0 cm.
3.) König Wenzel, Siegel von 1374: König auf Thron mit Zepter und Reichsapfel; rechts der Schild mit dem böhmi-

schen Löwen, links Schild mit dem Adler Brandenburgs; zu Füßen die Wappen Schlesiens, der Lausitz und des Landes Bautzen. Umschrift: „WENZELSLAUS DEI GRACIA BOEMIE REX BRANDENBURGENSIS MARCHIO LUCEBURGEN SLEZIE ET LUSACIE DUX“. Dm. 11,0 cm.

4.) König Ladislaus von Böhmen und Ungarn, Siegel von 1454: Mittig das Königswappen Ungarns und Böhmens umgeben von den Wappen Österreichs, Schlesiens, Luxemburgs und Brandenburgs. Umschrift: „LADISLAUS DEI GRACIA UNGARIE ET BOHEMIE REX“. Dm. 9,0 cm.

5.) König Mathias Corvinus von Böhmen und Ungarn, Siegel von 1474: Mittig das Königswappen Ungarns und Böhmens, umgeben von weiteren Herrschaftswappen und dem Patriarchenkreuz mit doppeltem Querbalken; Umschrift verdorben. Dm. 9,5 cm.

Alle St. Marienstern, Zisterzienserinnenabtei.

Lit.: Posse 1909, Bd. I, 49,2 (1.); Posse 1910, Bd. II, 1,5 (2.); 7,6 (3.); Siebmacher 1981, Bd. 2 (4.)

CH

Die Oberlausitzer Stände
Ein „Stand" hatte das Recht, unmittelbar Einfluß auf die Entscheidungen des Königs oder Landesherrn zu nehmen. Als Stand konnten Einzelpersonen aus dem Adel, aber auch Vertreter wichtiger Städte und geistlicher Herrschaften auftreten. Die Reichsstände fanden sich auf den Hof- und Reichstagen der Könige und Kaiser ein. Ein wichtiges Vorrecht der Ständeversammlungen bestand in der Mitbestimmung bei der Erhebung von Steuern.
Die Oberlausitzer Stände setzten sich aus zwei Gruppen („Bänken") zusammen: Dem „Land" gehörten die Mitglieder der Ritterschaft, das Domstift Bautzen und die Klöster an. Die Gruppe „Stadt" setzte sich aus den Vertretern der seit 1346 verbündeten Städte Bautzen, Görlitz, Zittau, Kamenz, Löbau und Lauban zusammen. Die Stände stellten die eigentliche Regierung der Oberlausitz dar. Dreimal im Jahr fanden die ordentlichen Versammlungen statt. Außerordentliche Landtage konnten von der Landesherrschaft einberufen werden.

4.5

Kaiser Sigismund

Oberlausitz, unter böhmischem Einfluß, um 1460; Öltempera auf Fichtenholz. Inschrift in gotischen Kürzeln unter dem Porträt: „Tu pius et justus quondam res maximus orbis, laudibus eternis nunc, Sigismunde, nites" (Du frommer und gerechter einstmals größter König des Erdkreises, Sigismund, sollst von nun an in Ewigkeit hochgelobt glänzen). H. 75 cm, B. 46,3 cm. Restaurierung: 1960 – Alfred Heese (Dokumentation). Aus dem Görlitzer Rathaus, seit 1908 in den Städtischen Kunstsammlungen, Görlitz, Städtische Sammlungen für Geschichte und Kultur Inv. Nr. 233-72.

Der Görlitzer Oberstadtschreiber und Bürgermeister Johannes Haß überliefert in den Ratsannalen 1536, daß der Görlitzer Rat „aus solcher erkanther liebe" Kaiser Sigismund hat „abcontirfeyn lassen vnd zu einem langen gedencknus ires frommen herns jn die ratsstube hengen lassen". Görlitz war dem Kaiser eng verbunden. Sigismund gelangte 1378 in den Besitz der Markgrafschaft Brandenburg, 1387 wurde er König von Ungarn, 1410 zum deutschen König gewählt und 1414 gekrönt. 1419 fiel ihm das Königreich Böhmen mit seinen Nachbarländern Mähren, Schlesien, Ober- und Niederlausitz zu. Damit war er bis zu seinem Tod 1437 auch Herr über Görlitz. Seit 1431 Herrscher über Italien und 1433 Kaiser, versuchte Sigismund, den Zerfall der Kirche aufzuhalten. Er hatte 1415 Jan Hus hinrichten lassen und kämpfte in der Folge gegen die Hussiten. Görlitz stritt beharrlich an seiner Seite. Dafür stellte der Kaiser der Stadt 1433 einen Wappenbrief aus – der damals verliehene gespaltene Schild mit Reichsadler, böhmischem Löwen und der Kaiserkrone dazwischen ist noch heute Stadtwappen. Das für den kleinen Sitzungssaal des Rathauses geschaffene Sigismundbild war ein Gestus devoter Dankbarkeit. Sigismund war der erste Kaiser, der von Zeitgenossen porträtiert worden war – u.a. von Pisanello und Konrad Witz. Das Görlitzer Bildnis entstand erst postum nach einer älteren Vorlage. Charakteristisch für den Porträtierten war die auch hier wiedergegebene Biberfellmütze, die seinen kahlen Schädel verbarg. Der plastische Edelsteinbesatz auf der gemalten Kleidung, die büstenförmige Darstellung und die Punzierung des vergoldeten Rahmens weisen auf die böhmische Tafelmalerei des mittleren 15. Jh.

Lit.: Bucher 1953, S. 28 f., 186, Nr. 7; Lemper 1961, S. 36–41; Zigmond és kora a müveszetbam 1987; Lemper 1988, S. 91–93.

EHL

4.6

Gründungsurkunde des Lausitzer Sechsstädtebundes

Ausfertigung für die Stadt Kamenz, 1346; H. 19,3–20,2 cm, B. 31,1–32,2 cm, Siegel Dm. 6 cm. Görlitz, Städtische Sammlungen für Geschichte und Kultur.

Der Vertrag zwischen den Städten Löbau, Görlitz, Zittau, Bautzen, Lauban und Kamenz steht in einer Reihe von Städtebündnissen wie dem Rheinischen Bund von 1254 oder dem Bündnis der Städte Altenburg, Chemnitz und Zwickau aus dem Jahr 1290. Das Lausitzer Bündnis sollte Rechtssicherheit und Frieden schaffen in einem Gebiet, das nominell den böhmischen Königen zugehörig war, durch seine Randlage aber sich selbst überlassen blieb. Dieser Raum ohne zentrale Herrschergewalt wurde von den Städten ausgefüllt, die auf eigenes Betreiben gegen das Unwesen von „Räubern und anderen bösen Leuten" vorgingen. Damit war in erster Linie der Adel gemeint, der den freien Handel der Städte behinderte. Der Sechsstädtebund wurde zur alleinigen Ordnungskraft in der Lausitz. Er diente städtischen Interessen und war zugleich die stärkste Stütze des böhmischen Königs. Der königliche Landvogt, Hans von Worganowitz, war auch am Zustandekommen des Lausitzer Bundes beteiligt. Trotz der Übermacht des Adels auf den Lausitzer Landtagen dominierten die Bündnisstädte die Region so

deutlich, daß die Lausitz auch als „Sechsstädteland“ oder „Sechslande“ bezeichnet wurde. Die Stadtbevölkerung umfaßte zwar nur 17% der Einwohnerschaft der Lausitz, doch war ihr Vermögen fast ebenso groß wie das der Landbevölkerung.

Lit.: Wilhelm 1996; Czok 1997; Blaschke 1997.

CH

4.7
Konventspokal des Sechsstädtebundes

Nordböhmen (wahrscheinlich Haida/Nový Bor), um 1680, Fuß: letztes Viertel 19. Jh.; Glas mit Emailmalerei, Reste einer Vergoldung, Standfuß Holz, gedrechselt. H. 45,5 cm, Fuß Dm. 12 cm, Kuppa Dm. 11,5 cm. Löbau, Stadtmuseum.

Die zylindrische Gefäßwandung gliedern vergoldete Bänder in zwei Zonen zu je drei Feldern, in denen sich die Wappen der Sechsstädte in bezifferter Rangfolge befinden. Die Ziffern geben den Rang innerhalb des Bundes an. Das Lippenband ist vergoldet, geschuppt und mit weiß-schwarzen Punkten besetzt.
Wappen gehören zum beliebtesten Dekor von Emailgläsern; Pokale mit mehreren Wappen

Die Sechsstädte – einig im Zwist

So einig sich die Städte des Oberlausitzer Bundes in ihren Auseinandersetzungen mit dem Adel waren, so groß waren ihre Differenzen untereinander. Besonders Görlitz und Zittau waren einander nicht grün. In der 2. Hälfte des 14. Jh. kam es zu Streitigkeiten wegen des Rechts der Waidniederlage (Waid = blauer Farbstoff zum Färben von Tuch); am Ende des 15. Jh. brach die „Bierfehde“ aus. Ihr Verhalten in diesen Konflikten brachte den Zittauern und den Görlitzern die wenig schmeichelhaften Beinamen „Kühetreiber“ und „Wendehüte“ ein. Im 17. und 18. Jh. bemühte man sich um eine positive Würdigung der Partner im Städtebund, legte gleichwohl Wert auf Abgrenzung. Der Pfarrer und Heimatforscher Christian Gottlob Gerber (1686–1764) schrieb auf, was man zu seiner Zeit über die Sechsstädter dachte: „Die Bürger oder Einwohner in Bautzen würden gelobet wegen ihrer Freundlichkeit; die Görlitzer wegen ihrer Gravität und Ernsthafftigkeit; die Zittauer wegen ihrer Höflichkeit; die Laubaner wegen ihres Fleißes und Emsigkeit, die Löbauer wegen ihrer Frugalität und Müßigkeit.“

(Stammbäume, Regierungsverbände) sind jedoch selten erhalten. Vorbild für den Konventspokal sind wohl die im 17. Jh. verbreiteten Kurfürstenhumpen, die Kaiser und Kurfürsten als ordnungsstiftende Rechtsträger des Reiches zeigen. Abgewandelt zeigt der Konventspokal die Städte als Träger der Staatlichkeit.
Die Anfertigung des Löbauer Pokals wurde in der Sitzung des Sechsstädtebund-Konvents am 21. November 1679 beschlossen. Das Gefäß diente dem abschließenden Umtrunk der Städtevertreter am Ende der Tagungen. Die letzte fand am 23. September 1814 statt, danach löste sich der Bund durch den Übergang der Stadt Görlitz an Preußen in Folge des Wiener Kongresses auf. Angeblich soll bei dieser letzten Zusammenkunft der Glasfuß zerbrochen sein. Der später ergänzte balusterartige Fuß entspricht vermutlich der ursprünglichen Form, die für solche Gläser durchaus üblich war.

Lit.: Löbauer Journal 1996.

WF/GH

4.8
Lausitzische Merkwürdigkeiten

Lausitzische Merkwürdigkeiten Darinne Von Beyden Marggrafthümern in fünff unterschiedenen Theilen Von den wichtigsten Geschichten, Religions= und Kirchen= Begebenheiten, Regiments=Verfassung, Beschaffenheit der Schulen und LITERATUR, Landes=Art und Fruchtbarkeit, wie auch Gewerben, Handthierungen und Commercien, ... Samuel Großer, Verleger: Daniel Richter, Druck: Immanuel Tietzen, Leipzig, Budißin, 1714. Pergamentband. Auf dem Einband Initialen: C. F. H. Z. W. O. 1715. H. 34,2 cm, B. (offen) 41 cm. Dresden, Sächsische Landesbibliothek, Staats- und Universitätsbibliothek, Hist. Sax. F. 3.

Das Werk gehört zu den für das späte 17. bzw. 18. Jh. typischen umfassenden Landesbeschreibungen. Die fünf Hauptteile referieren die politische Geschichte der Lausitz bis 1635, die Kirchengeschichte, den zeitgenössischen politischen Zustand, Literatur und Bildungswesen sowie die geographische und ökonomische Situation. Neben dem Titelkupfer bringt der Band Karten der Ober- und Niederlausitz sowie Ansichten der wichtigen Städte, so die Ansicht Bautzens von J. G. Mentzel (Nr. 4.154). Der Autor, Samuel Großer (1664–1736) war Rektor des Görlitzer Gymnasiums und Mitglied der königlich-preußischen Gesellschaft der Wissenschaften. Er verfaßte mehrere Dramen, die von den Gymnasiasten zu Beginn der Schuljahre, bei Ratswahlen und anderen Gelegenheiten aufgeführt wurden.

WF

4.9
Neueröffneter Ehren-Tempel

Neueröffneter Ehren-Tempel merckwürdiger Antiquitäten des Marggraffthumbs Ober-Lausitz. Johann Benedict Carpzov, Leipzig/Budißin 1719, 380 S.; H. 33,5 cm, B. 22,5 cm. Dresden, Sächsische Landesbibliothek, Staats- und Universitätsbibliothek, Hist. Sax. F. 9.

Johann Benedict Carpzov wurde 1675 als Sohn des späteren Oberhofpredigers Dr. Samuel B. Carpzov und dessen Frau Anna Maria Ostermann in Dresden geboren. 1693 begann er sein Studium der Rechte in Wittenberg, wechselte nach Leipzig und später nach Frankfurt/O., wo er 1700 mit der Promotion abschloß. Danach war er als Advokat in Dresden tätig. 1702 wurde er in Zittau zunächst Syndikus, ab 1720 Bürgermeister. Wegen mehrerer Unregelmäßigkeiten, die eine Revisionskommission feststellte, enthob man ihn 1729 dieses Amtes. Carpzov zog daraufhin nach Wittenberg, der Heimatstadt seiner Mutter, und war dort ab 1731 bis zu seinem Tod 1738 als Amtmann tätig. Er verfaßte mehrere regional- und ortshistorische sowie juristische Werke. Besondere Bedeutung kommt seinem „Ehren-Tempel“ zu. Dieses Werk behandelt neben Landesregenten, Historiographen und Adelsgeschlechtern auch Bündnisse, Landtage, die Sechsstädte sowie Klöster. Carpzov löste sich von der überwiegend genealogisch orientierten Geschichtsschreibung der Oberlausitz, deren Ergebisse er gleichwohl kritisch referiert. Sein Werk markiert den Anfang einer modernen, von verfassungsgeschichtlichem Interesse geprägten Historiographie.

Lit.: Haupt 1843; Pescheck 1856, S. 292–294; Baldauf 1927, S. 5–7; Seltmann 1990, S. 19–20.

MME

Die Reformation in Sachsen

Nr. 4.16

Im Oktober 1517 gab Martin Luther in Wittenberg seine Meinung zum Ablaßwesen bekannt und lud zu einem Streitgespräch ein. Einige Wochen später erschienen Luthers Thesen in Leipzig auf einem Plakat, fast gleichzeitig in Nürnberg und Basel. Die Druckerpresse setzte eine Entwicklung in Gang, die die Welt veränderte.

Von der Kritik herrschender Lehrmeinungen und kirchlicher Mißstände gelangte Luther zu einem neuen Verständnis des christlichen Glaubens. Nur die Bibel, so forderte er, dürfe Richtschnur für christliches Handeln und kirchliche Lehre sein. Dem Volk müsse die Heilige Schrift zugänglich gemacht werden – daher übersetzte er sie. Die Predigt in deutscher Sprache solle im Mittelpunkt des Gottesdienstes stehen. Nicht durch „gute Werke", sondern allein durch die Gnade Gottes und durch den Glauben könnten die Menschen zum ewigen Heil gelangen. Damit war der traditionellen Frömmigkeit mit ihrem Heiligenkult, den Wallfahrten, Ablässen und Bußpraktiken der Boden entzogen.

Luthers Lehre verbreitete sich schnell in ganz Deutschland. Er wurde zum Sprachrohr für alle, die Kirche und Gesellschaft kritisierten: unzufriedene Geistliche und Ordensleute, um ihr Seelenheil besorgte Bürger, Angehörige der unruhigen städtischen Unterschichten, Bauern, die mit Bibelversen auf den Lippen gegen Fron und Abgaben rebellierten.

Sachsen wurde zum Musterland der Reformation. Es war seit 1485 geteilt: Wittenberg gehörte zum Kurfürstentum Sachsen; Kurfürst Friedrich der Weise hielt seine Hand schützend über Luther. Hier konnte sich die neue Lehre ungehindert verbreiten. Dagegen blieb Herzog Georg, der Herr des östlichen Landesteils, dem alten Glauben treu. Er bemühte sich um eine Verbesserung der kirchlichen Verhältnisse im Rahmen der alten Kirche und ging zugleich gegen reformatorische Bestrebungen vor. Erst nach seinem Tod 1539 konnte die Reformation im Herzogtum Fuß fassen. Im Laufe der folgenden Jahrzehnte formte sich die Organisation der sächsischen evangelischen Kirche: ein Vorbild für die Landeskirchen anderer Territorialstaaten.

Lucas Cranach (1472–1553), der seine Werke mit der geflügelten Schlange signierte, zählt zu den bedeutendsten Malern, Zeichnern und Kupferstechern des 16. Jh. Der sich nach seiner Heimatstadt Kronach benennende Künstler ist von 1500 bis 1504 in Wien nachweisbar, wo ihn der sächsische Kurfürst Friedrich III. kennenlernte und als Hofmaler nach Wittenberg berief. Dort gründete Cranach eine große Werkstatt, die die Stadt für mehr als fünfzig Jahre zum Zentrum der sächsischen Malerei werden ließ. Daneben betrieb er eine Apotheke, eine Buchhandlung und eine Druckerei, war mehrfach Ratsherr und Bürgermeister. Als Freund Martin Luthers stellte Cranach seine Kunst in den Dienst der Reformation, deren Gedankengut er in seinem graphischen Werk aufnahm. Neben seinen Werken mit biblischen und reformatorischen Themen ragen seine Porträts und seine weiblichen Aktdarstellungen hervor.

„Ich höre, daß Du auch an einer Übersetzung arbeitest. Wenn doch jede Stadt ihren eigenen Dolmetscher hätte und dies Buch [die Bibel] allein in aller Zunge, Hand, Augen, Ohren und Herzen wäre".
Luther an Johannes Lang, Wartburg, den 18. Dezember 1521. WA Br 2; S. 413, 3–9, Nr. 445.

4.10
Kurfürst Friedrich III., der Weise

Lucas Cranach d. Ä., nach 1525; Holzschnitt. H. 27,5 cm, B. 22,0 cm. Dresden, Staatliche Kunstsammlungen, Kupferstichkabinett, Inv. A 1033.

Kurz nach dem Tode Kurfürst Friedrichs des Weisen (1463–1525) fertigte Lucas Cranach der Ältere diesen Holzstich. Kurfürst Friedrich war ein Förderer Luthers und der Humanisten, 1502 gründete er die Universität in Wittenberg. Die Anlegung einer großen Reliquiensammlung in der dortigen Schloßkirche gehört ebenso zu seiner Lebensgeschichte wie der Übertritt zum Protestantismus kurz vor dem Tod.
In den oberen Bildecken befindet sich neben dem sächsischen Wappen auch das kursächsische mit den gekreuzten Kurschwertern.
Der Kurfürst mit pelzverbrämter Schaube über einem gefältetem Hemd sitzt im Halbprofil hinter einer Inschriftentafel, auf der sein Tod beklagt wird: „So war Fürst Friedrich, so lang ihm zu leben beschieden, lebensgetreu hat Lucasens Hand des Antlitzes Züge abgebildet. Der neidische Tod hinterließ nur dieses Bild und raffte den Mann hinweg in der Blüte der Jahre. Dennoch lebt er fort durch den besseren Teil seiner selbst, den Ruhm seiner Tugend vermochte der Tod nicht zu tilgen." (Übersetzung nach Jahn).

Lit.: Meder 1932, Nr. 102; Strieder 1971, S. 84–100.

CT

4.11
Herzog Georg der Bärtige von Sachsen

Hans Brosamer (?), Nürnberg, 1531–1534; Holzschnitt. H. 32,6 cm, B. 26,2 cm. Dresden, Staatliche Kunstsammlungen, Kupferstichkabinett, Inv. A. 6634.

Der aus der albertinischen Linie der Wettiner stammende Georg (1471–1539) war Herzog von Sachsen. Ursprünglich für eine geistliche Laufbahn vorgesehen, mußte er als Stellvertreter seines Vaters, seit 1500 als dessen Nachfolger, die weltliche Herrschaft übernehmen. 1519 initiierte er eine Disputation an der Leipziger Universität zwischen dem Reformator Luther und Johann Eck als Vertreter der päpstlichen Seite. Danach wurde Georg erbitterter Gegner der Reformation. Er wies Bürger aus seinen Städten aus, die sich weigerten, das Abendmahl nach römischem Brauch zu nehmen oder zu beichten. Gleichzeitig betrieb Georg Reformen in der altgläubigen Kirche – auch die Heiligsprechung des Bischofs Benno von Meißen 1524 setzte er durch (vgl. Nr. 1.75–1.76). Der Holzschnitt, eines der seltenen zeitgenössischen Porträts des Herzogs, zeigt in Schilden in den Ecken die Wappen des Herzogtums Sachsen und der Landgrafschaft Thüringen. Das Gesicht des Herzogs wirkt streng, Georg trägt eine pelzbesetzte Schaube über einem Hemd mit Stehkragen. Der Anhänger mit dem Widderfell zeichnet ihn als Mitglied des Ordens vom goldenen Vlies aus. Da Georg erst 1531 in diesen Adelsbund aufgenommen wurde, muß das Porträt danach geschaffen worden sein, aber noch vor dem Tod seiner Frau Barbara 1534; erst nach ihrem Tod ließ er sich den Bart wachsen, der ihm den Beinamen einbrachte. Die Zuschreibung des Holzschnittes ist unsicher: Es fehlt die für Cranach charakteristische geflügelte Schlange, das Werk ist eher dem stark von Cranach beeinflußten Hans Brosamer zuzuweisen.

Lit.: Röttinger 1921, S. 61–62; Geisberg 1974, Nr. 419; Strauss/Falk Bd. 11, 1980. Nr. 143.

CT

4.12
Biblia/das ist/die gantze Heilige Schrifft Deudsch.

Martin Luther, Wittenberg: Hans Lufft, 1534; 908 Bll. 118 Holzschnitte von dem Monogrammisten MS, teilweise mehrfach verwendet, Titelholzschnitt zu dem 2. Teil von Lucas Cranach d. Ä. 2°. Görlitz, Städtische Sammlungen für Geschichte und Kultur, Oberlausitzische Bibliothek der Wissenschaften, Sign. A II Fol. 19.

Die Reformation, die Luther 1517 mit seinem Thesenanschlag an der Schloßkirche ausgelöst hatte, war verbunden mit einer Neubewertung biblischer Traditionen. Nach Luther sollte die Heilige Schrift einem jeden frei in seiner Sprache zugänglich sein. Während seines Wartburg-Aufenthaltes 1521/1522 fertigte er eine deutsche Übersetzung des Neuen Testaments an, das im September 1522 erstmals in gedruckter Form (September-Testament) vorlag. In den Jahren 1522 bis 1534 übertrug Luther den ersten Teil der Bibel – das Alte Testament – in mehreren Abschnitten aus dem Hebräischen in seine Muttersprache, die nach der Fertigstellung jeweils separat veröffentlicht wurden. Die Vollbibel entstand dann durch die Zusammensetzung der Stücke zu einem einzigen Band; neu hinzu kamen die noch fehlenden Abschnitte aus den Apokryphen. Die fünf Teile des Alten Testaments und das Neue Testament be-

hielten nicht nur jeweils ihre eigene Titelei, sondern auch eine eigene Blattzählung. Das Buch erschien zu der Leipziger Herbstmesse und kostete ungebunden zwei Gulden und acht Groschen.

Lit.: Martin Luther 1983, Nr. 367; Martin Luther und seine Zeit 1983, S. 81; WA DB.

DM

4.13

Bildnisse Martin Luthers und Philipp Melanchthons

Lucas Cranach d. J., datiert 1568 (Bucheinband), Rückseite: LC (Ligatur); Öl auf Holz, Rückseiten schwarz gefaßt; originale Profilrahmen, schwarz und gold gefaßt. Luther: H. 78 cm, B. 61,5 cm; Melanchthon: H. 78,5 cm, B. 61,5 cm. Restaurierung: 1998 – Landesamt für Denkmalpflege Dresden, Christine Kelm (Dokumentation). 1934 aus der Sammlung Dr. Hempel, Dresden, im Tausch gegen ein Gemälde von Andrea da Salerno erworben. Pulsnitz, Ev.-Luth. Kirchgemeinde St. Nikolai.

Seit 1520 entstanden Bildnisse aus allen Lebensabschnitten Luthers. Ab 1531 wird dem Porträt Luthers auch das Philipp Melanchthons zur Seite gestellt. Die meisten Bildnisse zeigen Luther im Alter von über 50 Jahren. Sie formen den Typus des Reformatorenbildnisses, das Luther als evangelischen Geistlichen mit der der bürgerlichen Kleidung entlehnten schwarzen Schaube wiedergibt. Ausdruck für seine akademische Bildung ist das umfaßte Buch. Diesem Darstellungstypus, dem etwa ein Bildnispaar von 1539 in Gotha (Schloßmuseum) entspricht, folgen auch die erst nach dem Tod Luthers entstandenen Pulsnitzer Tafeln; ihre Qualität läßt eine Ausführung durch Lucas Cranach d. J. vermuten.
Die Bildnisse besaßen deutlichen Bekenntnischarakter und waren Mittel in den politischen und religiösen Auseinandersetzungen. In Wechselwirkung mit ihrer meinungsbildenden Funktion stand das Bedürfnis nach einer großen Anzahl solcher Reformatorenporträts. Dem entsprach ihre einfache, standardisierte Komposition, die sich in Druckgrafik wie in Tafelmalerei wiederholen ließ. Die in die Tafelrückseiten eingeschlagenen Buchstaben LC, Signatur Cranachs d. Ä., wurden 1510 durch die geflügelte Schlange abgelöst. Ihre Verwendung an dieser Stelle konnte bislang nicht geklärt werden.

unpubliziert

WF

Die Gattung des **Porträts** mußte der protestantischen Bildauffassung am wenigsten verfänglich erscheinen. Die Abgebildeten konnten nicht in den Verdacht der Anbetung – wie bei Heiligenbildern – geraten. Allerdings übertrifft Anzahl und Vielfalt der vom 16. bis zum 20. Jh. entstandenen Lutherdarstellungen die der meisten katholischen Heiligen. Martin Luther wurde zum festen Bestandteil protestantischer Kunst. Sein Bildnis hat seit dem 16. Jh. ständiges Interesse hervorgerufen und protestantisches Bewußtsein mitgeprägt. Alle Porträts des Reformators und die seines Weggefährten Philipp Melanchthon beruhen auf Bildnissen, die Lukas Cranach d. Ä. geschaffen hat.

4.14

Acht Bilder zum Vaterunser

Lucas Cranach d. Ä., 1527; Holzschnitt. Je H. 10,3 cm, B. 9,4 cm. Dresden, Staatliche Kunstsammlungen, Kupferstichkabinett, Inv. A 1905–371 bis 378.

Die Illustration zum Vaterunser erfolgte in unmittelbarem Zusammenhang mit der Arbeit Martin Luthers am Kleinen Katechismus. Die nur in einem Exemplar erhaltene Folge ist vermutlich das früheste Beispiel dafür, wie Luther Bildwerke zur Vermittlung seiner Lehre einsetzte. Die Holzschnitte sind keine einfachen bildlichen Umsetzungen des Gebets, sondern ergänzen die sieben Bitten des Vaterunsers mit erläuternden Szenen des Neuen Testaments, die ihrerseits durch kurze Texte ausgelegt werden.

Dem Eingang des Vaterunsers ist die Schöpfung der Tiere (1. Mose 1, 24 f.) zugeordnet. Die Illustration zur 1. Bitte zeigt eine der frühesten Darstellungen eines protestantischen Wortgottesdienstes. Der 2. Bitte ist die Ausgießung des Hl. Geistes zugeordnet (Apg 2, 1–5), der 3. Bitte der kreuztragende Christus, der 4. Bitte die Speisung der 5000 (Joh 6, 1–13) sowie im Hintergrund Elisäus und das Ölwunder (4. Könige 4, 1–7), der 5. Bitte das Gleichnis vom Schalksknecht (Matth 18, 23–35), der 6. Bitte die Versuchung Christi (Matth 4, 1–11) und schließlich der 7. Bitte die Heilung des kanaanäischen Weibes (Matth 15, 21–24).

Die Holzschnittfolge von Cranach wie auch der bereits 1519 von Holbein d. J. geschnittene Zyklus zum gleichen Thema waren bis in das 18. Jh. Vorbild für weitere Darstellungen dieser Art.

Lit.: Kunst der Reformationszeit 1983, F 3; Geisberg 1974, S. 580; Hollstein 1961, Nr. 67 a–h.

WF

Das Vaterunser in der Übersetzung Martin Luthers

Vatter unßer der du bist ym hymell
Geheyligt werden deyn name.
Czu kome deyn reych.
Deyn will geschehe als ym hymell und auff der erden.
Unßer teglich brott gib unß heutt.
Und vorlas uns unsere schulde / als wyr vorlassenn unßern schuldigern.
Und nitt eynfure unß ynn vorsuchungen.
Szondernn erlöße uns von dem ubell.
Amen.

4.15

Inhalt zweierley Predigt

Text: Hans Sachs, Holzschnitt: Georg Pencz, Druck: Wolffgang Formschneider, Nürnberg, 1529. H. 30,5 cm, B. 40,9 cm. Berlin, Staatliche Museen Preußischer Kulturbesitz, Kupferstichkabinett, HDA 634–7.

Der illustrierte Einblattdruck ist ein Beispiel für die vielen Flugblätter, die in den konfessionellen

Auseinandersetzungen in der Mitte des 16. Jh. meinungsbildend wirkten. Neben den Predigten gelten sie als wirksamste Vermittler des reformatorischen Gedankengutes, das sie dem Betrachter durch einprägsame Bild-Text-Kombinationen nahe bringen. Im Bild dargestellt sind eine evangelische und eine katholische Predigt, dazu, in wörtlicher Rede, die beiden Predigttexte. Der mit einem schlichten Talar bekleidete Protestant zitiert aus der Bibel. Der einfache Bürger liest – dank Luthers Übersetzung – mit. Die Predigt nennt glaubendes Vertrauen zu Gott die einzige Voraussetzung für die Erlangung der Seligkeit.
Demgegenüber halten die katholischen Gemeindemitglieder Rosenkränze anstelle der Bibel. Die katholische Predigt stellt Kirche und Papst als höchste Autoritäten bei der Verkündung des göttlichen Wortes dar. Zu einem gottgefälligen Leben gehören vor allem Zeremonien; Stiftungen und Ablaß verkürzen die Zeit im Fegefeuer: Die Seligkeit hängt nicht am Glauben, sondern an der Kirche.

Lit.: Geisberg 1923–1930, Nr. 997; Zschelletzschky 1975, S. 284–290; Martin Luther 1983, Nr. 503.

WF

4.16
Gesetz und Gnade

Wolfgang Krodel, 1542 datiert (linke Tafel); Öl auf Holz. Seitentafeln: H. 56 cm, B. 41 cm, Mitteltafel: H. 50 cm, B. 35 cm. Restaurierung 1911, dabei neue Rahmung und Zusammenstellung der drei Tafeln. Kamenz, Ev.-Luth. Kirchgemeinde St. Marien.

Der aus einer Schneeberger Malerfamilie stammende Wolfgang Krodel (nachweisbar von 1528 bis 1561) gilt als Schüler Lucas Cranachs d. Ä., dessen Stil und Bildkompositionen er übernahm. Für die Marienkirche in Kamenz schuf er drei Bildtafeln, die im heutigen Zustand ein Triptychon bilden. Die Mitteltafel zeigt eine Kreuzigung mit den Wappen der Familien von Löser, von Mistelbach, von der Oelsnitz (vgl. Nr. 1.70) und von Schlieben.
Auf den heutigen Seitentafeln – ursprünglich ein unabhängiges Werk – sind das Alte und Neue Testament einander gegenübergestellt. Im Vordergrund der linken Tafel wird der Mensch des Alten Testaments von Tod und Teufel in die flammend rote Verdammnis gezwungen. Am rechten Bildrand stehen Moses mit den Gesetzestafeln und ein Hohepriester im bischöflichen Ornat neben Propheten in zeitgenössischer Tracht. Die Anbetung der ehernen Schlange im Hintergrund steht in der Kunst der Reformation allgemein für das Alte Testament. Der auf der Weltkugel thronende Christus über der Szene weist auf den Sündenfall durch Adam und Eva. Die Inschriften erläutern mit Zitaten aus den Apostelbriefen die Bedeutung der einzelnen Szenen. Auf der rechten Tafel weist Johannes der Täufer als letzter Prophet den betenden Menschen auf den Gekreuzigten hin, aus dessen Seitenwunde ein Blutstrahl den Sünder trifft und erlöst. Hinter dem Kreuz öffnet sich die leere Grabkammer, davor stehen das Lamm und der Auferstandene über den am Boden liegenden Tod und Teufel.
Diese Gegenüberstellung des alttestamentarischen Gesetzes und der erst durch den Opfertod Christi möglichen Erlösung spielt eine wichtige Rolle in der Kunst der Reformationszeit. Durch den Glauben an die im Tode Christi vollendete Liebe Gottes wird der Mensch von seiner Verstrickung in Schuld und Sünde befreit und zum ewigen Leben erlöst. 1529 taucht dieses Thema erstmals bei Cranach auf und ist in mehreren Ausführungen überliefert. Wegweisend war insbesondere die monumentale Version auf dem Altar in St. Wolfgang zu Schneeberg (1522–1539). Der Einfluß Luthers und Melanchthons auf die Bilderfindung ist sicher. Der antipäpstliche Akzent durch den als Papst auffällig ausstaffierten Teufel ist eine Besonderheit dieses Werkes.

Lit.: Gurlitt BKD, Bd. 35 1912, S. 69–73 (mit Wiedergabe der Inschrift); Martin Luther und seine Zeit 1983, S. 398–400; Friedländer/Rosenberg 1989, Nr. 221.

CT

4.17
Confessio Fidei exhibita invictiss. imp. Carolo V. Caesari. Aug. in comiciis Augustae. Anno M.D.XXX

Philipp Melanchthon, Wittenberg: Georg Rhau, 1531, Pergamentband, H. 16,3 cm, B. 10,3 cm, 64 gez. Blätter. Dresden, Sächsische Landesbibliothek, Staats- und Universitätsbibliothek, Sign. Theol. ev. gem. 701.

Das Augsburger Glaubensbekenntnis, die Confessio Augustana, zählt zu den grundlegenden reformatorischen Schriften. Als Bekenntnis und Apologie wurde sie mit dem Ziel verfaßt, die von der Papstkirche erhobenen Vorwürfe zurückzuweisen und einen Ausgleich beider Konfessionen im Reich herbeizuführen. So enthält sich die Confessio Augustana jeglicher Polemik und betont besonders übereinstimmende Lehrmeinungen beider Konfessionen.
Das Glaubensbekenntnis gliedert sich in zwei Hauptteile mit insgesamt 28 Artikeln. Der 1. Teil (Artikel 1–21) behandelt allgemeine Fragen des

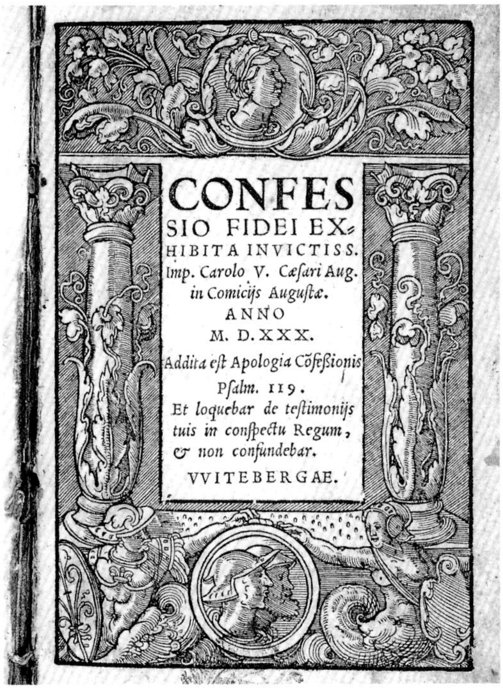
CONFES
SIO FIDEI EX-
HIBITA INVICTISS.
Imp. Carolo V. Cæsari Aug.
in Comicijs Augustæ.
ANNO
M. D. XXX.
Addita est Apologia Cōfeßionis
Psalm. 119.
Et loquebar de testimonijs
tuis in conspectu Regum,
& non confundebar.
VVITEBERGAE.

Glaubens und der Lehre, während der 2. Teil (Artikel 22–28) erläutert, gegen welche Mißstände sich die lutherische Lehre wendet. Die Artikel 1–3 betonen die Übereinstimmung der Protestanten mit der altkirchlichen Gotteslehre, der Erbsündenlehre und der Christologie. Davon ausgehend legen die Artikel 4–6 und 18–20 das reformatorische Evangelienverständnis unter Betonung des allein seligmachenden Glaubens dar.
Dieses Werk haben die protestantischen Reichsstände unter Führung des sächsischen Kurfürsten Johann des Beständigen auf dem Augsburger Reichstag am 25. Juni 1530 verlesen lassen und dem Kaiser in zwei Exemplaren übergeben. Kaiser Karl V. verfügte, daß die Bekenntnisschrift nur mit seinem Einverständnis publiziert werden dürfe. Dennoch erschienen bis 1531 sechs verschiedene Drucke. Da deren lateinischer Text fehlerhaft übersetzt oder unvollständig wiedergegeben war, veranlaßte Melanchthon die durch Rhau besorgte Auflage, die er seiner Apologia Confessionis Augustanae beifügte. Die Confessio Augustana erlangte im Augsburger Religionsfrieden von 1555 reichsrechtliche Anerkennung.

Lit.: Neuser 1987.

WF

4.18

Konfessionsbild

Um 1630; Öl auf Holz. H. 105 cm, B. 145 cm. Restaurierung: 1983. Chemnitz-Altchemnitz, Ev.-Luth. Kirchgemeinde St. Michaelis.

Die Übergabe der Bekenntnisschrift auf dem Augsburger Reichstag ist bildlich nicht überliefert. Die sogenannten Konfessionsbilder zeigen weniger diesen Vorgang, sondern bringen als Lehrbilder das lutherische Bekenntnis zum Ausdruck.
Das Beispiel in Altchemnitz ist ein Zeugnis für das Festhalten am Konfessionsbekenntnis, nachdem dieses 1630 von Kaiser Ferdinand II. aufgehoben worden war. Auf die Darstellung der Konfessionsübergabe wird verzichtet, die Erstunterzeichner des Augsburgischen Bekenntnisses sind aber durch ihre Wappen benannt.
In der Mitte eines Kirchenraumes stehen unter dem Kruzifix die Evangelisten Matthäus, Markus und Lukas sowie der Apostel Paulus, die die Einsetzungsworte zum Abendmahl überliefert haben. Zu den Seiten des Altares teilen zwei lutherische Priester das Abendmahl in beiderlei Gestalt aus. Auf der Altarstufe liegen Tod und Teufel, denen die Pauluswort „Der Tod ist verschlungen in den Sieg. Tod, wo ist dein Stachel?“ beigegeben sind. Neben dem Triumphkreuz stehen weitere Bibelstellen zum Abendmahl, darüber erscheint Gottvater mit der Taube des Hl. Geistes und einem Bibelzitat aus der Taufe Jesu durch Johannes: „Dies ist mein lieber Sohn, an dem ich Wohlgefallen habe.“ Im Kirchenraum weist der Prediger von der Kanzel mit ausgestrecktem Arm auf Christus; die heilige Taufe wird vollzogen und durch den Blutstrahl der Gnade aus Christi Seitenwunde als weiteres Sakrament herausgehoben. Die Beichte findet in einem Gestühl rechts und die Katechese links statt. Dahinter wird vor einem Altar eine Trauung vollzogen. Bei allen Handlungen tragen die Geistlichen das weiße Chorhemd, was in Sachsen in den Leipziger Hauptkirchen und im Kirchenbezirk Bautzen noch heute üblich ist.
Bemerkenswert ist der Verzicht auf die Abbildung der Verdammung der Wiedertäufer und Calvinisten wie auf anderen Konfessionsbildern, hatte doch der kursächsische erste Hofprediger Polycarp Leyser die Schrift verfaßt: „Ob, wie und warum man lieber mit den Papisten Gemeinschaft halten solle, denn mit den Calvinisten.“
Die Darstellung geht wohl auf den nur literarisch belegten Kupferstich des Augsburgers Wilhelm Peter Zimmermann (um 1630) zurück, der wahrscheinlich in einem ebenfalls in Augsburg entstandenen Nachstich von 1784 (Abbildung) überliefert ist.

Lit.: Marsch 1980.

FS

Nr. 4.18

4.19
Konkordienbuch

Dresden 1581, Buch, 372 Seiten, in orginalem Ledereinband mit Goldprägung, H. 33 cm, B. 40 cm, gedruckt 1581 bei Matthes Stöckel und Gimel Bergen zu Dresden, anhängend Reitersiegel Kurfürst Augusts. Dresden, Sächsisches Hauptstaatsarchiv, OU 12086 (K 308).

Lange Jahre hatte am Hofe Kurfürst Augusts der „Philippismus“ eine Heimstatt gehabt, eine protestantische Richtung, die im Geiste Philipp Melanchthons eine Vermittlung der lutherischen Lehre mit dem Calvinismus anstrebte. Als Augusts geheimer Rat Cracau, sein Leibarzt Kaspar Peucker und der Hofprediger Schütz 1574 offen ihre Sympathien für Calvins Abendmahlslehre bekundeten, lösten sie eine heftige Reaktion der Lutheraner aus, die zu ihrem Sturz und ihrer Verhaftung führte. Der Kurfürst wurde nun zu einem Vorkämpfer des orthodoxen Luthertums und setzte sich an die Spitze einer Bewegung zur Einigung aller Kirchen des Augsburgischen Bekenntnisses auf der Grundlage einer verbindlichen Formulierung der lutherischen Lehre. Diese Bestrebungen hatten im Herzogtum Württemberg ihren Ausgang genommen und waren vor allem durch den Theologen Jakob Andreae vorangetrieben worden. Auf einem im Frühsommer 1576 zu Torgau einberufenen Konvent unterbreitete Andreae seine Entwürfe Nikolaus Selnecker und anderen führenden kursächsischen Theologen. Ihre Beratungen führten zur Konkordienformel vom 29. Mai 1577. Diese ist kein neues Bekenntnis, sondern eine Bestätigung und Erklärung der wichtigsten protestantischen Lehrschriften: des Augsburger Bekenntnisses, seiner Apologie, Luthers Schmalkaldischen Artikeln von 1537, Melanchthons „Tractatus de potestate et primatu papae“ von 1537 und der Katechismen Luthers.
Zusammen mit diesen Schriften, den altkirchlichen Glaubensbekenntnissen und einer Sammlung von Kirchenväterzitaten wurde die Formel zum Konkordienbuch von 1580 zusammengestellt.
In den meisten protestantischen Territorien und Städten wurden die Unterschriften von Pfarrern, Theologen und Lehrern unter die Konkordienformel eingeholt. Die staatsrechtliche Qualität, die der Schrift in Kursachsen zukam, zeigt das Siegel des Kurfürsten, das einigen Exemplaren der Ausgabe von 1581 anhängt. Bis heute besitzt das Konkordienbuch in den meisten lutherischen Kirchen formelle Gültigkeit.

Lit.: Smolinsky 1992, S. 23–30.

MB

Reformation und alter Glaube in der Oberlausitz

Die Reformation setzte sich in der Oberlausitz „von unten“ durch, ohne Förderung durch eine Landesherrschaft wie in Sachsen. Bereits in den 1520er Jahren schloß sich die Bevölkerung der Städte in großer Zahl dem evangelischen Bekenntnis an. Der Adel folgte mit einiger Verzögerung nach. Lediglich die geistlichen Herrschaften – das Domstift in Bautzen, die Klöster St. Marienstern, St. Marienthal und das Magdalenerinnenkloster in Lauban – hielten am alten Glauben fest.

Kanzel in der ev. Hauptkirche
St. Marien, Kamenz
Andreas Dreßler, 1566

Daß sich die katholische Kirche in der Oberlausitz erhalten und konsolidieren konnte, ist wesentlich einem Mann zu verdanken: Johann Leisentrit, seit 1559 Dekan im Bautzener Domkapitel. Leisentrit betrieb eine Politik der Öffnung und der Reformen. Er war bestrebt, die lausitzischen Kirchen vom Bistum Meißen zu lösen, da er dessen Übergang zur evangelischen Konfession erwartete. 1559 ließ er sich vom Meißner Bischof zum bischöflichen Generalvikar (Stellvertreter) ernennen. Kaiser Ferdinand unterstützte diese Regelung, und schließlich vollzog der Papst 1570 die faktische Abtrennung der Lausitzen aus dem Verband der Meißner Bischofskirche. Seitdem war der Dekan von Bautzen geistlicher Administrator (Verwalter) der Lausitz mit allen Befugnissen eines Bischofs.

Große Auswirkungen hatte die Reformation auf die Geschichte des sorbischen Volkes. Weil im evangelischen Gottesdienst das Wort eine entscheidende Rolle spielt und die volksprachliche Predigt im Mittelpunkt steht, wurde nun auch das Sorbische eine anerkannte „Kirchensprache“. Protestantische Geistliche übersetzten die Bibel, Gebete und Lieder und erhoben das Sorbische in den Rang einer Schriftsprache. Das niedersorbische Neue Testament des Pfarrers Miklawš Jakubica von 1548 gehört zu den ältesten Schriftdokumenten dieser Sprache. Junge Sorben wurden ermutigt, auf die städtischen Gymnasien zu gehen, zu studieren und sich für das Pfarramt ordinieren zu lassen. Jahrhundertelang bildeten Geistliche die intellektuelle Führungsschicht des sorbischen Volkes.

4.20
Übergabe des Franziskanerklosters Kamenz

Johann Leisentrit, 9. August 1565; Pergament, Folioformat. Kamenz, Stadtarchiv OU138.

Johann Leisentrit, Administrator des Meißner Bistums in der Ober- und Niederlausitz (vgl. Nr. 4.28–4.31), übergab 1565 das Franziskanerkloster zu Kamenz dem Rat der Stadt. Da es in der Diözese seit Einführung der Reformation verschiedentlich zu Raub und Profanisierung ehemals kirchlicher Güter gekommen war, knüpfte das Generalkapitel der Franziskaner an die Übergabe des Klosters Bedingungen. So wurde dem Rat aufgetragen, in der Klosterkirche die Messe nach wendischem Ritus abhalten zu lassen. In den Gebäuden des Klosters sollte eine Schule eingerichtet werden zur Unterweisung der Kamenzer Jugend in nützlichen Studien und religiöser Frömmigkeit. Bereits bei der Übergabe stellt damit der bischöfliche Administrator die Weichen für die zukünftige Nutzung der Gebäude. Zugleich wurden die Kamenzer Räte verpflichtet, die fünf Altäre der Klosterkirche sowie Heiligenbilder, Gewänder und Meßkelche vor der Profanierung zu bewahren.

Edition: Codex Diplomaticus Saxoniae Regiae 2, VII, 1893, Teil Kamenz, Nr. 273.

CH

4.21
„Stolpisch und Bischoffwerdische und Gödische Visitation bey denen kirchen"

1559, Aktenfaszikel, geheftet, 47 Blätter, Papier, H. 33 cm, B. (offen) 43 cm. Dresden, Sächsisches Hauptstaatsarchiv, Loc. 7431.

1559 trat Johann IX. von Haugwitz, der letzte Bischof von Meißen, seinen Oberlausitzer Besitz an Kurfürst August ab. Erst jetzt konnte sich im Gebiet um Stolpen, Bischofswerda und Göda, seit Jahrhunderten das territoriale Fundament der bischöflichen Macht, die protestantische Konfession ungehindert entfalten. Sofort wurde auf Geheiß des Kurfürsten eine kirchliche Visitation durchgeführt. Der Bericht der Visitatoren wirft ein Schlaglicht auf den Stand der konfessionellen Verhältnisse in der ländlichen Westlausitz um die Mitte des 16. Jh. Für die Sache der Reformation stand es nicht zum besten. Der Einfluß des Bautzener Stifts und des Klosters St. Marienstern war nach wie vor stark und reichte auch über die Grenzen der geistlichen Herrschaften. Besonders mißlich war die Lage in der großen Pfarrei Göda mit ihren 66 Dörfern, von denen aber nur 15 unter der Kontrolle des Kurfürsten standen. Am Pfarrort selbst hatte die Reformation Fuß gefaßt. Der Pfarrer Johannes Tremler wollte sich allerdings „dem Evangelium nicht untergeben", so daß ihn die Visitatoren seines Amtes enthoben – er kam später in der Mariensterner Pfarrei Crostwitz unter. Die Vermögensverhältnisse waren zerrüttet und mußten völlig neu geordnet werden. Zu rechnen war mit einer weiteren Verminderung der Pfarreinnahmen: Der Zehnte aus den acht Dörfern auf Mariensterner Territorium würde demnächst wohl ausbleiben. Das wendische Volk erschien den Visitatoren „zu Gottes Wort sehr ungeneigt". Obwohl bislang die geistlichen Herrschaften die Gödaer Pfarre nicht verboten hätten, suchten doch viele Sorben altgläubige Gottesdienste auf. Am Sonntag Judica, so ließen die Visitatoren in Erfahrung bringen, hätten mehr als 150 Gödische Pfarrkinder im katholischen Gaußig die Kommunion unter einer Gestalt genommen.

unpubliziert

MB

4.22
Abendmahl des Abraham von Nostitz

Oberlausitz, um 1572; Öl auf Holz. Inschriften: „ACCIPITE EDITE HOC EST CORPUS MEUM"; „BIBITE EX HOC (O)MNES HIC EST SANGUIS MEUS" („Nehmet und esset. Dies ist mein Leib." „Trinket daraus. Das ist mein Blut"), Rückseite: unlesbare Reste. Restaurierung: um 1907, 1998 – Annett Weber (Dokumentation). H. 153,5 cm, B. 121 cm, späterer Rahmen 20 cm. 1655 aus der Kirche zu Rengersdorf (Stankowice) in die Schloßkapelle von Tzschocha (Czocha) gelangt. Seit 1910 Görlitz, Städtische Sammlungen für Geschichte und Kultur, Inv. Nr. 120–10.

Abraham von Nostitz (1529–1592), Mitglied einer weitverzweigten Familie der Oberlausitz, stiftete das repräsentative Bildwerk. Waren Epitaphien ursprünglich eigenständige Werke, so konnten sie seit dem 16. Jh. zunehmend die Form und Funktion von Altarretabeln annehmen. Als ein solches setzt dieses Gemälde das letzte Abendmahl Jesu mit dem Empfang des Sakramentes in der Gemeinde in Beziehung. Dadurch zeichnet es sich als typisch lutherisches „Merkbild" aus, das zudem die Abendmahlsthematik als Zeichen der Erlösung auf die Stifter bezieht.
Dazu folgt der Bildaufbau einem viergliedrigen Schema. Die rückwärtige, reich ornamentierte Altarwand zeigt im abgebildeten Kirchenraum drei

„Denn nachdem einmal um 1520 das Evangelium den Anfang unter den Wenden genommen, so ist es von Zeit zu Zeit gewachsen. Die erste evangelische Gemeinde unter den Wenden ist die zu Postwitz, wo Paul Boßack seinen Kirchkindern schon 1520 das Evangelium geprediget, und folgends denenselben das heil. Abendmahl unter beyden Gestalten gereichet. Hierauf hat sich die evangelische Lehre zu Budißin, Löbau und Camentz bey den Wenden hervorgethan, bey Gelegenheit, da die Deutschen daselbst dieselbe angenommen. Auf denen Dörfern mag hin und her wohl ein gleiches geschehen seyn, nur daß die Einwohner wegen der papistischen Priester und Herrschaften, die bis dato dazu noch kein Belieben hatten, sich des öffentlichen Gottesdienstes noch nicht bedienen dürfen."
Aus: Knauthe 1767, S. 218.

Ereignisse aus dem Neuen Testament: mittig das letzte Abendmahl, links davon das Gebet Jesu im Garten Gethsemane und rechts die Auferstehung Christi.
Zum Gedächtnis des Heilsgeschehens spenden zwei Priester der um den Altar versammelten Gemeinde das Abendmahl in beiderlei Gestalt. Der Altar verbindet das biblische Geschehen mit dem Gottesdienst. Sein Retabel zeigt, begleitet von Johannes dem Täufer und Maria, die Darstellung der Dreifaltigkeit – den „Gnadenstuhl" – und verweist damit ausdrücklich auf den Erlösungsgedanken.
Damit versinnbildlicht der Altar Kerngedanken des Luthertums, zu dem sich der in Anbetung dargestellte Stifter und seine Familie bekennen. Die beiden Ehefrauen und einige der Kinder waren bei Aufstellung des Bildes bereits verstorben, wie die Kreuze in ihren Händen zeigen. Wenn in der Oberlausitz eine Familie von Adel ihr Bekenntnis herausstellte, so hatte dies besondere Bedeutung; denn die Untertanen hatten die Konfession ihrer Herrschaft anzunehmen. Hans von Nostitz, Abrahams Vater, hatte 1536 die Reformation auf seinen Gütern eingeführt.

Lit.: Lutsch, 1891, S. 631 f.; Asche 1940, S. 17–20.

WF

Der Kamenzer Bürger **Andreas Dreßler** (1530–1604) war der führende Maler des 16. Jh. in der westlichen Oberlausitz. Sein Werk ist von der sächsischen Malerei des Cranach-Umkreises geprägt. Zudem lehnte er sich an Albrecht Dürer an, dessen Monogramm er nachahmte. Es sind ausschließlich sakrale Arbeiten Dreßlers in Kamenz und Umgebung überliefert, wobei der protestantische Künstler auch für katholische Auftraggeber tätig war. So schuf er die Bemalung der Kanzel in der evangelischen Hauptkirche Kamenz (1566) ebenso wie ein Altarretabel für die katholische Stadtkirche Wittichenau (1597). Vermutlich war er auch an den Wandmalereien auf dem Nonnenchor und im Kreuzgang von St. Marienstern beteiligt. Einen hohen Stellenwert in seinem Werk nehmen Epitaphien ein, deren Reihe jenes der Familie Boos von der Oelsitz 1554 eröffnete (Nr. 1.70).

4.23

Lasset die Kindlein zu mir kommen

Andreas Dreßler, 1582; Öl auf Holz. Bezeichnung: Matthei 19, AD 1582. Als Kopie erhaltene Aufschrift: „Den 25. Septembr. des 81. Jahres ist in Gott verschieden die edle viel tugensame Jungfraw Hanses von Maltitz auf Hoyerswerda liebe Tochter, ihres Alters im anderthalben Jahre." H. 82 cm, B. 65 cm. Aus der Stadtkirche Hoyerswerda, heute Görlitz, Städtische Sammlungen für Geschichte und Kunst, Inv. Nr. 136-61.

Das Epitaph wurde von Hans von Maltitz zum Gedenken an seine verstorbene Tochter gestiftet. Umgeben vor einer gedrängten Menschenmenge, bückt sich Christus nieder, um ein Kind zu segnen; weitere Kinder werden ihm vorgeführt. In diese Schar scheint die durch das nebenstehende Wappen bezeichnete Tochter des Hans von Maltitz einbezogen, da sie fast unmittelbar vor Christus kniet. Die Figuren fallen durch ihre für den Manierismus des ausgehenden 16. Jh. charakteristische Überlängung auf. Die Hallenarchitektur, die der Komposition als bühnenbildartiger Hintergrund dient, besitzt noch typische, in die 1. Hälfte des 16. Jh. zurückweisende Züge. Dieser Rückgriff erfolgte bewußt, sah doch der Kamenzer Maler Dreßler in Albrecht Dürer sein großes Vorbild. Dies zeigt auch die Gestaltung des Künstlermonogramms.
Obwohl es sich um eine für die reformatorische Kunst typische Darstellung handelt, wurde das Bild von einem Katholiken in Auftrag gegeben. Die Herren von Maltitz besaßen von 1571 bis

1582 die Herrschaft Hoyerswerda, die sie, allerdings vergeblich, zu rekatholisieren versuchten.

Lit.: Lutsch 1891, S. 785; Degen 1934, S. 59–63.

WF

4.24
Niedersorbisches Neues Testament

Mikławš Jakubica, Sagan (Żagań/Niederlausitz), 1548 abgeschlossen; Handschrift, gebunden in 2 mit Leder überzogenen Holzdeckeln. H. 32,6 cm, B. 21,8 cm, T. 7,6 cm. 669 Bl. Berlin, Staatsbibliothek, Preußischer Kulturbesitz, Handschriftenabteilung, Ms. Slav. fol. 10.

Mikławš Jakubica, Pfarrer in Laubnitz (Lubanice) bei Sorau (Żary, Polen), benutzte als Grundlage für seine Übersetzung die Lutherbibel, die lateinische Vulgata und tschechische Vorlagen. Er verwendete den lokalen ostniedersorbischen (Sorauer) Dialekt. Wortanleihen aus dem Tschechischen und dem Obersorbischen belegen den Versuch, eine allen Sorben gemeinsame kirchliche Schriftsprache zu schaffen, was freilich mißlang. Freiräume für Initialen und Anmerkungen für den Buchdrucker verweisen auf die beabsichtigte Drucklegung. Gebrauchsspuren deuten darauf hin, daß die Handschrift benutzt wurde. Sie blieb späteren Übersetzern jedoch verborgen und wurde erst Anfang des 19. Jh. in der Königlichen Bibliothek zu Berlin wieder entdeckt. Dieses Neue Testament („Nowy zakon Serpsky") war die erste Übersetzung der Lutherbibel in eine andere Sprache. Jakubicas Bekenntnis, er habe es auch zur Ehre der Sprache seines Volkes („ke cti a chwa[l]be Boghu ... a wosebnie Jasikowy a Narodu Serpskemu, dokonany") übertragen, ist zugleich das früheste Zeugnis einer Selbstbezeichnung der Sorben.

Lit.: Niedersorbisches Testament 1967; Michalk 1993, S. 193; Teichmann 1995; Ševc 1997.

FŠ

4.25
Niedersorbisches Gesangbuch und Katechismus

Albin Moller (1541–1618), Budissin (Bautzen): Michael Wolrab, 1574. Um 1954 ursprünglicher Einband entfernt und zugeschnitten, 1997 neu eingebunden. H. 13,9 cm, B. 8,2 cm, 168 Bl. Aus den Sammlungen der Maćica Serbska. Bautzen, Sorbische Zentralbibliothek im Sorbischen Institut/Serbski institut, Sign. 5/8°-1072.

Albin Mollers „Ein Ewigwerender Kirchen Calender [...] auch ein wendisches Gesangbuch [...] auch der kleine Catechismus mit dem Tauff und Trawbüchlein wendisch vertiret" vereinte ursprünglich drei Einzelwerke; der Kirchenkalender ist nicht überliefert. Das Gesangbuch und Luthers Kleiner Katechismus in Kurzform stellen eine Ergänzung zur deutschen Agende dar, den liturgischen Anweisungen für den Pastor. Moller hatte „aus betrachtunge hoher not" die geistlichen Lieder aus Luthers Gesangbuch, Psalmen, Gebete und litur-

Das **Sorbische** gehört zur Familie der westslawischen Sprachen und wird heute von etwa 50.000 Menschen in der Ober- und der Niederlausitz gesprochen. Den beiden Landesteilen entsprechen zwei Varianten der Schriftsprache, jeweils für sich untergliedert in mehrere (teils ausgestorbene) Dialekte: Das Obersorbische (hornjoserbski) ähnelt dem Tschechischen und ist in der Oberlausitz beheimatet; das Niedersorbische (dolnoserbski), das vor allem in der Niederlausitz gesprochen wird, steht dem Polnischen nahe. Die Ausformung der beiden Schriftsprachen geschah in Zusammenhang mit der Reformation und der Gegenreformation.

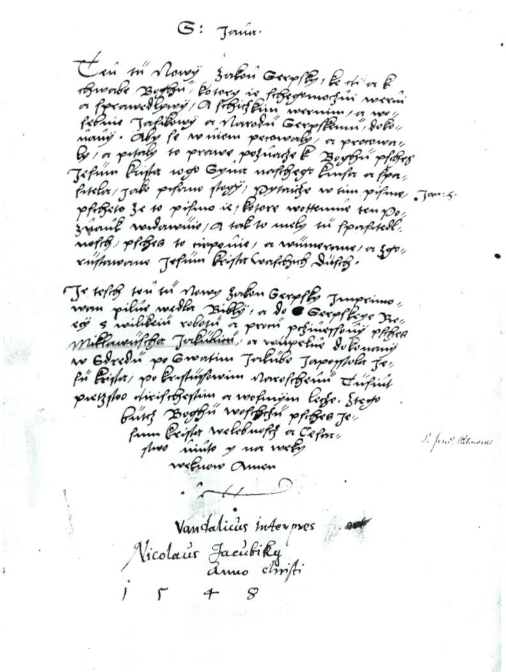

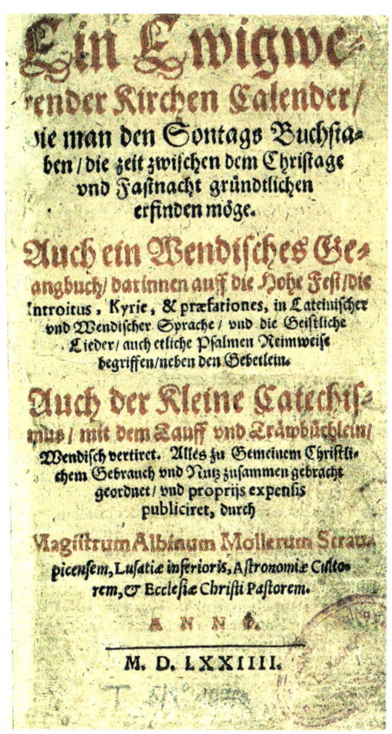
Ein Ewigwerender Kirchen Calender/ wie man den Sontags Buchstaben/ die zeit zwischen dem Christage vnd Fastnacht gründtlichen erfinden möge.

Auch ein Wendisches Gesangbuch/ darinnen auff die Hohe Fest/ die Introitus, Kyrie, & praefationes, in Lateinischer vnd Wendischer Sprache/ vnd die Geistliche Lieder/ auch etliche Psalmen Reimweise begriffen/ neben den Gebetlein.

Auch der Kleine Catechismus/ mit dem Tauff vnd Träwbüchlein/ Wendisch vertiret. Alles zu Gemeinem Christlichem Gebrauch vnd Nutz zusammen gebracht geordnet/ vnd proprijs expensis publiciret, durch

Magistrum Albinum Mollerum Straupicensem, Lusatiae inferioris, Astronomiae Cultorem, & Ecclesiae Christi Pastorem.

ANNO.

M. D. LXXIIII.

„Indessen haben die oberlausitzischen wendischen Prediger die deutsche Bibel gehabt, und aus derselben ihren Wenden die Evangelia, Episteln und Hauptsprüche wendisch übersetzt, vorgesaget, so daß sie dieselben verstehen und auswendig lernen können. Ebenso machten sie es auch mit dem Catechismo in den Hauptstücken der christlichen Lehre, welche sie dem gemeinen Volke so lange vorsagten und nachsagen liessen, bis sie selbe in das Gedächtnis gedruckt. Endlich erschien der Catechismus, als das erste Buch in oberlausitz=wendischer Sprache im Druck, welches Wencesl. Warichius, Pfarr in Göda, übersetzte, und 1567 denselben zu Budißin in lang 12mo in Druck gab, dazu L. Albertus Litochius, Superint. zu Bischoffswerda eine Vorrede machte. Dem folgte M. Albinus Mollerus, Past. zu Straupitz, der 1574 zu Budißin den Catechismus im niederlausitzischen Dialecto drucken ließ, gleichwie auch ein wendisches Gesangbuch. Solchemnach hatten die armen Wenden einiges Hülfsmittel, sich, nebst denen Predigten, zu erbauen [...]."
Knauthe 1767, S. 243.

gische Formeln bearbeitet und nachgedichtet bzw. übersetzt, weil er sah, „wie es auff den Dörffern unordentlichen mit den Gesängen und Catechismo sich gehalten, also das etliche Wendische Lieder wenig sylben etliche aber zu viel in einerley meinunge gehabt". Von Freunden und geistlichen Mitbrüdern gebeten, hat er diese Sammlung im Selbstverlag herausgebracht. Drucken ließ er sein Buch in Bautzen bei Michael Wolrab, der sieben Jahre zuvor bereits Leisentrits Gesangbuch (Nr. 4.30) künstlerisch und technisch meisterhaft angefertigt hatte. Albin Moller hat ansonsten keine theologischen Bücher publiziert, sein Interesse galt den Naturwissenschaften; er hat sich mit zahlreichen astronomischen Werken hervorgetan. Sein im „Spreewalddialekt" verfaßtes niedersorbisches Gesangbuch nebst Katechismus verrät Inkonsequenzen in der Orthographie und flüchtigere Sprachbeobachtungen als bei anderen Übersetzern. Sein Ziel, mit dem ersten Buch in sorbischer Sprache einen Anfang zu setzen, hat Moller allerdings erreicht. Ein Jahrhundert lang diente es Niederlausitzer Kirchgemeinden, bis 1668 vom neuen Landesherrn dem Konsistorium in Lübben empfohlen wurde, „Bücher, wie des Magisters Molleri Straupicensis Gesangbuch und Kleine Katechismus wendisch vertieret, als abgöttisch und zur treuen Untertanenpflicht nicht beitragend abschaffen zu lassen".

Lit.: Moller 1959; Michalk/Moller 1993, S. 271–272; Schuster-Šewc 1958; Kind-Doerne 1972, S. 934–1019.

FŠ

4.26
Obersorbischer Katechismus

Wjacław Warichius (Wenceslaus Warichius, auch Worjech genannt, 1564–1618), Budissin (Bautzen): Michael Wolrab, 1595. H. 15 cm, B. 10 cm, 74 Bll. Zwickau, Ratsbibliothek. Sign. 8. 9. 10.

Wjacław Warichius' Druck beinhaltet den vollständigen Text von Luthers Kleinem Katechismus und die Tauf- und Trauformeln. Anders als Albin Moller, den Warichius in der Vorrede als seinen Vorgänger nennt, setzt er die sorbischen und deutschen Textteile gleichwertig nebeneinander, wie es in polyglotten und lateinisch-deutschen Bibeln üblich war. Sein Buch gehört zu den am prächtigsten ausgestatteten frühen sorbischen Drucken; die Drucklegung wurde möglicherweise von einem adligen Mäzen gefördert. Im Vorwort erwähnt Warichius auch die 1584 in Wittenberg erschienene vollständige slowenische Bibelübersetzung des Jurij Dalmatin, die vom sächsischen Kurfürsten gefördert worden war. Warichius schrieb in seinem heimatlichen „Löbauer" Dialekt und stellte an den Anfang seines Werkes einen zweiseitigen „Untericht, Wie die Buchstaben in wendischer Sprache zu gebrauchen und auszusprechen" seien. Wie Moller ging es ihm um „christliche einigkeit inn verdolmetzschen", um einen einheitlichen und gültigen Text zum Gebrauch in den etwa 60 sorbisch-evangelischen Kirchspielen der Oberlausitz. Die Erstausgabe war schnell vergriffen, so daß schon 1597 eine zweite Auflage notwendig wurde, die sich geringfügig vom Erstdruck unterscheidet. 1717 wurde dieses älteste Buch in obersorbischer Sprache ein weiteres Mal nachgedruckt.

Lit.: Oberwendischer Katechismus 1923; Petr 1993, S. 122–123; Kind-Doerne 1972, S. 934–1019; Šewc 1995, S. 426–429.

FŠ

4.27
Informatio Alienationis Veteris Cellae

1541 oder später; Handschrift auf Papier. H. 32 cm B. ca. 21 cm. St. Marienstern, Zisterzienserinnenabtei, Archiv, Fach 333, Nr. 59,4.

Mit dem Regierungsantritt Herzog Heinrichs 1539 wurde im albertinischen Sachsen die Reformation durchgesetzt. Auch das Zisterzienserkloster Altzella wurde aufgehoben, sein Besitz fiel an den Landesherren. Damit kam Kloster St. Marienstern in eine schwierige Lage; denn Altzella war sein wichtigster Partner, in vielerlei Hinsicht seine „Brücke zur Welt". Der Abt war der geistliche Betreuer der Nonnen. Er visitierte das Kloster und stellte die Verbindung zum Generalkapitel des Ordens in Citeaux her. Mönche von Altzella dienten St. Marienstern als Pröpste und Kapläne, verwalteten seine Güter, arbeiteten in seinen Werkstätten, schrieben viele seiner Bücher und Urkunden und komponierten liturgische Gesänge, die in der Mariensterner Klosterkirche erklangen.
Zweifellos hat sich die Äbtissin über die dramatischen Vorgänge in Altzella auf dem Laufenden halten lassen. So ist wohl der anonyme Bericht über die Tätigkeit der mit der Klosterauflösung und Einziehung des Besitzes beauftragten Sequestratoren in Altzella entstanden. Erwähnt werden u. a. die genaue Prüfung der Zinsregister, die Besichtigung des Klosterbesitzes sowie finanzielle und wirtschaftliche Regelungen zwischen Abt und Sequestratoren. Mitgeteilt wird auch, daß den Angehörigen des Klosters die Erbhuldigung an den Landesherrn abverlangt wurde.

Lit.: Unpubliziert; weiterführend: Beyer 1855; Kühn 1966.

MME

4.28
Johann-Leisentrit-Medaille

Bautzen, 1572; Gold. Dm. 3,5 cm. Bautzen, Domschatzkammer St. Petri.

Die goldene Medaille zeigt auf der Vorderseite das Brustbild des Bautzner Domdekans und ersten Apostolischen Administrators des Bistums Meißen in der Lausitz, Johann Leisentrit (1527–1586), mit der Umschrift: „Ioann Leisentrit, Decan. Budiss., aet. 46" (Johann Leisentrit, Dekan von Bautzen, im Alter von 46 Jahren). Auf der Rückseite ist sein Wappen angebracht.
Johann Leisentrit, 1527 in der mährischen Hauptstadt Olmütz (Olomouc) geboren, kam 1551 als neugeweihter Priester nach Bautzen in das Domkapitel St. Petri. Er leitete zunächst die Bautzner Domschule, 1559 wurde er Dekan des Bautzner Domkapitels. Als das alte Bistum Meißen im Zuge der Reformation in den sächsischen Territorien aufhörte zu bestehen, sorgte er für den Erhalt einiger katholischer Stifte und Pfarreien. Rom übertrug die Amtsvollmachten des Bischofs von Meißen auf den Bautzner Domdekan, der ab 1560 als Apostolischer Administrator des Bistums Meißen in der Lausitz wirkte. Die Katholiken des Bistums Meißen verehren Johann Leisentrit als den Retter der katholischen Kirche in der Reformationszeit. Darüber hinaus hat er zahlreiche seelsorgerische und liturgische Schriften verfaßt.

Lit.: 775 Jahre Domkapitel St. Petri 1996, Nr. 34.

SS

4.29
Wappen von Johann Leisentrit

Andreas Dreßler (1530–1604), Kamenz, 1569; Holzschnitt. Über der Wappenzeichnung Inschrift: „IOANNES LEISENTRITIVS/PROTHONOTARIVS APOSTOLICVS & AVLAE/Sacri palatii Lateranensis Comes, Episcopatus Misnensis per Superio/rem & Inferiorem Lusatiam Administrator, Roma: Caesa: Maiestatis:/in spiritualibus Commissarius Generalis, Decanus Buddissinensis/Metropolitanae vero Ecclesiae Pragensis et/Olmucens: Canonicus & c." (Johann Leisentrit, Apostolischer Protonotar, Lateranensischer Pfalzgraf, Administrator des Bistums Meißen in der Ober- und Niederlausitz, Generalkommissar der Römischen Kaiserlichen Majestät in geistlichen Angelegenheiten, Dekan von Bautzen und Kanonikus der Metropolitankirchen von Prag und Olmütz usw.) H. 42 cm, B. 35 cm. Bautzen, Bibliothek des Domstiftes St. Petri, BM III, 21.

Die Zeichnung zeigt als Herzschild das Wappen des alten Bistums Meißen: das Osterlamm mit der Siegesfahne. Es ist von den vier Evangelistensymbolen – Engel, Löwe, Stier und Adler – umgeben. In den Ecken erscheint oben links das Wappen Papst Pius IV. (1560–1565), der das Bautzener Domkapitel mit der Administratur des Bistums Meißen in der Lausitz bevollmächtigte. Oben rechts befindet sich der habsburgische Doppeladler mit der Kaiserkrone: Kaiser Ferdinand I. (1558–1564) aus dem Hause Habsburg übertrug Leisentrit das Amt des kaiserlichen Generalkommissars in geistlichen Angelegenheiten in der Lausitz. Links unten erscheint das Wappen von Olmütz, der Hauptstadt Mährens und Heimatstadt

von Leisentrit. Das Wappen von Johann Leisentrit rechts unten ist bekrönt mit einem Prälatenhut und zeigt im oberen Querfeld den mährischen Adler, im unteren drei Granatäpfel als Zeichen der Gelehrsamkeit. Das Wappen ist eine Arbeit des Kamenzer Künstlers Andreas Dreßler (vgl. Nr. 422–423). Auf der Wappenzeichnung ist sein Malerzeichen zusammen mit der Jahreszahl 1569 in dem Buch angebracht, das die Symbolfigur des Evangelisten Matthäus, der Engel, in seiner rechten Hand hält.

Lit.: 775 Jahre Domkapitel St. Petri 1996, Nr. 35.

SS

4.30

Gesangbuch von Johann Leisentrit

Johann Leisentrit, Bautzen: Hans Wolrab 1567, 2. und 3. Auflage (1573, 1584); Schweinsledereinband, gepreßt, Messingschließen verloren; B. 11cm, H. 16,7 cm. Bautzen, Domstift St. Petri, Bibliothek, BM III, 23.

30 Jahre nach Erscheinen des ersten katholischen deutschen Gesangbuchs von Michael Vehe, Leipzig 1537, brachte Johann Leisentrit bei dem Bautzener Buchdrucker Hans Wolrab sein Gesangbuch heraus: 1. Teil: „Geistliche lieder und Psalmen der alten Apostolischer recht und wargleubiger Christlicher Kirchen [...]“, 2. Teil: „Geistlicher lieder von der allerheiligsten Jungfrawen Maria/der Auserwelten Mutter Gottes [...]“. Mit 81 Holzschnitten, prächtigen Randleisten und sorgfältig ausgeführtem Typendruck der Noten hebt sich Leisentrits Gesangbuch von den Gesangbücher des 16./17. Jh. ab. Vorbild für Aufbau und Gestaltung war wohl das große lutherische Gesangbuch des Andreas Valentin Babst, Leipzig 1545. Das Gesangbuch enthält über 260 Lieder, darunter altkirchliche Hymnen und mittelalterliche Dichtungen, aber auch Lieder von Jan Hus, Martin Luther, Thomas Müntzer, Nikolaus Hermann u. a.

Lit.: Lipphardt 1963; 775 Jahre Domkapitel St. Petri 1996, Nr. 30.

SS

Gesangbuch Johan: Leisentrits /

Ein Schön Geistlich vnd Christlich Lied auff den hochheiligen Fest der Reinigung Mariæ oder Liechtmeß zu gebrauchen.

Als Maria nach dem gesetz/ Jesum Christum
Da pflegt Simeon seins gebets/ bewegt wurd er

Vmb Marie Liechtmeß. LV

in Tempel bracht / Das er im Geist ins auch aus andacht/

Gottshaus kam / vnd Jhesum vff sein Armen

nam / Da lobt er Gott mit lauter stim.
Trewlich redt er also mit jm.

ALS Maria nach dem gesetz/ Jesum Christum in Tempel bracht / da pflegt Simeon seins Gebets / bewegt wurd er auch aus andacht/das er im geist ins Gottshaus kam/vnd Jesum vff sein Armen nam/ da lobt er Gott mit lauter stim/ Trewlich redt er also zu jm.

O HErr dein Wort ist worden war/ Das der heilig Geist mir hat gsagt/ da-

4.31

„Catholisch Pfarbuch“

„Catholisch Pfarbuch oder Form und Weise, wie die Catholischen Seelsorger in Ober und Niederlausitz (itziger hochgefehrlicher zeit) ihre Krancken eingepfarten ohne unterscheidt besuchen und vor allen dingen zu heilsamen Buß und folgendts zur wirdigen entpfahung des Heiligen Sacrament des Altars standhafftig vermanen und gründtlich unterweisen, letztlich in todtesnöten seliglich trösten, in der Catholischen Allgemeinen Christlichen Kyrchen unzertrenntter Einigkeit erhalten [...]“. Johann Leisentrit, Köln: Maternus Cholinus 1578; 324 S., Oktav. Bautzen, Domkapitel St. Petri, Domstiftsbibliothek BM III, 30.

Die erste Auflage des Pfarrbuches von Johann Leisentrit erschien 1577 bei Maternus Cholinus in Köln. Der Titel läßt bereits erkennen, daß es sich um pastorale Handreichungen für die Seelsorge handelt. Der zweite Teil enthält mehrere Aufsätze, die für die St. Mariensterner Patronatspfarrei Bernstadt auf dem Eigen bestimmt sind.

Lit.: Gerblich 1959, S. 47–48; 775 Jahre Domkapitel St. Petri 1996, Nr. 31.

SS

Im Umbruch – Konfessionen, Krisen, Konfrontationen

In den Jahrzehnten um 1600 erreichte der Streit der Konfessionen seinen Höhepunkt, zwischen Katholiken und Protestanten, aber auch innerhalb der evangelischen Kirche. In Sachsen wurden Geistliche, die mit dem Genfer Reformator Calvin sympathisierten („Kryptocalvinisten"), ihrer Ämter enthoben und des Landes verwiesen. In der Oberlausitz gab es keine landeskirchliche Behörde: Städte und Adel regelten religiöse Fragen in eigener Regie – häufig in toleranterer Form. Vor allem in Görlitz wehte ein freier Geist. Bürgermeister der Stadt war seit 1592 Bartholomäus Scultetus, ein bedeutender Humanist, Astronom und Kartograph. Hier entstand das Werk des Schusters Jakob Böhme, des bedeutendsten mystischen Denkers nach der Reformation.

Zur selben Zeit durchliefen die beiden Zisterzienserinnenklöster eine tiefe innere Krisen. Der Landadel, aus dem die meisten Nonnen bislang hervorgegangen waren, hatte sich der Reformation zugewandt. Es gab Bestrebungen, die beiden Klöster in weltliche Damenstifte umzuwandeln. Die Konvente waren zerrissen; wiederholt kam es zu Absetzungen von Äbtissinnen. Die Haltung gegenüber protestantischen Untertanen schwankte zwischen resignierender Duldsamkeit und unduldsamer Härte.

Der 30jährige Krieg ruinierte das Land. Danach kam der Streit der Konfessionen zur Ruhe. Es entwickelte sich ein Nebeneinander der Glaubensrichtungen, wie es in Deutschland ohne Parallelen ist. Sichtbarster Ausdruck der Koexistenz ist die „Simultankirche" in Bautzen: Seit 1523 und bis auf den heutigen Tag halten beide Konfessionen in der Petrikirche ihre Gottesdienste ab. Das katholische Domkapitel in Bautzen gewöhnte sich daran, daß es unter einem evangelischen Propst stand, denn dieser gehörte traditionsgemäß zum evangelisch gewordenen Domkapitel von Meißen. Die Äbtissinnen der beiden Klöster behielten das Patronat auch über die evangelischen Kirchen in ihrem Herrschaftsgebiet und setzten dort die Pfarrer ein. Der Vogt von St. Marienstern war stets ein protestantischer Adliger.

Nr. 4.44

4.32
Kaspar Peucker

Balthasar Jenichen, 1575; Kupferstich, Blatt: H. 9 cm, B. 8 cm, Platte: H. 8,6 cm, B. 7,3 cm. Bautzen, Stadtmuseum, Inv. Nr. 10497.

Der aus Bautzen gebürtige Kaspar Peucker (1525–1602) war Arzt, Historiker, Dichter und Kirchenpolitiker. Er wirkte als Leibarzt des sächsischen Kurfürsten August und erhielt an der Universität Wittenberg mehrere Professuren. Als Schüler und Schwiegersohn Philipp Melanchthons zählte er zu dessen engsten Vertrauten und setzte nach 1560 sein Werk fort. Er vollendete das „Chronicon Carionis Philippicum", eine Weltchronik, die für zwei Jahrhunderte zu den wichtigsten ihrer Art gehörte, und gab das „Corpus doctrinae Philippicum", eine Sammlung theologischer Schriften seines Lehrers, heraus.
Peucker geriet in die innerprotestantischen Auseinandersetzungen um die Anerkennung der in der Confessio Augustana nicht erwähnten Calvinisten. Er folgte Melanchthon, der sich im Interesse eines geschlossenen protestantischen Lagers für einen Ausgleich mit den Calvinisten einsetzte und dafür bereit war, einen Kompromiß bei der theologischen Deutung des Abendmahls auf Grundlage 1. Kor 10, 16 f. anzunehmen. Doch gerade darin sahen die Theologen um Matthias Flacius Illyricus ein unverzeihliches Abweichen von Luthers Abendmahlslehre.
Zu diesem theologischen Streit kamen politische Aspekte. Die Anhänger Melanchthons, die „Philippisten", lehrten an den Universitäten Wittenberg und Leipzig im albertinischen Kurfürstentum, die „Flacianer" dagegen an der ernestinischen Universität in Jena. Letztere fanden Unterstützung in den Söhnen jenes Johann Friedrich, der 1547 die sächsische Kurwürde an die albertinische Linie des Hauses Wettin verloren hatte. Der Kurfürst hielt zunächst an Melanchthons Lehrsätzen fest und grenzte sich damit von den Ernestinern ab. Erst nach Beendigung des innerwettinischen Krieges schwenkte er um 1570 auf die Linie des orthodoxen Luthertums ein, wodurch ein politischer Zusammenschluß von Lutheranern und Reformierten unter Sachsens Führung unmöglich wurde (vgl. Nr. 4.19).
Als 1574 eine anonyme kalvinistische Schrift über das Abendmahl erschien, wurde diese fälschlich Peucker zugeschrieben, der deshalb unter dem Vorwurf des Kalvinismus verhaftet wurde. Seine Freilassung verdankte der Gelehrte der Fürsprache der zweiten Gemahlin des Kurfürsten, Agnes Hedwig, und ihres Vaters, des Fürsten Joachim Ernst von Anhalt.

Lit.: Henke 1865, S. 5–48; Kühne 1983.

WF

Scultetus und der Gregorianischer Kalender
Scultetus' chronologische Forschungen und der Bedarf nach genauerer Zeiteinteilung und Zeitrechnung hatten sein Interesse an der gregorianischen Kalenderreform geweckt. Die Einführung des Kalendariums, nach dem damaligen Papst Gregor XIII. genannt, wurde von ihm unterstützt. Die neue Zeiteinteilung wurde bereits 1584 in der gesamten Oberlausitz mit Ausnahme von Zittau und der Herrschaft Königsbrück eingeführt. Im gleichen Jahr etablierte Scultetus in Görlitz die sogenannte „halbe Uhr" als Tageseinteilung. Sie teilte den Tag in 24 Stunden, von Mittag zu Mittag. Die Görlitzer Rathausuhr wurde unmittelbar darauf mit dieser Tageseinteilung neu eingerichtet. Noch heute trägt sie das damals geschaffene Ziffernblatt mit der Jahreszahl 1584.

4.33
Bartholomäus Scultetus

Georg Scharffenberg. Görlitz, 1572; Holzschnitt. H. 50 cm, B. 37 cm. Görlitz, Städtische Sammlungen für Geschichte und Kultur.

Der Mathematiker und Astronom Bartholomäus Scultetus (Barthel Schulz, 1540–1614) aus Görlitz gehört zu den bedeutendsten nachreformatorischen Persönlichkeiten der Oberlausitz. 1540 in Görlitz geboren, studierte Scultetus zunächst an der Wittenberger, später an der Leipziger Universität. 1567 kehrte er nach Görlitz zurück und lehrte am dortigen Gymnasium. Er fertigte Sonnenuhren, schrieb eine Anleitung zu deren Bau und erstellte Horoskope. 1568 beendete er die Arbeit an der Landkarte der Markgrafschaft Meißen, 1593 schuf er die Landtafel der Oberlausitz (Nr. 4.1). Seine Leistungen in Mathematik, Astronomie und Zeitrechnung zogen andere Gelehrte an und weckten die Aufmerksamkeit weltlicher und geistlicher Potentaten. Weitere Werke Scultetus' sind Hilfen zur Berechnung von Festtagen in der Art immerwährender Kalender sowie eine Synchronopse der verschiedenen Zeitrechnungen, die durch die Bemühungen um eine Kalenderreform – sie wurde 1584 mit der Einführung des Gregorianischen Kalenders in die Tat umgesetzt – veranlaßt war.
Während seiner Zeit als Bürgermeister wurde Görlitz geistiges Zentrum des späten Humanismus. Scultetus stand in Kontakt zu den kaiserlichen Hofastronomen Johannes Kepler und Tycho Brahe und war mit dem Bautzner Domdekan Johann Leisentrit befreundet (Nr. 4.28–4.29). Während seiner Studienzeit hatte er Philipp Melanchthon und dessen Schwiegersohn Kaspar Peucker kennengelernt; wegen dieser Verbindung unterlag er dem Verdacht, geheimer Anhänger des Kalvinismus – Kryptokalvinist – zu sein. Der Jesuit Johannes Possevinus war als vatikanischer Unterhändler wegen der Gregorianischen Kalenderreform bei ihm zu Gast, ebenso der katholische Gelehrte Christoph Calvius und der Kabbalist Balthasar Walther.

Lit.: Koch 1907; Lemper 1970; Lemper 1976.

AK/HSS

4.34

Knabe aus dem Hause von Warnsdorf auf dem Totenbett

Oberlausitz, um 1640; Lasur- und Ölmalerei auf Holz im Originalrahmen. Bezeichnet unten rechts „C. A. (?) Cavlvers / Mahler von Friedlandt / dieser Zeiz Zu Görlitz S ... / Mahlet dieses 16..“ (Jahreszahl unvollständig erhalten). Tafel H. 74 cm, B. 140 cm, Rahmen H. 100 cm B. 165 cm. Epitaph aus der ev.-luth. Kirche Wendisch-Ossig (Osiek Luż, Polen), seit 1907 in den Görlitzer Städtischen Sammlungen nachweisbar. Görlitz, Städtische Sammlungen für Geschichte und Kultur, Inv. Nr. 108–61.

Der aufgebahrter Knabe in talarartigem Gewand mit Schulterkragen und einer Fell- oder Wollkappe umfaßt vor der Brust ein Kreuz. Unterhalb des Kopfendes befindet sich das Warnsdorfsche Wappen, über seiner Brust schwebt ein Putto mit roter Nelke und Schriftband „O Jesu meine gerechtigkeit, von deiner liebe mich niemand scheydt“. Vor der Rückwand zu Füßen des Aufgebahrten befindet sich eine Tischplatte mit Vanitasdarstellungen: eine gebrochene weiße Lilie, eine verlöschende Kerze und eine zerbrochene Sanduhr. Unter der mit Blumen belegten Sargkante steht die Inschrift: „Seneca: Punctum est quod vivimus, et adhuc puncto minus“ (Seneca sagt: Wir leben, dieweil uns ein Schlußpunkt gesetzt ist, und bis zu diesem Punkt [leben wir immer] weniger [lange]). Für die Oberlausitz ist das Werk einzigartig; es ist nicht denkbar ohne die Kenntnis habsburgischer Hofkunst mit ihren Aufbahrungsdarstellungen verstorbener Mitglieder des Kaiserhauses.

Georg von Warnsdorf erwarb 1549 Wendisch-Ossig; der Ort kam später an Hans Georg d. J., der mit Dorothea geb. Dehn-Rothfelser (1600–1631) vermählt war. Sie gehörte wegen „ihrer schönen Erkenntniß der Gottesgelehrtheit zum Hochadeligen Frauenzimmer der Oberlausitz“. Der Aufgebahrte dürfte einer ihrer zwei jüngstgeborenen Söhne sein. Nimmt man ein Alter von 10 bis 12 Jahren an, wäre das Epitaphbild um 1640 entstanden, stilgeschichtlich zwar spät, aber verständlich aus dem konservativen Kunstgeschmack eines provinziellen adligen Auftraggebers.

Der Künstler ist offenbar identisch mit dem „Maler Kaulfers aus Friedland“, den die Chronik Varia 154 im Görlitzer Ratsarchiv für das Jahr 1637 erwähnt. Er hielt sich anläßlich der Huldigung des sächsischen Kürfürsten Johann Georg I. im Görlitzer Quartier des Bautzener Dekans Catman auf und erhielt dort den Auftrag zu einem Madonnenbild mit den hl. Bartholomäus und Laurentius.

Lit.: Knothe 1879, S. 532–535; Feyerabend 1910, Nr. 212; Boetticher 1919, S. 66–72, 614; Jecht 1928–1934, S. 433; Lemper 1979, S. 60–62.

EL

4.35

Bildnis Jakob Böhme

Christian Gottlob Glymann zugeschrieben. Görlitz, 1. Hälfte 18. Jh.; Ölmalerei auf Holz. H. 39 cm, 36 cm. Kamenz, Museum der Westlausitz (Leihgabe in Görlitz, Städtische Sammlungen für Geschichte und Kultur).

Jakob Böhme, geboren 1575 in Alt-Seidenberg (Stary Zawidów, Polen), einem Dorf südöstlich von Görlitz, lebte als Schuhmacher, geschäftstüchtiger Handwerksmeister und als „Philosophus teutonicus“ bis zu seinem Tod 1624 in Görlitz. Er war eine vielseitige Persönlichkeit: Handwerker, Schriftsteller, Alchemist, Mystiker, Philosoph und Verfasser einflußreicher Schriften der nachreformatorischen deutschen Mystik. Seine visionären Erlebnisse verstand er als „Offenbarungen Gottes“, aus denen er ganz eigene Weltsichten entwickelte.

1612 entstand sein erstes handschriftlich verbreitetes, nur fragmentarisch erhaltenes Werk: „Morgenröthe im Auffgange", das die oberste Geistlichkeit von Görlitz in Person Gregor Richters auf den Plan rief. Der streng lutherisch gesinnte Geistliche nötigte Böhme das Gelöbnis ab, nie wieder zu schreiben. Allerdings entstanden ab 1618, seit dem er sich ausschließlich seinen Schriften widmete, eine Vielzahl weiterer Werke. In den Jahren des ihm auferlegten Schreibverbotes beschäftigte sich Böhme, beeindruckt von den Gedanken Paracelsus', mit der Alchemie und studierte die Kabbala. Böhmes Philosophie ist eine ungewöhnliche Mischung von Luthertum und Mystik. In seinen theosophisch geprägten Schriften verkündete er eine Art neue Reformation, mit der ein Zeitalter des Geistes entstehen sollte.
Das postum gemalte Porträt zeigt Böhme als grüblerischen Denker. Ganz melancholisch und hochbetrübt zu sein angesichts der Sinnlosigkeit des Weltlaufs und der Nichtigkeit – so bezeichnet der Philosoph seine Haltung zur Erkenntnis im 19. Kapitel seiner „Morgenröthe".

Lit.: Lemper 1976; Gauger 1994.

CM

4.36

Briefe katholischer Pfarrer zu Wittichenau an die Äbtissin des Klosters St. Marienstern

1.) Wittichenau, 4. Januar 1579; Handschrift auf Papier, Folioformat.
2.) Wittichenau, 7. September 1678; Handschrift auf Papier. Folioformat.
St. Marienstern, Zisterzienserinnenabtei, Archiv.

Die Stadt Wittichenau unterstand der Herrschaft des Klosters St. Marienstern. Seit der Reformation bis zum Ausgang des 17. Jh. kam es immer wieder zu konfessionellen Auseinandersetzungen zwischen dem Kloster und den ihm unterstellten Stadtbürgern. Am Ende des 16. Jh. bekannte sich die Mehrheit der Bürger zum Protestantismus. Die Äbtissinnen bemühten sich jedoch unermüdlich, die Stadt der katholischen Kirche zu erhalten. So forderte Dorothea Schubert (reg. 1623–1639) 1631 alle Protestanten auf, zu konvertieren oder andernfalls Wittichenau zu verlassen. Erst nach der Amtszeit der Äbtissin Katharina Benada (1664–1694) scheinen die Auseinandersetzungen ihren Höhepunkt überschritten zu haben. Ähnliche konfessionelle Streitigkeiten führte das Kloster mit Bernstadt. Zahlreiche Aktenstücke im Klosterarchiv bezeugen die Konflikte.
So berichtet der Wittichenauer Pfarrer Philipp Lehn 1579, daß der Schusterlehrjunge Greger Hunger in einem Bierhaus öffentlich den katholischen Glauben geschmäht habe. Daraufhin sei es zu einer Schlägerei zwischen ihm und dem Kaplan Ambrosius gekommen. Die Äbtissin möge doch für eine harte Bestrafung der Delinquenten sorgen, nur so könne der unter der Wittichenauer Bürgerschaft verbreiteten Opposition gegen die katholische Kirche Einhalt geboten werden.
1678 beschwerte sich Pfarrer M. Sebastian Maximilian Nikolaides, der Primarius Matth. Lehman aus Hoyerswerda sei nach Wittichenau gekommen und habe mit der kranken Schlosserin Ursula Möller „auff Lutherische weiße communicirt". Ferner habe Samuel Martini, Kaplan zu Hoyerswerda, ehemalige Lutheraner in Wittichenau, die zum katholischen Glauben übergelaufen waren, in ihren Häusern aufgesucht und beschimpft. Man müsse gegen das öffentliche Auftreten lutherischer Predikanten vorgehen, notfalls auch gerichtlich.

Unpubliziert; weiterführende Lit.: Hitschfel 1894; Seifert 1963; Magirius/Seifert 1974, S. 7–26.

MME

4.37

Hilfsersuchen der Landstände des Markgraftums Oberlausitz an Kurfürst Christian II. von Sachsen.

Bautzen, 4. Februar 1610, gebunden, Pappeinband, fol.1r–4r. Auf der hinteren Umschlagfaltung, 14 Siegelprägungen. 33,5 cm x 21 cm. Dresden, Sächsisches Hauptstaatsarchiv, Loc 9592.

Im Jahr 1610 wandten sich die Stände der Oberlausitz an Christian II. mit der Bitte, ihren Antrag auf Gewährung der Religionsfreiheit bei Kaiser Rudolf zu unterstützen. Die Stände lobten Christian für sein Bemühen, „die Ehre Gottes und seines Heiligen Wortes" zu verbreiten und baten ihn um eine „Intercession", die ihren Gesandten am kaiserlichen Hof den Weg ebnen sollte. In der Tat kam der Kurfürst der Bitte seiner „Religionsverwandten" sofort nach. Noch am 8. Februar schrieb er einen entsprechenden Brief an den Kaiser und wies seinen Gesandten in Prag an, für die Abgeordneten der Stände am Hof zu „sollicitieren" und eine Audienz beim Kaiser zu vermitteln. Damit wuchsen die Chancen der Oberlausitzer Protestanten, ähnlich wie diejenigen Böhmens und Schlesiens im Jahr zuvor das Recht auf freie Religionsausübung verbrieft zu erhalten und durch ein eigenes Konsistorium Pastoren einsetzen zu dürfen. Dazu kam es jedoch nicht. Zwar gab Rudolfs Bruder Matthias als böhmischer König seinen Lausitzer Ständen im Jahr 1611 die Zusicherung freier Religionsausübung; der Majestätsbrief gelangte jedoch über das Stadium eines Entwurfes

nicht hinaus und wurde nie ausgefertigt. Obwohl mehrheitlich protestantisch, blieb die Oberlausitz in einem religionspolitischen Schwebezustand. Bezeichnenderweise sahen die Oberlausitzer Stände im sächsischen Kurfürsten ihren eigentlichen Fürsprecher, lange bevor die Lausitz im Prager Frieden im Jahr 1635 als Erblehen von der böhmischen Krone an Sachsen abgetreten wurde. In dem bei dieser Gelegenheit ausgestellten Rezess (Nr. 4.43) gewährte Christians II. Bruder und Nachfolger Johann Georg I. den Ständen ihre Privilegien und auch das Recht der freien Religionsausübung.

Lit.: Herzog 1959, S. 74–75.

CH

4.38

„Zürnender" Gottvater

Oberlausitz, Ende 17. Jh.: Holz, farbig gefaßt. H. 37,5 cm, B. 35 cm. St. Marienstern, Zisterzienserinnenabtei.

Vor einer gewaltigen Wolke thront Gottvater mit bärtigem Haupt und einer Zackenkrone auf dem Kopf. In der rechten Hand hält er als Herrschaftssymbol den Reichsapfel. Die linke Hand ist im Segensgestus über sein Haupt erhoben. Eine betende Ordensfrau (Benediktinerin) und ein Engelchen flankieren ihn.

Darstellungen Gottvaters waren wegen des alttestamentarischen Bildnisverbotes bis ins 16. Jh. hinein selten. Anstelle der menschlichen Gestalt wählte man Symbole wie den brennenden Dornbusch, die Feuersäule, die Hand oder das Dreieck mit dem Auge Gottes. Seit dem 16. Jh. ist das Bildnis Gottes als Greis, meist mit einer Tiara und in päpstlicher Gewandung, in der bildenden Kunst geläufig. In der Druckgraphik der 1. Hälfte des 16. Jh., aber beispielsweise auch auf einer der sogenannten Reformationskacheln des Dresdner Kunstgewerbemuseums (Nr. 1.80), wird nun Gottvater dargestellt. Während er dort als gütiger, segnender Gott erscheint, ist er hier zürnend dargestellt – dafür sprechen Gesichtsausdruck und Haltung.

Lit.: Alt-Lausitzer Kunst 1935, Nr. 90.

HSS

4.39

Bautzener Stadtbrand von 1634

Matthäus Crocinus, Bautzen 1637/1638; Öl auf Leinwand. Inschriften: unten links: „Osea: 6.V.2: er hat uns geschlagen, er wird uns auch wieder verbinden"; unten rechts: „1. Joh. V. 9: Dazu ist erschienen der Sohn Gottes das er die Werck des Teufels zustöre". H. 49 cm, B. 145 cm, Restaurierung: 1998 – Martina Beese (Dokumentation). Bautzen, Stadtmuseum, Inv. Nr. R 4964.

Ein Stadtbrand, bei dem rund 600 Bürger umkamen, verheerte am 2. Mai 1634 das mittelalterliche Bautzen. Ein kaiserliches Heer, das die Stadt besetzt hielt, hatte aus strategischen Gründen die Vorstädte eingeäschert. Ein Schreiben Kurfürst Johann Georgs I. berichtet, daß dabei die Stadt durch Funkenflug in Brand geriet. Dem widerspricht die Behauptung des Bautzener Rates, wonach die Stadt auf Befehl des kaiserlichen Kom-

Bericht über den großen Brand von Bautzen in einem Schreiben des Bautzener Magistrats vom 1. 9. 1634, in dem dieser befreundete Städte um Spenden für den Wiederaufbau bat: Es ist „am 2ten May jüngsthin diese gute alte Stadt Budißin, ohne ihr Verschulden [...] von der hierinn gelegenen Kaiserl. Garnison [...] jählings und unversehens und an vielen Orten zugleich in Brand gebracht, und innerhalb wenig Stunden mit allen Kirchen, Rathause und andern Gebäuden, sammt allen noch übrigen Haus= und Vorrath, so ganz in Grund ausgebrannt und eingeäschert worden, daß auch nicht ein Stok oder einiges Örtlein, worauf ein Mensch oder Vieh sich trocken behelfen könnte, sonderlich in der inwendigen Stadt übrig verbleiben und in solchem Mordfeuer viel hundert unschuldige Menschen, deren allebereit 600 gefunden worden, sammt einer großen Anzahl groß= und kleinem Viehe elendiglich umkommen, die von Feuer erhaltenen Keller und Gewölber erbrochen, ausgeplündert und nachmals auch angezündet, wie nicht weniger vor und nach auch mitten in währender Feuersbrunst viel ehrliches Manns= und Weibsvolk gar ungebührlich betastet, besuchet und beraubet, auch sonsten fast alle Insolentien und Violentien, die man zu erdenken, mit uns verübet worden [...]."

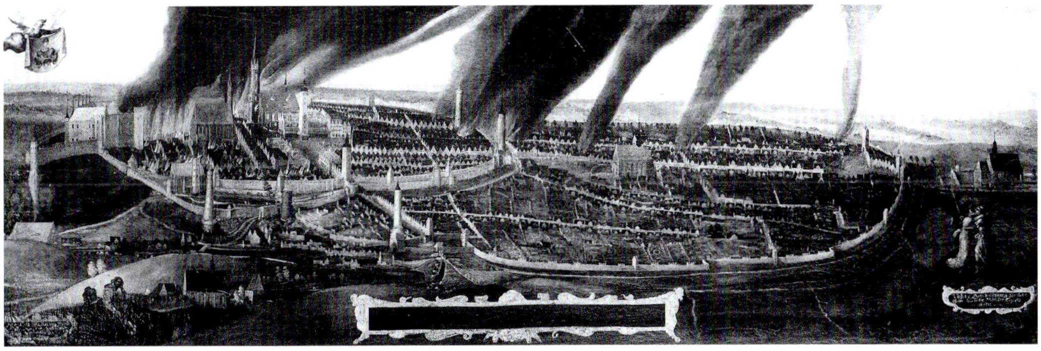

mandanten an mehreren Stellen angezündet worden sei.
Letztere Darstellung folgt der Bautzener Ratsmaler Matthäus Crocinus. In der Stadt breiten sich an verschiedenen Stellen Feuersbrünste aus. Um die Ortenburg, die Franziskanerkirche und am Dom wogt bereits ein Flammenmeer, ein Brand wütet am Wendischen Turm. Allerdings stellt das Gemälde nicht den Zustand der Stadt von 1634, sondern jenen von vor 1620 dar. Der Grund für diesen Rückgriff liegt im Auftrag des Stadtrates vom 12. Juni 1636. Bestellt wurden zwei Gemälde: zunächst der Anblick der noch unversehrten Stadt vor der Beschießung durch die Truppen des Kurfürsten Johann Georgs I. 1620, sodann ein Bild vom Brand 1634. Es lag nahe, daß der Maler für beide Gemälde dieselbe Ansicht verwendete.

Lit.: Bruger 1915; Koch 1920; Biehl 1922, S. 29; Bruger 1934, S. 57–60; Schmidt 1954, S. 56; Seifert 3/1997.

WF

4.40

„Schwedenkoffer"

Oberlausitz (?), um 1700, Nadelholz, Fellüberzug, Eisenbänder. H. 38 cm, B. 90 cm, T. 45 cm. Restaurierung: 1998 – Landesamt für Archäologie Dresden, Brigitte Kretschmer und Brigitte Tennhardt. St. Marienstern, Zisterzienserinnenabtei.

Der große rechteckige Reisekoffer mit leicht gebogenem Deckel ist mit Fell überzogen, das an den seitlichen Griffen stark abgenutzt ist. Zusätzlich wurden die Flächen mit Eisenbändern belegt, die der Verstärkung und der Repräsentation dienten. Der Koffer verfügt über mehrere Verschlußmöglichkeiten: ein an die Innenseite verlegtes Schnappschloß, dem an der Vorderseite ein einfaches Schloßschild vorgeblendet ist, und ein separates Vorhängeschloß.
Nach der Klosterüberlieferung haben schwedische Soldaten diesen Koffer entweder im Dreißigjährigen Krieg (1639) oder im Nordischen Krieg (1706/1707) bei ihrem Durchzug durch die Lausitz in St. Marienstern zurückgelassen. Zur Erinnerung an diese schwere Zeit, in der die Nonnen zweimal das Kloster verlassen mußten, wird der Koffer bis heute im Urkundenarchiv aufbewahrt; ein obenaufliegender Zettel der Archivarin erinnert an dieses Ereignis.

unpubliziert

CM

4.41

„Kettenbuch". Psalter der Äbtissin Dorothea Schubert

P. Martin Buschmann OCist und Äbtissin Dorothea Schubert, 1631; Kursivschrift und Federzeichnungen auf Papier; schwarzer Ledereinband mit Prägung – Mittelmedaillon vorn IHS mit Kreuz, hinten Madonna mit Kind; Messingecken (eine verloren), 2 Schließen; am Buchrücken Eisenkette mit 19 Gliedern und einem Ring. H. 32,5 cm, B. 20 cm. St. Marienstern, Zisterzienserinnenabtei, Ms. Quart 13.

Mitten im Dreißigjährigen Krieg schrieb 1631 der Propst von St. Marienstern, P. Martin Buschmann, für die Äbtissin Dorothea Schubert einen deutsch-lateinischen Psalter mit Sprüchen und Heiligenlegenden, die die Adressatin ergänzte. Dazu kamen lateinische Fabeln und Sendbriefe aus dem klösterlichen Lateinunterricht. Der Zisterzienserpater Martin Buschmann war nach 1626 aus dem polnischen Kloster Blesen (Bledzów) nach St. Marienstern gekommen und gelangte als Spiritual der Äbtissin zu großem Einfluß. Er bemühte sich um die Wahrung der katholischen Konfession im Klosterland und besorgte nach dem Verlust des alten Totenbuches beim Brand von Bautzen 1634 die Erstellung eines neuen Verzeichnisses (vgl. Nr. 2.165).
Im Kettenbuch von 1631 illustrierte er den Text mit einem Widmungsbild, auf dem er sich und die Äbtissin in Anbetung des Namens Jesu dargestellt hat, sowie mit zwei ganzseitigen Federzeichnungen. Die Psalmen werden von einem Titelbild eingeleitet, das in einer an Altarretabeln orientierten Gestaltung seitlich die beiden Ordensheiligen Benedikt und Bernhard, darunter das Harfenspiel Davids vor Saul und oben eine von Engeln gehaltene Kartusche mit dem Namen Jesu zeigt. Die

zweite Zeichnung ist eine Allegorie auf den Mariensterner Konvent in der Zeit der Glaubenskämpfe: Die namentlich bezeichneten Schwestern sitzen rudernd in einem Segelschiff, eine Schwester – die zukünftige Äbtissin Anna Margaretha Dorn – hält den Mast mit der Kreuzesfahne, die Äbtissin Dorothea Schubert bedient das Steuer, und der Propst Martin Buschmann zieht den Anker ein. Der Marienstern weist dem Schiff den Weg durch die stürmischen Fluten der Zeiten, in denen ungehorsame Jungfrauen ertrinken und vom Teufel gefangen werden. Ziel der von den Sieben Gaben des Hl. Geistes begleiteten Fahrt ist der Hafen des Heils, sind die Gestade des Himmels. Darunter bittet die Äbtissin in Versen um den Beistand der Gottesmutter, die sie beim Lesen des Psalters aufrichten und sicher durch die „wällen diß sathans-fleisches“ geleiten möge. Obwohl die Zeichnung vor der Flucht des Konventes nach Blesen entstanden ist, nimmt sie diese bildlich vorweg: Tatsächlich führten im April 1639 Dorothea Schubert und Martin Buschmann die Schwestern vor den marodierenden Schweden ins polnische Exil, wo die Äbtissin im selben Jahr verstarb. Ihre auf die Flucht mitgenommene Psalterhandschrift hatte sie Anna Margaretha Dorn übergeben, die den Konvent zusammen mit P. Martin Buschmann im Frühjahr 1640 nach St. Marienstern zurückgeleitete.

unpubliziert

MW

4.42

Muttergottes Maria Coeli

Polen, 1. Hälfte 17. Jh.; Öl auf Leinwand; schwarzer Profilrahmen mit vergoldeter Innenleiste, verglast. H. 43 cm, B. 30 cm, Rahmen B. 7 cm. St. Marienstern, Zisterzienserinnenabtei.

Als im Frühjahr 1639 die Schweden unter General Torstensohn Bautzen, Zittau und Görlitz besetzten und in der nächsten Umgebung des Klosters, in Crostwitz, den Pfarrer drangsalierten, floh der Konvent von St. Marienstern nach Blesen (Bledzów), einer polnischen Zisterzienserabtei (gegr. 1282/1286 in Zemsko, aufgehoben 1836). Angeblich soll auf der Flucht ein Teil des Klosterschatzes verloren gegangen sein.
1640 kehrten die Schwestern zurück. Sie brachten eine Kopie des Gnadenbildes von Blesen mit, das seitdem als Zeichen des Dankes für den im Exil erlebten Schutz verehrt wird. Das in Polen sehr verbreitete Brustbild der Muttergottes als Himmelskönigin wurde nach ostkirchlicher Tradition wie eine Reliquie mit kostbaren Schutzhüllen bedeckt, sogenannten Ikonenbeschlägen. Aus Gold- und Silberblech gestanzt und ziseliert sowie mit Steinen geschmückt, ist der auf der Mariensterner Kopie dargestellte Oklad, der nur das Antlitz Mariens frei läßt, mit dem Zeichen der polnischen Könige, dem weißen Adler, sowie mit den Marterwerkzeugen Christi versehen.

Lit.: Hitschfel 1894, S. 160.

MW

Nr. 4.41

4.43

Rezess über die Abtretung der Ober- und Niederlausitz zwischen Kaiser Ferdinand II. und Kurfürst Johann Georg I. von Sachsen

Prag 30. 5. 1635; Pergament, vierlagig, 13 Seiten, unpaginiert. H. 35 cm, B. 29,5 cm. Angehängt mit Kordel 2 Siegel, in runden gedrechselten Schutzdosen mit Deckeln. Siegel 1: Kaiser Ferdinand II., Umschrift teilweise in drei Ringen, z. T. verwischt: FERDINANDUS • SECUNDUS • DEI • GRATIA [...] ROMANORUM • IMPERATOR ... HUNGARIAE • BOHEMIAE • DALMATIAE ... SCHLAVONIAE • REX • ARCHIDUX ... DUX • BURGUNDIAE • ET • STIRIAE ... COMES • TYROLIS. Unter der Kaiserkrone im Schild der doppelköpfige Adler, flankiert von zwei Greifen als Schildhaltern, umgeben von Herrschaftswappen; Dm. 12,5 cm. Siegel 2: Kurfürst Johann Georg, Umschrift in zwei Ringen, z. T. verwischt: DEI • GRATIA • JOHANNI • GEORGIUS • SAXONIAE • [IULIAE?] • LIUVIAE • ET • MONTIUM • DUCIS • SAC • ROM • IMP • ARCHIMARSCALLI • ET • LECTORIS • LANDGRAVI• THURINGIAE • MARCH • MISNIAE • BURGRAVII • MAGDIBURGENSIS • COMITIS • MAR [CHIE?] • ET • RAVENSBURGAE • DOM • IN • RAVENSTEIN. Unter dem Fürstenwappen gepanzerter Ritter mit gezogenem Schwert auf Pferd, umgeben von Herrschaftswappen. Dm. 11 cm. Dresden, Sächsisches Hauptstaatsarchiv, OU 13021.

Die Lausitzer Stände hatten sich bereits 1610 bei Kaiser Rudolf um eine Verbriefung ihres Rechtes auf freie Religionsausübung bemüht. Diese Initiative war trotz Unterstützung des sächsischen Kurfürsten Christian II. ergebnislos verlaufen (Nr. 4.37). Seit 1623 war Kursachsen unter Johann Georg I. Herrscher der Lasitzen, die Kaiser Ferdinand II. ihm gegen seine Kriegsschulden verpfändet hatte. Nachdem Johann Georg I. zusammen mit Schweden gegen die kaiserlich-katholische Partei paktiert hatte, einigte er sich wieder mit dem Kaiser und schloß mit ihm 1635 den Frieden von Prag. Die Kriegsschulden Ferdinands II. beim Kurfürsten beliefen sich mittlerweile auf 72 Tonnen Gold. Die Lausitz ging als Gegenleistung nun endgültig an Sachsen über und wurde zum Erblehen der Kurfürsten. Sie verblieb de jure bei der böhmischen Krone, und der Kaiser behielt als böhmischer König die Lehenshoheit. Im vorliegenden Rezess garantierte nun der protestantische Kurfürst Johann Georg die überkommenen Rechte und Privilegien der katholischen Lausitzer Stände; neben dem Domstift zu Bautzen werden auch die Klöster St. Marienstern, St. Marienthal, Lauban und die Abtei Neuzelle erwähnt. Zusätzlich gewährte er den Ständen beider Konfessionen das Recht auf freie Religionsausübung. War dies ein Zeichen religiöser Toleranz, so bedeutete die Einigung mit dem Kaiser aber auch, daß die Protestanten im habsburgischen Machtbereich nicht mehr mit Johann Georgs Unterstützung rechnen konnten. Die politischen Rechte der Lausitzer Stände wurden nicht angetastet; sie behielten ihre bisherigen „privilegia" und Freiheiten, die dieses herrscherferne Gebiet bereits unter der böhmischen Krone ausgezeichnet hatten. Für das Verhältnis zwischen Kursachsen und der Lausitz blieb der Rezess die wichtigste Rechtsgrundlage, auf die sich die Stände noch bis in das 19. Jh. beriefen, wenn sie ihre Freiheiten in Gefahr sahen.

Lit.: Sachsen 1893, S. 1–6; Herzog 1959, S. 71–95; Boelcke 1992, S. 15–60.

CH

Bestimmung aus dem **Traditionsrezess** zwischen Kurfürst Johann Georg I. und Kaiser Ferdinand II., 16. Mai 1635:

Es wird bestimmt, „daß Ihre Chur-Fürstliche Durchlaucht und Dero Nachkommen, die Catholische Geistlichkeit und Stände, in specie das Domstift St. Petri und Capitul zu Budissin, die Jungfrauenklöster zu Marien-Stern und Marien-Thal und das Priorat zu Lauban, auch die Abtey zu Neuen-Zell und andere Geistlichen und Religiosen [...] bei ihren Privilegiis, Juribus, insonderheit bei ihrer Exemption in spirituali ab omne seculari foro, wie auch bei allen ihren Freyheiten und Gerechtigkeiten [...] unverhindert lassen [...]."

4.44

Inneres des Petridomes

Matthäus Crocinus, um 1641; Öl auf Kupfer. H. 58 cm, B. 51,5 cm. Restaurierung: 1997 - Betina Beck (Dokumentation). Bautzen, Stadtmuseum, R 7765.

Obwohl der Bautzener Petridom bis in das 19. Jh. hinein Eigentum des katholischen Domkapitels war, wurde das Gotteshaus seit 1524/1530 als Simultankirche genutzt. Dabei steht den Protestanten bis in die Gegenwart das im Bildvordergrund dargestellte Kirchenschiff für den Gottesdienst zur Verfügung, während die katholische Messe im Chor gefeiert wird. Beide Gebäudeteile sind durch ein Lettnergitter getrennt.
Diese Aufteilung wurde 1583 auf Betreiben des katholischen Domdekans Johann Leisentrit zwischen Domkapitel und Rat vertraglich festgelegt.

Demnach war das Kapitel verpflichtet, den evangelischen Predikanten anzuerkennen und den Protestanten die Nutzung von Orgel und Empore zu gestatten. Im Gegenzug war die Taufe – auch der Kinder aus evangelischen Familien – den katholischen Geistlichen vorbehalten, denen auch die Mitwirkung an Begräbnissen gestattet war. Den Zustand dieses konfessionellen Zusammenlebens schildert das Bild: Evangelischer Gottesdienst und katholische Messe werden zeitgleich im Dom gefeiert. Zugleich ist das Bild Zeugnis für die Wiederherstellung der Petrikirche nach dem Stadtbrand von 1634, die zur Entstehungszeit des Bildes noch nicht abgeschlossen war. Am unteren Bildrand ist das Gleichnis vom Scherflein der armen Witwe (Luk 21, 1–4) dargestellt. Das von Oswald Nietzsche und seiner Frau Christiane gestiftete „Gotteskastenbild" war über einem Opferstock des Domes aufgehängt; der Betrachter sollte es der armen Witwe gleichtun und eine mildtätige Spende leisten.

Lit.: Bruger 1915, S. 28–30; Hartmann 1987, Nr. 29; Stadtmuseum Bautzen 1994, Nr. 49; Schmidt 1954, S. 56 f.; 775 Jahre Domkapitel St. Petri 1996, Nr. 61.

WF

4.45

Kreuzigung Christi mit Äbtissin Anna Margaretha Dorn

Oberlausitz (Elias Hentzschel?), 1661; Öl auf Leinwand; H: 98 cm, B: 125 cm; Bezeichnungen: Signatur am Felsen rechts: „E. Hentzschel", unten Mitte: „A[nna]. M[argaretha]. D[orn]. A[ebtissin]. Z[u]. S[ankt]. M[arien]. S[tern]./AETATIS SVAE 53./ IAHR. Ao:1661." Restaurierung: 1997/1998 – Gisela Hempel (Dokumentation). St. Marienstern, Zisterzienserinnenabtei.

Vor einer dramatisch beleuchteten Landschaftsszenerie mit der Stadt Jerusalem im Hintergrund steht das Kreuz Christi, zu dem der Centurio Longinus heranreitet, um dem Gekreuzigten seine Lanze in die Brust zu stoßen. Engel fangen das Blut auf. Christus neigt sich hinunter zur Äbtissin, die am Kreuzesfuß kniet: „O Crvx Christi salva me" - O Kreuz Christi rette mich, heißt es im Schriftband daneben. Wappen mit Äbtissinnenstab und Inschrift weisen sie als Anna Margaretha Dorn aus. Gebürtig aus Reichstadt (Zákupy) in Böhmen, einer geadelten Familie entstammend (von Dornfeld), wurde sie 1640 zur Äbtissin gewählt, als der Konvent von seiner Flucht nach Blesen in Polen in das verwüstete Heimatkloster zurückkehrte. Ihr gelang es bis 1664, die Schäden des 30jährigen Krieges zu beheben, Neu- und Erweiterungsbauten vorzunehmen, den Klosterbesitz zu erweitern und damit die Voraussetzungen für die barocke Blütezeit St. Mariensterns zu schaffen.

Die Darstellung auf dem Kreuzigungsbild ist ihr einziges Bildnis abgesehen vom Grabstein in der Kirche - sie ließ sich als erste Äbtissin dort und nicht wie bisher in der Kreuzkapelle oder im Kapitelsaal beisetzen. Im ikonographischen Typus folgt das Bild dem Motiv der trauernden Magdalena (vgl. Kat. 2.36). Die Äbtissin ist damit als Nachfolgerin dieser Jüngerin Christi wiedergegeben – eines Vorbildes für die Imitatio Christi im Frauenkloster. Die Hervorhebung von Christi Opfertod ist bezeichnend für die im 17. Jh. neu belebte Passionsfrömmigkeit, mit der persönliche Demut und karitatives Wirken einhergingen. Bei Anna Margaretha Dorn kommt diese Haltung zum Ausdruck in der Gründung eines Armenspitals in Panschwitz und in dem von ihr finanzierten Buch „Todes=Seufftzer / Sampt Christlicher Zubereitung zu einem seligen Hinscheiden von dieser Welt in die Ewigkeit.(...)" von Christian Augustin Pfaltz, Dechant zu Friedland und Domherr in Bautzen und Prag.

Lit.: Preiss 1998 (Abb.).

MW

Matthäus Crocinus, um 1580/1583 in der böhmische Stadt Schlan geboren, mußte als Protestant in den 30er Jahren des 17. Jh. seine Heimat verlassen und ging, wie viele böhmische Exulanten, nach Sachsen. Erste sichere Nachrichten über ihn sind aus dem Jahre 1637 überliefert. Damals verließ Crocinus Pirna, um sich in Bautzen niederzulassen. Hier arbeitete er nicht nur als Maler, sondern erwarb auch einen Bierhof und damit das wirtschaftlich bedeutsame Braurecht. Sein künstlerisches Werk ist seit seiner Übersiedlung nach Bautzen gut dokumentiert: Es umfaßt neben verschiedenen Ansichten der Stadt v. a. Porträts der Bürgermeister. Crocinus starb 1553/1554 in Bautzen.

4.46

Pieta

Michael Bubenick, 1657; Lindenholz, halbrund geschnitzt und rückseitig ausgehöhlt, farbige Fassung. Bez. auf einem aufgeklebten Zettel auf der Rückseite: „Michael Bupenick Bürger undt Bilthauer von Zittau Geburt Von wittgenau f. Anno 1657 den 16. September." sowie die Initialen M B. H. 71,3 cm, B. 66 cm, T. 27,8 cm. Restaurierung: 1996 – Ulrike Sommer (Dokumentation). St. Marienstern, Zisterzienserinnenabtei.

Das Mariensterner Vesperbild aus der Zeit um 1370 (Nr. 2.32) fand thematisch in verschiedenen Skulpturen und Gemälden im Kloster St. Marienstern bis ins 19. Jh. Nachfolger. Die künstlerisch bedeutendste Wiederaufnahme erfolgte mit dieser Figurengruppe.

Die Muttergottes ist in einem langen, leuchtend violett-roten Kleid – der Farbe der Passion – mit silbernem Ornamentbesatz dargestellt, einen weiten Mantel als Schleier über den tief gebeugten Kopf und die abfallenden Schultern gezogen. Sie trägt auf ihrem Schoß den todesstarren Leib Christi. Sein Haupt wies ehemals einen Strahlennimbus auf, die Muttergottes war bekrönt. Zahlreiche Nagellöcher zeigen, daß die Pieta in einem Schrein befestigt war; starke Schädigungen der Holzsubstanz und der Fassung deuten auf einen Standort im Freien hin.

In Faltengebung und Fassung wirkt spätgotische Schnitzkunst nach. Die Spannung, durch die bewußte Unausgewogenheit der überlängten Glie-

der zum Ausdruck gebracht, und der unruhige Schmerzensausdruck der Maria sind aber einem anderen Geist verpflichtet: expressiven Tendenzen, die bezeichnend sind für die Zeit unmittelbar nach dem Dreißigjährigen Krieg. Diese Richtung frühbarocker Kunst wurde in der Dresdner Plastik von Sebastian Walther (1576–1645) und Wolf Ernst Brohm (um 1600–1680) geprägt und fand im Werk des böhmischen Bildhauers Johann Georg Bendl (1620–1680) ihren Höhepunkt.
Michael Bubenick aus Wittichenau scheint in der Mitte des 17. Jh. in Zittau und der Oberlausitz zusammen mit Hans Bubenick, wohl einem Verwandten, zu den führenden Künstlern gehört zu haben. 1666 schuf Michael den Altar der Kirche Weißenberg, von Hans ist für 1668–1669 die Mitarbeit an Altar und Kanzel der ehemaligen Klosterkirche in Zittau belegt. In einem stilistischen Zusammenhang scheinen auch ein großes Holzkruzifix im Kloster St. Marienthal und zwei ehemals zugehörige Assistenzfiguren, Johannes und wahrscheinlich Longinus (Zittau, Städtische Museen), zu stehen.

unpubliziert

MW

„Es ist gewißlich viel, daß eine Römisch=Catholische Aebtißin einem Evangelischen Ministerio also beystehet, daß der Sabbaths=Feyer, Zucht und Ehrbarkeit ernstlich hält, womit sie viel Lutherische Collatores und Kirchen=Patronos beschämet, die über keiner Kirchen=Disciplin, am allerwenigsten über der Sabbaths=Feyer halten, sondern Sauffen, Spielen, Tantzen, daraus doch Hurerey, Schlägerey und andere Sünden mehr folgen, auch wenn am Sonntage verstatten und frey passiren lassen. [...] Eben das könnte man von der Aebtißin zu Marienthal sagen: daß sie nämlich am Jüngsten Gericht werde auftreten, und diejenigen Collatores und Obrigkeiten verdammen, die nicht über Gottes Ehre und der höchst=nöthigen Sabbaths=Feyer halten wollen."
Aus: Nr. 4.47

4.47
Unerkannte Wohlthaten Gottes

Christian Gerber, Dresden, Leipzig: Winckler, 1720; 16 Bl., 1304 Bl. H. 17,2 cm, B. 10,5 cm. Dresden, Sächsische Landesbibliothek, Staats- und Universitätsbibliothek, Sign. H. Sax. F 152.

Christian Gerber, 1660 in Borna bei Leipzig geboren, war nach dem Studium der Theologie in Leipzig und Wittenberg evangelischer Prediger in Rothschönberg und von 1690 bis zu seinem Tod 1731 in Lockwitz. Bereits 1690 war er mit einem Werk „Unerkannte Sünden der Welt“ hervorgetreten. Seine Schrift „Unerkannte Wohltaten Gottes“ veröffentlichte er erstmals 1704 und widmete sie Gotthelf Friedrich von Schönberg, seinem Herrn in Lockwitz. Unter anderem eröffnet er den Blick auf eine erstaunliche konfessionelle Gemengelage, da Gerber die Äbtissin des Zisterzienserinnenklosters Marienthal für die strenge Kirchenzucht lobt, die sie in den evangelischen Gemeinden unter ihrem Patronat aufrechterhielt. So werde dort die sonntägliche Andacht aufs Peinlichste beachtet. Damit sei die Äbtissin ein Vorbild für jene lutherischen Pastoren, die es mit der Aufsicht über ihre Gemeinden nicht sonderlich genau nähmen.

CH

4.48
Die Äbtissin von St. Marienstern setzt einen evangelischen Pastor in Dittersbach ein

St. Marienstern, 1808. Papier, H. 34cm, B. 42 cm. Dittersbach, Ev.-Luth. Kirchgemeinde.

Schon im 13. Jh. war Dittersbach auf dem Eigen in den Besitz des Klosters gekommen. Vermutlich seit Gründung des Ortes, jedenfalls aber bereits 1296, besaß das Waldhufendorf eine Kirche. Im 16. Jh. gärte es auf den weit abgelegenen Besitzungen des Klosters. 1525, erneut 1567 und 1574 rebellierten die Bauern auf dem Eigen gegen die Bedrückung durch den Klostervogt und verweigerten die Leistung ihrer Abgaben. Von Görlitz kommend, griff die Reformation um sich. An der Dittersbacher Kirche waren zeitweilig beide Konfessionen vertreten: Ein evangelischer Prediger ist schon 1570 nachgewiesen, während ein katholischer Pfarrer noch 1588 amtierte. Erst 1630 gab die Äbtissin die katholische Sache auf dem Eigen verloren. Gestützt auf den Traditionsrezeß von 1635, beanspruchte das Kloster aber weiterhin die Patronats- und Kollaturherrschaft über die nun protestantischen Kirchen. Dies führte zu ungewöhnlichen kirchenrechtlichen Regelungen: Die katholische Äbtissin entschied über die Einsetzung evangelischer Pastoren und Lehrer und führte über sie dienstliche Aufsicht. Den Pastoren wurde in der Bestallungsurkunde die freie Predigt zugesichert; sie sollten sich freilich „alles Schmähens und unerbaulicher Redensarten wider die Römisch katholische Religion enthalten“.

Lit.: Bühler 1998, S. 116–120.

MB

Das Kloster und der Dresdner Hof

Schon bevor die Oberlausitz 1635 an das Kurfürstentum Sachsen gelangte, bestanden Verbindungen zwischen St. Marienstern und Dresden. 1628 berief Äbtissin Dorothea Schubert zwei sächsische Hofkünstler für Bildhauerarbeiten ins Kloster – evangelische Künstler waren für katholische Auftraggeber tätig. Den umgekehrten Fall stellt der katholische Sorbe Handrij Zahrodnik dar, der 1686 seine Lausitzer Heimat verließ, in Dresden Hofmechanikus wurde, konvertierte und sich fortan Andreas Gärtner nannte. Als „Sächsischer Archimedes" ging er in die Geschichte ein.

Unter dem Kurfürsten Johann Georg II. (reg. 1656 bis 1680) vertieften sich die Beziehungen zwischen Hof und Kloster. Der musikliebende Herrscher hatte für seine Hofkapelle italienische Sänger und Instrumentalisten berufen, durfte die Katholiken nach ihrem Tod aber nicht in der evangelischen Residenz bestatten lassen. Er ersuchte deshalb die Äbtissin um Erlaubnis für Grabstätten im Kloster. So fand hier 1675 der Oberkapellmeister Giuseppe Peranda, der zusammen mit Heinrich Schütz 1671 die erste deutsche Oper komponiert hatte, seine letzte Ruhe.

Seit August der Starke 1697 zum Katholizismus konvertiert war, hatte Sachsen ein katholisches Herrscherhaus. Das Land blieb jedoch weiterhin der evangelischen Konfession treu. Eine uneheliche Tochter des Königs mußte so 1720 im Kloster beigesetzt werden, ebenso Augusts Statthalter in Sachsen, Fürst Egon von Fürstenberg, und der französische Hofdekorateur Le Plat. Kostbare Geschenke und Briefe belegen die bis in jüngere Zeit andauernde Verbundenheit der Wettiner mit dem Kloster; im 19. Jh. war nur Mitgliedern des königlichen Hauses das Betreten der Klausur gestattet.

Nr. 4.88

4.49

Kurfürst Johann Georg I. und seine Gemahlin Magdalena Sibylle

Dresden, nach 1617; Öl auf Leinwand. H. 75,5 cm, B. 112,5 cm. Im Dresdner Gemäldeinventar von 1722 aufgeführt als Kopie; im 18. Jh. in Schloß Pillnitz, später im Dresdner Residenzschloß, nach 1924 im Schloß Moritzburg, nach 1945 Gemäldegalerie. Dresden, Staatliche Kunstsammlungen, Gemäldegalerie Alte Meister.

Das kurfürstliche Paar in prächtiger Kleidung mit Goldstickereien und Perlenapplikationen steht in einem Raum vor voluminösen Draperien; sie fassen sich an den Händen und blicken in Richtung des Betrachters. Das Gemälde gehört zum Typus des repräsentativen höfischen Porträts.

Johann Georg I. (1585–1656) übernahm 1611 die Regierung nach dem frühen Tod seines Bruders Christian II. Er heiratete 1607 in zweiter Ehe die dargestellte Magdalena Sybille, Tochter des Markgrafen Albrecht Friedrich von Brandenburg. Seine Regierungszeit (1611–1656) war vom Dreißigjährigen Krieg geprägt, seine Politik wird als „schwächlich" bezeichnet, bot er doch der Machtentfaltung Brandenburg-Preußens keinen Einhalt. Unter der Regierung Kurfürst Johann Georgs I. ging die Lausitz vom Königreich Böhmen an Kursachsen über. Der Erwerb der Lausitzen war schon 1620 durch kaiserliche Verpfändung vorbereitet; im Frieden von Prag 1635 wurde die vertragliche Grundlage geschaffen. Für den protestantischen Teil der Bevölkerung der Oberlausitz bedeutete der Anschluß an Kursachsen den Schutz ihrer Konfession vor der habsburgisch-katholischen Reaktion in Böhmen.

Lit.: Der Silberne Boden 1990, Nr. 155.

HSS

4.50

Christus als Gegeißelter

Sächsisch (?), um 1600; Alabaster, Stuck, farbige Fassung (Mantel und Lendentuch übermalt); mehrere alte Brüche. H. 43 cm, B. 17 cm, T. 10 cm. Restaurierung: 1997/1998 – Grit Stamm (Dokumentation). St. Marienthal, Zisterzienserinnenabtei.

Die Darstellung des Gegeißelten war in der nachreformatorisch-katholischen Kunst als eigenständiges Andachtsbild verbreitet – mit Bezug zu Offenbarungen, die der hl. Birgitta von Schweden zugeschrieben werden, und als Pendant zum Ecce homo der evangelischen Sakralkunst. Die Marienthaler Statuette ist aus dem erzählerischen Kontext herausgelöst; Schergen und Geißelsäule fehlen. Nur der die Figur umfangende Purpurmantel und die Reste von Blutspuren weisen auf die vorausgegangene Marterung hin. Lendentuch, Haare und Teile des Gesichts sind zur Unterstützung der naturalistischen Erscheinung farbig gefaßt; Umhang und Lendentuch besaßen ursprünglich vergoldete Borten. Geschickt ist die lebhafte Steinfarbigkeit des wachsartigen Alabasters zur Darstellung des gemarterten Körpers eingesetzt – ein Materialbezug, der für die Steinskulptur des Barock gern genutzt und von Balthasar Permoser 1721–1728 mit seinen drei Ausführungen des Christus an der Geißelsäule aus Salzburger Marmor zur Vollendung gebracht wurde (Dresden, Kathedrale SS. Trinitatis und Skulpturensammlung).

Die manieristisch überlängten Proportionen, die elegante Ausführung der Gliedmaßen und das sehr zierliche Antlitz deuten auf eine Entstehung um 1600 hin, wobei der aus Stuck angesetzte Mantel bereits frühbarocker Dramatik verpflichtet ist. Die Herkunft des Werkes ist ungewiß; stilistische Verbindungen zur sächsischen Hofkunst um Giovanni Maria Nosseni lassen eine Entstehung in dessen Umkreis möglich erscheinen – verwiesen sei auf das Grablegungsrelief aus Alabaster am Altar der Dresdner Sophienkirche von 1606.

unpubliziert

CT/MW

4.51

Anhänger mit stehendem Jesus

Dresden oder Prag, um 1600; Silber, vergoldet, Email, Edelsteine im Tafelschliff, Perlen, ein Stein fehlt, Öse abgebrochen. H. 5 cm, B. 3,5 cm. St. Marienstern, Zisterzienserinnenabtei.

Der kleine Anhänger ist ein typisches Schmuckstück des späten Manierismus der Zeit um 1600 und dürfte als höfisches Geschenk nach St. Marienstern gelangt sein.

Der Goldschmied kannte offensichtlich den seit 1573 verbreiteten Entwurf eines Schmuckstückes von Hans Collaert, den er nur leicht abwandelt: In einer halbrunden konchenartigen Nische, die von reichem Ornament umfaßt wird, steht anstelle des drachentötenden Herkules der nackte Christusknabe. Die Zierformen bestehen aus dichtem, schwerem Schweifwerk, das vereinzelt noch mit älteren Ornamentformen kombiniert wird. Allerdings sind die beiden s-förmigen Voluten, die die Konchenarchitektur nach außen abschließen, ebenso wie die Fassung der Steine nicht mehr Collaert verpflichtet, sondern verweisen auf eine etwas spätere Entstehungszeit. Darauf deuten auch die im Zierrat erkennbaren Frühformen des sogenannten Ohrmuschelstiles. Der Anhänger stammt wohl aus einer Prager oder Dresdner Werkstatt.

unpubliziert

WF

4.52

Stifterdenkmäler für Bernhard III. und seinen Neffen Heinrich von Kamenz

Sebastian Walther/Zacharias Hegewald, 1629; Sandstein, Bronze, teilweise vergoldet. Bernhard III. mit den Wappen derer von Kamenz, von Colditz, von Rosenberg und der Inschrift: „Anno MCCCXXI die XI. octob./obyt rmvs. in chro. pater ac dns. d. Bern/ardvs epvs. Misnensis comes de Caments/coenoby Stellae S. Mariae fvndator." Heinrich mit dem Wappen derer von Kamenz und der Inschrift: „Anno 1380 obyt dns Heinricus de/Camentz eqves avratvs. qui illvstris et rdiss./dni. fvndatoris hvivs monry. ex domes/ticis ac intimis familiaribus fvit". Unter beiden die gleiche Bronzetafel, bez.: „Anno MDCXXIX reliquiae eivsdem Rd Dni./levatae et Honorifice restitvtae svnt XXI Aprilis/instavrato monvmento per venerabilem dnam./Dorotheam Schvbartin Abbatissam." H. 292 cm, B. 225 cm. Restaurierung: 1997 – Markus Schulz (Dokumentation). St. Marienstern, Klosterkirche.

1628 ließ die Äbtissin Dorothea Schubert (reg. 1623–1639) die Gruft unter dem Hochaltar öffnen, in welcher der 1296 verstorbene Klosterstifter und nach 1328 sein Neffe Heinrich beigesetzt worden waren. Die Gebeine des Fundators wurden gehoben, und der Überlieferung nach soll drei Tage lang ein angenehmer Geruch das Kloster erfüllt haben, wobei die an den Füßen kranke Schwester Maria Mildner aus Schluckenau ihre völlige Gesundheit wiedergewann. Offenbar war die Öffnung der Gruft mit der für die Gegenreformation bezeichnenden Idee verbunden, Bernhard III. als Heiligen wirksam werden zu lassen – der Wohlgeruch, der von den sterblichen Überresten ausgegangen sein soll, näherte diesen seinem Namenspatron Bernhard von Clairvaux an, für den ebenfalls ein „odor sanctitatis" (Geruch der Heiligkeit) überliefert ist.

Bis 1629 wurden eine neue Gruft angelegt und ein Denkmal errichtet, mit dem Sebastian Walther (1576–1645) und dessen Schüler und Schwiegersohn Zacharias Hegewald (1596–1639) beauftragt wurden. Beide waren kurfürstlich-sächsische Hofbildhauer evangelischer Konfession und bereits in Dresden an mehreren Werken gemeinsam tätig gewesen. Nach Rechnungen im Klosterarchiv vollendeten sie für St. Marienstern nicht nur das Stifterdenkmal, das in flachen Reliefs Bernhard III. als Bischof mit dem Modell der Klosterkirche und seinen Neffen Heinrich als Ritter im Plattenharnisch des 17. Jh. zeigt, sondern auch einen neuen Hochaltar und mehrere Kruzifixe; zudem erneuerten sie den Dorotheen-, Magdalenen- und Kreuzesaltar in der Klosterkirche. Walther hatte dabei den Hauptanteil, beim Stifterdenkmal war Hegewald zumindest für die Bronzetafeln verantwortlich, die wahrscheinlich von Hans Hilger gegossen wurden.

Während die Figur Heinrichs vollständig aus Stein gemeißelt wurde, sind die Bischofsfigur und die Inschriftenkartuschen aus Bronze gegossen und vergoldet – ein geglücktes Beispiel für den Versuch der beiden Bildhauer in dieser Technik, mit der sie sich erfolglos in Zusammenhang mit der Fürstengruft in Freiberg befaßt hatten. Vorbild für die Darstellung des Stifters war offenbar das wenige Jahzehnte zuvor entstandene Wandbild im Nordflügel des Kreuzganges (vgl. Nr. 2.42). Die auf den Inschriften genannten falschen Jahreszahlen gehen auf einen Rechnungsfehler in der mündlichen Gründungsüberlieferung zurück und erlauben den Schluß, daß man bei der Errichtung des Grabmals nicht auf ein Vorbild aus der Stiftungszeit zurückgreifen konnte.

Am 21. April 1629 wurden die Gebeine des Stifters und seines Neffen in der neuen Gruft unter dem Denkmal bestattet. In der Folgezeit wurde das bis 1860 mit einer Decke in den Farben des Kirchenjahres zugedeckte Grabmal mehrfach erneuert. 1966 entschied man sich im Zuge der liturgischen Neuordnung und der Kirchenrenovierung, die Platten an die Nordwand zu versetzen und das Grabmal einzuebnen.

Lit.: Hitschfel 1894, S. 159, 282, 423, 601; Gurlitt BKD, Bd. 35 1912, S. 205–207; Schmidt 1959, S. 72 f.; Hentschel 1966, S. 79, 147 f., 150; Magirius/Seifert 1974, S. 64 f.

MW

4.53

Schauplatte und Faßbecher

1665 (Inschrift); Silber, getrieben, graviert, teilvergoldet. Meisterzeichen Platte: HP, Meisterzeichen Faßbecher: MB in Ligatur, Beschauzeichen jeweils Bautzen, Inschrift auf der Rückseite: „SerenIssIMI/DVCIs. IoannIs. Georg II./GratIosa. PhIaLa./VaIra. Istae. est. KatharInae BennaDIn/MarIaesteLLansI. AnnIs/tItae. praesentata 29 May." Dm. (Platte) 25 cm, Faßbecher: H. 8 cm, Dm. 7,5 cm. St. Marienstern, Zisterzienserinnenabtei.

Platte und Faßbecher werden als eine Einheit aufbewahrt, obwohl sie nicht als solche geschaffen wurden. Die Platte ist durch eine Inschrift auf der Rückseite als Geschenk des Kurfürsten Johann Georg II. (reg. 1656–1680) an die Äbtissin Katharina Benada ausgewiesen – vielleicht handelte es sich um eine Dankesgabe des Kurfürsten für die von der Äbtissin gewährte Erlaubnis, katholische Hofmusiker im Kloster bestatten zu dürfen. Der Faßbecher gibt keine Hinweise auf seine Herkunft.

Die Platte besitzt einen breiten Rand mit alternierend vergoldeten, radial angeordneten großen Buckeln. In den Boden der Platte ist das Wappen Johann Georgs mit Kurhut und einem rahmenden Lorbeerkranz graviert. Die recht grob ausgeführte Inschrift auf der Rückseite wurde möglicherweise von ungelernter Hand nachträglich eingraviert.

Die beiden gleichförmigen Trinkbecher können zu einem kleinen Faß zusammengesteckt werden. Der Reiz liegt in ihrer realistischen Ausformung: Die Dauben werden durch Reife zusammengehalten; erkennbar ist auch das Spundloch. Solche Doppelbecher haben sich in großer Zahl erhalten. Sie wiederholen das im 16. und 17. Jh. beliebte Prinzip der aus zwei Teilen zusammengefaßten Einheit und dienten im weltlichen Gebrauch häufig als Hochzeitsgeschenk.

unpubliziert

WF

4.54
Silberne Prunkleuchter

Christian Müller, um 1672; Silber, getrieben, graviert, gegossen, teilvergoldet. Meisterzeichen: CM, R3 3055, Beschauzeichen: L. bezeichnet: Wappen (gespaltener Schild, heraldisch rechts halber Adler, links geteilt, oben Ochsenkopf, unter drei schräggestellte Balken, Helmzier: doppelschwänziger Löwe, Schwert führend) und E. V. K.; H. (ohne Dorn) 54 cm bzw. 55 cm. St. Marienstern, Zisterzienserinnenabtei.

Das dreiseitige Unterteil der Leuchter trägt eine flache Tropfschale mit ausgebogtem und gewelltem Rand. Aus der Schale wächst ein aus verschiedenen Früchten und Trauben zusammengesetzter, mit einem gegossenen Figürchen verzierter Schaft, der von einer flachen Tülle mit Dorn abgeschlossen wird. An den drei Ecken des Unterteils befinden sich Engelsköpfe, deren zusammengelegte Flügel als Füße dienen.

Initialen und Wappen verweisen auf Ehrenfried Klemm von Wiedebach. Als Sohn eines Fleischers diente er nach seinem Studium in Wittenberg zunächst den Herzögen der Sekundogenituren Sachsen-Weißenfels und Sachsen-Zeitz, bis er 1666 in den Dienst Johann Georgs II. wechselte. 1672 wurde Klemm zum Geheimen Kammerrat und Bergwerksdirektor ernannt und stand damit an der Spitze des sächsischen Montanwesens.
Die Entstehung der Leuchter und ihre Schenkung an den Konvent steht wohl in Zusammenhang mit den Gütern, die Klemm 1667 in der Oberlausitz, teilweise in unmittelbarer Nachbarschaft zu Besitzungen Mariensterns, gekauft hat. In deren Rechte konnte er jedoch erst im Frühjahr 1672 eingesetzt werden. Zu dieser Zeit ist Klemm in Leipzig nachweisbar, wo er Christian Müller mit der Fertigung der Leuchter beauftragt haben könnte.

Lit.: Gurlitt BKD, Bd. 35 1912, S. 198; Schröder 1935, S. 147f.

WF

4.55
Wecksche Chronik

Der Chur-Fürstlichen Sächsischen weitberuffenen Residentz- und Haupt-Vestung Dresden Beschreib- und Vorstellung. Anton Weck, Nürnberg 1680, verlegt von Johann Hoffmann, gedruckt bei Christian Sigismund Froberger. H. 50 cm, B. (offen) 70 cm. St. Marienstern, Zisterzienserinnenabtei, Sign. C 11 9/10.

Anton Weck, 1623 in Annaberg geboren, kam 1635 nach Dresden, wo er als Schreiber tätig war und 1641 zum Expektanten in der kurfürstlichen Hofkanzlei ernannt wurde. Hier machte er rasch Karriere, wurde 1648 mit der Leitung des Ausländischen Sekretariats betraut und noch im selben Jahr Registrator des alten Kanzleiarchives. Ab 1662 leitete er das Geheime Reichssekretariat sowie das Sekretariat für Belange der Oberlausitz und führte den Titel eines kurfürstlichen Rates. Er starb 1680 in Bautzen.
Die Abfassung seiner Chronik über Dresden wurde Weck nicht nur durch den Zugriff auf die Aktenbestände aus dem Bereich der Hof- und Landesverwaltung erleichtert, sondern auch durch die persönliche Förderung des Kurfürsten Johann Georg II., der seine Beamten 1651 in einem Reskript aufforderte, den Autor zu unterstützen.

Weck erhielt die Erlaubnis des Dresdner Stadtrates, die Akten des Ratsarchives heranzuziehen. 1679 erteilte der Kurfürst die Genehmigung zum Druck.

Die Wecksche Chronik gehört zu den bedeutendsten Werken frühneuzeitlicher sächsischer Geschichtsschreibung. Neben eingehenden topographischen Angaben enthält sie zahlreiche detaillierte Ausführungen zur Geschichte der Stadt Dresden, zum dortigen Hof und zum Leben der sächsischen Fürstenfamilie. Auch Aspekte der allgemeinen sächsischen Landes- und Kulturgeschichte fanden Eingang. Darüber hinaus bietet das Werk Urkundenabschriften und eine Reihe von Kupferstichen, die Darstellungen wichtiger Dresdner Gebäude überliefern. Oft handelt es sich dabei um die ältesten bekannten Ansichten.

In St. Marienstern finden sich zwei Exemplare der Weckschen Chronik sowie der Schriftwechsel des Klosters mit dem Chronisten. Unter anderem vermittelte er dem Kloster auch St. Marienstern betreffende Urkundenabschriften aus dem ehemaligen Archiv von Altzella.

Lit.: Distel 1890; Gautsch 1875; Stimmel 1994.

CH/MME

4.56

Bildnis Andreas Gärtner (1654–1727)

Sächsisch, Öl auf Leinwand. H. 112,5 cm, B. 92,5 cm. Dresden, Staatlicher Mathematisch-Physikalischer Salon.

Der „Sächsische Archimedes“ Andreas Gärtner wurde 1654 in Quatitz (Chwaćicy) bei Bautzen als Handrij Zahrodnik geboren. Nach Tischlerlehre und Gesellenwanderung erhielt er 1687 unter Kurfürst Johann Georg III. (reg. 1680–1691) eine Anstellung als Hof- und Kunsttischler. Er konvertierte zur lutherischen Konfession und deutschte seinen Namen in Andreas Gärtner ein. Von Kurfürst Friedrich August I. (reg. 1691–1733) wurde Gärtner 1697 zum Hofmechanikus und Modellmeister berufen. Hochangesehen wohnte er zusammen mit Matthäus Daniel Pöppelmann und Balthasar Permoser im Fraumutterhaus in der Dresdner Kreuzstraße.

Gärtner war eine vielseitige Persönlichkeit, deren Stärken vor allem auf konstruktivem und praktisch-mechanischem Gebiet lagen. Er konstruierte Brückenkräne, Geschütze, Schiffswagen und Krankenfahrstühle, schuf eine Reihe technischer Anlagen, u. a. Wasserleitungen in seinem und in Dinglingers Haus, Feuerspritzen und eine Konfidenztafel im Dresdner Schloß, bei der Besucher mit einem aus dem Fußboden ausfahrbaren gedeckten Tisch überrascht werden konnten, baute Instrumente unterschiedlichster Art, z. B. Brenn-, Heil- und Beleuchtungsspiegel, ein Instrument zur Vorhersage von Ebbe und Flut, Himmelsgloben, das Modell eines Instruments zur Bestim-

mung der geographischen Breite und Länge, einen Windmesser im Dinglingerhaus, eine Sonnenuhr und eine Weltzeituhr. Gärtner fertigte außerdem eine Vielzahl von Gebäudemodellen an, darunter Schlösser, Kirchen, Festungs- und Brückenbauten, Mühlen, Pulvertürme etc., die er in die wahrscheinlich auf seine Anregung hin 1692 gegründete Modellkammer einbrachte.
Gärtner hat nur weniges („Nützliche Bauerinnerung wider Feuersgefahr", Leipzig 1713, und „Angabe zur Civilbaukunst", Dresden 1714) veröffentlicht. Seine technischen Erfindungen und Verbesserungen sind in das „Theatrum Machinarum" und das „Theatrum pontificale" von Jacob Leupold (1674–1727) aufgenommen.
Andreas Gärtner verstarb 1727 in Dresden. Sein Nachlaß verbrannte 1728 in der Bibliothek des Geheimen Kabinettsministers Reichsgraf von Wackerbarth, seine Modelle wurden im 19. Jh. versteigert, so daß nur wenige seiner Werke erhalten bzw. nachweisbar sind.

KS

4.57
Theatrum pontificale

Jacob Leupold: Theatrum pontificale, oder Schau-platz der Brücken und Brücken-Baues – Leipzig: Zunkel, 1726, Halbledereinband. H. 37 cm, B. 24,5 cm. Dresden, Sächsische Landesbibliothek, Staats- und Universitätsbibliothek, Sign. archit. 407.

4.58
Silbernes Weihetäfelchen

Böhmen (?), 1686; getriebenes Silberrelief ohne Meistermarken, schwarzer Kehlrahmen mit vergoldeter Innenleiste. Gravierte Inschrift: „Ave Candidam liliam Trinitatis Rosa/praefulgida coelicae amoenitatis, de qua/nasci, de cuius lacte pasci Rex Coelorum/voluit, divinis influctionibus animas nostras/pasce." „F.L.A.O./Revelat: S. Gertrud:/1686/CB AM". H. 27,7 cm, B. 23 cm. Privatbesitz.

Das Silberrelief zeigt die Muttergottes mit Kind in einem Typus, der seit den Mariendarstellungen auf Tafelbildern der Zeit um 1400 – wie der „Madonna von St. Veit" (vgl. Nr. 2.16) – in Böhmen besonders beliebt war. Das nackte Kind in den Armen der Mutter hält einen Vogel in der rechten Hand. Maria trägt einen Rosenkranz auf ihrem Schleier, seitlich weisen zwei Lilienzweige auf ihre Jungfräulichkeit hin. Das Täfelchen wurde laut Inschrift am Tag der Zisterzienserheiligen Gertrud von Helfta (16. November) 1686 in St. Marienstern geweiht. Wahrscheinlich handelt es sich um eine böhmische Arbeit, belegen doch Rechnungen im Klosterarchiv St. Marienstern, daß zu jener Zeit zahlreiche Silberarbeiten aus Ossegg (Osek) und Prag bezogen wurden.
Nach mündlicher Überlieferung wurde das Bild dem sorbischen Kunsttischler Handrij Zahrodnik aus Quatitz bei seinem Abschied aus der Heimat 1686 als privates Andachtsbild und Votiv mitgegeben und von diesem bis zu seinem Tod aufbewahrt.

unpubliziert

MW

4.59
Religionsversicherungsdekret

Lobskowa, 6. 8. 1697, Papier. H: 32, B: 40 cm, Dresden, Sächsisches Hauptstaatsarchiv, Mandatensammlung Nr. 14962.

Um seiner Kandidatur um die Krone Polens zum Durchbruch zu verhelfen, gab Kurfürst Friedrich August I. am 27. 7. 1697 seinen Übertritt zur katholischen Konfession bekannt. Der Schritt des in persönlichen Religionsdingen indifferenten Kurfürsten hatte weitreichende Folgen: Er eröffnete der katholischen Kirche neue Möglichkeiten der Entfaltung in Sachsen; er beendete die führende Rolle Kursachsens im politischen Protestantismus des Reiches, und er zog einen dauerhaften Graben zwischen dem Landesherrn und seinen evangelischen Untertanen. Die Nachricht löste große Unruhe aus. Auf einer „willkürlichen" Zusammenkunft der Stände, ohne Anwesenheit des Kurfürsten und seines Statthalters, kam es zu tumultuarischen Auftritten. Viele erwarteten, daß die Konversion des Kurfürsten die Rekatholisierung Sachsens einleiten werde. August dachte freilich keinen Augenblick daran, gewisse Erwartungen, die man in der römischen Kurie hegte, zu erfüllen. Um die angespannte Lage zu beruhigen und die Unterstützung der Stände für seine polnischen Avancen nicht aufs Spiel zu setzen, ließ August sein „Religionsversicherungsdekret" vom 6. August 1697 überall im Land anschlagen. Hierin versicherte er, daß niemand in Sachsen zur katholischen Religion gezwungen werden solle. Er wolle vielmehr seine „lieben Landstände und Unterthanen bei dero Augsburgischen Konfession, hergebrachten Gewissensfreiheit, Kirchen, Gottesdienst, Zeremonien, Universitäten, Schulen ... kräftigst erhalten und handhaben". Die Erklärung beruhigte zwar die Gemüter, befriedigte aber die Stände nicht völlig. Auf ihr Drängen bestätigte August einige Wochen später, daß auch zukünftig Katholiken die Einwanderung nach Sachsen untersagt bleiben solle.

Edition: Codex Augustaeus III, S. 11 ff.; Lit.: Ziekursch 1903, S. 94–107; Seifert 1963, 122 ff.

MB

Inschriften am Grabdenkmal Anton Egon Fürst zu Fürstenberg
„PRO.FIDE.REGE.LEGE. EQUES FORTISSIMUS." – Ein tapferer Kämpfer für Glaube, Reich und Gesetz.
„MAGNAE DEI MATRIS CLIENS PERPETVVS IN HOC ODEO MARIANO OSSA SUA CONDI JUSSIT. – MEMORIAE INCLITI HEROIS HAEREDES SAC. ROM. IMP. PRINCIPES AGNATI MODESTI P.P." – Er war ein eifriger Verehrer der Gottesmutter und hatte bestimmt, seine Gebeine in dieser Marienstätte zu begraben. Als ehrfurchtsvolles Angedenken haben seine Verwandten und Erben ihm diesen Denkstein gesetzt.

4.60

Begräbnis des Anton Egon Fürst zu Fürstenberg

1. Hälfte 18. Jh., Briefwechsel. Folioformat. St. Marienstern, Zisterzienserinnenabtei, Archiv.

Die nach der Einführung der Reformation im albertinischen Sachsen in Dresden lebenden Katholiken erhielten erst im Jahre 1723 einen eigenen Friedhof. Bis dahin mußten sie ihre Verstorbenen an anderen Stätten beerdigen, u.a. im Kloster St. Marienstern. Einer der Prominentesten unter ihnen war der schwäbische Reichsfürst Anton Egon Fürst zu Fürstenberg (1656–1716).
Von Kurfürst Friedrich August I. 1697 unter Mißachtung der Stände zum Statthalter in Sachsen ernannt, erhielt er umfassende Entscheidungsvollmachten und leitete seit Juli 1697 die höchste Regierungsbehörde, den Geheimen Rat. Es ist kein Zufall, daß ein nicht aus Sachsen stammender Adliger diese Machtfülle erhielt: Als Reichsfürst stand er in der Adelshierarchie über dem sächsischen Adel, besaß keine verwandtschaftlichen Verbindungen mit diesem und konnte bei seiner Amtsausübung in keine Loyalitätskonflikte geraten. Fürstenberg ging gegen Korruption und Mißwirtschaft in der Verwaltung vor, mußte aber bald gegen den einflußreichen Adel und die Stände resignieren. Mit der Errichtung des Geheimen Kabinetts 1706 verlor er seine herausragende Position, der Geheime Rat sank zu einer Mittelbehörde herab.
Der Fürst zog sich in sein Jagdschloß Wermsdorf zurück, wo er am 10. Oktober 1716 starb. Sein Herz wurde in den Stammsitz der Familie nach Schloß Heiligenberg bei Salem über dem Bodensee verbracht, seinen einbalsamierten Leichnam überführte man in einem prunkvollen Zug nach St. Marienstern. Dort fanden feierliche Exequien statt: Ein Castrum doloris (Trauergerüst) wurde in der Klosterkirche aufgebaut, von dem Teile noch heute erhalten sind, da es bis 1954 für die Aufbahrung der verstorbenen Äbtissinnen verwendet wurde. Auf der Tumba mit dem Sarkophag wiesen Tafeln mit Monogramm und Wappen auf den Verstorbenen hin, vier dreiseitige Pylonen an den Ecken führen mit Todesemblemen die Vergänglichkeit alles Irdischen vor Augen. In der Klosterkirche erinnern die Platte über der Gruft sowie an der Südwand ein marmornes Grabdenkmal an den Fürsten. Letzteres ist ein Werk des Steinmetzen Giovanni Maria Fossati, die beiden Putti stammen vermutlich von Johann Benjamin Thomae.
Über die Kosten für die aufwendige Begräbnisfeierlichkeiten Fürstenbergs entstand zwischen seiner Familie und dem Kloster ein lange andauernder Briefwechsel – die Familie wollte für noch ausstehende Zahlungen nicht aufkommen.

unpubliziert

WF/MW

In St. Marienstern bestattete Angehörige des sächsischen Hofes:

1654 Baldassare Manganoni, Konzertmeister der Hofkapelle
1663 Stefano Sauli, Bassist der Hofkapelle
1671 Giovanni Severi, Kammermusikus der Hofkapelle
1674 Hans Wenzel von Unwehrt, Kammerjunker und Rittmeister Johann Georgs II.
1674 Giuseppe Verando, Kapellmeister der Hofkapelle
1675 Giuseppe Perando, Oberkapellmeister der Hofkapelle
1678 Pierre Languedin, Altist und Geheimer Kammerdiener Johann Georgs II.
1688 Carlo Palavicini, Kapellmeister der Hofkapelle
1714 Georg Freiberger, Jesuitenpater und Kaplan Augusts des Starken
1715 François de Vitry, Bedienter Egons von Fürstenberg und Geheimer Kämmerer Augusts des Starken

4.61

Servietten von Fürst Anton Egon von Fürstenberg

Oberlausitz, 1706; Seidendamast, H. 88 cm, B. 83 cm; Inschrift: „EGON ANTONIS D. G. P. IN FÜRSTENBERG. LANDG. IN BAARC. I. II. 2 VV 17/06". St. Marienstern, Zisterzienserinnenabtei, Archiv.

Eine Meßstiftung sicherte bis in jüngere Zeit das Totengedenken des Fürsten Anton Egon von Fürstenberg in St. Marienstern. Er hatte dem Kloster jedoch nicht nur die entsprechenden Kapitalien vermacht, sondern auch sein heute verschollenes Bildnis und Gegenstände aus seinem Privatbesitz. Dazu gehört seine Tafelwäsche aus kostbarem Seidendamast. In die Servietten ist eine Rankenbordüre mit dem verschlungenen Monogramm Fürstenbergs in den Eckkartuschen eingewoben und im Mittelfeld Streublumen und Obstzweige sowie das Vollwappen des Fürsten mit Adlerschild und den auf seine in der Inschrift genannten Besitzungen bezugnehmenden Helmzierden. Im Kloster wurde die Tafelwäsche offenbar kaum benutzt; stattdessen fand eine gleichzeitig entstandene Garnitur mit dem Wappen der regierenden Äbtissin Ottilie Hentschel bei hohem Besuch und festlichen Anläßen Verwendung.

unpubliziert

WF/MW

4.62

Büste des Raymond Baron Le Plat

Jean Louis Lemoyne (zugeschrieben), Paris, gegen 1715; Marmor, zweiteilig. H. 74,5 cm. 1933 aus dem Kloster St. Marienstern erworben. Dresden, Staatliche Kunstsammlungen, Skulpturensammlung, Inv. ZV 3222.

Raymond Baron Le Plat (1664–1742), Innenarchitekt und Kunstagent, zugleich Generalintendant der Museen unter Kurfürst Friedrich August I. von Sachsen, König August II. von Polen, erhielt um 1697 in Krakau Kontakt zum König. Friedrich August I. benötigte einen Fachmann, um die Räume im Warschauer Königsschloß und im Dresdner Residenzschloß ausstatten zu lassen. Le Plat erwarb in den Kunstzentren Italiens und Frankreichs u. a. die Sammlungen Chigi, Albano und Gualtieri und verpflichtete Louis de Silvestre und Francois Coudray für den sächsischen Kurfürsten. Seit 1717 war er mit Pöppelmann am Wiederauf- und Umbau der Dresdner Schloßräume und des Taschenbergpalais beteiligt, auch Teile der Inneneinrichtung des Wasserpalais in Pillnitz und von Schloß Moritzburg gehen auf ihn zurück. Die Büste entstand wahrscheinlich in Paris, wo sich Le Plat als Begleiter des Kurprinzen 1714–1715 aufhielt. Der Vergleich mit der zu dieser Zeit entstandenen Büste des sächsischen Kurprinzen von Francois Coudray (Dresden, Skulpturensammlung) führte zur entsprechenden Zuschreibung auch der Büste Le Plats. Ihr Stil verweist jedoch auf den Pariser Bildhauer Jean-Louis Lemoyne (1665 bis 1755).

Baron Le Plat verstarb am 5. Mai 1742 und wurde wie seine Gemahlin auf dem Friedhof des Klosters St. Marienstern zur Ruhe gebettet. Die beiden Büsten kamen im Zusammenhang mit der Errichtung des Le Platschen Epitaphs nach St. Marienstern, wo sie in der Friedhofskapelle aufgestellt waren. Die ursprünglich zugehörige Grabplatte befindet sich heute im Kreuzgang des Klosters (Westflügel).

Lit.: Posse o. J., S. 13; Verborgene Schätze 1992, Nr. 39; Heckmann 1996, S. 128–132; Unter einer Krone 1998, Nr. 572.

BS

4.63

Büste der Baronin Anna Boudon Le Plat

Sächsisch, gegen 1720; Marmor. H. 63,5 cm. 1933 aus dem Kloster St. Marienstern erworben. Dresden, Staatliche Kunstsammlungen, Skulpturensammlung, Inv. Nr. ZV 3223.

Bereits 18 Jahre vor Baron Raymond Le Plat wurde 1724 seine aus Paris stammende Frau Anna de Bondon in St. Marienstern beigesetzt. Die vermutlich wenige Jahre zuvor in Dresden entstandene Büste gelangte zusammen mit der des Ehemanns in die Friedhofskapelle. Die Dargestellte wendet den Kopf zu ihrer rechten Schulter hin; die linke Schulter wird durch einen gebauschten Mantel verhüllt. Ein schmales, von der Schulter fallendes Band unterstreicht die energische Bewegung. Das hochgesteckte, von einer samtenen Haarkappe bedeckte Haar fällt mit einer Locke über die linke Schulter.

Die unkonventionelle Art der Darstellung mildert die gewisse Biederkeit des Porträts und läßt ebenso wie bei der Büste des Baron Le Plat auf eine ursprünglich nicht als Grabbild gedachte Arbeit (Baronin Le Plat als Diana?) schließen, die dann für die künstlerische Ausgestaltung des Epitaphs Verwendung fand.

unpubliziert

BS

1716 Anton Egon Fürst von Fürstenberg, 1697-1706 Statthalter Augusts des Starken in Sachsen
1719 Sidonius Joachim Graf von Hohenzollern
1719 Maria Elisabeth Gräfin de Anguiscola
1720 Ursula Rudolph, Gemahlin des Kämmerers Augusts des Starkens
1720 Lucrezia, leibliche Tochter Augusts des Starkens, Tochter des Generals Joseph Potschi in Litauen, † im 2. Lebensjahr
1722 Baron de Gluth, Kost-Chevalier des Kurprinzen
1724 Anna Baronin Le Plat, geborene de Boudon
1741 Maria Anna Franziska Gräfin Sulkowski, Gemahlin des Hofjägermeisters von Litauen und Kammerpräsidenten Augusts des Starken
1741 Raymond Baron Le Plat, Hofdekorateur, Kunstagent und Generalintendant der Museen Augusts des Starken
1796 Carl Christian Prinz von Sachsen, Herzog von Kurland
1796 Franziska von Sachsen-Kurland, geborene Reichsfürstin Krasinski

4.64
Bildnis des Kurprinzen Friedrich August II.

Nach 1723; Öl auf Leinwand. H. 87,5 cm, B. 62 cm, B. (Rahmen) 13 cm. St. Marienstern, Zisterzienserinnenabtei.

Das Bildnis zeigt in einem ovalen Ausschnitt das Brustbild eines jungen Mannes in vornehmer Kleidung und langer Allongeperücke. Auf seiner Brust hängt das Kleinod des Ordens vom Goldenen Vlies, der angesehensten kaiserlichen Auszeichnung. Der Dargestellte trägt ferner den achtstrahligen Bruststern des polnischen Weißen Adlerordens. Dafür war eine besondere Erlaubnis des Ordensmeisters vom Goldenen Vlies, des Kaisers, notwendig, die nur August und sein gleichnamiger Sohn bei der Ordensüberreichung im Jahr 1723 erhielten. Bei dem Porträtierten kann es sich auf Grund des Lebensalters nur um den Kurprinzen Friedrich August II. handeln. 1697 als einziger legitimer Sohn Augusts des Starken geboren, trat er 1712 auf Befehl seines Vaters zum Katholizismus über. 1719 heiratete er die habsburgische Kaisertochter Maria Josepha, wodurch das Haus Wettin Anspruch auf den Erwerb der Kaiserkrone erhielt. Als König August III. von Polen verdankte ihm Sachsen bis zum Ausbruch des Siebenjährigen Krieges eine kulturelle Blütezeit. Als katholischer Regent stand er in freundschaftlicher Beziehung zu St. Marienstern.

Das Gemälde – es galt bisher als Bildnis Fürst Anton Egons von Fürstenberg – gehört zu den zahlreichen Kopien oder Repliken der Fürstenbildnisse. Es ist vor 1733 entstanden, da später die lange Allongeperücke auf den Fürstenbildnissen der Wettiner der kurzen Haarbeutelperücke weichen mußte.

Gurlitt BDK, Bd. 35 1912, S. 217.

WF

4.65
Stichwerk zur Dresdner Hofkirche

Zeichner: Gaetano Chiaveri (1689–1770), Stecher: Lorenzo Zucchi (1704–1779). Kupferstiche, Ledereinband mit Goldprägung; H. 76 cm, B. 57 cm. St. Marienstern, Zisterzienserinnenabtei, Bibliothek, Sign. P 88.

Die katholische Hofkirche SS. Trinitatis in Dresden (heute Kathedrale) ist das bedeutendste Bauwerk des römischen Spätbarock nördlich der Alpen und stellt den Höhepunkt der katholischen sächsisch-polnischen Hofkunst des augustäischen Zeitalters dar. König August III. hatte 1737 den römischen Architekten Gaetano Chiaveri mit der Errichtung dieses Baues betraut, wobei das Vorhaben aus religionspolitischen Rücksichtnahme zunächst geheim gehalten wurde.

Die Grundsteinlegung erfolgte 1739. Im Januar 1740 legte Chiaveri dem König sechs Blätter mit den Plänen seines Ausführungsentwurfes vor, die Lorenzo Zucchi gestochen hatte. Künstlerisch aufbereitet und kostbar gebunden, sollten sie vor

Widmungsinschrift Nr. 4.65

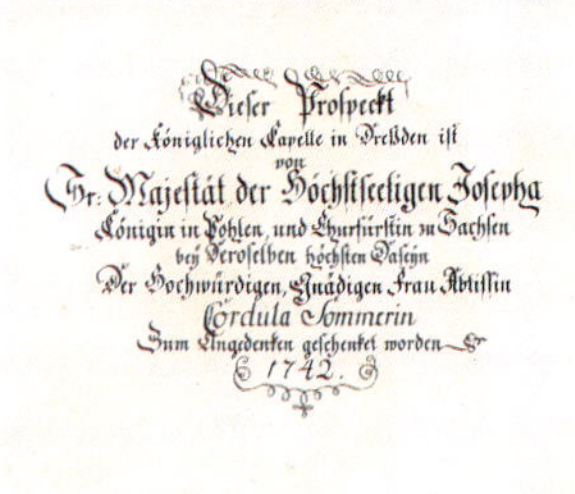
Dieser Prospeckt
der Königlichen Capelle in Dreßden ist
von
Sr: Majestät der Höchstseeligen Josepha
Königin in Pohlen, und Churfürstin zu Sachsen
bey Deroselben höchsten Daseyn
Der Hochwürdigen, Gnädigen Frau Abtissin
Cordula Sommerin
Zum Angedenken geschenket worden
1742.

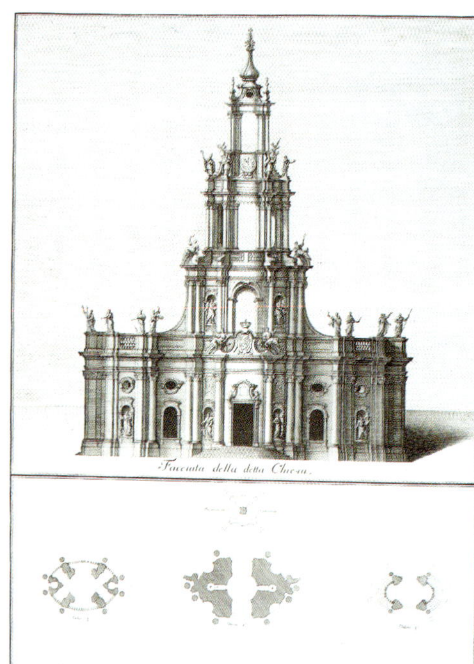

Vollendung der Kirche der Repräsentation des Bauherrn dienen. Mit Herausgabe des Tafelwerkes setzte die Kritik am Plan ein, die zu entscheidenden Modifikationen führte. Eine Förderin des Baus war Königin Maria Josepha; sie unterstützte den Architekten und beeinflußte Gestalt und Ikonographie der Kirche. Sie widmete 1742 ein Exemplar des Planbandes als Zeichen ihrer Verbundenheit der Äbtissin Cordula Sommer von St. Marienstern.
Der Bau geriet seit 1746 ins Stocken; Chiaveri verließ Dresden verärgert und überließ anderen die Fertigstellung des Baus bis 1754. Infolge des 7jährigen Krieges und der Schwächung des Landes konnte die vorgesehene Innenausstattung nur teilweise ausgeführt werden.

Lit.: Hempel 1955, S. 257 f.; Ecclesia triumphans Dresdensis 1988, Nr. 118, 119.

WF

4.66–4.97

Der Glasbestand im Kloster St. Marienstern

Das Kloster St. Marienstern besitzt rund 150 bemalte, geschnittene und geschliffene Gläser des 17.–19. Jh.: große und kleine Kelchgläser, Flöten, Becher, Flaschen, Flakons, Tassen und Vasen. Mehr als die Hälfte sind einfache Gebrauchsgläser; nur ein kleiner Teil zeichnet sich durch eine herausragende künstlerische Handschrift und Veredlungsgüte aus (z. B. Nr. 4.79, 4.81). Beeindruckend bei den Mariensterner Gläsern ist jedoch die Geschlossenheit des Bestandes.
Der Gebrauch der verschiedenen Mariensterner Gläser gehört schon lange der Vergangenheit an. Dies belegen auch die 16 mit Gläsern gefüllten Futterale, ein sternförmiger Lederkasten und 9 hölzerne Reisekoffer, die allesamt mit Gläsern gefüllt sind. Während in den transportsicheren Holzkästen des Barock meist sechs bis acht kräftige böhmische und sächsische Vierkantflaschen und mehrteilige Trinkgeschirre (Nr. 4.94, 4.96) paßgerecht Platz finden, enthalten die Papierkartons aus der Zopf- oder Biedermeierzeit böhmische und schlesische Becher-, Flaschen- oder Kelchglas-Sätze mit vergoldeten und geschnittenen Dekoren dieser Zeit. Die mit ornamentierten Buntpapieren – wie Herrnhuter oder Kattundruckpapier – beklebten Pappkartons sind Verkaufsschachteln. Auch die hölzernen Futterale, mit weichem, hellem Wildleder, mit Stoffen, Papiertapeten und Bordüren ausgeschlagen, gehörten zum damaligen Verpackungsangebot beim Gläserkauf.
Das Gros der Gläser wurde dem Kloster oder der Äbtissin geschenkt. Es gehörte zur gesellschaftlichen Repräsentation und Höflichkeit auch innerhalb der kirchlichen Institutionen, Geschenke auszutauschen. „Gläserne" Präsente brachten die regelmäßig in Marienstern tätigen Visitatoren aus Neuzelle und den böhmischen Klöstern mit. Heimatliche Glasgaben an die aus Böhmen, besonders aus dem mit Glashütten reich ausgestatteten Nordböhmen stammenden Äbtissinnen sind ebenfalls denkbar. Wappen und Monogramm der beschenkten Besitzerin oder sakrale Themen wurden beim Erwerb auf Wunsch eingeschnitten (Nr. 4.93). Geschenke des Hofes aus Dresden sind bei den Gläsern nicht nachweisbar, auch nicht Bestellungen des Klosters und seiner Äbtissinnen in Glashütten oder bei Glashändlern und Glasverlegern.
Ein besonderer Schatz des Glasbestandes in Marienstern sind die emailbemalten Evangelistenflaschen (Nr. 3.21). Die prächtigen, 1678 datierten Vierkantflaschen tragen das Wappen der Äbtissin Katharina Benada und dienten zur Aufbewahrung und zum Transport von Weihwasser. Mit den farbigen, für die Erzgebirgshütten typischen Blütenstengeln und der großzügigen Darstellung der vier Evangelisten gehören diese Flaschen zu den herausragenden Erzeugnissen sächsischer Glasherstellung des 17. Jh.
Charakteristisch für die Mariensterner Sammlung sind jedoch geschliffene, geschnittene und goldbemalte Gläser aus Nordböhmen, Schlesien und Sachsen. Die beiden der Potsdamer Glashütte zugeordneten Becher mit barockem Früchtefestonschmuck (Nr. 4.81, 4.82) und der vermutlich hessische, aber von einem sächsischen Glasschneider ausgezierte Deckelpokal (Nr. 4.93) stellen eine Ausnahme dar.
Die ausgezierten Pokale repräsentierten den sozialen Rang und Wohlstand des Besitzers. Sie dienten nicht als Trinkgläser im eigentlichen Sinne, vielmehr wurde in diesen Gefäßen bei festlichen Anlässen der Begrüßungstrunk kredenzt. Dafür nutzte man bis ins 17. Jh. mächtige, emailbemalte Humpen. An diese Glasform erinnert der Deckelhumpen mit dem Spiegelmonogramm der Äbtissin Katharina Benada (Nr. 4.66). Die Verwendung als Willkommgefäße unterstreichen die Inschriften und Darstellungen; die Wünsche beim „Ausbringen einer Gesundheit" an der Tafel wurden oftmals durch Dekore auf den Gläsern initiiert. Aus einem Wappen- und Monogrammglas (Nr. 4.83) trank der Eingeladene auf das Wohlergehen des Gastgebers, hier auf das Gedeihen des Klosters und seiner Äbtissin (Nr. 4.70). Eine freie Wahl der Toastsprüche ermöglichten Pokale mit floralem und ornamentalem Schmuck (Nr. 4.67, 4.68, 4.74, 4.75, 4.84) oder mit Landschafts- und Gartendarstellungen (Nr. 4.79). Auch andere Motive wie mythologische, allegorische und biblische Themen (Nr. 4.86), moralische und christliche

Der Glasschrank in der Abtei von St. Marienstern

Auf der 1935 in Bautzen gezeigten Ausstellung von Kunstbesitz aus verschiedenen weltlichen und kirchlichen Sammlungen der Lausitz, wurden erstmalig auch Gläser aus dem Kloster St. Marienstern der Öffentlichkeit vorgestellt, zusammen mit solchen aus dem Kloster St. Marienthal und dem Domstift St. Petri in Bautzen. Trotz kriegerischer Ereignisse und gesellschaftlicher Umwälzungen hat der Mariensterner Bestand an historischem Glas kaum Verluste erlitten. Verschiedentlich liehen die Äbtissinnen auch nach 1945 Gläser aus, so beispielsweise 1974 zur ersten umfassenden Ausstellung über „Sächsisches Glas" im Kunstgewerbemuseum Dresden. Insgesamt wurde jedoch die „Mariensterner Glassammlung" bisher weder publiziert noch ausgestellt.

Nachdem es in den Glashütten gelungen war, ein robustes, dickwandiges farbloses Glas herzustellen, konnte die von den Edelsteinschneidern entwickelte Kunst des Steineschneidens auf das Glas übertragen werden. Mit geringen Unterschieden waren die auf Edelsteinen angewendeten Techniken des Schleifens und Schneidens die gleichen wie die beim **Glasschnitt**. Als Arbeitswerkzeug benutzten die Schleifer und Glasschneider kleine, auf einer Welle rotierende Metallrädchen aus Kupfer, Messing oder Eisen. Poliert wurde der Schnitt mit Holz-, Leder- oder Bleirädchen.
Unmittelbar in Zusammenhang mit dem Aufblühen der Kunst des Glasschnitts steht die Herstellung des Kristallglases, die um 1680, wahrscheinlich in den Hütten des Riesengebirges, erstmals gelang. Das Geheimnis des Kristallglases bestand in der Hinzufügung eines höheren Prozentsatzes von Kalk in Form von Kreide. Im Gegensatz zum Glas früherer Zeit, das zwar durch Entfärbungsmittel hell zu machen war und sich auch für den Glasschnitt eignete, zeichnete sich das Kristall- oder Kreideglas durch eine größere Reinheit, Klarheit und Brillanz aus.

Der Glasschneider, Kupferstich von Christoph Weigel, Nürnberg, um 1680.

Maximen (Nr. 4.90, 4.91) und die im Barock nie fehlenden emblematisch-symbolischen und religiösen Verschlüsselungen (Nr. 4.72, 4.83, 4.89, 4.77) sind im Bestand vertreten. Ein besonders reich dekoriertes Gesundheitsglas stellt der Pokal der Äbtissin Cordula Sommer (Nr. 4.70) dar.
Glasmaler und Glasschneider bedienten sich graphischer Vorlagenwerke und bekannter Symbole und Muster der Volkskunst; häufig wurden aus verschiedenen Vorlagen neue Kompositionen für die jeweilige Glasform (Nr. 4.77) entwickelt. Geschicklichkeit und künstlerische Fähigkeiten der Glasveredler kommen besonders bei gleicher Dekorvorlagenverwendung – wie z. B. bei den beiden Potsdamer Bechern (Nr. 4.81, 4.71) oder den Kelchgläsern mit der Himmelkönigin in der Sternmandorla (Nr. 4.92, 4.93) – überzeugend zum Tragen.
Der Glasbestand in St. Marienstern erhielt noch bis in die 30er Jahre des 19. Jh. Zuwachs, v. a. aus Werkstätten des Hirschberger Tals in Schlesien oder aus nordböhmischen Hütten, die nach der Krise der barocken Glaskunst um 1750/1760 den Übergang zum Rokoko und in das 19. Jh. erfolgreich vollzogen. Diese Entwicklung spiegeln besonders die Trinkglassätze mit passenden Flaschen, ausgeziert durch vergoldete und geschnittene Chinoiserien, Jagdszenen, Blüten, geometrische Muster, Wappen und Monogramme (Nr. 4.94–4.97).
Der fast unberührte und unbekannte Glasfundus in St. Marienstern verdankt sein Entstehen nicht zielgerichtetem Sammlungserwerb, sondern vor allem sporadischen Präsenten. Trotzdem ermöglicht der Bestand einen unerwartet guten Überblick über die Formen von Trinkglas und Pokal vom späten 17. bis 19 Jh. mit ihren charakteristischen Dekoren unterschiedlichen Inhalts und qualitativer Vielfalt aus den Glashütten Böhmens, Schlesiens und Sachsens.

GH

4.66

Deckelhumpen mit Monogramm der Äbtissin Katharina Benada

Böhmen, Ende 17. Jh.; farbloses Glas, Matt- und Blankschnitt, Abriß an Fuß und Deckel. H. (mit Deckel) 24,5 cm. St. Marienstern, Zisterzienserinnenabtei.

Konischer Humpen mit leicht eingestochenem Boden und umgelegtem Fußring, bekrönt von hochgewölbtem Deckel mit breitem Blüten-Blattfries zwischen dünnen Blattbordüren und mit mehrteiligem Knauf. Auf der Wandung zwischen gekreuzt zusammengebundenen Palmwedeln das Spiegelmonogramm C B A (Catharina Benada Ab-

batissa) unter 13zackiger Krone, rückseitig Tuchgehänge mit Fruchtbündeln aus Granatäpfeln, Trauben und Zweigen. Über dem Fußring umlaufende dünne Blattbordüre.
Der Deckelhumpen ist sicherlich erst nach 1680/1685 für die Äbtissin entstanden. Die Form des Glases entspricht den farbig bemalten Emailgläsern aus noch nicht völlig reinem Glasmaterial des 16. und 17. Jh. In den letzten Jahrzehnten des 17. Jh. waren jedoch die böhmischen Glasmacher in der Lage, das begehrte kristallklare Glas zu fertigen, das zu dieser Zeit durch relativ anspruchslosen Schnittdekor – wie an diesem Gefäß mit den großen Blättern und tulpenartigen Blüten – ausgeziert wurde.

unpubliziert

GH

4.67

Pokal

Böhmen, Ende 17. Jh.; farbloses, leicht gelbliches Glas, Mattschnitt mit Kugelungen, Abriß. Weiße Nummer am Abriß: Nr. 138. H. 26 cm. St. Marienstern, Zisterzienserinnenabtei.

Auf dem Fuß mit umgeschlagenem Rand und hohem Balusterschaft aus fünf Knäufen zwischen Ringscheiben steht die konische Kuppa. Die Wandung schmücken zwei flachgeschnittene Darstellungen – Häuser mit Baum und Hirsch sowie Vogelpaar zwischen Bäumen – ohne Tiefenwirkung und größere künstlerische Sorgfalt; Merkmale, die für eine Vielzahl böhmischer Erzeugnisse aus relativ reinem farblosem Glas am Ende des 17. Jh. typisch sind. Fast in allen bedeutenden Glassammlungen europäischer Museen finden sich vergleichbare Gläser (vgl. Nr. 4.68, 4.69).

Lit.: Alt-Lausitzer Kunst 1935, (wohl identisch mit Nr. 474).

GH

4.68

Pokal

Böhmen, letztes Viertel 17. Jh.; farbloses, leicht gelbliches Glas, flacher Mattschnitt, Abriß. Weiße Nummer am Abriß: 137. H. 19,5 cm. St. Marienstern, Zisterzienserinnenabtei.

Auf leicht ansteigendem Fuß mit umgeschlagenem Rand und hohem Schaft aus unterschiedlich großen, unregelmäßig angeordneten, massiven Knäufen und Ringscheiben steht die leicht konische Kuppa mit einem Kranz von aufgeschmolzenen, gekniffenen Rippen am Ansatz. Auf der Wandung zwischen zwei dünnen sogenannten böhmischen Fiederranken breiter Landschaftsfries mit Vögeln, Blumen und Büschen.

Pokale in dieser Form wurden in böhmischen Hütten nachweislich im letzten Viertel des 17. Jh. hergestellt und mit einem sogenannten „gerutschten", flachen Schnitt ausgeziert. Die gekniffenen, oben in Zacken abgesetzten Rippen am Kelchansatz erinnern an die warmen Glasveredelungstechniken „a la Facon de Venise". Sowohl im Kloster St. Marienstern (vgl. Nr. 4.67, 4.69) als auch in vielen bekannten Glassammlungen lassen sich solche Gläser nachweisen.

Lit.: Alt-Lausitzer Kunst 1935, Nr. 473 a–d.

GH

4.69

Deckelpokal

Böhmen, letztes Viertel 18. Jh.; farbloses Glas, Mattschnitt, Abriß an Fuß und Deckel. H. (mit Deckel) 29 cm. St. Marienstern, Zisterzienserinnenabtei.

Auf flachem Fuß mit umgeschlagenem Rand und hohem Schaft aus verschieden geformten und unterschiedlich großen Knäufen zwischen Ringscheiben steht die gebauchte Kuppa. Der Kelchansatz und der gewölbte Deckel um den mehrteiligen Knauf werden durch je einen Kranz aufgeschmolzener, gekniffener Rippen ausgeziert, am Deckel dünne Blattborte.
Der Deckelpokal gehört zu der Gruppe von Gläsern, die in der Form der Kuppa und im Aufbau des Schafts an frühe Nürnberger Pokale erinnern. Die Anwendung der warmen Glasveredlung weist auf venezianische Einflüsse hin (vgl. Nr. 4.68, 4.67).

Lit.: Alt-Lausitzer Kunst 1935, Nr. 473 a–d.

GH

4.70

Pokal für die Mariensterner Äbtissin Cordula Sommer

Glas: Nordböhmen, nach 1710; Dekor: Riesengebirge, Hirschberger Tal, nach 1710; farbloses Glas, Schliff, Matt- und Blankschnitt, Rubinglas- und Goldfädeneinschlüsse im Schaft, Abriß von Kerb- und Olivschliffrosette umgeben. Weiße Nummer am Abriß: Nr. 141. H. 21 cm. St. Marienstern, Zisterzienserinnenabtei.

Über dem Fuß mit Bandelwerkborte sowie Kerb- und Olivschliffrosette auf der Unterseite und dem Schaft – bestehend aus Ringscheiben, facettierten Balustern und Knauf mit eingeschlossenen, spira-

Vielfach wurde der **Glasschliff** mit dem Glasschnitt kombiniert. Das Rohglas wurde mit großen Schleifscheiben aus Metall oder durch Reiben auf großen Steinen für den Glasschneider vorbereitet; Facetten wurden eingeschliffen, ebenso grobe Muster – Kugelungen, Kerben und Rosetten, die Deckelknäufe und Schäfte. Erst dann wurde das Werk dem Glasschneider übergeben, der die feineren Ornamente ausführte. Eine dritte Dekorationstechnik, der **Diamantriß**, benutzte man für feine Linienzeichnungen, sie findet sich oft mit den beiden vorgenannten kombiniert.

lig gedrehten Rubinglas- und Goldfäden – erhebt sich die konische, 14fach facettierte, am Ansatz gemuschelte Kuppa. Die Wandung ist überzogen von feinteiligem Laub- und Bandelwerkdekor, verwoben mit Blütenkörben, -sträußen, -stengeln, Tuchgehängen und Ketten. Auf der Vorderseite das Äbtissinnenwappen der Cordula Sommer mit Inschrift: „Cordula Somerin Abbatissin Marien-Stern" unter Baldachin und umgeben von Laub- und Bandelwerkrahmung, die von sieben geflügelten Putten gehalten wird; auf der Gegenseite Phantasiearchitektur aus Bändern und Berninisäulen in zwei Zonen mit Landschaftsszenen, darüber die Inschrift: „Mein aufgang ist dahin gericht, wo ein bestendig Sonnen Licht."

Der reich ausgezierte Pokal zählte zum Besitz von Cordula Sommer. Dafür sprechen Inschrift, ihr Wappen mit zwei Sonnenblumen und ihre persönliche Devise, die die Beziehung zwischen dem Namen des Klosters „Marienstern" und dem „bestendig Sonnen Licht" hervorhebt.

Stilistisch gehört das hervorragend geschnittene Glas zu einer Gruppe von Gefäßen des frühen 18. Jh., deren Veredlung einer schlesischen Werkstatt im Hirschberger Tal zugeordnet werden kann. Typisch für diese Gläser ist ein dichtes Dekornetz von Ranken und Blättern, von Laub- und Bandelwerk, verwoben mit Wappen, allegorisch-symbolischen oder emblematischen Darstellungen, kleinen Landschaftszenen mit Häusern, Felsen und Tieren, Blütenarrangements, Putten und Inschriften, wobei vereinzelt noch Stilbezüge des späten 17. Jh. festzustellen sind.

unpubliziert

GH

Rote und goldene, spiralig gedrehte **Glasfäden** sind in Schäfte und Deckelknäufe einer Reihe von geschnittenen Kelchgläsern des Klosters St. Marienstern eingeschlossen und bilden einen lebhaften Kontrast zum farblosen Glas der Kelchkuppa. Diese Dekorationstechnik der Fädeneinschlüsse wurde in Venedig entwickelt. Sie beruht auf dem Bündeln und Tordieren von farblosen und bunten Glasstäben in warmem Zustand.
Die sehr sparsame, aber wirkungsvolle Verwendung von rotem Glas in Form der sogenannten „Rubinschlangen" hat ästhetische Gründe, liegt aber auch in den hohen Herstellungskosten der roten Glasmasse begründet. Die Herstellung von sogenanntem „Rubinglas" war schon immer ersehntes Ziel der Glasmacher. Am Ende des 17. Jh. fand Johann Kunkel in Brandenburg eine Rezeptur für rote Glasmasse: Er erzeugte eine tiefrote Farbe durch die Beimengung von Goldzusätzen; andernorts wurde Glasmasse durch Zugabe von Kupferoxiden rot gefärbt. 1713 schuf Johann Friedrich Böttger in Dresden rotes Glas; in der Folgezeit wurde rotes Glas in großem Stil in den sächsischen Glashütten verarbeitet.

4.71

Deckelbecher mit kalligraphischen Linienmotiven

Böhmen, Anfang 18. Jh.; farbloses Glas, Schliff, Mattschnitt, Abriß an Fuß und Deckel ausgekugelt. H. (mit Deckel) 22 cm. St. Marienstern, Zisterzienserinnenabtei.

Der 12fach facettierte dickwandige Becher und der gewölbte Deckel mit facettiertem Spitzknauf sind alternierend in drei Reihen durch Schliffrosetten und kalligraphische Linienmotive ausgeziert.

unpubliziert

GH

4.72

Deckelpokal mit Emblemdarstellung

Böhmen, 1720/1730; farbloses Glas, Schliff, Matt- und Blankschnitt, Abriß durch Olivschnittrosette verschliffen. Unleserliche weiße Nummer am Abriß. H. (mit Deckel) 27 cm. St. Marienstern, Zisterzienserinnenabtei.

Auf dem Fuß mit gegenständigem Rankenornament und kurzem, facettiertem Balusterschaft steht die langgestreckte, konische, 14fach facettierte Kuppa, bekrönt vom gewölbten Deckel mit spitzem Knauf und gleichem Schnittdekor wie auf

dem Fuß. Auf der Kelchwandung in Kartuschenrahmung mit reichem Blattwedel- und Blütendekor wird ein geflügelter Putto mit verbundenen Augen von einem Hund auf eine baumbestandene Wiese geführt. Diese emblematische Darstellung ist im Sinne eines „getreuen Führers" zu deuten. Geschnittene Emblemdarstellungen mit erklärender Devise waren auf Gläsern des 18. Jh. beliebte Dekore, für die eine Vielzahl von Vorlagenwerken bereitstanden. Das dargestellte Emblem auf dem Glas entstammt dem anonymen, besonders in der Dresdner Glashütte viel benutzten Kupferstichwerk: „Devises et Emblemes/Anciennes & Modernes/tirées des plus celebres Auteurs,/Oder:/Emblematische Gemüths-Vergnügung/Bey Betrachtung [...] der curieusesten und ergötzlichsten/Sinn=Bildern/Mit ihren zuständigen/Teutsch=Lateinisch=Französisch=und Italianischen Beyschrifften." (Emblem Nr. 7, S. 50).

Lit.: Alt-Lausitzer Kunst 1935, Nr. 445.

GH

4.73
Pokal mit Darstellung des heiligen Johannes von Nepomuk

Böhmen, 1720/1730; farbloses Glas, Schliff, Matt- und Blankschnitt, Abriß. H. 18,5 cm. St. Marienstern, Zisterzienserinnenabtei.

Auf dem Fuß mit umgeschlagenem Rand und facettiertem Balusterschaft mit Knauf und eingeschlossener Luftblase steht die konische Kuppa. Auf der Wandung über Bogenfacettenfries und unter eingeschnittener Arkadenrahmung die Darstellung des hl. Johannes von Nepomuk mit Kruzifix und Palmenzweig eines Märtyrers, rechts und links Blütenstengel, darüber die Bezeichnung: „S. JOHANNES VON NE. P. M.", auf der Rückseite Verkleinerungslinse im Strahlenkranz umgeben von Blütenstengeln und blanken Sternrosetten.

unpubliziert

GH

4.74
Deckelpokal mit Blattranken

Böhmen, 1720/1730; Farbloses Glas, Matt- und Blankschnitt. Rubinglasfadeneinschluß in Schaft und Deckelknauf, letzterer auch mit Goldfaden. Abriß am Fuß und im Deckel. H. (mit Deckel) 22 cm. St. Marienstern, Zisterzienserinnenabtei.

Auf dem Tellerfuß mit Lanzettblattfries sowie dem Balusterschaft mit eingeschlossenen, spiralig gedrehten Rubinglasfäden und Ringscheiben steht die konische Kuppa mit symmetrischen Blattranken und Blüten über Fries aus geteilten Lanzettblättern am Kuppaansatz. Gewölbter Deckel mit zwei gleichen Blattstäben und Blüten, gedrehter Knauf mit spiralig gedrehtem Gold- und Rubinglasfaden.
Das schöne Deckelglas stammt aus einer nordböhmischen Glashütte mit Beziehungen zur Dresdner Hütte.

unpubliziert

GH

4.75
Pokal mit Blütenfestons

Böhmen, 1720/1730; farbloses Glas, Matt- und Blankschnitt, Rubinglasfadeneinschluß im Schaft, Abriß. H. (mit Deckel) 31 cm. St. Marienstern, Zisterzienserinnenabtei.

Auf leicht ansteigendem Fuß mit drei Blütenstengeln sowie Balusterschaft mit spiralig gedrehten Rubinglasfäden und Ringscheiben steht die konische Kuppa mit symmetrisch angeordnetem Ornament aus Blattrankenwerk, gegitterten Rhombenformen und Blütenfestons.
Viele der böhmischen Gläser aus den ersten Jahrzehnten des 18. Jh. besitzen eingeschmolzene Rubinglasfäden, oftmals verbunden mit Goldfäden.

unpubliziert

GH

4.76
Becher mit Darstellung der heiligen Klara

Böhmen, nach 1762; farbloses Glas, Schliff, Matt- und Blankschnitt, Abriß verschliffen. H. 10 cm. St. Marienstern, Zisterzienserinnenabtei.

Auf der 20fach facettierten Wandung des konischen Bechers das Brustbild der hl. Klara mit Lilienzweig in der Hand, über dem Heiligenschein die Bezeichnung: „CLARA", rechts daneben in Wolken Abendmahlskelch mit Hostie (Monstranz). Die gesamte Darstellung über Rocaille-

Johannes von Nepomuk wurde um 1350 in Nepomuk (Pomuk), Südböhmen, geboren, studierte in Prag und Padua Rechte und wurde 1389 Generalvikar der Erzdiözese Prag. 1393 wurde er auf Befehl des böhmischen Königs Wenzel inhaftiert, gefoltert und schließlich – der Legende nach – wegen standhafter Wahrung des Beichtgeheimnisses in der Moldau ertränkt. Schon um 1600 zählte Johannes von Nepomuk zu den böhmischen Landespatronen, wurde aber erst 1721 seliggesprochen und 1729 kanonisiert. Er gilt als Patron des Beichtgeheimnisses und – in Erinnerung an seinen tödlichen Sturz von einer Brücke in die Moldau – als Brückenheiliger. Kein Heiliger wurde zur Barockzeit in den Ländern der Habsburgermonarchie häufiger dargestellt als er.

schwüngen mit Palmenwedeln und von zwei Blütenstengeln gerahmt. Die über Wolken erscheinende Monstranz erinnert an den legendären Sieg über die Sarazenen vor S. Damiano und Assisi durch die hl. Klara, die Schwester des Franz von Assisi, im Jahre 1240. Sie ist die Namenspatronin der Äbtissin Clara Trautmann, in deren Besitz der Becher sicherlich gehörte. Sein Dekorationsstil war nach 1760 in Böhmen üblich.

Lit.: Haase 1988, Nr. 153.

GH

4.77

Becher

Schlesien, um 1730; farbloses Glas, Schliff, Matt- und Klarschnitt, Abriß verschliffen mit Kerb- und Olivschliffrosette. H. 10 cm. St. Marienstern, Zisterzienserinnenabtei.

Auf dickem Boden konischer Becher mit 14fach facettierter Wandung, diese ausgeziert durch von Blattwedeln und Blüten umgebene Darstellung der vier personifizierten Erdteile – Europa und Asien, Amerika und Afrika – links und rechts der Erdkugel, hinter dieser ein barhäuptiger Mann. Unten rechts vor der Weltkugel eine Mitra und eine Krone. Alle Personen verweisen auf das ligierte Monogramm der Gottesmutter „MARIA“ oben in den Wolken, wohin auch der Weihrauch aus dem Gefäß, das „Asia“ schwenkt, aufsteigt. Auf der Gegenseite unter Baldachin und gerahmt von Blattwedeln mit Blütenbündeln die Bezeichnung: „AFFRICA AMERICA ASIA EOROPA“.

Die eigenwillige allegorische Darstellung auf dem qualitätvoll geschnittenen Becher ist nicht eindeutig zu entschlüsseln. Möglicherweise hat der Glasschneider die graphischen Vorlagen nicht verstanden. Auf jeden Fall huldigt der gesamte Weltkreis der Gottesmutter Maria. Bischofshut und Krone verweisen auf das weltliche und geistliche Regiment, das die Welt beherrscht.

unpubliziert

GH

4.78

Becher mit Laub- und Bandelwerkdekor

Schlesien, um 1730; farbloses Glas, Schliff, Matt- und Blankschnitt, ausgekugelter Abriß von Kugelschliffrosette umgeben. H. 9,5 cm. St. Marienstern, Zisterzienserinnenabtei.

Auf ansteigendem Fuß mit Kugelschliffborte konischer Becher, Ansatz mit Zackenschliff und eine längsfacettierte Wandung, die von zwei symmetrischen Laub- und Bandelwerkkompositionen mit je drei Blütenvasen und kalligraphischen Linienmotiven überzogen wird. Lippenrand mattiert.

unpubliziert

GH

4.79

Deckelpokal mit Gartenprospekt

Schlesien, 1740/1750; farbloses Glas, Schliff, Matt- und Blankschnitt, Abriß durch Oliv- und Strahlenschliffrosette verschliffen; Lippenrand leicht bestoßen, Kuppa auf der Seite des Blütendekors gesprungen. Weiße Nummer am Fuß: 141. H. (mit Deckel) 28 cm. St. Marienstern, Zisterzienserinnenabtei.

Auf flachem Tellerfuß mit symmetrischer Volutenrankenborte auf der Unterseite und auf facettiertem Balusterschaft mit Bogenschliff an der Schulter steht die konische Kuppa mit eingezogenem Ansatz, dieser geschält zwischen Friesen unten aus Blattformen und oben aus „erhabenen“ Zungen. Die Wandung durch senkrechten Sparrenschliff in zwei Felder geteilt: auf der Vorderseite symmetrisch angelegter Barockgarten mit Pavillon, gerahmt von Laub- und Bandelwerk, auf der Gegenseite Komposition aus z. T. polierten Blüten, Früchten, Schmetterlingen und Marienkä-

fern. Der gewölbte, facettierte Deckel mit Laub- und Bandelwerkdekor und Eichelknauf.

Lit.: Alt-Lausitzer Kunst 1936, Nr. 503 a.

GH

4.80
Konfektschale

Schlesien, um 1760; farbloses Glas, Schliff. Abriß verwärmt. Sprung am Muschelansatz. H. 12 cm. St. Marienstern, Zisterzienserinnenabtei.

Auf dem Fuß mit Oliv- und Strahlenschliffrosette auf der Unterseite und auf facettiertem Schaft steht die muschelförmig geformte Schalenkuppa mit Olivschliffreihung.

unpubliziert

GH

4.81
Becher mit Früchtefestons

Potsdam, in der Art von Martin Winter, vor 1702; farbloses dickwandiges Glas, Schliff, Tiefschnitt, mattierte und geblänkte Details. Ausgekugelter Abriß mit Blüte aus sieben Kugeln. H. 13 cm. St. Marienstern, Zisterzienserinnenabtei.

Den 15fach facettierten Becher schmücken drei Früchtefestons mit je einem Vogel – fressend, schauend und abfliegend –, Blattwerk, Trauben und Blümchen, jeweils angebunden unterhalb des Lippenrandes an die drei senkrechten Reihen von Kugellinsen, deren oberste von mattierten Punkten umgeben wird.
Derartig ausgezierte, relativ schwere, facettierte Becher wurden in der Potsdamer Glashütte um die Wende vom 17. zum 18. Jh. gefertigt. Das Fruchtgirlandenmotiv, ein beliebter Dekor auch auf frühen böhmischen und schlesischen Gläsern, ist ein typisch barockes Ornament, das der aus Schlesien kommende Glasschneider Martin Winter (gestorben 1702) in der Potsdamer Glashütte einführte. Winter gilt als einer der hochqualifiziertesten Graveure der berühmten brandenburgischen Glashütte. Vergleichbare Becher befinden sich unter anderen in der Sammlung Rudolf von Strasser in Wien.

unpubliziert

GH

4.82
Becher mit Früchtefestons

Potsdam, Anfang 18. Jh.; farbloses Glas, Schliff, Mattschnitt mit geblänkten Details. Abriß ausgekugelt. H. 12 cm. St. Marienstern, Zisterzienserinnenabtei.

Den 12fach facettierten Becher zieren drei senkrechte Kugelschliffstreifen im Wechsel mit drei kräftigen Blüten-Früchtefestons, befestigt an Bändern. Über dem dicken Boden und unter dem Lippenrand Kugelschliff-Fries.
Der prächtige barocke Becher steht in derselben Tradition wie Nr. 4.81.

unpubliziert

GH

4.83
Becher mit Initialen der Äbtissin Cordula Sommer

Sachsen (Dresden?), 1710/1720; farbloses Glas, Schliff, Matt- und Blankschnitt. Abriß. Weiße Nummer am Abriß: 154. H. 11,5 cm. St. Marienstern, Zisterzienserinnenabtei.

Auf ansteigender Fußplatte Becher mit glockenförmiger Wandung, die am Ansatz gemuschelt ist, darüber Rollwerkkartusche mit dem Äbtissinnen-

Von ihren Anfänge im 14. bis zum Ende des 17. Jh. konzentrierte sich die **sächsische Glasproduktion** auf die waldreichen Gebiete des Erzgebirges. Meist in der Nähe von Burganlagen lassen sich die ersten Glashütten der kursächsischen Lande nachweisen. Die bekanntesten sind die Obere Heidelbachhütte, die Glashütte Jugel, die Glashütte Weiter und die Marienberger Hütte. Die Erzgebirgischen Glashütten wurden von Mitgliedern einiger weniger bekannter Glasmacherfamilien betrieben, wie die Familie Preußler, die über viele Generationen hinweg mehrere Glashütten auf der sächsischen und auf der böhmischen Seite des Gebirgskammes innehatte. Während des 17. Jh., sogar in den Zeiten des Dreißigjährigen Krieges, erlebte das sächsische Glasmacherhandwerk eine Blütezeit, die bestimmt war vom regen Austausch zwischen den böhmischen und den sächsischen Glashütten. Gegen Ende des 17. Jh. kam es zu einer Stagnation: Die sächsischen Glasmacher konnten sich nicht schnell genug auf die neuen Glasveredelungstechniken des Glasschneidens und des Schleifens einstellen. Zudem wurde in Böhmen schon seit etwa 1680 das hochwertige, dickwandige und schwere Kristallglas hergestellt, das sich hervorragend für diese Techniken eignete. Mit der ersten außerhalb der waldreichen Gebiete gegründeten Hütte zu Körbin bei Pretzsch (1692) wurde noch unter Johann Georg IV. den neuen Erfordernissen an die Glasqualität für Schnitt- und Schliffveredelungen Rechnung getragen.

wappen der Cordula Sommer und ihren Initialen C.S.A.M. (Cordula Sommer Abbatissa Mariaestellensis), unterhalb des Lippenrands Olivschliffborte. Das kristallklare farblose Glas, die Muschelfacetten und die Form der Kartusche sprechen für die Herstellung in einer sächsischen, wenn nicht sogar in der Dresdner Hütte.

Lit.: Alt-Lausitzer Kunst 1935, Nr. 437.

GH

4.84

Kelchglas mit religiöser Allegorie

Dresden, 1710/1720; dünnes, farbloses Glas, Matt- und Blankschnitt. Abriß verwärmt. H. 12 cm. St. Marienstern, Zisterzienserinnenabtei.

Auf dem Tellerfuß mit Blattbordüre und Balusterschaft steht die Kuppa, auf deren Wandung ein von Dornen umgebenes Herz, darüber die Devise: „Ein treues hertz, acht keine Schmertz", umgeben von Rollwerkkartusche. Unter dem Lippenrand Fries aus Laub- und Bandelwerk.
Das Symbol des flammenden, von Pfeilen durchbohrten Herzens steht für religiösen Eifer, Frömmigkeit und Hingabe. Diese Eigenschaften müssen auch – wie die Devise angibt – unter Schmerzen erreicht werden. In den ersten zwei Jahrzehnten des 18. Jh. fertigte die Dresdner Glashütte zahlreiche kleine und dünnwandige Kelchgläser, die vor allem durch feine Laub- und Bandelwerkfriese ausgeziert wurden.

unpubliziert

GH

4.85

Deckelpokal mit Laub- und Bandelwerk

Dresden, 1720/1730; farbloses Glas, Schliff, Matt- und Blankschnitt. Abriß verschliffen. Weiße Nummer am Fuß: 144. H. (mit Deckel) 28 cm. St. Marienstern, Zisterzienserinnenabtei.

Auf dem Tellerfuß mit symmetrischen gefederten Blattranken auf der Unterseite sowie facettiertem Balusterschaft mit Knauf zwischen Ringscheiben steht die konische Kuppa mit gemuscheltem Ansatz. Darüber auf der Wandung symmetrisch angeordnetes Laub- und Bandelwerk mit zarten Blattketten und Blütenanordnungen. Aufgewölbter Deckel mit fast gleichem Ornament und hohem mehrteiligen Knauf ähnlich dem Schaft. Mattierter Fuß und Lippenrand.
Die elegante Form, die vom Deckel nach oben hin abgeschlossen wird, der zarte Blatt- und Blütendekor sowie die geschliffene Muschelung am Kelchansatz gelten als typische Merkmale für Gläser aus der Dresdner Hütte zwischen 1720 und 1730. Zu dieser Zeit hatte der Pächter Johann Daniel Springer die Dresdner Glasproduktion zu einem technischen und künstlerischen Höhepunkt geführt.

unpbliziert

GH

4.86

Pokal mit Freundschaftsallegorie

Dresden, 1720/1730; farbloses Glas, Schliff, Matt- und Blankschnitt. Abriß an Fuß und Deckel. H. 21,5 cm. St. Marienstern, Zisterzienserinnenabtei.

Auf Tellerfuß mit umlaufender, breiter Blattrankenbordüre und facettiertem Balusterschaft mit Knauf und eingeschlossenen Luftblasen steht die trichterförmige Kuppa mit massivem, gemuscheltem Ansatz. Auf der Wandung das alttestamentarische Freundespaar David und Jonathan in großer Kartusche mit gefederten Ranken, Blütenkorb und Blättchen, darüber unter dem Lippenrand die Umschrift: „David und jonathan Liebten sich sehr, Zwey hertzens freunde noch viel mehr." Es handelt sich um den Hirtenjungen David, den späteren jüdischen König, und den Sohn König Sauls, Jonathan, der David vor der Eifersucht seines Vaters warnte (1. Samuel 18). Gläser mit dieser beliebten Darstellung (u. a. im Kunstmuseum Düsseldorf, in den Kunstgewerbemuseen Prag und Dresden oder im Fockemuseum Bremen) waren begehrte Geschenke. Als Vorlagen für den

Glasschneider dienten Kupferstiche und vor allem Münzen.

Typisch für Gläser aus der königlich-kurfürstlichen Glashütte zu Dresden sind neben dem brillanten Glasmaterial und der Kelchform die Spitzblattranke auf dem Fuß, die Art der Kartuschenrahmung mit den gefederten Ranken und der Duktus der Schrift. Die zarten Blüten verweisen auf ein Entstehen nach 1720. Allegorien und symbolische Darstellungen finden sich ebenfalls öfters auf Dresdner Glasgefäßen.

Lit.: Alt-Lausitzer Kunst 1935, Nr. 462

GH

4.87

Kleiner Henkelkrug

Dresden, 2. Viertel 18. Jh.; farbloses Glas, Matt- und Blankschnitt. Henkel frei geformt. Abriß. Gebrauchsspuren. H. 11,5 cm. St. Marienstern, Zisterzienserinnenabtei.

Auf leicht ansteigender Fußplatte bauchiger Krug mit senkrechtem Mündungsrand. Die Wandung zieren drei symmetrisch angeordnete Laub- und Bandelwerkkompositionen mit gefederten Ranken und Blütenbuketts. Auf der Gegenseite des Henkels undekoriertes Medaillon.

unpubliziert

GH

4.88

Kelchglas mit Monogramm AR

Dresden, Mitte 18. Jh.; farbloses Glas, Schliff, Mattschnitt. Abriß. H. 16 cm. St. Marienstern, Zisterzienserinnenabtei.

Auf Fuß mit umgeschlagenem Rand und pseudofacettiertem Schaft mit eingeschlossener Luftblase steht die konische Kuppa mit bekröntem Monogramm AR über gekreuzten Blattwedeln. Das Monogramm – Augustus Rex – bezieht sich auf einen der sächsisch-polnischen Könige, auf August den Starken, der zwischen 1697 und 1733 in Polen regierte, oder auf seinen Sohn Friedrich August, der als August III. zwischen 1733 und 1763 den polnischen Thron innehatte. Das kleine Kelchglas zeigt eine übliche Gebrauchsglasform. Das Monogramm findet sich auf vielen solchen kleinen Trinkgläsern. Der pseudofacettierte, in warmer Hüttentechnik geformte Schaft ist seit 1746 auch für die Dresdner Hütte nachweisbar.

unpubliziert

GH

4.89

Deckelpokal mit Vanitasemblem

Sachsen, 2. Viertel 18. Jh.; farbloses Glas, Matt- und Blankschnitt, Rubinglaseinschluß im Schaft. Abriß. Weiße Nummer am Abriß: 150. H. (mit Deckel) 28 cm. St. Marienstern, Zisterzienserinnenabtei.

Auf Tellerfuß mit zartem gefiedertem Blattfries und spiralig gedrehtem Schaft mit sog. Rubinglasschlange steht die konische Kuppa mit einem von Laub- und Bandelwerk umgebenen Medaillon.

Auf dem Gelände des „Herzogin Garten" vor dem Wilsdruffer Tor entstand 1700 die **„Königlich Polnische Kurfürstlich Sächsische Glashütte"**. Initiiert wurde das Unternehmen durch den Naturwissenschaftler und kurfürstlich-sächsischen Rat Ehrenfried Walter von Tschirnhaus, der aus der Oberlausitz stammte. Tschirnhaus wollte mit der Gründung der Hütte in Dresden unter anderem die Produktion von Spiegelglas und technischen Gläsern etablieren. Vor allem aber sollte der Hof mit hochwertigen Gebrauchsgläsern beliefert werden. Absolute Spitzenprodukte der Glasmacherkunst mit hervorragendem Glasschnitt und -schliff wurden in Dresden ab 1717 hergestellt, nachdem der Glasmacher Daniel Springer aus Pretzsch die Leitung der Hütte übernommen hatte. Ab 1746 war die Glashütte an den Oberstallmeister Graf Brühl verpachtet. In den 50er Jahren des 18. Jh. – beschleunigt durch den Ausbruch des Siebenjährigen Krieges und den Einmarsch der Preußen in Dresden – wurde die Produktion eingestellt.

Dieses enthält ein Vanitasemblem: aus den Wolken kommende Hand mit Fackel, darüber die Devise „FUMUS, SUMUS“ (Wir sind gleich dem Rauch). Am Deckel gleicher Dekor wie am Fuß. Die elegante schlanke Form, der gedrehte Schaft mit nur einer Rubinschlange sowie die gefederten Laub- und Bandelwerkranken belegen die Fertigung in einer sächsischen Landglashütte.

Lit.: Alt-Lausitzer Kunst 1955, Nr. 467.

GH

4.90

Deckelpokal mit Freundschaftssymbolik

Sachsen, 2. Viertel 18. Jh.; farbloses Glas, Kugelschliff, Matt- und Blankschnitt. Rubinglasfadeneinschluß im Schaft, Abriß an Fuß und Deckel. Weiße Nummer am Abriß: Nr. 145. H. (mit Deckel) 31 cm. St. Marienstern, Zisterzienserinnenabtei.

Auf dem Fuß mit Blüten-Blattborte und mattiertem Rand sowie auf gedrehtem Balusterschaft mit eingeschmolzenem Rubinglasfaden zwischen mehreren Ringscheiben steht die glockenförmige Kuppa mit eingezogenem Ansatz. Die Kelchwandung mit umlaufendem Blattrankendekor und Voluten wird vorn durch ein Medaillon mit dem Treuesymbol zweier sich haltender Hände und auf der Gegenseite durch Blüten ausgeziert. Aufgewölbter Deckel mit gleicher Borte wie am Fuß sowie Knauf mit Rubinglasfaden.

Lit.: Alt-Lausitzer Kunst 1935 (wohl identisch mit Nr. 466).

GH

4.91

Deckelpokal mit Allegorien des Friedens und der Gerechtigkeit

Glücksburg, Mitte 18. Jh.; farbloses Glas, Schliff, Matt- und Blankschnitt. Abriß an Fuß und Deckel. H. (mit Deckel) 35 cm. St. Marienstern, Zisterzienserinnenabtei.

Auf leicht gewölbtem Fuß mit umgeschlagenem Rand und Olivschliffrosette auf der Unterseite sowie auf querfacettiertem Balusterschaft mit eingestochener Luftblase steht die Kuppa mit massivem, ausgebauchtem, facettiertem Ansatz. Auf der konischen Kelchwandung zwischen gefedertem Rankenwerk zwei bogengerahmte Kartuschen mit Allegoriedarstellungen: Zwei aus den Wolken kommende Arme halten Waage und Schwert unter dem Auge Gottes; drei Tauben mit Ölzweigen über der Krone. Am gewölbten Deckel mit hohem

spitzem, querfacettiertem Knauf die zu den Allegorien gehörenden Inschriften „Liebe die gerechtigkeit" und „So blühet der Frieden allezeit".
Neben der königlich-kurfürstlichen Glashütte in Dresden arbeiteten in Kursachsen eine Vielzahl von sogenannten Landglashütten, die vor allem den Bedarf an Gläsern für die weniger vermögende Bevölkerung zu decken hatten. Für diese Aufgabe wurde auch die Hütte zu Glücksburg zusammen mit dem Dresdner Hofunternehmen in den Jahren 1699/1700 gegründet. Typisch für die Gläser aus dieser östlich von Wittenberg gelegenen Hütte sind ein leicht aufgewölbter Fuß, eine konische Kuppa mit ausgebauchtem, massivem Ansatz, ein großer spitzer Deckelknauf und vor allem der Querfacettenschliff. Der Schnittdekor entsprach in seiner Verständlichkeit dem Geschmack der Käufer unterschiedlichster Herkunft.

Lit.: Alt-Lausitzer Kunst 1935, Nr. 450.

GH

4.92

Pokal mit Monogramm der Äbtissin Cordula Sommer

Sachsen oder Böhmen, 1720/1730; farbloses Glas, Schliff, Matt- und Blankschnitt, Rubinglasfadeneinschluß im Schaft. Abriß. Weiße Nummer am Abriß: 146. H. 19,5 cm. St. Marienstern, Zisterzienserinnenabtei.

Auf dem Fuß mit umgeschlagenem Rand und mit vier kleinen geschnittenen Blüten auf der Unterseite sowie auf dem Schaft aus kräftigem Baluster mit spiralig eingeschlossenen, roten Rubinglasfäden, Knauf und Ringscheiben steht die leicht konische Kuppa mit gemuscheltem Ansatz. Auf der Wandung in einer sechszackigen Sternmandorla Maria als Himmelskönigin mit geblänktem sechsstrahligen Stein auf der Brust und dem Jesusknaben auf dem Arm. Auf der Gegenseite in bekrönter Kartusche das Spiegelmonogramm C S A, zwischen beiden Darstellungen vier Blütenbuketts mit Früchten und Zweigen.
Das Spiegelmonogramm ist Cordula Sommer, Äbtissin des Klosters Marienstern zwischen 1710 und 1746, zuzuordnen. Diesem Monogramm ist die Himmelskönigin als Symbol des ihr unterstellten Klosters (vgl. Nr. 4.93) auf der Kelchwandung gegenübergestellt. Form, Schnittelemente – wie kleine Blüten oder die Kartuschenform – und die kompositorische Anordnung des Dekors mit vielen freien Flächen gelten als typische Merkmale sächsischer Gläser. Die eingeschlossenen roten Fäden im Schaft kommen vereinzelt in Sachsen vor, obwohl dieser Hüttendekor am Anfang des 18. Jh. hauptsächlich in Böhmen größere Verbreitung fand.

unpubliziert

GH

4.93

Deckelpokal mit Mariendarstellung

Wohl Hessen (Glas) und Sachsen (Schnitt), Mitte 18. Jh.; farbloses Glas, Schliff, Matt- und Blankschnitt. Abriß an Fuß und Deckel. H. (mit Deckel) 33 cm. St. Marienstern, Zisterzienserinnenabtei.

Auf aufgewölbtem Fuß mit umgeschlagenem Rand und Kugelfries sowie auf facettiertem Schaft mit Doppelknauf und eingeschlossener Luftblase steht die leicht konische Kuppa mit Maria als Himmelskönigin und dem Jesuskind in einer Sternmandorla. Auf der Gegenseite bekröntes Marienmonogramm zwischen gekreuzten Palmwedeln, am Kelchansatz Spitzbogenfries. Deckel mit gegenständigem Rankenmotiv und hohem facettiertem Knauf mit Schliff analog dem Schaft, beide mit eingestochenen Luftblasen.
Das Deckelglas betont mit seinem Dekor die Marienverehrung im Kloster Marienstern (vgl. Nr. 4.92). Art und Weise des Schnitts – wie beispiels-

Zwischen 1699 und 1700 wurde gleichzeitig mit der Dresdner Glashütte die ebenfalls königlich-polnische und kurfürstlich-sächsische **Glashütte in Glücksburg** östlich von Wittenberg gegründet. Von Anfang an war die Hütte für die Produktion einfacher Gläser vorgesehen. In preußischen Akten des Jahres 1728 wird das Glücksburger Unternehmen wegen seiner qualitätvollen Produkte und seinen geringen Betriebskosten lobend erwähnt. Die Hütte war bis zur Mitte des 18. Jh. überaus erfolgreich, sowohl was ihre Absatzzahlen betrifft als auch bezüglich der Qualität ihrer Erzeugnisse. Typische Erzeugnisse aus Glücksburg sind Kelchgläser mit einem leicht verständlichen, eher volkstümlichen Schnittdekor und der Querfacettenschliff. Die Glashütte in Glücksburg stellte ihren Betrieb erst im 19. Jh. ein, lange nachdem der nördliche Teil Kursachsens an Preußen gefallen war.

weise die Palmwedel oder die Gewandfalten – verweisen auf den Gravurduktus sächsischer Glasschneider. Der Glastyp steht jedoch dem Formkanon hessischer Gläser nahe. Für eine solche Herkunft sprechen unter anderem die Schaftform mit dem Doppelknauf und der hohe spitze Deckelknauf oder der leicht gewölbte Glockenfuß. Vergleichbare Gläser bewahrt das Erzbischöfliche Diözesanmuseum in Paderborn.

unpubliziert

GH

4.94
Reisekasten der Äbtissin Josepha Elger

Schlesien, zwischen 1746–1762; 11 Becher und ein Deckelpokal; farbloses Glas, Schliff, Matt- und Blankschnitt, Vergoldung. Abriß, auch im Deckel. Ein großer Becher fehlt. Deckelpokal: H. (mit Deckel) 24 cm; große Becher: H. 7,5 cm, kleine Becher: H. 6,0 cm. Kastenfutteral: Eiche; Eisenbeschläge, am Deckel beweglicher Tragegriff; innen mit roter Seide ausgeschlagen als spätere Ergänzung. H. 11,5 cm, B. 41,5 cm, T. 28 cm. St. Marienstern, Zisterzienserinnenabtei.

Auf ansteigendem Fuß und dem Balusterschaft steht die konische Kuppa mit gewölbtem Deckel, alles facettiert. Deckel mit Marienmonogramm wie auf den Bechern. Die sechs größeren und die fünf kleineren Becher am Ansatz der leicht konischen Wandung mit umlaufendem Schliff-Fries, darüber jeweils das von Palmenwedeln gerahmte Marienmonogramm in Sternmandorla, darunter das Monogramm der Äbtissin Josepha Elger: „J.E.A.M." (reg. 1746–1762).

unpubliziert

GH

4.95
Sternförmiges Futteral mit neun Konfektschalen

Schlesien, 18. Jh.; 6 gößere und 3 kleinere Konfektschalen. Farbloses Glas, formgeblasen, geschliffen; Mittelschale und 3 kleinere Schalen fehlen. Große Schalen: H. 3 cm, B. 12,5 cm, T. 7 cm, kleine Schalen: H. 2,5 cm, B. 11 cm, T. 5 cm. Futteral: Pappe, bezogen mit braunem Kalbsleder; Innenfächer mit rötlichen Leimpapierdekorteilen ausgeklebt; verzogen, Kantenbeklebung stark beschädigt. H. 3,2 cm, B. 42 cm, T. 41,5 cm. Restaurierung: 1998 – Landesamt für Archäologie Dresden, Carsta Kühn und Brigitte Tennhardt. St. Marienstern, Zisterzienserinnenabtei.

Spitze, tropfenförmige, flache Schälchen mit schräg ansteigendem, gewelltem Rand, dieser abgeschliffen. Am Boden, Rand und der Spitze Olivschliff. Futteral in Form eines 12-zackigen Sterns mit sechs kleineren und sechs größeren Ecken im Wechsel.
Bei dem außergewöhnlich geformten Futteral mit den kleinen, bizarren Schälchen handelt es sich vermutlich um ein Präsent an das Kloster, wohl an die Äbtissin Josepha Elger.

unpubliziert

GH

4.96
Reisekasten mit Deckelbecher, Kelchgläsern und Bechern

(1) Deckelbecher
Schlesien, 1760/1770; leicht grünliches Glas, Schliff, Matt- und Blankschnitt, Fadeneinschluß in rubinrotem und weißen Glas, Vergoldung, Abriß an Fuß und Deckel. Am Fußabriß Klebezettel mit der Nummer 343. H. (mit Deckel) 23 cm.

Ansteigender Fuß und mehrfach facettierter Deckel mit umlaufender Blattranke, eingezogener Schaft, eingeschlossene Luftblasen am massiven Ansatz der konischen Kuppa, darüber Facettenfries. Auf der Wandung verschiedene Streublumen in Form von Nelken, Sonnenblumen, Rosen, Palmetten. Mehrfach facettierter Mündungsrand. Spitzer facettierter Knauf mit eingeschlossenen, spiralig gedrehten, rubinroten und weißen Fäden, Spitze vergoldet.

(2) Sechs Kelchgläser
Glücksburg, 1760/1770; leicht grünliches Glas, Schliff, Matt- und Blankschnitt, Vergoldung, Abriß. H. 16,5 cm.

Fuß mit umgeschlagenem Rand, Balusterschaft und ausgebauchter Ansatz der konischen Kuppa querfacettiert. Auf der Wandung Schloßarchitektur und Landschaftskulisse mit Schafen und sitzender Rokokodame mit Schäferstab unter Sonne aus vergoldeten Kugeln.

(3) Fünf Becher
Schlesien, 1760/1770; leicht grünliches Glas, Schliff, Matt- und Blankschnitt, Vergoldung. Abriß mit Sternenschliff. H. 10 cm.

Leicht ausschwingender Becher am Ansatz mit Schliff-Fries, darüber auf der Wandung Jäger mit Dreispitz und Flinte in Landschaft mit Hirsch, Hund, Schloßarchitektur und Bäumen.

Nr. 4. 96

(4) Kastenfutteral
18. Jh.; Eiche. Eisenbeschläge, am Deckel beweglicher Tragegriff. Futteralinneres mit roter Seide ausgeschlagen als spätere Ergänzung. Leicht beschädigt, wurmstichig, Deckel gerissen. H. 15 cm, B. 55 cm T. 35 cm. St. Marienstern, Zisterzienserinnenabtei.

Das Reisebehältnis mit den Trinkgläsern war vermutlich eine Mitgift von Klosterinsassen oder ein Geschenk an dieselben.

Lit.: Alt-Lausitzer Kunst 1935, Kat. Nr. 468 a–n.

GH

4.97
Futteral mit sechs Bechern der Äbtissin Clara Trautmann

Schlesien, nach 1762; farbloses Glas, Schliff, Matt- und Blankschnitt, Vergoldung leicht abgerieben und Glas bestoßen. H. 10 cm. Kastenfutteral: Pappe, beklebt mit Leimpapier in Rot, Blau und Gelb, Deckel- und Fußkante mit gold-braun-weißem Blüten-Blatt-Bordüren, Bechereinsätze mit einfarbig grauem Papier ausgeschlagen. H. 11,5 cm, B. 28,5 cm, T. 27 cm. Restaurierung: 1998 – Landesamt für Archäologie Dresden, Romy Fahland. St. Marienstern, Zisterzienserinnenabtei.

Leicht konischer, 14fach facettierter Becher mit dem von reichem Rokokoornamentwerk umgebenen Mariensterner Wappen der Äbtissin Clara Trautmann (reg. 1762–1782) mit dem Anker der Hoffnung und den beiden Blüten, die sich im Lichte unter dem Auge Gottes sonnen, darüber das Monogramm der Äbtissin: „C.T.A.M.“, vergoldeter Lippenrand.
Der Kasten mit den sechs sehr schön geschnittenen Wappenbechern wurde der Äbtissin sicherlich als Geschenk übergeben.

Lit.: Gurlitt BKD, Bd. 35 1912, S. 220.

GH

Böhmen in der Lausitz

Böhmischer Löwe,
Brunnenfigur vor der Abtei
St. Marienstern, 1739

1620 erlitten die evangelischen Stände Böhmens in der Schlacht am Weißen Berg eine vernichtende Niederlage. Die blutige katholische Reaktion, die darauf das Land ergriff, zwang evangelische Bauern, Bürger und Adlige zur Emigration. Knapp 80.000 Menschen ließen sich in der Folge in Sachsen und in der Lausitz nieder. Stadträte und Adlige unterstützten die Flüchtlinge, da sie sich wirtschaftlichen Aufschwung versprachen. In der Oberlausitz gründete 1670 Christoph Friedrich von Salza für die Flüchtlinge die Stadt Neusalza. Webereien und Glashütten, aber auch Musik und bildende Kunst erhielten starke Impulse.

Im späten 17. und 18. Jh. hielten die katholischen Stifte und Klöster der Lausitz die Verbindungen zu Böhmen lebendig. Wohlstand und Frieden führten zu einer kulturellen Blütezeit. Matthias Wenzel Jäckel aus Wittichenau machte Karriere als wegweisender Bildhauer des Prager Barock, sein Schüler Georg Vater brachte den Stil des Meisters in die Lausitz zurück. Der nordböhmische Baumeister Zacharias Hoffmann besorgte die Um- und Neubauten des Klosters St. Marienstern unter Äbtissin Cordula Sommer. Die Zisterzienserabteien Ossegg und Plaß vermittelten Entwürfe, Bauleute und Goldschmiede.

Auch für die katholischen Sorben war Prag das kulturelle Zentrum. Nur dort konnten sie in ihrer Sprache studieren – von 1728 bis 1924 erhielten Generationen von Lausitzer Geistlichen im Wendischen Seminar in Prag ihre Ausbildung. Nach dem Vorbild von Ossegg richtete Äbtissin Theresia Senftleben in St. Marienthal 1752 die bedeutendste Bibliothek eines deutschen Frauenklosters ein. Gegen Ende des 18. Jh. gelangte die josephinische Aufklärung aus dem Habsburgerreich in die Lausitz. Das Wendische Seminar wurde dank seinen Förderern, dem Sorben Franz Georg Lock und dem Tschechen Josef Dobrovský, zu einem Ausgangspunkt der nationalen sorbischen Wiedergeburt des 19. Jh.

4.98

Flucht nach Ägypten

Eger, 2. Hälfte 17. Jh.; Reliefintarsia, originaler Rahmen fehlt, ersetzt durch ebonisierten Flammleistenrahmen. H. 58 cm, B. 43 cm. Restaurierung: 1997 – Jochen Voigt (Dokumentation). St. Marienstern, Zisterzienserinnenabtei.

Die als Andachtsbild geschaffene Reliefintarsia mit Darstellung der nach Ägypten flüchtenden heiligen Familie folgt einem seit dem 6./7. Jh. herausgebildeten Bildschema: Maria auf dem Esel reitend mit dem kleinen Jesus auf ihrem Schoß. Joseph schreitet voran, neben ihm trottet der Ochse, geführt von zwei kleinen Engeln. Hinter der Figurengruppe sind plastisch ausgeführte Büsche und Bäume, am Himmel Wolken eingefügt. Das Postament mit bekrönender Kugel könnte im übertragenen Sinne einen Grenzstein meinen und damit die sichere Ankunft in Ägypten andeuten.
Beim Mariensterner Relief sind die Oberflächen fein durchgearbeitet. Das Fell der Tiere ist mit einem sehr feinen und der Grasboden mit einem gröberen Balleisen strukturiert. Das Laubwerk ist mit winzigen halbrunden Kerbungen versehen, der Stein unter Josephs Füßen wurde mit einer Ringpunze bearbeitet. Am Himmel sind feine Grabstichelspuren zu bemerken, die analog auf dem Reliefintarsiabild mit Darstellung des Gekreuzigten im Grünen Gewölbe Dresden wiederkehren. Da diese Bildplatte auch sonst stilistische Übereinstimmungen mit dem Mariensterner Bild zeigt, können beide Arbeiten demselben (namentlich unbekannten) Künstler zugewiesen werden. Hersteller dieser Reliefintarsien waren Bildschneider aus Eger (Cheb), die die Fertigkeiten seit dem 2. Viertel des 17. Jh. weitergaben, bis diese Technik Mitte des 18. Jh. auszusterben begann. Die hochbegehrten Arbeiten wurden für höfische, kirchliche und bürgerliche Aufraggeber in Mittel- und Nordeuropa geschaffen und sind weit verbreitet.

unpubliziert

JV

4.99

Heilige Katharina von Alexandrien

Eger, 1678; Reliefintarsia mit originalem Rahmen, Profile des Rahmens geschwärzt; plastisch gearbeitete Wolken verloren; teilweise Goldbronzierung, unklar ob ursprünglich. Wappen der Äbtissin Catharina Benada auf dem Rahmen, seitlich Monogramm und Jahreszahl 1678. H. 44 cm, B. (mit Rahmen) 38 cm. Restaurierung: 1997 – Jochen Voigt (Dokumentation). St. Marienstern, Zisterzienserinnenabtei.

Die Reliefintarsia zeigt die hl. Katharina von Alexandrien mit Krone, Palmzweig und Schwert vor einem flach intarsierten Architekturensemble: einer zinnenbewehrten Mauer und mehreren Türmen. Links neben Katharina erhebt sich ein mit Früchten beladener Baum, rechts oben am Bildrand ist der niederfahrende Blitzstrahl angedeutet. Bislang gibt es dazu kein Gegenstück unter den Egerer Bildplatten. So wird der aus grünlich gefärbtem Holz geschnitzte Rasen mit Bodenwellen sehr ornamental aufgefaßt. Auch die Schuppung des Baumes und das Blattwerk wirken stark stilisiert. Der Bildhintergrund ist durch ein dichtes Punktpunzenmuster strukturiert. Die Blü-

Flüchtlinge in der Oberlausitz
Neugründungen von Städten und Dörfern für Flüchtlinge aus Böhmen, Schlesien und Mähren

um 1650
Karlsdorf bei Marklissa (Molkow, Polen) sowie Gerlachsheim (Grabyszice)

651/1730
Herrschaft Gebhardsdorf (Giebultow, Polen) – 6 Dörfer

1657
Neugersdorf (Lkr. Löbau-Zittau)

1662–1670
Herrschaft Tzschocha (Czocha): Goldentraum Zlotniki Lubanskie, Polen sowie Goldbach (Zloty Potok), Hagendorf (Lechow), Karlsberg (Karlowiec), Scholzendorf (Bartószowka)

1670
Neusalza (Stadt Neusalza-Spremberg, Lkr. Löbau-Zittau)

1722
Herrnhut (Lkr. Löbau-Zittau)

1742
Niesky (Niederschlesischer Oberlausitzkreis)

1751
Kleinwelka (Lkr. Bautzen)

Der Bildhauer Mathias Wenzel Jäckel
1655 wurde Mathias Wenzel Jäckel in der dem Kloster St. Marienstern zugehörigen Stadt Wittichenau geboren. 1670 ging er auf Wanderschaft und lernte die Bildhauerei bei einem Meister, der in Rom gewesen war. Seit 1684 ist er in Prag nachweisbar, wo er zu einem Wegbereiter der vom Stil Gianlorenzo Berninis geprägten Kunst des böhmischen Hochbarock wurde. Er unterhielt eine große Werkstatt, die nahezu ausschließlich für die Mönchsorden in Böhmen tätig war und aus der rund 90 Skulpturen und 20 Altäre hervorgingen. Jäckel behielt in Ikonographie und Formensprache einmal gefundene Grundmodelle bei. Höhepunkte stellen die Arbeiten für die Franziskuskirche der Kreuzherren mit dem roten Stern in der Prager Altstadt und seine Figurengruppen auf der Karlsbrücke dar. Zwischen 1700–1720 gehörte er zu den meistbeschäftigten Künstlern in Prag; seine Werkstatt war hochangesehen, hier erfuhr eine ganze Generation späterer Bildhauer ihre Ausbildung, darunter auch Untertanen des Klosters St. Marienstern. 1738 starb er hochverschuldet und bettelarm in Prag – sein Zeitgenosse Matthias Bernhard Braun und sein ehemaliger Schüler Ferdinand Maximilian Brokoff hatten ihn mit ihren expressiv gesteigerten Meisterwerken überflügelt, zudem gelangten nun modernere rokokohafte Züge zum Durchbruch.
Wie Archivalien in St. Marienstern belegen, war Jäckel im Kloster bekannt; dort werden ihm verschiedene Werke zugeschrieben. Angeblich soll er sich 1722/1723 in Wittichenau aufgehalten haben – es ist denkbar, daß er dabei Entwürfe oder Vorlagen für die Bildwerke des Wittichenauer Hochaltars und vielleicht auch für die Sandsteinskulpturen der Schmerzensmutter und des Schmerzensmannes in der Klosterkirche St. Marienstern geliefert hat, eine eigenhändige Ausführung ist jedoch aus stilistischen Gründen auszuschließen.

tenblätter der intarsierten Blumen sind durch Brandschattierungen belebt. Die Profile des Rahmens wurden geschwärzt, um die Verwendung von Ebenholz zu suggerieren. Das Wappen auf dem Tulpenfries verweist auf Äbtissin Katharina Benada (reg. 1664–1697) als Empfängerin der Tafel.

unpubliziert

JV

4.100

Amplexus des Heiligen Bernhard

Böhmisch, Umkreis Mathias Wenzel Jäckel (1655–1738), um 1708–1710; Buchsbaumholz, geschnitzt, linker Kreuzesarm ergänzt, untere rechte Ecke abgebrochen. H. 30 cm, B. 17 cm, T. 12 cm. Restaurierung: 1997 – Jochen Voigt (Dokumentation). St. Marienstern, Zisterzienserinnenabtei.

Das Bild des betenden hl. Bernhard von Clairvaux, zu dem sich der gekreuzigte Jesus herabneigt, um ihn zu umarmen, – „Amplexus" – hat seinen Ursprung in einer Vision des Heiligen. Als Ausdruck mittelalterlicher Christusmystik, in der die besondere Nähe Bernhards zum Erlöser hervorgehoben wird, erfreute sich diese Darstellung seit dem 15. Jh. nördlich der Alpen als Andachtsbild insbesondere in den Zisterzienserklöstern großer Beliebtheit. In St. Marienstern hat sich kein mittelalterliches Beispiel dafür erhalten, jedoch besitzt das Kloster mehrere Gemälde und zahlreiche Gouachebildchen des Themas aus dem 17. bis 19. Jh.
Möglicherweise wurde die Statuette als Modelletto für eine Monumentalskulptur geschaffen. Typus, Figurenhaltung, Physiognomien und Gewandbildung mit flächenhaft zerknittertem und tief geschnittenem Faltenbild weisen Ähnlichkeit mit der steinernen Figurengruppe der Madonna mit dem hl. Bernhard auf der Karlsbrücke in Prag (Original heute in Prag, Lapidarium des Nationalmuseums) auf. Der aus Wittichenau stammende Mathias Wenzel Jäckel schuf diese 1708–1709 im Auftrag des Abtes Bernhard Littwerig aus Ossegg. Es ist denkbar, daß das Modelletto in Zusammenhang mit Studien zur Brückengruppe entstand und über Ossegg nach St. Marienstern gelangte.

unpubliziert

MW

4.101

Segnender Christus – Salvator mundi

Georg Vater, 1710; Sandstein, dreiviertel-voll ausgearbeitet und mit einem eisernen Anker in der Wand befestigt; ehemals farbig gefaßt; H. 120 cm, B. 95 cm, T. 65 cm. Restaurierung: 1997/1998 – Hans-Joachim Herbig (Dokumentation). Wittichenau, Kath. Kirchengemeinde St. Mariä Himmelfahrt.

1710 stiftete das Ehepaar Martin und Magdalena Marik aus Wittichenau die Figur des segnenden Christus über dem Südportal der Wittichenauer Pfarrkirche, wie die Inschrift auf der Konsole und das dortige Chronogramm besagen. Geschaffen wurde sie vom Bildhauer Georg Vater. Angeblich hatte er einen großen Steinblock auf den Kirchplatz fahren lassen und dann vor Ort die Figur gehauen, wobei der Auftraggeber ihn täglich besuchte. Initiator des Werkes soll der damalige Pfarrer gewesen sein.
Die Figur zeigt Christus als Salvator mundi, als Erlöser der Welt, der mit seiner erhobenen rechten Hand die Kirchenbesucher segnet und in der Linken die Weltkugel als Symbol seiner Herrschaft

hält. Dennoch erscheint er nicht als Triumphator, sondern in menschlicher Hinfälligkeit. Entsprechend dem erhöhten Standort ist die Skulptur in starker Untersicht konzipiert, der Schwung des Körpers wird von einem bewegten Mantel mit stark plastischem, knittrigem Faltenwurf umhüllt. Der böhmische Einfluß wird in Körperauffassung und Gewandgestaltung deutlich, allerdings fehlt bei dieser Skulptur die für das Werk Mathias Wenzel Jäckels, Vaters mutmaßlichem Lehrmeister, typische barocke Theatralik und spannungsvolle Energie. Eine zweite Figur des segnenden Christus, die Georg Vater im Auftrag der Äbtissin Cordula Sommer 1720 schuf, zeigt monumentalere Züge: Das Bild Christi ist hier eine majestätische Erscheinung, die beherrschend das Zentrum der strengen Giebelfront von St. Marienstern einnimmt.

Lit.: Schömmel 1935, Katholische Pfarrkirche Wittichenau, S. 38; Mirtschin 1996, S. 8–10.

MMI

4.102

Dreifaltigkeitssäule

Georg Vater, um 1720; Holzmodelletto; Hochrelief. H. 36 cm, B. 24 cm, T. 14 cm, H. (Sockel) 21 cm. St. Marienstern, Zisterzienserinnenabtei.

Die Kleinplastik ist wohl ein Vertragsmodelletto für die sechs Meter hohe Sandsteinstele der hl. Dreifaltigkeit im Hof der Zisterzienserinnenabtei St. Marienstern, die 1724 vom damaligen Propst eingeweiht wurde. Sie entspricht dem für die Gegenreformation gängigen Bildtypus der Dreifaltigkeit in der Glorie: Christus und Gottvater im Himmel werden – von Engelschören umgeben – auf einem Wolkenthron dargestellt. Der Hl. Geist erscheint in Gestalt der Taube. Die instabilen Sitzhaltungen und die vom Wind nach oben gewehten, flügelartigen Gewandzipfel suggerieren den Schwebezustand der Figuren.
Dreifaltigkeitssäulen im Sinne von Votivmonumenten fanden seit der Mitte des 17. Jh. bis zur 2. Hälfte des 18. Jh. vorwiegend in den Ländern der Habsburger Monarchie Verbreitung. Auch die Skulptur der Dreifaltigkeit im Klosterhof ist eine Votivplastik, an der bei Fronleichnamprozessionen und Festen der hl. Dreifaltigkeit Station gehalten wird.
Als Bildhauer wird, vor allem anhand stilistischer Vergleiche, Georg Vater vermutet, der neben dem Salvator im Giebel der Klosterkirche von St. Marienstern wohl auch die Statuen auf der Mauer zur Chorgasse in der Klosterkirche geschaffen hat.

Lit.: Mirtschin 1996, S. 3–19.

MMI

4.103

Modelletto einer Kreuzabnahme

Umkreis von Matthias Bernhard Braun (1684–1738), um 1715–1720; Terrakotta, Oberteil abgebrochen. H. 53,5 cm, B. 35 cm. Restaurierung: 1932 – Sächsisches Landesamt für Denkmalpflege, Dresden; 1945 beschädigt. 1933 von Otto Horn in St. Marienstern erworben, seit 1952 in Meißen, Stadtmuseum, Inv. Nr. 885 (Ho 132).

In expressiver Bewegung zeigt das kleine Terrakottarelief aus St. Marienstern die Abnahme Christi vom Kreuz. Mit wehendem Mantel beugt sich Joseph von Arimathia über den Kreuzesbalken und breitet ein Tuch unter dem Leichnam aus, der von zwei Männern gehalten wird. Am Fuß Christi kniet Maria Magdalena, neben ihr steht der trauernde Evangelist Johannes.

Der Bildhauer Georg Vater
Georg Vater wurde 1673 in Wittichenau geboren. Für 1699 ist ein Aufenthalt Vaters in Prag belegt. Wahrscheinlich war er als Geselle in der Werkstatt Jäckels tätig, worauf seine stilistische Prägung hindeutet. Zurück in der Lausitz erhielt er 1703 das Amt des Glöckners von St. Petri in Bautzen, wo er in den ersten Jahrzehnten des 18. Jh. eine Bildhauerwerkstatt betrieb. Zu seinem Umkreis gehörte der aus dem domstiftischen Dorf Salzenforst bei Bautzen stammende Bildhauer Jacob Delenka, der die vier Giebelfiguren der Mariensterner Klosterkirche schuf. Vater trat bei Delenkas Trauung 1724 als Zeuge auf. 1726 begab sich Vater in den Dienst des polnischen Fürsten Lubomirsky und ließ Frau und Kinder samt Schulden in Bautzen zurück. Danach verlieren sich seine Spuren.
Als Arbeiten Vaters belegt sind die Salvatorfiguren in Wittichenau und St. Marienstern und ein für das Kloster geschaffener Tabernakel (heute Rosenthal, Wallfahrtskirche). Ferner können ihm die Mariensterner Dreifaltigkeitssäule sowie die zwölf überlebensgroßen Holzskulpturen auf der Chorgassen-Mauer in der Klosterkirche zugeschrieben werden. Wahrscheinlich schuf er auch die Skulpturen der Maria Immaculata- und Johannes Nepomuksäule im Klosterhof.
Seine Werke zeichnen sich durch eine gute Anpassung an die architektonischen Gegebenheiten aus. Es sind meist elegante Gebärdefiguren, deren Gesichtsprofil eine ungebrochene Linie zwischen Stirn und Nase aufweist. Der Bildhauer wiederholte bewährte, mitunter konstruierte Körperhaltungen und Gewandbehandlungen. Sein Gesichtstypus ist wenig wandlungsfähig und verzichtet nahezu auf Mimik.

Vor einem Vertragsabschluß präsentierte der Künstler dem Interessenten ein **Modelletto**, das sorgfältig und detailliert ausgeformt, die Gestalt des zu schaffenden Werkes widergab. Meist wurde es dem Auftraggeber überlassen.

Die Größe des Reliefs und die Ausführung in Terrakotta deuten daraufhin, daß das Werk als Modelletto für eine größere Gruppe diente, die jedoch bisher nicht bekannt ist.
Die souveräne, ausdrucksstarke Ausformung der Szene läßt das Relief Matthias Bernhard Braun oder seiner Werkstatt zuweisen. Braun stammte aus Tirol, war um 1704–1709 bei Balthasar Permoser in Dresden tätig und wirkte dann in Böhmen. Mit seinem von Bernini geprägten umfangreichen Werk erreichte die Plastik des böhmischen Barock ihren Höhepunkt. Er schuf mehrere Skulpturen für das Zisterzienserkloster Plaß, darunter 1710 die große Sandsteinskulptur „Vision der hl. Lutgardis" auf der Karlsbrücke in Prag (Original heute in Prag, Lapidarium des Nationalmuseums), deren Auffassung des Gekreuzigten jener des Modelletto nahe kommt. Vergleichbar mit der Kreuzabnahme ist zudem Brauns um 1720 entstandener Bozzetto des Evangelisten Matthäus, um 1720 (Prag, Nationalmuseum), und des Evangelisten Lukas (Prag, Nationalgalerie).
Eine direkte Verbindung zwischen dem Bildhauer und der Lausitz bzw. St. Marienstern ist nicht bekannt; vielleicht gelangte der Modelletto über Plaß hierher.

unpubliziert

MW

Ausgangspunkt der barocken Jesuskind-Verehrung war das sogenannte **Prager Jesulein**, eine kleine Wachsfigur aus Spanien, die von Polyxena von Lobkowitz 1628 der Karmeliterkirche S. Maria de Victoria verehrt wurde. Wundergeschichten, zahllose Repliken und die Druckgraphik verbreiteten den Ruhm des Gnadenbildes in Europa. In Italien und Spanien erfreut sich der „Bambino di Praga" noch heute besonderer Wertschätzung.

4.104
Altarmodell mit Wachsjesulein

Oberlausitz, um 1720; Holz, farbige Fassung. H. 47 cm, B. 29 cm. St. Marienstern, Zisterzienserinnenabtei.

Die Äbtissin Cordula Sommer ließ während ihrer Regierungszeit das Kloster nicht nur baulich erneuern und erweitern, sondern sorgte auch für zahlreiche neue Ausstattungsstücke, Skulpturen, Altarretabel, Gemälde. Das heute als Andachtsbild benutzte kleine Altarretabel diente wahrscheinlich als Modelletto. Der Aufbau ist schlicht: Über einem Sockel mit dem Christusmonogramm fassen zwei Säulchen die rundbogige Mittelnische ein, seitlich flankiert von den beiden hl. Ordensfrauen Ottilia und Scholastika oder Theresia von Avila; zwei weitere Heilige, wohl als Ursula und Katharina zu deuten, stehen auf dem Gebälk. Mittig ist das Wappen Cordula Sommers befestigt, darüber eine Statuette der Maria Immaculata im Strahlenkranz.
In der kastenartigen Mittelnische befindet sich ein nachträglich hinzugefügtes Wachsjesulein, das mit einem weißen Kleidchen, Krone, Zepter und Kreuzstab als Weltenherrscher ausgewiesen ist. Es wurde im 19. Jh. in St. Marienstern selbst gefertigt (vgl. Nr. 4.130).

unpubliziert

MW

4.105

Hochaltar der Klosterkirche St. Marienstern

Kontrakte und Quittungen zwischen dem Kloster und dem Bildhauer Ignaz Platzer, dem Steinmetzen Franz Lauermann, dem Maler Franz Karl Palko und dem Goldschmied Caspar Gschwandtner, 1754–1756. St. Marienstern, Zisterzienserinnenabtei, Archiv, Fach 270, Nr. 11, 1–5.

Am 6. März 1751 wurde der Altarblock des Hochaltars in der Mariensterner Klosterkirche von Abt Gabriel Dubau von Neuzelle neu geweiht. 1754 bis 1756 ließ die Äbtissin Josepha Elger (reg. 1746 bis 1762) dazu ein neues Retabel erstellen, womit sie – vermittelt durch den damaligen Propst Pater Edmund Schiffer aus Ossegg – erstrangige Künstler aus Prag betraute.
Grundlage der Verträge und der Ausführung war ein leider nicht erhaltenes Modell. Offenbar lagen der konventionellen Gestalt der Altararchitektur die Wünsche der Äbtissin und des Propstes zugrunde, die formal Vorstellungen des früheren 18. Jh. verpflichtet waren. Für den Aufbau aus massivem Marmor, der per Schiff über Prag und Pirna und dann mit Wagen nach St. Marienstern gebracht wurde, war für insgesamt 5.250 Reichstaler der Steinmetz Franz Lauermann (1714 bis 1778) aus der Prager Kleinseite verpflichtet, welcher für viele Kirchen und Klöster Böhmens tätig war und 1746 für das Grabmal des hl. Johannes von Nepomuk die Balustrade geschaffen hatte. Die aus Lindenholz geschnitzten und vergoldeten Skulpturen lieferte für 1.200 Reichstaler der vielbeschäftigte Ignaz Platzer (1717–1787), der bis 1756 auch die Ausstattung der Prämonstratenserkirche Tepl in Westböhmen vollendete. Dazu gehörten die vier Figuren der hll. Bernhard, Benedikt, Margaretha und Katharina (statt Margaretha war zunächst Ursula, statt Benedikt Edmund, der Namenspatron des Propstes, vorgesehen), zwei Putti seitlich des Tabernakels, im Auszug eine Darstellung Gottvaters mit der Heiliggeisttaube, zwei große und zwei kleine Engel, zwei Engelsköpfe, Kapitelle und Schmuckauflagen sowie der Bilderrahmen. Das Gemälde selbst, nach dem Altarpatrozinium die Himmelfahrt Mariens darstellend, ist das Werk Franz Karl Palkos (1724–1767), der dafür 1.000 Gulden erhielt. Palko war seit 1749 mehrfach in Sachsen tätig gewesen und durfte seit 1752 das Prädikat eines sächsisch-polnischen königlichen Hofmalers führen. Platzer und Palko waren an mehreren großen Projekten gemeinsam beteiligt, so 1752 in der Johannes-Nepomuk-Kirche in Kuttenberg (Kutná Hora) und bis 1756 in der Niklas-Kirche auf der Kleinseite in Prag. Vollendet wurde der Altar mit dem Tabernakel, dessen Tür in reich vergoldeter Treibarbeit für 423 Reichtaler der aus Wien stammenden Prager Goldschmied Caspar Gschwandtner (1708–1765) verfertigt hatte. Mit dem Hochaltar wurde die Barockisierung der Mariensterner Klosterkirche abgeschlossen. Damit präsentierte sich der Raum zwar nicht in einem Reichtum, wie er die Klosterkirche Neuzelle auszeichnete. Mit dem neuen Retabel, einem vorzüglichen Spätwerk des böhmischen Barock, stand das Kloster jedoch den übrigen katholischen Kirchenausstattungen der

Die Gründungslegende von St. Marienstern
„Ein Jungfrauen=Closter [...] wurde von Bernardo einem Grafen von Camentz/Bischoffen in Meißen [...] gestifftet. Dann als besagter Graf sich einsmahls in selbiger Gegend mit der Jagd erlustigte/sancke er/weilen es daselbst sehr sümpfig ware/samt dem Pferde der gestalt tieff hinein/daß er sich keines weges heraus zuschwingen vermochte/auch dieselbige gantze Nacht/indeme er sich von seinen Leüthen zu weit entfernet/in solchem gefährlichen Zustand mit Forcht und Zittern zubringen mußte. Da er dann inzwischen ein Gelübd gemacht/an selbigem Ort ein Closter zuerbauen/wenn ihm Gott und seine wehrteste Mutter aus gegenwärtiger Gefahr erretten würden. Unter währenden solchen Angelobungen/sahe er bey auffgehenden Morgen=Stern vor seiner ein Haubt mit einem schwartzen und weissen Ordens=Weyhel/welches er vor ein gutes Zeichen der nunmehro nahe erscheinenden Göttlichen Hülffe ausdeutet/demnach mit aller Gewalt aufs neüe mit dem Pferd ansetzte/um sich aus dem Sumpf zuerheben/so ihme auch nach Wunsch geglücket. Hierrauff fienge er im besagten Jahre an zufolge seines Gelübds/eben an dem Ort der ausgestandenen Gefahr [...] das Closter zuerbauen/welches er [...] zum ewigen Andencken der bey auffgehenden Morgen=Stern/durch die Fürbitte der Himmels Königin erlangten Errettung/solches Closter/Marien=Stern nennen lassen/welches auch ins gemein von vielen wegen der angeregten Ursache Morgen=Stern genennet wird."
Aus: Verteutschtes Cistercium, 1708.

Zeit nicht nach. Es schließt die Reihe der barocken Altäre im Petridom Bautzen (1722), in Wittichenau (1722–1723), in St. Marienthal und Schirgiswalde (1740) sowie in Nebelschütz (1744) wirkungsvoll ab.
Nachdem 1889 im Zuge der Regotisierung der Klosterkirche Platzers Figuren durch neue Werke Wenzel Hegenbarths ersetzt worden waren, gewann der Hochaltar 1966–1967 seine barocke Erscheinung weitgehend wieder zurück.

Lit: Hitschfel 1894, S. 196, 198; Gurlitt BKD, Bd. 35 1912, S. 157–158; Schmidt 1959, S. 64–66; Magirius/Seifert 1974, S. 48–51; Preiss 1982–1983, S. 35–39; Preiss 1998.

MW

4.106
„Verteutschtes Cistercium Bis-Tertium oder Cistercienser Ordens=Historie"

Augustin Sartorius OCist., Prag, 1708; Papier. H. 28 cm, B. (offen) 40 cm. St. Marienstern, Zisterzienserinnenabtei, Sign. C 7 (11/7).

Der Zisterzienserpater Augustin Sartorius (1663 bis 1723) gehörte zu den gelehrtesten Konventualen im barocken Ossegg. Er war Professor für Philosophie und Theologie an der Hauslehranstalt von Ossegg und veröffentlichte mehrere ordensgeschichtliche Werke. Neben seinem „Marianischen Atlas" von 1717 ist sein Hauptwerk die zum 600jährigen Jubiläum der Zisterzienser 1698 geschriebene und 1700 in Prag erschienene lateinische Ordenschronik „Cistercium Bis-Tertium", die 1708 ins Deutsche übersetzt wurde. In 26 Kapiteln wird die Entstehungsgeschichte des Ordens behandelt, werden die Ordensheiligen und -märtyrer, die Päpste, Kardinäle und Bischöfe aus dem Zisterzienserorden sowie Mitglieder aus dem Adel aufgelistet. Es folgt eine Aufzählung der Privilegien und Verdienste des Ordens und im letzten Teil in alphabetischer Reihenfolge eine Geschichte der einzelnen Ordenshäuser.
Die deutsche Ausgabe enthielt neben der eigentlichen Ordenshistorie die „Stiftungsgeschichten" der Zisterzienserklöster der deutschen Territorien sowie eine Geschichte des schwäbischen Reichsstifts Salem. Zur Illustration der Chronik fertigte der Augsburger Kupferstecher Jakob Andreas Friedrich 40 Kupfertafeln mit Darstellungen von Ordensheiligen und zisterziensischen Gnadenbildern sowie Klosteransichten; 15 davon lagen Zeichnungen von Johann Christoph Lischka zugrunde, weitere Vorlagen lieferte der Ossegger Konventuale und Maler Andreas Jahn.

Lit.: Preiss 1992; Royt 1996 S. 72, 74; Haefs 1996, 273.

HSS

4.107
Stift Ossegg aus der Vogelschau

Böhmen, 1738; Öl auf Leinwand; bez. mit Legende und Datum „Anno 1738." H. 125 cm, B. 151,5 cm. Restaurierung um 1933/1938. Ossegg, Zisterzienserabtei.

Die Vogelschau von Ossegg zeigt die Klosteranlage von Osten zur Zeit ihrer größten Pracht kurz nach Vollendung der barocken Um- und Erweiterungsbauten. Begrenzt vom überhöht dargestellten Erzgebirge mit der Riesenburg, dem Stammsitz der Klostergründer, breiten sich die Gebäude und Gärten des Stiftes aus. Links zieht sich der Ort Ossegg mit den Häusern der Klosterbauern und Angestellten an der Landstraße entlang, daran schließt sich der Wirtschaftshof mit großem Brunnen, Speicher, Mälzerei und Brauerei an. Den Kern des Klosters bildet das mittelalterliche Kreuzganggeviert mit der Kirche; ihm ist der Prälaturhof mit dem Abtspalais und den Terrassengärten von Abt und Prior vorgelagert. Links ist an den Konvent das Noviziat angebaut, davor erstreckt sich der weite Konventgarten mit seinen Pavillons. Hinter der Kirche liegt der Küchengarten.

Zwischen 1579–1650 hatte hier kein eigenständiges Zisterzienserkloster mehr bestanden, der Bau diente dem Prager Erzbischof als Residenz. Danach konsolidierte sich der Konvent erneut, und umfangreiche Baumaßnahmen setzten ein, die unter Abt Benedikt Littwerig (1691–1726) mit der Berufung des aus einer italienischen Familie stammenden Leitmeritzer Architekten Oktavian Broggio (1670–1742) ihren Höhepunkt erreichten. Hervorragende Stukkateure, Maler und Bildhauer ergänzten das Werk Broggios. Mit der Fertigstellung des Konventgartens 1732 waren die Arbeiten vollendet. Seither gehört das 1991 wiederbesiedelte und seit dem 13. Jh. mit St. Marienstern eng verbundene Kloster mit seinen prunkvollen Interieurs, den Wirtschaftsbauten, dem Spital, den Gärten und Lusthäusern zu den größten und anspruchsvollsten Anlagen der Zisterzienser in Mitteleuropa.

Lit.: Oktavian Broggio 1992, S. 95–100; 900 Jahre Osek 1996, Nr. 69.

MW

4.108

Halbfigurenreliquiar des heiligen Mauritius

Johann Georg Rudolph, 1677; Silber, getrieben, teilvergoldet. Meisterzeichen HR in Ligatur, oberer Teil des R nicht zu lesen, Beschau: O; bez. auf der Rückseite der Rüstung: „CATARINA BENATIN ABBATISSIN MARIENSTERN 1677 Reliquie De Sanct MAURICI MARTIRIS." H. 66,5 cm, B. 48,5 cm. St. Marienstern, Zisterzienserinnenabtei.

Die streng wirkende, frontal aufgefaßte Halbfigur zeigt den hl. Mauritius als Offizier mit einer Rüstung des 17. Jh. Die rechte Hand hält eine Lanze, an der eine Kreuzesfahne befestigt ist. Wahrscheinlich wurde die enthaltene Mauritiusreliquie aus einem älteren Behälter übertragen.
Äbtissin Katharina Benada (1664–1697) hat dieses Reliquiar zusammen mit dem des hl. Donatus von Johann Georg Rudolph fertigen lassen. Dieser leitete im Kloster Ossegg eine Werkstatt mit mindestens drei Gesellen und stammte wahrscheinlich aus der Prager Goldschmiedefamilie Rudolph, die zwischen 1636 und 1783 in Prag-Altstadt nachweisbar ist. Im Klosterarchiv hat sich eine Rechnung vom 26. Mai 1677 erhalten; in ihr heißt es: „Deß heyl. Maurici Bildniß hatt in fälliger Suma gedragen 780 Rthlr." Gearbeitet wurde das Reliquiar nach einem Holzmodell, das in Prag von einem Bildhauer erworben wurde.
So wie Johann Georg Rudolph übernahmen auch andere Goldschmiede, die in der 2. Hälfte des 17. Jh. und im 18. Jh. für das Kloster Ossegg arbeiteten, durch dessen Vermittlung Aufträge aus Marienstern.

unpubliziert

WF/MW

Mauritius soll einer der Anführer der Thebaischen Legion des römischen Heeres gewesen sein, in der angeblich nur Christen dienten. Da diese sich weigerten, den heidnischen Göttern zu opfern, ließ Kaiser Maximian zwischen 287 und 300 einen Teil der Legion in Köln und einen anderen, von Mauritius kommandierten, in Agaunum (St-Maurice d'Agaune/Schweiz) hinrichten. Seitdem wird Mauritius als Märtyrer verehrt.
In St. Marienstern wird Mauritius als Schutzpatron verehrt. Ihm schreiben die Schwestern die Verschonung vor den Hussiten zu.

4.109

Vogelschau des Klosters Plaß

Böhmen, um 1730. Aquarell/Gouache auf Papier; brauner Profilrahmen. H. 18,5 cm, B. 25 cm, Rahmen B. 2,5 cm. St. Marienstern, Zisterzienserinnenabtei.

Das Zisterzienserkloster Plaß (Plasy) bei Pilsen, 1145 vom böhmischen Herzog Vladislav II. gegründet und von Langheim in Oberfranken besiedelt, war St. Marienstern seit der Reformation verbunden, als die Äbte der böhmisch-mährischen Zisterzen im Wechsel das Amt des Visitators für

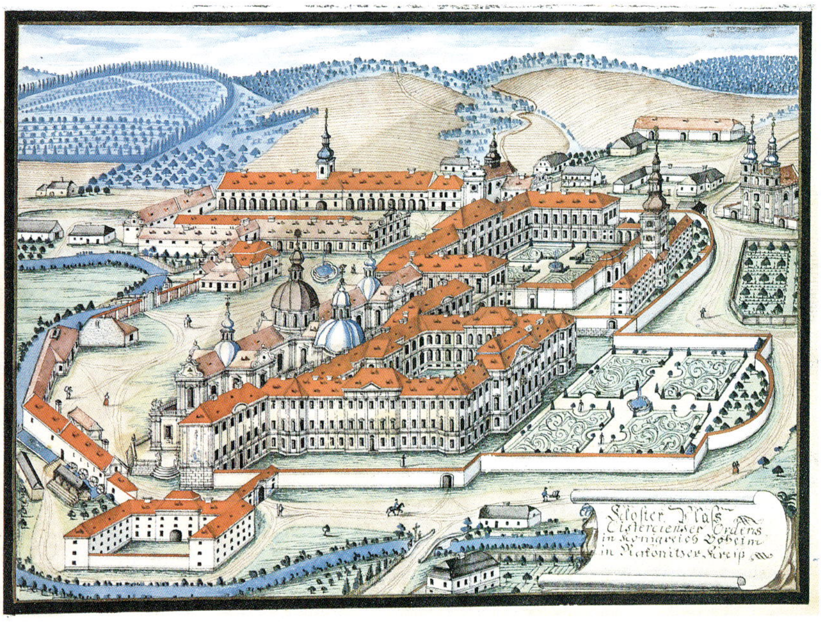

die Lausitzer Frauenkonvente übernahmen und Mitglieder ihrer Konvente als Pröpste und Kapläne dorthin schickten.

Zur Zeit der barocken Baumaßnahmen in St. Marienstern wirkten dort mehrere Konventualen aus Plaß. So stammte der langjährige Propst unter Äbtissin Katharina Benada, P. Wilhelm Seemüller (reg. 1669–1698), ebenso dorther wie der damalige Visitator, Abt Andreas Trojer, der zwischen 1683–1698 vom Architekten Jean-Baptiste Matthey u. a. die Prälatur in Plaß neu erbauen ließ. Die Barockisierung des westböhmischen Klosters erlangte unter Abt Eugen Tyttl, 1726–1736 Visitator von St. Marienstern, ihren Höhepunkt. Er konnte 1707 für die Planung eines neuen Konvents und der Plaß unterstellten Propstei Maria Teynitz (Marianské Tynice) Giovanni Santin-Aichel (1667–1723) gewinnen, den originellsten und neben Christoph und Kilian Ignaz Dientzenhofer wichtigsten Architekten des böhmischen Barock. Von Santini-Aichels Planung für Plaß wurde allerdings nur ein Teil realisiert; der Neubau der Klosterkirche mit einer großen Vierungskuppel unterblieb. Das Aquarell, zu dem ein Pendant mit einer Ansicht von Maria Teynitz gehört, stellt Santini-Aichels Idealplan von Plaß aus der Vogelschau dar. Für St. Marienstern war diese Planung insofern von Bedeutung, als der 1730–1731 unter Cordula Sommer ausgeführte Bau des Neuen Konventes Anregungen aus Plaß folgte.

Eine weitere Version des Aquarells aus der Bibliothek des Klosters Ossegg befindet sich in Prag (Tschechische Akademie der Wissenschaften, Institut für Theorie und Kunstgeschichte, Nachlaß Z. Wirth).

unpubliziert

MW

4.110

Pazifikalkreuz der Äbtissin Catharina Benada

Johann Georg Rudolph, Ossegg, 1684; Silber, gegossen, getrieben, ziseliert, Glassteine. Am Rand des Fußes Meistermarke GIR und Punze mit Buchstabe O im Sechspaß. H. 44 cm, B. (Fuß) 19 cm. Restaurierung: 1987 – Jan Freiburg. Aus St. Marienstern. Prag, Kunstgewerbemuseum, Inv. Nr. 95.065.

Zwischen 1675 und 1696 ließ die Äbtissin Katharina Benada von St. Marienstern (1664–1697) zahlreiche Silberarbeiten für sakrale und profane Zwecke anfertigen: Leuchter, Kruzifixe, Reliquiare (Nr. 4.108), eine Ewig-Licht-Ampel, ein Weihwasserkessel sowie Konfektschalen und Salznäpfchen. Dafür wurden alte Geräte eingeschmolzen. Auftragnehmer war zumeist Johann Georg Rudolph in Ossegg, der auch das Pazifikalkreuz schuf. Es zeigt auf den vier Lappen des Fußes getriebene Halbfiguren der beiden Ordensväter Benedikt und Bernhard, ein Knochenkreuz mit Schädel als Verweis auf Golgatha sowie eine Ovalkartusche mit dem Wappen Katharina Benadas, ihren Initialen und der Jahreszahl 1684. An der Vorderseite des Kreuzes ist ein gegossener Korpus angebracht, in das durchbrochene Rankenwerk der Rückseite sind die Leidenswerkzeuge Christi eingeflochten.

Lit.: New Acquisitions 1991, Nr. 201.

DS

4.111
Meßkelch der Äbtissin Anna Margaretha Dorn

Böhmen (Prag?), 1663. Meisterzeichen: M mit Umrandung und Bekrönung. Silber, getrieben und vergoldet, Goldfiligran, Tiefschnittemail, hell-/dunkelblauer und grüner Glasschmelz, rote und weiße Steine (Glas). Inschrift: Fuß: +ANNA + MARGARETA + DORNIN + ABBATISSA + STELLAE + SANCTAE + MARIAE + ANNO + DNI + MDCLXII + AETATIS + SVAE + LVI + REGIMINIS + XXIV. F(ieri) [...] F(ecit) Innenseite des Fußes: F. BENEDICTUS. TOB. WENCES. ENGELKEN. PRAG. PROF. PLASSENSIS. PRAEPOS. STELLAE. S.MARIAE. C+M+M+M+W.O. Lederschatulle (Goldprägung): 1663, A.M.D.A.M.S. H. 24 cm, Dm. (Fuß) 16 cm. St. Marienstern, Zisterzienserinnenabtei.

Der sechspässige, aufgewölbte Fuß, der Schaft mit Nodus und der Korb der Kuppa sind mit vegetabilem Ornament in Tiefschnittemail überzogen und mit Edelsteinen besetzt. Fuß und Korb der Kuppa zieren reliefierte Medaillons. Die Medaillons des Fußes zeigen Christus am Kreuz mit Maria und Johannes, gegenüberliegend das Wappen der Äbtissin sowie Johannes den Täufer, die hl. Ursula, einen bärtigen Heiligen mit Hut und Stab (hl. Jakobus major oder hl. Wenzel) und schließlich den hl. Bernhard. Die vier Medaillons der Kuppa beinhalten die hl. Margareta, die hl. Katharina und zwei verschiedene Mariendarstellungen. Die farbige Dekorationen des Meßkelches sind durch Einflüsse der Gold- und Silberschmiedekunst des Osmanischen Reiches zu erklären. Wohl in derselben Prager Goldschmiedewerkstatt entstand der sogenannte Lobkowicz-Kelch aus der 1. Hälfte des 17. Jh., den die Familie des Fürsten Lobkowicz dem Loretto-Heiligtum in Prag stiftete (Prag, Maria Loreto).

Lit.: Hitschfel 1894, S. 166.

WF

4.112
Strahlenkranzmonstranz

Prag, 1766; Silber, vergoldet, weder Beschau- noch Meisterzeichen vorhanden. H. 59 cm, B. 34,5 cm, B. (Fuß) 15,8 cm. St. Marienstern, Zisterzienserinnenabtei.

Die Custodia ist mit einem Edelsteinkranz umlegt, der von Weinranken und Weizengarben umgeben und von Engeln flankiert ist. Den äußeren Rahmen bildet der Strahlenkranz. Bekrönt wird die Monstranz durch Gottvater, in den Wolken schwebend, darunter die Madonna auf der Mondsichel. Der Fuß – reich mit silbernem Rankenwerk und Steinen geschmückt – trägt die Reliefdarstellung des hl. Johannes mit seinen Attributen. Der Knauf ist vasenförmig ausgebildet.
Es handelt sich wahrscheinlich um eine Prager Arbeit; für diese typisch ist die lehrhafte Symbolik, mit der bildlich der Glaubensinhalt hervorgehoben wird.

unpubliziert

US

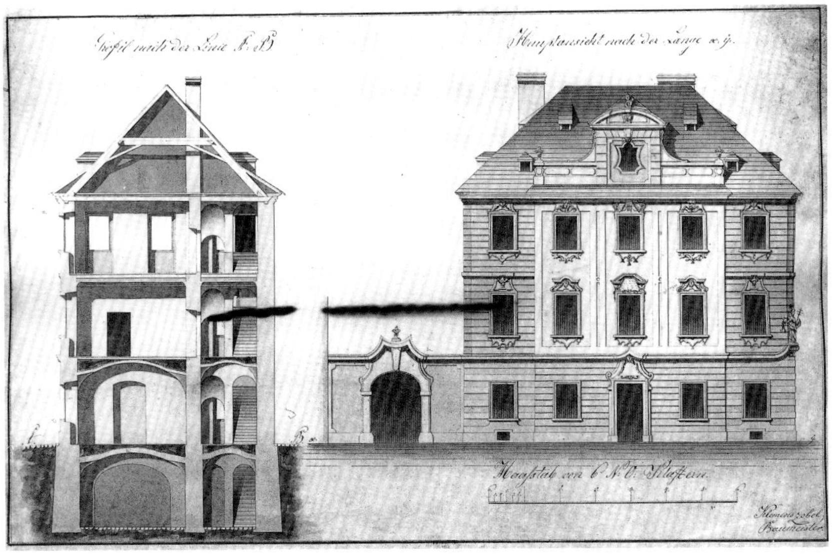

4.113

Lateinisch-sorbisches Wörterbuch

Jurij Hawštyn Swětlik (1650–1729), 1721 Bautzen: Gottfried Gottlob Richter. H. 16,6 cm B. 9,6 cm, 518 Seiten. Bautzen, Sorbische Zentalbibliothek im Sorbischen Institut, Serbski institut, Sign. 2/8°-941.

Nicht nur die Reformation, auch die katholische Gegenreformation hatte Bedeutung für die Herausbildung der obersorbischen Schriftsprache sowie der sorbischen Literatur. Als der evangelische Pastor Michał Frencel um die Herausgabe seiner Übersetzung des Neuen Testaments kämpfte (Nr. 4.168), übersetzte der katholische Pfarrer Jurij Hawštyn Swětlik als erster die gesamte Bibel ins Sorbische, die allerdings aus Geldmangel nicht gedruckt werden konnte. Übersetzungen eines obersorbischen Evangelienbuches (1692) und eines Gesangbuches (1696) erschienen im Druck.
Während seiner Übersetzungen hatte Swětlik ein Wörterbuch zusammengestellt, um vor allem die schwer verständlichen Stellen der Heiligen Schrift auch in sorbischer Sprache deutlich und einheitlich darzubieten. Das „Vocabularium latino-serbicum" enthält insgesamt etwa 16.400 lateinisch-sorbische Wortentsprechungen. Trotz erklärter Aversion des Autors gegen volkstümliche Lehnwörter sind diese zahlreich im Wörterbuch vertreten, so daß es ein realistisches Bild des zeitgenössischen Wortschatzes vermittelt.
In der Schreibweise folgt Swětlik der ersten im Druck erschienenen sorbischen Grammatik seines in Böhmen gebliebenen Landsmannes, des Jesuiten Jakub Xaver Ticin „Principia Linguae Wendicae" (Prag 1679). Mit ihr wurde die Norm für die katholische Variante der obersorbischen Schriftsprache, basierend auf dem Wittichenauer Dialekt, begründet. Durch die Lage in der mittleren Lausitz schien der Dialekt der städtischen Pfarrgemeinde geeignet für Bemühungen um eine Rekatholisierung der Lausitzen. Das lateinisch-sorbische Wörterbuch ist das letzte Buch, das die Wittichenauer Norm repräsentiert, spätestens 1735 setzte sich der Crostwitzer Dialekt durch, der bis zur Vereinigung der katholischen und der evangelischen zu einer einheitlichen obersorbischen Schriftsprache im 19. Jh. bestimmend blieb.

Lit.: Michałk 1980, S. 10–25; Swětlik 1988, Michałk 1993, S. 391–392.

FŠ

4.114

Ansicht des Wendischen Seminars St. Petri auf der Kleinseite in Prag

Bauzeichnung Klemens Zobel, Prag, 1725. H. 29,0 cm, B. 47,5 cm. Bautzen, Domstiftsarchiv, Sign.: S. IV. 20a.

Für die katholische Kirche in der Lausitz war die Ausbildung der Geistlichen ein Problem. An verschiedensten geistlichen Bildungsstätten in Rom, Prag und Wien studierten die Lausitzer Theologen. Um für die Lausitz eine eigene Priesterbildungsstätte zu schaffen, stellten die sorbischen Priesterbrüder Martin Schimon (1637–1707) und Georg Schimon (1646–1729) aus Temritz bei Bautzen ihr Vermögen zur Verfügung. Sie gründeten eine Stiftung für die Errichtung einer Priesterbildungsstätte in Prag, die 1725 von Kaiser Karl VI. (1711–1740) bestätigt wurde. Im Frühjahr 1726 konnte mit dem Seminarbau auf der Prager Kleinseite nach den Plänen von Klemens Zobel begonnen werden. 1728 war der Bau vollendet und wurde dem Patron des Bautzner Domkapitels St. Peter geweiht.
Bis 1924 wurden hier sorbische Priesteramtskandidaten der Lausitz, später auch Theologen für Sachsen ausgebildet.

Lit.: 775 Jahre Domkapitel St. Petri 1996, Nr. 63.

SS

4.115

Syllabus Seminaristarum

Akte, 1724–1768; H. 34,7 cm, B. 22,3 cm. Bautzen, Domstiftsarchiv, Sign. Loc. 6519.

Die Blätter stammen aus einem Verzeichnis der Gymnasiasten und Theologiestudenten, die 1724 bis 1768 das „Wendische Seminar St. Petri" auf der Kleinseite in Prag besucht haben. Von 1728 bis 1924 besuchten 768 Gymnasiasten und Theologiestudenten das Seminar. Ursprünglich stammten die Seminaristen aus dem Gebiet der Apostolischen Administratur des Bistums Meißen in der Lausitz, seit dem 19. Jh. auch aus dem Apostolischen Vikariat Sachsen. Das „Wendische Seminar St. Petri" in Prag hat eine große Bedeutung für die nationale Erweckungsbewegung und Bewußtseinsbildung des sorbischen Volkes.

unpubliziert

SS

4.116

Gründungsurkunde über die Mädchenschule in St. Marienstern

St. Marienstern, 1837, Aktenfaszikel, H. 34, B. (offen) 41,5 cm. St. Marienstern, Zisterzienserinnenabtei, Archiv, Kiste 30a, Mappe 3, Nr. 12.

Hinweise auf eine Klosterschule in St. Marienstern finden sich schon im Mittelalter. So ist einem Schöppenbrief aus der Zeit um 1400 zu entnehmen, daß Mädchen aus gutem Hause im Kloster eine Erziehung erhalten konnten, auch wenn sie nicht von vorneherein für den Schleier bestimmt waren. Im Totenbuch von 1525 sind die Namen von sieben Mädchen verzeichnet, die als „Schulkinder" im Kloster starben.
Schulen in den Klosterdörfern begegnen seit Ende des 17. Jh. In den Jahrzehnten um 1800 kam es zu einer Reihe neuer Gründungen. In der Kuckauer Schule, die 1802 Räume in einem Haus vor dem Klostertor erhielt, wurden zunächst Jungen und Mädchen gemeinsam unterrrichtet. 1826 entstand im Anschluß an die Abtei und den südlichen Kreuzgangflügel das Erziehungsinstitut, an dem Ordensschwestern zunächst 12 sorbischen Mädchen Unterricht in weiblichen Handarbeiten erteilten. Auf Initiative Salesius Krügners, des Abtes von Ossegg, zuvor Propst von St. Marienstern, eines bildungsbeflissenen, der josephinischen Aufklärung verpflichteten Mannes, wurde 1837 im Kloster eine öffentliche Schule für sorbische Mädchen aus den benachbarten Dörfern eingerichtet, die im folgenden Jahr mit drei Klassen eröffnete. Ein päpstliches Breve erteilte den Nonnen, die an der Schule unterrichteten, Dispens vom Chordienst. Das Josephsinstitut entwickelte sich zu einer angesehenen Handels- und Haushaltungsschule; zusammen mit der Mädchenschule bestand es bis ins Dritte Reich. Nach Repressalien der Nazis und einem Brand im Institut am 14. April 1941 kam der Unterricht zum Erliegen. Erst die Gründung des Maria-Martha-Heimes 1972 setzte die klösterliche Schultradition fort.

Lit.: Rothland 1998, S. 125–128.

MB

4.117

Globus

Joseph Jüttner und Franz Lettany, Prag, 1827; dreibeiniger Holzfuß, gedrechselter Sockel, Halterung mit Eisenbändern, Kugel mit Papierbezug in 18 Zweiecken, kolorierter Kupferstich. Bez. „Erdkugel entw. u. gezeichnet von Jos. Jüttner Hauptm. und Fra: Lettany Lieütnt: der k. k. östr. Artillerie im jahre 1822 zu Prag, vermehrt und berichtigt v. Hpt. Jos. Jüttner im Jahre 1827" H. 51 cm, Dm. (Kugel) 31 cm. St. Marienstern, Zisterzienserinnenabtei.

Joseph Jüttner (1774–1848), beim Militär in Prag und Wien tätig, hatte sich im Rang eines Generalmajors des kaiserlich-königlichen Bombadierkorps großes Ansehen als Mathematiker und Geodät erworben. Als Lehrer der mathematischen Schule des ersten Artillerieregiments wurde er 1803 beauftragt, einen ersten maßgenauen Plan der Stadt Prag auf Grundlage einer Basisvermessung und einer Triangulation zu erstellen.
Die Beschäftigung mit Globen begann Jüttner 1822 mit den Arbeiten an der plastischen Darstellung der Erdkugel, die er nach astronomischen und trigonometrischen Bestimmungen entworfen und gezeichnet hat, und deren Herstellung und Nutzen er in seiner „Anleitung zum Gebrauch der Erdkugel" (Prag 1822) beschrieb. Sein Erdglobus galt als außergewöhnlich präzis und diente als Genauigkeitsmaßstab für andere Globen. Der Globus wurde wohl für die Klosterschule angeschafft und gelangte sicherlich durch Vermittlung des Zisterzienserklosters Ossegg nach St. Marienstern.

Lit.: Regele 1953, S. 16–22.

CM

Volksfrömmigkeit, Wallfahrt und Klosterkunst

Nr. 4.121

Zum Osterreiten strömt man heute von weither in die katholischen Dörfer der Oberlausitz – es ist zum Inbegriff sorbischen Brauchtums geworden. Jahrhundertelang haben Geistliche beider Konfessionen die heimische Kultur gefördert und ihr ein religiöses Gepräge verliehen. In den evangelischen Landesteilen glich sich die Bevölkerung leichter der deutschen Umwelt an. Sorbische religiöse Bräuche blieben jedoch auch hier lebendig – vom Zampern (Gabenheischen) in der Fastnachtszeit bis zum Bescherkind im Advent.

Bei den katholischen Sorben gehören das Sebastiansfest, Fronleichnam und die Marienfeste mit ihren Prozessionen zu den Höhepunkten im Kirchenjahr. Ziel vieler Gläubigen ist seit dem 15. Jh. das kleine Gnadenbild der Maria von der Linde in Rosenthal. Der Ort gehörte dem Kloster St. Marienstern, das die große Barockkirche errichten ließ und die Wallfahrt nach Kräften förderte.

St. Marienstern war nach den reformatorischen Erschütterungen im 18. Jh. zu neuer Blüte gelangt. Die „geistlichen Jungfrauen“ kamen in den Genuß komfortabler Wohnräume und heiterer Landpartien. Reliquienkult und gegenreformatorische Heiligenverehrung erfuhren durch die Jesuiten und von Böhmen her neue Impulse. Die bildhafte Frömmigkeit des Barock prägte das volkstümliche Kunsthandwerk der Schwestern: Filigranarbeiten, fein gemalte Andachtsbildchen, kleine Wachsfiguren und aufwendige Stickerei.

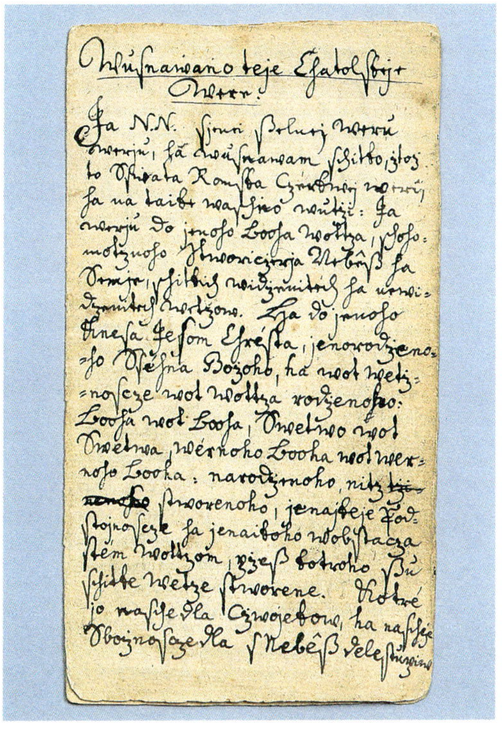

4.118
Sorbisches Glaubensbekenntnis

Jan Jurij Prokop Hančka, dt. Procopius Hantschke (1731–1789), nach 1760. H. 16 cm, B. 9 cm, 7 Bll. St. Marienstern, Zisterzienserinnenabtei, Archiv, Fach 326, Nr. 74.

Die Handschrift mit dem Titel „Wusnawano teje Chatolskeje Were" beinhaltet das Große oder Feierliche Bekenntnis des katholischen Glaubens mit der im 18. Jh. üblichen persönlichen Bekenntnisformel „Ich [Name] glaube [...]". In seiner Schreibart folgt der Autor katholischen Schriften von Ticin und Swětlik (vgl. Nr. 4.113), benutzt aber den nach 1720 dominanten Crostwitzer Dialekt. Die Handschrift unterscheidet sich deutlich von den gedruckt vorliegenden Übersetzungen des großen Glaubensbekenntnisses von Swětlik (1716), Golian (1747) und Wałda (1785). Mit der Schreibung etwa von „Chrestus" (damals üblich: Krestus) wirkt sie moderner, der heutigen Orthographie näher; andererseits zeigt sie etliche Eigentümlichkeiten wie „Mißnistwo" (üblich: měšnistwo) für „Priesterschaft". Beides weist eindeutig auf den „Sprachreformer" J. J. Prokop Hančka als Autor hin, auch wenn die Handschrift des Schriftstücks nicht zweifelsfrei ihm zugeschrieben werden kann.
Hančka war Zisterzienser und von 1759 bis 1789 erster Kaplan und sorbischer Prediger bei der Propstei des Klosters Marienstern. 1765 gab er ein Gebetsbuch „Paćerske knihi Duchowna Brónernja" heraus, übersetzt ins „echte" Sorbisch, wobei er bewußt von der bisherigen Schreibweise abwich. Seine Neuerungen fanden Zustimmung (man hieß ihn den „Sorbischen Gottsched") wie Ablehnung (Verweigerung der Druckerlaubnis für seine Grammatik); zukunftsweisend war sein Bestreben nach Vereinigung beider Varianten der obersorbischen Schriftsprache.

unpubliziert

FŠ

4.119
Heiliger Sebastian

Oberlausitz, 2. Hälfte 17. Jh. Holz, vollrund geschnitzt, rückseitig abgeflacht; farbige Fassung, im 19. Jh. mit Ölfarbe erneuert. H. 78 cm, B. 30 cm, T. 13 cm. St. Marienstern, Zisterzienserinnenabtei.

Im katholisch-sorbischen Teil der Oberlausitz zeugen zahlreiche Standbilder und Säulen mit Figuren des hl. Sebastian sowie mehrere Sebastians-Bruderschaften von der großen Verehrung, die diesem Heiligen seit den Pestjahren im 15. Jh. entgegengebracht wird. Als einer der Vierzehn Nothelfer wird er zum Schutz vor ansteckenden Krankheiten und Seuchen angerufen, von den Sorben auch gegen Feuersgefahr; unter sein Patronat stellten sich zudem auf Grund seines Mar-

tyriums, der Durchbohrung mit Pfeilen, die Schützengilden und Bürgerwehren. Als solche fungierte auch die 1491 gegründete Sebastiansbruderschaft von Wittichenau, während die Bruderschaften in Crostwitz und Nebelschütz ihre Aufgaben vor allem in Gebetsgemeinschaft und sozialem Wirken fanden, dabei tatkräftig für Kirchenbauten eintraten und einen eigenen Friedhofsteil beanspruchten. Der Sebastianstag (20. Januar), dem ein schwarzer Fastentag mit dem Verzicht auf Milch- und Eierspeisen vorangeht, wird bis heute mit festlichen Gottesdiensten und Gelöbnisfeiern begangen.
An diesem Tag wurde auch die Holzskulptur des Heiligen in der Klosterkirche aufgestellt. Sie zeigt den Märtyrer an einen gekrümmten Baumstrunk gefesselt, den muskulösen, bis auf das Lendentuch nackten Jünglingskörper schutzlos den Pfeilen ausgeliefert. Die vom Schmerz gespannte Haltung der Figur, die unklassisch-realistische Auffassung des Körpers sowie das runde, von wirren Locken umgebene Antlitz verweisen auf eine Entstehung in der 2. Hälfte des 17. Jh. Geschnitzt wurde die Skulptur wohl in einer Oberlausitzer Werkstatt – vielleicht im Umkreis der Bubenicks in Zittau (vgl. Nr. 4.46).

1867 erhielt das Bildwerk in St. Marienstern einen Nachfolger in der großen nazarenischen Sandsteinskulptur des Heiligen, die der Prager Bildhauer Emanuel Max für die Klosterkirche geschaffen hatte.

unpubliziert

MW

4.120

Heiliges Grab

Oberlausitz, 18. Jh., Holzrahmen und eingestellte Figuren mit Papier beklebt, farbig bemalt, Giebelaufsatz des äußeren Rahmens fehlt, Figuren teilweise neu eingeklebt. H. 30,5 cm, B. 32 cm, T. 25 cm. St. Marienstern, Zisterzienserinnenabtei.

Aufgebaut als kleiner Guckkasten, wirkt das biblische Geschehen am Grab Christi wie eine Theaterszene. Am Ende der Staffage liegt der aufgebahrte Christus, über ihm leuchtet eine Strahlenmonstranz, umgeben von einem Wolkenkranz mit bunten Engelsköpfchen. Gerahmt wird das Hl. Grab von einer klassischen Portalarchitektur, die fünffach hintereinandergesetzt eine illusionistische Tiefenwirkung erzeugt. Über die inneren Arkaden legen sich dickpausige Wolkenbögen, der äußere Rahmen besaß ursprünglich Architrav und Giebel. Den einzelnen Bögen sind Engel vorgestellt, welche die Arma Christi zeigen. Vor dem äußeren Rahmen an der ersten Stufe standen ursprünglich zwei Grabwächter. Aufgelockert wird die Szenerie durch farbige Kugeln an einzelnen Arkadenbögen – sie erinnern an die bei der Osterliturgie gebräuchlichen, mit gefärbtem Wasser gefüllten Glaskugeln, die angestrahlt in mystischen Farben leuchten.
Solche volkstümlichen Rekonstruktionen biblischen Geschehens setzten im ausgehenden Mittelalter ein. Von den Jesuiten gefördert, wurden im 17./18. Jh. zur Karfreitagsliturgie in den Kirchen aufwendige theatralische Kulissenaufbauten des Hl. Grabes üblich, häufig durch mechanisch tanzende Engel, Springbrunnen oder auch Nachstellungen durch lebende Personen ergänzt. Im Zisterzienserkloster Neuzelle haben sich Teile einer umfangreichen Hl. Grab-Inszenierung von 1751 erhalten. Dazu blieb auch das Modell mit auswechselbaren Prospekten bewahrt, das in Größe und Ausführung dem Mariensterner Guckkasten gleicht.

unpubliziert

CM

4.121
Auferstehungsgruppe

Oberlausitz, 1702; Laubholz, farbig gefaßt, Übermalung in Ölfarbe; Grundkonstruktion aus zwei Brettern, Sarkophag und Figuren geschnitzt und eingezapft. Auf dem Schild des rechten Grabeswächters bezeichnet: „O[ttilie] H[entschel] A[bbatissa] M[ariaestellensis] 1702. H. 40 cm, B. 40 cm, T. 40 cm. St. Marienstern, Zisterzienserinnenabtei.

Die Figurengruppe zeigt den Augenblick, da Christus dem Grab entsteigt. Am offenen Sarkophag sitzen drei Wächter in der Tracht römischer Soldaten. Ihre Haltung zeugt von Ungläubigkeit und Erstaunen. Christus ist als Triumphator über den Tod dargestellt; die Kreuzesfahne ist das Zeichen seines Sieges.
Nach der Passionszeit, in der des Leidens und Todes Christi gedacht wird, und nach der durchwachten Osternacht, ist die Auferstehung Höhepunkt des Kirchenjahres und höchstes Fest der Christenheit. In St. Marienstern beginnt zu Sonnenaufgang des Ostersonntages im Kapitelsaal die Osterfeier: Die Kantorin verkündet feierlich die Auferstehung Christi.
Die Auferstehungsgruppe – ein Gegenstück zu den seit der Barockzeit beliebten Weihnachtskrippen – wird zu Ostern auf dem Schwesternchor aufgestellt und geschmückt, wie es schon für das 18. Jh. überliefert ist. Geschaffen wurde sie von einem Bildhauer aus der Umgebung des Klosters, der eine große Zahl kleiner Holzfiguren verschiedener Heiliger schuf (einige heute im Stadtmuseum Meißen). Für St. Marienstern schnitzte er 1704 auch zwei große Krippengruppen mit der Anbetung der Hirten und der Anbetung der Heiligen Drei Könige; sie werden jeweils in den Weihnachtstagen bzw. zu Dreikönig (Epiphanias) in der Klausur aufgestellt.

unpubliziert

HSS

4.122
Osterreitergeschirr von St. Marienstern

Oberlausitz, 19./20. Jh.; Zaumzeug aus Leder mit Kaurimuschelverzierung, Satteldecke mit Stickerei, Prozessionsfahnen mit Stickerei und Holzskulptur Kruzifix. St. Marienstern, Zisterzienserinnenabtei.

Das Osterreiten stellt in den katholischen Gemeinden der Oberlausitz den Höhepunkt des Jahres dar. Festlich gekleidete Reiter verkünden auf herausgeputzten Pferden mit Seidenschlaufen und reichem Zaumzeug die Freudenbotschaft der Auferstehung Christi. In Prozessionen tragen sie Fahnen mit österlichen Symbolen, das Kreuz und die Figur des Auferstandenen voran; unterwegs singen sie sorbische Osterlieder und sprechen Gebete.
Die Wurzeln des Brauches reichen in die vorchristliche Zeit zurück. Man glaubte, durch Umschreiten der Äcker die gerade ausgebrachte Saat vor bösen Einflüßen schützen zu können. Unter dem Einfluß des Christentums wandelten sich diese Flurgänge zu christlichen Prozessionen. Seit dem 15. Jh. ist belegt, daß in der Oberlausitz Osterreiter die Freudenbotschaft von der Auferstehung Christi von einer Pfarrgemeinde in die nächste bringen. Durch die Reformation wurden die Prozessionen in den evangelisch gewordenen Gemeinden abgeschafft; im Zuge der Aufklärung versuchten auch katholische Kirchenobere, den Brauch einzustellen; dies gelang aber nur in Bautzen. Ende des 19. Jh. belebte sich die Tradition dank Anteilnahme des sächsischen Königshauses neu.
Heute finden neun Osterreiterprozessionen statt, wobei die Reiter von zwei Gemeinden Partnerschaften bilden: St. Marienstern (seit 1894) und Crostwitz, Wittichenau und Ralbitz, Nebelschütz und Ostro, Radibor und Storcha sowie Bautzen und Radibor. In Ostro geht der Prozession heute noch bei Morgendämmerung am Ostersonntag ein Flurumritt voraus, wobei um Segen für die Arbeit des Jahres gebetet wird.

Lit.: Salowski 1992; Kilank 1998.

DM

4.123
Muttergottes mit Kind. Kopie der Madonna von Rosenthal

Oberlausitz, 17. Jh.; Lindenholz, farbige Fassung. H. 36,5 cm, Rundsockel H. 5 cm. St. Marienstern, Zisterzienserinnenabtei.

Das kleine, um 1480 entstandene Standbild der blumenbekränzten Maria mit dem Jesuskind auf dem linken Arm, in der rechten Hand eine Birne haltend, ist als Gnadenbild von Rosenthal seit dem 16. Jh. Mittelpunkt einer Wallfahrt, die jährlich zahlreiche Gläubige hierher zieht. Nach der Legende soll der im nahen Zerna ansässige Rittergutsbesitzer Lucian in der Linde am Platz der heutigen Kirche die Figur in einem hellen Lichtschein aufgefunden haben. Seit 1506 ist St. Marienstern im Besitz zunächst eines Teils, später des ganzen Ortes, in dem 1516 erstmals eine Kapelle erwähnt ist. Das Kloster blieb Rosenthal in der Folge eng

Barocke Heiligenverehrung in St. Marienstern
Nach dem Konzil von Trient (1545–1563), mit dem die katholische Kirche ihr Glaubensgut definierte und die Gegenreformation einleitete, bildeten sich zahlreiche neue Orden und Frömmigkeitsformen. Mittelalterliche Frömmigkeit erfuhr eine Neubelebung, Traditionen lokaler Heiligenverehrung wie jene der hl. Ursula in St. Marienstern wurden fortgesetzt, dazu gesellten sich die Heiligen des Jesuitenordens, der Kapuziner, Karmeliter und Salesianer, so Theresa von Avila, Franz Xaver, Felix von Cantalice.
Die neuen religiösen Leitbilder spiegeln sich in St. Marienstern in Andachtsbildern, Gemälden und Skulpturen vielfältig wider. Großer Beliebtheit erfreuten sich die Bilder der Maria Immaculata und des Herzens Jesu. In der Lausitz breitete sich der Kult des hl. Johannes von Nepomuk aus, des 1729 heiliggesprochenen Landespatrons von Böhmen, dem die Mariensterner Nonnen bereits 1721 einen Altar im Hof widmeten. Als Vorbild für die Konventualinnen galt ferner die in jüngster Zeit ebenfalls als böhmische Landespatronin heiliggesprochene Zdislava von Berka, die das Spital von Deutsch Gabel gegründet hatte. Gnadenbilder, Marienerscheinungen und Wunder fanden in bildlichen und schriftlichen Überlieferungen ihren Niederschlag.

verbunden, zumal die marianische Wallfahrt von den Zisterziensern gefördert wurde und zahlreiche Zisterzen entsprechende Gnadenstätten unterhielten. Die Äbtissin und der Konvent sorgten für die Bekanntheit Rosenthals (vgl. Nr. 4.124), den baulichen Unterhalt, Erweiterungen und Neubauten der Kirche sowie dafür, daß 1754 Zisterzienser die Betreuung der bislang dem Pfarrer von Crostwitz unterstellten Wallfahrt übernahmen.
Die Muttergottes von Rosenthal wurde als Schutzpatronin des Klosters in Anspruch genommen und in St. Marienstern in Gemälden, Figuren und Andachtsbildchen dargestellt. Darunter befinden sich neben einem Leinwandbild, das Ferdinand Siegfried Philippi 1716 für das Refektorium malte, auch Holzstatuetten aus dem 17. und 18. Jh., die als originalgroße Kopien des Gnadenbildes dessen Gestalt und Farbigkeit wiederholen.

Unpubliziert; zum Gnadenbild von Rosenthal: Ticin 1692; Domaschka 1928; Frencl 1997.

MW

4.124
Epitome Historiae Rosenthalensis

Jacob Xaver Ticin, Epitome Historiae Rosenthalensis Sive Compendiaria Narratio De Origine, ac Cultu pervetustae B. V. MARIAE Statuae, In Pago Rosenthal, Lusatiae Superioris. Prag: Druckerei der Karl-Ferdinands-Universität im Clementinum, 1692; zeitgenössischer Schweinsledereinband mit verlorenen Schließen. Octav. H. 15,5 cm, B. 10 cm. Privatbesitz.

Seit 1682 versuchten die Priesterbrüder Martin und Georg Schimon in Rosenthal eine Institution zu errichten, deren Zweck die Ermöglichung einer theologischen Ausbildung den „catholischen sorben zu diensten“ war.
Die sorbischen Weltgeistlichen und das Bautzner Domkapitel unterstützten das Vorhaben; das Kloster verweigerte jedoch unter Verweis auf den im Traditionsrezeß festgehaltenen konfessionellen Status quo der Oberlausitz seine Zustimmung.
Um die Bedeutung Rosenthals zu unterstreichen und den Plan der Brüder Schimon zu befördern, beauftragte der Bautzner Domdekan den aus Wittichenau stammenden Jesuitenpater Jakob Xaver Ticin (1656–1693) mit der Erarbeitung einer Geschichte des Gnadenortes. Als Ticin 1690 mit dem Kloster in Verbindung trat, um Zugang zu dortigen Quellen zu erhalten, benutzten die Äbtissin Catharina Benada und der Propst Wilhelm Seemüller I. die Gelegenheit, Einfluß auf den Inhalt des Buches zu nehmen und die Ansprüche St. Mariensterns auf Rosenthal zu bekräftigen. Schließlich übernahm die Äbtissin die Druckkosten, wofür Ticin ihr sein Werk widmete. Sein Verhalten wurde vom Domkapitel als Verrat empfunden. Die Schimonsche Stiftung konnte erst 1725 mit der Gründung des Wendischen Seminars auf der Prager Kleinseite verwirklicht werden; der Streit um die rechtliche Stellung Rosenthals wurde 1754 zugunsten des Kloster entschieden.
Das lateinisch geschriebene Buch ist ein Beispiel für die jesuitisch-gegenreformatorisch geprägte Wallfahrtsliteratur des Hochbarock. Der Inhalt umfaßt eine geschichtliche Darstellung des Wallfahrtsortes, Betrachtungen über die Oberlausitz und das sorbische Volk, die Kirchen- und Klostergeschichte sowie Legenden und Wundergeschichten, die sich um das Gnadenbild ranken. Als Illustrationen dienen Kupferstiche mit Abbildungen des Rosenthaler Marienbildes, des hl. Benno, des Klosters und seiner Patrone sowie des Stifterdenkmales, die von den Gebrüdern Groos in Prag gestochen wurden. Eine deutsche Ausgabe, in der die streitbaren Punkte nicht näher behandelt wurden, soll 1693 erschienen sein, jedoch läßt sich kein Exemplar nachweisen.

Lit.: Michalk 1986–1991; Michalk 1992; Michalk 1994.

MW

4.125
Die Wallfahrt zu Unserer Lieben Frau von Rosenthal

Oberlausitz, 1701; Öl auf Leinwand, Bretterrahmen mit Reliefleiste. Bezeichnungen: Spruchbänder der Engel „MANIBUS / DATE / LILIA / BLENIS / FLORES / PURPUREOS / SPARGITE"; Spruchbänder der Klosterpatrone: „Hanc Respice Stellam/Est tali sidere felix"; unten „O[ttilie] H[entschel] (Äbtissinnenstab) A[batissa] M[ariaestellensis] A:O 1701". H. 90 cm, B. 115 cm, Rahmen B. 5,5 cm. Restaurierung: 1998 – Uta Fischer (Dokumentation). St. Marienstern, Zisterzienserinnenabtei.

Die älteste bekannte Darstellung von Rosenthal zeigt über dem Wallfahrtsort das Gnadenbild der Muttergottes in einer Glorie, umgeben von Engeln, die „mit vollen Händen Lilien und Rosen ausstreuen". Die beiden Mariensterner Patrone Johannes der Täufer und die hl. Ursula weisen auf Maria als höchste Schutzherrin des Klosters: „Schau auf diesen Stern/Er [St. Marienstern] ist durch das vortreffliche Gestirn gesegnet".
Darunter ist die in die Landschaft gebettete Wallfahrtsstätte vor dem Neubau der Kirche 1776 bis 1778 dargestellt. Umgeben von einer Mauer steht in der Mitte die Linde, in der das Gnadenbild der Legende nach gefunden worden war, zu ihren Seiten die beiden Kapellen von 1537 (links) und von 1598 (rechts) sowie davor das Priesterhaus von 1683. Von allen Seiten nähern sich Prozessionen, einzelne Menschenmengen treten bereits in die Kirche.
Das Bild wiederholt in Komposition und Ikonographie einen Kupferstich im „Epitome Rosenthalensis" von 1692 (vgl. Nr. 4.124), wo anstelle der Rosenthaler Ansicht jene des Klosters wiedergegeben ist. Geschaffen wurde das Gemälde im Auftrag der Äbtissin Ottilie Hentschel von einem namentlich nicht bekannten Maler.

unpubliziert

MW

4.126
Ex voto. Silberne Votivgaben aus Rosenthal

Spätes 17. und 18. Jh. Silber, gegossen, getrieben und ziseliert. Diverse Formate. Rosenthal, Zisterzienserpriorat.

Seit dem Mittelalter läßt sich in vielen Wallfahrtsorten der Brauch nachweisen, daß hilfesuchende Pilger Bilder ihrer Anliegen und Zeichen des Dankes für erhörte Bitten in Form von **Votivgaben** aus Wachs und Silber im Gnadenort hinterlassen. Ihren Namen tragen sie, weil sie aufgrund eines Gelübdes – ex voto – gestiftet wurden.

Reliquienfassungen wurden zur würdigen Aufbewahrung der oft winzigen Partikel von Heiligengebeinen angefertigt, die vor allem seit dem späten 16. Jh. durch Geschenke und Vermittlung aus Rom in großer Zahl in die Klöster gelangten. Von kirchlichen Würdenträgern wurden Urkunden über die Authentizität der heiligen Knochen ausgestellt (Authentiken); in den Klöstern, vor allem den Frauenklöstern, wurden die Gebeine zur Erhöhung ihrer Würde kostbar eingehüllt.

In Rosenthal hat sich eine Fülle silberner Votivgaben aus dem späten 17. und 18. Jh. erhalten, die früher hinter und neben dem Hochaltar angebracht waren, um andere Wallfahrer zum Mitbeten und beharrlichen Gottvertrauen zu ermuntern. Dazu gehören Darstellungen einzelner Körperteile, Wickel- oder Fatschenkinder, betende Wallfahrer, Reliefs der Muttergottes von Rosenthal und andere Marienbilder sowie das Relief eines Hauses. Sie erzählen in äußerst verknappten Formen von den Leiden ihrer Donatoren und der am Wallfahrtsort erfahrenen Befreiung davon. Einige tragen datierte Widmungsinschriften, die meisten blieben anonyme Zeichen der narrativen bilderfrohen Frömmigkeit des Barock.
Geschaffen wurden die Reliefs von Silberschmieden der Umgebung und aus Böhmen. Da in Rosenthal selbst nicht mit Devotionalien gehandelt werden durfte, erwarb das Kloster St. Marienstern laut Rechnungsbüchern über Ossegg Silberarbeiten, die zu bestimmten Anlässen und Weihen weiterverkauft wurden (vgl. Nr. 4.58).

unpubliziert

MW

4.127
Reliquientafel mit dem heiligen Antonius von Padua

Klosterarbeit aus St. Marienstern, 18./1. Hälfte 19. Jh.; Gouache auf Pergament, Seidenapplikationen mit Goldfolie, Filigranwerk, Rahmenelemente aus Golddraht, Glassteinen, teilweise mit Flußperlen, aus Chenille, Pailetten und fein ausgeführten, verschiedenfarbigen Papierblüten. H. 34,5 cm, B. 25,5 cm, T. 5,5 cm. St. Marienstern, Zisterzienserinnenabtei.

In die Tafel sind Reliquien von sechs verschiedenen Märtyerern eingelassen. Im Bildfeld wird ein Medaillon des hl. Antonius von einem fanfareblasenden, auf einer Wolke schwebenden Engel gehalten. Darunter verweisen ein Vulkanausbruch und das tosende Meer mit dem Segelschiff auf die Missionsreise des Heiligen, der deswegen als Patron der Seefahrer verehrt wird. Teile des Bildes sind als Applikationen von Seidensatin zwischen Stegen aus schmalen Kartonstreifen ausgeführt, deren Oberkanten bemalt sind. In den das Bildfeld rahmenden Schmuck sind die in Gaze verpackten und durch Cedulae (Papierschildchen mit Namensaufschrift) bezeichneten Reliquienpartikel integriert.
Das zentrale Bild stammt noch aus dem späten 18. Jh., während das ovale Antoniusbild älter erscheint. Die rahmenden Verzierungen sind wohl im 19. Jh. angefertigt worden.

unpubliziert

HSS

4.128

Heilige Ursula mit ihren elftausend Jungfrauen

Oberlausitz, um 1710/1720: Ölgemälde auf Leinwand. H. 52 cm, B. 71 cm. Restaurierung: 1997 – Katarina Maubach (Dokumentation). St. Marienstern, Zisterzienserinnenabtei.

Die hl. Ursula trägt ein prächtiges Brokatkleid und Perlenschmuck. Die mit Edelsteinen besetzte Krone zeichnet sie als Königstochter und Märtyrerin aus. Hinweis auf ihr Martyrium ist der Pfeil des Hunnenfürsten in ihrer Brust und das Schiff, auf dem sie mit ihrem Gefolge die Reise antrat (vgl. Nr. 2.90–2.93). Schützend breitet sie ihren Mantel über ihre Begleiterinnen. Die Schar der Mädchen kniet auf grauen Wolken und wird von einem überirdischen Licht bestrahlt. Das Auge Gottes am oberen Bildrand wacht über sie.
Der Typus der hl. Ursula als Schutzmantelheilige ist abgeleitet von dem der Schutzmantelmadonna, die seit Beginn des 13. Jh. in Kunst und Literatur nachweisbar ist. Das Motiv ist in dem sogenannten Mantelschutz des mittelalterlichen Rechts zu suchen, der vornehmen Frauen das Recht zusprach, Verfolgten Schutz und Asyl zu gewähren. Im übertragenen Sinne flüchteten diese Personen unter den Mantel oder den Schleier ihrer edlen Fürsprecherin.
Das kleine Gemälde stammt aus der Zeit der Äbtissin Cordula Sommer, die es vielleicht persönlich in Auftrag gegeben hat.

unpubliziert

HSS

4.129

Heimsuchung Mariens

Oberlausitz, frühes 16. Jh.; Ausschmückungen durch Schwestern aus St. Marienstern, 18.–20. Jh.; Holz, Moos-, Textilfasern, grüner Spiraldraht, Glasperlen, Glas, Schneckenhäuser, Muschelschalen, Glimmer. H. 31 cm, B. 23 cm, T. 10 cm. St. Marienstern, Zisterzienserinnenabtei.

Ein liebenswertes Beispiel frauenklösterlicher Handarbeit ist die kleine Figurengruppe der Heimsuchung Mariens. In einem Tal vor den Toren einer Stadt stehen zwei Frauenfiguren. Dargestellt ist der Besuch der schwangeren Maria bei der schwangeren Elisabeth, der Mutter Johannes des Täufers (Luk 1,39–56). Seit dem Spätmittelalter gilt die Heimsuchung als wichtiges Ereignis im Marienleben (vgl. Nr. 2.8–2.12); sie zählt zu den Sieben Freuden Mariens.
Die Gruppe wurde von den Schwestern durch Hinzufügung weiterer Details bereichert. Die Figur der Maria erhielt einen Nimbus aus Spiraldraht, die Tier- und Pflanzenwelt wurde durch Holzfigürchen und gebastelte Bäume und Büsche ergänzt. Es lassen sich mindestens drei Ausschmückungsphasen nachweisen: Die Figuren und möglicherweise das Gerüst stammen wohl aus der 1. Hälfte des 16. Jh., Teile der Ausgestaltung der landschaftlichen Szenerie sind für das 18. Jh. anzunehmen. Die jüngsten Veränderungen dürften in den 1950er Jahren vorgenommen worden sein.

unpubliziert

HSS

Klosterarbeiten in St. Marienstern
Klosterarbeiten oder „Schöne Arbeiten" sind Ausdruck der Frömmigkeitshaltung des 17. und 18. Jh. und wurden vor allem in Frauenklöstern gepflegt. Noch heute betreiben die Schwestern Wachsgießerei, Paramentenstickerei, Buchbinderei und Hostienbäckerei.
Im 17. bis 19. Jh. stammten die Mariensterner Chorschwestern hauptsächlich aus Patrizier- und Bürgerfamilien und brachten Vorbildung für feinere Arbeiten mit. Sie führten die Tradition städtischer Posamentenwirker und Sticker, die seit dem 16. Jh. Kleidungszierat, Schmuck, Totenkronen und andere Gebrauchskunst gefertigt hatten, hinter Klostermauern fort – für Angehörige, Freunde, Wohltäter und weltliche Auftraggeber.
In St. Marienstern werden seit dem Mittelalter Paramente gestickt, Bücher geschrieben und illustriert und Andachtsbildchen gemalt (Nr. 4.134).
Seit der Barockzeit bis ins 20. Jh. wurden Filigranarbeiten gefertigt: Tafelreliquiare, Reliquien- und Agnus Dei-Tafeln, Filigraneier mit Marien- und Nonnenszenen, Priesterkronen zu Primiz und Jubiläen, Schmuckkästchen und -uhren.

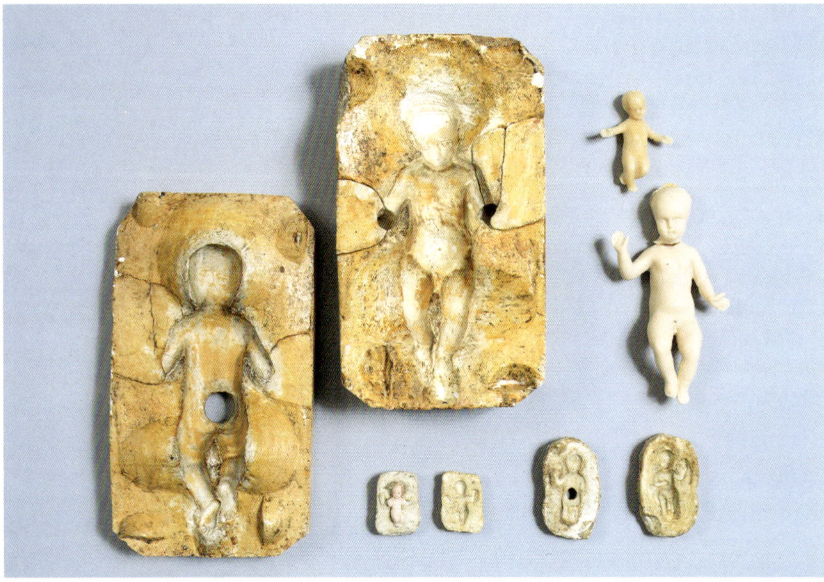

4.130
Wachsmodel und Wachsjesulein

Klosterarbeit, 19./20. Jh. Gipsmodel, zweischalig; Abgüsse verschiedener Größen. Model: H. 10 cm, B. 30 cm, T. 20 cm. St. Marienstern, Zisterzienserinnenabtei.

In St. Marienstern wird wie in St. Marienthal seit dem 18. Jh. das Gießen von Wachsfiguren gepflegt. Die erhaltenen Mariensterner Model stammen zum Teil aus der Zisterzienserinnenabtei Maria-Stern in Gwiggen (Voralberg), zum Teil wurden sie von den Schwestern nach vorhandenen Figuren selbst gefertigt.
Im Kloster sind Model unterschiedlicher Größe erhalten. Diese Hohlmodel bestehen aus mehreren Teilen jeweils für die Vor- und Rückseite der Figur, die durch Noppen fest fixiert sind. Bevor das heiße Wachs eingefüllt wird, werden die Model mehrere Stunden gewässert. Anfangs gießt man nur so viel Wachs ein, daß die gesamte Oberfläche mit allen Vertiefungen umschlossen ist. Erst dann wird weiteres Wachs nachgegeben, bis die gewünschte Wandstärke erreicht ist. Nach dem Erkalten kann die Figur von Hand überarbeitet werden. Größere Stücke fertigte man in Einzelteilen, die sorgfältig verschmolzen oder über einen Holzstift anmodelliert wurden.
Mit den Modeln wurden Figürchen des Christkindes hergestellt, die bemalt, die Köpfe mit Stecknadelaugen und Wollhaaren versehen und mit Textilien bekleidet zur persönlichen Andacht dienten und deren Verehrung in den Frauenklöstern eine große Rolle spielte. Meist standen sie im Mittelpunkt der Krippengruppen und fanden in Wiegen oder Körbchen Aufstellung.

Lit.: Schellakowsky 1931, S. 41–43.

CM

4.131
Kabinettschränkchen

Oberlausitz, Anfang 18. Jh.; Massivhölzer: Erle, Ahorn (Konstruktionsholz), Fichte (Sockelrahmen, Füße), Furnierhölzer: Nußbaum, Pflaume, Ahorn, Metalle: Messing versilbert (Schlüsselschild), Eisen (Schloß, Schlüssel), Schrank außen dreiseitig furniert, innen die Ansichtsflächen der Schübe, die furnierten Oberflächen ursprünglich gewachst, Profile, Schlagleiste und Füße schwarz gefaßt; die schmale Profilleiste unten links ergänzt, Schlüssel und Schließblech wohl nachträglich. H. 45,5 cm, B. 34,7 cm, T. 17,7 cm. Restaurierung: 1997 – Thomas Böhme (Dokumentation). St. Marienstern, Zisterzienserinnenabtei.

Der Schrankkorpus besteht aus vier Brettern, die durch Zinkung zu einem Rahmen verbunden sind; die Rückwand ist in die Seiten gefalzt und liegt am Ober- und Unterboden stumpf auf.
Das Kabinettschränkchen entspricht ist die Miniaturübersetzung eines Kastenschrankes auf vier Kugelfüßen. Mit zwei Türen verschlossen, besitzt es in den unteren zwei Geschossen fünf Schubfächer und darüber ursprünglich zwei – jetzt drei – offene Fächer. Die drei Ansichtsseiten des Schrankes und die Vorderstücke der Schubkästen sind furniert und mit einfachen geometrischen Intarsien belegt: In den Rahmungen mit schmalen Ahornadern befinden sich große Sterne. Seit dem späten 17. Jh. waren ganzfurnierte Möbel typisch, wobei Nußbaum das beliebteste Furnierholz war.

unpubliziert

CM

4.132
Ecce homo

Oberlausitz, um 1600, Rahmen um 1720; Öl auf Holz. H. 10 cm, B. 8 cm, mit Rahmen 20 cm. St. Marienstern, Zisterzienserinnenabtei.

Das Andachtsbild stellt Christus als Schmerzensmann dar. Der Kopf Christi mit der Dornenkrone ist nach links geneigt. Blut stömt aus den Wunden über das Gesicht. Zarte goldgelbe Strahlen einer Gloriole umgeben das Haupt des Erlösers.
Das Täfelchen ist um 1600 entstanden, der Künstler wird auf Grund stilistischer Bezüge zur rudolfinischen Hofkunst nach Prag lokalisiert. Das Andachtsbild zierte eines der barocken Betstübchen auf der Chorgasse. Ausdruck für seine Verehrung ist der prachtvolle Schnitzrahmen, den es im frühen 18. Jh. erhielt. Das flächige Rankenwerk gehört der barocken Stilepoche des Régence an.

unpubliziert

HSS

4.133

Bekleidungsfigur eines stehenden Jesulein

Oberlausitz, Anfang 18. Jh.; vollrunde Holzskulptur, farbig gefaßt; weiße Leinenunterkleidung, verschiedene Gewänder und Mäntel aus Seide, Brokat, Stickerei, 18. Jh.; Figur: H. 38 cm. St. Marienstern, Zisterzienserinnenabtei.

Die Verehrung des Jesuskindes (vgl. Nr. 2.24, 2.26, 4.104) erlebte im 18. Jh. ausgehend vom Prager Jesulein eine neue Blütezeit. Laut einem Ausgabenbuch erwarb die Mariensterner Äbtissin Otthilie Hentschel 1706 bei einem unbekannten Bautzener Bildhauer 35 hölzerne „Jesuskindl". Offenbar bestand auch hier der Brauch, daß jede Schwester zur Profeß eine solche Figur erhielt, wie es für das Salzburger Benediktinerinnenstift Nonnberg überliefert ist. Die Schwestern fertigten aus Resten von Meßgewändern Kleider dafür an, die im Laufe des Kirchenjahres gewechselt werden konnten.

unpubliziert

MW

4.134

Andachtsbildchen aus St. Marienstern

Zu den seit dem späten Mittelalter von den Schwestern gefertigten „Klosterarbeiten" in St. Marienstern gehören kleine Andachtsbildchen – Miniaturen religiösen Inhalts (vgl. Nr. 2.180–2.182). Im 17. Jh. waren es meist Kupferstiche mit Darstellungen biblischer Historien, Heiliger und religiöser Symbolik. Sie wurden von flämischen Kupferstechern gefertigt und anschließend von den Schwestern koloriert. Diese gestalteten die freien Flächen auf dem Pergament als Rahmungen mit gezeichneten Blumenranken und häufig mit Blüten aus ausgeschnittenem Papier oder aus Seide.
Seit dem 18. Jh. ist in Marienstern die eigene Herstellung von Andachtsbildchen nachweisbar. An die Stelle der Kupferstiche traten von den Schwestern gemalte Miniaturen, wobei die Rahmungen eine neue Form erhielten: Es entstanden sogenannte „Spitzenbilder" in Schnitt-, Stich- und Stanztechnik. Ihre Herstellung ist mit der Äbtissin Cordula Sommer (1710–1746) verbunden, auf deren Urheberschaft die zahlreichen Bildern auf der Rückseite beigegebenen Widmungstexte deuten.
Die Bilder dienten der persönlichen Andacht der Schwestern und wurden als Geschenke zu Namens- und Geburtstagen, zum Weihnachts- und Osterfest sowie als Glückwunschkarten zum Jahreswechsel und vor allem zu Ordensjubliäen benutzt.

1. Heiliger Franz Xaver
Gurard Donck (gest. 1693), 17. Jh.; Kupferstich auf Pergament, handkoloriert; signiert: „Donck". H. 11,5 cm, B. 8,5 cm. St. Marienstern, Zisterzienserinnenabtei.

Das Bild gehört zu den frühen barocken Beispielen mit einem von den Schwestern gefertigten Rahmen aus gestanzten Seiden- und Papierblumen. Die Ranken sind mit schwarzer Tusche gezeichnet. Franz Xaver, der hl. Jesuit und Asienmissionar (1506–1552) reitet mit asiatischen Aristokraten an einem Wasser und rettet kraft des Gebetes einen Adligen aus seiner Begleitung, der in einen Wasserstrudel hineingerissen wurde.

2. Heiliger Franziskus de Paula
18. Jh.; in Pergament gestanzt. H. 15,1 cm, B. 9 cm. St. Marienstern, Zisterzienserinnenabtei.

In einem reichen Spitzenmuster steht ein ovales Medaillon mit dem Brustbild des Kapuziners Franziskus de Paula (1436–1507).

3. Heiliger Antonius von Padua
18. Jh.; Stichelarbeit auf Tüllfond H. 8,6 cm, B. 14,2 cm. St. Marienstern, Zisterzienserinnenabtei.

Der Heilige ist mit dem Ordenshabit der Franziskaner und dem Hut eines Admirals zur See bekleidet, in der Rechten ein Schwert, unter ihm, am Fuß eines Felsens, der Bei von Algier, von dessen Gewaltherrschaft Antonius Alicante befreit hat.

4. Heilige Dreifaltigkeit
Um 1700; Miniatur auf Pergament gemalt. H. 12,8 cm, B. 8,4 cm. St. Marienstern, Zisterzienserinnenabtei.

Im unteren Feld ist eine Darstellung der Herzen Jesu, Mariens und Josephs, darunter weitere brennende Herzen, seitlich anbetende Kinderengel, darüber die hl. Dreifaltigkeit. Am unteren Bildrand Inschrift: „Dreieinig höchster Gott, du Ursprung reinster Liebe, sich diesen Brandaltar von dreien Herzen an, was uns an Liebe gebricht, ersetzen ihre Triebe, weil dich kein Mensch so sehr, wie diese lieben kann."

5. Jesusknabe
18. Jh.; auf Pergament gemalt. H. 17,4 cm, B. 12,2 cm. St. Marienstern, Zisterzienserinnenabtei.

Die Miniatur zeigt das in Blumen sitzende Jesuskind, mit einem brennenden Herzen auf der Brust, begleitet von zwei Engelsköpfen. Unter dem Bild Schriftkartusche: „Traham eos in vinculis charitatis. Oseae C.11. V.4" („Ich ziehe sie in Seilen der Liebe", Hosea 11,4).

Lit.: Seifert 1997, Nr. 45 (1.), 70 (2.), 90 (4.), 105 (3.), 281 (5.).

SS

Nr. 4.134
oben: Hl. Dreifaltigkeit
unten: hl. Antonius

Aus dem Orient stammt die Kunst des **Papier- und Pergamentschneidens**, die seit dem 17. Jh. auch in Deutschland nachweisbar ist. Zunächst wurde mit Schere, Punze und Federmesser das Blatt gefertigt. Danach erfolgte die Bemalung des Bildfeldes und die Beschriftung der Textkartusche. Diese Bilder wurden als Spitzenbilder bezeichnet, weil die feine und diffizile Schnitt-, Stich- und Stanztechnik Umrahmungen entstehen ließ, die bei dem Beschauer den Eindruck erweckten, als handle es sich um zarte Stoffspitzengebilde.

Aus der Lausitz in die Welt

Weltkarte mit Herrnhutischen Siedlungen, anonym 1760

Neun Tage waren sie zu Fuß unterwegs, dann hatten sie ihr Ziel erreicht: Im Juni 1722 langte eine kleine Schar „böhmischer Brüder" auf dem Oberlausitzer Rittergut des Grafen Zinzendorf an. Die evangelische Religionsgemeinschaft war in ihrer Heimat staatlicher Verfolgung ausgesetzt. Zinzendorf erlaubte ihnen, an der Straße, außerhalb des Rittergutes, eine eigene Siedlung zu errichten, die „Herrnhut" genannt wurde. Der Ort wurde schnell bekannt; einige hundert religiös Verfolgte aus allen Teilen Deutschlands strömten hier zusammen.

In einem konfliktreichen Prozeß wuchs die ungleiche Asylantenschar zu einer Gemeinschaft zusammen. Den Durchbruch brachte eine Abendmahlsfeier am 13. August 1727. An diesem Tag bildete sich die Brüdergemeine. Auch Strafmaßnahmen der sächsischen Regierung, die Zinzendorf des Landes verwies, konnten nicht verhindern, daß sich die Brüdergemeine von der lutherischen Kirche absonderte und schließlich als erste evangelische Freikirche organisierte. Die heitere, überschwengliche Frömmigkeit der Herrnhuter, ihre Toleranz gegenüber anderen Konfessionen und ihr intensives Gemeinschaftsleben fanden bald Nachfolger. Innerhalb von wenigen Jahren entstanden Brüdergemeinen in ganz Deutschland, in mehreren europäischen Ländern, schließlich auch in Nordamerika.

Zinzendorf war ein aufgeklärter Kosmopolit. Er gab den Anstoß zur herrnhutischen Mission unter den Armen und Verstoßenen fremder Kontinente, bei den Indianern Nordamerikas, den Sklaven Westindiens, dann auch in Südafrika, Grönland, Surinam und in anderen Ländern. Die ehemaligen Missionsgebiete sind heute selbständige Provinzen der weltweiten Brüdergemeine. Die Missionstätigkeit der Herrnhuter hatte Tradition im pietistischen Milieu der Oberlausitz. Bereits eine Generation zuvor hatte sich Bartholomäus Ziegenbalg aus Pulsnitz, der erste deutsche Missionar, auf den Weg nach Südindien und Ceylon gemacht, wo er zum „Apostel der Tamilen" wurde.

4.135

Porträt des Bartholomäus Ziegenbalg

Johann Keuckel (1688–1722), 1716; Kupferstich, Umschrift: „BARTHOLOMAEUS ZIEGENBALG. SERINISSIMI DANIAE REGIS MISSIONARIUS INTER INDOS ORIENTALES, ET ECCLESIAE EX INDIS COLLECTAE PRAEPOSITUS." H. 35 cm, B. 24 cm. Pulsnitz, Ev.-Luth. Kirchgemeinde St. Nikolai.

Ziegenbalg wurde 1682 in Pulsnitz geboren. Noch während seiner Gymnasialzeit in Görlitz trat er in Verbindungen zur pietistischen Bewegung und machte 1702 in Berlin die Bekanntschaft mit deren Begründer Philipp Spener. Er begann Theologie in Halle und Berlin zu studieren und schloß in dieser Zeit Freundschaft mit August Hermann Francke. 1705 wurde er zusammen mit Heinrich Plütschau dem dänischen König Friedrich IV. für die Missionsarbeit in der Besitzung Tranquebar an der Südwestküste Indiens vorgeschlagen, wo die beiden im Sommer 1706 ihre Tätigkeit aufnahmen. Ziegenbalg lernte tamilisch, um seine Missionsaufgabe in der Landessprache zu erfüllen und nicht wie vorherige Missionare portugiesisch zu predigen. Das Porträt des Augsburger Malers und Kupferstechers Johann Keuckel entstand nach einer Europareise, die Ziegenbalg 1715 unternahm. Am 23. Februar 1719 starb er in Indien.

Lit.: Beyreuther 1954.

CH

4.136

Tamilische Bibel

Altes Testament, 2. Teil, übersetzt von Bartholomäus Ziegenbalg, Tranquebar, Indien, 1726. Pappeinband, frühes 19. Jh., H. 25 cm, B. 19 cm. Pulsnitz, Ev.-Luth. Kirchgemeinde St. Nikolai.

Ziegenbalg gab der traditionellen Missionsarbeit eine völlig neue Richtung. Er lernte Sprache und Schrift der einheimischen Bevölkerung und bemühte sich, ihre Kultur und Religion zu verstehen.
Ziegenbalg übersetzte das Neue Testament und Teile des Alten Testaments in die tamilische Sprache. Für die Drucklegung ließ er – durch August Hermann Francke vermittelt – Setzer und Schriftgießer aus Halle kommen. Aus England wurde eine komplette Druckerei nach Indien geliefert, so daß Ziegenbalg neben der Bibel, Luthers Katechismus auch Gesang- und Gebetbücher in Übersetzung direkt am Ort herstellen konnte. Daneben verfaßte er eine tamilische Grammatik, die während eines Europaaufenthaltes 1715 in Halle gedruckt wurde. Das tamilische Neue Testament wurde 1714–1715 als erste Übersetzung der Hl. Schrift in einer indischen Sprache gedruckt. 1722 folgte eine zweite, noch von Ziegenbalg überarbeitete Auflage. Weitere Bibelübersetzungen, darunter die hier gezeigten Bücher des Alten Testaments, kamen erst nach Ziegenbalgs Tod zum Druck.

Lit.: Beyreuther 1954; Sandgren 1991.

CH

4.137

Ziegenbalgs Briefe aus Südindien

Herrn Bartholomäi Ziegenbalgs und Herrn Heinrich Plütscho, Kön. Dänischer Missionarium, Brieffe, Pirna: Ludewig, 1708. Dresden, Sächsische Landesbibliothek, Staats- und Universitätsbibliothek Sign. 3 A 10006.

Von ihren indischen Wirkungsstätten haben Ziegenbalg und Plütschau mehrfach Reiseberichte nach Europa gesandt, die hier im Druck verbreitet wurden und auf großes Interesse des Publikums stießen. Obwohl die Missionare über einen Schutzbrief des dänischen Königs verfügten, kamen sie wiederholt mit den dänischen Kolonialbehörden in Konflikt, weil sie sich für die Rechte der einheimischen Bevölkerung einsetzten. Ziegenbalg wurde wegen Aufruhrs zu einer mehrmonatigen Gefängnisstrafe verurteilt.

MB

Der **Pietismus** formierte sich im Laufe des 17. Jh. als eine gegen dogmatische Erstarrung gerichtete Erneuerungsbewegung innerhalb der evangelischen Kirche. Er entstand aus dem Bedürfnis nach gemeinschaftlich erlebter, unmittelbarer Glaubenserfahrung. Wegweisend war das 1675 erschienene Buch „Pia desideria, oder herzliches Verlangen nach gottgefälliger Besserung der wahren evangelischen Kirche" Philipp Jakob Speners, des späteren Oberhofpredigers in Dresden. Auf Initiative Speners bildeten sich erste pietistische Hauskreise zu gemeinsamer Bibellektüre, zu Andachten und erbaulichem Zusammensein. Speners Schüler August Hermann Francke, Professor in Halle, führte eine grundlegende Reform des universitären Theologiestudiums durch. 1698 gründete er in Halle die Franckeschen Anstalten. Deren Schüler verbreiteten pietistische Ideale in ganz Deutschland. Die Schule wurde zum Ausgangspunkt für eine weltweit wirkende missionarische Bewegung. Sowohl Bartholomäus Ziegenbalg als auch Nikolaus Ludwig von Zinzendorf haben hier ihre Ausbildung erfahren.

Nikolaus Ludwig von Zinzendorf (1700–1760) entstammte einem österreichischen Adelsgeschlecht, das zum Protestantismus übergetreten war. Er wuchs bei seiner Großmutter Henriette Katharina von Gersdorf auf Großhennersdorf in der Oberlausitz auf, deren spiritualistisch-mystische Frömmigkeit den Enkel prägte. Seitens seiner Eltern empfing er Einflüsse aus dem pietistischen Kreis um Spener. Er besuchte das Pädagogium Franckes in Halle, das Zentrum des Pietismus, studierte an der Wittenberger Universität, der Hochburg der lutherischen Orthodoxie. Auf Studienreisen durch Europa festigte sich sein Widerwille gegen jede Form des konfessionellen Dogmatismus. Die Ansiedlung böhmischer Brüder in Herrnhut, das in seiner Besitzung Berthelsdorf lag, ermöglichte ihm die Verwirklichung eines lang gehegten Ideals: den Aufbau einer überkonfessionellen, „philadelphischen" Gemeinschaft, deren Leben von Glauben und Toleranz bestimmt sein sollte. Er widmete sich ganz dieser Aufgabe, ließ sich in Herrnhut nieder und gab sein Amt als Hof- und Justizrat am sächsischen Hof auf. Seiner Initiative ist es zu verdanken, daß die Brüdergemeine – nach pietistisch-hallensischem Vorbild – bald erste Missionare nach Übersee entsandte.

4.138

Tantz-Greuel

Tantz-Greuel, das ist: Vollkommene Acta publica, was zwischen dem gelehrten und weltbekannten Mathematico Tit. Herrn Ehrenfried Walthern von Tschirnhauß auf Kießlingswalde und Stoltzenberg und dessen Pfarern binnen fünff Jahren darüber gestritten [...]. Johann Wilhelm Kellner von Zinnendorf, Angstburg: Klagezeit, 1716. H. 17 cm, B. 11 cm. Dresden, Sächsische Landesbibliothek. Staats- und Universitätsbibliothek. Sign. Biogr. er. D. 5838.

Johann Wilhelm Kellner von Zinnendorf wurde 1665 als Sohn eines Schullehrers in Akendorf bei Magdeburg geboren, besuchte die Schule in Quedlinburg und schloß sich beim Studium in Leipzig den Pietisten um August Hermann Francke an. Er war als Privatlehrer, dann als Feldprediger tätig und ließ sich schließlich als Pfarrer von Kieslingswalde in der Oberlausitz nieder. Zur Auseinandersetzung mit der Gemeinde und seinem Patron, dem Mathematiker Ehrenfried Walther von Tschirnhausen, kam es, als er gegen „den wilden, unzüchtigen Tanzteufel" und die sogenannten Bierzüge predigte. Er erklärte wegen der damit verbundenen Ausschreitungen das Tanzen selbst für Sünde und verweigerte denen, die es nicht lassen wollten, die Absolution und die Teilnahme am Abendmahl. Sein Patron sah das als einen Eingriff in seine hoheitlichen Rechte an und ließ einen Erlaß herausgehen, nach dem denjenigen, die auf Hochzeiten den Tanz unterließen, Strafen von 20 Talern, am Halseisen stehen und der Verlust der Stelle angedroht wurden. Von Tschirnhausen zeigte Kellner bei dem Konsistorium an, das dann seine Ausweisung aus der Gemeinde verfügte. Die sehr persönlich geführten, um ein geheiligtes Leben bemühten Auseinandersetzungen beschreibt Joh. Wilh. Kellner von Zinnendorf in dem Buch „Tantz-Greuel".

Lit.: Meyer 1994, S. 12 f.

DM

4.139

Porträt von Nikolaus Ludwig von Zinzendorf

Balthasar Denner (1685–1749), 1731; Öl auf Leinwand. H. 75,5 cm, B. 63 cm. Herrnhut, Archiv der Brüderunität.

Auf Zinzendorfs Gut Berthelsdorf in der Oberlausitz gründeten evangelische Flüchtlinge aus Mähren 1722 den Ort Herrnhut, der zum Mittelpunkt der Herrnhuter Brüdergemeine wurde. Zinzendorf bemühte sich um die Einheit im Glauben in der Flüchtlingskolonie und prägte bis zu seinem Tode diese ökumenisch orientierte Kirche. Zu seinen Lebzeiten entstanden Gemeinden in vielen Ländern, und es begann eine rege Missionstätigkeit.
Das Bild wurde 1731 vom bedeutenden Porträtisten Balthasar Denner in Kopenhagen gemalt. Denner stand den Mennonisten nahe und war hauptsächlich in Hamburg, Amsterdam und für den mecklenburgischen Hof tätig. Zinzendorf war im Juni 1731 zur Krönung Christians VI. nach Dänemark gereist. Zu diesem Anlaß erhielt er vom dänischen König den Danebrogorden. Diesen mußte er jedoch 1736 wieder zurückgeben, als sich der König von ihm distanzierte. Daraufhin hat man die Ordenszeichen auf dem Gemälde übermalt.

IB/PP

4.140

Bildnis Anna (Caritas) Nitschmann

Johann Valentin Haidt (1700–1780), um 1750; Öl auf Leinwand. H. 63,5 cm, B. 52 cm. Herrnhut, Archiv der Brüderunität.

Als Zehnjährige flüchtete die in Kunewalde (Kunvald) in Mähren – der Wiege der böhmischen Brüdergemeinde – geborene Anna Nitschmann aus Glaubensgründen in die Oberlausitz in den Ort Herrnhut. Von der Herrnhuter Kindererweckung 1727 erfaßt, diente Anna in verschiedenen Laienämtern der Gemeinde. 1730 wurde sie durch das Los zur Ältestin bestimmt. In diesem Amt hat-

te sie die Frauen bzw. Schwestern der Brüdergemeine im Kreis der Ältesten und vor dem Ordinarius Zinzendorf zu vertreten. Im gleichen Jahr schlossen sich 18 junge Mädchen zu einem Jungfernbund zusammen. Anna wurde die Special-Ältestin dieser Gemeindegruppe, des ersten Chores der ledigen Schwestern. Als sich die Herrnhuter Bewegung ausbreitete und ab 1736 nach Zinzendorfs Ausweisung aus Sachsen (bis 1747/1748) ein neues Gemeindezentrum in der Wetterau im Büdinger Land entstand, erweiterte sich Annas Aufgabenkreis. Sie war bis 1740 die Haupt-Ältestin aller Schwestern. Von 1740–1743 reiste sie mit ihrem Vater David Nitschmann nach Pennsylvanien in Nordamerika, wo im Zusammenhang mit der Indianermission neue Brüdergemeinen entstanden. Nach Europa zurückgekehrt, gehörte sie zu Zinzendorfs engstem Mitarbeiterstab. Da nach 1740 für Europa zwei neue Schwestern-Ältestinnen amtierten, erhielt die in der Frauenarbeit wieder führende Anna Caritas 1746 die Amtsbezeichnung Mutter der Brüdergemeine, während Graf und Gräfin Zinzendorf Papa und Mama genannt wurden. Als Zinzendorfs erste Gemahlin Erdmuth Dorothea geb. Gräfin Reuss 1756 starb, vermählte sich Zinzendorf ein Jahr darauf in zweiter Ehe mit Anna Nitschmann. Beide verstarben im Mai 1760, Anna nur wenige Tage nach ihrem Mann. Das Haidtsche Gemälde zeigt die mährische Exulantin Anna Nitschmann in ihrer Würde als einstige Ältestin und nun als Mutter der Brüdergemeine. Sie trägt die schlichte Tracht der Herrnhuter Schwestern. Die rote Farbe der Haubenbänder, Schleifen und Schnüre zeigen ihre Zugehörigkeit zum Chor der ledigen Schwestern der Brüdergemeine an.

IB

4.141

Bilderzyklus der Anna Nitschman

Kleinbildzyklus von Paul Adam Schöpf(f)el (1710–1758), 1747; Gouache-Malerei auf Pergament; H. 61 cm, B. 78 cm. Herrnhut, Archiv der Brüderunität.

Die obere Bildhälfte enthält 18 Miniaturbilder mit Szenen aus dem Leben der Anna Nitschmann bis zum Jahre 1741: Anna in Mähren in der katholischen Kirche, beim Hüten der Schafe ihres Vaters, bei der Auswanderung an der Hand ihrer Mutter; Anna in der Oberlausitz bei Zinzendorfs Großmutter Henriette Katharina von Gersdorf, als Kinder- und Lauf-Mädchen im Berthelsdorfer Schloß; Anna mit Zinzendorf und Friedrich von Watteville bei einer Versammlung für die Frauenleute in Herrnhut 1727, gehalten von der Gräfin Zinzendorf; nach dem Märtyrertod ihres Bruders Melchior; Zinzendorf begrüßt und segnet das Kind; Anna wird 1730 Schwesternältestin; sie sitzt am Spinnrad und empfängt den Besuch gelehrter Brüder; Anna beim Hl. Abendmahl in der Berthelsdorfer Kirche; Anna in der Wetterau unterwegs mit Zinzendorf und seinen beiden ältesten Kindern zu Ronneburg, 1736; Anna auf Reisen, hier mit der Gräfin Zinzendorf vor der Überfahrt von Holland nach England, zu Besuch bei Zinzendorfs Mutter von Natzmer und ihrem Gemahl in Berlin, 1737, in Marienborn vor der Abreise nach Nordamerika beim Abschied vom Chor der ledigen Schwestern, 1740; Abreise von einem Nordseehafen mit ihrem Vater und einer Gemeindegruppe nach Philadelphia in Nordamerika, 1740; Anna hält eine Versammlung mit Quäkern in Nordame-

Johann Valentin Haidt war gelernter Goldschmied, der als Prediger der Brüdergemeine in deutschen Ländern und in Bethlehem in Pennsylvanien (Nordamerika) wirkte. Neben seinen Hauptämtern war er als Maler tätig, schuf Porträts, Personengruppen, historische und biblische Szenen. Größere Sammlungen seiner Gemälde befinden sich in den Archiven der Brüder-Unität in Herrnhut und Bethlehem/Pa. sowie in einem Museum in Nazareth/Pa. (USA).

rika, 1741; sie begegnet auf einem Pilgergang dem Grafen Zinzendorf im Pennsylvanischen Wald, 1741.
In der reichverzierten unteren Bildhälfte ist ein Monument mit dem Porträt der Anna Nitschmann zu sehen. Eine Indianergruppe betrachtet dieses Gemälde. Dieser Teil ist mit folgendem Schrifttext versehen: „Anna 30. Die Wunder sind bey uns nicht mehr im Streite. Man weint DIR doch vor den verwundten Füssen von nichts so frölich vor als vor dein Büssen. Ao. 1747 d. 8. Sept. Ad. Paul Schöpffel, Herrnhaag fec." Die Bedeutung der Zahl '30' an dieser Stelle ist bisher nicht eindeutig geklärt. Sie könnte sich z. B. auf Anna Nitschmanns zwei Jahre zurückliegenden 30. Geburtstag beziehen, vielleicht auch auf das Jahr, in dem das dargestellte Porträt geschaffen worden sein könnte, oder auf das Jahr 1730, in dem sie durch das Los zur Ältestin der Brüdergemeine in Herrnhut gewählt wurde. Der Schrifttext ist in Gebetsform gehalten. Er weist hin auf Jesus Christus, den Mittelpunkt im Leben Annas und der Brüdergemeine.

IB

4.142

Abbildungen von liturgischen Versammlungen

Kupferstiche aus dem sog. Zeremonienbüchlein von David Cranz, 1757. Je H. 18,5 cm, B. 23,5 cm. Herrnhut, Archiv der Brüdergemeine.

(a) Aufnahme in die Brüdergemeine: Personen, von denen der erweckte Seelenzustand feststand, konnten in die Brüdergemeine aufgenommen werden. Dies geschah durch einen Kuß. Der abgebildete Raum ist der Gemeinsaal in Herrnhaag.
(b) Das Anbeten (oder Prosternation) geschah in einer Versammlung, bei der die Anwesenden sich im Gebet vor dem Herrn niederstreckten. Es war Teil der Abendmahlsliturgie, konnte aber auch als eigene Versammlung vorkommen.
(c) Liebesmahl der Kinder. Das Liebesmahl war eine freie liturgische Versammlung, in der Tee und Brötchen gereicht wurden. Es diente mehr der Gemeinschaft und der Erweckung des Geistes, als der eigentlichen Mahlzeit. Während der Feier wurde berichtet, gesungen und musiziert. Dieses Liebesmahl im kleinen Saal in Herrnhut wurde für die Kinder gehalten.
(d) Verheiratung von zwölf Paaren Kolonisten. Die Personen, die für die Herrnhuter Gemeinden in Pennsylvania bestimmt waren, wurden vor der Abreise getraut; dies geschah oft gruppenweise.
Nr. 4-142 b–e (e) Ostermorgenliturgie. Seit 1732 geht die Ge-

Das anbeten vor dem HERRN. | Prosternation devant le Seigneur.

A. Le Ministre, qui celebre la Liturgie B.B. Les petits Garçons C.C. Les petites Filles. L'AGAPE des Enfants D.D. Les Freres, E.E. Les Soeurs, } qui servent.

VERHEIRATUNG von zwölf Paaren Colonisten. A. Der PASTOR, der Sie zusamen gibt B.B.B. Etc. Die Bräutigame C.C.C. Die Bräute D.D. Die Brüder und Schwestern von der Gemeine. | MARIAGE de 12 Couples de Colonistes. A. Le Ministre, qui benit le Mariage B.B.B. &c. Les Epoux C.C.C. &c. Les Epouses D.D. Les Freres, et les Soeurs de la Commune.

OSTER-LITURGIE. Gedächtniß der abgeschiedenen Brüder und Schwestern am Oster-Morgen, auf dem Huthberge zu Herrnhuth. | Commemoration des Decedés Le Matin de Pâques.

meinde in Herrnhut am Ostersonntag vor Sonnenaufgang zum Gottesacker auf den Hutberg, um dort in Gemeinschaft mit den entschlafenen Geschwistern die Auferstehung des Herrn zu feiern. In allen Gemeinden mit eigenem Begräbnisplatz findet eine solche Feier statt.

PP

4.143

Christ-Catholisches Singe=und Bet=Büchlein

Herausgegeben von Nikolaus von Zinzendorf, 1727; H. 17 cm, B. (offen) 22 cm. Herrnhut, Archiv der Brüderunität.

Das von Zinzendorf herausgegebene Gesangbuch enthält 79 Lieder von Johann Scheffler (Angelus Silesius) und einen Anhang mit evangelischen Liedern aus dem Berthelsdorfer Gesangbuch. Das Buch sollte unter Katholiken in Schlesien verbreitet werden. Die Herausgabe kann im Zusammenhang mit Zinzendorfs Versuchen gesehen werden, die Verbindung zu anderen Konfessionen herzustellen.

PP

4.144

Tabletts mit Ansichten von Herrnhut im Jahre 1732 und 1755

Vermutlich aus der Lackierfabrik des Heinrich Immanuel Gregor, Herrnhut, 1819; Holz, Lackfarbe. Ansicht 1732: oval, H. 37 cm, B. 29,5 cm; Ansicht 1755: oval, H. 41,5 cm, B. 32,5 cm, Herrnhut, Archiv der Brüderunität.

Die Teebretter gehören zu einer Serie von vier Darstellungen von Herrnhut in den Jahren 1722

(Gründungsjahr), 1732, 1755 und 1819. Sie wurden 1819 als Geschenk für die Gräfin Charlotte Sophie von Einsiedel (1769–1855) zu ihrem 50. Geburtstag angefertigt. Gräfin von Einsiedel wohnte seit 1781 im Chorhaus der ledigen Schwestern in Herrnhut und war seit 1810 deren Pflegerin. In Neudietendorf (seit 1808), in Herrnhut und Niesky (seit 1811) hatte sie die Ortsherrschaft (Nominalbesitz) inne.
Herrnhut ist aus der Sicht vom Hutberg abgebildet. Im Vordergrund sind die Gräber des Gottesackers zu sehen. Das zentrale Gebäude ist nicht der Kirchensaal, sondern das Gemeinhaus (mit Dachreiter von 1724); der Kirchsaal wurde erst 1756–1757 erbaut.

PP

4.145

Brüderkirche und Gemeinhaus in Herrnhut

Modell, Dieter Matjeka, damals Schüler in Herrnhut, 1938/1939; Holz, Papier. H. 15 cm, B. 28 cm, T. 19 cm. Herrnhut, Archiv der Brüderunität.

Das größere Gebäude zeigt die 1757 fertiggestellte Brüderkirche in Herrnhut, auch Großer Saal oder Bethaus genannt. Das kleinere Gebäude stellt das bereits 1724 errichtete Gemeinhaus dar. Es beherbergte nacheinander ein Adelspädagogium, ein Waisenhaus und Schulräume sowie den ersten Versammlungsraum der Brüdergemeine in Herrnhut, genannt Kleiner Saal. In diesem Haus befanden sich auch Wohnungen der Prediger und weiterer Mitarbeiter der Brüdergemeine und das Archiv der Ortsgemeine Herrnhut.
Der große Betsaal sowie die beiden Verbindungsflügel zum Gemeinhaus wurden unter der Bauleitung von Siegmund August von Gersdorf (1702 bis 1777) in den Jahren 1756/1757 errichtet. 1763 wurde das Gebäude mit einem neuen Dachreiter als Glockentürmchen versehen. Dieser Bau erfolgte im Zusammenhang mit der Ablösung der Brüdergemeine Herrnhut von der Ev.-Luth. Kirchgemeinde in Berthelsdorf in den Jahren 1756–1758. Am Ende des 2. Weltkrieges im Mai 1945 brannte der gesamte Gebäudekomplex aus. Unter Einbeziehung der alten, teilweise erhalten gebliebenen Grundmauern und alter Baupläne konnte der Große Saal mit einem Teil der Seitenflügel 1953 wieder aufgebaut werden. Wo früher das Gemeinhaus stand, befindet sich heute ein Glockentürmchen mit der ersten Glocke Herrnhuts und im Anschluß daran eine Mauer, die den alten, jetzt erweiterten Kirchgarten umfriedet.

IB

4.146

Der Gemeinsaal in der Brüderkirche Herrnhut am Jubiläumsfest 1822

Erdmuth Benigna von Dalman geb. Kölbing, 1822; Aquarell auf Papier; H. 44 cm, B. 83 cm. Herrnhut, Archiv der Brüderunität.

Das Bild zeigt die 1757 errichtete Brüderkirche in Herrnhut von innen vor Zerstörung und Wiederaufbau im Jahre 1953. Der große Gemeinsaal ist anläßlich des 100jährigen Jubiläums der Gründung Herrnhuts im Jahre 1722 festlich geschmückt. In der Mitte des Querschiffs befindet sich der Liturgustisch mit dem Stuhl des Predigers. Die Bänke auf der Brüderseite (rechts) und auf der Schwesternseite (links) sind durch einen Mittelgang getrennt. Das Bild zeigt das alte Gestühl aus ungestrichenem Holz, das erst 1897 durch weißgestrichene Bänke ersetzt worden ist. Dargestellt ist auch der Prospekt der 1757 gebauten ersten Orgel sowie ein Glasleuchter in der Mitte des Saales. An dieser Stelle leuchtet heute in der Advents- und Weihnachtszeit ein vielzackiger Herrnhuter Stern. Die Empore auf der Schwesternseite mit den beiden Betstübchen (Logen) und die Holzverkleidung sind nicht wiederhergestellt worden. Bis heute dient dieser Saal als Zentrum des Gemeindelebens. Bilder fehlen, den Schmuck soll vor allem die Gemeinde bilden. Ein schlichtes weißes Kreuz hinter dem Liturgustisch weist auf Jesus Christus hin, in dessen Namen sich die Gemeinde hier versammelt.

IB

4.147

Ton Loß teje Newesty Jesußoweje we Njekotrych Ewangelskich Sserskich Stuczkach

Gesangbuch: Die Stimme der Braut Jesu in einigen evangelischen wendischen Versen, Bautzen 1750; H. 16 cm, B. (offen) 20 cm. Herrnhut, Archiv der Brüderunität.

Das sorbische Gesangbuch enthält Lieder, die aus dem Herrnhuter Gesangbuch und dessen Anhängen von Ernst August Hersen übersetzt wurden. Hersen, geboren 1714 in Denstorf bei Vechelte, war 1742 in das Theologische Seminar der Brüdergemeine in Marienborn eingetreten. Er erhielt Ende 1747 einen Ruf als Erweckungsprediger unter den Sorben um Teichnitz bei Bautzen. Hersen starb am 12. August 1750. Zu seinem Begräbnis erschienen viele Sorben, die im Kirchensaal und am Grabe Verse in sorbischer Sprache sangen.
Schon Zinzendorfs Großmutter, Henriette Katharina von Gersdorf, setzte sich für die Evangelisation unter den Sorben ein, indem sie auf eigene Kosten 1727 eine sorbische Bibelübersetzung herausgab (Nr. 4.168). Oberamtmann Friedrich Caspar Graf von Gersdorf, der Prediger für die Sorben um Bautzen anstellen wollte, suchte Verbindung mit Zinzendorf und bat 1747 um die Anstellung eines Studenten in der Pfarrstelle Teichnitz; dafür konnte Ernst August Hersen gewonnen werden. Nach Gersdorfs Tod (1751) mußte aber die Arbeit in Teichnitz aufgegeben werden und wurde nach Kleinwelka bei Bautzen verlegt, wo heute noch eine Brüdergemeine besteht.

PP

4.148

Losungsbuch: Das gute Wort des Herrn, 1739. Aus allen Propheten

Herrnhut, 1739. H. 16 cm, B. (offen) 21 cm. Herrnhut, Archiv der Brüderunität.

Die Losungen sind Schriftworte für jeden Tag, die der persönlichen Besinnung dienen. Die Schriftworte des neunten Jahrganges der Losungen 1739 sind den Bibelbüchern der Propheten entnommen. Zinzendorf wählte seit 1728 für jeden Tag ein Bibelwort, das er den Bewohnern von Herrnhut bekannt machen ließ. Seit 1731 erschienen die Losungen jedes Jahr gedruckt. Die Ausgabe für 1739 listet alle Orte auf, wo Brüder und Schwestern tätig waren. Als erste sind die drei Ortsgemeinen Herrnhut, Herrnhaag (Wetterau) und Heerendijk (Holland) genannt, dann die Orte, wo die Herrnhuter Versammlungen hielten und wo Gemeinden oder Kreise bestanden, dann die Missionsgebiete, die Diasporagebiete und schließlich die Missionare, die unterwegs waren. Die Losungen hatte Zinzendorf kurz vor seiner Abreise nach St. Thomas (Westindien) fertig gestellt und in Druck gegeben. Heute erscheinen die Herrnhuter Losungen jährlich in 43 Sprachen.

PP

4.149

Kruzifix mit Weinstock

Philipp Jakob Ferber (1705–1788), 1774; farbige Tuschzeichnung auf Papier; H. 44 cm, B. 54 cm. Herrnhut, Archiv der Brüderunität.

Das Bild ist eine allegorische Darstellung der Geschichte der erneuerten Brüder-Unität von 1722 bis 1774, ausgehend von dem Wort Jesu Christi in Joh 15, 5: „Ich bin der Weinstock, ihr seid die Reben". Auf den Blättern des Weinstocks sind die Namen von Brüdergemeinorten, die Gedenktage und Diasporaposten eingetragen. Heute können sich die Herrnhuter Brüdergemeinen, die bis 1774 entstanden sind, mit ihrer Anfangsgeschichte in diesem Bild wiederfinden.
Das Bild wurde auf Anregung Friedrichs von Watteville, des Jugendfreundes und engen Mitarbeiters von Zinzendorf, zwischen 1774 und 1788 gezeichnet. Ferber hat das Weinstock-Motiv in verschiedenen Varianten und Größen gestaltet, von denen einige in Herrnhut und in Nordamerika erhalten geblieben sind. Die Vignette in der rechten unteren Ecke des Bildes war für Widmungen vorgesehen. Das dargestellte Bild ist laut Widmungsvermerk 1853 von Ludwig von Schweinitz verschenkt worden, vermutlich direkt an das Unitätsarchiv in Herrnhut.

IB

4.150

Franz Ferdinand Rietsch, Missionar in Tansania

Tansania, um 1935; Schnitzarbeit mit Brandmalerei. H. 33 cm, Herrnhut, Archiv der Brüder-Unität, Ethnographische Sammlung.

Die Holzplastik zeigt einen Herrnhuter Missionar aus afrikanischer Sicht. Soweit bekannt, diente Franz Rietzsch als Vorbild für diese Schnitzarbeit. In Falkenstein im Vogtland geboren, trat Rietzsch 1924 der Herrnhuter Brüdergemeine bei. Er wurde in Kleinwelka bei Bautzen zum Diakonus ordiniert und wirkte von 1931 an als Missionar im Tanganyika-Südhochland.

Die einstigen Missionsstationen bestehen als Gemeinden der Brüderkirche in Südtansania mit Zentrum in Tukuyu bis heute. Zu ihr gehören 102 Gemeinden. Die Missionsarbeit der Brüdergemeine im einstigen Deutsch-Ostafrika wurde 1891 im Nyassagebiet begonnen. Heute besteht die Herrnhuter Brüdergemeine (Moravian Church) in dem seit 1961 selbständigen Staat Tansania aus vier Unitätsprovinzen, sie zählt z.Zt. insgesamt 381.165 Mitglieder in 336 Gemeinden.

IB

4.151
Familie Protten mit einem ihrer Kinder

Johann Valentin Haidt (1700–1780), um 1750; Öl auf Leinwand. H. 53 cm, B. 66 cm. Herrnhut, Archiv der Brüderunität.

Der Name Protten ist verknüpft mit der Geschichte der wiederholten und schließlich gescheiterten Missionsversuche der Brüdergemeine an der Goldküste Westafrikas in den Jahren zwischen 1736 und 1770. Der in Dänemark ausgebildete farbige Katechet und zeitweilige Brüdermissionar Christian Protten (1715–1769) stammte von der Goldküste und wirkte später im Gebiet des heutigen Togo. Rebekka (1718–1780), einst ein Sklavenkind und die Witwe des europäischen Brüdermissionars Matthäus Freundlich, kam von den Westindischen Inseln nach Europa. 1746 wurden die Prottens in der Brüdergemeine in der Wetterau getraut, ehe sie gemeinsam zum Missionsdienst an der Goldküste ausreisten. Über die Darstellung der Familie Protten ist viel gerätselt worden. Vielleicht wollte der Maler mehr zeigen als eine Mulattenfamilie mit einem auffallend hellhäutigen Kind. So wurde das Bild gedeutet als ein Symbol der Hoffnung auf die Einheit der Kontinente Afrika, Amerika und Europa oder gar als Weihnachtsbild mit einer schwarzen Gottesfamilie.

IB

4.152
Graf Zinzendorf mit den Häuptlingen der Fünf Nationen (Irokesen)

Kopie von Anna Arndt (um 1890), nach Johann Valentin Haidt; Öl auf Leinwand. H. 93 cm, B. 75,5 cm. Herrnhut, Archiv der Brüderunität.

Zinzendorf traf auf dem Rückweg von seiner ersten indianischen Reise in Pennsylvanien am 3. August 1742 bei dem Friedensrichter und Dolmetscher Johann Conrad Weiser (mit Vollbart) mit den Häuptlingen der Fünf Nationen der Irokesen zusammen. Abgebildet ist die Übergabe eines Fathom of Wampoon als Symbol der Freundschaft an Zinzendorf. Die Irokesen erhielten ein Stück rotes Tuch.
Das Original von Haidt hing im Hauptgebäude der Brüdergemeine in London, das im 2. Weltkrieg durch deutsche Bombenangriffe zerstört wurde.

PP

Bürgertum, Aufklärung und der Weg in die Moderne

Die Leinenweberei führte im 17. und 18. Jh. zu einem Bevölkerungswachstum vor allem in den südlichen Landesteilen der Oberlausitz. Die Kirchen mußten durch Neubauten ersetzt werden, die oft mehrere tausend Gemeindeglieder aufnehmen konnten. Saalräume mit mehreren Emporen und reicher Ausstattung stellen Anspruch und Wohlstand von Patronatsherrschaft und Gemeinde dar. Als evangelisches Gegenüber des Klosters St. Marienthal ließ Joachim Siegismund Ziegler von Klipphausen an der Neiße das Schloß Joachimstein als Stift für verarmte adlige Fräulein erbauen. Das evangelische Bürgertum der Städte erlangte mit internationalem Handel großen Wohlstand – Zittau galt im frühen 18. Jh. nach Leipzig als reichste Stadt Sachsens. Großzügige Wohnhäuser sind ebenso Ausdruck des bürgerlichen Selbstverständnisses wie die üppig geschmückten Grüfte auf den Kirchhöfen.

Evangelische Bildungsgesinnung förderte die Künste und bereitete die Aufklärung vor. In Zittau wirkten im 17. Jh. Christian Weise, Rektor der Stadtschule und ein wichtiger Dramendichter des Barock, und Andreas Hammerschmidt, einer der beliebtesten Komponisten seiner Zeit. In Görlitz strahlte das Gymnasium Augustum mit namhaften Lehrern und Gelehrten weit in die östliche Oberlausitz aus. Dort gründeten Karl Gottlob von Anton und Adolph Traugott von Gersdorf 1779 die Oberlausitzische Gesellschaft der Wissenschaften, einen der ersten deutschen Gelehrtenvereine. In der Westlausitz standen die Wiegen zweier Leitfiguren der deutschen Aufklärung: 1729 wurde Gotthold Ephraim Lessing als Sohn des Hauptpastors in Kamenz geboren, in Rammenau 1762 Johann Gottlieb Fichte.

Nr. 4.156

4.153

Apostelkrug aus dem Ratsschatz Kamenz

Böhmen, Ende 16. Jh.; grünlich violettes Glas, farbige Emailmalerei; H. 24,5 cm, Fußweite 14,5 cm, Lippenweite 9 cm. Kamenz, Museum der Westlausitz.

Auf dem konischen Henkelkrug sind in zwei Zonen die zwölf Apostel und Christus als Salvator Mundi dargestellt. Die Figuren stehen unter arkadenartigen Rahmungen mit schlanken Säulchen, wobei die Bögen jeweils die Namensbezeichnung tragen. Darüber ist der umlaufende Inschriftfries „Dem. erbarn. vnd. wolweysen. herrn. burgemeister. vnd. raht. der. löb. st. Gamecz." angeordnet, begleitet von einem umgelegten rot-blauen Glasfaden; unter der Lippe ein Goldband mit Glasperlen. Der Boden ist eingestochen und zeigt einen kräftigen umgelegten Fußring.
Der Krug mit seiner leuchtenden Emailmalerei entstand Ende des 16. Jh. in einer böhmisch-sächsischen Erzgebirgshütte. Er zählt zu einer Reihe von Glasgefäßen, die nach graphischen Vorlagen – meist nach einer in Straßburg verlegten Holzschnittserie eines unbekannten Künstlers – bemalt worden sind. Der Kamenzer Krug, der zu den frühen Stücken dieser Gruppe gehört, stammt zusammen mit der Petschaft des Stadtsiegels von 1484, einem 1581 datierten Glashumpen mit dem Wappen der Herren von Kamenz, zwei Glasbechern und einem Kelchglas des 18. Jh. aus dem Ratsschatz von Kamenz, der bis ins 20. Jh. im Rathaus aufbewahrt wurde. Er ist ein Zeugnis für die Verwendung sakraler Bildmotive im weltlichen Alltag: Der Kamenzer Stadtrat stellte sich mit der Darstellung der Apostel auf seinem bei festlichen Anlässen verwendeten Ratskrug in die apostolische Nachfolge und legitimierte damit bildlich sein herrschaftliches Wirken.

Lit.: Gurlitt BKD, Bd. 36 1912, S. 210f.; Kamenz 1993, S. 6.

GH/MW

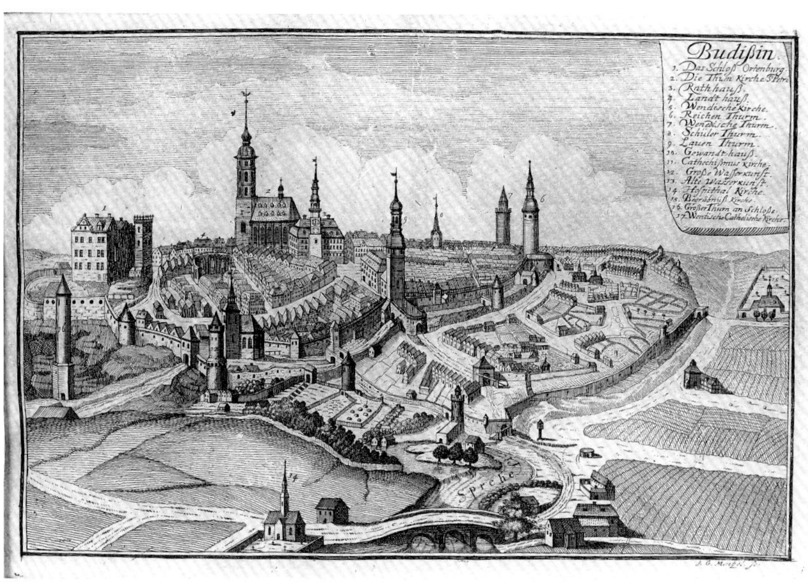

4.154

Ansicht der Stadt Bautzen von Süden

Johann Georg Mentzel (1677–1743), zwischen 1709 bis 1714; Kupferstich. H. 20,0 cm, B. 40,0 cm. Bez.: J. G. Mentzel. Sc. und Budißin darunter Legende zu den Ziffern 1–17. Erworben von 0. Roesger zwischen 1868 und 1910 für das Stadtmuseum Bautzen, Inv. Nr. R 7061.

Seit dem 16. Jh. gibt es eine Vielfalt von Stadtdarstellungen, die ein lebendiges Bild städtischer Entwicklung zeigen. Die Legenden benennen einzelne Gebäude oder bezeichnen den Ablauf für die Stadt wichtiger Geschehnisse, zumeist Belagerungen oder Stadtbrände. Dem Anspruch auf Genauigkeit, den diese Darstellungen erheben, wird Mentzel, ein Leipziger Künstler, der durch seine Porträts lokale Bekanntheit erlangte, nicht gerecht.
Auf seinem Stich, einer Buchillustration für die Werke Carpzovs und Grossers (vgl. Nr. 4.8, 4.9) zeigt er die von zahlreichen Türmen geprägte Silhouette Bautzens. Diese Sicht verband er mit einem Blick aus der Vogelperspektive in die Stadt hinein. Durch diese vor allem im 17. Jh. häufige Darstellungsweise entsteht zwangsläufig eine perspektivische Ungenauigkeit, die Mentzel ausnutzt, indem er für die Bürgerstadt wichtige Bauwerke, vor allem die Türme der Stadttore, den Petridom und das Rathaus stark überbetont. Dagegen erscheinen die Straßenzüge mit den einzelnen Wohnhäusern und sogar die Kirchen der Vorstädte nur schemenhaft.
Im Vergleich mit älteren Darstellungen (Nr. 4.39) wird sichtbar, wie infolge des Aufbaus nach den Bränden von 1634, 1664 und 1686 die Stadt ihr Antlitz änderte. Die Türme haben barocke Hauben erhalten, das Dach des 1704 ausgebrannten Rathauses hat seinen Ziergiebel verloren und ist nun als Mansarddach ausgeführt worden. Nach dem Stadtbrand von 1709 verfügte der Stadtrat, daß neu gebaute Häuser traufständig auszurichten und durch Brandmauern voneinander zu trennen seien.

Lit.: Carpzov 1714, 3. Teil, S. 58 f.; Hartmann 1987, Nr. 80.

WF

4.155
Bildnis Christophorus Seyfertus (1623–1702)

Christian Romstet (1640–1721), 1702 (?), Kupferstich, Umschrift und Legende. H. 29 cm, B. 19 cm. Geschenk der Naturforschenden Gesellschaft Görlitz an das Kaiser-Friedrich-Museum Görlitz. Görlitz, Städtische Sammlungen für Geschichte und Kultur.

Der Görlitzer Oberpfarrer Christoph Seyfert ist als Halbfigur im Priesterrock, Talar, mit Bäffchen und Allongeperücke dargestellt. Mit der rechten Hand weist er auf einen Kruzifix, an dessen Fuß der „Adamsschädel" liegt. Diese Geste wird durch die in dem linken oberen Eckzwickel bezeichnete Bibelstelle Gen. 22,8 („Gott wird sich ersehen ein Schaf zum Brandopfer") erläutert. Hinter Seyfert stehen in einem Regal Folianten; sie zeugen von seiner Gelehrsamkeit. Der Vergleich in dem Distichon unter dem Bild mit Perikles und Eusebius feiert ihn als vielseitigen Philologen und gewandten Redner.
Christoph Seyfert wurde 1623 in Bullendorf (böhmische Herrschaft Friedland/Frydlánt) als Sohn eines evangelischen Gärtners geboren. 13jährig gaben ihn die Eltern als Armen- und Kurrendeschüler an das Gymnasium nach Görlitz. Ab 1646 studierte er in Leipzig, wurde 1657 zum Con-Rektor am Gymnasium berufen und 1669 zum Diakon an der Peterskirche ordiniert. Nach 1694 erlangte er die Stelle des Pastors Primarius. Vor allem wegen seiner Verdienste beim Wiederaufbau, der 1691 beim Stadtbrand beschädigten Peterskirche, die er 1696 neu weihte, wurde ihm das Epitaph neben dem Altar errichtet. Darauf befindet sich ein Porträt Seyferts, das ihn in ähnlicher Weise wie auf dem Kupferstich zeigt.
Das große Epitaph, zwei Porträts in der Peterskirche, sein vervielfältigtes Bildnis als Kupferstich mit Lobesvers und die Gedächtnisreden bei seinem Tod 1702 zeugen vom hohen Ansehen, das Seifert in Görlitz genoß.

Lit.: Funcke 1711; Knauthe 1753.

IA

4.156
Die Kirche zu S. S. Peter u. Pauli in Görlitz

Johann Gottfried Schultz (1734–1819), gezeichnet 1779, tuschiert 1795. H. 25,7 cm B. 24 cm. In: J. Schultz, Zeichnungen Bd. 3, Bl. 14. Görlitz, Städtische Sammlungen für Geschichte und Kultur.

In der weiten, spätgotischen Halle führt der vom Kirchengestühl begrenzte Mittelgang zum barocken Altaraufbau des Dresdner Bildhauers George Heermann. Im Mittelgang promeniert ein Kavalier mit seiner Dame im Kostüm der Zeit des Zopfstils mit Dreispitz, Degen, Stock und Schirm. Als große spätgotische Raumschöpfung gibt die Görlitzer Kirche Zeugnis von dem wirtschaftlichen und kulturellen Vermögen der Stadt im 15. Jh. und ihrem Anspruch, führende Stadt in der Oberlausitz zu sein.
1691 vernichtete ein Stadtbrand die gesamte Inneneinrichtung, zu der 36 Altäre und zwei Orgeln gehörten. Die neuen barocken Ausstattungsstücke sind Stiftungen vermögender Bürger und Bürgerinnen: Die Kanzel ließ der Leipziger Kaufmann August Kober für seine Heimatstadt auf eigene Kosten arbeiten, den Altar mit dem Bild der Auferstehung Christi und den allegorischen Gestalten von Glaube, Liebe, Hoffnung stiftete Margarethe Sommer, geb. Straphin. Ihr Vater und ihr Ehemann waren Bürgermeister der Stadt. Seitlich des Altars stehen zwei große Epitaphe: für den Pastor Primarius Christoph Seyfert und für Luise von Gersdorf, der Stifterin von Kircheninventar und Schullegaten.
Johann Gottfried Schultz verstand sich nicht als Künstler. Durch das Zeichnen vieler Kirchen schuf er ein „Früh-Inventar" für die Region.

Lit.: Jecht 1927–1934; Lemper 1992.

IA

4.157
„Innere Ansicht der Closter-Kirche in Görlitz"

Johann Gottfried Schultz, 1797. In: J. Schultz, Zeichnungen Bd. 3, Bl. 10. H. 18,5 cm, B. 24,5 cm. Görlitz, Städtische Sammlungen für Geschichte und Kultur.

Das einzige mittelalterliche Kloster in Görlitz wurde 1234 von Franziskanern gegründet.
Mit der Reformation erfolgte 1563 die Übergabe an die Stadt und die Umgestaltung zum Gymnasium. 1854 wurden die Gebäude abgerissen und an ihrer Stelle ein Neubau des Gymnasiums errichtet; einzig die Kirche blieb erhalten. Sie war nach der Reformation eine vielbesuchte Predigtstätte, vor allem, als im Zusammenhang mit der Erneuerung von 1713/1715 eine eigene Pfarrstelle durch eine Bürgerin gestiftet und mit Melchior Schäfer, einem Freund Zinzendorfs, besetzt wurde. Die Klosterkirche ist heute der Sakralraum mit den meisten Kunstwerken – Stiftungen Görlitzer Bürger von beachtlicher Qualität.

Diese Zeichnung ist die früheste erhaltene Innenansicht der Kirche. Der Blick geht durch den Triumphbogen in den langgestreckten, niedrigeren Chor. Im Triumphbogen hängen zwei Fahnen zum Gedenken an den Freiherrn von Sylverstein als Stifter von Legaten zur Unterstützung des Gymnasiums und für Studienplätze in Leipzig. Statt des 1713 errichteten Barockaltars läßt der Zeichner den früheren Hochaltar mit der Darstellung des Marienlebens erscheinen, wohl als Reminiszenz an eine gotisch-stimmige Vergangenheit. Der Marienaltar von 1513 (Nr. 2.45) sowie im Schiff die Salbungsgruppe von Hans Olmützer und die Holzskulptur „Christus in der Rast" – beides Stiftungen des Görlitzer Patriziers Georg Emerich – befinden sich heute in der Barbarakapelle (Südanbau). Das Triumphkreuz rechts im Chor von Hans Olmützer und die vorderen Reihen des reich geschnitzten Chorgestühls von 1484 gelten als Kriegsverluste. Der Saal ist gefüllt mit Kirchengestühl, Emporen und einer reich verzierten Patrizierloge.
Der Zeichner Johann Gottfried Schultz ist in dem zum Gymnasium umfunktionierten Kloster aufgewachsen, sein Vater war dort Lehrer. Er hat in zahlreichen Zeichnungen die Altertümer und Merkwürdigkeiten der Oberlausitz, von Sachsen, Schlesien und Böhmen festgehalten.

Lit.: Jecht 1927–1934; Wenzel 1995.

IA

4.158

Segnender Christus (Auferstandener)

Gottlob Greife aus Lauban, 1714; Holz. H. 120 cm. Stammt aus der ehem. ev.-luth. Kirche in Reichenau (Bogatynia, Polen). Zittau, Städtische Museen, Inv. Nr. 2879/60.

Auf einer Wolke tritt der triumphierende Christus mit Segensgestus dem Betrachter entgegen. Seine Gestalt ist kräftig und muskulös, die Körperhaltung elegant ausbalanciert. Das locker um die Hüften geschlungene Lendentuch geht über in den roten Spottmantel, der sich im Rücken wie vom Wind gebläht bauscht. Die Kunstauffassung und die sinnenfrohe Religiosität des Barock spiegelt sich in der fast tänzerisch zu nennenden Pose des Auferstandenen wider.
Die heute katholische Kirche von Reichenau wurde in den Jahre 1690–1695 anstelle eines mittelalterlichen Vorgängerbaus errichtet. Bauleiter war der Tischlermeister Heinrich Prescher aus Zittau. In den ersten beiden Jahrzehnten des 18. Jh. entstand die Innenausstattung. 1714 wurde der gotische Flügelaltar zum Mittelstück eines neuen Altars; dazu kam eine Predella mit einem Gemälde des Abendmahls, ein Aufsatz mit einer Darstellung der Kreuzigung und als oberer Abschluß eine Auferstehung, zu welcher der segnende Christus gehörte. Sämtliche Holzschnitzarbeiten der Kirchenausstattung wurden von dem Schnitzer Kohlhaase ausgeführt, die Staffierung von Gottlob Greife; beide stammten aus Lauban. Gestiftet wurde das Werk von Christoph Helwig, Erb- und Lehnrichter in Reichenau.

Lit.: Gurlitt BKD 1906, S. 219–221.

HSS

4.159

Modell für den Altar der Kirche zu Hainewalde

Johann Michael Hoppenhaupt I (?; 1685–1751), 1710/1711 (?); Holz, weiß und rötlich gefaßt, teilweise vergoldet, stark verschmutzt. Rückseitig mit Bleistift bezeichnet: „C A L v. Berge 1762" (zu beziehen auf Carl August Leopold von Berge, den ehemaligen Besitzer des Gutes Ottenhain bei Löbau). H. 79 cm, B. 46 cm (ursprünglich 55 cm). Seit 1935 Leihgabe der Ev.-Luth. Kirchgemeinde Hainewalde in Zittau, Städtische Museen, Inv. Nr. 4133/511.

Otto Ludwig von Kanitz, Patronatsherr von Hainewalde, ließ 1705–1711 die dortige Kirche vom Baumeister Jonas Kirchstein aus Bautzen neu errichten. Die Wandpfeilerkirche mit polygonalem

Chorschluß und zwei Emporengeschossen gehört zu einer Gruppe ähnlicher evangelischer Sakralbauten in der Oberlausitz, deren Vorbild die Kirche von Bertsdorf war, erbaut 1672–1676 von Andreas Klengel. Für Hainewalde ist die Mitwirkung des mit dem Patronatsherrn persönlich verbundenen Bildhauers Johann Michael Hoppenhaupt (I) quellenmäßig gesichert, was berechtigt, ihm die Gesamtleitung an den Arbeiten zur Ausstattung zuzuweisen. Hoppenhaupt war mehrere Jahre in Zittau tätig und kehrte 1710/1711 in seine Geburtsstadt Merseburg zurück.
Das Modell wurde nach der Überlieferung für den 1711 aus Holz errichteten Altar geschaffen. Die Ausführung weicht in einigen Punkten vom Modell ab: Neben der anders gestalteten Gloriole ist auffällig, daß das Modell außen, neben den Säulen, Akanthusornament aufwies (jetzt verloren, Fotografie im Stadtmuseum Zittau), das dann zugunsten zweier Sockel mit den Figuren von Moses und Johannes dem Täufer wegfiel.
Das Motiv, in die Altarmitte eine Nische mit einem Kruzifix zu stellen, taucht beim 1706 errichteten Altar in Dölzig bei Leipzig auf. Vorbild für dessen Gestaltung war der Altar der Leipziger „Neuen Kirche", der wenige Jahre zuvor von Hoppenhaupts Vater Michael geschaffen worden war. Auch beim 1721 errichteten ehemaligen Altar der Leipziger Thomaskirche bildete eine Nische mit Kruzifix den Mittelpunkt.

Lit.: Grote 1938, S. 250–257; Volk 1992, S. 269–290; Ritschel 1998.

HR

4.160
Taufengel

Johann Michael Hoppenhaupt, 1710/1711. Holzskulptur, weiß, gold und grün gefaßt. Restaurierungen 1921, 1961 und 1986; H. 145 cm. Aus der ev.-luth. Pfarrkirche Hainewalde 1921 zur Gestaltung eines Kriegerdenkmales in die Ev.-Luth. Pfarrkirche Deutschneudorf (Kreis Mittleres Erzgebirge) verbracht.

Seit den großartigen Schöpfungen eines Bernini oder Carlo Fontana in Rom sind großformatige Engelsgestalten prägend für das Erscheinungsbild barocker Kirchenausstattungen. In evangelischen Kirchen kombinierte man sie gern mit der Taufschale. Den Taufengel aus Hainewalde schuf Johann Michael Hoppenhaupt (I) zusammen mit der übrigen Ausstattung der Kirche – „ein güldnes Engel-Bild hält bey dem heiligen Bade / Das Wasser-Becken auf ...", heißt es in der Festschrift zur Kircheneinweihung am 11. Oktober 1711.
Nicht aus theologischen, sondern aus Geschmacksgründen sind die einst weit verbreiteten Taufengel seit Anfang des 19. Jh. mehr und mehr aus den Kirchen verschwunden, in Hainewalde 1836. Damit fehlt dieser beeindruckenden Barockkirche ein wichtiger Bestandteil.

Lit.: Gurlitt BKD 1906, S. 31; Ramm 1987, S. 83 f.

FS

„Man machet auch jetziger Zeit keine besondere Tauff-Steine mehr/sondern brauchet Becken/ ... /oder man machet einen sauber geschnitzten Engel/der ... in der Lufft schwebet/und wenn ein Tauff-Actus vorhanden ist/mit seinem Tauff-Becken/das er in Händen träget/herunter gelassen wird." Mit diesen Worten beschreibt der Kirchenbautheoretiker Leonhard Christoph Sturm 1718 die an den Kirchendecken hängenden **Taufengel**, welche nahezu zeitgleich mit den Kanzelaltären in evangelisch-lutherischen Kirchen des 17. Jh. entwickelt worden sind, und in reformierten sowie katholischen Kirchen nicht vorkommen.

4.161
Beichtstuhl

Johann Michael Hoppenhaupt I (1685–1751), 1711. Holz, weiß, zum Teil vergoldet und rötlich marmoriert, Lehne und Sitz mit rotem Samt bezogen; neben dem Stuhl zwei Putten auf Sockeln, an der Unterseite des Bogens die Taube des Hl. Geistes vor Strahlen. Inschrift an der Stirnseite des Gesimses: Nehmet hin den Heiligen Geist, welchen ihr die Sünde(n) erlasset, denen sind sie erlassen, und welchen ihr sie behaltet, denen sind sie behalten. Joh: 20. V. 23. H. 278 cm, B. 240 cm, T. 75 cm. Hainewalde, Ev.-Luth. Pfarrkirche. Fotografie vor 1906, Dresden, Landesamt für Denkmalpflege Sachsen.

Im lutherischen Gottesdienst wird heute in der Regel ein allgemeines Beichtgebet gesprochen. Diese Praxis hat sich im Laufe des späten 18. und des 19. Jh. herausgebildet. Zuvor war die Einzel- oder Privatbeichte vorherrschend. Martin Luther hatte die katholische Ohrenbeichte abgeschafft und durch die inhaltlich neu bestimmte Einzelbeichte ersetzt. Sie war üblicherweise die Voraussetzung zur Teilnahme am Abendmahl. Neben ei-

nem Sündenbekenntnis umfaßte sie nicht selten auch eine Art katechetisches Gespräch zwischen Beichtvater und Beichtendem. Mit dem Vordringen der allgemeinen Beichte wurden die bis dahin benutzten evangelischen Beichtstühle meist aus den Kirchen entfernt oder verändert. In Sachsen blieben sie in etwa 25 Kirchen noch erhalten. Die Form war nicht festgelegt.
Der thronartige Stuhl in Hainewalde stand ursprünglich in dem südöstlich vom Altar gelegenen Raum unter der Empore, der durch eine verglaste Tür verschlossen ist. Mehr Geschlossenheit zeigen die Beichtstühle in der Marienkiche Zwickau (zwei, 17. Jh.) und in der Peterskirche Görlitz (zwei von 1694, einer von 1717); völlig geschlossen ist der Beichtstuhl in der Johanniskirche zu Reichenbach/Oberlausitz (um 1680). Neben Inschriften, die Buße bekennen oder fordern, werden häufig dargestellt: der Verlorene Sohn, Petrus, Magdalena, David und Manasse.
Einer der beiden Putten von Hainewalde hielt noch 1906 einen Schlüssel in der Hand hielt, eine Anspielung auf die Binde- und Löseschlüssel (Matth 16, 19 und Matth 18, 18), wie sie auch am Beichtstuhl aus Deutsch Ossig (1718, jetzt in der Hoffnungskirche Görlitz-Königshufen) gegeben ist. Von Johann Michael Hoppenhaupt (I) stammen nur die Schnitzereien; nach den Kirchenrechnungen schufen Tischler, Glaser und Maler den Rest.

Lit.: Gurlitt BKD 1906, S. 30; Magirius/Mai 1985, S. 43, 197; Ramm 1987, S. 83 f.

HR

4.162

Evangelische Abendmahlsgefäße

1.) Kelch: H. 27,4 cm, Silber, vergoldet, gemarkt mit Görlitzer Beschau und Meisterzeichen ALR, bez. 1660. Ev.-Luth. Kirchgemeinde in Sachsen. 2.) Patene: Dm. 13,5 cm, Kupfer (?), vergoldet, ungemarkt, um 1635. 3.) Weinkanne: H. 34,4 cm, Silber, vergoldet, gemarkt mit Budissiner Beschau und Meisterzeichen des Johann Cretzschmar sowie signiert, bez. 1636. 4.) Pyxis: H. 24,7 cm, Silber, vergoldet, gemarkt mit Budissiner Beschau und Meisterzeichen E?, bez. 1646. Bautzen, Ev.-Luth. Kirchgemeinde St. Petri.

Das 17. Jh. war in Sachsen eine Blütezeit der Herstellung silberner Gerätschaften für die evangelischen Kirchenausstattung. Kraftvoll breitete sich die Kunst des Barock unter der Herrschaft der Johann George aus, so auch im Dekor der hier beschriebenen Altargeräte. Hochbarocke Ornamentfülle zeigt der Kelch aus einer evangelischen ehemaligen Mariensterner Patronatskirche. Am Fuß wechseln Medaillons der vier Evangelisten mit Bündeln von Christi Leidenswerkzeugen, darüber Engelsköpfe und Blumengebinde mit Schmucksteinen, solche auch am dreiseitigen Nodus mit anbetenden Engeln in Muschelnischen. Die glatte Kelchkuppa sitzt in einem durchbrochenen Korb aus Ranken, gegliedert von Medaillons mit den Szenen des Abendmahles, der Kreuzigung und der Auferstehung. Der Schmuck der Abendmahlsgefäße aus Bautzen sind hingegen Gravuren. Glatte Flächen stehen in ausgewoge-

nem Gegensatz zu den Blattranken der Kanne, dazu kommt die Darstellung des letzten Abendmahles. Plastische Elemente sind die Engel an der Schnauze, dem Henkel und dem Griff des Deckels, sowie die Figur von Johannes Evangelist darauf. Die Patene ist mit der sechspassigen Vertiefung und dem Kruzifix im Boden zusätzlich zum üblichen Kreuzzeichen auf dem Rand ungewöhnlich aufwendig gearbeitet. Die achteckige Pyxis ruht auf Delphinfüßen und ist mit den vier Evangelisten in Blattwerkrahmung sowie auf das Himmelsbrot bezogenen Bibelzitaten bedeckt. Ein Kruzifix dient als Deckelgriff. Alle genannten Darstellungen verdeutlichen die sakramentale Verwendung der Gefäße.
Während ein Stifter des Kelches nicht bekannt ist, sind die Bautzner Gegenstände nach dem Stadtbrand 1634, dem auch St. Petri zum Opfer fiel, von Bürgern ihrer Kirche zugedacht worden sind.

Lit.: Gurlitt BKD 1909, S. 41–43; Kühlke 1962.

FS

4.163
Naturtrompete

Johann Gottfried Rudolph und Johann Joseph Schmied, 1765; Messingblech, Posamenten; L. 68 cm; Restaurierung: 1995 – Berndt C. Meyer. Eibau, Ev.-Luth. Kirchgemeinde (Leihgabe im Heimat- und Humboldtmuseum Eibau).

In den evangelischen Oberlausitzer Kirchgemeinden ist seit dem frühen 18. Jh. ein vielfältiges Musikleben durch schriftliche Aufzeichnungen, erhaltene Instrumente und Notenhandschriften belegt. Besondere Bedeutung kam dabei der Blasmusik zu – die hohen kirchlichen Feste und Jubiläen, die Weihe von Kirchen und Schulen, das Einholen von Glocken, die Amtseinführung von Pfarrern waren ohne Posaunenklänge und Paukenschläge nicht denkbar. Die in den Städten seit dem 16. Jh. gepflegte Musikkultur strahlte aus, das Wirken von Johann Pezelius in Bautzen und Andreas Hammerschmidt in Zittau bestimmte die Lausitzer Musiklandschaft im späten 17. Jh. Für die Blasmusik spielte auch böhmischer Einfluß eine Rolle; wichtig war zudem die intensive Bläserarbeit in der Herrnhuter Brüdergemeine seit 1731.
Oft erlernten einzelne Gemeindeglieder das Musikspiel auf eigene Kosten und schenkten ihre Instrumente dann der Kirchenmusik, – „damit die Sache selbst Gott zu Ehren und hiesiger Kirche zum Ruhme gereicht“, wie es für Walddorf 1766 überliefert ist. In Eibau stand der „Kirchen Music“ ein Instrumentarium mit „Paucken, Trompeten, Posaunen, Violons, Fagotts, Violoncells, Hautbois und Fleutes travers“ zur Verfügung, womit selbst größere Orchesterwerke aufgeführt werden konnten. Nebst zwei 1765 in Zittau gefertigten Pauken haben sich davon noch vier gleichzeitig geschaffene Naturtrompeten erhalten, die zu den bedeutendsten Blasinstrumenten des 18. Jh. gehören, die aus der Oberlausitz bekannt sind.

Lit.: Seifert 1995, S. 14–16.

MW

4.164
Dachaufsicht und Aufriß der Eingangsseite des Stiftes Joachimstein

Johann Friedrich Karcher (?), um 1714; lavierte Federzeichnung auf Papier. H. 55,5 cm, B. 41,5 cm. Görlitz, Städtische Sammlungen für Geschichte und Kultur.

1685 trat Joachim Sigismund Ziegler von Klipphausen (1660–1734) die Herrschaft auf seinem väterlichen Rittergut Radmeritz an, gelegen unmittelbar östlich der Neiße zwischen Görlitz und Ostritz. Als Kammerjunker des sächischen Kurfürsten Johann Georg IV. und später seines Nachfolgers Augusts des Starken war er dem Dresdner Hof eng verbunden. Seit 1708 beabsichtigte er, „zur Zierde des Landes“ einen großen Schloßneubau errichten zu lassen, der als Stift für zwölf evangelische adlige Fräulein und eine Hofmeisterin dienen sollte, die ohne eigenes Verschulden verarmt waren und mindestens sechzehn Vorfahren von Adel vorweisen konnten. Vorbild für die als evangelisches Gegenüber des Zisterzienserinnenklosters St. Marienthal gedachte Einrichtung war das Magdalenenstift in Altenburg.
Ziegler von Klipphausen betraute Johann Friedrich Karcher (1650–1726), Christoph Beyer (1653–1741) und Matthäus Daniel Pöppelmann (1662–1736) mit Entwürfen. Als 1714 mit der Ausführung begonnen wurde, lagen wohl hauptsächlich Karchers Pläne dem Bau zugrunde, maßgeblich beeinflußt und modifiziert vom Bauherrn. Der vorliegende Plan zeigt die ausgeführte Eingangsfassade und die Aufsicht auf die das Erscheinungsbild des Schlosses bestimmenden Mansarddächer. An der Schmalseite einer künstlichen Insel errichtet, öffnet sich der auf h-förmigem Grundriß konzipierte Bau mit seinem Ehrenhof in Umkehrung der klassisch-französischen Anordnung zu einem vorgelagerten Gartenparterre. Die Gliederung des Baukörpers mit vortretendem Corps de logis und Seitenrisaliten weist überraschende Ähnlichkeiten mit dem 1711 begonnen Schloß Pommersfelden in Franken auf, ohne daß bisher direkte Verbindungen nachgewiesen werden können. In der sächsischen Barockarchitektur steht das Schloß Joachimstein als eine der größten

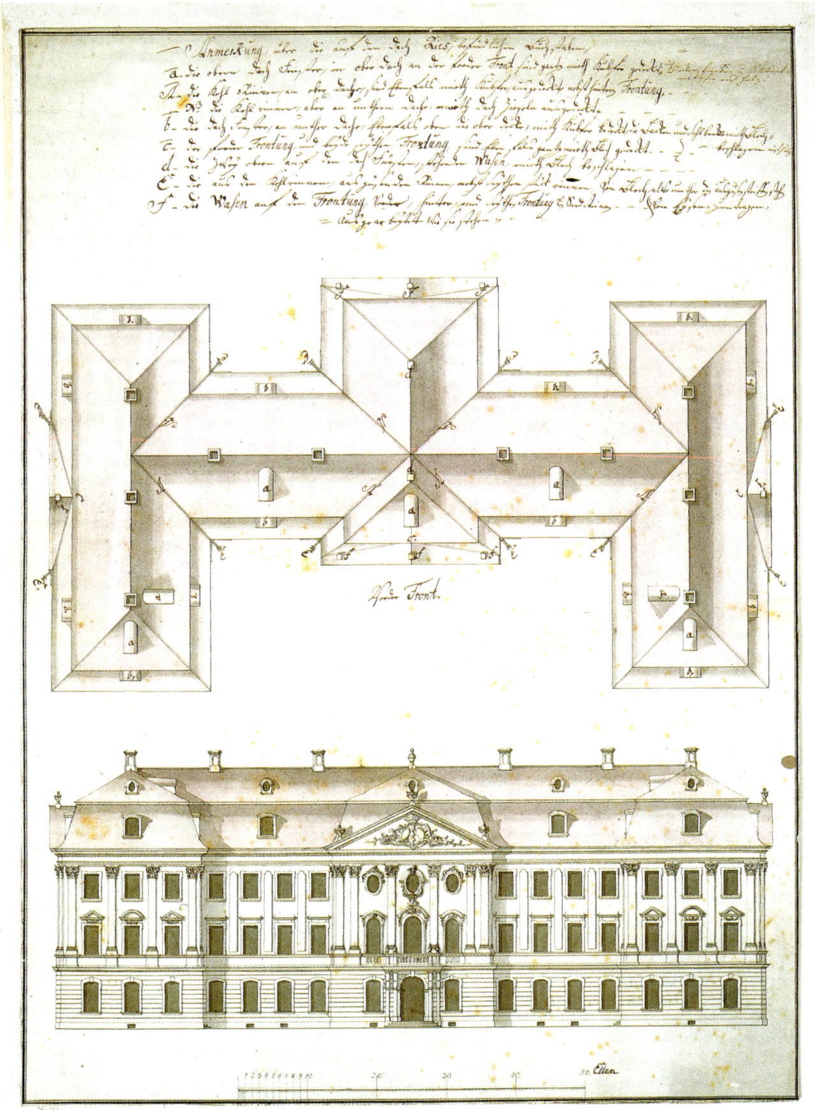

und künstlerisch anspruchsvollsten Anlagen und mit seiner hervorragenden Skulpturenausstattung allein.
1722 wurden die Statuten des Stiftes bestätigt, 1728 konnte die Einweihung stattfinden. Danach diente es bis zum Februar 1945 seinem ursprünglichen Zweck. Seit Mai jenes Jahres gehört der Stiftskomplex mit dem Dorf Radmeritz – Radomierzyce – zu Polen. Das Schloß verblieb ohne Nutzung und ist heute eine Ruine; einzelne der Skulpturen von Treppenhaus und Park befinden sich verstreut in Reichenau (Bogatynia), Leopoldshain (Łagów) und Tzschocha (Czocha).

Lit.: Dziurla 1965, S. 284–288; Mertens 1989, S. 25–40; Douffet 1998; Ritschel 1998.

MW

4.165
Bildnis Martinus Mylius

Görlitz, 1608; Öl auf Holz. Bez.: M: MARTINUS MYLIUS/RECTOR. ANNO AETATIS. 66/TALIS ERAT. H. 77,5 cm, B. 62 cm. Restaurierung: 1957 – Hans Werner, 1998 – Ursula Philipp-Drescher (Dokumentation). Übernahme aus dem Gymnasium Augustum in Görlitz 1945. Görlitz, Städtische Sammlungen für Geschichte und Kunst, Inv. Nr. 352–60.

Unter den Porträts der Görlitzer Gymnasialrektoren fällt das Bildnis des Martin Mylius durch besondere malerische Qualitäten auf. In einer Schaube mit braunem Pelzkragen, dem Mantel der Humanisten, steht Mylius vor einem grünen Samtvorhang mit goldgelber Borte wie auf einer Bühne. Neben seinem Kopf ist das Wappen angebracht, das ihm 1588 der Görlitzer Bürgermeister Hans Emerich erteilt hat. Das Buch kennzeichnet ihn als Gelehrten. Er galt als Philosoph, Redner, Dichter, Historiker, Theologe und verfaßte selbst eine Reihe von Schriften, u. a. Görlitzer Annalen und die Stammtafeln berühmter Görlitzer Familien. Sein Ausdruck auf dem Porträt entspricht dem Urteil der Zeitgenossen, die ihn als gelehrten Lehrer sahen, still, sanftmütig und ohne Durchsetzungsvermögen.
Martin Mylius (1542–1611) hatte als Sohn eines Görlitzer Tuchmachers die Stadtschule besucht und studierte anschließend wie seine Lehrer und die meisten Gymnasiasten in Wittenberg. 1568 kehrte er nach Görlitz zurück und lehrte am Gymnasium, das seit 1565 nach Richtlinien von Philipp Melanchthon im säkularisierten Franziskanerkloster eingerichtet wurde. Nach sechs Jahren Schuldienst und Aufstieg zum Con-Rector verlieh ihm die Wittenberger Universität den Magistertitel. Nach dem Tod des damaligen Rectors Laurentius Ludovicus erhielt Mylius 1594 dessen Stelle. Wegen seiner Nähe zu Melanchthon wurde ihm calvinistische Beeinflussung der Gymnasiasten vorgeworfen. 1608 wurde er emeritiert; das war der Anlaß, ihn in seinem 66. Lebensjahr malen zu lassen.
Seine Tochter Elisabeth heiratete den Maler Philipp (oder Peter) Ritter, dessen einzig bekanntes Werk die Deckenbemalung der Kirche in Herwigsdorf von 1596 ist. Ob er der Maler des Bildes war, kann nicht gesagt werden.

Lit.: Lemper 1979, S. 63.

IA

4.166
Bildnis Christian Weise

Um 1700, Öl auf Leinwand. Oval, H. 93 cm, B. 74 cm. Zittau, Städtische Museen, Inv. Nr. 2879/60.

Als Christian Weise (1642–1708) nach dem Studium in Leipzig und seiner Tätigkeit als Hauslehrer und Professor in Weißenfels 1678 zum Rektor des Gymnasiums seiner Heimatstadt Zittau berufen wurde, befand sich die Stadt im Aufstieg. Mit dem Aufschwung der Leinwandindustrie war eine bürgerliche Oberschicht herangewachsen, die der Bildung große Bedeutung beimaß. Zahlreiche Schüler kamen von auswärts nach Zittau, um am dortigen Gymnasium die von den Eltern gewünschte 'politische' Bildung zu erhalten und moralisches Verhalten zu lernen. Die Schule wurde zur „lebendigen Akademie der bürgerlichen Gewandtheit und Beredsamkeit".
Weise führte die langjährige Tradition fort, zur Fastenzeit von den Schülern drei Stücke aufführen zu lassen: ein biblisches, ein historisches und ein freies Stück. Der Rektor, ein unermüdlicher Schreiber und schon zu Studienzeiten Verfasser von Gedichten und Singspielen, schrieb für das Zittauer Schultheater ca. 60 Stücke. Vor allem seine Komödien sind lebendig geblieben, weil er sich an volkstümliche Formen hielt, eine Prosa des Alltags schrieb und sich bemühte, „jede Person nach ihrem Naturell reden zu lassen". Der Schüler sollte auf der Bühne zum natürlichen Ausdruck angehalten werden, frei sprechen und dabei Anstand und Sitte lernen. Darüber hinaus sollte Zuschauern und Schauspielern Einblick in das Leben gewährt und 'politischer Sinn' beigebracht werden. Weises Werke greifen in klarer Sprache bürgerliche Themen auf, ganz bewußt im Gegensatz zur höfischen Kultur und zum 'barocken Schwulst', und weisen Ansätze zum bürgerlichen Drama auf. Christian Weise steht damit an der Wende vom Barock zur Aufklärung.

Lit.: Christian Weise 1993.

KS

4.167
Werke von Christian Weise

Christian Weisens Politischer Redner / das ist kurtze und eigentliche Nachricht / wie ein sorgfältiger Hofmeister seine Untergebene zu der Wolredenheit anführen sol ... – Leipzig: 1677. 1052 Bl.
Christian Weisens Zittauisches Theatrum / wie solches Anno MDCLXXXII praesentired worden / Bestehende in drey unterschiedenen Spielen. 1. Von Jacobs doppelter Heyrath. 2. Von dem Neapolitanischen Rebellen Masaniello. 3. In einer Parodie eines neuen Peter Sqvenzens von lautern Absurdis Comicis. – Zittau: 1683. 317, 369 S.
Zittau, Christian-Weise-Bibliothek, 8°79a (1.), 8°413c (2.)

Weises „Politischer Redner" ist sein wichtigstes Werk zur Rhetorik. Es ist angefüllt mit klugen Exempeln und nachvollziehbaren Anweisungen zu guter Rede und Sprache, aber auch mit der verqueren Complimentierkomödie, die nur Standessatire sein sollte und trotzdem von manchen als unspielbares Machwerk abgetan wurde.
Seine bedeutendsten Theaterstücke sind in seinem Zittauischen Theatrum veröffentlicht. Die drei Stücke wurden 1682 an drei Tagen hintereinander von den Zittauer Gymnasiasten unter Weises Leitung aufgeführt. Das Hauptspiel von „Masaniello" wurde von Lessing hochgelobt und gehört noch heute zu den bekanntesten Werken des Zittauer Poeten.

UK

4.168
Obersorbisches Neues Testament

Michał Frencel (dt. Michael Frentzel, 1628–1706); Zittau: Hartmann, 1706. H. 19,5 cm, B. 10,8 cm, 747 Bl.; [30+] 1442 [+8] Bautzen, Sorbische Zentralbibliothek im Sorbisches Institut/Serbski institut, Sign. 3/8°-247.

„Das Neue Testament [...] in die oberlausitzische wendische Sprache übersetzt von Michael Frentzel" ist zweisprachig gedruckt, der sorbische Wortlaut links im größeren Schriftgrad, der deutsche rechts als begleitende Stütze. Frencel wählte als

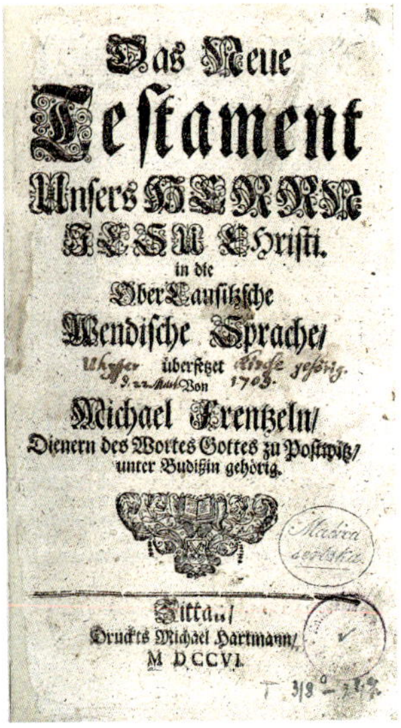
Das Neue Testament Unsers HErrn JEsu Christi. in die Ober-Lausitzsche Wendische Sprache/ übersetzet Von Michael Frentzeln/ Dienern des Wortes Gottes zu Postwitz/ unter Budißin gehörig.

Zittau/ Druckts Michael Hartmann/ M DCCVI.

Sprachvariante den Bautzener Dialekt, den er damit zur Grundlage der obersorbischen Schriftsprache machte. Seine „slawische" Orthographie mußte er aber nach den inzwischen publizierten Büchern abändern; „weil er bereits 76. Jahr alt/und ihm seine Augen mit Isaac dunckel geworden", nahm dies der älteste Sohn vor.
Mehr als drei Jahrzehnte hat Michał Frencel um die Herausgabe seines obersorbischen Neuen Testaments gerungen. Die Übersetzung hatte er nach fünfjähriger Arbeit schon um 1670 abgeschlossen. Auf seine Kosten ließ er zwei Teile davon drucken und bat damit die Lausitzer Landstände um Unterstützung für die Gesamtausgabe. Auf Betreiben eines Junkers wurde aber seine Probe beim Drucker konfisziert. Die Angelegenheit gelangte vor das Konsistorium in Dresden und wurde dem Kurfürsten vorgetragen, der die Oberlausitzer Landstände anwies, sich mit dem Mangel an sorbischen kirchlichen Büchern zu befassen. Nach langer Verschleppung der Sache kam es dann nach 1690 zur Genehmigung und Bewilligung von öffentlichen Mitteln zur Herausgabe der dringlichsten kirchlichen Gebrauchstexte. Mit dem Erscheinen sorbischer Bücher katholischer Provenienz war die Gefahr einer Rückkehr von Teilen der sorbischen Bevölkerung zum Katholizismus nicht ganz auszuschließen. Frencels weiterreichendes Vorhaben blieb daher von der Förderung ausgenommen, er fand aber die Gunst der pietistisch gesinnten Gattin des damaligen Oberlausitzer Landvogts und Großmutter Zinzendorfs, Henriette Catharina von Gersdorf, die den Druck seines Werkes privat finanzierte. Mit dem Erscheinen des vollständigen Neuen Testaments wenige Monate nach seinem Tod erreichte Frencel postum sein Ziel.

Lit.: Röseberg 1930, Kind-Doerne 1972, Frenzel 1993, Petr 1993.

FŠ

4.169

Gotthold Ephraim Lessing

Nathan der Weise. Ein dramatisches Gedicht in fünf Aufzügen. Subskritionsausgabe vom Mai 1779. o. O. 1779. 276 S. Oktavformat. Kamenz, Lessingmuseum, Sign. 3505 I.

Als drittes von zwölf Kindern einer Kamenzer Pfarrersfamilie kam 1729 Gotthold Ephraim Lessing auf die Welt. Seine Vorfahren waren Gelehrte, Richter und Pfarrer. Schon auf der Fürstenschule St. Afra zu Meißen bewies er vielseitige Interessen. In Leipzig studierte er Theologie und Medizin, seine Leidenschaft für das Theater wurde durch die Bekanntschaft mit der Neuberin und ihrer Theatergruppe noch verstärkt.
Lessing arbeitete als Journalist, Schriftsteller und Literaturkritiker vor allem in Berlin und war damit einer der ersten „freien" Intellektuellen in Deutschland. Er nahm keine Stellenangebote an, die seine geistige Freiheit eingeschränkt hätten. In den letzten zwölf Jahren seines Lebens war er Bibliothekar in Wolfenbüttel.
Er gilt als herausragender Vertreter der Ideale der Aufklärung. Das Eintreten für Vernunft, Toleranz, Freiheit, Menschlichkeit, gegen Vorurteil, kirchliche Bevormundung und Fürstenwillkür zieht sich durch seine ästhetischen und dramatischen Werke. Zugleich erschloß Lessing dem deutschen Drama und Theater die englischen, italienischen und spanischen Traditionen und entwarf seine Poetik des Dramas in Auseinandersetzung mit der französischen Klassik und der Poetik des Aristoteles.
Neben seinen theologischen, ästhetischen und geschichtsphilosophischen Schriften, die geprägt sind von seiner Suche nach Vernunft und Wahrheit, sind es vor allem seine Dramen, die heute noch in ihren Bann ziehen. „Miß Sara Sampson" schildert seelische Konflikte eines bürgerlichen Individuums, in „Minna von Barnhelm" stellt sich menschliche Liebe über den hinfälligen Ehrbegriff, „Emilia Galotti" ist eine Tragödie menschlicher Leidenschaft.
„Nathan der Weise", 1779 vollendet, ist erfüllt von der Idee der Toleranz als sittlicher Forderung. Die Frage „Welches ist der rechte Glaube?" beantwortet Nathans überlegene Weisheit in der Parabel von den drei Ringen. Sittliche Überlegenheit beweist die Religion, die ethische Forderungen an sich selbst stellt und zu erfüllen bereit ist.

Lit.: Lessing 1968.

KS

4.170

Gründung der Oberlausitzischen Gesellschaft

„Die beiden Gelehrten / KARL GOTTLOB ANTON / und / ADOLF TRAUGOTT von GERSDORF /gründen am 21. April 1779 die / OBERLAUSITZISCHE GESELLSCHAFT DER WISSENSCHAFTEN." Hans Koberstein (1864–1945) Berlin, 1909; Ölskizze, vergoldeter Rahmen mit Inschrift; signiert unten rechts „H. Koberstein 09"; Entwurf für Wandmalerei in einem Bogenfeld. H. (m./o. Rahmen) 113/63 cm, B. (m./o. Rahmen) 100,5/83 cm. Ankauf der Oberlausitzischen Gesellschaft der Wissenschaften 1909. Görlitz, Städtische Sammlungen für Geschichte und Kultur, Inv. Nr. 12–98.

Dargestellt ist die konstituierende Versammlung von 10 Herren im Kostüm des späten 18. Jh., in einem Interieur des Louis XVI. mit Türdurchblick in eine Bibliothek. Die Teilnehmerschaft ist in vier Interessentenkreise gegliedert: Hinter dem

Tisch sitzend der Initiator und Sekretär der Gesellschaft K. G. Anton, rechts neben ihm stehend A. T. von Gersdorf, der sich dem ab 1780 amtierenden Präsidenten Georg Alexander Heinrich Hermann Reichsgraf von Callenberg, rechts am Tisch, zuwendet. Die auf dem Tisch liegenden Bücher und Papiere sowie die am Präsidentenstuhl abgelegten Sammelmappen weisen das Führungstrio als Vertreter geistiger Arbeit aus. Rechts betrachten die Vertreter der künstlerischen Interessen ein Bild unter Anleitung Karl Adolf von Schachmanns mit dem Görlitzer Zeichenmeister Christoph Nathe und dem Leipziger Kupferstecher Christian Gottlieb Geyser. Links der Mittelszene sitzt der Leipziger Ökonomieprofessor Nathanael Gottfried Leske, mit einer die Oberlausitz betreffenden Schrift argumentierend. Der links vor ihm stehende Zuhörende ist wohl Samuel August Sohr, der mit Leske die erste Preisfrage der Oberlausitzischen Gesellschaft der Wissenschaften 1781 gewann. Abgesondert von der übrigen Gesellschaft ist vorn links Karl Andreas von Meyer zu Knonow mit seinen Vogelpräparaten dargestellt. Seine Isolierung weist auf die frühe Abspaltung der Naturwissenschaften.
Gediegene Räumlichkeiten wie die dargestellten standen der Gesellschaft ab 1784 in Antons Haus Langenstraße 43 in Görlitz zur Verfügung, Räume für die eigenen Sammlungen und die Bibliothek ab 1792 in der Börse der Görlitzer Kaufmannschaft am Untermarkt. Das Bild gehörte zu einer Serie von fünf gleichzeitigen und in der historisierenden Auffassung gleichartigen, phantasievollen Darstellungen Kobersteins zu herausragenden Ereignissen in der Görlitzer Geistesgeschichte. 1909 wurden der Oberlausitzischen Gesellschaft der Wissenschaften diese Skizzen vorgestellt, von denen sie das hier gezeigte Bild erwarb.
Seine Form zeigt, daß es als Entwurf für eine Wandmalerei gedacht war – vermutlich für einen gewölbten Repräsentationsraum im um- bzw. neugebauten Rathaus von Görlitz, dessen künstlerische Ausgestaltung in dieser Weise jedoch unterblieb.

Lit.: Feyerabend 1910, S. 35, Nr. 135–137.

EL

4.171
Goldmedaille der Oberlausitzischen Gesellschaft

Dank- und Erinnerungsmedaille der Oberlausitzischen Gesellschaft der Wissenschaften zur Görlitz für ihre Gründer und Stifter Karl Gottlob Anton und Adolf Traugott von Gersdorf auf das Jahr 1801; Entwurf und Modell Adolf Loos, Berliner Münze 1803; Randsteg mit einwärts gekehrtem Profil; Stifterseite: in Flachrelief als Büsten Karl Gottlob Anton und Adolf Traugott von Gersdor; oben Schriftzeile „DE GERSDORF ET ANTON", unten in griechischen Lettern Euergetai (die Wohltäter); Widmungsseite: auf profilierter Fußleiste stehender Flügelgenius. Umschrift im Dreiviertelkreis „SERIT FRUGES ALTERI SECULO PROFUTURAS" (Er sät dem anderen (d.h. dem neuen) Jahrhundert die künftigen Früchte). Unten Widmung „PIETAS SOCIETATIS / LUSATIAE (die letzten drei Buchstaben zusammengezogen)/ MDCCCI" (Verehrung der Gesellschaft der Lausitz 1801); in der Fußleiste vertieft „LOOS"; Gold, Dm. 3,9 cm, H. 0,17 cm. Exemplar aus den Hinterlassenschaften der Stifter für Münzen- und Medaillensammlung der Gesellschaft. Görlitz, Städtische Sammlungen für Geschichte und Kultur.

Die Medaille ist eine der zwei den Gründern und Stiftern 1804 aus Anlaß des 25jährigen Bestehens der Gesellschaft und ihres Einzuges in das Barockhaus Neißstraße 30 in Görlitz überreichten Ausführungen in Gold der sonst nur in Silber geprägten Medaille. Die Medaillenprägung erfolgte auf Anregung Antons, nachdem beide Gesellschaftsgründer 1801 beschlossen hatten, ihre Sammlungen und Bibliotheken der von ihnen gegründeten Gesellschaft zu hinterlassen.

Lit.: Jecht 1929, S. 4; Lemper 1974, S. 15; Lemper 1982, S. 26.

EL

Äbtissinnen von St. Marienstern

Nr. 4.173

43 Frauen haben in 750 Jahre langer, ununterbrochener Reihe dem Kloster St. Marienstern als Äbtissinnen vorgestanden. Von dem Leben der meisten ist nur wenig bekannt. Doch hat ihr Wirken Spuren im Kloster und in der Region im weiten Umkreis um St. Marienstern hinterlassen. Sie haben Geschiche und Kultur der Oberlausitz entscheidend mitgeprägt.

Der Selbstdarstellung galt nie ihr Interesse. Die Namen der meisten Äbtissinnen sind lediglich aus Urkunden, Akten, von Inschriften und Wappentafeln bekannt. Darstellungen aus dem Mittelalter – etwa in kostbaren Büchern, die Äbtissinnen für das Kloster erwarben – sind nicht als Porträts aufzufassen. Das erste erhaltene Äbtissinnenbild stammt von Dorothea Schubert (reg. 1623–1639). Noch zu Lebzeiten ließ sie eine Platte für ihr Grab fertigen, die aber die zugedachte Funktion nie erfüllte, weil die Äbtissin auf der Flucht im Dreißigjährigen Krieg starb und beerdigt wurde. Danach war es bis ins 18. Jh. Brauch, den verstorbenen Äbtissinnen Bildnisgrabmale in der Klosterkirche zu setzen.

Seit der Äbtissin Cordula Sommer, die sich – der klösterlichen Überlieferung zufolge – erst auf dem Totenbett malen ließ, existiert eine lückenlose Reihe von Äbtissinnenporträts, in jüngster Zeit freilich nur noch als Fotos. Die Anlage einer einheitlich gestalteten, repräsentativen Bildnisgalerie, wie bei weltlichen Herrschaftshäusern, aber auch in Männerklöstern üblich, wurde in St. Marienstern nie angestrebt.

4.172

Äbtissin Catharina Benada (reg. 1664–1697)

Oberlausitz (?), um 1690. Öl auf Leinwand, nach der sog. „altholländischen Sopannmethode" mit dicht gesetzten Holzstiften aufgespannt; ockerfarbener Halbrundstabrahmen. Seitlich das Wappen der Äbtissin Josepha Elger (reg. 1746–1762). H. 92 cm, B. 72 cm; Restaurierung: 1998 – Volker Dietzel und Anke Stenzel (Dokumentation). St. Marienstern, Zisterzienserinnenabtei.

Das Bildnis einer Äbtissin von St. Marienstern in der Kukulle, in den Händen ein Gebetbuch und den Äbtissinnenstab haltend, stellt wahrscheinlich Catharina Benada aus Bautzen dar. In ihrer 33jährigen Regierungszeit hatte sie durch umsichtige Erwerbspolitik und vielfältige Baumaßnahmen die erste Phase der barocken Blütezeit des Klosters geprägt; unter ihr fanden die konfessionellen Auseinandersetzungen im Klosterland ein Ende.

Das Gemälde folgt der Darstellung auf dem Grabdenkmal der Äbtissin in der Klosterkirche. Dem aufgemalten Wappen nach zu schließen, wurde es unter der Äbtissin Josepha Elger, die unter Katharina Benada achtjährig nach St. Marienstern gekommen war und sie ihre Großmutter nannte, erneuert oder überhaupt erst gemalt.

unpubliziert

MW

4.173

Äbtissin Cordula Sommer (reg. 1710–1746)

Anton Hampisch, 1753. Öl auf Leinwand; ockerfarbener Halbrundstabrahmen. Bezeichnungen: auf gemalten Zetteln am rechten Bildrand: „An Ihro Hochwürthen un Gna=den Frauen Frauen Cordula Sommerin des Hl. Cistertzien ordens Abbatißin Hochgebüttende in Kloster Marienstern" und „Antonius Hampisch pinxit humillimus ser=vus 1753". H. 111,5 cm, B. 98 cm. Restaurierung: 1998 – Uta Fischer (Dokumentation). St. Marienstern, Zisterzienserinnenabtei.

Cordula Sommer, 1710 bis 1746 Äbtissin von St. Marienstern, war die wegweisende Persönlichkeit der Klostergeschichte in der Barockzeit. Geboren 1657 im nordböhmischen Reichenberg (Liberec) als Tochter des dortigen Stadtschreibers und Justitiars, legte sie 1674 die Profeß in St. Marienstern ab (vgl. Nr. 2.174). Nachdem sie 43jährig zur Äbtissin gewählt worden war, entfaltete sie in ihrem innerklösterlichen Amt als kluge Wirtschafterin, Bauherrin und als Domina ein vielfältiges Wirken (vgl. Nr. 3.25). Unter ihr entstanden u. a. die heutige Kirchenfassade, Refektorium und Küche sowie der Neue Konvent. Bei diesen großzügigen Baumaßnahmen stand der praktische Nutzen und die Verbesserung des Lebensbedingungen der Schwestern – etwa durch das Setzen von Öfen in den Zellen – im Vordergrund; auf prunkvolle Ausschmückung wurde verzichtet. Daß Cordula Sommer bei aller Baulust und Herrschaftsausübung zisterziensischer Bescheidenheit verpflichtet war, zeigt sich auch darin, daß an sie kein repräsentatives Grabmal erinnert und sie sich zu Lebzeiten nicht bildlich darstellen ließ. Erst sieben Jahre nach ihrem Tod wurde sie im Auftrag ihrer Nachfolgerin Josepha Elger porträtiert.

Maler war Anton Hampisch, der zwischen 1727 und 1768 in Prag nachweisbar und wohl hauptsächlich als Begutachter von privaten Gemäldesammlungen und als Kunsthändler tätig war.

Lit.: Hesse 1998; Preiss 1998.

MW

4.174

Äbtissin Josepha Elger (reg. 1746–1762)

Oberlausitz, 1762; Öl auf Leinwand; ockerfarben gestrichener Rahmen mit geschnitzter Rocaillenornamentik. Bezeichnung: (nachträglich) „Josepha Elger 1762". H. 51 cm, B. 40 cm. Restaurierung: 1998 – Uta Fischer (Dokumentation). St. Marienstern, Zisterzienserinnenabtei.

Als Nachfolgerin von Cordula Sommer bekleidete Josepha Elger aus Mergenthal (Mařenice) in Nordböhmen von 1746 bis 1762 das Amt der Äbtissin von St. Marienstern und leitete den Konvent während des Schlesischen Krieges. Durch ihren Bruder in Prag setzte sie die künstlerischen Verbindungen zu Böhmen fort, sorgte für neue kostbare liturgische Geräte – die Monstranz von 1762 (Nr. 4.112) – und ließ 1755–1756 den Hochaltar der Klosterkirche errichten (Nr. 4.105).

Das von einem unbekannten Maler geschaffene Bildnis zeigt die Äbtissin im zeitgenössischen Habit. Sie weist mit ihrer rechten Hand auf die vor ihr liegende Rose, ihr Wappensymbol. Eine künstlerisch bedeutendere Variante des Porträts befindet sich heute in englischem Privatbesitz. Die Darstellung folgt einem Typus repräsentativer Herrschaftsbildnisse, der in ähnlicher Weise auch im Bildnis der Äbtissin Anastasia Roesler von St. Marienthal, 1784, aufgenommen wurde.

unpubliziert

MW

4.175

Äbtissin Clara Trautmann (reg. 1762–1782)

Böhmisch (?), 2. Hälfte 18. Jh.; Öl auf Leinwand; ockerfarbener Halbrundstabrahmen. Untermalung (Entwurf einer ersten Bildfassung) mit Wappen der Äbtissin. H. 87,5 cm, B. 66 cm. Restaurierung: 1998 – Anke Stenzel (Dokumentation). St. Marienstern, Zisterzienserinnenabtei.

Unter der Regierung von Clara Trautmann aus Komotau (Chomutov) in Böhmen erlebte das Kloster den Abschluß der barocken Blütezeit; barocke Frömmigkeit und der Wille zur Repräsentation des katholischen Glaubens haben sich unter ihr noch einmal entfaltet. Sie setzte die Erweiterungs- und Verschönerungsarbeiten ihrer Vorgängerinnen fort; mit der Überführung der meisten Mühlen in Erbpacht leitete sie eine neue Phase der klösterlichen Wirtschaftsgeschichte ein.

Das ausgezeichnete Bildnis, das von einem bisher nicht bekannten Maler geschaffen wurde, zeigt sie mit dem Äbtissinnenstab, den sie 1768 in Auftrag gegeben hat.

unpubliziert

MW

Äbtissin Bernharda Kellner
reg. 1782–1798

Äbtissin Vinzentia Marschner
reg. 1799–1828

Äbtissin Benedikta Göhler
reg. 1830–1856

Äbtissin Edmunda May
reg. 1856–1874

Äbtissin Kordula Karolina Ulbrich
reg. 1874–1882

Äbtissin Karolina Kasper
reg. 1883–1909

Äbtissin Anna Franziska Lang
reg. 1909–1927

Äbtissin Elisabeth Sterz
reg. 1927–1935

Äbtissin Catharina Emma Pischel
reg. 1935–1954

Äbtissin Anna Martha Meier
reg. 1954–1987

Äbtissin Benedicta Waurick
reg. seit 1987

Literaturverzeichnis

650 Jahre Oberlausitzer Sechsstädtebund 1997
650 Oberlausitzer Sechsstädtebund 1346–1996 (Mitteilungen des Zittauer Geschichts- und Museumsvereins 35), Bad Muskau 1997.

750 Jahre Kloster St. Marienstern 1998
750 Jahre Kloster St. Marienstern. Festschrift, hrsg. im Auftrag von Frau Äbtissin M. Benedicta Waurick und dem Konvent der Zisterzienserinnenabtei St. Marienstern durch Karlheinz Blaschke, Heinrich Magirius und Siegfried Seifert, Halle/S. 1998.

775 Jahre Domkapitel St. Petri 1996
775 Jahre Domkapitel St. Petri, hrsg. von Siegfried Seifert (Katalog der Sonderausstellung in der Domschatzkammer zu Bautzen), Bautzen 1996.

800 Jahre Osek 1996
800 Jahre des Klosters in Osek (1196–1996), hrsg. von Dana Stehlíková (Ausstellungskatalog: Zisterzienserabtei Osek), Osek 1996.

Alte Kunst in Sachsen 1955
Alte Kunst in Sachsen (1350–1550), hrsg. von Ernst-Heinz Lemper (Ausstellungskatalog: Meißen, Albrechtsburg), o. O. 1955.

Alt-Lausitzer Kunst 1935
Alt-Lausitzer Kunst, bearb. von Walther Biehl (Ausstellungskatatalog: Bautzen, Stadtmuseum), Bautzen 1935.

Antiphonarii Cisterciensis Pars prima 1955
Antiphonarii Cisterciensis, Pars prima: Vigilias Nocturna pro toto anni tempore complectens Auctoritate Reverendissimi DD, hrsg. von Sighardus Kleiner, Westmalle 1955.

Arnold 1982
Arnold, Paul: Der zweite Brakteatenfund von Pirna-Copitz, ein Beitrag zum Münzwesen während der regionalen Pfennigperiode, in: Beiträge zur Ur- und Frühgeschichte II, hrsg. vom Landesmuseum für Vorgeschichte Dresden (Arbeits- und Forschungsberichte zur sächsischen Bodendenkmalpflege, Beih. 17), Berlin 1982, S. 315–337.

Arnold 1985
Arnold, Paul: Die Rekonstruktion des Brakteatenfundes von Reinhardsgrimma bei Dippoldiswalde, in: Nummus et Historia. Festschrift für R. Kiersnowski, Warschau 1985, S. 131–137.

Arnold 1991
Arnold, Paul: Die drei Groschenfunde von Ponickau (Lkr. Großenhain), Mutzschen (Lkr. Grimma) und Goldbach (Lkr. Bischofswerda), in: Arbeits- und Forschungsberichte zur sächsischen Bodendenkmalpflege 34 (1991), S. 263–324.

Arnold/Quellmalz 1978
Arnold, Paul und Quellmalz, Werner: Sächsisch-thüringisches Bergbaugepräge, Leipzig 1978.

Ars moriendi 1922
Ars moriendi. Die Kunst des Sterbens, dt. Übersetzung des Meisters Ludwig von Ulm um 1470, München 1922.

Asche 1940
Asche, Siegfried: Malerei und Graphik der Oberlausitz (Die Städtischen Kunstsammlungen zu Görlitz. Gedenkhalle und Kaisertrutz 1), Görlitz 1940.

Baldauf 1927
Baldauf, Erich: Von der Zittauer Stadtverwaltung zur Zeit der ersten Revisionskommission (1729), in: Zittauer Heimatblätter 4 (1927) 2, S. 5–7.

Bank 1977
Bank, Alice: Byzantine Art in the Collections of Soviet Museums, Leningrad 1977.

Barany Oberschall 1958
Barany Oberschall, Magda von: Baculus Pastoralis. Keltisch-irische Motive auf mittelalterlichen beingeschnitzten Bischofsstäben, in: Zeitschrift für Kunstwissenschaft 12 (1958), S. 13–36.

Battré 1951
Battré, Herta: Beiträge zur Geschichte des Klosters Buch, Diss. Leipzig 1951.

Bauer 1997
Bauer, Markus: Wasser, Holz und Eisenstein, Herrschaft, Gewerbe und Landwirtschaft in der Geschichte des Oberlausitzer Heide- und Teichgebietes, in: Arbeits- und Forschungsberichte der Sächsischen Bodendenkmalpflege 39 (1997), S. 143–203.

Bauer 1998
Bauer, Markus: Die zwei Gründungen des Klosters St. Marienstern, in: 750 Jahre Kloster St. Marienstern 1998, S. 65–86.

Baumann 1978
Baumann, Willfried: Mittelalterlicher Münzfund mit landwirtschaftlichen Eisengeräten von Mutzschen, Kr. Grimma, in: Ausgrabungen und Funde 23 (1978), S. 42–48.

Baumann 1982
Baumann, Willfried: Untersuchungen in einer Drehmühlenstein-Werkstatt aus dem 9.–13. Jh. in Sornzig, Kr. Oschatz, in: Beiträge zur Ur- und Frühgeschichte II, hrsg. vom Landesmuseum für Vorgeschichte Dresden (Arbeits- und Forschungsberichte zur sächsischen Bodendenkmalpflege, Beih. 17), Berlin 1982, S. 151–172.

Baumgärtel 1891
Baumgärtel, Hermann: Die älteste Karte der Oberlausitz, in: Neues Lausitzisches Magazin 67 (1891), S. 247–250.

Baumgartner/Krueger 1988
Baumgartner, Erwin und Krueger, Ingeborg: Phönix aus Sand und Asche – Glas des Mittelalters, München 1988.

Bayern und Sachsen 1994
Bayern und Sachsen in der Geschichte (hrsg. v. d. Generaldirektion der Staatlichen Archive Bayerns), München 1994.

Beck 1981
Beck, Hartmut: Brüder in vielen Völkern. 250 Jahre Mission der Brüdergemeine (Erlanger Taschenbücher 28), Erlangen 1981.

Becker 1920
Becker, Felix: Mittelalterliche Kunstwerke in der Sammlung der Deutschen Gesellschaft, in: Mitteilungen der Deutschen Gesellschaft zur Erforschung vaterländischer Sprache und Altertümer in Leipzig 11 (1920) 3, S. 21–22.

Beenken 1924
Beenken, Hermann: Romanische Skulptur in Deutschland, Leipzig 1924.

Behrends 1990
Behrends, Rainer: Die tönerne Kanzel des Töpfers und Bildschnitzers Melchior Tatzen in der Kirche zu Strehla, in: Neue Keramik 2 (1990).

Berge 1933
Berge, Rudolf: Mittelalterliche Plastik in Meißen vom Ende des 13. Jh. bis zur Mitte des 15. Jh., Diss. München 1933.

Berger/Berger/Magirius 1962
Berger, Alfred, Berger, Gudrun und Magirius, Heinrich: Kloster Altzella (Das christliche Denkmal 60/61), Berlin 1962.

Beschorner 1902
Beschorner, Hans: Zur ältesten Geschichte der sächsischen Kartographie, in: Neues Archiv für sächsische Geschichte 23 (1902), S. 297–318.

Beumann/Schlesinger 1955
Beumann, Helmut und Schlesinger, Walter: Urkundenstudien zur deutschen Ostpolitik unter Otto III., in: Archiv für Diplomatik 1 (1955), S. 132–256.

Beyer 1855
Beyer, Eduard: Das Cistercienser-Stift und Kloster Alt-Zelle in dem Bisthum Meißen, Dresden 1855.

Beyreuther 1954
Beyreuther, Erich: Bartholomäus Ziegenbalg. Aus dem Leben des ersten deutschen Missionars in Indien. 1682–1719, Berlin 1954.

Beyreuther 1988
Beyreuther, Erich: Die große Zinzendorf Trilogie, Marburg 1988.

Beyreuther/Meyer 1984
Beyreuther, Erich und Gerhard Meyer (Hrsg.): Zinzendorf. Materialien und Dokumente (Reihe 2, Bd. XXII), Hildesheim/ Zürich/New York 1984.

Biehl 1922
Biehl, Walther: Stadtbilder und alte Baudenkmäler Bautzens, in: Bautzen (Deutschlands Städtebau), Berlin 1922.

Biehl 1959
Biehl, Walther: Die romanischen Cimelien des Klosters Marienstern in der Oberlausitz, in: Wallraf-Richartz-Jahrbuch 21 (1959), S. 209–214.

Blaschke 1960
Blaschke, Karlheinz: Siegel und Wappen in Sachsen, Leipzig 1960.

Blaschke 1967
Blaschke, Karlheinz: Bevölkerungsgeschichte von Sachsen bis zur industriellen Revolution. Weimar 1967.

Blaschke 1970
Blaschke, Karlheinz: Siegel und Wappen des Bistums Meißen und seiner Bischöfe, in: Unum in veritate et laetitia. Bischof Dr. Otto Spülbeck zum Gedächtnis, Leipzig 1970, S. 77–85.

Blaschke 75/76(1970)
Blaschke, Karlheinz: Sachsen im Zeitalter der Reformation (Schriften des Vereins für Reformationsgeschichte 75/76), Gütersloh 1970.

Blaschke 1991
Blaschke, Karlheinz: Geschichte Sachsens im Mittelalter, Berlin 1991.

Blaschke 1997
Blaschke, Karlheinz: Der Oberlausitzer Sechsstädtebund als bürgerlicher Träger früher Staatlichkeit, in: 650 Jahre Oberlausitzer Sechsstädtebund 1997, S. 17–27.

Blaschke 1998
Blaschke, Karlheinz: Geschichte der Oberlausitz im Überblick, in: 750 Jahre Kloster St. Marienstern 1998, S. 31–55.

Blaschke/Haupt/Wiesner 1969
Blaschke, Karlheinz, W. Haupt und H. Wiesner: Die Kirchenorganisation in den Bistümern Meißen, Merseburg und Naumburg um 1500, Weimar 1969.

Bleibrunner 1962
Bleibrunner, Hans: Der Bogenberg, ein altes Heiligtum in Niederbayern, Landshut 1962.

Bochynek 1986
Bochynek, Georg u. a.: Extreme Verdunkelung von Glasmalereien, in: Glastechnische Berichte 59 (1986), S. 96–102.

Boetticher 1912
Boetticher, Walter von: Geschichte des Oberlausitzischen Adels und seiner Güter 1635–1815, Bd. 1, Görlitz 1912.

Boetticher 1919
Boetticher, Walter von: Geschichte des Oberlausitzischen Adels und seiner Güter 1635–1815, Bd. 3, Oberlößnitz 1919.

Bogusz 1988
Bogusz, Christina: Mathias Wenzel Jäckel – ein Bildhauer des Barock, Dipl. Leipzig 1988.

Boháč 1966
Boháč, Zdéněk: Die Matrikel der Zöglinge des „Wendischen Seminars“ in Prag, in: Lětopis B 13 (1966), S. 166–228.

Boelcke 1992
Boelcke, Willi: Die Standesherrschaft Muskau von ihren mittelalterlichen Anfängen bis zur Mitte des 19. Jh., in: Arnim, Hermann Graf von und Boelcke, Willi: Muskau, Standesherrschaft zwischen Spree und Neiße. Neudr. Frankfurt a. M. 1992, S. 15–60.

Bömer 1897
Bömer, A.: Die lateinischen Schülergespräche der Humanisten (Texte und Forschungen zur Geschichte der Erziehung und des Unterrichts I), 1897.

Brachmann 1978
Brachmann, Hansjürgen: Slawische Stämme an Elbe und Saale. Zu ihrer Geschichte und Kultur im 6. bis 10. Jh. – auf Grund archäologischer Quellen, Berlin 1978.

Braun 1924
Braun, Joseph: Die liturgischen Paramente in Gegenwart und Vergangenheit. Ein Handbuch der Paramente, Freiburg i. Br. 1924.

Braun 1932
Braun, Joseph: Das christliche Altargerät in seinem Sein und in seiner Entwicklung, München 1932.

Braun 1940
Braun, Joseph: Die Reliquiare des christlichen Kults und ihre Entwicklung, Freiburg i. Br. 1940.

Braune/Wiese 1929
Braune, Heinz und Wiese, Erich (Hrsg.): Schlesische Malerei und Plastik des Mittelalters. Kritischer Katalog der Ausstellung in Breslau 1926, Leipzig 1929.

Bruck 1906
Bruck, Robert: Die Malereien in den Handschriften des Königreiches Sachsen, Dresden 1906.

Bruger 1915
Bruger, Paul: Michael Sporer, Mattheus Crocinus, Sigismund Heinrich Kauderbach und andere Bautzener Maler bis zum Ausgange des 17. Jh., in: Bautzener Geschichtshefte 1 (1915), S. 28–63.

Bruger 1934
Bruger, Paul: Bilder vom Stadtbrand 1634, in: Brandgedenken 1634/1934 (1000 Jahre Bautzen III/2), Bautzen 1934, S. 57–60.

Buchenau/Pick 1928 Buchenau, Heinrich Hermann und Pick, Berendt: Der Brakteatenfund von Gotha (1900), München 1928.

Bucher 1953
Bucher, Ernst: Das deutsche Bildnis der Spätgotik und der frühen Dürerzeit, Berlin 1953.

Budde 1979
Budde, Rainer: Deutsche romanische Skulptur 1050–1250, München 1979.

Bühler 1998
Bühler, Friedrich: Dittersbach auf dem Eigen, in: Zum Lob und Ruhme Gottes, 1998, S. 116–119.

Büsching 1824
Büsching, Johann Gustav Gottlieb: Die Alterthümer der Stadt Görlitz, in: Neues Lausitzsches Magazin 3 (1824), S. 1–26, 163–187, 381–393.

Carpzov 1719
Carpzov, Johann Benedict: Neueröffneter Ehrentempel Merkwürdiger Antiquitaeten des Marggraffthum Ober Lausitz, Leipzig/Budißin 1719.

Clasen 1974
Clasen, Karl–Heinz: Der Meister der Schönen Madonnen, Berlin/New York 1974.

Clemen 1933
Clemen, Otto: Michael Muris, Cistercienser in Altzella, in: Beiträge zur Sächsischen Kirchengeschichte 41/42 (1933), S. 1–12.

Coblenz 1975
Coblenz, Werner: Kunst und Kunstgewerbe aus der Ur- und Frühgeschichte Sachsens, Berlin 1975.

Coblenz Dresden-Stetzsch 1988
Coblenz, Werner: Ein Grab von Dresden-Stetzsch vom Beginn der slawischen Einwanderung nach Sachsen, in: Vogt, Heinz-Joachim (Hrsg.): Archäologische Feldforschungen in Sachsen (Arbeits- und Forschungsberichte zur sächsischen Bodendenkmalpflege, Beih. 18), Berlin 1988, S. 294–296.

Coblenz Köllmichen 1988
Coblenz, Werner: Ausgrabungen am Burgwallrest von Köllmichen, Kr. Grimma, in: Vogt, Heinz-Joachim (Hrsg.): Archäologische Feldforschungen in Sachsen (Arbeits- und Forschungsberichte zur sächsischen Bodendenkmalpflege, Beih. 18), Berlin 1988, S. 368–369.

Codex Diplomaticus 1856
Codex Diplomaticus Lusatiae Superioris. Sammlung der Urkunden für die Geschichte des Markgrafentums Oberlausitz, hrsg. v. Gustav Köhler, 1. Bd., 2. Teil, Görlitz 1856.

Codex Diplomaticus 1873
Codex Diplomaticus Saxoniae Regiae, hrsg. von Ernst G. Gersdorf, 2. Haupttheil, IV. Band: Urkundenbuch der Stadt Meißen und ihrer Klöster, Leipzig 1873.

Corpus archäologischer Quellen 1985
Corpus archäologischer Quellen zur Frühgeschichte auf dem Gebiet der Deutschen Demokratischen Republik, hrsg. von Joachim Herrmann und Peter Donat, 4. Lieferung, Berlin 1985.

Czeczot 1963
Czeczot, Ursula: Altsächsische Plastiken in der Albrechtsburg zu Meißen, Leipzig 1963.

Czok 1989
Czok, Karl (Hrsg.): Geschichte Sachsens. Weimar 1989.

Czok 1997
Czok, Karl: Der Oberlausitzer Sechsstädtebund zwischen Bürgergeist, Königs- und Adelsherrschaft, in: 650 Jahre Oberlausitzer Sechsstädtebund 1997, S. 9–16.

Degen 1934
Degen, Kurt: Andreas Dreßler, ein Kamenzer Maler der Renaissance, in: Kamenzer Geschichtshefte 7 (1934) 4, S. 59–63.

Degen 1936
Degen, Kurt: Zwei Meisterwerke barocker Goldschmiedekunst, in: Sächsische Miniaturen (Beilage zu: Das Schöne Sachsen), 1936, S. 73–74.

Dehio 1965 Dehio, Georg: Handbuch der deutschen Kunstdenkmäler. Die Bezirke Dresden, Karl-Marx-Stadt, Leipzig, Berlin 1965.

Dehio Sachsen Bd. 1, 1996
Dehio, Georg: Handbuch der deutschen Kunstdenkmäler. Sachsen I. Regierungsbezirk Dresden, bearb. von Barbara Bechter u. a., Berlin/München 1996.

Denkmale in Sachsen 1981
Denkmale in Sachsen. Ihre Erhaltung und Pflege in den Bezirken Dresden, Karl-Marx-Stadt, Leipzig und Cottbus, Weimar 1981.

Deutsche Keramik 1985
Deutsche Keramik aus fünf Jahrhunderten (Katalog der Staatlichen Kunstsammlungen Dresden, Museum für Kunsthandwerk), Dresden 1985.

Deutsche Kunst der Dürerzeit 1971
Deutsche Kunst der Dürerzeit (Ausstellungskatalog: Dresden, Staatliche Kunstsammlungen), Dresden 1971.

Diederich 1979
Diederich, T.: Zum Quellenwert und Bedeutungsgehalt mittelalterlicher Städtesiegel, in: Aus Geschichte und ihren Hilfswissenschaften. Festschrift für W. Heinemeyer (Veröffentlichungen der Historischen Kommission Hessen 40), 1979, S. 269–285.

Distel 1890
Distel, Theodor: Zur Chronik Dresdens und zu einem verschollenen Manuskripte Anton Weck's, in: Neues Archiv für sächsische Geschichte und Altertumskunde XI (1890), S. 160–161.

Domaschka 1928
Domaschka, P. Romuald: 1000 Jahre Gnadenort Rosenthal, Dresden 1928.

Dorendorf 1993
Dorendorf, Katrin: Konservierung und Restaurierung der Bildtafeln aus der Kirche Dresden-Briesnitz, Dipl. Dresden 1993.

Douffet 1998
Douffet, Heinrich: Das Fräuleinstift Joachimstein, eine Erinnerung, in: 750 Jahre Kloster St. Marienstern, Halle 1998, S. 31–55.

Drahotová 1965
Drahotová, Olga: Der Kreis um den Meister des sog. Koula-Bechers, in: Tschechoslovakische Glasrevue 20 (1965) 11, S. 340–343.

Drescher 1993
Drescher, Hans: Einige besondere Funde vom Kirchenplatz in Hittfeld, Kr. Harburg, in: Hammaburg NF 10 (1993), S. 239–266.

Drobná 1950
Drobná, Zoroslava: Les trésors de la broderie religieuse en Tchécoslovaquie, Prague 1950.

Dülberg 1995
Dülberg, Angelica: Ein unbekanntes Bildnisdiptychon des Kaisers Maximilian I. in den Zittauer Stadtmuseen, in: Denkmalkunde und Denkmalpflege. Wissen und Wirken. Festschrift für Heinrich Magirius, Dresden 1995, S. 283–291.

Dülberg 1998 Dülberg, Angelica: Die „sieben Fälle Christi". Eine seltene Darstellung im Kreuzgang des Klosters St. Marienstern, in: 750 Jahre Kloster St. Marienstern 1998, S. 260–269.

Dutschmann 1926 Dutschmann, Georg: Die Hacksilberfunde Sachsens, in: Frenzel, Walter: Festschrift zur 25-Jahrfeier der Gesellschaft für Vorgeschichte und Geschichte der Oberlausitz zu Bautzen, Bautzen 1926, S. 128–137.

Dziurla 1965 Dziurla, Henryk: Zespoł pałacowy w Radomierzyzach. Z materiałow do badan warsztatu artystycznego doby baroku, in: Biuletyn Historii Sztuki XXVII (1965), S. 284–288.

Ecclesia triumphans Dresdensis 1988
Ecclesia triumphans Dresdensis. Christliche Kunst am Hofe der sächsischen Könige von Polen, (Ausstellungskatalog: Wien, Künstlerhaus), Wien 1988.

Eisbein 1995
Eisbein, Manfried: Betrachtungen zu romanischen Fensteranschlägen aus der Stiftskirche zu Wechselburg, in: Denkmalkunde und Denkmalpflege, Festschrift für Heinrich Magirius, Dresden 1995, S. 103–106.

Erdmann 1994
Erdmann, Wolfgang: Der Choriner „Askanier-Kelch", Ms. Berlin 1994.

Feyerabend 1910
Feyerabend, Ludwig: Führer durch die Oberlausitzer Gedenkhalle mit Kaiser-Friedrich-Museum, Görlitz 1910.

Fichtner 1927
Fichtner, Fritz: Spätromanische Prunkkelche, Separatum aus: Belvedere 11 (1927), S. 35–41.

Flechsig/Wanckel 1900
Flechsig, Eduard und Wanckel, Otto: Die Sammlung des Königlich-Sächsischen Altertumsvereins zu Dresden in ihren Hauptwerken, Dresden 1900.

Flügel 1996
Flügel, Wolfgang: Bildpropaganda zum Übergang der sächsischen Kurwürde von den Ernestinern auf die Albertiner, in: Neues Archiv für sächsische Geschichte 67 (1996), S. 71–96.

Fontana/Heise 1998
Fontana, Eszter/Heise, Birgit: Für Aug' und Ohr gleich erfreulich: Musikinstrumente aus fünf Jahrhunderten, Halle 1998.

Frencl 1997
Frencl, Alfons: Město tróšta – Róžant rjany, Budyšin 1997.

Frentzel 1993
Michael Frentzel, Postwitzscher Tauff=Stein oder christliche und einfältige teutsch=wendische Predigt von der heiligen Taufe. Ein sorbisches Sprachdenkmal aus dem Jahre 1688, hrsg von Heinz Schuster-Šewc (Mitteldeutsche Forschungen 109), Weimar/Köln/Wien 1993.

Friedl 1928
Friedl, Antonín: Lekcionář Arnolda Míšenského, Praha 1928.

Friedländer/Rosenberg 1989
Friedländer, Max J./Rosenberg, Jakob: Die Gemälde von Lucas Cranach, Stuttgart/Basel 1989.

Fritz 1966
Fritz, Johann Michael: Gestochene Bilder. Gravierungen auf deutschen Goldschmiedearbeiten der Spätgotik, Köln/Graz 1966.

Fritz 1982
Fritz, Johann Michael: Goldschmiedekunst der Gotik im Mitteleuropa, München 1982.

Frolow 1961
Frolow, Anatol: La Relique de la Vraie Croix (Archives de l'Orient chrétien 7), Paris 1961.

Frolow 1965
Frolow, Anatol: Les Reliquaires de la Vraie Croix (Archives de l'Orient chrétien 8), Paris 1965.

Fründt 1966
Fründt, Edith: Sakrale Plastik. Mittelalterliche Bildwerke, Berlin 1966.

Funcke 1711
Funcke, Christian Gabriel: Kurzer Entwurf der Lebensgeschichte aller bei den Görlitzischen Kirchendienste gewesenen geistlichen Personen, Görlitz 1711.

Gärtner 1978
Gärtner, Kurt: Die Überlieferungsgeschichte von Bruder Philipps „Marienleben", Habil. Marburg 1978.

Gauger 1994
Gauger, Andreas: Jacob Böhme und das Wesen seiner Mystik, Diss. Dresden 1994.

Gautsch 1875
Gautsch, Karl: Lebensbeschreibung des Dresdener Chronisten Anton Weck, in: Archiv für Sächsische Geschichte NF 1 (1875), S. 349–368.

Geck/Westphalen 1998
Geck, Susanne und Westphalen, Thomas: Forschungen zum Zisterzienserkloster Altzella, in: 750 Jahre Kloster St. Marienstern 1998, S. 223–230.

Geisberg 1923-1930
Geisberg, Max: Der deutsche Einblattholzschnitt in der 1. Hälfte des 16. Jh., Berlin 1923–1930.

Geisberg 1974
Geisberg, Max: The german single leaf woodcut. 1500–1550, Bd. 1, New York 1974.

Gerblich 1959
Gerblich, Walter: Johann Leisentrit und die Administratur des Bistums Meißen in den Lausitzen, Leipzig 1959.

Geupel 1988
Geupel, Volkmar: Burg Lauterstein, in: Vogt, Heinz-Joachim (Hrsg.): Archäologische Feldforschungen in Sachsen (Arbeits- und Forschungsberichte zur sächsischen Denkmalpflege, Beih. 18), Berlin 1988, S. 458–462.

Geupel/Hoffmann 1991
Geupel, Volkmar/Hoffmann, Yves: Fortsetzung der Ausgrabungen im ehemaligen Benediktiner-Kloster in Chemnitz in den Jahren 1988 und 1989, in: Ausgrabungen und Funde 36 (1991) 1, S. 18–22.

Geupel/Hoffmann 1993
Geupel, Volkmar/Hoffmann, Yves: Burg Greifenstein bei Ehrenfriedersdorf, in: Arbeits- und Forschungsberichte zur sächsischen Bodendenkmalpflege 36 (1993), S. 205–256.

Giesau 1914
Giesau, Hermann: Eine romanische Madonna im Museum des kgl. sächs. Altertumsvereins zu Dresden, in: Deutscher Verein für Kunstwissenschaft. 3. Bericht über die Denkmäler deutscher Kunst, Berlin 1914, S. 123–129.

Glasmalereien 1997
Glasmalereien aus acht Jahrhunderten. Meisterwerke in Deutschland, Österreich und der Schweiz. Ihre Gefährdung und Erhaltung, hrsg. von der Berlin-brandenburgischen Akademie der Wissenschaften in Zusammenarbeit mit dem Österreichischen Bundesdenkmalamt Wien und dem Schweizerischen Zentrum für Forschung und Information zur Glasmalerei, Leipzig 1997.

Gotik in Böhmen 1969
Gotik in Böhmen, hrsg. von Karl M. Swoboda, München 1969.

Gotteswort und Menschenbild 1994
Gotteswort und Menschenbild. Werke von Cranach und seinen Zeitgenossen. Teil 1: Malerei, Plastik, Graphik, Buchgraphik und Dokumente, hrsg. von den Museen der Stadt Gotha, Schloßmuseum, Gotha 1994.

Gräve 1824
Gräve, Heinrich Gottlob: M. Bartholomäus Scultetus, Bürgermeister zu Görlitz, in: Neues Lausitzisches Magazin 3 (1824), S. 455–505.

Graul 1910
Graul, Richard: Alte Leipziger Gold-schmiedearbeiten, Leipzig 1910.

Gringmuth-Dallmer/Hollnagel 1971
Gringmuth-Dallmer, Eike und Hollnagel, Adolf: Jungslawische Siedlung mit Kultfiguren auf der Fischerinsel bei Neubrandenburg, in: Zeitschrift für Archäologie 5 (1971), S. 102–133.

Grote 1938
Grote, Ludwig: Johann Michael Hoppenhaupt, der Schöpfer des Porzellankabinetts im Deutschen Museum, in: Jahrbuch der Preußischen Kunstsammlungen 59 (1938), S. 250–257.

Grüß 1998
Grüß, Hans: Vorläufige Nachrichten über einige Musikhandschriften und -drucke aus der Bibliothek des Klosters Marienstern, in: 750 Jahre Kloster St. Marienstern 1998, S. 424–438.

Gurlitt BKD 1894
Gurlitt, Cornelius: Beschreibende Darstellung der älteren Bau- und Kunstdenkmäler des Königreichs Sachsen, 16. Heft: Amtshauptmannschaft Leipzig (Leipzig Land), Dresden 1894.

Gurlitt BKD 1900
Gurlitt, Cornelius: Beschreibende Darstellung der älteren Bau- und Kunstdenkmäler des Königreichs Sachsen, 21. Heft: Stadt Dresden, I. Teil, Dresden 1900.

Gurlitt BKD 1903
Gurlitt, Cornelius: Beschreibende Darstellung der älteren Bau- und Kunstdenkmäler des Königreichs Sachsen, 25. Heft: Amtshauptmannschaft Döbeln, Dresden 1903.

Gurlitt BKD 1904
Gurlitt, Cornelius: Beschreibende Darstellung der älteren Bau- und Kunstdenkmäler des Königreichs Sachsens, 24. Heft: Amtshauptmannschaft Dresden-Altstadt (Dresden Land), Dresden 1904.

Gurlitt BKD 1906
Cornelius Gurlitt: Beschreibende Darstellung der älteren Bau- und Kunstdenkmäler des Königreichs Sachsen, 29. Heft: Amtshauptmannschaft Zittau-Land, Dresden 1906.

Gurlitt BKD 1907
Gurlitt, Cornelius, Beschreibende Darstellung der älteren Bau- und Kunstdenkmäler des Königreichs Sachsen, 30. Heft: Zittau (Stadt), Dresden 1907.

Gurlitt BKD 1908
Gurlitt, Cornelius: Beschreibende Darstellung der älteren Bau- und Kunstdenkmäler des Königreichs Sachsen, 31. Heft: Amtshauptmannschaft Bautzen, Dresden 1908.

Gurlitt BKD 1909
Gurlitt, Cornelius: Beschreibende Darstellung der älteren Bau- und Kunstdenkmäler des Königreichs Sachsen, 33. Heft: Bautzen (Stadt), Dresden 1909.

Gurlitt BKD 1910
Gurlitt, Cornelius: Beschreibende Darstellung der älteren Bau- und Kunstdenkmäler des Königreichs Sachsen, 34. Heft: Amtshauptmannschaft Löbau, Dresden 1910.

Gurlitt BKD, Bd. 35 1912
Gurlitt, Cornelius: Beschreibende Darstellung der älteren Bau- und Kunstdenkmäler des Königreichs Sachsen, 35. Heft: Amtshauptmannschaft Kamenz (Land), Dresden 1912.

Gurlitt BKD, Bd. 36 1912
Gurlitt, Cornelius: Beschreibende Darstellung der älteren Bau- und Kunstdenkmäler des Königreichs Sachsen, 36. Heft: Die Städte Kamenz und Pulsnitz, Dresden 1912.

Gurlitt BKD 1914
Gurlitt, Cornelius: Beschreibende Darstellung der älteren Bau- und Kunstdenkmäler des Königreichs Sachsens, 37. Heft: Amtshauptmannschaft Großenhain (Land), Dresden 1914.

Gurlitt BKD 1919
Gurlitt, Cornelius: Beschreibende Darstellung der älteren Bau- und Kunstdenkmäler des Königreichs Sachsen, 40. Heft: Meißen-Burgberg, Dresden 1919.

Gurlitt BKD 1922
Gurlitt, Cornelius: Das Zisterzienserkloster Altenzella in Sachsen, Ergänzungsheft zur Beschreibenden Darstellung der älteren Bau- und Kunstdenkmäler Sachsens, Dresden 1922.

Gurlitt BKD 1923
Gurlitt, Cornelius: Beschreibende Darstellung der älteren Bau- und Kunstdenkmäler in Sachsen, 41. Heft: Amtshauptmannschaft Meißen-Land, Dresden 1923.

Haase 1988
Haase, Gisela: Sächsisches Glas, Leipzig 1988.

Haase 1995
Haase, Gisela: Kunstgewerbemuseum Dresden–Schloß Pillnitz, München 1995.

Haefs 1996
Haefs, Hans Wilhelm: Theologische, wissenschaftliche, literarische Arbeiten der Oseker Mönche, in: 800 Jahre Osek 1996, Festschrift. S. 273–278.

Hahn 1977
Hahn, Hans-Christoph und Hellmut Reichel (Hrsg.): Zinzendorf und die Herrnhuter Brüder. Quellen zur Geschichte der Brüder-Unität 1722–1760, Hamburg 1977.

Hamann 1927
Hamann, Richard: Die Salzwedler Madonna, in: Marburger Jahrbuch für Kunstwissenschaft 3 (1927), S. 77–144.

Hamilton 1983
Hamilton, John Taylor und Kenneth G. Hamilton: History of the Moravian Church. The Renewed Unitas Fratrum 1722–1957, 2. Auflage, Bethlehem 1983.

Hänsel-Hacker 1954
Hänsel-Hacker, I.: Eine italobyzantinische Malerschule des 13. Jh. in Padua, in: Jahrbuch der Österreichischen Byzantinischen Gesellschaft III (1954).

Hannig 1985
Hannig, Peter: Bildwerke des Mittelalters und des Barocks aus der Albrechtsburg, Dresden 1985.

Hantzsch 1905
Hantzsch, Viktor (Hrsg.): Die ältesten gedruckten Karten der sächsisch-thüringischen Länder (1550–1593), Leipzig 1905.

Harbison 1976
Harbison, Craig: The last judgement in sixteenth century Northern Europe, New York/London 1976.

Hartmann 1987
Hartmann, Hans-Günther: Historische Stadtansichten von Bautzen (Ausstellungskatalog: Museen der Stadt Bautzen), Bautzen 1987.

Hartung 1908
Hartung, Hugo: Beiträge zur Baugeschichte des Meißner Domes, in: Veröffentlichungen des Meißner Dombauvereins 3 (1908), S. 11–34.

Hartung 1912
Hartung, Hugo: Bericht der Bauleitung über die Wiederherstellungsarbeiten an der Domkirche, in: Veröffentlichungen des Meißner Dombauvereins 5 (1912).

Hartung 1913
Hartung, Hugo: Letzter Bericht über die Tätigkeit des Meißner Dombauvereins zu der Erhaltung und dem Ausbau des Meißner Doms, in: Veröffentlichungen des Meißner Dombauvereins 6 (1913), S. 21–37.

Haupt 1843
Haupt, Ernst Friedrich: Ueber Dr. Johann Benedict Carpzov als Historiker, Zittau 1843.

Haupt 1943
Haupt, Walther: Der Brakteatenfund von Puschwitz 1942, in: Deutsche Münzblätter 63 (1943), Nr. 481/482, S. 1–13.

Haupt 1954
Haupt, Walther: Oberlausitzer Brakteatenfunde des 13. Jh., in: Arbeits- und Forschungsberichte zur sächsischen Bodendenkmalpflege 4 (1954), S. 505–581.

Haupt/Huth 1957
Haupt, Walther und Huth, Joachim (Hrsg.): Das Zinsregister des Klosters St. Marienstern (SPISY, Institutia za zerbski ludopyt 6), Bautzen 1957.

Heckmann 1996
Heckmann, Hermann: Baumeister des Barock und Rokoko in Sachsen, Berlin 1996.

Hejdová/Drahotová 1989
Hejdová, Dagmar/Drahotová, Olga: Umělecko průmyslové Muzeum v Praze, české sklo I (sklo období středověku a renesance 13.-1. polovina 17. století), Praha 1989.

Helbig 1953
Helbig, Herbert: Die Reformation der Universität Leipzig im 16. Jh., Leipzig 1953.

Helbig 1955
Helbig, Herbert: Der wettinische Ständestaat (Mitteldeutsche Forschungen 4), Köln-Graz 1955.

Helbig 1956
Helbig, Herbert: Die Oberlausitz im 13. Jh. Herrschaften und Zuwanderungen des Adels, in: Jahrbuch für die Geschichte Mittel- und Ostdeutschlands 5 (1956).

Helbig 1961
Helbig, Herbert: Universität Leipzig, Frankfurt a. M. 1961.

Helm/Winzeler 1998
Helm, M. Bernarda/Winzeler, Marius: „Zum Trost der Seelen" – Die Bibliothek des Zisterzienserinnenklosters St. Marienstern, in: 750 Jahre Kloster St. Marienstern 1998, S. 415–423.

Hempel 1955
Hempel, Eberhard: Gaetano Chiaveri. Der Architekt der katholischen Hofkirche zu Dresden (Dresdener Beiträge zur Kunstgeschichte 1), Dresden 1955.

Henke 1865
Henke, E. L. Th.: Caspar Peucer und Nikolaus Krell. Zur Geschichte des Luthertums in der Union am Ende des 16. Jh., Marburg 1865.

Henschel 1932
Henschel, Gerhard: Literatur und Karten zur Geographie der Oberlausitz für die Zeit von 1560–1833, in: Neues Lausitzisches Magazin 108 (1932), S. 114–146.

Hentschel 1926
Hentschel, Walter: Sächsische Plastik um 1500 (Alte Kunst in Sachsen 1), Dresden 1926.

Hentschel 1931
Hentschel, Walter: Sächsische Bornkinnl-Figuren, in: Mitteilungen des Landesvereins Sächsischer Heimatschutz 20 (1931), S. 352–369.

Hentschel 1935
Hentschel, Walter: Die Wiederherstellung des Vesperbildes von St. Marienstern, in: Deutsche Kunst und Denkmalpflege 37 (1935), S. 79–80.

Hentschel 1951
Hentschel, Walter: Der spätgotische Hochaltar von St. Michael in Zeitz und seine Umarbeitung im Jahre 1520, in: Zeitschrift für Kunstwissenschaft 5 (1951), S. 71–100.

Hentschel 1960
Hentschel, Walter: Bibliographie zur sächsischen Kunstgeschichte (Schriften zur Kunstgeschichte 4), Berlin 1960.

Hentschel 1966 Hentschel, Walter: Dresdner Bildhauer des 16. und 17. Jh., Weimar 1966.

Hentschel 1973
Hentschel, Walter: Denkmale sächsischer Kunst. Die Verluste des zweiten Weltkrieges (Schriften zur Kunstgeschichte 15), Berlin 1973.

Herrnhut 1972
Herrnhut. Ursprung und Auftrag, Berlin 1972.

Herzog 1959
Herzog, Heinrich: Die rechtliche Sonderstellung der Oberlausitz in der sächsischen Landeskirche, in: Herbergen der Christenheit 3 (1959), S. 71–95.

Herzog/Klecker 1995
Herzog, Steffen und Christine Klecker: Die Herren von Kamenz – Versuch des Aufbaus einer Landesherrschaft. Beiträge zur Heimatkunde der Westlausitz 6 (1995), S. 3–18.

Hesse 1998
Hesse, M. Gabriela: „Mein Aufgang ist dahin gericht, wo ein bestendig Sonnenlicht." – Die Äbtissin Cordula Sommer, in: 750 Jahre Kloster St. Marienstern 1998, S. 111–124.

Hettes 1958
Hettes, K.: Medieval Bohemian Glass, in: Czechoslovak Glass Review, Praha 1958.

Hettner/Büttner 1871
Hettner, Hermann/Büttner, Gustav: Photographien nach Gegenständen aus dem Königl. Historischen Museum in Dresden, 2 Bde., München 1871.

Heydenreich 1878
Heydenreich, Eduard C. Heinrich: Kurze Geschichte des Kirchspieles Leubnitz bei Dresden, Leipzig 1878.

Himmel, Hölle, Fegefeuer 1994
Himmel, Hölle, Fegefeuer. Das Jenseits im Mittelalter, hrsg. von Peter Jezler (Ausstellungskatalog: Schweizerisches Landesmuseum Zürich), Zürich 1994.

Hitschfel 1894
[Hitschfel, P. Alexander]: Chronik des Cistercienserklosters St. Marienstern in der königlich sächsischen Lausitz von einem Ordensgeistlichen, Warnsdorf 1894.

Hoffmann 1996
Hoffmann, Verena: Allerlay Kurtzweil. Mittelalterliche und frühneuzeitliches Spielzeugfunde aus Sachsen, in: Arbeits- und Forschungsberichte 38 (1996), S. 127–200.

Hollstein 1961
Hollstein, Friedrich W. H.: German Engravings, Etchings and Woodcuts. Ca. 1400–1700. Vol. 6 Cranach–Drusse. Ed. K. G. Boon und R. W. Scheller, Amsterdam 1961.

Hornemann 1995
Hornemann, Andreas: Vorüberlegungen zu den Tafelgemälden des Hochaltarretabels der St. Andreas-Kirche in Eisleben, in: Protokollband zum Kolloquium anläßlich der ersten urkundlichen Erwähnung Eislebens am 23. November 1994 (Veröffentlichungen der Lutherstätten Eisleben 1), Halle 1995.

Horyna 1995
Horyna, Mojmír: Santiniho stavby v Mladoticích, Mariánské Týnici a Plasech a jeho koncept ideální architektury, in: 850 let plaského klástera (1145–1995). Sborník příspěvků semináře „Vývoj a význam plaského kláštera pro české dějiny" pořádaného v Mariánské Týnici ve dnech 31. 5. bis 2. 6. 1995, Mariánské Tynice 1995, S. 74–86.

Hoyer 1983
Hoyer, Sigmund: Die Gründung einer Universität in Leipzig 1409, in: Leipzig. Aus Vergangenheit und Gegenwart (Beiträge zur Stadtgeschichte 3), Leipzig 1983, S. 77–93.

Hoyer 1987
Hoyer, Sigmund: Gründung und Frühzeit, in: Alma Mater Lipsiensis, Geschichte der Karl-Marx-Universität Leipzig, Leipzig 1987.

Huth 1970
Huth, Joachim: St. Marienstern in der Oberlausitz. 700 Jahre im Heiligen Orden von Zisterz 1264–1964, in: Unum in veritate et laetitia. Bischof Dr. Otto Spülbeck zum Gedächtnis, Leipzig 1970, S. 170–204.

Hütter/Löffler/Magirius 1967
Hütter, Elisabeth, Löffler, Fritz und Magirius, Heinrich (Hrsg.): Kunst des Mittelalters in Sachsen. Festschrift Wolf Schubert, dargebracht zum 60. Geburtstag am 28. Januar 1963, Weimar 1967.

Hütter/Magirius 1967
Hütter, Elisabeth und Magirius, Heinrich: Studien zur Goldenen Pforte, in: Hütter/ Löffler/Magirius 1967, S. 179–231.

Ich Thomas Müntzer 1989
Ich Thomas Müntzer eyn knecht gottes (Ausstellungskatalog des Museums für Deutsche Geschichte), Berlin 1989.

Irmscher 1997
Irmscher, Johannes: Die ersten 200 Jahre des Görlitzer Gymnasiums. Ein kurzer Abriß, in: 650 Jahre Oberlausitzer Sechsstädtebund 1346–1996 (Mitteilungen des Zittauer Geschichts- und Museumsvereins 25), Bad Muskau 1997, S. 159–180.

Jancke 1861
Jancke, Johann Christian: M. Bartholomaei Sculteti lusatische Reisen und seine Mappa Lusatiae, in: Neues Lausitzisches Magazin 38 (1861), S. 280–285.

Jecht 1929
Jecht, Richard: 150 Jahre Oberlausitzische Gesellschaft der Wissenschaften 1779–1929, Görlitz 1929.

Jecht 1928-1934
Jecht, Richard: Topographie der Stadt Görlitz, Görlitz 1928–1934.

Junghans 1989
Junghans, H. (Hrsg.): Das Jahrhundert der Reformation in Sachsen. Festgabe zum 450-jährigen Bestehen der Evangelisch-Lutherischen Landeskirche Sachsens, Berlin 1989.

Kamenz 1993
Kamenz von der sorbischen Ansiedlung bis zur Gegenwart, hrsg. vom Museum der Westlausitz, Kamenz 1993.

Kartensammlung 1997
Die Kartensammlung der Oberlausitzischen Bibliothek der Wissenschaften. Ein Bestandsverzeichnis, bearb. von Matthias Wenzel (Schriftenreihe der Städtischen Kunstsammlungen NF 25), Görlitz 1997.

Karłowska-Kamzowa 1979
Karłowska-Kamzowa, Alicja: Malarstwo Śląskie 1250–1450, Wrocław/Warszawa/Kraków/Gdánsk 1979.

Katholische Pfarrkirche Wittichenau 1935
Die katholische Pfarrkirche in Wittichenau, Wittichenau 1935.

Kesner 1972
Kesner, Ladislav: Umění české a slovenské gotiky, Praha 1972.

Kier 1970
Kier, Hiltrud: Der mittelalterliche Schmuckfussboden unter besonderer Berücksichtigung des Rheinlandes (Die Kunstdenkmäler des Rheinlandes, Beih. 14), Düsseldorf 1970.

Kilank 1998
Kilank, Rudolf: Sorbische Volksfrömmigkeit im Umfeld des Klosters St. Marienstern, in: 750 Jahre Kloster St. Marienstern 1998, S. 439–446.

Kind-Doerne 1972
Kind-Doerne, Christiane: Sorbischer Buchdruck in Bautzen vom Ausgang des 16. Jh. bis zum Beginn des 18. Jh., in: Archiv für Geschichte des Buchwesens 13 (1972) 4, S. 934–1019.

Kinsky 1912
Kinsky, Georg: Katalog des Musikhistorischen Museums von Wilhelm Heger, Bd. 2, Cöln 1912.

Kirsten 1982
Kirsten, Michael: Die Plastik des Meißner Doms im 14. Jh., Dipl. Brünn 1982.

Kirsten 1992
Kirsten, Michael: Das Westportal am Dom zu Meißen und die Bildwerke der Fürstenkapelle, Diss. Halle 1992.

Kittel 1970
Kittel, Erich: Siegel (Bibliothek für Kunst- und Antiquitätenfreunde XI), Braunschweig 1970.

Kloster und Staat 1984
Kloster und Staat. Besitz und Einfluß der Reichsabtei Salem (Ausstellungskatalog: Salem, Markgräflich Badische Museen), Tettnang 1984.

Knauthe 1753
Knauthe, Christian: 50jährige Amtspersonen, welche bey dem Rathause, Kirche und Schule der Stadt Görlitz gedienet, Görlitz 1753.

Knauthe 1980
Knauthe, Christian: Derer Oberlauitzer Sorbenwenden umständliche Kirchengeschichte, Reprint der Ausgabe Görlitz 1767, hrsg. von R. Olesch (Mitteldeutsche Forschngen 85), Köln/Wien 1980.

Knobloch 1998
Klosterherrschaft und Untertanen in der Neuzeit, in: 750 Jahre Kloster St. Marienstern 1998, S. 99–110.

Knothe 1865
Knothe, Hermann: Bernhard III. von Kamenz, in: Archiv für Sächsische Geschichte IV (1866), S. 2–114.

Knothe 1866
Knothe, Hermann: Geschichte der Herren von Kamenz, in: Neues Lausitzisches Magazin 43 (1866), S. 81–111.

Knothe 1871
Knothe, Hermann: Urkundliche Geschichte des Jungfrauenklosters Marienstern, Cistercienserordens in der königlich sächischen Oberlausitz von der Zeit seiner Gründung bis Anfang des 16. Jh., Dresden 1871.

Knothe 1879
Knothe, Hermann: Geschichte des Oberlausitzischen Adels und seiner Güter vom 13. bis gegen Ende des 16. Jh., Leipzig 1879.

Kobuch 1998
Kobuch, Manfred: Zisterzienser zwischen Saale und Neiße, in: 750 Jahre Kloster St. Marienstern 1998, S. 129–145.

Koch 1907
Koch, Ernst: Moskowiter in der Oberlausitz und M. Bartholomäus Scultetus in Görlitz, in: Neues Lausitzisches Magazin 83 (1907).

Koch 1910
Koch, Ernst: Moskowiter in der Oberlausitz und M. Bartholomäus Scultetus in Görlitz, in: Neues Lausitzisches Magazin, 86 (1910), S. 1–80.

Koch 1920
Koch, Ernst: Die Oberlausitz in den Kriegsjahren 1631–1635, in: Neues Lausitzisches Magazin 96 (1920), S. 42–101.

Kostbarkeiten aus Sachsen 1992
Kostbarkeiten aus den Schatzkammern von Sachsen, hrsg. von Johannes Neuhardt (Katalog der XVI. Sonderschau im Dommuseum zu Salzburg), Salzburg 1992.

Köhler 1998
Anne-Katrin Köhler: Aspekte der Wirtschaftsgeschichte des Klosters St. Marienstern im 13. und 14. Jh., in: 750 Jahre Kloster St. Marienstern 1998, S. 87–98.

Kötzschke 1953
Kötzschke, Rudolf: Ländliche Siedlung und Agrarwesen in Sachsen (Forschungen zur deutschen Landeskunde Bd.77), hrsg. von Herbert Helbig, Remagen 1953.

Kötzschke/Kretzschmar 1935
Kötzschke, Rudolf und Hellmut Kretzschmar: Sächsische Geschichte, Neuauflage Augsburg 1995.

Krása 1989
Krása, Josef: Nástěnná a knižní malba, in: Umění posledních Přemyslovců, Roztoky u Prahy 1989, S. 23–67.

Krása 1990
Krása, Josef: České iluminované rukopisy 13.–16. století, Praha 1990.

Krause 1987
Krause, Hans-Joachim: „Imago ascensionis" und „Himmelloch". Zum „Bild"-Gebrauch in der spätmittelalterlichen Liturgie, in: Möbius, Friedrich und Schubert, Ernst (Hrsg.): Skulptur des Mittelalters. Funktion und Gebrauch, Weimar 1987, S. 280–353.

Kremer 1982
Kremer, Ulrich Michael: Mosellanus: Humanist zwischen Kirche und Reformation, in: Archiv für Reformationsgeschichte 73 (1982), S. 20–34.

Krenkel 1957
Krenkel, Paul: Die Inschriften der Goldpatene des Klosters St. Marienstern, in: Archivalische Zeitschrift 53 (1957), S. 117–119.

Kriss-Rettenbeck 1972
Kriss-Rettenbeck, Lenz: Ex Voto. Zeichen, Bild und Abbild im christlichen Volksbrauchtum, Zürich 1972.

Kroitzsch 1988
Kroitzsch, Klaus: Die Nekropole von Liebersee, Kr. Torgau, in: Vogt, Heinz-Joachim (Hrsg.): Archäologische Feldforschungen in Sachsen (Arbeits- und Forschungsberichte zur sächsischen Bodendenkmalpflege, Beih. 18), Berlin 1988, S. 238–242.

Krönig 1962
Krönig, Wolfgang: Rheinische Vesperbilder aus Leder und ihr Umkreis, in: Wallraf-Richartz-Jahrbuch XXIV (1962), S. 117–122.

Krüger 1960
Krüger, Günther: Die Marienkirche zu Freiberg und ihre Goldene Pforte. Beiträge zur Geschichte der Architektur und Plastik des 13. Jh. in der Markgrafschaft Meißen, Diss. Basel 1956, Berlin 1960.

Küas 1971
Küas, Herbert: Technologie und Chronologie des Leipziger Thomas-Leuchters, in: Arbeits- und Forschungsberichte zur Sächsischen Bodendenkmalpflege 19 (1971), S. 207–238.

Küas/Krause 1968
Küas, Herbert und Krause, Hans-Joachim: Die Stiftskirche zu Wechselburg, Teil 1, Berlin 1968.

Küas/Kobuch 1977
Küas, Herbert und Kobuch, Manfred: Rundkapellen des Wiprecht von Groitzsch (Veröffentlichungen des Landesmuseums für Vorgeschichte Dresden 15), Berlin 1977.

Kühlke 1962
Kühlke, Hans: Brot und Wein – Gold und Silber. Kostbare Altargeräte aus Thüringer Kirchen, Berlin 1962.

Kühn 1966
Kühn, Helga-Maria: Die Einziehung des geistlichen Gutes im albertinischen Sachsen 1539-1553 (Mitteldeutsche Forschungen 43), Köln/Graz 1966.

Kühne 1983
Kühne, Heinrich: Kaspar Peucer. Leben und Werk eines großen Gelehrten an der Wittenberger Universität im 16. Jh., in: Lĕtopis B 30 (1983) 2, S. 151–161.

Kunst der Reformationszeit 1983
Kunst der Reformationszeit (Ausstellungskatalog: Staatliche Museen zu Berlin, Altes Museum), Berlin 1983.

Kunstdenkmäler Sachsen 1981
Kunstdenkmäler in der DDR. Ein Bildhandbuch. Bezirke Dresden, Karl-Marx-Stadt, Leipzig. Text von Albrecht Dohmann, Leipzig 1981.

Kunsthandwerk 1981
Kunsthandwerk der Gotik und Renaissance des 13. bis 17. Jh. (Katalog: Staatliche Kunstsammlungen Dresden, Museum für Kunsthandwerk), Dresden 1981.

Kursachsens Karten 1986
Kursachsens älteste Karten (Austellungskatalog: Dresden, Mathematisch-Physikalischer Salon), Dresden 1986.

Kursächsische Kartographie 1990
Kursächsische Kartographie bis zum Dreißigjährigen Krieg. Bd. I. Die Anfänge des Kartenwesens (Veröffentlichungen des Mathematisch-Physikalischen Salons, Forschungsstelle Dresden 8), Berlin 1990.

Kutal 1962
Kutal, Albert: České gotické sochařství 1350–1420, Praha 1962.

Kuthan 1982
Kuthan, Jirí: Die mittelalterliche Baukunst der Zisterzienser in Böhmen und in Mähren, Berlin 1982.

Kvét 1948
Kvét, Jan: Praha románská, Praha 1948.

Landgraf 1993
Landgraf, Eleonore: Ornamentierte Bodenfliesen des Mittelalters in Süd- und Westdeutschland (1150–1530) (Forschungen und Berichte zur Archäologie des Mittelalters in Baden-Würtemberg 14), Stuttgart 1993.

Langer 1884
Langer, Otto: Kritik der Quellen zur Geschichte des hl. Benno, vornehmlich der Vita Bennonis, in: Mitteilungen des Vereins für Geschichte der Stadt Meißen 1(1884) 3, S. 70–95.

Lau 1973
Lau, Franz (Hrsg.): Das Hochstift Meißen. Aufsätze zur sächsischen Kirchengeschichte (Herbergen der Christenheit, Sonderband), Berlin 1973.

Lechner 1981
Lechner, P. Gregor: Maria gravida. Zum Schwangerschaftsmotiv in der bildenden Kunst (Münchner Kunsthistorische Abhandlungen IX), München/ Zürich 1981.

Legner 1995
Legner, Anton: Reliquien in Kunst und Kult. Zwischen Antike und Aufklärung, Darmstadt 1995.

Lehmann/Schubert 1971
Lehmann, Edgar und Schubert, Ernst: Der Dom zu Meißen, Berlin 1971.

Lehrs 1908-34
Lehrs, Max: Geschichte und kritischer Katalog des deutschen, niederländischen und französischen Kupferstichs im 15. Jh., 9 Bde., Wien 1908–34.

Leipzig MBK 1967
Leipzig. Museum der bildenden Künste. Katalog der Gemälde, Leipzig 1967.

Leipzig MBK 1995
Leipzig. Museum der bildenden Künste. Katalog der Gemälde. Leipzig 1995.

Leitzmann 1859
Leitzmann, Johann Jakob, in: Numismatische Zeitung 1859.

Lemper 1961
Lemper, Ernst-Heinz: Ein spätgotisches Bildnis Kaiser Sigismunds in den Städtischen Kunstsammlungen Görlitz, in: Kunstmuseen der Deutschen Demokratischen Republik, Mitteilungen und Berichte III (1961).

Lemper 1970
Lemper, Ernst-Heinz: Görlitz und der Paracelsismus, in: Deutsche Zeitschrift für Philosophie 18 (1970) 1, S. 347–360.

Lemper 1974
Lemper, Ernst-Heinz: Adolf Traugott von Gersdorf (1744–1807), Veröffentlichungen des Staatlichen Mathematisch-Physikalischen Salons Dresden, Bd. 6, Berlin 1974.

Lemper 1976
Lemper, Ernst–Heinz: Jacob Böhme. Leben und Werk, Berlin 1976.

Lemper 1979
Lemper, Ernst-Heinz: Das Museum Neiß-Straße 30. Das Barockhaus – seine Geschichte und seine Sammlungen (Schriftenreihe der Städtischen Kunstsammlungen, N. F. 15). Görlitz 1979.

Lemper 1982
Lemper, Ernst-Heinz: „In uno Museum". Das Museum der Oberlausitzischen Gesellschaft der Wissenschaften, in: Die Oberlausitz und ihre Gesellschaft der Wissenschaften, Schriftenreihe des Ratsarchivs der Stadt Görlitz, 11 (1982) 2.

Lemper 1987
Lemper, Ernst-Heinz: Görlitz (Kunstgeschichtliche Städtebücher), 5. Auflage, Leipzig 1987.

Lemper 1988
Lemper, Ernst-Heinz: Das Görlitzer Bildnis des Kaisers Sigismund, in: Görlitzer Magazin 2 (1988), S. 91–93.

Lemper 1992
Lemper, Ernst-Heinz: Görlitz St. Peter und Paul (Kunstführer Nr. 2005), München 1992.

Lessing 1968
Lessing, Gotthold Ephraim: Sämtliche Schriften, hrsg. von Karl Lachmann und Franz Muncker, 23 Bde., Stuttgart/Leipzig/Berlin 1886–1924, Reprint 1968.

Libor 1967
Libor, Reinhard Maria: Ars Cisterciensis. Buchmalereien aus mittel- und ostdeutschen Klosterbibliotheken (Ostdeutsche Beiträge aus dem Göttinger Arbeitskreis 41), Würzburg 1967.

Lipphardt 1963
Lipphardt, Walter: Johann Leisentrits Gesangbuch von 1567, Leipzig 1963.

Löbauer Journal 1996
Löbauer Journal 6 (1996) (Sonderdruck anläßlich des 650jährigen Jubiläums des Oberlausitzer Sechsstädte-Bundes am 21. 8. 1996).

Löffler 1989
Löffler, Fritz: Stadtkirchen in Sachsen, 5. Auflage, Berlin 1989.

Ludewig 1780
Ludewig, Georg: Hochgesang, Historische Nachricht von Verfertigung des Glases, Gotha 1780.

Luther 1983
Luther und die Folgen für die Kunst, hrsg. von Werner Hofmann (Ausstellungskatalog der Hamburger Kunsthalle), München 1983.

Lutsch 1891
Lutsch, Hans: Verzeichnis der Kunstdenkmäler der Provinz Schlesien, III. Der Regierungsbezirk Liegnitz. Markgrafschaft Oberlausitz. Breslau 1891.

Lutsch 1903
Lutsch, Hans: Bilderwerk schlesischer Kunstdenkmäler, hrsg. vom Kuratorium des Schlesischen Museums der bildenden Künste, Breslau 1903.

Macek/Zahradník 1995
Macek, Petr/Zahradník, Pavel: Opat Evžen Tyttl jako projektant, in: 850 let plaského kláštera (1145–1995). Sborník příspěvků semináře „Vývoj a význam plaského kláštera pro české dějiny" pořádaného v Mariánské Týnici ve dnech 31. 5.–2. 6. 1995, Mariánské Týnice 1995, S. 87–92.

Maedebach 1955
Maedebach, Heino: Stadt- und Bergbaumuseum Freiberg (Katalog der Plastiksammlung, I. Teil: Bildwerke in Holz), Freiberg 1955.

Magirius 1962
Magirius, Heinrich: Die Baugeschichte des Klosters Altzella (Abhandlungen der Sächsischen Akademie der Wissenschaften Leipzig, Phil.-hist. Klasse 53, 2), Berlin 1962.

Magirius 1963
Magirius, Heinrich: Die Stiftskirche zu Ebersdorf und ihr romanischer Vorgängerbau, in: Wissenschaftliche Zeitschrift der Karl-Marx-Universität Leipzig, gesell. und sprachwiss. Reihe 12 (1963) 2, S. 407–427.

Magirius 1970
Magirius, Heinrich: Die Klosterkirche von St. Marienstern, ein wiedergewonnener Zisterzienserbau. in: Unum in veritate et laetitia 1970, S. 287–307.

Magirius 1971
Magirius, Heinrich: Die Stiftskirche zu Karl-Marx-Stadt/Ebersdorf (Das christliche Denkmal 82), Berlin 1971.

Magirius Zisterzienserarchitektur 1971
Magirius, Heinrich: Zisterzienserarchitektur im Bistum Meißen, in: Aspekte zur Kunstgeschichte von Mittelalter und Neuzeit. Karl-Heinz Clasen zum 75. Geburtstag, hrsg. von Hans Müller und Gudrun Hahn, Weimar 1971, S. 263–283.

Magirius 1986
Magirius, Heinrich: Das Kloster St. Marienstern (Das christliche Denkmal 116), 2. Auflage, Berlin 1986.

Magirius 1993
Magirius, Heinrich: Der Dom zu Meißen (Große Kunstführer Schnell und Steiner), München/Regensburg 1993.

Magirius 1996
Magirius, Magdalene: Das Südportal des Meißner Doms, M. A. Berlin 1996.

Magirius 1997
Magirius, Heinrich: Markgraf Wilhelm als Bauherr. Architektur um „1400" in der Mark Meißen, in: Landesgeschichte als Herausforderung und Programm. Karlheinz Blaschke zum 70. Geburtstag, hrsg. von Uwe John und Josef Matzerath, Stuttgart 1997, S. 123–156.

Magirius 1998
Magirius, Heinrich: Beobachtungen zur Architektur der Zisterzienserinnenklöster in den Bistümern Merseburg, Naumburg und Meißen im 13. Jh., in: 750 Jahre Kloster St. Marienstern 1998, S. 157–185.

Magirius/Mai 1985
Magirius, Heinrich und Mai, Hartmut: Dorfkirchen in Sachsen, Berlin 1985.

Magirius/Seifert 1974
Magirius, Heinrich und Seifert, Siegfried: Kloster St. Marienstern, Leipzig 1974.

Märker 1968
Märker, Martin: Das Zisterzienserkloster Grünhain im Erzgebirge, Frankfurt a. M. 1968.

Marsch 1980
Marsch, Angelika: Bilder zur Augsburger Konfession und ihren Jubiläen, Weißenhorn 1980.

Martin Luther 1983
Martin Luther und die Reformation in Deutschland, hrsg. von Gerhard Bott (Ausstellungskatalog: Germanisches Nationalmuseum Nürnberg), Nürnberg 1983.

Martin Luther und seine Zeit 1983
Martin Luther und seine Zeit (Ausstellungskatalog: Berlin, Museum für deutsche Geschichte), Berlin 1983.

Martin Luther 1993
Martin Luther: 1483–1546, bearb. von Volkmar Joestel (Katalog der Hauptausstellung in der Lutherhalle Wittenberg), Berlin 1993.

Matějcěk/Pěsina 1955
Matějcěk, Antonín/Pěsina, Jaroslav: Gotische Malerei in Böhmen. Tafelmalerei 1350–1450, Prag 1955.

Matouš 1955
Matouš, František: Mittelalterliche Glasmalerei in der Tscheschoslowakei (CVMA ČSSR), Prag/Hanau o. J. (1955).

Mechelk 1988
Mechelk, Harald W.: Befestigungsreste auf der Landeskrone bei Görlitz, in: Vogt, Heinz-Joachim (Hrsg.): Archäologische Feldforschungen in Sachsen (Arbeits- und Forschungsberichte zur sächsischen Bodendenkmalpflege, Beih. 18), Berlin 1988, S. 439–442.

Mechelk Bronzeleuchter 1988
Mechelk, Harald W.: Der romanische Bronzeleuchter aus der Thomaskirche zu Leipzig, in: Vogt, Heinz-Joachim (Hrsg.): Archäologische Feldforschungen in Sachsen (Arbeits- und Forschungsberichte zur sächsischen Bodendenkmalpflege, Beih. 18), Berlin 1988, S. 486–487.

Meder 1932
Meder, Josef: Dürer Katalog. Ein Handbuch über Dürers Stiche, Radierungen, Holzschnitte, deren Zustände, Ausgaben und Wasserzeichen, Wien 1932.

Meier 1995
Meier, Ulrike: Christus im Elend in der sächsischen Skulptur, M. A. Freiburg 1995.

Meister von Großlobming 1994
Der Meister von Großlobming, hrsg. von Arthur Saliger (Ausstellungskatalog: Wien, Österreichische Galerie), Wien 1994.

Meisterwerke Mittelalterlicher Skulptur 1996
Meisterwerke mittelalterlicher Skulptur, hrsg. von Hartmut Krohm (Ausstellungskatalog der Skulpturensammlung der Staatlichen Museen zu Berlin - Preußischer Kulturbesitz, Bode-Museum), Berlin 1996.

Mertens 1989
Mertens, Klaus: Die Baulichkeiten des Stiftes Joachimstein, in: Festschrift für Ernst-Heinz Lemper. Beih. zum Görlitzer Magazin 3 (1989), S. 25–40.

Mertens 1992
Mertens, Klaus: Die evangelischen Kirchen von Kamenz (Schnell, Kunstführer 2011), München/Zürich 1992.

Meyer 1932
Meyer, Erich: Spätromanische Abendmahlskelche in Norddeutschland, in: Jahrbuch der Preußischen Kunstsammlungen 53 (1932), S. 163–164.

Meyer 1987
Meyer, Dietrich (Hrsg.): Bibliographisches Handbuch zur Zinzendorf-Forschung, Düsseldorf 1987.

Meyer 1994
Meyer, Dietrich: Der Pietismus in der Oberlausitz, in: Wegmarken der Oberlausitzer Kirchengeschichte (Studien zur Oberlausitzer Kirchengeschichte 1), Düsseldorf/Görlitz 1994, S. 11–36.

Meyer 1995
Meyer, Dietrich (Hrsg.): Zinzendorf und Herrnhut, in: Der Pietismus im 18. Jh., hrsg. von Martin Brecht und Klaus Deppermann, Göttingen 1995, S. 5–106.

Michałk 1980
Michałk, Frido: Jurij Hawštyn Swetlik a serbska spisowna reč za katolikow, in: Lětopis A 27 (1980) 1.

Michałk 1986-1991
Michałk, Frido: Aus der Korrespondenz J. X. Ticins (I)–(VII), in: Lětopis A 33 (1986)–A 38 (1991).

Michałk 1992
Michałk, Frido: Neue Erkenntnisse aus der Korrespondenz J. X. Ticins (1678–1693), in: Lětopis 39/2 (1992), S. 69–74.

Michałk 1993
Michałk, Frido: Michławš Jakubica, in: Slawistik in Deutschland von den Anfängen bis 1945: Ein biographisches Lexikon, Bautzen 1993.

Michałk/Moller 1993
Michałk, Frido: Albin Moller, in: Slawistik in Deutschland von den Anfängen bis 1945: ein biographisches Lexikon, Bautzen 1993.

Michałk 1994
Michałk, Frido: Aus der Korrespondenz J. X. Ticins (VII), in: Lětopis 41 (1994) 1, S. 29–73.

Michel 1906
Michel, H.: 'Paedologia' des Petrus Mosellanus, Berlin 1906.

Mieth 1993
Mieth, Katja: Spätgotische Schnitzaltäre in Kamenz/Oberlausitz, 2 Bde. M. A. Berlin 1993.

Mieth 5/1993
Mieth, Katja: Die spätgotischen Flügelaltäre in der Klosterkirche St. Anna zu Kamenz, in: Beiträge zur Heimatkunde der Westlausitz 5 (1993) (Sonderheft: 500 Jahre Klosterkirche St. Annen Kamenz), S. 13–43.

Mirtschin 1996
Mirtschin, Maria: Georg Vater – drei Plastiken im stilkritischen Vergleich, in: Lětopis 43 (1996) 1, S. 3–16.

Mittelalterliche Glasmalerei 1989
Mittelalterliche Glasmalerei in der Deutschen Demokratischen Republik (Ausstellungskatalog: Erfurter Angermuseum), Berlin 1989.

Moller 1959
Moller, Albin: Niedersorbisches Gesangbuch und Katechismus (Veröffentlichungen des Instituts für Slawistik 47), Berlin 1959. Erstdruck Budissin 1574.

Müller 1985
Müller, Wolfgang: Versuche zur Wiederaufhellung stark gedunkelter mittelalterlicher Gläser, in: Glaskonservierung. Historische Glasfenster und ihre Erhaltung. Internationales Kolloquium, München und Nürnberg, 29./30. Oktober 1984 (Arbeitsheft des Bayerischen Landesamtes für Denkmalpflege 32), München 1985.

Munde 1902
Munde, T.: Die Hauptkirche St. Marien in Kamenz, in: Neues Lausitzisches Magazin 78 (1902), S. 193–203.

Naumann 1991
Naumann, Günter: Sächsische Geschichte in Daten, Berlin/Leipzig 1991.

Neubauer 1972
Neubauer, Edith: Romanische Bogenfelder, Berlin 1972.

Neuhardt/Wagner/Seifert 1996
Neuhardt, Johannes, Wagner, Franz und Seifert, Siegfried: Die Reliquien der Zisterzienserinnenabtei St. Marienstern und ihre Erforschung auf einem Symposion in Salzburg, in: Das Münster 49 (1996) 3, S. 232–243.

Neuser 1987
Neuser, Wilhelm Heinrich: Bibliographie der Confessio Augustana und Apologie 1530–1580 (Bibliotheca Humanistica & Reformatorica, 37) Nieuwkorp 1987.

New Acquisitions 1991
New Acquisitions of the Museum of Decorative Arts in Prague, Prague 1991.

Nicht 1963
Nicht, Jutta: Historische Prunkkleidung, Dresden 1963.

Niedersorbisches Testament 1967
Das niedersorbische Testament des Miklawš Jakubica 1548, hrsg. von Heinz Schuster-Šewc (Veröfftl. d. Inst. für Slawistik an der Dt. Akad. Wiss. Berlin 47), Berlin 1967.

Nier 1983
Niehr, Klaus: Eine unbekannte Sitzmadonna des 13. Jh. in Hildesheim, in: Zeitschrift des Deutschen Vereins für Kunstwissenschaft 37 (1983), S. 22–60.

Nier 1992
Niehr, Klaus: Die Mitteldeutsche Skulptur der 1. Hälfte des 13. Jh., Weinheim 1992.

Oberwendischer Katechismus 1923
Der oberwendische (obersorbische) Katechismus des Warichius (1597), hrsg. von Karl H. Meyer (Slavische Forschungen 1), Leipzig 1923.

Octavian Broggio 1992
Octavian Broggio 1670–1742 (Ausstellungskatalog: Litoměřice, Galerie vytvarného umění), Litoměřice 1992.

Oexle 1994
Oexle, Judith (Hrsg.): Frühe Kirchen in Sachsen. Ergebnisse archäologischer und baugeschichtlicher Untersuchungen (Veröffentlichungen des Landesamtes für Archäologie 23), Stuttgart 1994.

Ordnung 1972
Ordnung, Carl: 250 Jahre Herrnhut. Größe und Grenzen eines christlichen Experiments, Berlin 1972.

Otte 1884-1885
Otte, Heinrich: Handbuch der Kunst - Archäologie des deutschen Mittelalters, bearb. von Erich Wernicke, II. Bd., Leipzig 1884–1885.

Otto 1801-1821
Otto, Gottlieb Friedrich: Lexikon von Oberlausitzischen Schriftstellern und Künstlern, Görlitz 1801–1821.

Panofsky 1924
Panofsky, Erwin: Die deutsche Plastik des 11. bis 13. Jh., München 1924.

Die Parler und der Schöne Stil 1978
Die Parler und der Schöne Stil 1350–1400. Europäische Kunst unter den Luxemburgern, hrsg. von Anton Legner (Ausstellungskatalog des Schnütgen-Museums in der Kunsthalle Köln), Köln 1978.

Passion, Ostern, Pfingsten 1987
Passion, Ostern, Pfingsten. Kirchliche Kunst im Jahreskreis, hrsg. vom Bischöflichen Ordinariat Graz-Seckau (Ausstellungskatalog: Diözesanmuseum Graz), Graz 1987.

Patze 1963
Patze, Hans: Die Pegauer Annalen, die Königserhebung Wratislaws von Böhmen und die Anfänge der Stadt Pegau, in: Jahrbücher für die Geschichte Mittel- und Ostdeutschlands 12 (1963), S. 1–62.

Pescheck 1856
Pescheck, Christian Adolph: Unsers Historikers Carpzow Familie, in: Neues Lausitzisches Magazin 33 (1856), S. 292–294.

Petr 1993
Petr, Jan: Wjacław Warichius, in: Slawistik in Deutschland von den Anfängen bis 1945: ein biographisches Lexikon, Bautzen 1993, S. 122–123.

Pietsch 1938
Friedrich Pietsch: Oberlausitzer Beiträge. Festschrift für Richard Jecht, Görlitz 1938.

Pimpl/Wirth 1998
Pimpl, Heidi und Wirth, Klaus: Eine „Maria in der Hoffnung“ vom Dresdner Altmarkt, in: archäologie aktuell im Freistaat Sachsen 8 (1998) (in Vorbereitung).

Podlaha/Sittler 1903
Podlaha, Antonín/Sittler, Eduard: Chrámovy poklad u sv. Vita v Praze, Praha 1903.

Pönicker 1982
Pönicker, Ingolf: Konservierung und Restaurierung einer Madonnenfigur aus Tanneberg, Dipl. Dresden 1982.

Posern-Klett 1846
Posern-Klett, Carl Friedrich von: Münzstätten und Münzen der Städte und geistlichen Stifter Sachsens im Mittelalter, Leipzig 1846.

Posse o. J.
Posse, Hermann: Die Gemäldegalerie zu Dresden. Die Alten Meister, Dresden o. J.

Posse 1909
Posse, Otto: Die Siegel der deutschen Kaiser und Könige, Bd. 1, Dresden 1909.

Posse 1910
Posse, Otto: Die Siegel der deutschen Kaiser und Könige, Bd. 2, Dresden 1910.

Preiss 1982-1983
Preiss, Pavel: Souborně dílo umělců pražského rokoka v Horní Lužici hlavní oltař v Mariensternu od F. Lauermanna, I. F. Platzera a f. K. Palka, in: Sborník praci filozofické brnenské univerzity F 26-27 (1982–1983), S. 35–39.

Preiss 1992
Preiss, Pavel: Malířství, in: Octavian Broggio 1992, S. 163–185.

Preiss 1998
Preiss, Pavel: Die böhmische Barockmalerei in der Lausitz, in: 750 Jahre Kloster St. Marienstern. Festschrift, Halle/S. 1998, S. 403–414.

Puttrich 1844-1850
Puttrich, Ludwig: Denkmale der Baukunst des Mittelalters in Sachsen. Erste Abteilung. II. Band (Königreich Sachsen), Leipzig 1844–1850.

Ramisch 1994
Ramisch, Hans: Die Restaurierung der Kunstwerke aus der Münchner Frauenkirche und das Projekt der künstlerischen Ausstattung zum Jubiläumsjahr 1994, in: Monachium Sacrum. Festschrift zur 500-Jahr-Feier der Metropolitankirche zu Unserer Lieben Frau in München, Bd. 2, München 1994.

Ramisch/Steiner 1994
Ramisch, Hans und Steiner, Peter P.: Die Münchner Frauenkirche. Restaurierung und Rückkehr ihrer Bildwerke (Diözesanmuseum für christliche Kunst des Erzbistums München und Freising 14), München 1994.

Ramm 1987
Ramm, Peter: Barock in Merseburg, Johann Michael Hoppenhaupt (1685–1751) und seine Zeit (Merseburger Land, Sonderheft 22), Merseburg o. J. [1987/1988].

Rauda 1917
Rauda, Fritz: Die Baukunst der Benediktiner und Zisterzienser im Königreich Sachsen und das Nonnenkloster zum Heiligen Kreuz bei Meißen, Meißen 1917.

Regele 1953
Regele, Oskar: Die Globen des Josef Jüttner (1775–1848) und des Franz Ritter von Hauslab (1798–1883), in: Der Globusfreund 2 (1953), S. 6–22.

Reich der Salier 1992
Das Reich der Salier 1024–1125 (Katalog zur Ausstellung des Landes Rheinland-Pfalz: Speyer, Historisches Museum der Pfalz), Sigmaringen 1992.

Reichel 1964
Reichel, Arndt: Meißen, Leipzig 1964.

Reif 1929
Reif, Werner: Die älteren Kamenzer Bauten und Kunstdenkmäler, in: Das Buch der Stadt Kamenz (1929), S. 91–112.

Reinboth 1/1994
Reinboth, Fritz: Das Abtshaus des Klosters Buch als Beispiel eines zisterziensischen Mönchskrankenhauses, in: Neuer Mildensteiner Erzähler 1 (1994), S. 4–6.

Reinboth 3/1994
Reinboth, Fritz: Altes und Neues aus dem Kloster Buch, in: Neuer Mildensteiner Erzähler 3 (1994), S. 1–2.

Reinboth 1995
Reinboth, Fritz: Infirmerien nord- und mitteldeutscher Zisterzienserklöster, in: Cistercienser-Chronik 102 (1995), S. 18–25.

Reinelt 1992
Reinelt, Joachim: Das Hussitenfenster in der Klosterkirche St. Marienstern. Zwölf Betrachtungen, Leipzig 1992.

Rentsch/Pattloch o. J.
Rentsch, Peter und Pattloch, Ina: Ehemaliges Zisterzienserkloster Buch, Mügeln o. J.

Reuther 1953
Reuther, Martin: Die Oberlausitz im Kartenbild des 16. bis 18. Jh. mit besonderer Berücksichtigung der deutsch-sorbischen Sprachgrenzkarten von Scultetus und Schreiber, in: Lĕtopis B 1 (1953), S. 154–172.

Reuther 1955/56
Reuther, Martin: Der Görlitzer Bürgermeister, Mathematiker, Astronom und Kartograph Bartholomäus Scultetus (1540–1614) und seine Zeit, in: Wissenschaftliche Zeitschrift der Technischen Hochschule Dresden 5 (1955/56) 6, S. 1133–1161.

Reuther 1957
Reuther, Martin: Bartholomäus Scultetus (1540–1614), der Schöpfer der ersten deutschen Sprachgrenzenkarte, in: Petermanns Geographische Mitteilungen 1 (1957), S. 61–65.

Reuther 1961
Reuther, Martin (Hrsg.): Oberlausitzer Forschungen, Leipzig 1961.

Richter/Stanke 1991
Richter, Ulrich/Stanke, Bernd: Mittelalterliche Kleinplastik aus Freiberg/Sachsen, in: Ausgrabungen und Funde 36 (1991), S. 38–41.

Richter 1991
Richter, Will: Die Überlieferung der Ruralia Commoda des Petrus de Crescentiis im 14. Jh., in: Mittellateinisches Jahrbuch 13 (1981), S. 223–275.

Ritschel 1998
Ritschel, Hartmut: Aspekte zur Barockplastik in der Oberlausitz, in: 750 Jahre Kloster St. Marienstern 1998, S. 384–402.

Rittenbach/Seifert 1965
Rittenbach, Willi und Seifert, Siegfried: Geschichte der Bischöfe von Meißen 968–1581 (Studien zur katholischen Bistums- und Klostergeschichte 8), Leipzig 1965.

Rizzi 1981
Rizzi, Wilhelm G.: Das Gesamtprojekt zur Barockisierung des Zisterzienserklosters Plaß in Böhmen, in: Wiener Jahrbuch für Kunstgeschichte 34 (1981), S. 174–179.

Röber 1975
Röber, Wolf Dieter: Kunstwerke des Schloßberg-Museums und der Schloßkirche Karl-Marx-Stadt, Karl-Marx-Stadt 1975.

Röseberg 1930
Röseberg, K. A.: Leben und Wirken Michael Frentzels, Übersetzer des Neuen Testaments in das Wendische (Obersorbische), in: Beiträge zur sächsischen Kirchengeschichte 39 (1930), S. 30–117.

Roth 1900
Roth, F. W. E.: Otto Brunfels, in: Solms-Laubachs und Oltmanns Botanischer Zeitung 58 (1900), S. 291 ff.

Rothe 1966
Rothe, Edith: Buchmalerei aus zwölf Jahrhunderten. Die schönsten illuminierten Handschriften in den Bibliotheken und Archiven der Deutschen Demokratischen Republik, Berlin 1966.

Rothland 1998
Rothland, Dieter: Schulgeschichte in der Klosterherrschaft, in: 750 Jahre Kloster St. Marienstern 1998, S. 125–128.

Röttinger 1904
Röttinger, Heinrich: Hans Weiditz, der Petrarcameister (Studien zur Deutschen Kunstgeschichte), Straßburg 1904.

Röttinger 1921
Röttinger, Heinrich: Beiträge zur Geschichte des sächsischen Holzschnittes, Straßburg 1921.

Royt 1996
Royt, Jan: Im Zeichen des Blutes und der Milch. Auswertung zur Ikonographie der Kunstwerke und zu den Kulten im Oseker Kloster im 17. und 18. Jh. In: 800 Jahre Osek 1996, S. 69–76.

Rübsamen 1987
Rübsamen, Dieter: Kleine Herrschaftsträger im Pleißenland (Mitteldeutsche Forschungen 95), Köln/Wien 1987.

Rühle 1966
Rühle, Ernst Karl: Der Burgward Leubnitz bei Dresden, in: Sächsische Heimatblätter 6 (1966), S. 514–521.

Sacher 1996
Sacher, Jan Michael: Befundsicherung und Konservierung einer polychromen Holzskulpturengruppe „Hl. Sippe" aus der Klosterkirche St. Marienstern, Dipl. Dresden 1996.

Sachse 1912
Sachse, Richard: Die ältere Geschichte der Thomasschule zu Leipzig, Leipzig 1912.

Sachsen 1914
Sachsen, Johann Georg von: Eine Staurothek im Kloster Marienstern (Sächsische Oberlausitz), in: Monatshefte für Kunstwissenschaft 7 (1914), S. 249–250.

Sachsen 1893
Sachsen, Max Herzog von: Die staatsrechtliche Stellung des königlich sächsischen Markgrafentums Oberlausitz, Leipzig 1893, S. 1–6.

Salowski 1992
Salowski, Martin: Osterreiten in der Lausitz, Bautzen 1992.

Salowski/Große 1993
Salowski, Martin/Große, Gerald: An der Via Bennonis. Bilder aus der sorbischen katholischen Lausitz, Bautzen 1993.

Salowski/Kilank/Schmidt 1976
Salowski, Martin/Kilank, Rudolf/Schmidt, Peter: Katholische sorbische Lausitz, Leipzig/Heiligenstadt 1976.

Sandgren 1991
Sandgren, Ulla: The Tamil New Testament and Bartholomäus Ziegenbalg. A short study of some Tamil translations of the New Testament – The Imprisonment of Ziegenbalg 19. 11. 1708 – 26. 03. 1709, Uppsala 1991.

Sandner 1993
Sandner, Ingo: Spätgotische Tafelmalerei in Sachsen, Dresden/Basel 1993.

sassen speyghel 1995
Der sassen speyghel: Sachsenspiegel – Recht – Alltag, (Katalog zur Ausstellung: Aus dem Leben gegriffen – ein Rechtsbuch spiegelt seine Zeit) hrsg. von Mamoun Fansa (Archäologische Mitteilungen aus Nordwestdeutschland, Beiheft 10) Oldenburg 1995.

Sauerländer 1978
Sauerländer, Wilibald: Spätstaufische Skulpturen in Sachsen und Thüringen. Überlegungen zum Stand der Forschungen, in: Zeitschrift für Kunstgeschichte 41 (1978), S. 181–216.

Schattkowsky 1985
Schattkowsky, Martina: Das Zisterzienserkloster Altzella (1162–1540). Studien zur Organisation und Verwaltung des klösterlichen Grundbesitzes (Studien zur katholischen Bistums- und Kloster- geschichte 27), Leipzig 1985.

Schellakowsky 1931
Schellakowsky, Felix: Religiöse Kleinkunst der Lausitzer Frauenklöster, Dipl. Dresden 1931.

Schellenberger 1994
Schellenberger, Simona: „des hymels hauß gesind". Mittelalterliche Plastik auf der Albrechtsburg aus den Beständen der Skulpturensammlung Dresden, Meißen 1994.

Schellhas 1979
Schellhas, Walter: Das älteste Stadtsiegel Freibergs und Sachsens, in: Sächsische Heimatblätter 25 (1979), S. 153–156.

Scherzer 1948
Scherzer, Augustinus: Der Prager Lektor Fr. Kolda und seine mystischen Traktate, in: Archivum Fratrum Praedicatorum 18 (1948), S. 337–396.

Schlesier des 15. und 16. Jh. 1990
Schlesier des 15. und 16. Jh., hrsg. von Josef Joachim Menzel und Ludwig Petry (Schlesische Lebensbilder 6), Sigmaringen 1990.

Schieckel 1956
Schieckel, Harald: Herrschaftsbereich und Ministerialität der Markgrafen von Meißen im 12. und 13. Jh. Untersuchungen über Stand und Stammorte der Zeugen markgräflicher Urkunden (Mitteldeutsche Forschungen Bd.7), Köln, Graz 1956.

Schlesinger 1952
Schlesinger, Walter: Die Anfänge der Stadt Chemnitz und anderer mitteldeutscher Städte, Weimar 1952.

Schlesinger 1962
Schlesinger, Walter: Kirchengeschichte Sachsens im Mittelalter (Mitteldeutsche Forschungen 27), 2 Bde., Köln/Graz 1962.

Schlesinger 1971
Schlesinger, Walter: Die mittelalterliche Ostsiedlung im Herrschaftsraum der Wettiner und Askanier, in: Deutsche Ostsiedlung in Mittelalter und Neuzeit, Köln, Wien 1971.

Schlesinger 1975
Schlesinger, Walter: Flemmingen und Kühren. Zur Siedlungsform niederländischer Siedlungen des 12. Jh. im mitteldeutschen Osten, in: Die deutsche Ostsiedlung des Mittelalters als Problem der europäischen Geschichte, hrsg. von Walter Schlesinger (Vorträge und Forschungen Bd.18), Sigmaringen 1975, S. 263–310.

Schmidt 1996
Schmidt, Andrea: Konservierung und Restaurierung der hl. Margaretha, Dipl. Dresden 1996.

Schmidt 1954
Schmidt, Eva: Katalog der Gemälde-sammlung des Stadtmuseums Bautzen, Bautzen 1954.

Schmidt 1959
Schmidt, Eva: Die Zisterzienserinnenabtei St. Marienstern und die Wallfahrtskirche zu Rosenthal, Leipzig 1959.

Schmidt 1969
Schmidt, Gerhard: Malerei bis 1450. Der Meister von Wittingau und sein Kreis, in: Gotik in Böhmen, hrsg. von Karl M. Swoboda, München 1969, S. 167–321.

Schmidt 1897/1899
Schmidt, Ludwig: Beiträge zur Geschichte der wissenschaftlichen Studien in sächsischen Klöstern, in: Neues Archiv für Sächsische Geschichte und Altertumskunde 18 (1897), S. 201–272; 20 (1899), S. 1–32.

Schneider 1986
Schneider, Ambrosius (Hrsg.): Die Cistercienser. Geschichte, Geist, Kunst, 3. Auflage, Köln 1986.

Schneider Beerenberg 1977
Schneider Beerenberg, Rüdiger: Studien zur monumentalen Kruzifixgestaltung im 13. Jh., Diss. München 1977.

Schömmel 1935
Schömmel, H. A.: Das Rokokodenkmal eines Bautzener Bildhauers, in: Unsere Heimat 1935.

Scholze 1993
Scholze, Dietrich (Hrsg.): Die Sorben in Deutschland. Sieben Kapitel Kulturgeschichte, Bautzen 1993.

Schröder 1935
Schröder, Albert: Leipziger Gold-schmiede aus fünf Jahrhunderten (1350–1850) (Schriften des Vereins für die Geschichte Leipzigs 17/18), Leipzig 1935.

Schuette/Müller-Christiansen 1963
Schuette, Marie und Müller-Christiansen, Sigrid: Das Stickereiwerk, Tübingen 1963.

Schulze 1961
Schulze, Ingrid: Nikolaus Eisenberg, ein sächsischer Maler der zweiten Hälfte des 15. Jh., in: Wissenschaftliche Zeitschrift der Martin-Luther-Universität Halle-Wittenberg, gesellsch.- und sprachwiss. Reihe X/1 (1961), S. 163–189.

Schürenberg 1932
Schürenberg, Lisa: Vier Abendmahlskelche des XIII. Jh. in Stendal, in: Zeitschrift des Deutschen Vereins für Kunstwissenschaft 1 (1932), S. 163–164.

Schuster-Šewc 1958
Schuster-Šewc, Heinz: Vergleichende historische Lautlehre der Sprache des Albin Moller, Berlin 1958.

Schwarzzenberger 1998
Schwarzzenberger, Ute: Liturgische Ausstattung der Stifte und Klöster in der Lausitz, in: 750 Jahre Kloster St. Marienstern 1998, S. 361–377.

Schwinkowski 1909
Schwinkowski, Walter: Der Brakteatenfund von Grünroda, in: Jahrbuch des Numismatischen Vereins zu Dresden 1909, S. 32–46.

Schwinkowski 1931
Schwinkowski, Walter: Münz- und Geldgeschichte der Mark Meißen und Münzen der weltlichen Herren nach meißnischer Art (Brakteaten) vor der Groschenprägung, Frankfurt a. M. 1931.

Schwinkowski 1935
Schwinkowski, Walter: Zur Münzgeschichte der ehemaligen Wettinischen Lande um 1180–1230. Der Brakteatenfund von Etzoldshain, in: Blätter für Münzfreunde 70 (1935).

Schwinkowski/Buchenau 1912 = Schwinkowski Walter/Buchenau, Heinrich Herrmann: Der Brakteatenfund von Döbeln i. Sa., in: Blätter für Münzfreunde 47 (1912) 13, Sp. 4911–21, 4935–38.

Seifert 1963
Seifert, Siegfried: Niedergang und Wiederaufstieg der katholischen Kirche in Sachsen (1517–1773), Leipzig 1963.

Seifert 1992
Seifert, Siegfried: Domschatzkammer St. Petri in Bautzen (Großer Kunstführer 183), München/Zürich 1992.

Seifert 1994
Seifert, Siegfried: Die Benno-Reliquien im Bistum Dresden-Meißen, in: Monachium Sacrum. Festschrift zur 500-Jahr-Feier der Metropolitankirche Zu Unserer Lieben Frau in München, München/Berlin 1994.

Seifert 1995
Seifert, Siegfried: Ein „Chor Posaunen" einst – Posaunenchöre heute, in: Musikjahr in Sachsen 3 (1995), S. 14–16.

Seifert 1997
Seifert, Siegfried: „Christliches Vergiß mein nicht". Andachtsbildchen und Gratulationen aus Lausitzer Klöstern und Stiften vom 17. bis zum 18. Jh. (Ausstellungskatalog: Bautzen, Domschatzkammer St. Petri), Bautzen 1997.

Seifert 3/1997
Seifert, Siegfried: Matthäus Crocinus – ein Barocker Maler des 17. Jh., in: Es blieb mehr als ein Name. Ein Heimatbuch für jung und alt (Bautzener Hefte 3), Bautzen 1997, S. 29–31.

Seifert 1998
Seifert, Siegfried: Klöster und Stifte in der Lausitz im Barock, in: 750 Jahre Kloster St. Marienstern 1998, S. 271–281.

Seling 1980
Seling, Helmut: Die Kunst der Augsburger Goldschmiede 1529–1868, München 1980.

Seltmann 1990
Seltmann, Ingrid: Dr. Johann Benedikt Carpzov, in: Zittauer Kulturangebot (1990) 8, S. 19–20.

Šewc 1995
Šewc, Hinc: Před 400 lětami wuda so prěnja hornjoserbska kniha, in: Rozhlad 45 (1995) 12, S. 426–429.

Šewc 1997
Šewc, Hinc: Mikławša Jakubicowy přełožk Noweho zakonja do serbšćiny z lěta 1548: pospyt noweho hladanja na wosobinu přełožerja a jeho rěč, in: Lětopis 44 (1997) 2, S. 31–52.

Siebmacher 1981
Siebmacher, Johann: Siebmachers großes Wappenbuch, Bd. 2: Die Wappen der deutschen Landesfürsten, Nachdruck Neustadt a. d. Aisch 1981.

Der silberne Boden 1990
Der Silberne Boden. Kunst und Bergbau in Sachsen, hrsg. von Manfred Bachmann, Harald Marx, Eberhard Wächtler (Ausstellungskatalog: Albertinum Dresden), Leipzig 1990.

Simon 1925
Simon, Alfred: Die figürliche Plastik der Oberlausitz von ihren Anfängen bis 1530, Reichenau i. Sa. 1925.

Skubiszewski 1966
Skubiszewski, Piotr: Patena Kaliska, in: Roczniky hystorii sztuky III, 1966.

Skubiszewski 1982
Skubiszewski, Piotr: Die Bildprogramme der romanischen Kelche und Patenen, in: Metallkunst von der Spätantike bis zum ausgehenden Mittelalter (Schriften der frühchristlich- byzantinischen Sammlung I), hrsg. von Arne Effenberger, Berlin 1982.

Smolinsky 1992
Smolinsky, Heribert: Albertinisches Sachsen, in: Anton Schindling und Anton Ziegler (Hrsg.), Die Territorien des Reiches im Zeitalter der Reformation und der Konfessionalisierung. Land und Konfession 1500–1650, Bd. 4 Mittleres Deutschland, 1992, S. 9–32.

Sołta 1958
Sołta, Jan: Die Ertragsentwicklung in der Landwirtschaft des Klosters Marienstern. Zur Entwicklung der Getreideerträge unter den Bedingungen des preußischen Weges der bürgerlichen Agrarrevolution, Bautzen 1958.

Sorries 1996
Sorries, Reiner: Die Ikonographie Martin Luthers. Der Reformator in der Kunst vom 16. bis zum 20. Jh., in: Eidam, Hardy/Seib, Gerhard (Hrsg.): „Er fühlt der Zeiten ungeheuren Bruch und fest umklammert er sein Bibelbuch ...". Zum Lutherkult im 19. Jh., Berlin 1996.

Soukupová 1984
Soukupová, Helena: Iluminované rukopisky z kláštera bl. Anežky v Praze na Františku, in: Časopis Národního Muzea 153 (1984), S. 69–96.

Soukupová 1989
Soukupová, Helena: Anežský klášter v Praze, Praha 1989.

Späth 1980
Späth, Kristine: Die Tonkanzel von Strehla a. d. Elbe, in: KERAMOS 90 (1980), S. 3–8.

Spamer 1930
Spamer, Adolf: Das kleine Andachtsbild XIV. bis zum XX. Jh., München 1930.

Spehr 1984
Spehr, Reinhard: Baruth – die versunkene Burg. Stammsitz eines mächtigen Herrengeschlechtes, in: Bautzener Kulturschau 34 (1984) 3, S. 5–17.

Spehr 1988
Spehr, Reinhard: Der Brakteatenschatz von Pirna-Copitz, in: Vogt, Heinz-Joachim (Hrsg.): Archäologische Feldforschungen in Sachsen (Arbeits- und Forschungsberichte zur sächsischen Bodendenkmalpflege, Beih. 18), Berlin 1988, S. 478–482.

Spehr Baruth 1988
Spehr Reinhard: Die mittelalterliche Wasserburg von Baruth, Kr. Bautzen, in: Vogt, Heinz-Joachim (Hrsg.): Archäologische Feldforschungen in Sachsen (Arbeits- und Forschungsberichte zur sächsischen Bodendenkmalpflege, Beih. 18), Berlin 1988, S. 466–467.

Spehr 18/1988
Spehr, Reinhard: Das mittelalterliche Inschriftenschwert von Espenhain, Kr. Leipzig, in: Vogt, Heinz-Joachim (Hrsg.): Archäologische Feldforschungen in Sachsen (Arbeits- und Forschungsberichte zur sächsischen Bodendenkmalpflege, Beih. 18), Berlin 1988, S. 483–485.

Spehr 1994
Spehr, Reinhard: Der Sandberg bei Dobranitz, Lkr. Bautzen – Ein Bestattungsplatz aus ur- und frühgeschichtlicher Zeit, in: archäologie aktuell im Freistaat Sachsen 2 (1994), S. 89–93.

St. Marienstern 1933
Führer durch das Cistercienserinnen-Kloster St. Marienstern in der sächsischen Lausitz, o. O. 1933.

Staatliche Gemäldegalerie 1930
Die Staatliche Gemäldegalerie zu Dresden. Vollständiges beschreibendes Verzeichnis, II. Abt., Dresden 1930.

Stadt Leipzig 1996
Stadt Leipzig. Die Sakralbauten, hrsg. vom Landesamt für Denkmalpflege Sachsen (Bau- und Kunstdenkmäler von Sachsen 1), München/Berlin 1996.

Städte 1928
Der Städte Lauban, Zittau, Löbau, Bautzen und Camenz Alterthümer, in: Neues Lausitzisches Magazin 7 (1928) 3, S. 316–335; 7 (1928) 4, S. 465–486.

Stadtmuseum Bautzen 1994
Stadtmuseum Bautzen. Regionalmuseum der sächsischen Oberlausitz, hrsg. von der Sächsischen Landesstelle für Museumswesen/Stadtmuseum Bautzen: Bildführer (Sächsische Museen 2), Bautzen 1994.

Stange 1933
Stange, Alfred: Deutsche Malerei der Gotik, Bd. I: Die Zeit von 1250–1350, München/Berlin 1933.

Stange 1935
Stange, Alfred: Deutsche Malerei der Gotik, Bd. II: Die Zeit von 1350–1400, München/Berlin 1935.

Stange 1958
Stange, Alfred: Deutsche Malerei der Gotik Bd. IX: Franken, Böhmen und Thüringen-Sachsen in der Zeit von 1400 bis 1500, München/Berlin 1958.

Steche BKD 1886
Steche, Richard: Beschreibende Darstellung der älteren Bau- und Kunstdenkmäler des Königreichs Sachsen, 6. Heft: Amtshauptmannschaft Flöha, Dresden 1886.

Steche BKD 1891
Steche, Richard: Beschreibende Darstellung der älteren Bau- und Kunstdenkmäler des König-reichs Sachsen, 15. Heft: Amtshauptmannschaft Borna, Dresden 1891.

Stehlíková 1994
Stehlíková, Dana: Tři nezvěstné zlatnické práce z Prahy, in: Umění XLII (1994), S. 319–323.

Stejskal 1974
Stejskal, Karel: Das Slawenkloster, Prag 1974.

Stejskal 4/1974
Stejskal, Karel: Vitrail z postavou sv. Jana Krt. z Oseka, in: Umění a řemesla 4 (1974), S. 43–51.

Stejskal 1976
Stejskal, Karel: Mistr Gutina náhrobku a jeho díloini, Časopis Národního Muzea 145 (1976), S. 10–18.

Stejskal 1978
Stejskal, Karel: Karl IV. und die Kultur und Kunst seiner Zeit, Prag 1978.

Stimmel 1994
Stimmel, Folke u. a.: „Weck, Anton", in: Stimmel, Folke u. a.: Stadtlexikon Dresden A–Z, Basel 1994.

Stoll 1985
Stoll, Hans-Joachim: Die Münzschatzgefäße auf dem Gebiet der DDR von den Anfängen bis zum Jahre 1700 (Weimarer Monographien zur Ur- und Frühgeschichte 12), Weimar 1985.

Strauss/Falk 1980
Strauss, Walter L. und Falk, Tilman (Hrsg.): The illustrated Bartsch, Vol. 11: Sixteenth century German artists. Hans Burgkmair the Elder, Hans Schäufelein, Lucas Cranach the Elder, New York 1980.

Středověké umělecké řemeslo 1986
Středověké umělecké řemeslo ze sbírek Uměleckoprůmyslového muzea v Praze, hrsg. von Dagmar Hejdová, Praha 1986.

Strieder 1971
Strieder, Peter: Die Bedeutung des Porträts bei Albrecht Dürer, in: Schade, Herbert: Albrecht Dürer: Kunst einer Zeitenwende, Regensburg 1971, S. 84–100.

Surmann 1991
Surmann, Ulrike: Christus in der Rast (Liebighaus-Monographie 13), Frankfurt a. M. 1991.

Swarzenski 1936
Swarzenski, Hans: Die lateinischen illuminierten Handschriften des XIII. Jh., Berlin 1936.

Swetlik 1988
Swetlik, Jurij Hawštyn: Vocabularium latino-serbicum. Mit einem Vorwort von Frido Michałk, Neudruck Bautzen 1988.

Taubert 1978
Taubert, Johannes: Mittelalterliche Kruzifixe mit schwenkbaren Armen. Ein Beitrag zur Verwendung von Bildwerken in der Liturgie, in: ders.: Farbige Skulpturen, München 1978.

Teichmann 1995
Teichmann, Doris: Die Reformation im östlichen Teil des ehemaligen Markgraftums Niederlausitz und im benachbarten Niederschlesien, in: Lětopis 42 (1995) 1, S. 59–82.

Theumert 1965
Theumert, Joachim: Vier Mitren. Kunstwerk des Monats im Historischen Museum, in: Dresdener Kunstblätter 9 (1965) 12, S. 178–181.

Thomas 1989
Thomas, Ralf: Die Neuordnung der Schulen und Universität Leipzig, in: Das Jahrhundert der Reformation, hrsg. von Helmar Junghans, Berlin 1989, S. 91–110.

Thust 1980
Thust, Angelika: Untersuchung und Restaurierung der „Schönen Madonna" im Stadtmuseum Meißen, Dipl. Dresden 1980.

Ticin 1692
Ticin, Jacob: Epitome Historiae Rosenthalensis, Prag 1692.

Tobias 1871
Tobias, Carl Anton: Die Meßbücher der Johanniter in der Stadtbibliothek in Zittau, in: Mitteilungen des Vereins für Geschichte der Deutschen in Böhmen 9 (1871).

Trautmann 1915
Trautmann, Otto: Der Klosterhof mit dem steinernen Hause in Leubnitz bei Dresden zu Luthers Zeit, in: Dresdner Geschichtsblätter 24 (1915), S. 113–131.

Troche 1938
Troche, Ernst Günther: Das erste Jahrhundert schlesischer Tafelmalerei, in: Die Hohe Straße. Schlesische Jahrbücher 1 (1938).

Umění česke a slovenské gotiky 1972
Umění česke a slovenské gotiky (Ausstellungskatalog: Prag Nationalgalerie), Prag 1972.

Unter einer Krone 1997
Unter einer Krone – Kunst und Kultur der sächsisch-polnischen Union, hrsg. von Werner Schmidt und Dirk Syndram (Ausstellungskatalog: Dresdner Schloß, Staatl. Kunstsammlungen Dresden), Dresden 1997.

Unum in veritate et laetitia 1970
Unum in veritate et laetitia. Bischof Dr. Otto Spülbeck zum Gedächtnis, Leipzig 1970.

Verborgene Schätze 1992 Verborgene Schätze der Skulpturensammlung (Ausstellungskatalog: Dresden, Albertinum), Dresden 1992.

Vergessene altdeutsche Gemälde 1997
Vergessene altdeutsche Gemälde. 1815 auf dem Dachboden der Leipziger Nikolaikirche gefunden – 1997 anläßlich des 27. Deutschen Evangelischen Kirchentages präsentiert, hrsg. von Herwig Guratzsch (Ausstellungskatalog: Museum der bildenden Künste Leipzig), Heidelberg 1997.

Virchow/Feyerabend 1894
Virchow, Rudolf und Feyerabend, Ludwig: Die Robertsche Schenkung – Der arabische Hacksilberfund von Meschwitz bei Bautzen, in: Jahreshefte der Gesellschaft für Anthropologie und Urgeschichte der Oberlausitz 4 (1894), S. 219–228.

Vogt 1987
Vogt, Heinz-Joachim: Die Wiprechtsburg Groitzsch. Eine mittelalterliche Befestigung in Westsachsen (Veröffentlichung des Landesmuseums für Vorgeschichte Dresden 18), Berlin 1987.

Vogt 1988
Vogt, Heinz-Joachim: Eine altslawische Siedlung und ein jungslawisches Körpergräberfeld bei Lissa, Kr. Delitzsch, in: Ders. (Hrsg.): Archäologische Feldforschung in Sachsen (Arbeits-und Forschungsberichte zur sächsischen Bodendenkmalpflege, Beih. 18), Berlin 1988, S. 316–319.